1. FÉVR 1977

# L'ALGÉRIE

## TABLEAU

### HISTORIQUE, DESCRIPTIF ET STATISTIQUE

avec une carte de la Colonisation algérienne

PAR M. JULES DUVAL

Ancien Magistrat
Secrétaire du Conseil général de la province d'Oran

**PREMIÈRE ÉDITION**
revue et complétée

PARIS
LIBRAIRIE DE L. HACHETTE ET Cie
RUE PIERRE-SARRAZIN, N° 14

1859

# L'ALGÉRIE

## TABLEAU

### HISTORIQUE, DESCRIPTIF ET STATISTIQUE

avec une carte de la Colonisation algérienne

### PAR M. JULES DUVAL

Ancien Magistrat
Secrétaire du Conseil général de la province d'Oran

PREMIÈRE ÉDITION
revisée et complétée

## PARIS

LIBRAIRIE DE L. HACHETTE ET Cie

RUE PIERRE-SARRAZIN, N° 14

1859

Droit de traduction réservé

# AVANT-PROPOS.

En publiant, il y a quelques mois, le programme du livre qui paraît aujourd'hui, nous résumions à peu près ainsi les titres de l'Algérie à l'attention des hommes d'Etat, des écrivains de la presse, des populations de France et d'Europe.

Liberté de la Méditerranée purgée des pirates;

Extension du territoire français porté presque au double de son étendue;

Développement de la marine nationale à voile et à vapeur, militaire et marchande;

Consolidation de la puissance française sur les rivages méditerranéens par l'occupation d'une position maritime et militaire de premier ordre;

Centre hospitalier d'émigration à portée de toute l'Europe;

Champ illimité d'activité féconde ouvert aux esprits et aux capitaux;

Extinction du paupérisme par le travail offert à tous les bras;

Transformation du prolétariat par la propriété offerte à toutes les épargnes;

Production par la France de la plupart des denrées alimentaires qu'elle achète à l'étranger;

Compensation pour le midi de la France de la prépondérance que Paris exerce au profit du nord;

Éducation morale et professionnelle des orphelins et enfants abandonnés, et des jeunes condamnés;

École de transformation des armées improductives en armées industrielles;

École de tolérance mutuelle pour les trois grandes religions de l'humanité : le christianisme, le judaïsme, l'islamisme;

École de nouveautés pour l'esprit s'habituant à voir d'autres mœurs, d'autres croyances, d'autres états de société;

Ressort d'expansion colonisatrice pour le caractère national se déshabituant de ses timidités casanières et de ses manies de propagande purement guerrière;

Terrain de libre expérimentation pour tous les systèmes d'organisation pacifique;

Régénération industrielle et morale des races inférieures ou déchues;

Invasion progressive de la barbarie par la civilisation, de l'islamisme par le christianisme;

Exploration commerciale et scientifique de l'intérieur du continent africain;

Rayonnement de l'influence française sur les États barbaresques de Tunis, Tripoli et Maroc;

Contre-poids d'émigration aux courants australien, californien, américain, qui profitent à nos seuls rivaux;

Accroissement de puissance, de richesse, de gloire pour la France et pour l'humanité.

Tous ces bienfaits, disions-nous, sont les fruits naturels de la conquête et de la colonisation de l'Algérie. Et, cependant, malgré tant et de si éminents titres à l'attention, l'Algérie est encore généralement ignorée, quelquefois méconnue en France même. A l'étranger, l'ignorance est plus grande encore et le dommage des plus graves. Tous les ans plus d'un demi-million d'émigrants vont porter leur industrie et leurs capitaux dans le nouveau monde, tandis que beaucoup d'entre eux se fixeraient en Algérie s'ils étaient mieux renseignés.

Faire connaître l'Algérie à l'étranger, à la France, à l'Algérie elle-même qui ne se connaît pas assez; telle est l'œuvre que nous tentons, en consultant moins nos forces que notre dévouement à un pays qui nous a passionnés, comme il charme tous ceux qui le pratiquent de près, et qui oublient bien vite les souffrances inséparables d'une colonisation naissante. Pour rendre notre travail digne de sa destination, nous n'avons pas seulement consulté les souvenirs d'un assez long et récent séjour et d'excursions multipliées, ajoutés à des études persévérantes depuis nombre d'années. Nous avons soigneusement complété notre propre expérience par le dépouillement des principaux ouvrages originaux sur la colonie, et surtout de la collection des *Tableaux de situation des établissements français en Algérie*, publiés par le ministère de la guerre, inépuisable mine de documents authentiques. Nous avons fait appel aux talents qui ont déjà consacré leur plume à l'Algérie, et la plupart nous ont offert une collaboration que notre cadre, trop étroit, ne nous a permis d'utiliser qu'en faible partie. L'auteur de la *grande Kabylie*, du *Sahara algérien*, du *grand Désert*, des *Chevaux du Sahara*, M. le général Daumas, a bien voulu nous permettre de détacher de ses livres quelques pages curieuses sur les mœurs kabyles, que nul Français, et peut-être nul indigène, ne connaît mieux que lui. L'auteur du livre sur l'*Insurrection du Dhara*, du *Gouvernement arabe*, de l'*Esprit de la législation musulmane*, des *Scènes de la vie arabe*, M. le commandant Richard, a écrit pour nous une étude du plus haut intérêt *sur l'émancipation de la femme arabe* par la civilisation française. Un membre de la commission scientifique de l'Algérie s'est empressé de mettre à notre service les trésors de son érudition et de revoir nos épreuves. D'anciens administrateurs, d'obligeants colons nous ont éclairé de leurs renseignements.

L'espace seul nous a manqué pour utiliser autant que nous l'aurions voulu les travaux des écrivains algériens qui ont rendu plus facile notre tâche : nous voulons cependant mentionner, après les savantes recherches de MM. *Carette* et *Warnier* sur la géographie et l'histoire de l'Algérie, MM. *Renou*, qui a parcouru la ligne d'Alger au M'zab et du M'zab à Constantine, recueillant sur son passage de précieuses observations géologiques, physiques, astronomiques; *Mac Carthy*, qui, après trois ans employés à l'exploration de la province d'Oran avec la plus infatigable activité, en a consacré une quatrième au pays compris entre Alger, Tipasa, Cherchell au nord et Laghouat au sud; *Berbrugger*, qui, par la voie de la presse périodique, fait l'éducation du public algérien, en matière d'archéologie; *Cherbonneau*, qui s'occupe de traduire les historiens arabes des douze derniers siècles, en ce qui concerne l'Algérie, et emploie ses vacances à aller visiter de ses yeux ce qui reste à Tlemcen du puissant royaume des Beni-Zian; *de Slane*, à qui l'Algérie doit une magnifique traduction de l'histoire des Berbers de Ben-Khaldoun; *Bouffard*, l'habile artiste dont les cartes ont tant servi à l'étude de la colonie; l'abbé *Bargès*, qui l'a adoptée comme théâtre de ses investigations historiques et philologiques; *Fournel*, *Ville* et *Dubocq*, ingénieurs des mines; *Bérard*, *Lieussou*, ingénieurs hydrographes; *Hardy*, pépiniériste; propagateurs infatigables par la plume et par l'action. Bien d'autres, parmi les officiers surtout, MM. Walsin Esterhazy, de La Marre, Carbuccia, Desvaux, etc., par leurs travaux scientifiques ou leurs reconnaissances militaires ont éclairé des aspects nouveaux ou peu connus du pays. En France nous citerons spécialement deux recueils, la *Revue de l'Orient et de l'Algérie*, organe de la Société orientale, Revue dirigée par MM. Ubiccini et Lavollée, les *Annales de la colonisation algérienne*, fondées et dirigées par M. H. Peut, comme concourant avec autant de zèle que de talent à faire connaître l'Algérie à la France.

En les citant, nous ne voulons pas seulement payer un tribut de reconnaissance; nous désirons aider, autant qu'il est en nous, à populariser les noms de cette pléiade d'hommes laborieux et dévoués dont toute la récompense consiste trop souvent dans la seule satisfaction de leur propre conscience. Si le succès répondait à nos efforts, ce tableau descriptif de l'Algérie, qui est aujourd'hui pour la plus grande partie une œuvre individuelle, deviendrait à l'avenir une œuvre collective, voix de l'Algérie racontant à la France, dans un compte rendu annuel, ses travaux, ses épreuves, ses progrès, ses espérances, ses services, lui révélant ses destinées.

Lorsque tant de préjugés aveugles l'accusent d'être un fardeau pour la patrie, il appartient à ceux qui la connaissent de prouver qu'elle est une gloire, un trésor, une force!

Jules DUVAL.

# PREMIÈRE PARTIE.

# INTRODUCTION HISTORIQUE.

*Période mythologique.* Mentionnons simplement les mythes antiques d'Atlas et des Hespérides ; rappelons encore la légende un peu plus précise d'Hercule le Libyen qui, dans le cours de ses aventures héroïques, fut abandonné sur un point de la côte africaine par vingt de ses compagnons : ceux-ci choisirent l'emplacement d'une ville et l'entourèrent de murailles, et afin que nul ne pût revendiquer l'honneur exclusif de sa fondation, ils la nommèrent du nombre de ses fondateurs (είχοσι, vingt) ICOSIUM, en grec ICOSION, destinée à devenir trente à quarante siècles plus tard la moderne Alger.

*Période libyque.* Aussi loin que l'histoire remonte dans les siècles passés, elle trouve la partie de l'Afrique septentrionale, qui est aujourd'hui l'Algérie, occupée ou parcourue par des peuples que l'antiquité nomme Libyens ou Numides, auxquels se joignent bientôt des Maures à l'ouest, des Gétules au sud ; les uns et les autres subdivisés en une multitude de tribus éparses dans tous les points du pays, menant la vie agricole dans les plaines rapprochées du littoral, livrées ailleurs à la vie nomade. La science moderne rattache tous ces peuples à la race berbère, qu'elle considère, sinon comme autochthone, du moins comme première occupante. Que cette race descende de Sem, suivant l'opinion commune qui voit en elle une sœur aînée de la race arabe, ou de Chanaan, fils de Cham, suivant l'opinion de son principal historien, Ibn-Khaldoun, c'est un point mal éclairci encore ; mais il paraît certain que son nom lui vint de l'un de ses premiers pères, Berr, qui eut deux fils : Madghis ou Madrès et Bernès. De ces deux rejetons naquit une nombreuse postérité qui se dispersa dans toute la région atlantique.

*Période carthaginoise.* A des époques indéterminées, les Phéniciens, qui avaient fondé Carthage dans la contrée qui est aujourd'hui l'État de Tunis, avancèrent vers l'ouest et établirent sur le littoral des comptoirs ou escales (*emporia*) qui en grandissant devinrent des ports et des villes de commerce. Outre le trafic local qui enrichissait Carthage, ces postes assuraient la navigation du peuple marchand, sur tout le littoral jusqu'aux colonnes d'Hercule, au delà desquelles Hannon alla même fonder de nouvelles colonies sur les plages occidentales. Quand les négociations pacifiques ne suffisaient pas, la force des armes triomphait des résistances. Les noms et les vestiges de quelques-uns de ces anciens établissements puniques ont survécu à travers plus de vingt-cinq siècles.

*Période romaine.* Les guerres de Rome contre Carthage avaient appris à la reine de l'Italie le chemin de l'Afrique. Pour se rendre maîtres de la cité phénicienne, les généraux romains tendirent une main amicale d'abord aux peuples qui étaient ses sujets ou ses voisins, et de proche en proche ils protégèrent, puis soumirent les tribus indépendantes. Ils s'engagèrent ainsi dans une suite de négociations et de campagnes qui ont rendu célèbres les noms de Scipion, de Sylla, de Métellus, de Marius, de César chez les Romains ; de Syphax, de Massinissa, de Micipsa, de Bocchus, de Jugurtha, chez les Africains. Aux alliances des premiers temps succédèrent bientôt des liens d'une dépendance étroite, d'abord sous l'apparence de royautés indigènes simplement protégées par Rome, bientôt après sous une annexion intime des contrées conquises, à titre de provinces romaines.

Le temps des alliances fut signalé par le long règne de Massinissa, dont les Etats furent agrandis par la donation que lui firent les Romains de ceux de Syphax, leur ennemi commun, dont Cirta, aujourd'hui Constantine, était la capitale. Les peuples gouvernés par le roi numide jouirent d'une grande prospérité, grâce à ses efforts pour tourner vers l'agriculture et les arts de la paix ses nomades et barbares sujets. Il prépara ainsi l'œuvre d'unité et de civilisation que les Romains auraient plus tard à accomplir. Pendant soixante ans d'une administration énergique et éclairée les campagnes se couvrirent de cultures florissantes, les villes s'enrichirent de constructions nouvelles, se peuplèrent et s'agrandirent. Cirta, devenue la capitale de Massinissa, s'embellit encore sous son successeur Micipsa, qui fit venir dans cette ville une colonie de Grecs. A l'ombre de la paix, Rome substitua peu à peu, le long des côtes, son commerce et sa marine au commerce et à la marine de Carthage. Bientôt elle put revendiquer comme sienne, *mare nostrum*, la Méditerranée qui baignait, au nord et au sud, des rives amies. Quelques colonies italiennes, peu importantes d'abord, mais destinées à grandir, implantaient sur le sol africain l'usage de la langue latine, et ouvraient avec les peuplades indigènes des relations indispensables au développement de la puissance romaine. Ainsi se consolidait et s'étendait de tous points l'influence de l'Italie en Afrique, quand les tentatives de Jugurtha pour relever l'indépendance numide permirent à Rome de faire un pas de plus dans la domination de l'Afrique septentrionale.

A la défaite de Jugurtha (104 ans avant J. C.) commencèrent les annexions territoriales entremêlées aux royautés indigènes et vassales. Dans le premier partage qui suivit la victoire, la République se contenta de joindre à la province proconsulaire qu'elle administrait déjà directement, c'est-à-dire à l'ancien territoire de Carthage, quelques cantons limitrophes qui appartenaient à la Numidie. Du reste des États de Jugurtha elle fit deux parts qu'elle donna : l'une, celle de l'ouest, à Bocchus, beau-père de Jugurtha, pour le récompenser d'avoir trahi et livré son gendre; l'autre, celle de l'est, aux petits-fils de Massinissa. Dans les temps qui suivirent, l'Afrique continua de s'organiser, en recevant de l'activité romaine une heureuse impulsion. De petites colonies, des municipes se multiplièrent en divers lieux et montrèrent aux indigènes la puissance du travail et de l'intelligence.

La guerre civile, qui éclata en Italie après l'usurpation de César, prit l'Afrique pour un de ses champs de bataille. César vint y combattre les restes du parti qui, sous les ordres de Métellus Scipion, et assisté de Juba I<sup>er</sup>, roi de Mauritanie, défendait les anciennes institutions de Rome. En vain les innombrables cavaliers de Juba s'unirent aux dix légions républicaines : César triompha partout, s'empara de Leptis et de Cirta, et anéantit enfin à Thapsus (46 avant J. C.) les forces de ses adversaires. La mort de Juba fut suivie de l'annexion de la Numidie tout entière à la province romaine de l'est, dont l'administration fut livrée au célèbre historien Salluste. Les royaumes de l'ouest, qui étaient restés au pouvoir de Bogud et de Bocchus, furent par celui-ci légués à l'empire (33 avant J. C.). Réunies d'abord en une seule province directement régie par Rome, ces États, qui devaient porter plus tard les noms de Mauritanie césarienne et tingitane, constituèrent de nouveau, quelques années après, un royaume qui fut donné par Auguste à Juba II, prince éclairé, dont l'éducation romaine semblait une garantie de fidélité. Juba accomplit dans la Mauritanie la révolution pacifique et progressive dont Massinissa avait donné l'exemple dans la Numidie. Pendant un demi-siècle il embellit sa capitale *Julia Cæsarea*, aujourd'hui Cherchell, de tous les monuments de l'art et des richesses du luxe. Rendus heureux par ses talents et ses goûts pacifiques, ses peuples reconnaissants l'aimèrent de son vivant et le déifièrent après sa mort. Les étrangers eux-mêmes s'associèrent à leur admiration : Carthage lui éleva un monument ; Cadix l'élut décemvir ; Athènes lui dressa une statue. Familier avec toutes les sciences de son temps, il avait composé un grand nombre d'ouvrages dont il ne reste que des fragments. Il mourut l'an 23 de Jésus-Christ. Son fils Ptolémée, qui hérita de son pouvoir, périt en l'an 40 de J. C., sous l'empereur Caligula. A partir de cette époque, la Mauritanie fut annexée à l'empire et releva directement des gouverneurs romains. Dans cette nouvelle condition la population italienne en Afrique s'accrut rapidement ; les colons affluèrent aussi de Gaule et d'Espagne. Au commencement du règne de Vespasien (69), la Mauritanie césarienne comptait 13 colonies romaines, 3 municipes libres, 2 colonies en possession du droit latin, et une jouissant du droit italique. Au temps de Pline (100-115), la Numidie possédait 12 colonies romaines ou italiques, et 30 villes libres ; sans compter les villes tributaires que renfermaient ces deux provinces. La domination romaine se maintint dans l'Afrique du nord pendant quatre siècles, gravant en traits impérissables, sur tous les points du sol, l'empreinte immortelle de son génie d'organisation, de gouvernement et d'architecture. Au sud, ses limites atteignirent la région saharienne, à près de 400 lieues du littoral, au moins du côté de la Numidie. De nombreuses routes sillonnèrent le pays en tous sens ; et des forts des villes enserrèrent le peuple vaincu dans un réseau serré de garnisons. Nos soldats n'ont pas abordé un sommet, une gorge, un col de montagne, ils n'ont pas campé sur un point stratégique, qu'ils n'aient reconnu que les aigles romaines les y avaient devancés. Ce n'est qu'au midi de la Mauritanie que nous avons dépassé les Romains, en avançant dans le Sahara algérien à des distances qu'ils ne paraissent pas avoir atteintes.

Cette domination fut souvent troublée par les insurrections des peuples indigènes, vaincus par la force plutôt que soumis à l'autorité. Une des premières et des plus sérieuses fut celle que suscita le berbère Tacfarinas qui, après avoir servi dans les légions romaines, déserta, et entraîna dans une révolte générale les populations qui occupaient alors le centre de l'Algérie actuelle. Surpris de nuit dans son camp, il fut tué avec une grande partie de ses troupes, l'an 25 de J. C., après avoir, pendant huit ans, tenu en échec les forces romaines.

Un autre soulèvement éclata sous le règne de Claude (41-54 de J.C.), à l'instigation d'Ædemon, affranchi de Ptolémée fils de Juba, qui voulait venger la mort de son maître, assassiné par ordre de Caligula : une grande partie des tribus de l'intérieur entrèrent dans la lutte. Dans cette guerre les armées romaines s'avancèrent au delà de l'Atlas, et construisirent dans les hautes vallées de l'intérieur une ligne de garnisons destinées à protéger contre les incursions des nomades les établissements que multipliait la civilisation de Rome.

Sous le règne d'Antonin le Pieux (138-161), les

Mauritanies paraissent avoir été le théâtre d'une insurrection générale dont les détails et les caractères ne sont pas bien connus ; mais le danger sembla assez grave pour nécessiter la substitution au proconsul en toge d'un légat propréteur investi de tous les pouvoirs civils et militaires.

En 297 une révolte éclata contre l'autorité romaine parmi les *Quinquegentiens*, confédération de cinq tribus berbères, dont le nom véritable est masqué par cette appellation latine : comme ils habitaient le *mons ferratus* (le Jurjura), on doit y reconnaître les ancêtres des Zouaoua de nos jours, d'où sont venus les premiers zouaves. L'insurrection dut être redoutable, puisque ce fut l'associé de Dioclétien au trône, Maximien Hercule, qui vint en personne conduire la guerre. Les montagnards vaincus furent en partie transplantés dans le sud, probablement jusque dans le Sahara. Parmi les changements administratifs qui suivirent le triomphe des armes romaines, il faut constater le partage de la Mauritanie césarienne en deux, l'une conservant le nom de Césarienne, et l'autre empruntant à son chef-lieu *Sitifis* (Sétif), le nom de Sitifienne ; toutes deux régies par un *præses*.

La nouvelle organisation ne maintint pas longtemps en Afrique la paix et l'ordre. Une révolte excitée par Alexandre, paysan pannonien, qui aspirait à l'empire, devint pour Maxence, maître du pouvoir, l'occasion de déployer contre Cirta, où le prétendant s'était enfermé, des rigueurs inouïes. Les ruines que la guerre y avait entassées ne devaient être relevées, et la ville recouvrer son antique splendeur, que des mains du vainqueur de Maxence, Constantin, qui en fit une ville nouvelle et lui donna son nom.

En 372, Firmus leva encore le signal de l'insurrection. Fils du berbère Nubel, un des chefs du Jurjura, il rallia autour de lui les Quinquegentiens, qu'imitèrent de proche en proche les masses berbères de la Numidie et de la Mauritanie, irritées contre le gouvernement tyrannique et spoliateur du comte Romanus. Dans le premier élan de l'indépendance, Firmus posséda un instant ces provinces presque entières et réduisit Césarée en cendres. L'empereur Valentinien envoya contre lui le général comte Théodose qui, partant secrètement d'Arles, aborda au littoral de Djidjelli, gagna Sétif, y établit sa base d'opérations, et engagea aussitôt une lutte qui tourna à son avantage. Découragé par des échecs successifs, Firmus demanda la paix et l'obtint ; il remit, outre des ôtages, la ville d'Icosium, ainsi que les enseignes, la côuronne sacerdotale et tout le butin qu'il avait fait. Mais sa soumission forcée dura peu. Il s'engagea dans de nouvelles aventures de guerre qui se terminèrent par sa fin tragique. Se voyant trahi par son allié Igmazen, chez lequel il s'était réfugié, il se pendit, et son cadavre seul put être livré aux Romains.

Gildon, son frère, n'avait pas pris part à la révolte, et en considération de sa fidélité, l'empereur Théodose, fils du général dont nous venons de parler, le nomma grand maître des deux milices, infanterie et cavalerie. Enhardi par la division de l'empire, qui s'accomplit sous Arcadius et Honorius, Gildon renouvela les tentatives de Firmus. Les Romains lui opposèrent son frère Mascezel, qui avait suivi leur fortune. Bien que celui-ci n'eût à opposer que cinq à six mille soldats aux bandes numides évaluées au chiffre de soixante-dix mille hommes, Mascezel triompha. Gildon, tombé aux mains de son vainqueur, fut, suivant la barbare coutume romaine, donné en spectacle au peuple, et jeté en prison : il se préserva de nouvelles insultes en s'étranglant de ses propres mains. Mascezel ne jouit pas d'une victoire remportée sur son frère et sa patrie. A son retour à Milan, devenu l'objet de la suspicion de ses maîtres, il fut, sur l'ordre de Stilicon, ministre d'Honorius, jeté à l'eau par-dessus un pont, et noyé. Les décrets impériaux déployèrent contre les complices présumés de Gildon une rigueur implacable.

Trente ans environ plus tard, en 426, au moment où la domination proconsulaire allait expirer entre les mains du comte Boniface, qui fut le dernier gouverneur de l'Afrique romaine, le vieux levain berbère fermentait encore, et le général dut réprimer une nouvelle et dernière insurrection, avant de se porter à la rencontre des Vandales qui, traversant le détroit de Gibraltar, venaient de débarquer à Tanger, en 428.

Avant de quitter la période romaine, résumons les principaux traits de l'organisation administrative pendant cette longue durée.

Grande préfecture d'Italie. — Diocèse d'Afrique (capitale Carthage), divisé en six provinces :

1° Tripolitaine ; métropole, grande Leptis.
2° Byzacène ; métropole, Byzacium.
3° Afrique proconsulaire ; métropole, Carthage.
4° Numidie ; métropole, Cirta (Constantine).
5° Mauritanie sitifienne ; métropole, Sitifis (Sétif).
6° Mauritanie césarienne ; métropole, Césarée (Cherchell).

La Mauritanie tingitane dépendait du diocèse d'Espagne, lequel se rattachait à la préfecture des Gaules : sa métropole était Tingis (Tanger).

Le préfet du prétoire d'Italie commandait à l'administrateur du diocèse d'Afrique, nommé d'abord proconsul, puis vicaire, qui avait sous ses ordres deux consulaires, pour les provinces de Byzacène et de Numidie; trois présidents, pour la Tripolitaine et les Mauritanies sitifienne et césarienne.

Entre le pouvoir civil et le pouvoir militaire la séparation était complète. Les commandants supérieurs de la cavalerie (*magister equitum*) et de l'infanterie (*magister peditum*) avaient sous leurs ordres des chefs sédentaires qui portaient le titre de comtes (*comites rei militaris, comites militum*) ou de ducs (*duces militum*).

Quant à l'administration de la justice et des finances, elle était à peu près la même que dans toutes les autres parties de l'empire. Des fonctionnaires de même titre et de même ordre que ceux d'Italie étaient chargés d'emplois équivalents.

Un gouverneur civil présidait à toute l'administration : auprès de lui se trouvaient trois employés supérieurs (*primates officiorum*) : le *princeps* ou *primicerius*, le *cornicularius*, le *commentariensis*. Le *princeps* dirigeait les bureaux du gouverneur : c'était en quelque sorte un secrétaire général. Les deux autres primats étaient les premiers fonctionnaires des bureaux de la justice. Un *numerarius*, ou trésorier, dirigeait les finances.

Les impôts, sous les noms d'*indiction* et de *capitation*, étaient perçus par les *collecteurs des cités* et passaient par les mains des *préposés du trésor* ou *receveurs provinciaux* ou des *comtes des largesses* pour arriver dans celles du *ministre du trésor public*.

On comprend que pendant une période de quatre siècles, l'organisation romaine ait subi de nombreux et notables changements. Nous l'exposons ici au moment de la plénitude du pouvoir impérial soit en Europe, soit en Afrique.

*Période vandale.* Le comte Boniface, dont nous avons mentionné les services, fut la cause première de l'invasion des Vandales en Afrique. Irrité de voir accueillir à la cour impériale les calomnies de ses ennemis, près d'être attaqué comme rebelle par une armée envoyée contre lui, il fit appel aux barbares qui, depuis une vingtaine d'années, avaient passé des Gaules en Espagne. Genséric, qui commandait alors aux Vandales, accueillit avec empressement la chance que la fortune lui envoyait. A la tête de hordes s'élevant à 80 000 âmes, il franchit le détroit, et prit possession, en 429 de J. C., des trois Mauritanies, tingitane, césarienne, sitifienne. Bientôt éclairé sur les conséquences de sa trahison, Boniface voulut refouler les barbares en Espagne, mais il fut vaincu, repoussé dans Hippone où il subit un siége de quatorze mois, et enfin contraint à une paix qui assura à Genséric tout le pays depuis les colonnes d'Hercule jusqu'aux murs d'Hippone et de Constantine (en 435 de J. C.). Quelques années plus tard, le barbare s'empara de toute l'Afrique proconsulaire et de la Bysacène, en un mot, succéda au pouvoir des Romains. Et, maître assuré de ses conquêtes, il songea à compléter sa domination par une organisation régulière, dans laquelle il conserva beaucoup de rouages du mécanisme romain. S'occupant ensuite de créer une marine et d'étendre son pouvoir sur la Méditerranée, il s'élança de Carthage en Sicile, en Sardaigne et dans les Baléares, dévasta les côtes de l'Italie et de la Grèce, rendit les deux empires ses tributaires, et revendiqua le titre de roi de la terre et de la mer. En 455, ses bandes saccagèrent Rome pendant quatorze jours. La cour de Constantinople, après avoir tenté de vains efforts pour l'arrêter, fut réduite à s'humilier à son tour. Un traité conclu en 476 sanctionna toutes les conquêtes de Genséric, en le reconnaissant maître de tout le pays, depuis les frontières de la Cyrénaïque jusqu'à l'Océan, avec les annexes de la Sardaigne, des Baléares, de la Corse et de la Sicile. Il mourut l'année suivante, emportant dans la tombe le secret de ce génie politique et militaire qui lui avait valu de si éclatants triomphes.

La force de l'empire vandale décrut chaque année sous ses quatre premiers successeurs : Hunérik, Gunthamond, Thrasamond et Hildérik. Le dernier, élevé à la cour de Constantinople, y était devenu l'élève et l'ami de l'empereur Justinien, et en même temps un chrétien orthodoxe, tandis que ses prédécesseurs, ainsi que le peuple vandale, à l'exemple des tribus berbères, s'étaient jetés dans l'hérésie arienne et le schisme donatiste, causes incessantes de divisions et de troubles au sein de l'Afrique septentrionale. Gélimer, que quelques exploits récents avaient signalé à l'estime de ses frères vandales, profita de la répulsion qu'inspiraient les croyances et les amitiés de Hildérik, pour le supplanter sur le trône. Son usurpation fournit à Justinien l'occasion d'envoyer Bélisaire à la conquête de l'Afrique.

Les succès du général grec furent rapides. Carthage désarmée ouvrit ses portes. Gélimer vint au-devant de son ennemi; la lutte s'engagea à Tricameron. La fortune tourna contre les Vandales. En trois mois la ruine complète de Gélimer et de son peuple était consommée. Tandis que le prince vandale s'enfuit dans les monts Pappua (l'Edough), Bélisaire fit rentrer à son maître les îles de la Méditerranée et tout le territoire africain.... L'occupation de Césarée, de Septem (Ceuta), etc. se fit presque sans obstacles. Après avoir rétabli les fortifications de Carthage, rendu à l'Église catholique qu'avaient illustrée les Augustin, les Cyprien, les Tertullien, les Lactance, les priviléges et les richesses dont l'arianisme l'avait si longtemps dépouillée ; après avoir reconstitué l'administration sur ses bases anciennes, Bélisaire, emportant d'immenses trésors, emmenant Gélimer enchaîné avec de nombreux captifs, alla jouir à Constantinople d'un triomphe que la jalousie de ses ennemis prétendait en vain lui refuser (534 de J. C.). Les Vandales avaient dominé pendant un siècle l'Afrique du nord.

*Période byzantine.* L'administration byzantine voulut rétablir de son mieux l'état politique et social, tel qu'il était avant la conquête vandale ; mais elle échoua dans son entreprise. Au milieu de tous ces mouvements confus, la soumission des indigènes était devenue chaque jour plus précaire, bien que leurs chefs se montrassent courtisans empressés et avides. D'ailleurs les administrateurs envoyés de Grèce manquèrent à la fois de conscience et d'habileté. A défaut des anciens registres d'impôts perdus, ils en créèrent de nouveaux plus onéreux. Les officiers revendiquèrent au nom de l'empereur, et en vertu de leur alliance avec les filles des Vandales, de grandes étendues de terres domaniales. De là sortit une grave révolte de l'armée qui faillit déposséder l'empire de ses récentes acquisitions. Pour mettre un terme à des réclamations chaque jour plus gênantes, Salomon, successeur de Bélisaire dans le commandement de l'Afrique, exila toutes les femmes vandales ; et, pour compenser les pertes de population causées par cette émigration et par les ravages de la guerre, on fit à cette époque passer en Afrique de nombreuses colonies d'Italie et de Sicile.

Salomon maintint pendant quelque temps dans l'obéissance les populations impatientes du joug étranger. Il pénétra dans les monts Aurès devenus le centre d'une résistance active, et s'y fortifia. De là, il s'avança vers Sétif au nord-ouest, peut-être dans les

Ziban au sud. En Numidie, le domaine réellement possédé par les Byzantins n'allait guère au delà de la première chaîne de l'Atlas; sur le littoral, les villes de Césarée, de Tingis et de Septem n'assuraient que très-imparfaitement la domination grecque hors de leurs enceintes.

Telle était la situation de l'Afrique gréco-latine lorsque le peuple arabe y apparut, le glaive dans une main, le Coran dans l'autre.

*Période arabe.* Dès le vii⁰ siècle de l'ère chrétienne, à la voix des successeurs de Mahomet, les Arabes s'étaient élancés à la conquête politique et religieuse du monde. A l'orient, la Syrie, la Perse, une partie de l'Inde subirent la loi des khalifes; à l'occident, ils s'emparèrent d'abord de l'Egypte, et, après une courte halte sur la terre des Pharaons et des Ptolémées, tournant leurs regards vers le Maghreb, comme ils appelaient les pays du couchant, ils résolurent l'invasion du reste de l'Afrique. Outre l'enivrement de leurs premiers et rapides triomphes, tout les y invitait : l'éloignement et les prétentions à l'indépendance des gouverneurs grecs, l'indiscipline des troupes, les ravages non encore réparés des Vandales, l'approche menaçante des Goths, les révoltes mal étouffées des indigènes, les dissensions religieuses où s'épuisaient les meilleurs esprits, la décadence générale de l'empire. La perspective d'immenses richesses à s'approprier exaltait le prosélytisme.

La conquête de l'Afrique par les Arabes fut accomplie dans le cours de cinq expéditions qui portèrent progressivement le drapeau de l'islam depuis l'Égypte, comme point de départ, jusqu'à l'océan Atlantique. Mais c'est dans Okba qui conduisit la quatrième et cinquième expédition, que l'histoire a justement personnifié la conquête générale et définitive de l'Afrique par les Arabes, et particulièrement de la région qui devint l'Algérie. De victoire en victoire il s'avança jusqu'aux bords de l'océan Atlantique, et, poussant son cheval jusqu'au poitrail dans les flots de la mer, il prit Dieu à témoin que la terre seule faisait défaut à son ardeur de conquérant et d'apôtre. Blessé à mort dans un combat contre les Berbères insoumis, il périt après vingt-quatre ans de campagnes en Afrique, laissant aux khalifes, ses maîtres, un empire d'Occident. Son tombeau, que renferme la mosquée du village qui lui doit son nom de Sidi-Okba, non loin de Biskara, est encore aujoud'hui profondément vénéré des Arabes.

Quarante ans suffirent à la conquête qui, commencée vers l'an 642, était accomplie en 680. Mais elle fut suivie de violentes réactions au sein du peuple indigène. La première révolte victorieuse reconnut pour chef le Berbère Koucila : dans une autre, s'illustra une femme, Kahena, dite Doumiah, guerrière juive des monts Aurès, qui fit reconnaître son pouvoir aux débris des Romains comme aux Berbères et battit en maintes rencontres les troupes musulmanes. Défaite par l'émir Hacen, elle périt, après cinq années de règne, les armes à la main. Dès lors les vainqueurs purent consolider une domination contre laquelle protestèrent cependant en maintes rencontres divers défenseurs du peuple berbère, toujours intrépides, mais toujours refoulés par des forces supérieures. Pour secouer le joug de leurs maîtres les Berbères eurent recours, sans compter les armes, aux schismes politiques et aux hérésies religieuses, qui divisèrent de bonne heure l'empire des khalifes : accueillant tous les aventuriers qui levaient, au nom de la dépendance d'Ali le drapeau de la protestation schiite, et tous les sectaires dont l'ambition se recouvrait du masque du kharedjisme et de ses nombreuses variétés. Ainsi s'élevaient des dynasties ou plutôt de grandes familles, qui acquéraient sur les peuples une autorité, tantôt vassale, tantôt indépendante, suivant leur force.

Parmi ces dynasties nous citerons d'abord les IFRÉNIDES, dont le père, Abou-Korra, se fit proclamer khalife à Tlemcen vers 765. Ses successeurs fondèrent, dans les siècles suivants, à Ifgan, au sud de cette ville, un premier État, et plus tard, un second à Chala, près de Salé, sur les bords de l'Océan. Vers la même époque, les ROUSTÉMITES rebâtirent et repeuplèrent Tehort (Tiaret succédant à Tekedempt), qui fut longtemps la rivale de Tlemcen dans le Maghreb central. Dans cette double manifestation l'élément berbère ne s'appuyait que sur lui-même, tandis que, bientôt après, il tendit une main fraternelle à l'élément arabe dissident qui se groupa autour des ÉDRISSIDES dans l'ouest, des AGHLABITES dans l'est. Au IXe siècle, l'anarchie, qui avait de nouveau envahi le Maghreb, facilita le triomphe des FATIMITES, dont le pouvoir s'étendit sur tout le nord de l'Afrique : unité violente et factice qui ne dura pas longtemps. Leurs successeurs, les ZIRITES, ne purent se maintenir en dehors de l'Afrique propre (*Ifrikia*), à l'orient de la Numidie. Déjà de leur tronc s'étaient détachés les HAMMADITES, commandants de Bougie.

Au XIe siècle, une plus grave et plus confuse anarchie envahit ce malheureux pays, tiraillé en tout sens par une multitude d'ambitions, de sectes et d'intérêts ; et pour comble de malheur, une nouvelle invasion de hordes arabes, appelées par la colère des Fatimites d'Égypte, vint à la traverse semer en tous lieux la dévastation et la ruine: terrible calamité qui marqua le milieu du XIe siècle. Trois grandes tribus se mirent aussitôt en marche, et entrèrent au nombre d'un million d'hommes en Berbérie par les déserts de Barka. Le mouvement s'étendit de proche en proche, chaque nouveau flot d'émigration se mêlant au précédent et le poussant en avant. De cette époque date la véritable implantation de la race arabe en Afrique. Dans ce débordement, le torrent arabe détruisit les villes, ravagea les campagnes, plongea dans une misère et une barbarie plus profondes que jamais une contrée qui portait encore de nombreux témoignages des civilisations antérieures.

Mais les violences des nouveaux venus rendaient inévitable une réaction berbère. La haine de l'ennemi commun favorisa l'élévation des ALMORAVIDES, dont l'étoile se leva sur les rives lointaines du Sénégal, et brilla bientôt d'un vif éclat sur l'horizon entier du Maghreb, depuis l'Océan et la Méditerranée jusqu'aux frontières de l'antique Numidie; ils débordèrent même sur l'Espagne. Malgré l'éclat de leurs triomphes, leur gloire ne dura qu'un siècle (de 1050 à 1147), et s'éclipsa devant celle des ALMOHADES qui grandirent, portés par les mêmes passions : le fanatisme religieux et l'amour de l'indépendance. Maîtres de Tlemcen, Oran, Miliana, Alger, Bougie, ceux-ci mirent fin à la dynastie des Hammadites, et bientôt après, à celle des Zirites de l'Ifrikia; en Espagne ils recueillirent aussi l'héritage des Almoravides. L'esprit remuant des Africains ne put supporter la loi des Almohades guère au delà d'un siècle (de 1147 à 1266). Dans l'est un gouverneur nommé par eux se proclama indépendant et fonda la dynastie des HAFSIDES, qui régnèrent à Tunis. A l'ouest, les MÉRINIDES devinrent souverains du Maroc. Au centre, les Abd-el-Ouadites ou ZIANITES, conquirent le royaume de Tlemcen : manifestation de la loi naturelle qui semble appeler la division du Maghreb en trois grands États. Chacune de ces dynasties, à travers bien des agitations, se maintint pendant trois cents ans environ, et atteignit la première moitié du xvi° siècle.

A cette époque, qui ouvre le monde moderne, le Maghreb extrême, affaibli par de longues luttes contre les Portugais qui avaient pris pied sur les côtes de l'Océan, et plus encore par les révoltes des provinces contre l'autorité déclinante des Mérinides, reconnut, non sans lutte, une dynastie nouvelle, celle des CHÉRIFS venus du sud (branche *Saadienne*), inaugurée sous le patronage d'une généalogie complaisante qui la rattache à Mahomet. Éteinte une première fois, elle s'est reconstituée avec une étonnante facilité (branche *Hacenide*), et c'est elle qui de nos jours encore, personnifiée dans l'empereur Abd-er-Rahman, règne dans le *Gharb* des musulmans, le Maroc des chrétiens, double traduction du Maghreb des Arabes.

Quant au Maghreb central, les entreprises des Espagnols qui poursuivaient jusque sur les côtes de l'Afrique, les débris de la nation maure, après l'avoir violemment chassée de l'Espagne, attirèrent dans la Méditerranée deux fameux corsaires, les frères Barberousse qui accouraient au secours de l'islamisme. Alors finit la période arabe, qui devrait, pour mieux rapprocher le nom de la réalité, s'appeler arabe-berbère.

*Période turque.* La brutale et violente expulsion des Maures de l'Espagne où ils avaient pendant huit siècles, développé le génie des arts, des sciences, des lettres, tout en donnant l'exemple d'une libérale tolérance envers la religion des vaincus, fut une grande faute politique. Elle renforça la piraterie sur la Méditerranée. Cent mille familles, chassées de leurs foyers, jetées à la mer, refoulées en Afrique, respirèrent une vengeance que la conscience humaine ne saurait condamner qu'au nom de la fraternité chrétienne, mécon-

nue en cette circonstance par les chrétiens eux-mêmes.
La solidarité de toutes les nations musulmanes, le
goût des aventures, l'espoir du pillage et de la gloire
attirèrent sur les côtes d'Afrique les frères Barberousse, Haroudj et Khaïr-ed-Din, nés à Métélin et sujets turcs. Ils prirent Djidjelli sur les Génois, et en
firent la base de leurs opérations dans la Méditerranée.
Appelé au secours d'Alger par le chef indigène que
menaçaient les Espagnols, campés sur l'îlot voisin où
s'élève aujourd'hui le phare, Haroudj entra dans la
ville, fit périr par trahison le chef qui l'avait appelé,
et s'imposa aux Algériens comme leur maître (1516).
Autour de lui accoururent tous les forbans de la
Méditerranée, toutes les victimes du fanatisme espagnol, à qui la colère inspirait le courage de la lutte.
Son frère vint le rejoindre, et tous deux ils commencèrent une suite d'expéditions sur mer et sur terre,
dont les succès consolidèrent leur pouvoir. Dans une
campagne contre Tlemcen, Haroudj, poursuivi par les
Espagnols, périt sur les bords du Rio-Salado (1518),
Khaïr-ed-Din lui succéda. Peu de temps après son
avénement, une armée espagnole, commandée par Hugo
de Moncade, débarqua devant Alger : elle fut détruite
par la tempête plus encore que par le fer et le feu de
l'ennemi. Khaïr-ed-Din, pour mieux assurer sa conquête, la mit sous la protection du sultan de Constantinople, et c'est ainsi que la souveraineté des Turcs
plana pendant trois siècles sur un Etat, qui, de cette
condition vassale, prit le nom de régence d'Alger. Il
songea alors à étendre son royaume à l'intérieur et à
multiplier ses courses sur mer, double source de puissance et de richesse. Il chassa les Espagnols du Peñon
d'Alger, fit raser le fort, et réunissant l'îlot à la ville
par une jetée qui porte encore aujourd'hui son nom, il
commença la destinée maritime de la célèbre capitale

des corsaires. Ce fut sous son règne, mais pendant un voyage qu'il avait fait à Constantinople pour recevoir le titre et les insignes de capitan-pacha ou grand amiral, qu'eut lieu la fameuse expédition dirigée par Charles-Quint en personne, contre Alger, en 1541.

Le départ tardif de l'escadre, la tempête qui l'assaillit, le désordre qui suivit le débarquement, l'énergique défense des Turcs, convertirent en effroyable désastre une entreprise dont toute la chrétienté attendait un éclatant triomphe. Le pouvoir de Hassan, que Khaïr-ed-Din avait laissé pour son lieutenant, en fut raffermi, et sa domination s'étendit avec autorité dans l'intérieur depuis Constantine jusqu'à Tlemcen. Quelques villes du littoral restaient seules encore au pouvoir des chrétiens, et passèrent alternativement, suivant la chance des combats, des mains des Espagnols à celles des Turcs. Oran seul resta aux premiers, malgré quelques intermittences d'occupation (1708 à 1732), jusqu'en 1792. Tout le reste de la régence s'inclina sous le sabre des pachas d'Alger, pendant le cours du XVI° siècle. Au XVII° siècle, le pouvoir suprême fut partagé entre les pachas et les deys; au XVIII° siècle, les deys régnèrent seuls. Pendant cette longue période l'histoire de la régence présente une succession monotone de révoltes, de trahisons, de violences, de courses en mer, parmi lesquelles viennent seules jeter quelque diversion les entreprises des puissances chrétiennes, pour refouler vers l'orient leurs redoutables ennemis.

La France brilla de bonne heure au premier rang dans ces attaques. Sur la fin du règne de Louis XIII, une première expédition, commandée par l'amiral de Beaulieu, resta sans résultat. Sous Louis XIV, le duc de Beaufort fit éprouver d'abord, en 1663, des pertes graves aux corsaires; l'année suivante, il débarqua heureusement à Djidjelli, et occupa la ville sans beaucoup de résistance ; mais la garnison qu'il y laissa, affaiblie par des divisions, ne put s'y maintenir. En 1683, Duquesne dirigea une nouvelle attaque contre Alger même, pour châtier des incursions sur les côtes de Provence : la moitié de la ville fut détruite par les bombes que lança la flotte française. Les mauvais temps de l'équinoxe de septembre ne permirent pas à l'amiral français de pousser jusqu'au bout son succès. Quatre années après, d'Estrée et Tourville purent conduire contre Alger une nouvelle expédition qui jeta dix mille bombes dans la capitale des corsaires sans mettre encore un terme à des pirateries toujours renaissantes. D'autres puissances européennes ne furent pas plus heureuses. La plus importante de leurs entreprises fut celle que l'Espagne confia au général O'Reilly en 1775 : malgré la réunion de forces très-imposantes, elle échoua complétement, et l'armée espagnole dut se rembarquer frappée d'un désastre qui rappela celui de Charles-Quint.

Après un si grand nombre de démonstrations impuissantes, Alger semblait justifier plus que jamais son titre de *bien-gardée*. L'orgueil de ses deys, accru par cette longue suite de défenses victorieuses, fut pourtant durement humilié par l'expédition de lord Exmouth, en 1816. Menacé à la fois par la flotte anglaise et par la révolte de ses sujets, le dey Omar dut souscrire aux conditions que lui imposait l'amiral anglais, et qui stipulaient l'abolition absolue de l'esclavage des chrétiens, et la délivrance sans rançon des captifs de toutes les nations européennes. Mais le drapeau de l'islam continua à flotter sur la casbah d'Alger, d'où il était réservé aux Français de l'arracher, en 1830.

Le principe fondamental du gouvernement politique, fondé par les Barberousse, était la concentration entre les mains des Turcs, de tous les pouvoirs militaires, surtout dans les villes, et l'exclusion absolue des indigènes de toute participation à l'autorité. Les Koulouglis, issus de leur alliance avec les Mauresques, étaient même tenus en sévère suspicion. La milice se recrutait en Orient des éléments les plus hétérogènes, parmi lesquels l'élément turc d'origine pouvait se trouver en minorité. Plus d'une fois des renégats chrétiens, incorporés dans la milice, ont été portés à la tête de l'*odjak*. Les revenus des deys provenaient des tributs prélevés sur leurs sujets, des prises opérées par leurs bâtiments sur les navires chrétiens, et quelquefois d'incursions soudaines sur les côtes d'Espagne, d'Italie, de Sicile, de France même, où leur nom réveille encore des souvenirs de terreur.

Pour maintenir leur autorité sur les populations de l'intérieur, il suffisait aux Turcs d'une force armée de douze à quinze mille hommes, grâce à l'habileté qu'ils avaient eue de se donner pour auxiliaires, sous le nom de *Maghzen*, des tribus indigènes qui percevaient l'impôt et faisaient la police, à la condition d'entrer en partage des dépouilles.

Pour préserver de toute insulte leurs navires, les puissances de l'Europe payaient aux maîtres d'Alger, divers tributs qu'un document, publié en 1830, évaluait ainsi qu'il suit :

| | |
|---|---:|
| DEUX-SICILES : tribut, 128,400 fr., présent, 107,000, ci............................ fr. | 235,400 |
| TOSCANE : en présents..................... | 132,750 |
| SARDAIGNE : 120,000 fr. par changement de consul, c'est-à-dire à peu près de trois en trois ans................................ | 40,000 |
| PORTUGAL : comme les Deux-Siciles.... | 235,400 |
| A *reporter*........................ | 643,550 |

| | |
|---|---:|
| *Report*. . . . . . . . . . . . . . . . . . . . . . . . . . . . | 643,550 |
| ESPAGNE : 150,000 fr. par changement de consul, soit par an. . . . . . . . . . . . . . . . . . . . . . . . | 50,000 |
| ANGLETERRE : par an. . . . . . . . . . . . . . . . . . | 15,120 |
| HOLLANDE : par an. . . . . . . . . . . . . . . . . . . . | 40,000 |
| HANOVRE ET BRÊME : par an. . . . . . . . . . | 15,120 |
| SUÈDE ET DANEMARK : en munitions, etc., 21,400 ; à la rénovation décennale des traités 53,500 fr., soit par an 5,350 ; en tout, par an. . . . . . . . . . . . . . . . . . . . . . . . . . . . . . . . . . . . . . . | 27,750 |
| ÉTATS-UNIS : par an. . . . . . . . . . . . . . . . . . . | 15,120 |
| Total des tributs chrétiens. . . . . . | 806,660 |

Ainsi la France seule, avec Rome et l'Autriche, ne payaient rien ; toutefois elles donnaient des *régals*, présents personnels au dey et à ses principaux fonctionnaires, qui déguisaient à peine un hommage politique à la puissance barbaresque.

Il était donné à la France de mettre fin à ces humiliations.

*Période française.* La pêche du corail avait conduit les Français dans la régence d'Alger dès le xviᵉ siècle. En 1551, une nef marseillaise, montée par un patron corse, se mêlait aux coralleurs génois. Dix ans plus tard, en 1561, deux négociants de Marseille, Thomas Linches et Carlin Didier, agissant en vertu d'une convention avec les tribus indigènes et d'un privilège de Soliman II, formèrent dans une anse, entre Bone et la Calle, un établissement qu'ils appelèrent *Bastion de France*, un des premiers jalons de la tradition française dans l'Afrique du Nord. Ils se ruinèrent dans cette entreprise ; mais comme le corail de ces côtes était très-supérieur à celui des mers d'Italie, une autre compagnie française leur succéda, et étendit les opérations de cette pêche, en fondant successivement des comptoirs au cap Roux, à Bone, Collo, Djidjelli et Bougie : en 1594, le siége des opérations fut transporté à la Calle. La pêche du corail fut définitivement acquise aux Français par le traité du 20 mai 1604, préparé à Alger par Savary de Brèves, et conclu à Constantinople avec Amurat III. Pendant les xvi⁰ et xvii⁰ siècles, diverses compagnies développèrent le commerce des produits du pays par l'échange avec les marchandises européennes, et familiarisèrent les populations du littoral avec le nom et les mœurs des Français. De là naquirent des intérêts considérables de négoce dont la protection entra dans la mission donnée aux consuls que la cour de France entretenait à Alger dans des vues principalement politiques.

Ce fut l'offense commise envers l'un de ces consuls, M. Deval, par le dey Hussein, qui détermina l'expédition d'Alger. Le 30 avril 1827, le consul se présenta à la casbah, pour saluer le dey, suivant l'usage, à la veille des fêtes musulmanes, et profita de cette visite pour faire valoir quelques réclamations au sujet d'un navire des États du saint-siége qui, bien que couvert par le pavillon français, avait été récemment capturé. A ces observations, le dey répondit qu'au lieu de s'entremettre dans une affaire qui ne le regardait pas, il ferait mieux de lui remettre la réponse à la lettre que lui, le dey, avait écrite au roi de France au sujet du payement de la créance qu'il savait exister, et il lui demanda avec colère si cette réponse était arrivée, menaçant le consul, dans le cas contraire, de l'envoyer en prison. A cette brusque interpellation, M. Deval répondit qu'un roi, comme celui de France, ne correspondait pas directement avec un dey tel que celui d'Alger. La dispute s'anima. Menacé par Hussein, M. Deval le menaça à son tour de l'indignation de son gouvernement. Alors le dey, transporté de colère, frappa le consul français au visage avec le chasse-mouche formé de plumes de paon qu'il tenait à la main. Le consul s'écria aussitôt : « Ce n'est pas à moi, c'est au roi de France, que l'injure a été faite. » Le dey répliqua « qu'il ne craignait pas plus le roi de France que son représentant, » et ordonna à M. Deval de sortir à l'instant.

La créance, à laquelle il était fait allusion dans le dialogue, était relative à une fourniture de grains que la maison Busnac et Bacri, d'Alger, avait faite aux populations françaises, pendant la révolution, de 1792 à 1796, créance dont le payement avait été retardé par divers incidents : elle s'élevait à sept millions pour lesquels un crédit avait été demandé aux Chambres dès l'année 1820.

La France réclama une satisfaction que le dey refusa, et il aggrava ses torts, en faisant détruire quelques mois après, l'établissement de la Calle (27 juin 1827), Alger fut bloqué pendant trois ans sans résultat décisif. Enfin une expédition fut résolue à la fin de 1829; conduite avec une vigueur extrême, dans les premiers mois de l'année suivante, elle put mettre à la voile le 25 mai 1830, sous le double commandement du général de Bourmont, ministre de la guerre, pour l'armée de terre; de l'amiral Duperré pour la flotte. L'armée comprenait 35 000 hommes de troupes; la flotte, 11 vaisseaux de ligne, 19 frégates et 274 bâtiments de transport. Après une traversée longue, mais sans accident, elle débarqua le 13 juin, sur la plage désormais immortelle de Sidi-Ferruch, où nulle résistance sérieuse n'était organisée.

Le 19 juillet eut lieu la bataille de Staouëli, dans la plaine de ce nom, où plus tard les Trappistes s'établirent. Le 4 juillet, les batteries de siège ouvrirent le feu contre le fort de l'Empereur, qui dominait et couvrait Alger. Le 5 juillet, en vertu d'une capitulation signée le matin de ce jour, l'armée française, son général en tête, entrait dans Alger, et en prenait possession. Le dey Hussein, quitta Alger le 17 juillet, émerveillé de notre générosité, avec toutes ses richesses mobilières, suivi des principaux chefs de la milice turque et de leurs familles. Il se rendit d'abord à Naples, puis à Livourne, vint un instant se montrer aux Parisiens, ébahis de voir à un pacha turc une si honnête figure, et mourut à Alexandrie en 1838. Quant à M. de Bourmont, nommé maréchal de France, il ne jouit de son triomphe que pendant quelques semaines.

La révolution, qui avait éclaté à Paris, dans les derniers jours de juillet, l'emporta avec le roi Charles X, dans une commune disgrâce à laquelle il s'associa de son plein gré. Le 11 août, le général Clauzel était nommé au commandement supérieur de l'armée d'occupation, et ne tardait pas à venir prendre son poste pendant que le maréchal de Bourmont s'embarquait, le 8 septembre, pour l'Espagne, sur un simple bâtiment de commerce, léguant à sa patrie, qui n'a témoigné jusqu'à ce jour aucune reconnaissance à sa mémoire, la gloire impérissable d'avoir purgé la côte d'Afrique et la Méditerranée des pirates qui étaient depuis trois siècles la terreur des chrétiens.

# SECONDE PARTIE.

## L'ALGÉRIE.

### Caractère général.

En face de la France, de l'Espagne et de l'Italie, sur le rivage méridional de la Méditerranée, l'Algérie déploie un vaste et splendide amphithéâtre de côtes, de collines, de plaines, de montagnes, de plateaux. Formant avec la Tunisie et le Maroc la Péninsule atlantique, elle termine au nord-ouest l'extrémité du continent africain, et semble moins appartenir à l'Afrique qu'à l'Europe, vers laquelle inclinent ses pentes et qu'elle rejoint par des ramifications sous-marines, dont les Baléares, la Sardaigne, la Corse, la Sicile, Malte sont les cimes culminantes. Entre ces pays et l'Algérie, la mer est un lien, tandis qu'entre l'Algérie et l'Afrique intérieure, le désert est une barrière. Aussi, dès les temps les plus reculés jusqu'à nos jours, cette contrée a-t-elle participé, par une suite de rapports jamais interrompus, quelquefois amicaux, le plus souvent hostiles, au mouvement politique, commercial et religieux de l'Europe. Rome et Carthage dans l'ancien monde, Cordoue et Kairouan au moyen-âge, Paris et Alger dans les temps modernes, personnifient, aux époques les plus brillantes des civilisations païenne, musulmane et chrétienne, ces relations naturelles de l'Europe avec la Péninsule atlantique, qu'une ère nouvelle d'échanges pacifiques, de conquêtes fécondes, d'expansion colonisatrice, va rendre plus intimes et plus fécondes. La guerre a dû ouvrir violemment la brèche dans une société barbare qui ne se révélait que par l'insolence de ses pachas et le brigandage de ses corsaires : la paix, en procurant la prospérité solidaire des vainqueurs et des vaincus, rapprochés aujourd'hui et destinés à se fondre un jour en un seul peuple, complétera, par les exploits non moins glorieux de l'agriculture, de l'industrie, du commerce, des sciences et des arts, par l'initiative de l'éducation sociale et de la tolérance religieuse, l'œuvre utile, et pour un temps nécessaire, de la guerre.

Cette intervention généreuse de l'esprit chrétien et européen, sous la haute direction de la France, est rendue facile par la faible distance qui sépare le littoral algérien du littoral de l'Europe méridionale.

L'Algérie est à 454 kilomètres du détroit de Gibraltar;
à 200 — des côtes S. E. d'Espagne;
à 658 kil. (Port-Vendres) 760 (Marseille) côtes de France;
à 710 kilomètres des côtes d'Italie.

Le trajet de Marseille à Alger se fait en 40 heures; on l'a fait en 35 et même en 32. — Le trajet d'Oran en Espagne est l'affaire d'une nuit.

Les îles de la Méditerranée, stations intermédiaires, rattachent l'Algérie à l'Espagne, à la France, à l'Italie et à la Grèce.

Les Baléares sont à 300 et 340 kil. de la côte africaine;
La Sardaigne est à 300;
La Corse — à 760;
La Sicile — à 530;
Malte — à 635.

Placée à portée des intérêts divers engagés dans la Méditerranée, gardienne par Oran et Bône des portes de la partie occidentale de cette mer intérieure, l'Algérie reçoit de tous ses voisins une active impulsion, comme au besoin, elle les surveille tous; suivant les éventualités, elle peut défendre la cause de la métropole avec la sienne, ou attaquer leurs ennemis communs. Rien ne peut désormais s'accomplir dans la Méditerranée, depuis le détroit de Gibraltar jusqu'au Bosphore, sans que l'Algérie soit appelée à jouer un rôle. Au gré des événements, elle est pour la France : un marché un comptoir, un champ, une usine ; — ou un fort, un camp, un port d'attaque et de refuge. A tous les points de vue : colonie précieuse pour la mère-patrie, dont elle est l'indispensable complément, source nouvelle de richesse et de puissance ; monument de gloire nationale, le plus grandiose qu'il soit donné à la génération contemporaine de léguer à la postérité, digne objet de l'envie et des combats de l'Europe, si jamais elle pouvait échapper aux mains qui l'ont conquise et la fécondent !

### Limites.

L'Algérie est bornée au nord par la Méditerranée, dont elle longe le littoral sur une étendue de 1,000 kilomètres de côtes ; à l'est par la régence de Tunis, suivant une ligne arrêtée en 1846 par les deux gouvernements, à l'ouest par l'empire du Maroc, suivant une ligne fixée par un traité spécial en 1845. Au sud, l'Algérie n'a d'autres limites que celle qu'il plaira à la France de se tracer. Le Sahara tout entier avec ses oasis, le désert avec ses sables aurifères et sa mer souterraine, lui appartiendraient s'il lui plaisait d'y planter le drapeau national. Nulle puissance n'a intérêt, ni droit, ni facilité à lui disputer ces immenses espaces, aujourd'hui à peu près incultes et inhabités. Pour aujourd'hui la France se borne à faire reconnaître sa souveraineté jusqu'aux pays que la géographie et l'histoire indiquent comme limites naturelles de l'Algérie. Ces pays sont : de l'est à l'ouest, les oasis de Souf, du R'ir, de Temacin, d'Ouargla, des Beni-M'zab, des Ksour, des Ouled-Sidi-Cheickh. Entre cette ceinture d'oasis et le désert proprement dit, le Grand-Désert, le Falat, se trouvent seulement les terres de parcours des Chamba et l'oasis du Touat, qui sont comme l'avant-scène et le seuil du royaume des sables. Jusqu'à ces avant-postes, la France devra un jour étendre sa domination, non par l'occupation armée, mais, à l'instar de l'Inde, par des résidents à la fois agents commerciaux et politiques, sous peine de voir l'Angleterre qui, postée dans la Tunisie et le Maroc, avance de droite et de gauche vers un but que guettent ses marchands, prendre pied la première dans le Touat, barrer le passage aux échanges de l'Algérie avec l'Afrique centrale, et conquérir un monopole, dont elle apprécie mieux que la France la haute valeur. Quant à présent, les prétentions de la France ne dépassent pas au sud l'oasis d'Ouargla.

### Position astronomique.

Ainsi délimitée, l'Algérie se trouve comprise entre le 32° et le 37° de latitude nord, entre le 4° de longitude occidentale et le 6° de longitude orientale. Elle embrasse 5° du nord au sud, 10° de l'est à l'ouest. Dans l'hémisphère boréal, elle est traversée à peu près par les mêmes parallèles que le Maroc et la Tunisie en Afrique, la pointe méridionale de la Sicile et quelques îles de l'archipel grec ; Chypre dans les mers du Levant, la Syrie, la Mésopotamie, la Perse, le Thibet, la Chine et le Japon, en Asie ; la Californie, le Mexique, le Texas, l'Arkansas, le Mississipi, l'Alabama, le Tennessée, la Géorgie et la Caroline, en Amérique, contrées dont elle reproduit sous plusieurs aspects le climat et les productions. Dans l'hémisphère austral, le cap de Bonne Espérance en Afrique, et la Nouvelle-Galles du sud dans l'Australie, qui, sous le rapport historique, à titre de colonies européennes, présentent avec l'Algérie de curieuses ressemblances, s'en rapprochent aussi pour l'isothermie des climatures, car la première est située par 30° à 35° de latitude, et la seconde par 30° à 40°. Dans l'Amérique du sud ces

parallèles traversent les riches pampas de la Plata.
L'Algérie, plus méridionale de un à deux degrés que le
midi de l'Espagne et de l'Italie, est de trois à six plus
septentrionale que l'Egypte. Elle combine les fertilités
de tous ces pays. Sa température la place dans la zone
tempérée chaude, mais à distance notable encore du tropique. Occupant la véritable région moyenne des terres
cultivables, entre l'équateur et le 70° de latitude nord,
nulle contrée de la terre n'est plus admirablement
placée pour réunir les productions des climats les plus
divers.

### Etendue superficielle.

La ligne du nord a un développement de 1,000 kil.
(250 lieues); celles de l'est 415, celle de l'ouest 350, sans
tenir compte des sinuosités, en moyenne, 390 kil. (97
lieues). En supposant la ligne du sud parallèle à celle du
nord, c'est une surface totale de 390,000 kil. carrés, soit 39
millions d'hectares, soit 24,375 lieues carrées. La France,
ayant 52 millions d'hectares, l'Algérie équivaut donc aux
trois quarts de la France. La possession de l'Algérie représente en conséquence une annexion de territoire d'une
telle étendue, qu'une nouvelle formation géologique aurait ajoutée au littoral français, avec cette différence précieuse que l'interposition d'une mer provoque le développement de la marine, le premier besoin de la France dans
le présent, et surtout dans l'avenir, en même temps que
la différence des climats devient une source d'échanges
et non de concurrence. Voilà donc, dès à présent, l'empire français presque doublé en étendue, sinon encore
en importance, progrès ultérieur qui sera l'œuvre des
capitaux, des intelligences et des bras, comme le premier
a été l'œuvre des armes.

### Topographie.

Vue à vol d'oiseau, dans sa disposition à l'extrémité
du continent africain, l'Afrique septentrionale représente

une île, hérissée de monts, découpée en des milliers de cases très-irrégulières de couleur, d'aspect, de niveau et de surface, baignée à l'intérieur par une multitude de lacs et de cours d'eau, entourée de toutes parts par une ceinture qui la limite : ceinture liquide au nord et à l'ouest, ceinture de sable au sud et à l'est. L'Algérie, flanquée de la Tunisie et du Maroc, occupe le centre de cette île de verdure, et ces multiples relations ont déterminé son caractère géologique, physique, politique, industriel et commercial, son histoire comme sa topographie. Nous ne pouvons parler que de cette dernière.

Le sol algérien est traversé par le système atlantique qui a son foyer principal de soulèvement dans le Maroc, d'où il émerge de l'Océan, et se continue à l'est pour aller se perdre et s'éteindre dans la Tunisie. La chaîne principale, celle désignée sous le nom de Grand-Atlas, forme, à l'ouest de l'Algérie, les monts Amour, et à l'est les monts Aurès, massifs les plus hauts et les plus considérables de l'Algérie méridionale. Une seconde chaîne, moins élevée, mais plus accidentée, se rapproche de la côte, se développe parallèlement à la première, et porte, dans ses rameaux les plus voisins de la mer, le nom vulgaire et inexact de Petit-Atlas. Entre les deux s'étendent de vastes plateaux, déprimés en bassins fermés. Des arêtes culminantes de ces deux chaînes qui se rapprochent et se fondent dans la province orientale naissent une multitude innombrable de contreforts, de mamelons, de pics qui se ramifient et se croisent en tout sens, au point de faire de l'Algérie le pays le plus tourmenté du monde, réfractaire à toute distribution symétrique.

Cependant à le contempler de haut, et dans sa configuration la plus générale, on y reconnaît trois régions distinctes : le *versant méditerranéen*, région dont toutes les eaux se rendent à la Méditerranée ; le *plateau central*, région dont toutes les eaux se réunissent dans des lacs intérieurs; le *versant saharien*, région dont toutes les eaux vont se perdre dans la mer de sable du désert.

Le versant méditerranéen est celui qui regarde l'Europe. De la mer aux cimes de la chaîne atlantique la plus rapprochée du littoral, le pays se relève graduellement, mais fort irrégulièrement, jusqu'à une hauteur variable de 1000 à 2120 mètres, suivant un plan très-incliné à l'horizon, talus rapide du versant. Il figure assez bien, autour du vaste bassin de la Méditerranée, une section d'un immense cirque, dont les gradins étagés sont les plaines et les moyens plateaux, séparés latéralement par de profondes coupures de terrain qui sont les lits encaissés de rivières ou leurs larges vallées, séparées verticalement par des murs de soutènement qui sont les collines et les montagnes. — Le plateau central, ou les hauts plateaux, représente une immense bande de landes à pacages, qui s'étend en travers de toute l'Algérie, de l'est à l'ouest, entre les deux chaînes de l'Atlas, et s'affaisse de loin en loin en immenses cuvettes qui sont le fond des lacs. — Le versant saharien, subdivisé en deux pentes, l'une à droite, l'autre à gauche, se réunissant au centre en dos d'âne (d'où elles tirent leur nom vulgaire) s'incline par ondulations irrégulières repliées quelquefois en bassins et en lacs, et entrecoupées de verdoyantes oasis, vers le désert, qui de proche en proche, empiète sur les landes et les oasis, et finit par caractériser, seul, tout le paysage.

## Système hydrographique.

Du relief du sol dérive le système de distribution des eaux. Chacune des trois régions que nous venons d'énoncer se subdivise en bassins, dont voici l'énumération, de l'est à l'ouest.

I. VERSANT MÉDITERRANÉEN. — Bassins du Medjerda

(en partie), — Mafrag, — Seibouse, — Radjeta, — Safsaf, — Guébli, — Oued-el Kebir, — Oued-Sahel, — Sebaou, — Isser, — Khamis, — Harrach, — Masafran, — Nador, — Chélif, — Macta, — Oued-el Meleh ou Rio Salado, — Tafna, — Oued-Adjeroud. Total, 19 bassins, nommés et caractérisés par le principal courant, qui porte leurs eaux à la Méditerranée. Entre la plupart de ces bassins s'en trouvent de secondaires, traversés par des affluents directs à la mer, de peu d'importance. Ces bassins constituent le territoire de culture proprement dite, par conséquent celui où doit s'établir la colonisation agricole.

II. PLATEAU CENTRAL. — Bassin des Sbagh, — Chott-Selda, — Zahrez, — Chott-Chergui, — Chott-Gharbi. Total, 5 bassins, nommés et caractérisés par les lacs intérieurs qui reçoivent leurs eaux. Ces cinq bassins constituent les hauts plateaux, pâturages les plus beaux du monde, et les plus vastes après les pampas de l'Amérique. Aussi les tribus qui les habitent sont-elles très-riches.

III. VERSANT SAHARIEN. — Bassin du Meïr'ir, — l'Oued-Djedi, — Oued-M'zab, — Oued-R'ir, — Ouled-Sidi-Cheickh. Total, 5 bassins, dont les eaux vont se perdre directement, ou élargis en lacs, dans les sables du Sahara. Ce versant est le pays des dattiers, dont les fruits nourrissent les habitants, et, par le commerce, se répandent dans le reste de l'Afrique et par toute l'Europe.

La description de chacun de ces bassins trouvera sa place dans celle des provinces à laquelle ils appartiennent.

### Division agricole.

Cette première division naturelle, par versants et bassins, se complique d'une autre division non moins naturelle, par *ordre de régions de cultures*, au nombre de deux: le Tell et le Sahara.

Le TELL est la terre cultivable (*alma tellus nutrix hominum*); toute contrée où les céréales croissent par le seul effet des pluies ordinaires de l'automne et du printemps. Ainsi les terres où les céréales ne viennent qu'après des pluies exceptionnelles ou au moyen d'irrigations, ne sont pas réputées *terres de Tell*.

Le SAHARA ( du verbe *tsra*, pâturer) est toute contrée qui, par l'effet des pluies, n'est susceptible de produire que des pâturages.

Dans l'esprit des indigènes, ces deux régions correspondent uniquement à l'action des eaux pluviales sur la production naturelle, au point de vue des céréales et des pacages; mais il en découle une physionomie profondément différente dans la végétation tout entière, dans le paysage, dans l'existence, les travaux, les mœurs des populations, ce qui permet d'étendre le sens de ces deux mots à deux systèmes tout entiers de société.

Jusqu'à ce jour, on a délimité ces deux ordres de régions au moyen d'une ligne qui passe un peu au sud de Sebdou, Daïa, Saïda, Tiaret, Boghar, Aumale, Msila, Batna et Tébessa; et on a dit : tout ce qui est au sud de cette ligne est terre de Sahara, et tout ce qui est au nord, est terre de Tell. C'est une théorie à modifier.

Ainsi divisé, le Tell comprend des terres de Sahara : les bassins des Sbagh, dans la province de Constantine. Et le Sahara comprend des terres de Tell : les versants des monts Bou-Kahil, Sahari, Amour, Ksan, Roundjaïa.

La totalité du *versant méditerranéen* est terre de Tell, à l'exception de la partie supérieure du bassin du Chélif. — La totalité du *plateau central* est terre de Sahara, à l'exception de la partie supérieure du bassin de l'Oued Kseub, affluent du Chott-es-Saïda. — La grande majorité du *versant saharien* est terre de Sahara, et une petite minorité est terre de Tell.

Cette rectification importante détruit la fameuse loi de dépendance alimentaire du Sahara, sur laquelle on a vécu depuis dix ans. La nécessité d'occuper successivement Biskara, Bousada, El-Aghouat et El-Biod (Geryville), avait préalablement démontré l'erreur dans laquelle on était tombé. Erreur heureuse, car, sans elle, les chambres de Louis-Philippe, de peur de se laisser entraîner jusqu'à Tombouctou, eussent arrêté la marche de l'occupation. On ira peut-être jusqu'à Tuggurt et Ouargla, mais pas au-delà.

Le Tell, qui occupe le plan incliné vers la Méditerranée, oblique, sur la côte seulement, du N.-E. au S.-O, ce qui rend sa profondeur dans les terres très-inégale; il figure assez bien une manche, dont l'ouverture la plus large s'adapterait à la frontière de Tunis, et la plus étroite à celle du Maroc. A une extrémité, la longueur est de soixante-dix lieues, et de vingt seulement à l'autre. Rafraîchi par la brise de mer pendant les plus fortes chaleurs, baigné par de nombreux cours d'eau, abrité des vents du sud par les montagnes, le Tell, comme un riche lambeau du sol de l'Europe méridionale, est le pays des terres fertiles, des forêts épaisses, des gros herbages, des nombreux troupeaux de bœufs, des cultures variées, des cités populeuses et des villages industrieux. Si les tribus arabes y habitent sous la tente, leur mobilité est circonscrite dans un territoire assez restreint, par les champs labourables qui font leur richesse, et dont la possession paraît authentiquement constatée. Les Kabiles y habitent des maisons de pierres groupées en villages, autour desquels de beaux jardins étalent leurs cultures soignées de légumes et leurs luxuriantes plantations. Des Maures sont installés à demeure dans les villes, centres de commerce et d'administration. C'est dans le Tell qu'ont pris pied les conquérants de toutes les époques : dans les temps anciens, Carthage, Rome, les Vandales, Byzance, et après eux, les Arabes, les Espagnols, les Turcs, et enfin les Français. Aussi le

Tell refléta-t-il, en tous temps, à des degrés divers, les mœurs, les sciences, les arts de la civilisation ; mais il fut souvent gouverné par des races étrangères.

Tout autre est le Sahara. Les hauts plateaux et les croupes ondulées vers le sud, dont il se compose, sont d'immenses steppes, traversées plutôt que baignées par de rares courants, dont les uns se jettent dans les lacs sans issue, les autres se perdent dans les sables. Ici la richesse est d'une autre nature, mais n'est pas moins abondante ; la population est plus dispersée, sans être absente. Le Sahara est le pays des innombrables troupeaux de chameaux et de moutons, la patrie privilégiée du cheval, la région des vastes parcours des bestiaux, des chasses à l'autruche et à la gazelle et du vol au faucon, des mirages décevants, des gazons de chéa, d'alfa et de thym, des horizons infinis, au sein desquels s'écoule la vie pastorale dans toute sa simplicité, relevée par la chevalerie patriarcale et féodale à la fois, dans toute sa poésie ; le Sahara est surtout le pays de l'indépendance. La culture y est une rare exception, dévolue, comme une infortune et une déchéance, aux habitants sédentaires des ksours, villages des oasis, archipels d'îles au sein des landes de pacage, que rafraîchit un maigre filet d'eau. A mesure que le soleil, dans sa course annuelle, montant sur l'horizon, dessèche de ses brûlants rayons les pâturages du Sahara, les tribus accomplissent une migration périodique, qui des bords du désert, les conduit vers les montagnes et les marchés du Tell, où elles échangent leurs produits contre ceux du Tell et même de l'Europe, jusqu'à ce qu'arrivées au terme de leur marche, en même temps que s'abaisse la courbe du soleil sur l'horizon, elles s'arrêtent et se replient sur elles-mêmes. Alors, un mouvement en sens contraire les ramène, d'un pas mesuré sur celui des saisons, vers les landes, où leurs troupeaux paîtront l'herbe épaisse et sapide que les pluies ont fait pousser, vers les oasis, dépôts de leurs richesses : lentes oscillations du sud au nord et du nord au sud, fatales comme une loi de la nature, régulières comme les marées, solennelles comme une religieuse pérégrination de tout un peuple.

Ces deux grandes divisions culturales sont loin d'avoir la même étendue. Sur les 39 millions d'hectares, le Tell en occupe 13,790, soit un tiers, et le Sahara 25,300, soit les deux tiers. Mais, comme population, comme production, comme importance politique et commerciale, la proportion est en sens inverse.

Le rapport du sol aux produits peut se résumer ainsi :

Versant méditerranéen : *agri*-culture ;
Plateau central : production spontanée ;
Versant saharien { landes : production spontanée ; oasis : *horti*-culture ; sables : *in*-culture, *im*-production.

### Population.

L'Algérie est occupée par les peuples les plus divers d'origine, de langue, de culte, de couleur même. La division la plus générale partage ses habitants entre indigènes et Européens, qui, les uns et les autres, se subdivisent eux-mêmes en plusieurs grandes classes.

I. Les indigènes. — Un recensement approximatif, exécuté en 1851 par les bureaux arabes, a constaté les chiffres suivants, pour les indigènes distribués sur tout le pays en dehors des villes et des centres occupés par les Européens,

|  | Tell. | Sahara. | Total. |
|---|---|---|---|
| Province d'Alger. | 583,472 | 172,795 | 756,267 |
| — de Constantine. | 924,193 | 177,228 | 1,101,421 |
| — d'Oran. | 335,422 | 130,745 | 466,167 |
|  | 1,843,087 | 480,768 | 2,323,855 |

Quant aux indigènes habitant les territoires occupés par les Européens, le dénombrement nominatif, exécuté en 1852, en porte le nombre à 122,030 âmes.

Le total se résume ainsi :

Indigènes des tribus. . . . . . . . . . . . 2,323,855
— des territoires européens. . . . 122,030
Total. . . . . . . . 2,445,885

pas tout à fait 2 millions et demi d'habitants, au lieu de ces 5 et 6 millions, dont on fit pendant quelques années un épouvantail à la France !

Considérés sous le rapport de leur origine, qui entraîne elle-même une différence radicale de mœurs, cette population indigène se subdivise en six races, qui sont : les Kabiles ou Berbères, — les Arabes, — les Maures, — les Koulouglis, — les Juifs, — les Nègres. Le Berbère et l'Arabe sont les deux éléments fondamentaux ; les autres sont secondaires.

Le portrait de chacune de ces races a été si souvent fait, qu'il est devenu populaire. En quelques traits, le voici :

1° Les *Berbères* (*Beraber*) sont les hommes que nous appelons *Kabiles* quand ils habitent les montagnes du littoral ; *Chaouïa*, quand ils sont dans la chaîne méridionale de l'Aurès ; *Mzabites*, quand ils viennent de la ceinture d'oasis, qui limite l'Algérie au sud (Ouad-R'ir, Temacin, Ouargla, Beni-M'zab) ; enfin *Touareg*, quand ils habitent le désert proprement dit. Ce sont les mêmes hommes qui sont connus dans le Maroc sous le nom de *Amazigh* (homme libre), *Chelhia*, etc., les mêmes qui jadis se sont appelés Libyens dans l'est, Maures dans l'ouest, Numides au centre, Gétules dans le sud et Garamantes dans les landes du désert, et qui représentent pour nous ou la race autochtone, ou la race de première émigration qui a peuplé le pays à des époques sur lesquelles la science discute, et qui a survécu dans toute l'Afrique septentrionale aux révolutions politiques, sociales et religieuses. Nous ne nous occupons ici que du Kabile proprement dit, principal type de la race berbère, celui qui s'est le mieux conservé. Les invasions successives des peuples conquérants l'ont refoulé dans les lieux de l'accès le plus difficile, sur les hautes montagnes, dans les vallées abruptes, où il avait échappé jusqu'à nos jours à toute domination étrangère. Bien que le massif principal qu'il occupe entre la province de Constantine et celle d'Alger s'appelle particulièrement la Kabilie, il y a en réalité autant de Kabilies que de pâtés montagneux, car partout, sur les hauteurs, se retrouvent des Kabiles. Chassés des plaines, resserrés sur d'étroites surfaces, ils ont dû modifier leurs habitudes primitives, nomades comme celles de tous les peuples à leur origine, et se sont industriés pour vivre. La tente s'est convertie en *gourbi*, cabane construite en pisé ou en pierre, le *mapalia* des Romains; et la réunion sur un point de plusieurs gourbis appartenant à une même tribu a constitué le *kebila*, d'où est venu le nom de Kabiles, donné à l'ensemble des tribus berbères du littoral. Des jardins et des champs cultivés avec soin ont fourni l'alimentation qu'on ne pouvait demander à de vastes espaces ; fixé au sol par la maison, le Kabile a pu s'y fixer encore par des plantations. De beaux arbres taillés, greffés, souvent même plantés de sa main, achèvent de lui créer une patrie locale, des intérêts, des habitudes, des affections sédentaires, comme aux populations d'Europe. Des villages et des petites villes se sont fondés, image exacte, par leur défaut d'alignement, leur saleté, leur incommodité, le type brut de leur architecture, des premiers villages et des premières villes des pays aujourd'hui les plus civilisés. Dans ses étroites limites, pressé par le besoin, le Kabile est devenu *indus-*

*triel :* forgeron, maçon, taillandier, armurier, fabricant de monnaie, même de fausse monnaie. Entouré de mines, il a su en tirer parti pour son bien-être. Dans ces habitudes laborieuses, son caractère tout entier s'est empreint d'un cachet spécial; l'homme est devenu pratique, positif, mais simple et rude, comme l'artisan sans éducation intellectuelle. Doué, par une tradition héréditaire qui est passée dans le sang et l'esprit de la race, du don de l'imitation et de l'aptitude des doigts et des mains, il n'attend pour devenir mécanicien habile que des maîtres et des modèles. La France, qui a pénétré dans ses montagnes, lui donnera les uns et les autres, et se fera de lui un habile auxiliaire. — Quand la terre natale ne peut suffire pour faire vivre tous ses fils, alors, en Kabilie comme en tout pays de montagne, quelque enfant de la maison émigre pour une saison, pour des années. Il descend dans la plaine, et loue ses bras pour la récolte; il pénètre dans les villes, et devient manœuvre. Dans cette phase nouvelle, et toujours transitoire, de son existence, il reproduit les mœurs et les qualités des Auvergnats et des Savoyards, dont il est le type africain. On le trouve dans toutes les villes de l'Algérie, coudoyant son cousin du Maroc et du Sahara, et grossissant, par une sobriété à toute épreuve, par un labeur infatigable, par la plus sévère épargne, par une honnêteté proverbiale, le petit trésor qui lui permettra de revenir un jour au village de ses pères, et d'y acheter un fusil, une femme, une maison, un champ ou un jardin. Quant au cheval, il s'en passe. Le Kabile, fils de la montagne, est fantassin.

2° Fils de la plaine, l'*Arabe* est cavalier; et ce double fait engendre une tout autre existence, faisant, avec celle du Kabile, le même contraste que la plaine avec la montagne. Amené en Afrique par la conquête, dès le 7e siècle de l'ère chrétienne, la principale de toutes les invasions, non la seule (d'autres l'avaient préparée et l'ont suivie), l'Arabe est resté maître des vastes et riches plaines au milieu desquelles il s'est installé, et de proche en proche, il a gagné le pied des montagnes et des collines, en s'assimilant beaucoup de tribus berbères. Voyageur, pasteur, nomade, dédaignant de s'enchaîner à une maison de boue, il parcourt à cheval ses vastes pâturages, et promène d'un champ à l'autre sa charrue, sans sortir toutefois d'une circonscription qui constitue le domaine propre de chaque tribu. Dans ces habitudes d'existence errante au sein des horizons infinis, son esprit s'est maintenu plus élevé que celui du Kabile, son imagination plus vive. Il observe le monde extérieur et en reçoit de fortes sensations, qui colorent son langage ; il nomme par de pittoresques expressions ses montagnes et ses coteaux, ses vallons et ses rivières. Mais la nature des lieux a introduit des différences entre les divers groupes de la race arabe. L'Arabe du Tell, incliné vers la terre par le labour, se rapproche beaucoup du paysan kabile, moins l'industrie. L'affinité de sang, l'alliance de race entrent pour beaucoup dans ces ressemblances de l'Arabe du Tell avec le Berbère. L'Arabe des landes du Sahara conserve seul, avec fidélité, le type poétique du caractère national ; ennemi du travail, dont il abandonne aux femmes la part inévitable ; amoureux des femmes, des chevaux, des courses, des vers, des fêtes, de l'éclat, du mouvement, de toutes les joies qui se résument en un seul mot, synonyme du bonheur suprême : *la Fantasia !*

3° Le *Maure* est l'habitant des villes, et surtout des villes du littoral. C'est le *détritus* indéterminé de toutes les races qui se sont succédé dans ces centres de population. Leur nom, déduit de *Maghreb* (occident), remonte à l'antiquité qui avait appelé Mauritanie toute la partie occidentale de l'Afrique du nord, à partir de la Numidie jusqu'à l'Océan. On ne peut guère admettre, dans les Maures de nos jours, une aussi antique origine, tant se sont renouvelées, sous des fortunes si diverses, les populations des villes du littoral. Il y a eu tradition de résidence, d'habitudes et d'intérêts, plutôt que tradition de sang. Les Maures de notre temps se livrent au commerce, exercent de petites industries, habitent leurs maisons de ville, possèdent et font cultiver des biens de campagne, vivent de rentes qui, vont d'année en année, diminuant, au contact d'une civilisation qui renchérit tous les éléments de l'existence. Sous les deys turcs, ils occupaient quelques emplois, et l'administration française continue à un petit nombre d'entre eux cette marque de confiance. Beaucoup, parmi eux, sont remarquables par la beauté des traits, l'ampleur élégante de la démarche, du costume et des manières. Ils ont généralement la peau plus blanche, le visage plus plein, le nez moins aigu, le profil moins anguleux, le poil plus fin, tous les traits de la physionomie moins prononcés que les Arabes, comme les citadins de tous les pays, comparés aux campagnards.

4° Les *Koulouglis* proviennent du mélange des Turcs avec les femmes indigènes. Souverains de la régence d'Alger pendant trois siècles, les Turcs se sont alliés aux races diverses du pays. De là tout un groupe de population, moins remarquable par son importance numérique que par son intelligence et son ralliement sincère aux Français. Leur intérêt les y a conduits. A la chute des Turcs, en 1830, isolés dans les pays, les Koulouglis étaient attaqués à la fois par les Arabes et par les Kabiles, comme fils de maîtres chassés. Ils se jetèrent dans les bras de la France. Depuis cette époque, ils ont fait constamment cause commune avec nous ; beaucoup ont pris du service dans notre infanterie indigène. L'administration française recrute volontiers dans leurs rangs les fonctionnaires musulmans des villes. Quant aux Turcs, il en survit à peine quelques individus fort âgés.

5° En Algérie, comme partout, les *Juifs* obéissent instinctivement à la loi de leur destinée, qui est le commerce entre les peuples, les races, les classes, la conservation et la diffusion cosmopolite du capital. Dans toutes les villes du Tell et du Sahara, même au sein des tribus, ils sont, quoique spoliés, opprimés et méprisés, les agents universels des échanges, et à ce titre, les instruments providentiels du bien-être général, dont ils recueillent la première part. On observe en eux deux types physiques : l'un, d'une remarquable beauté qui rappelle la figure traditionnelle du Christ, l'autre plus que vulgaire d'expression. Quelques-uns, mais en rare exception, manifestent du penchant pour le jardinage et l'agriculture. Un plus grand nombre se livre à des travaux de petite industrie, dans de pauvres boutiques. La presque totalité pratique le trafic, sur une échelle proportionnée aux ressources de chacun, depuis le colportage de mercerie dans les rues, et l'échoppe en plein vent au marché, jusqu'aux grandes fournitures de l'administration française. Les Juifs, qui, en Algérie, comme en tous pays, préfèrent le nom d'*Israélites*, nom historique glorieux, furent nos premiers médiateurs, et sont restés nos interprètes, grâce à une remarquable aptitude à apprendre toutes les langues, faculté qui est en rapport avec leur mission commerciale. De tous les indigènes, ils ont le plus profité, socialement plus encore que pécuniairement, à la conquête française, qui les a délivrés d'une oppression séculaire et leur a reconnu les droits de cité; un conseiller israélite figure à côté du conseiller musulman et des conseillers européens dans les municipalités algériennes. Entraînés par l'esprit moderne, déjà quelques jeunes gens israélites dépouillent le sombre costume que leur avait imposé la tyrannie des Turcs et l'antipathie des Maures, pour revêtir le costume français. Mais c'est là une grande innovation qui s'accomplit rarement en un jour. La casquette sert ordinairement de transition.

6° Enfin les *Nègres*, sixième élément de la population indigène. Ce sont pour la plupart d'anciens esclaves, ou fils d'esclaves, émancipés par la France, qui sont restés dans le pays et y ont multiplié difficilement et confusément. Le préjugé de couleur n'existant pas chez les Arabes, grâce à la polygamie légale, et l'esclave faisant d'ailleurs partie de la famille, les Arabes s'allient sans scrupule aux négresses, et les enfants de ces unions héritent du nom, de la position, de la fortune du père. Aussi voit-on souvent, dans les tribus, des mulâtres de toute nuance, même dans les dignités du commandement. Quant aux noirs pur sang, ils font aujourd'hui dans les campagnes l'office de travailleurs de terre, dans les villes celui de manœuvres pour toute besogne. Par une particularité qu'explique l'amour des contrastes, ils ont un attrait particulier pour la manipulation des couleurs blanches : ils sont les badigeonneurs de toute l'Algérie. Les négresses tiennent, aux portes des villes, un petit étal de pain indigène, de fruits et autres menues friandises à l'usage des pauvres de toutes les classes. Les Nègres se montrent en Algérie les plus vaillants travailleurs, et, après les avoir vus à l'œuvre, on ne comprend que par les vices de l'esclavage la réputation de paresse que leur ont faite les colons des Antilles.

Considérés sous le rapport du domicile, les indigènes se divisent entre *Bédouins*, habitants de la campagne, nomades errant sous la tente; — *Hadars*, *Beldi*, citadins, résidant à demeure dans les villes, — et *Berranis* ou forains, qui habitent momentanément dans les villes, avec esprit de retour dans leur pays d'origine. Ces derniers sont organisés en corporations présidées par un amin ou syndic, investi à leur égard, par l'autorité française, d'un pouvoir disciplinaire et judiciaire. Les principales corporations sont : les *Kabiles*, portefaix, manœuvres, maçons, gâcheurs de mortier, bouchers, journaliers, marchands jardiniers, travailleurs de terre ; — les *Mzabites* (de l'oasis des Beni M'zab), boulangers, bouchers, revendeurs, baigneurs, pâtissiers, rôtisseurs, marchands de charbon, meuniers, conducteurs d'ânes ; — les *Biskri* (de Biskara), portefaix, porteurs d'eau, commissionnaires, porteurs de charbon ; — les *Nègres*, portefaix, blanchisseurs de maison, marchands de chaux et de paniers, domestiques, vidangeurs, cafetiers ; — les *M'zilla* (de race kabile), mesureurs et portefaix au marché aux grains, porteurs de charbon, baigneurs ; — les *Leghouati* (de El-Aghouât), mesureurs au marché aux huiles ; — les *Beni-Abbès*, tisserands ; — les *Marocains*, charbonniers, manœuvres, etc.

Considérés sous le rapport de la religion, on distingue les *Musulmans*, au nombre desquels figurent les Arabes, les Kabiles, les Maures, les Koulouglis ; les *Israélites*, qui sont les Juifs, et les *Nègres*, à peine sortis du fétichisme. Les plus intelligents d'entre ces derniers se mêlent, plus ou moins, aux pratiques musulmanes. Mais dans les fêtes nationales des Nègres, même en Algérie, les sacrifices d'animaux, les invocations aux esprits, témoignent de l'empreinte, encore profondément païenne, des superstitions de cette race. Le recensement de 1851 constatait, ainsi qu'il suit, pour les territoires européens, l'importance comparative de ces cultes dans les trois provinces :

|  | Musulmans. | Israélites. | Nègres. | Total. |
|---|---|---|---|---|
| Province d'Alger. . . . | 30,492 | 7,289 | 33 | 37,814 |
| — de Constantine. | 35,129 | 4,868 | 1,803 | 41,863 |
| — d'Oran. . . . | 15,708 | 8,891 | 1,587 | 26,186 |
| Totaux. . | 61,329 | 21,048 | 3,488 | 105,865 |

Sous le rapport des langues, les indigènes n'en parlent que deux : *l'arabe* et le *berbère*. — L'arabe est la langue dominante, familière aux Juifs et aux Nègres comme aux Arabes. Les Kabiles eux-mêmes, obligés comme musulmans d'apprendre le Koran, en relation permanente d'ailleurs avec les Arabes, comprennent tous la langue de ces derniers, et la plupart la parlent, pour peu qu'ils soient sortis de leur village. La langue berbère, qui comprend de nombreux dialectes, n'est pas seulement propre aux Kabiles ; elle est parlée par les Chaouia de l'Aurès, par les habitants des oasis de l'Ouad-R'ir, Temacin, Ouargla, Beni-Mzab, et sert de lien commun dans toute l'étendue de l'Afrique septentrionale, depuis le Maroc jusqu'à l'Égypte, depuis la Méditerranée jusqu'au désert, où elle est en usage chez les Touareg, qui seuls en ont conservé l'alphabet et l'emploient comme écriture courante, tandis que les Kabiles du Tell se servent des caractères arabes. De récentes et curieuses découvertes ont constaté l'identité de la langue berbère et de l'alphabet touareg avec la langue et l'écriture des Libyens, dont la généalogie historique se trouve ainsi rétablie sans solution. — L'hébreu se conserve dans les familles israélites comme langue sacrée, et sert à tracer les épitaphes de leurs sépultures.

II. POPULATION EUROPÉENNE. — Dans ce pays, déjà si riche en contrastes, la conquête française a installé une population européenne dont la physionomie, les allures, le costume, la langue, la religion, les mœurs forment avec les races indigènes la plus complète opposition.

Au 31 décembre 1852, d'après un dénombrement nominatif, elle comptait 124,401 individus qui se décomposait ainsi qu'il suit, à divers points de vue.

Sous le rapport des nationalités :

| | | | |
|---|---|---|---|
| Français. . . . | 69,980 | Belges et Hollandais. | 826 |
| Espagnols. . . | 35,129 | Anglo-Irlandais. . . | 483 |
| Italiens. . . . | 7,408 | Polonais. . . . . | 258 |
| Anglo-Maltais. . | 5,609 | Portugais. . . . . | 145 |
| Allemands. . . | 3,025 | Autres. . . . . . | 515 |
| Suisses. . . . | 1,323 | | |

Ou en bloc :

Français. . . . 69,980    Etrangers. . . . 54,421

Sous le rapport des sexes et des âges :

| | | | |
|---|---|---|---|
| Hommes. . . . | 29,451 | Garçons. . . . | 40,073 |
| Femmes. . . . | 28,233 | Filles. . . . . | 26,645 |
| Total. . . | 57,684 | Total. . | 66,718 |

Sous le rapport des familles :

32,826 ménages, habitant 16,215 maisons.

Sous le rapport de la religion.

Catholiques, 121,226.—Protestants, 2,561.—Israélites, 614.

Sous le rapport de la résidence et des travaux :

| | | |
|---|---|---|
| Population urbaine. . . . . . . . . . . . | | 80,143 |
| — rurale agricole. . . . . | 30,805 | } 44,258 |
| — — non agricole. . . | 13,453 | |

Sous le rapport de la distribution par province :

| | |
|---|---|
| Province d'Alger. . . . . . . . . . . | 120,506 |
| — de Constantine. . . . . . . . | 73,799 |
| — d'Oran. . . . . . . . . . . | 70,126 |

D'après ces données, la population totale de l'Algérie se compose ainsi qu'il suit :

| | |
|---|---|
| Habitants européens (dénombrement de 1852). . | 124,401 |
| Habitants musulmans et israélites des territoires européens (dénombrement de 1852). . . . . | 105,865 |
| Habitants des tribus (recensement de 1851). . | 2,323,855 |
| Total. . . . . . . . . | 2,554,121 |

Equivalent à la population de cinq ou six départements français pour un pays grand comme les trois quarts de la France, et partout cultivable et habitable.

Cette proportion est tellement faible, qu'on peut dire le pays pour ainsi dire vide d'habitants. En effet, en calculant sur 3 millions d'âmes, ce qui était l'évaluation commune avant les derniers recensements, évaluation exacte dans les premiers temps de l'occupation, la densité de peuplement était de 7 habitants par 67 kilomètres carrés ou par 100 hectares. On en compte, d'après un calcul fait en 1847 par M. Carette, membre de la commission scientifique de l'Algérie :

| | |
|---|---|
| En Espagne. . . . . . . . | 31,18 |
| En Turquie d'Europe. . . . | 38,24 |
| En Prusse. . . . . . . . | 54,60 |
| En France. . . . . . . | 64,87 |
| En Hollande. . . . . . . | 85,34 |
| En Belgique. . . . . . . | 124,04 |

L'Algérie est donc quatre fois moins peuplée que l'Espagne, cinq fois moins que la Turquie d'Europe, sept fois moins que la Prusse, huit fois et demie moins que la France, onze fois moins que la Hollande, seize fois moins que la Belgique.

Ainsi, sans déplacer, sans refouler, sans exterminer la population indigène, l'Algérie pourrait recevoir moyennement par kilomètre carré, pour être peuplée :

| | |
|---|---|
| Comme l'Espagne. . . . . . . | 24 habitants de plus. |
| Comme la Turquie d'Europe. . . | 31 |
| Comme la Prusse. . . . . . . | 47 |
| Comme la France. . . . . . . | 57 |
| Comme la Hollande. . . . . . | 78 |
| Comme la Belgique. . . . . . | 116 |

L'émigration européenne peut donc y introduire, pour qu'elle soit peuplée :

| | |
|---|---|
| Comme l'Espagne. . . . . . | 9,381,000 habitants. |
| Comme la Turquie d'Europe. | 12,117,000 |
| Comme la Prusse. . . . . | 18,372,300 |
| Comme la France. . . . . | 22,271,300 |
| Comme la Hollande. . . . | 30,490,200 |
| Comme la Belgique. . . . . | 45,344,400 |

Il suffira de cantonner les Arabes au milieu des Européens, au lieu de cantonner, comme on a fait jusqu'à présent, les Européens parmi les Arabes.

On s'inquiète quelquefois de la forte proportion des étrangers dans l'émigration algérienne. Vain souci ! Attachés au sol par la propriété, les étrangers défendront leur patrie d'adoption avec la même ardeur que les Français; et leurs enfants, élevés dans les écoles françaises, mêlés de bonne heure avec ceux de nos colons, unis par l'amitié et l'amour, ne formeront qu'un seul peuple. Est-ce que les Etats-Unis s'alarment de voir affluer dans leurs cités et leurs campagnes des émigrants d'origine étrangère ? Il y a seulement à rechercher pourquoi les Français se portent avec tant de lenteur sur un pays qui sollicite leur activité. Grave sujet de méditations qui ne peut être traité en passant !

Chacun de ces peuples apporte à l'œuvre commune de la colonisation sa part de qualités utiles. Le Français : l'élan intrépide, la gaîté dans les privations, la sociabilité sympathique, l'esprit alerte, l'intelligence directrice. L'Espagnol, le Mahonais et le Génois, leur tempérament acclimaté, leur sobriété merveilleuse, leur ardeur indomptable au travail sous un ciel ardent, leur puissance prolifique, leurs vertus de famille, leurs habitudes d'épargne, leur précieuse expérience des cultures maraîchères. Les premiers, dans la province d'Oran, les seconds dans la province d'Alger, les troisièmes un peu partout, ont été, dès les premiers jours, les défricheurs, les pionniers par excellence. Les Suisses et les Italiens se font remarquer surtout par leurs aptitudes industrielles, comme briquetiers, maçons, tailleurs de pierre, charpentiers, menuisiers. Les Maltais ont le génie des petites industries ; les Allemands participent à ces divers talents, et les relèvent par une gravité et une persévérance à toute épreuve. A des titres et à des degrés différents, les uns et les autres concourent au résultat final, la mise en valeur des richesses de la colonie : et de leur fusion naîtra une génération nouvelle en qui s'harmoniseront, surtout si elles se complètent par quelques gouttes de sang arabe, toutes ces qualités aujourd'hui disparates, et trop souvent impuissantes par leur isolement.

Pour mettre en jeu tous ces précieux agents de production, un seul ressort fait défaut : le capital, que possèdent en excès les classes riches de la société, en France, en Espagne, en Italie, en Angleterre. Appeler les capitaux, c'est-à-dire les capitalistes, par tous les moyens dont dispose la puissance publique, est la principale mission qui reste à accomplir au gouvernement français pour élever l'Algérie à la hauteur de sa destinée. Alors seulement on saura ce que valent son climat et son sol, objets aujourd'hui encore d'aveugles récriminations, non pas à l'étranger, mais en France même !

### Le climat.

Malgré tous préjugés contraires, le climat de l'Algérie est un des plus beaux, des plus agréables, des plus sains qui existent sur la terre. Les chaleurs d'Afrique ne sont un épouvantail que pour ceux qui ne les ont jamais éprouvées. Elles dépassent à peine d'un à deux degrés celles de la France méridionale. Preuve : en juillet 1853, la température moyenne diurne a été à, Stouéli (Afrique), 23° 50 ; à Marseille, 21° 87 ; à Toulouse, 21° 81 ; à Lunel (Hérault), 21° 60 ; à Orange (Vaucluse), 22° 65 ; à Bordeaux, 24° 18. Au mois d'août, la température moyenne diurne a été : à Staouëli, 25° 70 ; à Marseille, 23° 44 ; à Régusse (Var), 23° 58 ; à Lunel, 24° 82 ; à Orange, 22° 46 ; à Bordeaux, 24° 67. Si l'on remarque que l'Espagne et l'Italie, sont situées à plusieurs degrés de latitude au sud, correspondant à quelques degrés de température, on conclura que le climat de l'Algérie est le même que celui de l'Italie et de l'Andalousie. S'il est sujet à quelques heures d'un sirocco brûlant, il jouit, en revanche, d'une brise de mer permanente.

Et la sensation de ces chaleurs est en réalité moins pénible, moins accablante au-delà de la Méditerranée qu'en deçà, à raison de la brise de mer qui pendant tout l'été balaie l'air dans le Tell, et fait l'office d'un ventilateur permanent. D'ailleurs les nuits plus longues et rafraîchies par la brise de terre, tempèrent avec plus d'efficacité l'action solaire. L'Anglais qui passe l'été dans le midi de la France subit une plus forte transition que le Français qui émigre en Algérie. Ce n'est donc pas l'intensité, c'est la continuité plus soutenue de la chaleur qui constitue la véritable épreuve d'acclimatation pour les colons ; or une ceinture de flanelle suffit à prévenir tout danger. Partout l'atmosphère est pure, les brouillards sont rares, et la légère brume qui se montre avec le lever du soleil disparaît peu de temps après. L'hiver y est à vrai dire inconnu, car la température moyenne des mois les plus froids se maintient à 10, 11 et 12 degrés au-dessus de zéro. La température absolue ne descend pas à zéro une fois par an dans les plaines du littoral. Il est vrai que l'échelle des variations diurnes est très-étendue, et c'est encore à les supporter sans inconvénient, par la seule force de l'habitude, que consiste l'acclimatation. Mais c'est une affaire de peu de temps et de quelques soins faciles. En compensation toutes les maladies qu'amène le froid, et la liste en est longue, y sont à peu près inconnues, et la phthisie pulmonaire y trouve, dans la bénignité du climat, mieux qu'en Italie, sa guérison assurée.

Et cependant, dans beaucoup de localités, la mortalité est grande, et les fièvres intermittentes d'Afrique sont une trop triste réalité! Comment expliquer la coexistence d'un climat excellent et d'un état sanitaire tout opposé?

Par des causes locales et par des causes personnelles toutes transitoires de leur nature.

Les causes locales se trouvent dans les conditions d'existence imposées à quiconque défriche et laboure des terres, où depuis des siècles se sont accumulés des détritus végétaux et animaux. De leur sein labouré par la bêche ou la charrue, s'exhalent des émanations que le travailleur respire et qui lui sont des poisons, nullement mortels, mais malfaisants. — Le même effet se produit dans les fouilles qui accompagnent la naissance d'un village : le creusement des fossés et des fondations des maisons remue des masses de terre, d'où s'évaporent les miasmes insalubres. Il se reproduit encore dans les mauvaises conditions de logement, de vêtement, de nourriture, de médication, presque inséparables des débuts d'une colonisation. Conditions toutes passagères de leur nature.

Les causes personnelles se trouvent dans le défaut des précautions hygiéniques les plus simples, surtout dans l'abus des vins, des liqueurs, dans les excès de travaux ou de plaisirs. Causes également passagères.

Mais les marais d'Afrique! — De véritables marais, dans le sens géologique et médical du mot, des terres où les eaux séjournent, sans issue possible, ni par le fond ni par les côtés, des marais comme en Sologne, dans la Dombe et autres contrées de France, il n'y en a pas un seul en Algérie. Nulle part les populations ne se voient, comme en maints lieux d'Europe, inévitablement exposés aux fièvres endémiques. En Algérie il y a des terres submergées par obstruction du lit des cours d'eau ou des canaux d'irrigation, et ces eaux stagnantes, successivement élevées et abaissées au-dessus du niveau des terres, sont assurément des plus malfaisantes. Mais que, par des travaux d'assainissement, on *désubmerge* ces terres, que l'on cure les canaux, que l'on creuse le lit des rivières, que, par des plantations et des travaux de culture, on purifie l'air et la terre, et l'insalubrité accidentelle disparaîtra avec sa cause : les marais seront devenus des terres humides fécondes et saines. Après tout, quels sont ces marais? Sur 39 millions d'hectares de terres, superficie totale de l'Algérie, il n'y a en terres submergées et insalubres que 36,000 hectares, savoir : la Macta, 10,000; Sidi Abed et le Chélif, 4,000; plaine d'Eghris, 2,000; Métidja avec le lac Halloula, 8,000; plaine de Bône avec le lac Fetzara, 12,000 : total, 36,000; soit 40,000 en tenant compte de quelques petits marécages isolés : un millième de la surface totale. Malheureusement ces terres submergées sont près du littoral; et c'est par le littoral qu'ont débuté l'occupation et la colonisation, ce qui explique ce fantôme dont on a fait peur aux Français, comme à des enfants poltrons, de l'immensité des marais algériens, et leurs mortelles émanations.

Les eaux de boisson sont également malsaines, dit-on. — En effet, on en cite quelques-unes de suspectes; mais le danger en est moins dans la qualité intrinsèque des eaux que dans la négligence des colons qui ne les approprient pas aux usages domestiques. Si en France on buvait, sans les filtrer, les eaux des fleuves, des rivières, des canaux d'irrigation, les trouverait-on limpides et saines? D'autres sont légèrement saumâtres, et c'est un malheur pour les centres de population à qui elles sont échues; mais cette légère salure est sans inconvénient pour la santé, le goût s'y habitue; dans beaucoup de puits la salure diminue par le renouvellement du bassin souterrain. Après tout, rien n'oblige à choisir les centres de population avant de vérifier la qualité des eaux qui abondent, excellentes en mille endroits.

Et malgré toutes ces causes de maladies qui tiennent à la nouveauté même de notre installation algérienne en un pays livré depuis douze siècles à la barbarie, causes qui, pendant trois années consécutives (1849, 1850, 1851), ont été aggravées par le choléra, veut-on savoir, par quelques exemples, quelle faible mortalité il est permis d'espérer dans cette colonie naguère si mal famée sous le rapport sanitaire? Ouvrons les documents officiels, en rappelant que la mortalité générale moyenne en France est de 2,50 pour 100 ou un décès sur 40 habitants, et que dans les possessions d'outre-mer de la Grande-Bretagne, telles que le cap de Bonne-Espérance, Sainte-Hélène, les Indes, les Antilles, etc., elle est en moyenne de 7 sur 100 pour les Anglais.

En 1843, la mortalité fut en moyenne, dans les localités algériennes administrées civilement, de 4,42 décès sur 100 habitants. — Elle fut à Philippeville de 4,6 seulement; à Oran, de 3,97; à Mostaganem, de 3,4.

En 1844, la mortalité fut de 4,29 pour les Européens, et seulement de 3,24 pour les musulmans, et de 2,16 pour les Israélites.

En 1845, la mortalité fut de 4,55 parmi les Européens, de 4,08 pour les musulmans, de 3,61 pour les Israélites. — Elle fut seulement de 3,64 à Alger, de 4,04 à Boufarik, de 2,82 à Bône, de 4,15 à Oran, de 3,70 à Mostaganem, de 1,60 à Médéa, de 2,56 à Miliana, de 3,07 à Bougie, de 1,66 à Sétif, de 2,23 à Guelma, de 2,81 à Mascara, de 1,76 à Tlemcen.

En 1846, lacune dans les documents officiels.

En 1847, la mortalité fut de 5 pour 100. — Elle ne fut à Alger que de 4,87; à Tlemcen, 4,72; à Bône, 4,70; à Ténez, 4,21; à Bougie, 3,83; à Médéa, 3; à Mostaganem, 2,55.

En 1848, la mortalité fut de 4,25 pour 100. — Et à Tlemcen, de 3,29; à Mostaganem, de 2,75; à Médéa, de 2,17; à Bougie, de 1,22.

En 1849, le choléra sévit avec une rigueur extrême; la mortalité générale s'éleva à 10,59 pour 100. Et cependant, elle ne fut à Médéa que de 3,61; à Tlemcen, 3,52; à Bougie, 3; à *Boufarik*, 2,75.

En 1850, seconde année de choléra, la mortalité se maintint encore à 5,44. — Elle ne fut que de 3,34 à Philippeville, 2,86 à *Boufarik*, 1,81 à Bougie, 1,083 à Ténez.

Enfin en 1851, où le choléra a sévi encore en quelques localités, la mortalité moyenne a été de 5,08. — Mais elle n'a été que de 3,90 à Blida, 3,83 à Philippeville, 3,77 à Bône, 3,66 à Ténez, 3 à Alger et à Milianah, 1,02 à *Boufarik*, 1,82 à Bougie, 1,196 à Tlemcen.

Les chiffres de 1852 n'ont pas encore été publiés.

En présence de pareilles preuves, peut-il survivre le moindre doute sur la salubrité du climat algérien? Si la loi générale de mortalité est supérieure encore de quelque chose à celle de France, faut-il s'en étonner? Prétendre la trouver identique, entre une population assise sur le sol et une population d'émigrants, c'est méconnaître les données du bon sens autant que de l'histoire et de la statistique. Mais dans l'Algérie actuelle, après vingt années de conquête, sur lesquelles on ne peut en compter que dix au plus consacrées à des travaux de colonisation, la loi de mortalité est plus faible qu'en France sous Louis XIV! Et que serait-ce si on remontait jusqu'à la période mérovingienne et carlovingienne, analogues pour les Gaules à la période qui s'ouvre pour l'Algérie?

Entre les noms que nous avons cités, il en est un qui brille d'un éclat particulier : c'est Boufarik. Boufarik entouré dans les premières années de l'occupation de la Métidja de l'auréole la plus lugubre, renommée de cimetière plus que de camp ; où la mort a moissonné en un an jusqu'au cinquième des habitans! Boufarik est aujourd'hui un des lieux les plus salubres de l'Algérie entière, plus salubre que la plupart des localités de France. Il a suffi de dessécher les marécages au milieu desquels la ville a été bâtie, par des canaux de dérivation des eaux, par des plantations, par la culture. Courageux et persévérants, les colons de Boufarik ont fait du climat le plus malsain un climat modèle. Ainsi il arrive dans toutes les localités de l'Algérie les plus enfiévrées, à mesure qu'elles passent, par des travaux publics régulièrement entretenus et par des cultures suivies, à une situation normale. Au lieu donc de gémir, comme un peuple peureux et lâche devant la peine, sur les fièvres d'Afrique et sur les chaleurs de son climat, que l'on demande à l'État d'exécuter partout les travaux d'assainissement nécessaires, préalablement à l'installation des populations, que l'on demande aux colons de maintenir les résultats obtenus, par leurs travaux d'entretien, de cultures et de plantations, et l'Algérie sera partout, ce qu'elle est déjà dans la généralité de sa surface, un pays d'une salubrité privilégiée, où tous les riches d'Europe voudront, comme à l'époque de l'empire romain, posséder leur maison de plaisance!

### Le sol.

Le sol y invite non moins que le climat.

Il s'est trouvé une génération d'écrivains et de députés qui, jugeant de l'Algérie par les rochers du littoral, avec autant de sens qu'on jugerait de la France par les montagnes de Toulon et les plages de la Provence, s'est attaquée à cette renommée de fertilité dont l'Afrique septentrionale est en possession depuis la plus haute antiquité. Aujourd'hui cette génération s'éteint, et

M. Desjobert, son chef de file, est descendu dans la tombe. Il serait donc inutile d'entrer dans de longs développements pour prouver l'exubérante fécondité du sol algérien qui crève les yeux de quiconque a parcouru l'Algérie, en vivifiant les impressions des sens par les jugements de l'esprit, et sachant pressentir sous ce qui est ce qui pourrait être.

Disons-en cependant quelques mots, en laissant de côté les *mines*, qui constituent pourtant une nature de richesses à part d'une rare abondance en Algérie, parce qu'elles peuvent se trouver dans les sols les moins fertiles.

Quoique le pays renferme à peu près toutes les formations géologiques, les terrains *calcaires* composent la presque totalité du sol et du sous-sol, et l'on sait que ce sont les terrains les plus fertiles. Il n'y a de supérieur en qualité que les terres *d'alluvion*; et celles-ci, dans une juste proportion d'argile et de sable, constituent de vastes plaines encadrées dans les formations calcaires. Telles sont les plaines du Sig, de l'Habra, de la Mina, dans la province d'Oran; du Chélif et de la Métidja dans celle d'Alger, de Bône, de la Safsaf, de Bou-Merzoug dans celles de Constantine. Aussi la surface du Tell tout entière est-elle apte à recevoir les cultures, même sur les plateaux élevés et les plus hautes montagnes, où la température n'est jamais assez froide pour nuire à la croissance des céréales et de la plupart des végétaux d'Europe, en même temps que dans les plaines basses, dans les vallées abritées et dans les oasis du Sahara prospèrent les productions de la zone tropicale.

Les aptitudes productives du sol reçoivent une puissante énergie par l'action de *l'eau* combinée avec celle de la chaleur. Les vertus de l'irrigation dans les pays chauds sont connus; elles quadruplent la fécondité du sol. En Algérie l'irrigation est plus facile qu'en aucun pays du monde. Les pluies tombent en automne et en hiver, aussi abondantes qu'en France. Elles pénètrent dans la terre et forment des réservoirs souterrains, d'où une noria les extrait à une profondeur de quelques mètres. Autour des villes on peut voir, dans les cultures maraîchères, à quelle vigueur la végétation peut être amenée par ce procédé. Dans des lieux plus favorisés, au pourtour des montagnes, où des formations argileuses ont arrêté l'infiltration souterraine, sourdent des fontaines qui deviennent des filets, des ruisseaux, des rivières, en nombre infini. Bien que peu étendus dans leur course, parce que les massifs montagneux où ils prennent naissance sont peu éloignés de la Méditerranée, ces courants suffiraient à l'irrigation des terres. Descendant en pentes rapides des flancs des montagnes, ils traversent les plaines, et vont aujourd'hui ensevelir dans la mer des trésors dédaignés. Mais que des barrages, comme il s'en est déjà exécuté quelques-uns, au Sig notamment, retiennent les eaux au débouché des gorges, que des canaux les conduisent sur les terrains de culture, et les merveilles de la Lombardie, du Roussillon, des jardins de Valence deviendront le tableau général du pays! Si la navigation peut se plaindre de manquer de ces routes liquides vivantes et mouvantes, qui ont tant aidé à la rapide prospérité des États-Unis, l'industrie dispose de nombreuses chutes, et l'agriculture de toute l'eau qui lui est nécessaire. Mais il ne faut pas importer dans la colonie les habitudes d'Europe, où l'excès d'humidité est un fléau permanent; il ne faut pas abandonner à l'évaporation et à la mer, ou laisser stérilement enfouie sous le sol la plus précieuse des richesses. L'État, par ses travaux publics, les citoyens, par leurs travaux particuliers, doivent recueillir toute l'eau du ciel et des terres. Que, sous peine de souffrance et de ruine, l'industrie humaine doive utiliser les dons de la nature, n'est-ce pas la loi fatale de l'humanité en tout temps, en tout pays, loi variable seulement dans ses applications? En Algérie c'est à l'eau qu'elle doit s'appliquer plus encore qu'à la terre. Et l'eau ne manque, sauf en quelques localités qui doivent être réservées à la dépaissance des troupeaux, que faute de savoir la chercher, la trouver, l'amener, la distribuer.

Au surplus, la fécondité d'une terre se mesure à ses productions. Quelques mots sur celles de l'Algérie, en faisant la part de la nature et celle de la culture.

### Productions.

I. RÈGNE VÉGÉTAL. Quand les pluies d'hiver ont rafraîchi les racines des plantes et que les chaleurs du printemps viennent exciter la végétation, tout pousse avec une vigueur *furieuse*, suivant l'expression pittoresque d'un paysan transporté du nord de la France en Algérie. Le cavalier qui traverse les plaines disparaît, homme et cheval, perdu dans les hautes herbes. Les *foins* atteignent une hauteur régulière de un mètre dans les terres riches, et jusque sur les montagnes la faux peut les abattre à volonté. Ils se perdent partout, faute d'emploi, en même temps que le midi de la France ne sait comment subvenir à la disette de fourrages !

Malgré les incendies des Arabes, les *forêts*, que les touristes n'ont pas découvertes sur les routes d'Alger au Sahel, couvrent dans l'intérieur du pays une surface de près d'un million d'hectares, de bois de toutes les essences, dont les arbres disent, par leurs dimensions, quelle est, dans ces contrées, la puissance de la végétation. Auprès de Teniet-el-Haad, une forêt de cèdres, de 3,000 hectares de superficie, contient par milliers des sujets de 18 à 20 mètres de haut, mesurant sur presque tout leur fût une circonférence de 4 à 5 mètres. Dans les bois, l'olivier est l'essence dominante, et il y atteint les proportions des noyers et des chênes de France. On voit des térébinthes de 8 mètres de tour sur 20 de hauteur. Les peupliers de la ville d'Oran n'ont pas leurs pareils en Europe, encore moins les forêts de chênes-liéges qui couvrent les montagnes du littoral dans la province de Constantine, et les forêts de palmiers qui ombragent d'une voûte de verdure, impénétrable aux rayons du soleil, les oasis du Sahara. Sous l'action d'un milieu éminemment favorable à la production arborescente, un semis devient en quinze ans une forêt exploitable. C'est la période d'une coupe ordinaire.

La nature réclame plus de part que la culture dans ces massifs de verdure que l'on appelle *jardins arabes*, oasis du Tell, plantés d'arbres fruitiers, où règne, grâce à un filet d'eau, la fraîcheur d'un éternel printemps. Grenadiers, orangers, citronniers, pêchers, jujubiers, abricotiers, amandiers, figuiers, poiriers, pruniers, cerisiers, vignes grimpantes, mûriers, tous les arbres de l'Italie, de l'Espagne et de la Sicile, groupés sans art, élèvent leurs berceaux de feuillage, de fleurs et de fruits à côté des palmiers, des bananiers, des goyaviers, élégante et gracieuse décoration d'une zone plus chaude.

La nature, qui fait pousser de tels arbres, ne peut que déployer de faciles triomphes pour la végétation de plantes plus humbles, telles que les *céréales*. L'Afrique, jadis le grenier des Romains, n'a point perdu son antique fertilité, en fait de grains, bien que l'occupation française n'ait pas su toujours la découvrir. A mesure que se fera sentir l'effet de bonnes lois économiques, facilitant la consommation locale des blés indigènes et leur ouvrant le marché français, on apprendra ce que peut l'Algérie en production de céréales. Déjà l'on compte pour 1853-54, sur une exportation de 350,000 hectolitres de blé, et de 100,000 hectolitres d'orge, chiffres qui, pour l'orge du moins, seront dépassés. Sans fumure, et presque sans culture, le sol non irrigué produit de 10 à

12 hectolitres à l'hectare; irrigué, il produit de 20 à 30 ; et ce n'est pas le maximum possible, car en Europe, en des conditions exceptionnelles, il est vrai, on atteint le rendement de 30 à 40. Avec les mêmes soins de culture, l'Algérie ne restera pas certainement au-dessous de l'Europe.

Comme plantes de spéculation plus lucrative, la colonisation française a introduit ou adopté *le tabac*, *le coton*, *la garance*, *le pavot*, et le succès a couronné ces tentatives intelligentes, prélude de bien d'autres. Les centaines de milliers que la métropole verse tous les ans à l'étranger pour l'achat de ces produits, elle pourra désormais les répandre sur sa colonie qui consommera en échange ses marchandises manufacturées. L'Algérie deviendra ainsi pour la France une colonie, moins la distance.

II. RÈGNE ANIMAL. — Au sein d'une luxuriante nature, le règne animal doit prospérer en proportion même des aliments qui abondent autour de lui. Tout a été dit sur le *cheval* arabe, dont le cheval barbe est une variante, un peu dégénérée, mais que relèveront des soins intelligents et surtout la paix ; rien n'égale sa douceur, sa sobriété, sa vitesse, la sûreté de sa marche, sa résistance à la fatigue. *L'espèce bovine* paraît d'une plus petite espèce que la nôtre ; mais vigoureuse, sobre, ardente au travail, rarement malade, elle acquerra facilement, avec un régime mieux entendu, la taille qui lui manque. *L'espèce ovine* est remarquablement belle, malgré le défaut de soins dans la nourriture et la reproduction. A côté d'innombrables troupeaux de bœufs et de moutons, dont les Européens commencent, beaucoup trop tardivement, à apprécier le rôle nécessaire dans toute agriculture, surtout dans une agriculture naissante, les Arabes possèdent des troupeaux de *chameaux* dont ils utilisent les services pour la course, pour le transport, pour le laitage qui nourrit la famille, pour le poil dont on fabrique des tentes. Richesses que la nature prodigue généreusement, auxquelles le travail intelligent de l'homme ajoutera un jour, sauf pour les chameaux destinés sans doute à être relégués dans le Sahara par les moyens perfectionnés de transport, une valeur pour ainsi dire indéfinie.

Dans un autre ordre d'animaux, *le ver à soie*, *la cochenille*, *l'abeille*, sont des agents de richesses que la civilisation européenne apprécie de plus en plus.

Il est vrai qu'à côté de ces animaux utiles, la voix populaire ou plutôt celle de quelques esprits qui ne comprennent une existence sûre qu'au jardin des Tuileries ou dans le rayon des villes, accusent l'Algérie d'être remplie de bêtes féroces. On y compte en effet, le Muséum de Paris en fait foi, des lions, des panthères, des hyènes, des chacals. — S'il y a dans le pays abordé par la colonisation une quarantaine de couples de *lions*, c'est beaucoup. Gérard a campé pendant dix ans dans leurs quartiers de prédilection pour en tuer une vingtaine; il n'en reste plus guère, et sous peu ils auront complétement disparu. D'ailleurs, le lion, trouvant autour de lui force gibier pour sa nourriture, n'attaque pas l'homme, à moins qu'il ne soit attaqué le premier. Il n'y a pas d'exemple, depuis 1830, d'un Européen inoffensif atteint par sa griffe; on cite des enfants qui se sont tirés sains et saufs de son voisinage. — Les *panthères* de même s'éloignent chaque jour, et fuient l'homme qui ne les attaque pas. Après tout, est-ce que les loups, en France, ne se jettent jamais sur les animaux domestiques et sur les hommes? — Quant à l'*hyène*, réputée si féroce en France, elle fuit l'homme; elle n'attaque que ce qui est mort, et s'apprivoise même, ainsi qu'on peut le voir à l'orphelinat de Misserghin qui en possède une avec laquelle s'amusent tous les enfants, comme avec un chien. Sa réputation d'animal méchant lui vient de son cri rauque, de son œil hagard, et surtout de ses furibondes agitations dans la cage où on l'enferme. Elle aime le grand air.

Le *chacal* est plus incommode par ses glapissements nocturnes que dangereux par ses méfaits. Il n'attaque jamais l'homme et ne se jette que sur la volaille et les jeunes agneaux. C'est le pendant bien adouci du loup et du renard. Mais, de plus qu'eux, il dévaste les jardins et les vignes, et mérite par là qu'on poursuive sa destruction. Elle n'est pas bien difficile. Répandez un peu de phosphore dans une pâte chaude, saupoudrez-en les cadavres des bêtes mortes, dont les chacals sont très-friands, et vous les tuerez infailliblement, ainsi que les hyènes et les vautours, dans un rayon de plusieurs lieues. Cette recette est si efficace, que vous devrez tenir à distance vos chiens et votre volaille.

Voilà pour les bêtes féroces.

Aux insectes utiles le préjugé français (car en Algérie personne n'en a souci), oppose les bêtes venimeuses. On parle de vipères, de scorpions, de scolopendres, d'araignées, de tarentes. Voyons quel danger ces bêtes créent à l'homme.

La *vipère* est si rare que la commission scientifique d'Afrique, en trois années d'exploration à travers tout le pays, a eu beaucoup de peine à s'en procurer un échantillon pour la décrire. Des naturalistes qui ont fouillé le terrain, pied à pied, pendant huit ans, en ont trouvé une, et en ont vu deux trouvées par d'autres. En cinq ans de vie au grand soleil, entremêlée d'excursions botaniques, j'en ai aperçu une. Si on en croyait les Aïssoua et leurs prétendus miracles, les vipères seraient communes ; mais ils montrent sous ce nom d'inoffensives couleuvres, comme tous les ensorceleurs de serpents. On les dit, il est vrai, plus communes dans le Sahara; mais le Sahara est encore loin, et quand on ira, il est probable qu'il en sera comme de ses sables, comme il en est de tous les fantômes qui s'évanouissent de près; ou l'on y trouvera seulement les vipères cornues qui sommeillent neuf mois de l'année.

*Le scorpion* est commun; mais, comme la plupart des animaux, il n'attaque que pour se défendre. Nous tenons d'un médecin de notre connaissance qui est en Algérie depuis dix-neuf ans, qu'il a vu seulement quatre sujets piqués par des scorpions: un nègre, une cantinière, un officier et un chef indigène. Le premier n'a pas même eu un peu de fièvre, pas même celle de la peur; la cantinière, piquée au sein, a éprouvé un peu de douleur locale; l'officier, piqué au gros orteil, a plus souffert, mais sans que les souffrances aient duré plus de vingt-quatre heures; le chef indigène a eu des vomissements, et a été malade pendant trois jours. La peur a été, plus que la piqûre, cause de sa maladie. Sur des milliers de colons travaillant dans les champs, j'en ai vu un seul piqué par un scorpion; il en fut quitte pour une légère enflure. Au surplus, ces insectes sont fort rares dans les maisons; ils ne se trouvent guère qu'au dehors, sous les pierres, ce qui réduit à rien la chance d'être atteint.

Si la *scolopendre* est commune dans les terres humides, sa piqûre est très-rare. Nous n'avons connaissance que d'un seul cas: la piqûre porta sur le trajet d'une grosse veine. La secousse fut telle que la personne atteinte faillit être renversée. Elle en fut quitte pour la fièvre, qu'elle attribua plutôt à la cautérisation qu'au venin de l'insecte.

Les *araignées* sont, en Algérie, ce qu'elles sont en France, ni plus ni moins dangereuses. Quelques femmes et quelques enfants seuls font semblant d'en avoir peur.

*Tarente.* Les Provençaux, en grand nombre en Algérie, veulent que ce lézard soit venimeux. Les Algériens ne s'en doutent pas. Ils les manipulent sans le moindre dommage. J'en ai laissé un se promener toute une année sur un carreau intérieur de ma fenêtre sans aucun accident.

En somme, les bêtes venimeuses ne sont pas plus redoutables que les bêtes féroces, pas plus redoutables qu'en France, moins peut-être. Mais il est vrai qu'en fait d'insectes, on est exposé aux puces, aux punaises, aux moustiques et pis encore, hôtes incommodes des maisons et des fermes, dont il faut se défendre par une propreté sévère. L'Algérie est-elle le seul pays dans ce cas?

### Colonisation.

Un pays situé à une nuit de l'Espagne, à deux journées de la France et de l'Italie, admirablement approprié aux besoins de l'homme par la pureté du ciel, par la douceur du climat, par la fertilité du sol, par la vertu vivifiante de ses eaux, par la richesse de sa végétation, par le nombre et l'éducation facile de ses animaux domestiques, réunissant d'ailleurs les principaux éléments d'installation, la pierre, la terre à brique, la chaux, le plâtre, le bois, ne pouvait à tout jamais rester entre des mains barbares, fermé au mouvement de la civilisation qui déborde de l'Europe, aux entreprises des populations d'outre-mer qui, pressées par le besoin et une légitime ambition, poursuivent vers tous les horizons le bien-être par le travail. Un jour ou l'autre, les barrières devaient tomber. A la France est échue la glorieuse initiative qui a ouvert le continent africain à l'activité des peuples. Une insulte du dey d'Alger au consul français en fut l'occasion et le ressort décisif; mais depuis des siècles la tradition française traçait cette route à la politique du gouvernement. Pendant deux cents ans, la France, au premier rang des nations chrétiennes, avait fondé des comptoirs sur le littoral de la province de Constantine : dans les lieux où la compagnie de la Calle avait établi son négoce, les souvenirs des tribus indigènes survivaient, en 1830, à une éclipse passagère de sa puissance. En prenant possession de l'entier domaine de la barbarie, la France a repris et développé, en l'élargissant, une voie politique et commerciale qui n'avait été brisée que par les vicissitudes des guerres de la république et de l'empire.

Après dix-sept ans de luttes, la France s'est trouvée, par la soumission d'Abd-el-Kader, maîtresse incontestée de tout le pays, depuis la frontière de Tunis jusqu'à celle du Maroc, depuis la Méditerranée jusqu'au désert. Son drapeau flotte à cent lieues du littoral, dans les trois provinces, au sein du Sahara, à Biskara, à Laghouat, à El-Biod. Son influence pèse plus loin encore. A peine un petit nombre de peuplades des oasis les plus lointaines, ou quelques tribus de la Kabilie, perdues dans leurs monts abruptes, refusent-elles un hommage et un tribut, qu'à défaut de soumission volontaire, la force des armes ne tardera pas à leur imposer. Une domination absolue, sans exception, sans solution de continuité, sans possibilité de révolte, est la condition première d'une colonisation solide, rapide, universelle. Faute de l'avoir compris ou voulu de bonne heure, trop d'années se sont perdues en demi-mesures et en stériles sacrifices ; faute de le comprendre encore, trop d'écrivains demandent la réduction de l'armée d'Afrique. Ce n'est pas sa réduction qui importe à l'intérêt général, c'est son application à des travaux d'utilité publique qu'elle accomplit avec une puissance et une promptitude que n'égale aucun autre agent. Les travaux des ports, les routes, les reboisements, les irrigations, les desséchements, les défrichements ; voilà autant d'emplois féconds de cette force supérieure, qui n'est chère que lorsqu'elle est improductive. Sous sa protection seulement, la colonisation développe avec confiance les travaux de culture, d'industrie et de commerce, domaine de l'activité privée, car la sécurité est pour elle la première et la plus essentielle condition du succès.

Cette sécurité est aujourd'hui complète. On croit en France que les Bédouins coupent la tête aux colons dès qu'ils sont hors de la portée des baïonnettes; l'émigration en Algérie, l'habitation dans l'intérieur du pays, au voisinage des tribus, apparaissent encore comme un acte de courage; les Français sont tellement casaniers, si ignorants des choses un peu éloignées, si peu familiers avec la géographie, qu'un colon, revenant d'Afrique sain et sauf, est regardé dans les villages comme un phénomène, comme un aventurier téméraire qui a eu de bien belles chances! Les soldats, pour se faire valoir et s'amuser de la crédulité de leurs compatriotes, prennent plaisir à alimenter par les contes les plus ridicules ces sottes terreurs. La vérité est qu'en Algérie, on vit et on voyage, dans tout le pays occupé par la colonisation, avec autant de sécurité qu'en aucun pays d'Europe. L'idée d'avoir peur des Arabes ne vient jamais à un colon, et il est presque inouï qu'il lui en arrive malheur. Sans doute on peut citer quelques crimes isolés, commis de nuit, dans des lieux écartés, dans des maisons sans défense; mais ces crimes sont fort rares, surtout de la part des indigènes contre les Européens. Les villes d'Alger et de Constantine, pour l'étroitesse et l'obscurité de leurs rues tortueuses, sont de vrais coupe-gorges; on n'a pas d'exemple qu'un Européen y ait été assassiné par un indigène. Dans les campagnes, on voyage en tout sens de jour (et même de nuit, bien que par prudence l'autorité l'ait défendu), et les attentats à la vie ne sont pas plus fréquents qu'en Europe. La solidarité des tribus, responsables sur leur commune fortune, de tout crime commis sur leur territoire, contribue à la sécurité des routes ; et dans les passages qui peuvent présenter l'apparence d'un danger, des postes sont établis et une escorte d'indigènes à cheval conduit le voyageur jusqu'au poste voisin. Spirituelle solution du problème de la police en pays ennemi qui fait honneur à l'esprit français ! Il n'est pas même bien rare de voir des patrouilles indigènes garder les portes des villages européens, et ce ne sont certes pas les patrouilles les plus mal faites ! Contrairement à l'opinion, encore accréditée en France, il n'y a peut-être pas de pays au monde où la vie de l'homme coure moins de danger qu'en Algérie, surtout de la part des indigènes. Escorté d'un ou deux guides, que procurent avec empressement les bureaux arabes, on peut aller librement des frontières du Maroc à celles de Tunis. Cette parfaite sécurité est même un des services que les Arabes apprécient le mieux ; car c'est par là surtout que pèche la barbarie. Ce qui ne doit pas empêcher les colons de prendre les précautions que la prudence conseille, même dans les pays les plus civilisés.

Indécise, comme le gouvernement lui-même, pendant une première période de dix ans, la colonisation fut cantonnée par le danger et les règlements administratifs, autour des villes du littoral ; en s'engageant au-delà, elle se montrait téméraire : pour la spéculation agricole, ce fut la période des aventures. Dans une seconde période de dix ans, elle s'est étendue comme la domination elle-même : elle a suivi l'armée, l'a devancée plus d'une fois dans les plaines, les vallées, sur les montagnes et les plateaux de l'intérieur ; partout elle a planté ses jalons : ç'a été la période des recherches, des tâtonnements, des études, de l'apprentissage. Depuis quelque temps, mieux initiée par l'expérience à la connaissance des hommes, des lieux, des procédés, des débouchés, appuyée d'ailleurs par une résolution plus ferme dans le pouvoir, de faire enfin fructifier la colonie, encouragée par des lois économiques plus libérales, plus favorisée par les saisons, débarrassée du choléra et des fièvres, la colonisation entre dans une troisième phase, d'où elle sortira triomphante, après avoir été, comme toutes les grandes institutions de ce monde, militante et souffrante.

Le tableau de la situation présente, préparée par les vaillants combats de l'armée, facilitée par les sacrifices pécuniaires de la métropole, créée par les héroïques efforts des colons, appuyée par les sympathies du pays et de la presse, consolidée par la sollicitude de tous les pouvoirs; telle est l'œuvre que nous tentons de populariser, en la révélant à l'Algérie elle-même, et surtout à la France qui l'ignore, ou ne la connaît trop souvent que par de fausses peintures. Comme fruit, le présent n'a encore qu'une bien modeste valeur, mais comme germe, cette valeur est immense.

### Divisions politiques et administratives.

Conservant une tradition locale de vingt siècles, l'Algérie française est divisée en provinces; elle en compte trois qui prennent le nom de leur capitale : Alger au centre; Constantine à l'est; Oran à l'ouest. Ces deux dernières sont à peu près les mêmes que sous les Turcs; mais celle du centre comprend, outre le beylick d'Alger, l'ancien beylick de Tittery, qui avait pour capitale Médéa. Chacune d'elles forme une bande perpendiculaire au littoral qui s'étend jusqu'au désert, comprenant ainsi une fraction du Tell et une fraction du Sahara. Leur étendue superficielle est très-inégale. En voici le tableau :

|  | TELL. (kil. carré.) | SAHARA. (kil. carré.) | TOTAL. (kil. carré.) |
|---|---|---|---|
| Province d'Alger. . . . | 30,000 | 83,000 | 113,000 |
| — de Constantine. . | 73,000 | 102,000 | 175,000 |
| — d'Oran. . . . | 35,000 | 67,000 | 102,000 |
| Total. . . . | 138,000 | 252,000 | 390,000 |

L'inégalité est surtout marquée dans les proportions respectives du Tell et du Sahara, ce qui découle de l'inégalité de profondeur, que nous avons signalée, du Tell. Il est deux fois plus étendu à l'est qu'à l'ouest.

Résumés fidèles de l'Algérie entière, réunissant les deux éléments matériels de l'existence arabe, indépendantes les unes des autres par les besoins, plus séparées par les montagnes qu'unies par les plaines, marquées d'ailleurs de caractères particuliers, les provinces algériennes, sont, à beaucoup d'égards, des divisions naturelles, et l'on comprend que les deux provinces latérales ne subissent qu'à regret, sous le rapport administratif, la direction d'Alger. Elles ont même quelquefois poussé l'esprit de liberté jusqu'à demander l'incorporation pure et simple dans l'administration française. Contraires à la réalité des intérêts et des faits que domine l'unité algérienne, ces tendances faibliront à mesure qu'une juste part d'influence, de liberté et d'initiative satisfera ce qu'elles ont de légitime. Et il est plus aisé de pressentir l'époque où l'Algérie, aujourd'hui simple colonie, deviendra une nation, que celle où son individualité, renonçant aux provinces, se fondrait, département par département, commune par commune, dans la grande unité française.

C'est qu'à côté de l'assimilation légitime, celle des principes, des droits, des destinées, il y a des différences dont il faut tenir compte : celle des saisons, des populations, des mœurs, des cultes, surtout celle des âges entre une mère-patrie et sa jeune fille. De là, forcément, une organisation tout autre.

La colonisation, pour sa part, sanctionne volontiers la division par province, et nous l'adopterons dans notre description des localités algériennes.

### Unité algérienne.

Cette méthode est d'ailleurs la seule logique. L'unité algérienne n'existe dès à présent que pour le mécanisme administratif et une partie seulement de ce mécanisme. Elle fait entièrement défaut sous le rapport des relations sociales et matérielles. Quels que soient les projets, aucune route, praticable aux voitures, ne dessert transversalement la colonie pour relier entre elles les provinces de Constantine, d'Alger, d'Oran; toutes se dirigent de l'intérieur vers la mer, dans le sens des cours d'eau. Les bateaux de l'État qui, une fois par semaine, font le service des dépêches et des transports le long du littoral, la ligne télégraphique qui correspond sans interruption d'une frontière à l'autre, sont les deux seuls liens industriels qui fassent communiquer les trois provinces. Un rapprochement plus intime ne pourra être obtenu que par un chemin de fer transversal, dont le projet, à l'état d'étude dans la province d'Oran, n'est pas même à l'état de simple conception dans les deux autres. Ici encore on ne vise qu'à rattacher Constantine à Philippeville, et Blida à Alger, résultat le plus urgent, sans doute; mais pour se traduire en succès éclatant, des chemins de fer algériens doivent mettre fin à l'isolement des provinces en les reliant, par Blida, à Alger, leur commune capitale.

———

Dans la description des localités nous avons passé sous silence les caractères qui leur sont communs : garnisons, milices, fortifications, églises, mosquées, écoles, fontaines, lavoirs, abreuvoirs, etc. Les villes et villages d'Algérie sont généralement dotés de ces institutions et édifices : nous ne les avons mentionnés que lorsqu'ils présentent quelque particularité saillante.

# TROISIÈME PARTIE.

## PROVINCE D'ALGER.

### Position, Etendue, Limites.

Bornée au nord par la Méditerranée, à l'est par la province de Constantine, à l'ouest par celle d'Oran, au sud par le Désert, la province d'Alger occupe la partie centrale de l'Algérie. Elle s'étend du cap Corbelin par 2° 5 de longitude occidentale, au cap Magroua par 1° 27 de longitude occidentale, et se prolonge des deux côtés en deux lignes sinueuses dans toute la profondeur de la contrée. La superficie totale est de 113,000 kilomètres carrés, dont 30,000 dans le Tell et 83,000 dans le Sahara. Avant 1850, elle comprenait le territoire de Bougie, qui depuis a été rattaché, pour les intérêts militaires, à la subdivision de Sétif, province de Constantine; pour les intérêts civils, à l'arrondissement de Philippeville.

### Côte.

Du sommet du Bou-Zaréa, point culminant du Sahel d'Alger, l'œil tourné au nord, voit se dérouler à droite et à gauche, suivant une ligne oblique du N.-E. au S.-O. deux grands arcs de cercle concaves qui se prolongent au loin en lignes montueuses. Leur point d'appui commun est le massif central, dont les contreforts avancent droit au nord dans la mer en forte saillie divisée en trois caps : la pointe *Pescade* à l'est, le cap *Caxine* au centre, le cap *Kondier* à l'ouest. L'arc oriental est coupé par le cap Matifou, qui ferme à l'est une première grande courbe : cette courbe est la baie ou rade d'Alger. La ligne se termine au N.-E. par le cap Corbelin au-delà duquel commence la province de Constantine. L'arc occidental, d'un rayon beaucoup plus vaste, est coupé à distances égales par les massifs du Chenoua et ceux du cap Ténès, qui en marquent les deux principales saillies : il se termine au S.-O. par le cap Magroua, limite occidentale de la province. Tel est le profil de la côte, généralement abrupte et rocheuse, bordée de dunes et de falaises, rarement de plages abordables, et n'offrant que dans un petit nombre de points rentrants et abrités des mouillages sûrs. Suivons maintenant les deux directions, en marquant seulement les traits qui attirent l'attention de l'observateur en pleine mer.

CÔTE DE L'EST. — En s'éloignant du port d'Alger, l'œil parcourt successivement : — le quartier de Bab-Azoun, — le pied des verdoyants coteaux de Mustapha et les édifices qui le décorent, — la plage où débarqua Charles-Quint dans sa malheureuse expédition en octobre 1541 ; — la plaine du Hamma, ombragée par les plantations touffues de la pépinière du gouvernement ; — les dernières collines du Sahel, qui se fondent dans la Métidja ; — les plages sablonneuses de la plaine, échancrées par l'embouchure de l'Arrach, et laissant voir au-delà du rivage de nombreuses fermes parmi lesquelles on distingue la Maison-Carrée ; — le village du Fort de l'Eau, bâti au bord de la mer ; — les collines de la Rassauta ; — l'embouchure du Khamis ; — le retour du rivage qui en s'élargissant devient le cap *Matifou* (*ras Temendfous*), formé par des terres basses qui couvrent les ruines de l'antique *Rusgonia* fondée sous Auguste ; ce cap ferme à l'est la baie d'Alger qui occupe un espace de 8 à 9 milles de l'est à l'ouest sur une profondeur de 4 milles ; baie généralement accessible, mais sans mouillage sûr, parce qu'elle est ouverte aux vents de terre comme à ceux du large ; c'est au cap Matifou que Charles-Quint recueillit les débris de son armée, et se rembarqua, recueilli par la flotte de l'amiral génois André Doria. — On aperçoit ensuite : — un peu à l'est du cap Matifou, un groupe de rochers noirâtres de 8 à 9 mètres d'élévation, que le mirage grandit et fait ressembler à un bâtiment à voile ; les Arabes l'appellent *Sandja*, ou signal, pavillon d'annonce du cap, ou plutôt de la capitale barbaresque, pour le navigateur venant de l'est ; — un groupe pareil de rochers dit *Aguelli* dont quelques-uns hauts de 27 mètres; — une petite baie remarquable par le grand nombre de cours d'eau qui viennent y aboutir, l'Oued-Reghaïa, l'Oued-Boudouaou, l'Oued-Corso, l'Oued-Talazerg, l'Oued-Bou-Merdas, à l'embouchure duquel on voit l'Ile-Verte (*Dziret-el-Khadra*); — un peu au-delà du Bou-Merdas, l'*Aïn-Chrob*, ou *Burob* (bois et vallon), source où les barques des chrétiens allaient quelquefois, sous les Turcs, faire de l'eau; — le *Port-aux-Poules* (Mers-el-Djedj), à l'embouchure de l'Oued-Safsaf-en-Nabi, où l'on trouve les ruines de la station romaine de *Rusubiccari*; — l'embouchure de l'Isser, abritée des vents d'est par le cap *Djined* qui suit; c'est là qu'on voit les ruines du municipe romain de *Cissus*; — l'embouchure de l'Oued-Nessa qui, dans sa partie supérieure, porte le nom d'Oued-Sebaou; — le cap *Bengut*, formé par un contrefort du Bou-Mdas qui se dresse sur la côte; — la pointe de *Dellis*, qui protège contre les vents d'ouest la rade de ce nom; — la rade de *Dellis*, premier mouillage sûr de ce côté; — la ville de Dellis; — le port de Taksebt, ancien municipe d'*Iomnium*; — le cap *Tedlès*, saillie rocheuse peu élevée près de laquelle se voit un îlot brisé; — l'embouchure et le port de l'Oued-Miáta, où l'on place les ruines du municipe de *Rusubeser*; enfin le cap *Corbelin*, assez élevé, qui se reconnaît à ses masses roussâtres et ses couches de roches disposées par stries obliques : à l'embouchure de ce cap se trouve l'ancienne colonie de *Rusarus*, et, à l'est, le port de Zaffoun.

Dans la première partie de ce trajet jusqu'au cap Matifou, le fond du tableau est formé par les montagnes de l'Atlas qui montrent leurs cimes mamelonnées au-delà de la Métidja; parmi elles on distingue le pic dominant du Beni-Moussa, mais surtout le Bou-Zegza, à la source de l'Oued-Kaddara, qui atteint 1,933 mètres de hauteur. Plus à l'est, les chaînons de l'Atlas, en se ramifiant par groupes confus, constituent la Kabilie, dite du Jurjura, et se relèvent à plus de 2,000 mètres avec la chaîne de ce nom dont les sommets sont couverts de neige pendant neuf mois de l'année. Près de la limite de la province, le Mont Afroun se dresse non loin du rivage à 1360 mètres d'élévation.

Côte de l'ouest. — En partant d'Alger dans la direction de l'ouest, le navigateur observe sur la terre : — la *pointe Pescade*, contrefort du Bou-Zaréah, qui descend à fleur d'eau par une pente douce ; — le cap *Caxine*, composé de rochers taillés à pic presque partout et d'une haute falaise jaune et rousse ; — la crique d'*Aïn-Benian*, au fond de laquelle est bâti le village de ce nom ; — après des carrières, le cap *Konater* (des ponts) pointe basse, où l'on trouve des ruines à fleur de terre, des aqueducs, des citernes, des puits ; — une grande anse où les marins ont signalé une petite crique appelée port *Calfat* ; — la presqu'île de *Sidi-Ferruch*, large d'environ un tiers de mille, et s'avançant d'un mille au nord-ouest ; d'une étendue de 80 hectares, défendue du côté de la mer par des rochers très-escarpés, elle forme à droite et à gauche deux baies très-ouvertes, d'un fond tout de sable et d'une pente fort douce, remarquable par les grandes plages et les dunes qui les bordent : c'est dans la baie de l'ouest que s'opéra, le 14 juin 1830, suivant les indications données en 1808 par le capitaine de navire Bautin, le débarquement de l'armée française, un des plus mémorables événements de l'histoire moderne : la presqu'île est annoncée de loin par une petite tour (*torre chica*), qui domine le marabout converti depuis en chapelle où se célèbre l'anniversaire du débarquement : à droite et à gauche se voient autour de la presqu'île des groupes de rochers, très-rapprochés de la terre ; — l'embouchure du Mazafran qui divise le Sahel occidental en deux parts inégales : le massif d'Alger et les collines de Koléah ; — la crique de *Fouka maritime* ; — en arrière du rivage sur les collines, le monument mal à propos nommé *Tombeau de la Chrétienne*, sépulture des anciens rois numides et maures ; — l'embouchure de l'Oued-Gournat, ou Bas-Nador ; — la crique de *Tipasa*, cité antique ensevelie dans les broussailles ; — le cap *du Chat* (*Ras-el-Amouch*), contrefort du Chenoua, composé de hautes terres occupant une vaste surface de l'est à l'ouest, et souvent couvert de nuages qui donnent à sa cime brumeuse un aspect triste ; — l'îlot *Berindjel*, rocher de 20 mètres de haut, couronné de cactus ; — l'embouchure d'Oued-el-Hachem, qui baigne Zurich ; — le port et la ville de *Cherchell* ; — l'embouchure de l'Oued-Sidi-Rilas, où est la colonie actuelle de Novi et l'ancienne station de *Cunugus* ; — les ruines de *Bercak*, ancienne ville arabe ; — l'embouchure de l'Oued-Messelman, où se trouve l'ancienne *Cartili* ; — le cap du *Terf* ; — l'îlot des *Achek* (des amoureux), ainsi nommé en mémoire de deux amants malheureux qui vinrent y terminer leur existence ; rocher noir élevé à peine de 2 mètres hors de l'eau, appartenant aux Beni-Ouah, dont il porte quelquefois le nom ; — sur la plage, les ruines de *Laz-Castellum* ; — le cap *Tenez*, divisé en deux : *Ras Nackous sghir*, le petit Nackous à l'est, *Ras Nackous kebir*, le grand Nackous à l'ouest ; grande masse de rochers escarpés qui occupent de l'est à l'ouest une longueur de 9 milles, à une hauteur de 640 mètres ; — la rade de *Tenez*, et au fond la ville de ce nom ; — la baie ou *Mers-Agoleit* ; — l'île de *Colombi* ou des *Palombas*, rocher de 26 mètres de haut peuplé de pigeons ; — une rentrée peu profonde, mais d'une grande largeur bordée d'une belle plage terminée par la pointe de *Magroua*, où le sol change d'aspect, et où commence la province d'Oran.

Dans ce trajet le fond du tableau est fermé au premier plan par les collines du Sahel, et au second par les montagnes de l'Atlas, dont se détachent, au sud de Blida, le Beni-Sala et le Mouzaïa, séparés par la profonde coupure de la Chiffa ; — autour de Cherchell et de Miliana, le Chenoua et le Zakkar ; — de Cherchell à Tenez, un rideau presque continu de masses montagneuses forme une muraille qui sépare la mer du cours du Chélif ; — de Tenez à l'embouchure du fleuve, derrière une plage triste, s'étendent une partie des hautes terres du Dahra de sinistre renom. C'est dans ces parages au bord de la mer qu'on vient de retrouver les ruines d'*Arsenaria*.

## Montagnes (djebel).

Dans ce double trajet le navigateur a suivi de l'œil les croupes culminantes du massif méditerranéen de la chaîne atlantique. En avançant à l'intérieur, les sommets s'élargissent, dans toute la profondeur du Tell, en plateaux élevés et fertiles, que nous appellerons les moyens plateaux ; ils s'entr'ouvrent à l'ouest pour laisser couler le Chélif dans sa longue, large et riche plaine ; au centre et à l'est, ils se ramifient en chaînons, en mamelons, en contreforts, que séparent des gorges profondes dans lesquelles deux rivières importantes, l'Isser et l'Oued-Sahel, se forment au moyen de nombreux affluents, et semblent, avec le Chélif, entourer d'un immense fossé tout le massif tellien de la province d'Alger ; sur la ligne la plus extérieure du côté de la mer, la chaîne décrit, sous le nom spécial de *petit Atlas*, un arc de cercle qui encadre dans tout son pourtour la vaste plaine de la Métidja : des prolongements latéraux se relèvent subitement auprès de Cherchell par la haute montagne du Chenoua, et s'échelonnent entre Cherchell et Miliana sur les flancs escarpés du Zakkar ; du côté opposé ils s'enchevêtrent avec le pâté inextricable de la Kabilie que couronne la longue et blanche traînée du Jurjura. Enfin, se repliant de droite et de gauche, et courant le long du rivage, en collines rocheuses, en dunes sablonneuses, les dernières vagues de cette mer montagneuse se rapprochent, se redressent et forment l'empâtement du Sahel d'Alger, d'où les soulèvements intérieurs ont fait jaillir, à une latitude de 420 m., le Bou-Zaréa (père de la semence).

Sur ce réseau violemment tourmenté, tranchent quelques masses principales qui sont, de l'est à l'ouest :

Le *Jurjura*, qui commence au nord de Hamza et se prolonge à travers la Kabilie vers la province de Constantine sur une longueur de 22 lieues ;

Le *Dira*, près d'Aumale, sur la route de Dellis à Boucada, qui forme la limite du Tell et du Sahara ;

Le *Mouzaïa*, au sud d'Alger, qui domine la plaine de la Métidja ;

Le *Zakkar*, qui domine Miliana, entre les bassins de la Métidja et celui du Chélif;

Le *Chenoua*, à l'est de Cherchell; ses contreforts, du côté de la terre, ferment la Métidja;

Le *Dahra*, entre Tenez et l'embouchure du Chélif; théâtre des exploits de Bou-Maza;

L'*Ouarsenis*, au sud d'Orléansville, entre Tiaret et Boghar; barrière de 1,800 mètres d'altitude, qui force les sources et les affluents du Chélif, descendant du Djebel-Amour et des hauts plateaux, à faire un long coude pour trouver, près de Boghar, une coupure par où les eaux pénètrent dans le Tell.

Le massif intérieur qui continue avec plus de puissance la chaîne atlantique du Maroc, a son foyer principal de soulèvement au *Djebel-Amour*, sur les limites géographiques des deux provinces d'Oran et d'Alger; ce mont se rattache par des chaînes de moindre relief relatif, mais d'une altitude absolue encore très-considérable au Djebel-Aurès de la province de Constantine, et projette des ramifications moins élevées vers le Maroc, à travers le bassin des Ouled-Sidi-Cheick; rideau bleuâtre de la zone des hauts plateaux que, des crêtes élevées où finit le Tell, où commence le Sahara, l'œil découvre au sud: l'imagination le soulève et entrevoit au-delà, à travers les forêts de palmiers des oasis, la scène solennelle, muette, vide, brûlante, du grand désert!

## Cours d'eau (oued).

Aux flancs de ces montagnes naissent des cours d'eau qui constituent le système hydrographique de la province. Ils correspondent aux trois grandes divisions du relief du sol, que nous avons établies: le *versant méditerranéen*, le *plateau central*, le *versant saharien*.

I. Dans le VERSANT MÉDITERRANÉEN, les principales rivières sont, en suivant le littoral de l'est à l'ouest:

Le *Nessa* qui, sous les noms de Sebaou et d'Amraoua, reçoit, au moyen de nombreux affluents, toutes les eaux du versant nord du Jurjura, et donne la vie à l'un des plus beaux pays du monde, pays à reliefs escarpés sur toute la circonférence, mais qui présente au centre une vallée assez large qui porte le nom de Sebaou.

L'Isser, qui a sa source dans les flancs de l'immense plateau des Beni-Sliman, entre Médéa et Aumale; il coule au nord-est dans des gorges profondes qui, en s'élargissant à mesure qu'elles s'approchent de la mer, forment la riche vallée de l'Isser. Dans la partie moyenne de son cours, l'Isser s'appelle *O. Zitoun* (rivière des Oliviers), à cause des belles forêts de cette essence qui ombragent ses bords; c'est là que les Turcs fondèrent une colonie de Koulouglis, qui se rallièrent de bonne heure à notre domination. On passe ordinairement cette rivière au pont de Ben-Hini, l'une des portes de la Kabilie.

Le *Corso*, sur les bords duquel une vaste exploitation agricole est déjà installée.

Le *Boudouaou*, nommé *Kadara* dans les montagnes; son cours, surveillé au début par le camp de Kara-Mustapha, ne tardera pas à voir un village européen s'élever près de son embouchure.

Le *Reghaïa*, auprès duquel on remarque la ferme de ce nom; un centre européen projeté y attirera la colonisation.

Le Hamiss ou plutôt *Khamis* (cinquième, du marché qui s'y tient le cinquième jour, jeudi); il naît dans les montagnes de l'Atlas, sur le territoire des Beni-Moussa, débouche dans la Métidja, au-dessous du Fondouk, dont il irrigue et traverse le territoire, et se rend, après de nombreuses et lentes sinuosités, cause de marécages, dans la baie d'Alger, à l'ouest du cap Matifou.

L'Arrach ou *Harrach* a ses sources dans l'Atlas, derrière les montagnes des Beni-Moussa et des Beni-Messaoud; simple torrent dans les montagnes où il coule du S. au N.-E., il devient une rivière importante, ayant quelquefois 80 mètres de largeur, dans la plaine de la Métidja qu'il traverse du sud au nord; se heurtant contre le massif du Sahel d'Alger, il en suit le pied en obliquant à l'est, et se jette dans la baie d'Alger, à deux lieues de cette ville, par une embouchure de 40 mètres de large. On le traverse sur un pont en pierre, près de la Maison-Carrée, sur la route d'Alger à la Rassauta et au Fondouk, et sur deux ponts en bois, l'un entre l'Arba et Boufarik (route centrale de la Métidja), l'autre entre Rovigo et Souma (route de ceinture de l'Atlas). Il est guéable en beaucoup d'autres points. Son embouchure est souvent obstruée par les barres de sable que les vagues y forment et que les eaux de rivière emportent tous les ans à l'époque des pluies. Ses principaux affluents sont à droite : l'*O. Smar* et l'*O. Djema*, qui descendent de l'Atlas ; à gauche, l'*O. Kerma* qui roule du Sahel. On traverse l'Oued-Djema sur un pont en bois entre Sidi-Moussa et Rovigo.

Le Mazafran se compose de la réunion de la *Chiffa* et de l'*Oued-Ouedjer* en une seule rivière, au pied du Sahel, dans la partie occidentale de la Métidja.—La *Chiffa* prend naissance dans l'Atlas, dans les flancs du mont Mouzaïa qu'elle contourne, et court du sud au nord, à travers des gorges profondes de la plus sauvage beauté, que la route de Blida à Médéa a pu seule rendre abordables. Débouchant dans la Métidja, elle coule sur un lit de sable et de graviers, souvent à sec pendant l'été ; arrivée au pied du Sahel, elle baigne les collines sur lesquelles s'élève Koléa, et se joint à l'Oued-Ouedjer pour former le Mazafran. On traverse la Chiffa, au milieu de la gorge, sur un très-beau pont construit par le génie, et, à l'ouest de Blida, sur un autre que les crues emportèrent il y a quelques années. Le principal affluent de la Chiffa est l'*Oued-Sidi-el-Kebir* (et par abréviation Oued-Kebir), ainsi appelé, moins à raison du volume de ses eaux que des tombeaux des trois saints marabouts, situés à une lieue de Blida, dans l'étroit vallon où il coule. Ses eaux, réparties entre la ville et les jardins de Blida, et les villages de Montpensier et de Joinville, sont le principe de la richesse exceptionnelle de ces territoires. — L'*Oued-Ouedjer* prend naissance au pied du Zakkar, traverse les montagnes ombragées de forêts de Soumata, et débouche dans la plaine, sur le territoire des fameux Hadjoutes, aujourd'hui dévolu à la colonisation. Arrivé au pied du Sahel, il le contourne de l'ouest à l'est, et va se joindre à la Chiffa pour former le Mazafran. — Sur sa droite il reçoit le *Bou-Roumi* qui a donné son nom à la colonie agricole dont il arrose le territoire. Sur sa gauche, outre plusieurs affluents, il sert de déversoir au lac *Halloula* qui recueille les eaux de la partie la plus occidentale de la Métidja. Les rives de la partie intérieure de l'Oued-Ouedjer sont couvertes de magnifiques bois dont l'essence dominante est l'olivier — C'est dans le Mazafran que se jette, sous le nom d'*Oued-Fatis*, le ruisseau de Boufarik, grossi de l'*Oued-Tarfa*. L'O. Boufarik est le principal cours d'eau qui arrose et fertilise le territoire de ce nom; ses sources naissent dans les ravins de l'Atlas. Le Mazafran reçoit encore l'*Oued-Tlata*, qui recueille au pied du Sahel les pluies qui tombent sur les collines du sud, et se grossit par le tribut des canaux de desséchement. Pénétrant dans le Sahel par une profonde coupure, il coule au sein d'une belle et riche vallée, et se jette dans la mer, au nord-est de Koléa, à 2 lieues de Sidi-Ferruch. Rivière très-sinueuse, très-encaissée, aux eaux jaunâtres, d'où lui vient son nom (*eau safranée*), difficilement guéable. La route d'Alger à Koléa le traverse sur un pont entre Zéradla et Douaouda. La route de ceinture du Sahel le traverse également sur un pont à Macta-Kera, au point où le Mazafran rompt la digue du Sahel pour aller se jeter dans la mer. De Macta-Kera à son embouchure, le Mazafran est navigable; sa largeur moyenne est de 60 à 80 mètres. Débouché de la Métidja, cette rivière, une fois canalisée, peut rendre d'immenses services à la colonisation.

Le *Nador*, qui porte dans son cours inférieur le nom d'*O. Gourmat*; recueillant les eaux des pentes orientales du Chenoua, il baigne la vallée qui relie la Métidja au territoire de Marengo et se jette dans la mer auprès des ruines de Tipasa (*Tefessa*), dont le port vient d'être ouvert à la navigation.

Le *Hachem*, sur les bords duquel s'élève la colonie agricole de Zurich.

Du Chénoua au cap Ténez, et de celui-ci au Chélif, le rivage n'est coupé que par des cours d'eau de faible importance, qui descendent des montagnes adossées aux revers oriental et accidental du bassin du Chélif.

On arrive enfin au CHÉLIF, le fleuve *Azar* des Romains, qui, par ses sources, ses principaux affluents et son embouchure, appartient à la province d'Oran, mais que nous considérons comme attenance de la province d'Alger, parce que la plus grande étendue de son cours baigne cette dernière province. C'est le principal fleuve de l'Algérie et même de toute l'Afrique septentrionale, celui qui forme un des traits le plus caractéristiques de la province d'Alger. Seul de tous les cours d'eau du versant méditerranéen, il prend naissance dans le massif intérieur aux flancs du Djebel-Amour, sous les noms d'Oued-Sebgag et d'Oued-el-Belda. Traversant la zone entière des landes dans la haute vallée du Sersou, suivant une direction oblique du sud-ouest au nord-est; il passe à Taguin, lieu célèbre par la prise de la Zmala d'Abd-el-Kader; reçoit, sur sa rive gauche, sous divers noms, d'abord les eaux du Djebel-Nador, puis celles du versant sud des kef du Tell, sous les noms de Sebaïn-Aïoun (les 70 sources) et Oued-Nador-Ouacel, après quoi il prend définitivement le nom de Chélif, pénètre dans le massif méditerranéen, en se repliant en sens contraire de sa première course, décrit dans la vallée de son nom, qu'il parcourt d'un bout à l'autre, une ligne de plus de 60 lieues, et se jette dans la mer, à quelques kilomètres au nord-est de Mostaganem. On le traverse sur trois ponts, l'un en pierre, construit par les Turs, sous Miliana et connu sous le nom de Bou-Krechfa; le second en bois, construit par les Français, à Orléansville, vers le centre de la vallée, le troisième dans le bas, au lieu qui en tire son nom de Pont-de-Chélif. Ses affluents de droite, naissant des montagnes voisines de l'Atlas, sont peu considérables. Cependant il y a à mentionner l'Oued-Harbil, l'Oued-Had et l'Oued-el-Hakoum, qui arrosent, dans le Titri, les plus riches terres à blé de l'Algérie. Parmi les affluents de gauche, les plus importants sont : l'*Oued-Riou*, qui descend des plateaux du Tiaret et des versants méridionaux de l'Ouarsenis, et se jette dans le Chélif, un peu au-dessous de la petite ville arabe de Mazouna;

la *Mina*, qui prend sa source dans le Djebel-Nador, au sud de Tiaret. Le bassin de ces deux rivières appartient à la province d'Oran.

II. Le PLATEAU CENTRAL n'a d'autre cours d'eau que quelques torrents qui se jettent les uns dans les deux lacs salés de Zahrez, les autres dans le Chott-es-Saïda, qui appartient à la province de Constantine..

III. Le VERSANT SAHARIEN est traversé par le cours supérieur de l'*Oued-Djedi*, la rivière la plus considérable de l'Algérie après le Chélif, quant à l'étendue de son cours. Toutes deux naissent à peu de distance l'une de l'autre, dans le Djebel-Amour, d'où elles coulent en sens opposé. Grossi de tous les ruisseaux qui descendent des pentes méridionales du massif atlantique intérieur, l'Oued-Djedi traverse la province de Constantine dans toute sa largeur, et va se perdre dans le lac salé de Melghir, le lac *Triton* de l'antiquité.

### Bassins.

De ce relief du pays et des cours d'eau qui en sillonnent les flancs, résulte la division naturelle de la contrée en bassins. En ne tenant pas compte des courants tout à fait secondaires, qui, après quelques kilomètres de course, versent directement leurs eaux dans la mer; en mettant à part le massif d'Alger, aux formes convexes, dont les pentes, du nord et de l'ouest, écoulent dans la Méditerranée les filets d'eau de leurs ravins accidentés; en reportant à la province de Constantine la totalité du bassin de l'Oued-Sahel, on distingue dans le versant méditerranéen de la province d'Alger, sept bassins ainsi caractérisés: 1° le Sebaou; 2° l'Isser; 3° le Kamis; 4° l'Arrach; 5° le Mazafran; 6° le Nador; 7° le Chélif; — dans le plateau central, un seul, celui de Zahrez; — dans le versant saharien, deux, le bassin de l'Oued-Djedi supérieur, celui de l'Oued-M'zab.

I. BASSINS DU VERSANT MÉDITERRANÉEN (de l'est à l'ouest).

Le bassin du *Sebaou* s'étend au sud et à l'est de Dellis, pénétrant profondément dans la Kabilie; il est traversé par la rivière de ce nom, qui le change en celui de Nessa avant de se jeter à la mer. Il renferme de riches contrées couvertes de villages kabiles, complantées d'arbres fruitiers, parmi lesquels l'olivier greffé domine : ce beau pays est l'objet des désirs des colons de Dellis, qui est le port d'exportation de ce territoire.

Le bassin de l'*Isser* s'étend de l'Atlas au Jurjura, et de la mer jusqu'à la ligne de faîte du Tell, dans toute la profondeur de la Kabilie occidentale. Presque entièrement montagneux, il comprend cependant deux régions planes : le plateau de Beni-Sliman entre Aumale et Médéa et la vallée plate et boisée que l'Isser traverse avant de déboucher à la mer. Bien que le pays soit très-fertile, très-boisé, très-riche, la colonisation n'en a pas encore pris possession. Cependant, les colons apprécient la haute valeur de ces terrains, aussi bien que l'administration. On projette des villages sur la route d'Alger à Dellis, qui est le port du bassin de l'Isser, comme celui du Sebaou.

A ce bassin appartiennent les établissements militaires de Berouaghia, smala de spahis installée entre Médéa et Boghar, et le poste temporaire de Drâ-el-Mizan qui observe la Kabilie. On retrouve à Berouaghia les ruines romaines de *Tamadis*, à Sour-Djouab celles de *Rapidis*.

Séparé du précédent par les petits bassins du *Bou-Merdas*, de l'*O.-Corso*, du *Reghaïa*, le bassin du *Khamis* s'étend en partie dans les montagnes de l'Atlas, et en partie dans la Métidja. Les tribus occupent le haut, les colons cultivent le bas. Le village du Fondouk en est le principal centre. Surveillé jadis par un camp, son territoire est aujourd'hui, dans la Métidja, livré à la colonisation, et est peuplé de fermes, dont les produits d'exportation sont dirigés sur Alger.

Plus étendu, le bassin de l'*Arrach* se partage en trois sections : l'Atlas, la Métidja, le Sahel. La colonisation n'est installée qu'au pied de l'Atlas et sur les deux autres sections. L'Arba, Rovigo, Douéra, Birkadem, en sont les principaux centres.

Le bassin du *Mazafran*, qui comprend ceux de la *Chiffa*, et de l'Oued-Ouedjer, est divisé également entre les montagnes et la plaine; il se complètes par quelque versants du Sahel. Il compose à lui seul la presque totalité de la Métidja occidentale. Quoique moins avancé dans la colonisation générale que le précédent, il possède des centres plus importants: Blida, Boufarik, Koléa. Sur le territoire de Boufarik, se trouve la ligne de partage des eaux de l'Arrach et du Mazafran; mais le relief du sol ne l'indique pas, la pente du sol est presque insensible, cause de stagnation des eaux qui a décidé des deux côtés des bandes de marécages, objet de travaux importants de dessèchement. La colonisation est en train de mettre en valeur ce territoire, dont les ports d'exportation seront: Alger, Fouka maritime, Tipasa.

Le bassin du *Nador* (O. Gourmat), moindre que tous les précédents, n'embrasse que l'extrémité occidentale de la Métidja, au pied des contreforts de l'Atlas, du Chenoua et du Zakkar. Marengo en est le principal centre, Tipasa en sera le port. La route de Blida à Cherchell relie son territoire à celui de la Métidja d'une part, à ceux de Zurich et de Cherchell de l'autre. Entre Marengo et Cherchell, on rencontre le petit bassin de l'*Oued-Hachem*.

Le bassin du *Chélif*, qui du Tell remonte sur les hauts plateaux, comprend, dans le Sahara algérien, les revers septentrionaux du Mont-Amour, le haut pays du Sersou; et dans le Tell, la grande plaine dite du Chélif, les flancs méridionaux de l'Atlas et du Dahra, tout l'Ouarsenis, les vallées de la Mina et de l'Hillil. A lui seul, il occupe plus d'étendue que tous les autres bassins de la province d'Alger réunis. La colonisation y compte d'importantes stations: Médéa, Miliana, Orléansville, et à un rang inférieur, Boghar, Teniet et Haâd. Les bassins secondaires du Riou et de la Mina sont surveillés par les postes militaires de Tiaret, Ammi-Moussa, Bel-Assel. La colonisation y a pris pied par le sommet, à Tiaret. Alger, Cherchell, Tenez, Mostaganem sont les ports de ce vaste bassin.

II. Bassin du plateau central. — Dans le plateau saharien, le bassin du *Zahrez* ne possède aucun centre de population, encore moins de colonisation; il se compose de pacages : les tribus nomades l'occupent avec leurs troupeaux.

III. Bassin du versant saharien. — Dans le versant saharien, le bassin de l'*Oued-Djedi*, composé de landes, de sables et d'oasis, a pour ville principale El-Aghouât (Laghouât), définitivement occupée en décembre 1852 par l'armée française ; le commerce et la colonisation ne tarderont pas à s'y installer. On y distingue encore Aïn-Maddhi, résidence de la famille des marabouts Tedjini, dont le nom a retenti dans l'histoire de la guerre avec Abd-el-Kader.

Le bassin des *Beni-Mzab*, d'où viennent les Mozabites, compte un grand nombre d'oasis peuplées et cultivées, qui se sont soumises en 1853 ; leurs villes principales sont Ghardela, Guerrara, Metlili, Mekhalif, Mekhadma, et dans le district d'Ouargla qui en dépend, Ouargla, la ville la plus méridionale de l'Algérie, Cedrata, Ngouça. — La colonisation ne peut, quant à présent, engager avec ces contrées que des rapports commerciaux.

### Divisions naturelles de la province.

Les divisions administratives ne concordent pas généralement avec les divisions naturelles du sol, en Algérie moins qu'ailleurs. Le but spécial de cet annuaire étant de faire connaître l'Algérie au point de vue surtout de la colonisation, nous suivrons les divisions naturelles, les seules qui montrent et fassent pressentir les affinités de culture, de produits, de spéculation, d'histoire, de destinée agricole, industrielle et commerciale qui répondent aux affinités géologiques et climatologiques. Les divisions administratives sont d'ailleurs, en Algérie, tellement provisoires et arbitraires, qu'elles se modifient de jour en jour. Les divisions naturelles sont, au contraire, douées d'une telle stabilité, que les progrès qui s'accomplissent sur leur sol forment, d'année en année, une histoire continue, facile à suivre, aussi instructive qu'intéressante, dénonçant les lacunes à remplir aussi bien que les entreprises déjà accomplies.

D'après ces principes, nous diviserons la province d'Alger en huit régions de colonisation : La Côte, le Sahel, la Métidja, l'Atlas, le Chélif, la Kabilie, le Plateau central, les Oasis. Les six premières dans le Tell, les deux dernières dans le Sahara.

Les principaux éléments de leur puissance colonisatrice sont la population, la viabilité, les forêts.

### Population.

Le dénombrement de 1852, borné aux territoires occupés par les Européens, a donné, pour la province d'Alger, les résultats suivants :

I. POPULATION EUROPÉENNE :

#### 1° Suivant l'état civil :

|  | Sexe masculin. |  | Sexe féminin. | Totaux. |
|---|---|---|---|---|
| Hommes. | 13,593 | Femmes. | 13,823 | 27,416 |
| Garçons. | 19,037 | Filles. | 13,153 | 32,190 |
|  | 32,630 |  | 26,976 | 59,606 |

Distribués en 15,344 ménages et 9,215 maisons.

#### 2° Suivant le pays de naissance :

Nés en Algérie, 11,248. — Hors de l'Algérie, 48,358.

#### 3° Suivant la nationalité :

| Français. | | 33,384 |
|---|---|---|
| Étrangers. { Espagnols. | 17,968 | |
| Portugais. | 105 | |
| Italiens. | 2,906 | |
| Anglo-Maltais. | 2,048 | |
| Anglo-Irlandais. | 155 | |
| Belges et Hollandais. | 158 | 26,222 |
| Allemands. | 1,333 | |
| Polonais. | 140 | |
| Suisses. | 1,017 | |
| Grecs. | 29 | |
| Autres. | 233 | |
| Total. | | 59,606 |

#### 4° Suivant la religion :

| | | |
|---|---:|---:|
| Catholiques. . . . . . . . . | 57,920 | |
| Protestants. . . . . . . . . | 1,394 | 59,606 |
| Israélites. . . . . . . . . | 292 | |

#### 5° Suivant le domicile et le caractère de l'industrie :

| | | |
|---|---:|---:|
| Population urbaine. . . . . . | 37,274 | |
| — rurale non agricole. . | 7,653 | 59,606 |
| — rurale agricole. . . | 14,679 | |

#### 6° Suivant la distribution sur le sol :

| | | |
|---|---:|---:|
| Population agglomérée. . . . . | 52,186 | 59,606 |
| — éparse. . . . . . | 7,420 | |

II. La POPULATION INDIGÈNE ne reproduit qu'en partie ces classifications. On la divise ainsi :

#### 1° Suivant l'état civil :

| | | Beldi (citadins). | | Berrani (forains). | |
|---|---|---:|---:|---:|---:|
| Musulmans. | Hommes.. | 7,514 | 16,556 | 926 | 2,145 |
| — | Garçons.. | 9,042 | | 1,219 | |
| — | Femmes.. | 8,956 | 15,052 | 879 | 1,580 |
| — | Filles. . . | 6,116 | | 501 | |
| | Totaux. . . . | 31,608 | | 3,525 | |
| | Total général. . . . . | | 35,135 | | |
| Israélites. | Hommes.. | 1,621 | 3,918 | | |
| — | Garçons.. | 2,297 | | | 7,767 |
| — | Femmes.. | 1,083 | 3,849 | | |
| — | Filles. . . | 1,866 | | | |

Total de la population indigène. . 42,900

#### 2° Suivant la distribution sur le sol :

Agglomérée, 29,498 ; éparse, 13,402 ; total, 42,900.

III. En résumant, sous le point de vue de *la distribution sur le sol*, qui est le plus général, la population totale, on obtient :

| | Européens. | Indigènes. | Totaux. |
|---|---:|---:|---:|
| Population agglomérée. | 52,186 | 29,498 | 81,684 |
| Population éparse. . . | 7,420 | 13,402 | 20,822 |
| | 59,606 | 42,900 | 102,506 |

Et, suivant le classement administratif :

|  | DÉPARTEMENT. (territ. civil.) | DIVISION. (territ. milit.) | TOTAL. |
|---|---|---|---|
| Européens. . . . | 54,151 | 5,455 | 59,606 |
| Indigènes. . . . | 41,000 | 1,900 | 42,900 |
|  | 95,151 | 7,355 | 102,506 |
| Population en bloc (1). | 26,940 | 4,570 | 31,510 |
| Total général. | 122,091 | 11,925 | 134,016 |

## Viabilité.

Les voies de communication de la province d'Alger, comme celles de toute l'Algérie, ne sont terminées et à l'état d'entretien que sur une partie de leur parcours. Pendant l'hiver, la circulation des voitures est interdite sur le territoire militaire. Des travaux considérables, d'une importance croissante d'année en année, tendent à modifier un état de choses dû à la barbarie turque et à l'inertie indigène, et qui a été un des principaux obstacles aux progrès de la colonisation.

Les routes se divisent en *impériales, stratégiques, provinciales*. Les chiffres que nous donnons pour les travaux ouverts et les dépenses se rapportent au 31 décembre 1851, date des dernières informations officielles publiées.

I. Les routes IMPÉRIALES sont :

1° La route d'*Alger à Médéa*, par Birkadem, Boufarik, Blida, les gorges de la Chiffa, et le col du Nador : longueur, 88,000 kilomètres ; dépense, 3,038,000 fr. A sa sortie d'Alger, à la nouvelle porte d'Isly, elle a reçu un embranchement de 3,000 mètres, ayant coûté 51,701 fr. Elle comprend aussi, à titre de section, la route d'Alger à Douéra et aux Quatre-Chemins, d'une longueur de 30,000 mètres, ayant coûté 377,516 fr. Avec ces additions, sa longueur totale est de 121 kilomètres. Cette route est l'artère principale de la province, instrument puissant de domination et de colonisation, monument

---

(1) On appelle ainsi la population flottante des garnisons, prisons, hôpitaux, lycées, administrations, etc.

durable de l'initiative et de la puissance des armées appliquées au travail productif, dont quelques tables de pierre, qui servent souvent de cible à des tireurs de pistolet sans patriotisme, rappellent trop rarement la glorieuse mémoire. Partant de la mer, elle pousse droit au sud, en traversant par les flancs les coteaux du Sahel, la plaine de la Métidja, un premier pont et les gorges profondes de la Chiffa, dont le voyageur admire les cascades qui étincellent en ruisseaux d'argent sur les pentes à pic de la montagne, décorées de longues guirlandes fleuries de lauriers roses, et s'encadrent dans un paysage sauvage de rochers et d'arbres; traversant une douzaine de fois à gué le cours de la Chiffa, et une fois sur un second pont de pierre, la route remonte en serpentant les flancs arrondis du Nador, et, franchissant sa cime, se détourne, en inclinant sa pente vers Médéa. Avant l'occupation, cette ligne était suivie par les caravanes qui se rendaient du désert vers le littoral algérien; elle jette de droite et de gauche des embranchements qui desservent un grand nombre de centres de colonisation. De nombreuses diligences la parcourent, un roulage considérable la pratique. Elle est l'artère principale de la province d'Alger.

2° La route d'*Alger à Miliana*, par Blida, Mouzaïa et la Bourkika. La première section, d'Alger à Blida, lui est commune avec la précédente. De Blida, ou plutôt de la Chiffa jusqu'à Miliana : longueur, 61,845 mètres; dépense, 169,377 fr. Elle est desservie par les diligences.

3° La route d'*Alger à Dellis*, ouverte sur 83,700 mètres, s'embranche sur la route d'Alger à Constantine et se dirige sur le Khamis et Rouïba : dépense, 150,600 fr.

4° La route d'*Alger à Rovigo*, terminée; elle franchit un pont sur l'Oued-Djemmaâ et 32 ponceaux : longueur, 28,500 mètres; dépense, 850,708 fr. Elle est servie par des diligences.

5° La route de *Tenes à Orléansville*, 53,000 mètres; dépense, 640,400 fr.; elle franchit 5 ponts et 12 ponceaux. Une petite voiture pour le courrier la dessert et prend des voyageurs.

6° La route de *Miliana à Orléansville*, 90,000 mètres; dépense, 2,500 fr. Un ponceau.

II. Les routes STRATÉGIQUES sont :

1° La route d'*Alger à Aumale*, s'embranchant sur celle de Rovigo, 111,000 mètres; 203,500 fr., franchit 5 ponceaux et 2 ponts, l'un sur l'Oued-el-Taba, l'autre sur le Chabet-el-Fahris.

2° La route d'*Aumale à Bou-Sada*, 28,000 mètres; 8,000 fr. Quelques terrassements à partir d'Aumale.

3° La route d'*Alger à Miliana*, par l'Ouedjer (entre les deux embranchements sur la route d'Alger à Miliana, par Bourkika), 28,000 mètres; 93,300 fr. Ligne des diligences jusqu'à l'ouverture de la route impériale.

4° La route de *Cherchell à Miliana*, par le Beni-Menad (partie comprise entre Cherchell et l'embranchement sur la route de Blida à Miliana), 68,000 mètres; 450,000 fr. 9 ponceaux.

5° La route de *Cherchell à Miliana*, par les Beni-Menacer, 31,000 mètres; 23,000 fr. Ouverte vers Cherchell.

6° La route de *Miliana à Teniet-el-Hadd*, 72,000 mètres; 52,000 fr.

7° La route muletière d'*Orléansville à Tiaret*, 28,000 mètres; 10,000 fr.

III. Les routes PROVINCIALES sont :

1° La route d'*Alger à Koléa*, par Staouéli, 31,469 mètres; 359,876 fr. 34 ponceaux ou aqueducs, 5 ponts.

2° La route d'*Alger à Cherchell*, par le pied du Sahel, avec pont sur le Mazafran, 18,730 mètres; 385,250 fr.

3° La route de *Blida à la mer*, par Koléa, 26,027 mètres; 174,378 fr. 7 ponceaux ou aqueducs.

4° La route du *Boudouaou à Blida*, par le pied de l'Atlas, 18,022 mètres; 251,609 fr. C'est la route qui reliera les divers centres de population du pied de l'Atlas dans l'est de la Métidja. La suite ou le pendant de cette route, dans l'ouest de la Métidja, se confond avec celle de Miliana jusqu'à la Bourkika, et de là se continue jusqu'à Cherchell, à travers Marengo et Zurich. Servie par une diligence de Blida.

5° La route de *Cherchell à Tenes*, 3,600 mètres ; 13,400 fr. 6 grands ponceaux et 3 petits.

IV. De nombreux CHEMINS VICINAUX relient les divers centres : leur énumération appartiendrait à la description des localités.

En résumé, la viabilité de la province d'Alger se résume dans le tableau suivant (31 décembre 1851.)

|  | Longueur. | Dépenses. |
|---|---|---|
| Routes impériales. | 470,048 m. | 6,037,587 fr. 04 c. |
| Routes stratégiques. | 364,000 | 839,800 00 |
| Routes provinciales. | 94,848 | 1,178,514 43 |
| Chemins vicinaux. | 150,148 | 923,119 20 |
|  | 1,079,041 m. | 8,979,020 fr. 67 c. |

### Bois et Forêts.

La statistique dressée en 1850 en évaluait l'étendue, pour la province d'Alger seulement, à 868,645 hectares ; depuis lors il a été reconnu environ 9,000 hectares de plus. Nous allons indiquer les masses principales suivant leur distribution géographique.

I. **Côte**. Point. Les prolongements des massifs intérieurs qui s'étendent auprès du rivage sont rapportés au Sahel, où se trouve leur principal développement.

II. **Sahel**. Broussailles boisées plutôt que bois et forêts proprement dits. On distingue :

Broussailles du *Sahel d'Alger*, dans un rayon de 24 kilomètres à partir d'Alger ; 3,500 hectares. — Bois de *Mazafran*, qui commence à 2 kilomètres S.-E. de Koléah, 1,400 hectares. Ses cantonnements s'étendent en partie dans la Métidja. — Bois des *Karézas*, qui commencent à 3 kilomètres O. de Koléa, et s'étendent sur les coteaux du Sahel jusqu'à l'extrémité de la Métidja et dans la plaine vers le point de jonction de l'Ouedjer et du Bouroumi, 900 hectares.

Le *Sahel* étant une expression arabe qui s'applique à tous les coteaux du littoral, nous comprendrons, dans les masses boisées du Sahel de la province, les broussailles des *environs de Cherchell*, au voisinage de cette ville, dans un rayon de 15 kilomètres, depuis l'Oued-Meselmoun jusqu'à l'Oued-Nador, 2,000 hectares. Les bois et broussailles des *environs de Tenes*, autour de cette ville, 1,300 hectares.

**III. Métidja.** De nombreux bouquets d'arbres, peu de bois, excepté vers l'extrémité occidentale, où elle reçoit les prolongements des bois du Sahel. On peut aussi lui attribuer le bois de *Sidi-Sliman*, près du village de Marengo, à 30 kilomètres ouest de Blidah, 150 hectares, et le bois de l'*Arba*, près de cette localité, 75 hectares.

**IV. Atlas.** C'est dans les montagnes de l'Atlas que sont distribués la presque totalité des bois et forêts de la province, grâce à l'escarpement du sol et à l'éloignement des cultures, qui ont rendu plus difficiles les ravages des bestiaux et des incendies. Pour en faciliter l'étude, nous les classerons par régions, auxquelles le lecteur ne devra pas attacher l'idée de limites, mais seulement de direction générale.

Région de Blida. Bois des *Mouzaïas*, commence à 9 kilomètres de Blida, à l'ouest, 5,600 hectares. — Forêt d'*Aïn-Talazit*, à 5 kilomètres sud-est de Blidah, 5,200 hectares.

Région de Médéa. Bois des *Ouzras*, à 12 kilomètres nord de Médéa, le long de la vallée de l'Oued-Ouzras, 3,000 hectares. — Forêt de *Fernen*, à 24 kilomètres sud-est de Médéa, entre cette ville et Berouaghia, sur le chemin de Médéa à Boghâr. — Bois de *Berouaghia*, continu à la forêt précédente et au camp des Cigognes, sur la rive droite de l'Oued-el-Hammam.

Région de Boghar. Forêt des Beni-Hassen et des Ouled-Anteur (faisant partie de l'aghalik du Tell ou de Boghâr), commence à 30 kilomètres sud-ouest de Médéa et s'étend jusqu'à Boghâr. Le Chélif la partage en deux parties presque égales : 11,400 hectares.

Région de Teniet-el-Haad. Bois de l'*Ouarsenis*, à 30 kilomètres ouest de Teniet-el-Haad et 60 kilomètres sud d'Orléansville, 32,400 hectares. — Bois d'*Aïn-Kara* et de l'*Oued-Dardeur inférieur*, commence au-delà de la plaine du Chélif, à 32 kilomètres sud de Miliana, en se dirigeant vers Teniet-el-Haad, 8,000 hectares. — Bois de l'*Oued-el-Belalle* et de l'*Oued-Dardeur supérieur*, commencent aux Eaux-Salées, à 50 kilomètres sud de Miliana, à la suite des précédents et se dirigent vers Teniet-el-Haad, 7,500 hectares. — Forêt de *Teniet-el-Hadd*, commence à 3 kilomètres ouest de ce poste, 4,000 hectares.

Région de Miliana. Bois des *Soumatas*, qui commence à 18 kilomètres de Blida, dans la direction de Miliana, 18,000 hectares. Une concession a été accordée, en 1851, au comte de Septeuil pour l'exploitation d'un lot. — Bois des *Beni-Menad*, qui commence à 30 kilomètres de Blida et fait suite à celui des Soumatas. — Bois des *Aïn-Let-Sour* (territoire des Righas), à 8 kilomètres N.-E. de Miliana, dans les régions moyennes des deux pics du Zakkar. — Bois des *Aïn-Cheurki*, voisin de celui des Aïn-el-Sour, sur les versants E. du Zakkar. — Broussailles du *Zakkar*, au S. de Miliana, sur les deux côtés de la route de Miliana au marabout de l'Oued-Boutan, 1,500 hectares.

Région de Cherchell. Bois des *Beni-Menasser*, commence à 30 kilomètres sud de Cherchell, au-delà de la plaine des Beni-Menasser, sur les plateaux et les versants du Djebel-Amasser et des montagnes environnantes, 6,000 hectares. — Bois de *Bourouïs*, à 24 kilomètres S.-E. de Cherchell, rive droite de l'Oued-Hachem, 1,000 hectares.

Région montagneuse du Chélif. Bois ou broussailles de l'Isly, affluent de la rive gauche du Chélif, 5,400 hectares. — Bois de l'*Oued-Fodda*, sur les deux rives de ce cours d'eau, affluent de la rive gauche du Chélif, à 16 kilomètres au-dessus de son embouchure. — Bois des *Attafs*, à 6 kilomètres ouest de Miliana, rive gauche du Chélif, à 52 kilomètres sud d'Orléansville, 1,200 hectares. — Bois des *Medjaja*, à 12 kilomètres N.-O. d'Orléansville, rive droite du Chélif, contigu au bois des Beni-Rached, 1,200 hectares. — Bois du *Temdara*, à 28 kilomètres d'Orléansville, s'exploitant pour les besoins de cette place, 150 hectares. — Bois de *Beni-Youssouf*, à 26 kilomètres sud d'Orléansville et 4 kilomètres ouest du précédent, 400 hectares. — Bois des *Beni-Rached*, à 20 kilomètres N.-E. d'Orléansville, rive droite du Chélif, 900 hectares. — Forêt des *Ouled-Jounès*, *Ouled-Abdallah* et *Ouled-Oufrid*, aux environs de Tenez et d'Orléansville, 6,198 hectares.

Région de Tenez. Broussailles du *Djebel-Charras*, à 16 kilomètres N.-O. de Tenez, 300 hectares. — Bois du camp des *Gorges*, à 4 kilomètres sud de Tenez, 600 hectares.

V. **La Vallée du Chélif**, toute dénudée, ne possède que quelques ramifications des masses boisées réparties dans les montagnes ou les gorges de l'Atlas qui l'enserre de toutes parts. De là une sécheresse habituelle dont il importe de détruire la cause par de vastes reboisements, et de sévères punitions des incendies.

VI. **Kabilie**. Bois de *Boubérak*, à 10 kilomètres ouest de Dellis, rive gauche de l'Oued-Nessa, 260 hectares. — Bois de *Boudouaou*, à 24 kilomètres sud d'Alger, 200 hectares. — Forêt du *Djebel-Tigremont*, à 30 kilomètres sud de Souk-el-Had, rive droite de l'Isser, chez les Beni-Khalfoun, 4,000 hectares. — Forêt de *Timezarit*, à 20 kilomètres sud du Bordj-Manoël, rive droite de l'Isser, chez les Flissa, 3,200 hectares. — Bois de *Bou-Mda*, à 48 kilomètres est d'Alger, dans le district des Beni-Khalifa, 400 hectares, et, près du col des Beni-Aïcha, 40 hectares. — Forêt de *Ksenna*, à 12 kilomètres est d'Aumale, 10,000 hectares. — Bois de *Dira*, à 2 kilomètres sud d'Aumale, 200 hectares. — Bois des *Gorges*, à 12 kilomètres nord d'Aumale, 600 hectares. — Bois à l'ouest d'Aumale, formant plusieurs massifs désignés par les noms des lieux qu'ils occupent, 3,000 hectares.

De nombreux massifs restent à déterminer, notamment ceux du Jurjura, qui paraissent fort considérables.

VII. **Le Sahara** possède des forêts de dattiers.

Les essences les plus variées peuplent ces cantonnements. On y a signalé entre autres, en lots considérables, dans la famille des *palmiers*, le dattier (*phœnix dactylifera*), dont les produits, consommés sur place et importés dans le Tell et en Europe, font la richesse des populations du Sahara; dans les *conifères*, le pin d'Alep, le cèdre, le thuya, le tamaris, le genévrier à feuilles de cèdre; dans les *amentacées*, le chêne-zéen, le chêne-liège, le chêne à glands doux (*quercus ballotta*), le chêne-vert, l'orme, le peuplier blanc de Hollande, le micocoulier; dans les *oléacées*, l'olivier, le phylliréa, le frêne; dans les *éricacées*, l'arbousier; dans les *rosacées*, l'amandier; dans les *légumineuses*, le caroubier à longues gousses (*ceratonia siliqua*); dans les *térébinthacées*, le térébinthe, le pistachier lentisque, etc... La forêt de cèdres de Teniet-el-Haâd est renommée entre toutes pour la beauté de ses arbres.

Toutes ces richesses pourrissent inexploitées sur place, faute d'argent, faute de routes, faute de spéculateurs. Les indigènes, outre le bois de chauffage, font du charbon et extraient des résines. La marine, la charpente, la menuiserie, les usines y trouveront, quand on voudra, un inépuisable aliment.

## A. — LA CÔTE.

Au fond de tous les bons mouillages, ont pris naissance des centres maritimes, stations du commerce et de la colonisation dans les périodes de paix, nids de pirates dans les temps de guerre. Leur origine est généralement fort ancienne, parce que les essaims d'émigrants et d'aventuriers, sauf les Arabes, ont abordé l'Afrique par la Méditerranée. Suivant les avantages de leur position et les travaux des hommes, ces postes sont devenus des cités puissantes, des ports florissants, où sont restées d'humbles bourgades de pêcheurs. Dans cette triple catégorie prennent place les divers établissements fondés sur la côte de la province d'Alger.

A la première, appartient Alger avec ses faubourgs de Bab-el-Oued, Bab-Azoun, et sa banlieue qui comprend

Bou-Zaréa et la Pointe-Pescade, El-Biar, Mustapha-Pacha.

A la seconde, Dellis, Cherchell, Tenez, et dans l'antiquité romaine Tipasa.

A la troisième, le village du Fort-de-l'Eau, Aïn-Benian, Sidi-Ferruch, N. D. de Fouka. Dans ces derniers le caractère maritime n'a pu prévaloir, malgré leur destination, et ils ont été annexés, Aïn-Benian à Cheraga, N. D. de Fouka à Fouka. Quant à Sidi-Ferruch, quoique chef-lieu nominal de la commune, il est absorbé par Staouëli.

Novi et Montenotte sont des annexes agricoles des territoires de Cherchell et de Tenez.

Telles sont les localités qui appartiennent à la région de la côte.

La population s'y répartit ainsi qu'il suit :

| Localités. | Maisons. | Ménages. | Européens. | Indigènes. | Total. |
|---|---|---|---|---|---|
| ALGER et ses faubourgs. | 2,712 | 6,318 | 24,913 | 16,489 | 41,402 |
| Bou-Zaréa, Pointe Pescade et Saint-Eugène. | 222 | 302 | 1,368 | 1,352 | 2,720 |
| El-Biar. | 140 | 200 | 906 | 254 | 1,160 |
| Mustapha. | 310 | 857 | 3,210 | 386 | 3,596 |
| Dellis. | 98 | 178 | 471 | 1,284 | 1,755 |
| Aïn-Benian (recensé avec Cheragas). | | | | | |
| Sidi-Ferruch (recensé avec Staouëli). | | | | | |
| N. D. de Fouka (recensé avec Fouka). | | | | | |
| Tipasa, en voie de peuplement. | | | | | |
| Cherchell. | 223 | 298 | 1,119 | 1,468 | 2,587 |
| Novi. | 87 | 89 | 306 | • | 306 |
| Tenez. | 262 | 466 | 1,384 | 1,201 | 2,585 |
| Montenotte. | 125 | 111 | 473 | 15 | 488 |
| Totaux, 12 centres... | 4,199 | 8,825 | 34,150 | 22,473 | 56,599 |

## ALGER.

Capitale de l'Algérie, siége du gouvernement général, chef-lieu de la province du Centre, située par 0° 44' 10" de longitude ouest, et 36° 47' 20" de latitude nord, à 1,644 kilomètres de Paris, 800 de Marseille, 657 de Tunis, 911 de Fez, 1,286 de Maroc, 410 d'Oran, 422 de Constantine.

Vu de la mer, Alger apparaissait naguère comme une masse blanche, de forme triangulaire, percée de trous noirs, confusément échelonnée en amphithéâtre sur les flancs d'un contrefort du mont Bou-Zaréa, qui, descendant des hauteurs que couronne la Casba, baigne sa base dans la mer; se reliant au Sahel par des croupes mamelonnées au sud et les verdoyants coteaux de Mustapha à l'est. Éblouis de cette blancheur commune à toutes les villes d'Afrique, les Européens avaient comparé la ville d'Alger à une vaste carrière de craie creusée dans la montagne, tandis que les Arabes saluaient en elle un diamant enchâssé dans l'émeraude et le saphir. Et cette fois, comme bien souvent, la poésie barbare peignait mieux la nature que la prose civilisée. Les reflets d'étincelante lumière, sous un ciel bleu et limpide, au sein d'une atmosphère tiède et calme que ventile une douce brise de mer, que la terre, parée de verdoyants ombrages, imprègne de ses pénétrantes senteurs, les vives arêtes des monts découpées sur les transparences de l'horizon jusqu'aux profondeurs de l'Atlas, tous ces charmes réunis, qui saisissent les sens et l'âme du voyageur, le transportent en esprit comme en réalité dans les splendides régions du Midi et de l'Orient, qu'envièrent de tout temps les peuples du Nord. Une salubrité parfaite ajoute un nouveau prix à tous ces agréments.

Mais, en pénétrant dans la ville, surtout dans les quartiers maures, elle ne semblait pas répondre au paysage. Aux dispositions naturelles d'un sol incliné, inégal, tourmenté, abrupte, aux nécessités de la défense qui enserraient les maisons entre deux lignes de murs et de fossés, les mœurs musulmanes avaient joint leur jalouse influence pour faire d'Alger un inextricable labyrinthe, plein de bizarrerie, de confusion, de mystère. Des rues sales, étroites, de largeur inégale, mal aérées, sombres, tortueuses, rudes à monter, plus rudes à descendre, souvent fermées par le haut, taillées en escalier, terminées en impasse; des maisons sans façades extérieures, percées de rares et étroites lucarnes grillées, dont les étages supérieurs avancent sur la rue, soutenues par des arcs-boutants en bois, maisons plus semblables à des prisons qu'à des habitations de famille : telle était l'apparence. Mais en pénétrant sous ces portes basses, dans les étroits vestibules qui conduisent dans la cour intérieure, l'impression change : il n'est pas rare de se trouver au milieu de véritables palais où règnent la fraîcheur, l'élégance, la richesse, le recueillement; une galerie intérieure circule autour des appartements; une terrasse les domine, d'où la vue parcourt l'horizon infini de la mer, et le rideau lointain de l'Atlas et du Jurjura. Les maisons mauresques sont devenues les plus agréables demeures des Européens, et les bâtiments les plus recherchés par la plupart des administrations.

Mais cet aspect primitif d'Alger a été profondément modifié par l'élargissement de l'enceinte; par la construction du nouveau faubourg de Bab-Azoun; par les hautes et belles maisons, fort peu commodes il est vrai, élevées par les Européens et décorées quelquefois, à la mode italienne et espagnole, d'étincelantes couleurs jaunes et rouges; par les travaux de viabilité qui ont, sur les points les plus fréquentés, redressé et élargi les rues, ouvert des places, donné de l'air et de l'espace aux habitations. La rue de la Marine, qui du port conduit sur la place du Gouvernement; les rues Bab-Azoun et Bab-el-Oued, qui, suivant le pied de la pente principale, se dirigent à l'est et à l'ouest, constituant les trois grandes artères de la circulation, rappellent, par leur largeur et leurs arcades de hautes maisons, les plus belles rues des villes d'Europe.

La principale place est celle du Gouvernement, d'où l'œil admire un magnifique panorama : elle est décorée par la statue équestre du duc d'Orléans, due au ciseau de Marochetti, et fondue par M. Soyer, de Paris, avec le bronze des canons pris à Alger. Elle recouvre de magnifiques magasins publics dans lesquels est implanté le pilier colossal qui supporte le piédestal de la statue. Ombragée de platanes, éclairée au gaz, elle est comparable aux plus belles d'Europe. Au milieu de la foule qui s'y donne rendez-vous, on se sent vraiment dans une capitale. On doit voir encore la place de Chartres, au centre de laquelle s'élève une fontaine; la place de la Pêcherie ou Mahon; la place du Soudan, à proximité de l'hôtel du gouverneur général et de l'évêché; la place Bresson, à l'extrémité de la rue Bab-Azoun; la place d'Armes, que l'on nomme aussi l'Esplanade Bab-el-Oued, à l'extrémité opposée de la ville. La plupart des marchés intérieurs se tiennent sur ces places: celui des huiles et des grains indigènes, à la Halle, rue d'Isly; celui des bestiaux, à Mustapha-Pacha. C'est dans ces marchés que doit se rendre le visiteur qui veut connaître, en peu de temps, les produits du sol ainsi que les physionomies, les costumes, les langues, les allures des diverses races indigènes de la population. Une heure lui en apprendra plus que toutes les descriptions.

Les principaux monuments sont: le palais du gouvernement, l'évêché, le passage Duchassaing, la Casbah, la cathédrale Saint-Philippe, les mosquées de la marine et de la Pêcherie, le temple protestant, la préfecture, le secrétariat-général du gouvernement, la mairie, les fontaines publiques, le nouveau théâtre; la prison cellulaire, la nouvelle synagogue, les portes Bab-Azoun, Bab-el-Oued, du Sahel et d'Isly, l'abattoir, les grandes casernes d'Orléans, derrière la Casbah, les égouts, surtout celui de ceinture, qui conduit tous les immondices de la ville hors du port d'Alger; les statues du duc d'Orléans et du maréchal Bugeaud; enfin le port, d'une superficie de 86 hectares, éclairé par un phare à éclipses qui porte à 15 milles au large: cet ouvrage est la plus importante construction des Français depuis la conquête. Achevé, il contiendra 39 bâtiments de guerre et 300 bâtiments de commerce de 100 à 150 tonneaux, parfaitement abrités des vents du large. Ce travail colossal, et ceux qui le complètent, les îlots occupés par les services maritimes, la jetée Khaïr-ed-din, les quais, les magasins, les batteries, les fortifications, constituent un établissement maritime, militaire et commercial de premier ordre, et justifient plus que jamais l'épithète de *bien gardée* dont l'orgueil musulman avait gratifié *El-Djezaïr*. Au dehors de l'enceinte nouvelle qui a reporté plus loin l'enceinte primitive des Turcs, devenue trop étroite pour le développement de notre occupation, on visite avec intérêt, à l'ouest, un des jardins du dey, devenu hôpital militaire, le fort des Anglais, les trois cimetières chrétien, israélite, musulman; au sud, le fort de l'Empereur, dont les Français durent se rendre maîtres pour assurer la prise d'Alger; au sud-est, les aqueducs qui conduisent l'eau des sources du Sahel dans les fontaines de la ville; à l'est, le fort Bab-Azoun, l'usine à gaz, le lazaret. Entre l'ancienne et la nouvelle enceinte, le jardin Marengo offre la plus belle promenade d'Alger au-dessus de l'esplanade Bab-el-Oued, et ses agréments font regretter qu'on n'en dispose pas une pareille hors la porte d'Isly. — Les amateurs de l'architecture mauresque devront visiter, outre les mosquées et l'évêché, la maison de Mustapha-Pacha, celle affectée au musée et à la bibliothèque, celle du lycée, et le délicieux marabout de Sidi-Abder-Raman, au-dessus du jardin Marengo.

La nature avait peu fait pour cette cité : elle est presque tout entière une création du travail de l'homme. Depuis le jour où, d'après la légende, les vingt compagnons d'Hercule le Libyen fondèrent le hameau d'*Icosium* (εἴκοσι, vingt), relevé ou agrandi plus tard par les Berbers Beni-Mezeghenna, jusqu'au jour où Barberousse en fit le siège de sa domination, bien des siècles se sont écoulés pendant lesquels son nom obscur (*El-Djezaïr*) est éclipsé par ceux de Bougie, de Cherchell, de Tlemcen, d'Oran. Sa destinée politique commence avec le corsaire qui en devina la force et la future grandeur. Son frère Khaïred-din, en joignant la terre ferme aux îlots (*El-Djezaïr*) du nord, créa sa véritable puissance. En lui assurant un port, il en fit pour trois siècles le plus redoutable repaire de pirates. La France a fait enfin justice de leur brigandage : par son courage, la civilisation a remplacé la barbarie. La ville, que fortifièrent et embellirent tant de milliers de captifs chrétiens, par un juste retour de fortune appartient aux chrétiens. Elle s'ouvre généreusement à tous les peuples d'Europe, demeurés spectateurs impassibles, sinon même jaloux, des triomphes de la France. La vie européenne s'y est installée, côte à côte avec la vie orientale ; et de ce mélange intime de mœurs et d'existences naît un des plus curieux spectacles que le voyageur puisse contempler.

La ville d'Alger possède la plupart des institutions qui caractérisent les capitales d'Europe, combinées avec celles qu'a exigées une création coloniale. A défaut d'une description qui exigerait des détails que remplaceront avec avantage quelques courses sur les lieux, nous les indiquerons par une simple énumération.

*Institutions politiques.* — Le Gouvernement général de l'Algérie ; le conseil général et le secrétariat du gouvernement ; la direction politique des affaires arabes ; imprimerie du gouvernement ; le Bulletin officiel des actes du gouvernement ; le *Moniteur algérien* ; un journal franco-arabe (*Mobacher*) ; la télégraphie.

*Institutions militaires.* — Etat-major général ; service topographique et géodésique ; siège de la subdivision d'Alger ; état-major de la place d'Alger ; direction générale de l'artillerie, direction de l'artillerie de la subdivision d'Alger ; direction générale du génie ; direction du génie de la place d'Alger ; bureau arabe ; compagnie topographique du génie ; chefferie de l'arsenal d'Alger ; intendance militaire de la province ; conseil de guerre ; jury de révision ; légion de gendarmerie ; milice algérienne ; garnison d'infanterie, de cavalerie, d'artillerie, de génie, d'équipages militaires ; pénitentier militaire ; hôpital militaire, avec laboratoire analytique.

*Institutions maritimes.* — Amirauté ; commissariat de la marine ; direction du port ; service de la santé ; lazaret.

*Institutions administratives.* — Préfecture ; conseil de

préfecture ; bureau arabe civil ; inspection de colonisation ; service des opérations topographiques ; brigade de sûreté générale ; mairie ; commission municipale ; commissariats de police ; recettes municipales ; poids publics ; service des bâtiments communaux, de la petite voirie.

*Institutions religieuses.* — Évêché ; églises catholiques, avec annexes extérieures de grand et petit séminaire ; consistoire protestant ; comités de secours protestants ; consistoire israélite ; mosquées musulmanes ; communautés religieuses (Société de la Propagation de la foi, jésuites, lazaristes, sœurs de Saint-Vincent-de-Paul, sœurs de la doctrine chrétienne, du bon Pasteur) ; orphelinats catholiques et protestants dans la banlieue.

*Institutions judiciaires.* — Cour impériale ; tribunal civil de première instance ; tribunal de commerce ; justices de paix ; tribunal de police ; défenseurs ; avocats ; notaires ; interprètes assermentés ; curateurs aux successions vacantes ; huissiers ; midjelès ; kadis ; amins.

*Institutions littéraires, scientifiques et artistiques.* — Académie ; lycée ; école primaire supérieure ; écoles communales françaises de garçons et filles catholiques, protestants et israélites ; école de dessin ; salle d'asile ; écoles franco-arabes et hébraïques pour les garçons et filles israélites ; école franco-arabe pour les enfants musulmans des deux sexes ; bibliothèque ; musée ; chaires de langue arabe ; société des beaux-arts ; société de médecine ; grand et petit théâtre.

*Institutions agricoles.* — Chambre consultative d'agriculture ; société centrale d'agriculture ; exposition annuelle des produits de l'agriculture ; courses de chevaux. (Au Hamma, pépinière centrale.)

*Institutions commerciales.* — Chambre de commerce ; bourse ; consulats étrangers ; halles et marchés ; foire ; poids public ; courtiers ; commissaires-priseurs.

*Institutions sanitaires.* — Hôpitaux civils, européen et musulman ; commission administrative des hospices ; service de vaccination ; dispensaire ; lazaret ; hôpitaux militaires ; conseil départemental d'hygiène et de salubrité ; jury médical.

*Institutions financières.* — Banque d'Algérie ; inspection des finances ; direction des douanes, des contributions diverses, des domaines ; vérification des poids et mesures ; service des postes, des forêts ; mission des tabacs.

*Institutions des travaux publics.* — Service des ponts et chaussées, des bâtiments civils, des travaux hydrauliques du port d'Alger, des mines et forages avec laboratoire.

*Institutions philanthropiques.* — Salle d'asile ; bureau de bienfaisance ; mont-de-piété ; caisse d'épargne ; société des dames de bienfaisance ; commission des prisons.

Cet ensemble d'institutions officielles suppose une importance considérable pour Alger, comme fonction politique, comme industrie et commerce, comme colonisation, comme administration, comme population. Sous tous ces aspects, Alger joue en effet un rôle capital.

Au point de vue politique, Alger est la clef de l'Algérie entière. Située sur la côte, dans la région médiane de l'ancienne régence, cette place a dû être le centre de gravité de tous les intérêts qui se combattent ou s'équilibrent dans le vaste quadrilatère compris entre la Méditerranée et le désert d'une part, le Maroc et la Tunisie de l'autre. Un port, il est vrai, lui manquait pour cette destinée, mais l'art l'ayant créé, Alger est aujourd'hui muni de tous ses organes de domination : route libre sur la mer pour recevoir les renforts de France, rayonnements faciles en tout sens pour commander, surveiller, gouverner. La politique nationale n'a eu qu'à confirmer l'instinct militaire des Barberousse. On peut prévoir toutefois qu'avec une sécurité absolue du côté de la mer, il puisse convenir de porter plus à l'intérieur le centre de gouvernement comme de colonisation, à Blida, par exemple, mieux placé à cet égard. La haute et juste raison politique qui y a fait transférer le siège de la première division militaire, n'a qu'à suivre la logique pour agrandir le rôle de cette ville. Le chemin de fer y aidera.

Au point de vue commercial et industriel, Alger est encore la capitale algérienne. D'une part la concentration des troupes dans la province d'Alger pendant la première période de l'occupation, les mouvements d'affaires qui en ont été la conséquence naturelle, les capitaux qui ont émigré avec les hommes, la facilité des relations des villes du littoral français avec la colonie ont activé, quelquefois même précipité l'essor commercial, suivi à distance de l'essor industriel. Tous les commerces des grandes villes et quelques-unes de leurs industries sont naturalisés à Alger. Parmi les plus importantes entreprises on citera les compagnies d'assurances maritimes, les entreprises de transports de terre et de mer, de messageries, les hôtels et les cafés, les bazars, les moulins et scieries à vapeur, les brasseries, les usines à huile, les fabriques d'essences, de pâtes alimentaires, de tabacs, les voitures de place, les imprimeries et librairies, les journaux, les bains français et maures ; deux glacières, etc.; une Caisse de commerce a été créée en 1853. Les indigènes confectionnent les broderies sur cuir en or et argent pour selles mauresques, portefeuilles, pantoufles, ceintures de soie brochées d'or ; ils s'adonnent au travail des métaux précieux, aux tanneries et teintureries, au tissage de la laine.

Au point de vue colonisateur, le premier rang appartient encore légitimement à Alger. Sur le territoire de sa banlieue et du Sahel, où la sécurité fut de bonne heure acquise, la spéculation versa ses premiers capitaux, fonda les premiers établissements, défrichant, labourant, semant, plantant partout où l'espace s'ouvrait devant elle. D'Alger, comme centre du gouvernement, partit l'impulsion la plus énergique et la plus soutenue ; et en même temps la consommation si considérable de la population militaire, civile, indigène, offrit un débouché aux produits des cultures qu'elle provoquait. Même avantage pour l'exportation. Le port d'Alger est comme la charnière d'un éventail qui embrasse le Sahel, la Métidja, la partie médiane de l'Atlas : tout se replie sur ce point, tout y aboutit.

Enfin, au point de vue administratif, qui est l'expression des faits politiques et naturels, Alger exerce sur toute l'Algérie une prépondérance sensible, contrebalancée toutefois par l'originalité propre des deux autres provinces. Il n'y a pas, de cette ville aux autres, la suprématie de Paris sur les villes de France : elle ne règne véritablement que sur le territoire civil et militaire dont elle est le chef-lieu, et qui se divise ainsi qu'il suit :

Le territoire civil ou département d'Alger comprend : 1° un territoire continu qui s'étend du nord au sud, du littoral au pied des montagnes sud de la Métidja, et de l'ouest à l'est autour des colonies agricoles, sauf Marengo ; 2° au milieu du territoire militaire, cinq enclaves civiles, dont Médéa, Miliana, Cherchell, Tenez et Orléansville sont les centres. Le département est divisé en deux arrondissements : celui d'Alger et celui de Blida. L'arrondissement d'Alger comprend les districts d'Alger, de Cherchell, de Tenez et d'Orléansville.

Le territoire militaire d'Alger, formant la deuxième subdivision de la province, comprend les cercles d'Alger et de Dellis.

L'ancien district d'Alger comprend la commune d'Alger et celles de l'Arba, Birkadem, Birmandreis, Chéraga, Déli-Ibrahim, Draria, Fondouk, Hussein-Dey, Kouba, Ouled-Fayet, Bassauta, Rovigo, Sidi-Ferruch, la commune cantonnale de Douéra, plus les centres du cap Matifou.

Enfin la commune d'Alger comprend Alger et ses faubourgs, plus des annexes qui sont : Bou-Zaréa et Pointe-Pescade, El-Biar, Mustapha. Leur ensemble compose sa banlieue civile, dont la population totale s'élève

à 48,878 habitants,
parmi lesquels... 30,403 Européens,
et......... 18,475 indigènes,
répartis entre... 3,396 maisons,
et......... 7,689 ménages.

La population d'Alger compte, comme on l'a vu, pour 41,402 habitants, dont 24,913 Européens et 16,489 indigènes. Elle a été plus forte dans les années antérieures, mais sa réduction est moins un signe de déchéance qu'un témoignage en faveur de la colonisation qui a attiré et réparti dans les campagnes les émigrants qui s'entassaient improductivement dans la ville.

### QUARTIER BAB-AZOUN

L'ancien faubourg Bab-Azoun, aujourd'hui compris dans l'intérieur de la ville, commence à la place de ce nom, et s'étend à l'est d'Alger entre les anciennes et les nouvelles fortifications ; c'est une création toute nouvelle, qui s'est élevée en peu d'années avec une merveilleuse rapidité, source de bien des fortunes et de bien des ruines. Il est traversé par les deux grandes rues, celles *de l'Agha* et *d'Isly*. Sur le trajet de cette dernière se trouve la place d'Isly où s'élève la statue du maréchal Bugeaud, élevée en 1852. Dans le quartier Bab-Azoun, domine le caractère commercial et militaire. C'est par là qu'Alger communique principalement avec le Sahel et la Métidja ; les escarpements du Bou-Zaréa ont forcé les routes de l'intérieur à se détourner par là : les unes suivent le pied des collines de Mustapha, les autres serpentent sur les flancs des coteaux pour rejoindre le point culminant de la crête, d'où le regard, planant sur la baie entière d'Alger et son magnifique encadrement, contemple un des plus grandioses panoramas qu'on puisse admirer.

### FAUBOURG BAB-EL-OUED.

Ce faubourg, dont la partie la plus agglomérée est appelée cité Bugeaud, est situé hors la porte Bab-el-Oued. C'est la cité manufacturière d'Alger. Il y existe une usine à vapeur pour la scierie et la fabrication des huiles (Curtet), deux pour la mouture des céréales (Etienne et Compagnie, Sicard et Gruis); deux fonderies de fer (Castelbou, Kreft), une glacière (Delavigne), une fabrique de chandelles (Pailloux), des poteries ; des fours à chaux. — On y remarque les jardins du dey, l'hôpital militaire, les carrières qui alimentent les travaux du port.

### Saint-Eugène.

Groupe de maisons de campagne à 3 kilomètres d'Alger, distribuées au pied du Bou-Zaréa, à la limite ouest du territoire de Pointe-Pescade. Les unes s'étalent le long de la mer, les autres s'abritent dans des ravins ombragés. L'air, rafraîchi par la brise de mer, y est très-sain. On y remarque un pont en fil de fer de 27 mètres de long sur 2 mètres 50 centimètres de large établi aux frais de MM. Fèvre et Fléchey, à 8 mètres au-dessus d'un ravin qu'il franchit, inauguré par M. de Salvandy, ministre, le 16 juillet 1846 ; un restaurant renommé, un moulin à vent, un petit séminaire, réunissant une soixantaine d'élèves, établi sur l'ancien consulat de France, sur un plateau appelé la Vallée des Consuls : une brigade de douanes, dépendant de la lieutenance de Pointe-Pescade, y surveille la côte. Au château des Tourelles, entre Saint-Eugène et Alger, est établie une fabrique de conserves de sardines.

### Pointe-Pescade.

Localité de la banlieue d'Alger, qui s'étend sur les flancs inférieurs du Bou-Zaréa le long de la mer, à 6 kilomètres d'Alger. Dans ses ravins, fortement accidentés, se cachent de riches et fraîches villas, ombragées par des plantations dont un filet d'eau entretient la verdure. Elle se relie à Alger par une route très-pratiquée, qui suit les sinuosités du rivage à travers le paysage le plus sévère. La culture d'agrément y occupe toutes les terres consacrées à la production. Les coteaux abruptes sont éminemment propres à l'élève des moutons. On remarque sur une pointe rocheuse qui s'avance dans la mer un fort composé de deux constructions : l'une assise sur un récif, et que l'on dit avoir été construite par Barberousse, est abandonnée et ruinée ; on voit encore dans la mer les vieux canons qui armaient les créneaux de ce fort, et un curieux aqueduc qui y conduisait les eaux. L'autre construction, dite le Fort-Neuf, a été faite par le pacha Abdi en 1736 ; une compagnie de vétérans y a longtemps tenu garnison. Elle est aujourd'hui occupée par la brigade de douane. — Un café maure, rendez-vous des gourmets, une source sous de beaux ombrages, de pittoresques cascades dans un ravin voisin, complètent les curiosités de la Pointe-Pescade. L'industrie s'y intéresse à un gîte de galène, objet de travaux importants.

La Pointe-Pescade, après avoir formé une commune distincte, a été réunie à la commune d'Alger par ordonnance du 31 janvier 1848.

### Bou-Zaréa.

Commune à 6 kilomètres 50 d'Alger, confinant Alger au N.-E.; la mer au N.; Cheraga à l'E. et au N.-O., El-Biar au S.; elle occupe les revers supérieurs et les flancs de la montagne dont elle a pris le nom, qui culmine à 407 mètres d'altitude; de son sommet, l'œil embrasse un horizon de 600 lieues carrées. Le mont Bou-Zaréa forme le trait saillant du paysage qui entoure Alger. Ses escarpements, ses contreforts, ses rameaux, en se développant en tous sens, forment le principal noyau des courbes mamelonnées du Sahel. Le territoire de la commune est déchiré en coteaux escarpés, en ravins profonds, en plis abrités de terrains; de ses flancs coulent des sources nombreuses, qui répandent la fraîcheur et entretiennent l'ombrage d'un printemps perpétuel dans ces lieux d'un aspect sauvage, embellis de riches et nombreuses maisons de plaisance. Ses contreforts, prolongés vers la mer, se terminent en trois saillies, qui sont la Pointe-Pescade à l'est, le cap Caxine au centre, le cap Knater (pluriel de *Kantra*, pont) à l'ouest. Les parties cultivables du terrain sont soigneusement exploitées par la grande et la petite culture. Les parties inabordables sont abandonnées à la dépaissance. Quelques bouquets de chênes-liéges se mêlent aux plantations des villas. Sous les deys une vigie, aujourd'hui détruite, était le couronnement naturel de ces hauteurs. Trois chemins relient Bou-Zaréa à Alger: l'un partant du groupe principal des maisons, à 400 mètres d'altitude, descend du côté de la mer, en traversant la riante vallée des Consuls, au-dessus de Saint-Eugène: l'autre, partant du lieu appelé Bir-Semmam, suit le côté opposé de la montagne, par le *Frais-Vallon*, ravin enchanté qui conduit aux carrières, à de délicieuses villas, au village et à la tribu de Bou-Zaréa; un troisième va rejoindre la route d'Alger dans le Sahel, par El-Biar.

L'industrie a déjà tiré grand parti des formations géologiques du Bou-Zaréa. Ses carrières ont bâti la ville et fourni les matériaux de la jetée ; sa chaux est la plus recherchée des environs. Ses marbres, ses plombs, ses gîtes de manganèse, ses minerais de fer ont été l'objet d'exploitations d'un haut intérêt.

Réunie à la commune d'Alger par ordonnance du 31 janvier 1848, la Bou-Zaréa forme une annexe qui comprend outre la localité de ce nom : Pointe-Pescade, Saint-Eugène et cité Bugeaud, ou faubourg Bab-el-Oued. Elle est administrée par un maire.

STATISTIQUE OFFICIELLE (1851). — *Constructions :* maisons, 1 hangar, 6 écuries et étables, 14 puits et norias, d'une valeur totale de 12,050 fr. — *Bétail :* 58 chevaux, 21 mulets, 106 ânes, 103 bœufs, 72 vaches, 234 chèvres, 142 moutons ; 79 porcs. — *Matériel agricole :* 25 charrues, 48 voitures, 6 tombereaux. — *Plantations :* 1,775 arbres. — *Cultures spéciales :* 200 en prairies artificielles, 82 en vignes. — *Récoltes* (1851) : sur 514 hectares cultivés en céréales, 2,160 hectolitres de blé tendre, 117 de blé dur, 5,040 d'orge, 224 de seigle, 1,000 d'avoine, 1,120 de maïs, 240 de fèves.

### El-Biar.

Localité située sur la route d'Alger à Blida par le Sahel, sur le plateau, derrière le fort l'Empereur, à 5 kilomètres un quart au S.-O. de la ville : sites enchanteurs peuplés de villas élégantes et de magnifiques maisons mauresques, qui en font un vaste quartier de beaux jardins, plutôt qu'un village. Un ruisseau, qui naît sur la pente orientale, forme l'Oued-Knis, qui sépare Mustapha et le Hamma de Birmandreis et de Hussein-Dey. Des eaux d'une autre source alimentent une partie des fontaines d'Alger, où elles sont conduites par un bel aqueduc nouvellement restauré. L'industrie y a fondé un moulin à huile, un moulin à vent, une briqueterie. Une route romaine qui traverse le territoire rappelle la tradition antique.

Au quartier d'Hidra, le plus riant et le plus fertile de la commune, se remarque un vieux café maure d'un aspect très-pittoresque.

Un vaste couvent, tenu par les sœurs du Bon-Pasteur,

y sert de maison de refuge pour les filles repenties. Plus loin, à Ben-Aknoun, un orphelinat, fondé par le P. Brumauld, est consacré à l'éducation morale et agricole des enfants pauvres (voir aux Mélanges). A l'est de Ben-Aknoun, prend naissance une des sources de l'Oued-Kerma, un des courants du Sahel oriental.

Réuni à titre d'annexe à la commune d'Alger par ordonnance du 31 janvier 1848, El-Biar est administré par un adjoint.

STATISTIQUE OFFICIELLE (1851). — *Constructions* : 154 maisons d'une valeur de 1,078,000 fr., 45 hangars, 784 écuries et étables, 2 gourbis et silos, 138 puits et norias d'une valeur totale de 458,900 fr. — *Bétail* : 107 chevaux, 129 mulets, 102 ânes, 154 bœufs, 125 vaches, 136 chèvres, 865 moutons, 17 porcs. — *Matériel agricole* : 102 charrues, 28 voitures, 46 tombereaux. — *Cultures spéciales* : 4 en prairies artificielles. — *Récoltes* (1852) : sur 119 hectares cultivés en céréales, 3,192 hectolitres de blé tendre, 645 d'orge, 864 d'avoine, 312 de maïs, d'une valeur totale de 70,139 fr.

### Mustapha-Pacha.

Annexe territoriale de la commune d'Alger, qui s'étend à partir du quartier Bab-Azoun, sur les coteaux montueux de l'est, imposant amphithéâtre de la rade. Aspect d'une rare beauté, épais ombrages, charmantes et riches villas, parmi lesquelles on distingue celle du gouverneur général et du général Youssouf ; pentes ondulées, dont les replis sont tous couverts de cultures et d'arbres. Les culture maraîchères et d'ornement forment de tout le territoire une suite de vergers et de jardins. Les établissements publics sont nombreux dans Mustapha, qui est un prolongement du quartier Bab-Azoun : casernes, camp des chasseurs d'Afrique, champ de manœuvres, ateliers de l'administration, hôpital civil, asile des vieillards, école de sœurs, établissement de bains de mer ; un orphelinat de filles y est installé dans le palais de la famille Mustapha, qu'entourent de magnifiques jardins ; une nopalerie officielle, succursale de la pépinière centrale du Hamma, est située dans la partie moyenne du coteau. Les routes d'Alger vers la Métidja traversent Mustapha. Celle d'Alger à la Maison-Carrée passe par le bas et se bifurque à l'entrée de la plaine du Hamma ; la section inférieure conduit à la Maison-Carrée, celle qui longe le pied des coteaux devient la route de Kouba. La route d'Alger à Blida par la plaine gagne les hauteurs de Mustapha, et sur le plateau qui les couronne s'élève, à 160 mètres au-dessus de l'Agha, la colonne Voirol, où une inscription constate que cette route a été commencée par l'armée, en 1834, sous la direction du génie et sous le commandement du général Voirol, gouverneur intérimaire. Au S.-E. le télégraphe.

Le territoire de Mustapha comprend, outre les deux divisions de Mustapha supérieur et Mustapha inférieur, deux quartiers qui portent un nom particulier ; l'Agha, du côté d'Alger, le Hamma du côté de la campagne à l'est.

### L'Agha.

L'*Agha*, ainsi nommé à cause du camp que tenait en cet endroit l'agha des troupes turques, est aujourd'hui un faubourg à l'est d'Alger, où se plaît l'industrie. On y remarque la minoterie à vapeur à cinq tournants, établie par MM. Robert et compagnie, de Toulon, en 1852 ; des tanneries, des brasseries, des fabriques de chandelles, des poteries, etc. De l'Agha partent les deux grandes routes qui vont l'une à Mustapha inférieur, l'autre à Mustapha supérieur, et par le revers oriental du Sahel, dans la Métidja. C'est là que logent les charretiers et les nombreux corricolos aux flamboyantes couleurs, qui sont un des caractères du mouvement civilisé à Alger. On y remarque encore deux grands bassins qui, sous les Turcs, servaient au lavage des laines payées en tribut par les indigènes : monuments d'une industrie qui devrait renaître.

### Le Hamma.

Petit centre de maisons d'horticulture et habitations de plaisance, située au-dessous de l'orangerie de Mustapha, qui donne son nom à une plaine le long du rivage de la mer, jadis infestée de fièvres, aujourd'hui plus salubre, grâce aux cultures et aux drainages exécutés sur les terres. Le principal établissement de la plaine est la *Pépinière centrale du gouvernement*, le but de promenade le plus intéressant qui existe dans les environs d'Alger, et même dans toute l'Algérie. Fondé en 1832 sous le nom de jardin d'essai, avec 5 hectares d'étendue, il a pris d'année en année des proportions plus considérables. Aujourd'hui, la surface consacrée aux cultures est de 38 hectares, et doit être agrandie. Il comprend : 1° *une école dite d'acclimatation*, où se trouvent réunis les végétaux exotiques à naturaliser; 2° *une école d'arbres fruitiers*, comprenant toutes les espèces et variétés d'arbres fruitiers qui peuvent prospérer à l'air libre; 3° *l'école des arbres forestiers*, consacrée à la recherche des essences les plus propres au reboisement et à l'industrie; 4° *l'école des végétaux élémentaires et des végétaux industriels*. On évaluait naguère à 6,000 le nombre des arbres cultivés; à 3,000 environ les variétés dénommées; à 800,000 les sujets en pépinière; à un million les produits des semis annuels; à 150 ou 180,000 le nombre des arbres qui sont livrés annuellement à la colonisation. Une filature de soies, des machines à trier le cocon, de vastes serres, complètent ce bel établissement, qui est depuis 1839 sous la direction de M. Hardy, dont les services éminents ont été récompensés de la croix d'honneur.

Au Hamma, sous de beaux platanes, qui donnent leur nom à l'endroit, coulent des sources réunies dans une délicieuse fontaine auprès de laquelle s'est installé un grand café maure; elles servent à l'irrigation de la pépinière. L'Oued-Knis forme la limite au sud et à l'est.

STATISTIQUE OFFICIELLE DE LA COMMUNE DE MUSTAPHA (1851). — *Constructions, bétail, matériel agricole, plantations*, manque. *Récoltes* (1852) : sur 979 hectares cultivés en céréales, 5,760 hectolitres de blé tendre, 1,725 de blé dur, 5,040 de seigle, 224 d'orge, 1,000 d'avoine, 1,120 de maïs, 240 de fèves, d'une valeur totale de 195,418 fr.

———

La banlieue administrative d'Alger s'arrête aux territoires que nous venons de décrire; mais la banlieue du touriste s'étend plus loin. Pour se guider dans ses promenades, il devra consulter le tableau suivant, qui fixe la distance de la ville aux principaux buts d'excursion. Les tarifs officiels pour les transports par les voitures de place dites *corricolos*, et les voitures de remises dites *calèches*, ayant été modifiés par l'usage, nous nous abstenons de les reproduire. Dans toutes les directions il trouvera des moyens faciles, rapides, économiques, sinon toujours très-confortables, de transport. S'il veut jouir, dans un temps et un espace restreints, de ce mélange pittoresque et original de la civilisation européenne avec la société musulmane, il n'a qu'à parcourir un jour de fête la distance qui sépare Alger de la station dite du *Ruisseau*, à l'entrée du vallon de la *Femme-Sauvage*. Tous les jours, du reste, il remarquera sur cette route, aux pieds des coteaux de Mustapha, l'animation des capitales d'Europe.

| | Stations d'arrivée. | Distances en kil. |
|---|---|---|
| À l'Est. | Rampe Bab-Azoun, vis-à-vis la fontaine. | 1 |
| | L'Agha, à l'embranchement des deux routes. | 2 |
| | Mustapha-Pacha, au Champ des manœuvres. | 3 |
| | Mustapha-Supérieur, à la caserne. | 4 |
| | Pépinière centrale, vis-à-vis le café des Platanes. | 5 |
| | Hussein-Dey, au camp des Chasseurs. | 6 |
| | Kouba, près le camp. | 8 |
| | Maison-Carrée au pont de l'Arrach. | 11 |
| Du Sud-Est au Sud-Ouest. | Colonne Voirol. | 6 |
| | Birmandreis, vis-à-vis la fontaine. | 9 |
| | Birkadem, sur la place. | 11 |
| | Tixeraïn, au-dessous du camp. | 13 |
| | Saoula, près l'abreuvoir. | 14 |
| | Fort l'Empereur, au bas du chemin. | 4 |
| | El-Biar, bivouac des indigènes. | 7 |
| | Deli-Ibrahim, vis-à-vis l'église. | 11 |
| | L'Achour, sur la place. | 12 |
| | Draria, sur la place. | 12 |
| | Keddous, au café Maure. | 10 |
| | Chéraga, sur la place. | 11 |
| | Ouled-Fayet, sur la place. | 14 |
| | Staouëli, près l'établissement des Trappistes. | 16 |

|  | | |
|---|---|---|
| | Cité Bugeaud, place de la Fontaine. . . . . | 2 |
| | Bou-Zaréa, puits de Bir-Semmam. . . . . | 7 |
| À L'OUEST. | Route du Frais-Vallon à la poudrière. . . . | 2 |
| | — — au café Maure. . . . | 4 |
| | Hôpital de la Salpétrière. . . . . . . . | 2 |
| | — du Dey. . . . . . . . . . | 2 |
| | Cimetière européen. . . . . . . . . . | 2 |
| | Saint-Eugène, au ravin. . . . . . . . . | 3 |
| | Pointe-Pescade. . . . . . . . . . . | 6 |

Après cet aperçu des environs d'Alger, nous reprenons la description de la côte.

### Dellis.

Chef-lieu de cercle, dépendant de la subdivision d'Alger, situé au fond d'une rade fort sûre et fort poissonneuse, à 14 lieues marines E. d'Alger, à 22 lieues marines O. de Bougie, à 100 kil. N. d'Aumale; par 1° 35' de longitude orientale, et 36° 55' de latitude N., entre la région de l'Isser et celle du Jurjura. On distingue le vieux Dellis et le nouveau Dellis.

Le vieux Dellis est bâti au pied d'une haute colline, appelée Bou-Mdas, à l'ouest de la rade. C'est là que, lors du partage du pouvoir avec son frère Aroudj, Khair-ed-Din établit son gouvernement. La population indigène est un mélange de toutes les tribus voisines, mais les plus anciennes familles passent pour descendre des Maures expulsés d'Espagne. Les Français l'occupèrent le 7 mai 1844; mais ce poste n'ayant pas été jugé habitable, un décret du 2 mars 1846 établit dans le voisinage un centre de population de deux cents familles, qui a donné naissance à la ville nouvelle.

Le nouveau Dellis est bâti sur un plateau qui se trouve à 80 mètres de hauteur moyenne au-dessus de la mer, d'où il domine la rade, qu'une pointe rocheuse, de 600 mètres environ, abrite contre les vents d'ouest; cette pointe, couverte de tombeaux, parmi lesquels se dresse un marabout, est signalée par un feu fixe qui éclaire à 3 milles. Quand on arrive par mer dans la rade, la ville paraît, en quelque sorte, suspendue dans les airs, à cause de la forte inclinaison du talus qui la relie à la mer. Elle s'élève sur l'emplacement de la colonie romaine de *Rusuccurrus*, à laquelle aboutissaient la grande voie maritime de Tingé (Tanger) à Carthage (Tunis); la grande voie intérieure de Kala (Tlemsen) à Russuccurrus (Dellis); une voie sur Auzia (Aumale); une voie sur Sitifi (Sétif) par la vallée du Sebaou. Il en reste des fragments d'enceinte, des traces du port, des médailles, des amphores. Sa fonction militaire est fort importante. Placé à l'entrée de la Kabilie occidentale, Dellis est le point de ravitaillement des troupes qui opèrent dans la contrée; il garantit la domination de la vaste et riche région de Sebaou; il ouvre à notre influence une grande partie des tribus du Jurjura, en se reliant à Aumale, par une voie militaire en construction. Ces mêmes conditions assurent à Dellis un rôle commercial de premier ordre. A son port viennent déboucher les produits agricoles de la Kabilie occidentale, destinés à l'exportation, particulièrement les huiles et les fruits secs; c'est par là que les produits français s'infiltrent parmi les Kabiles : il est ainsi un entrepôt naturel entre la Kabilie et Alger, et déjà le marché local a une véritable importance. Aussi, bien que l'Etat n'ait pas fait en faveur des colons de grands sacrifices, ils se sont soutenus par leurs seules ressources et leur confiance dans l'avenir : ils demandent seulement des terres à cultiver. Faute de terres, ils ont dû, jusqu'en 1849, s'occuper plutôt de constructions urbaines que de cultures; mais, à cette date, une superficie de 197 hectares expropriés sur les Arabes, leur ayant été concédée, à l'est de la ville, ils y ont établi des vignes à l'instar des indigènes, qui expédient sur Alger des raisins fort estimés; ils y ont planté des arbres fruitiers et des mûriers, qui complètent le tableau de verdure et d'ombrage que présentaient déjà les jardins maures du vieux Dellis. L'eau est fournie par la source dans la ville même, et par les conduites de l'Aïn-Mezel et Foukani, et de l'Aïn Bouabada, dit Sidi-Souzou. On a réparé les anciennes conduites maçonnées qui amenaient l'eau des bassins, bien conservés encore, creusés par les Romains sur la ligne de crête de la pointe de Dellis. Un grand réservoir, à l'intérieur de la ville, et un lavoir complètent le système des eaux. Entre les constructions de Dellis, on distingue les édifices consacrés aux services publics.

Pour suppléer à l'insuffisance du territoire immédiat de colonisation, l'administration projette la création d'un village à quelque distance, dans la vallée de l'Oued-Nessa, et un autre à Ben-Nihoud, sur la rive droite de Sebaou, à 8 ou 10 kil. de Dellis, sur la route de cette ville à Alger. Par ces stations, on rejoindrait la vallée de l'Isser, et de proche en proche, l'exploitation de l'Oued-Corso, et les villages projetés le long du Boudouaou, de la Rouïba, de la Rhegaya, qui se relient à la colonisation de la Métidja orientale. Toute la route de Dellis à Alger se trouverait ainsi surveillée par des centres échelonnés sur son parcours : garantie et condition d'une activité nouvelle dans ces régions jusqu'alors inabordées. La route d'Alger à Dellis a reçu de grandes améliorations. Dans l'été de 1853, une route militaire a été ouverte entre cette ville et le Bordj-Tizlouzan, dans la vallée du Sebaou. Quand un établissement français, au centre de la Kabilie, projeté à Djema-Sahridj, sera établi, Dellis deviendra un des points les plus importants de l'Algérie.

Les environs de Dellis offrent à l'industrie des calcaires très-hydrauliques, des calcaires lithographiques, du grès bleu dur, dont on se sert à Alger pour le pavage des rues de grande communication, un massif basaltique propre à fournir des pierres monumentales et des meules à farines, et où l'on peut aussi trouver des pouzzolanes naturelles, enfin des veines de combustible minéral dans le grès quartzeux.

STATISTIQUE OFFICIELLE (en 1851). — *Territoire* de 240 hectares, dont 227 défrichés. — *Plantations* : 67,000 arbres. — *Constructions* : 94 maisons, 1 hangar, 3 écuries et étables, 53 puits et norias, d'une valeur totale de 715,380 fr. — *Bétail* : 12 chevaux, 10 mulets, 6 ânes, 75 bœufs, 15 vaches, 40 chèvres, 120 moutons, 110 porcs. — *Matériel agricole* : 15 charrues, 6 voitures, 2 tombereaux. — *Cultures* : 183 hectares, dont 80 en froment, 55 en orge, 4 en pommes de terre, 4 en fèves, 8 en légumes, 32 en cultures diverses. — *Récoltes* (en 1852) : sur 139 hect. cultivés en *grains*, la *récolte* a été de 400 hectol. de blé tendre, 400 de blé dur, 660 d'orge, 44 de fèves d'une valeur totale de 11,520 fr.

## Fort-de-l'Eau.

Village sur le bord de la mer, entre la Maison-Carrée et la Rassauta, à 18 kil. d'Alger, créé par décret présidentiel du 11 janvier 1850, pour recevoir 50 familles. Dès 1837 une redoute y avait été construite, sur un pâté de roches basses. Ce village a été exclusivement affecté à des Mahonais qui y ont construit une maison par famille, creusé un puits et défriché une concession de 10 hectares. L'eau n'est pas à plus de 5 mèt. de profondeur. Cette laborieuse population, installée au mois de mars 1849, a mis en valeur tout le territoire qui lui a été livré : la vente des terres de la Rassauta, en rendant à la culture 800 hectares qui étaient restés jusque-là dans un complet abandon, apportera un nouvel élément de prospérité à cette contrée, et en éloignera vraisemblablement les dernières causes d'insalubrité qui ont survécu aux travaux de desséchements. Le village du Fort-de-l'Eau est d'autant plus prospère qu'il s'est élevé et développé sans subventions administratives. Le terrain est parsemé d'oliviers qui, dans quelques années, seront d'un très-bon produit. La mer baigne un ancien fort, qu'occupe aujourd'hui une brigade de gendarmerie.

Pour l'*administration* le Fort-de-l'Eau dépend de la commune de la Rassauta, et les statistiques des deux localités sont réunies.

## Aïn-Benian. — Sidi-Ferruch. — N.-D. de Feuka.
(V. à la description du SAHEL.)

## Tipasa (Tfassed).

Port ouvert à la navigation légale en août 1853 ; poste aujourd'hui en voie de peuplement, jadis cité considérable dont les ruines se voient au bord de la mer, au pied d'une colline, dont les pentes cultivées par les Arabes sont parsemées de grands et beaux oliviers. Cette colline termine, vers l'ouest, le Sahel d'Alger ; elle est séparée du mont Chenoua par une charmante vallée où coule le Bas-Nador

(*Oued Gourmat*) qui reçoit, un peu avant de se jeter à la mer, le Oued-el-Malah, son dernier affluent de droite. Il est difficile d'imaginer un contraste plus complet entre le côté occidental de cette colline et son côté oriental. Autant le premier est riant et fertile, autant l'autre est inculte et sauvage. Cependant, du milieu des broussailles presque impraticables qui couvrent la partie de l'est, surgissent des pans de murailles qui attestent que ces lieux aujourd'hui si abandonnés furent peuplés jadis. Le mot *tfassed*, que les indigènes appliquent aujourd'hui aux ruines de Tipasa, est la berbérisation du mot arabe *fassed*, qui signifie gâté, *ruiné*, dénomination analogue à celle de *tekdemt* qui veut dire *chose ancienne*, de *kheurba* et de *henchir*, dont on a fait très-souvent des noms propres de ville, quoique ce soient des noms communs qui signifient une ruine. — Tipasa ne joue pas un grand rôle dans l'histoire ancienne; Claude lui accorda le droit latin. Au 4ᵉ siècle de notre ère, Théodose la prit pour base des opérations de sa deuxième campagne contre le berbère Firmus. Aux 5ᵉ et 6ᵉ siècles, elle reparaît sur la scène à propos des hérésies donatistes et ariennes. Les Vandales ayant imposé un évêque arien à l'orthodoxe Tipasa, un grand nombre d'habitants aimèrent mieux émigrer en Espagne que d'accepter le gouvernement d'un hérétique. Des siècles se sont écoulés depuis sans relever Tipasa. Sous la domination turque, on en a extrait beaucoup de matériaux tout taillés pour les constructions publiques, industrie qu'avaient reprise, en juin 1846, des Maltais, jusqu'à ce que l'autorité avisée y mit obstacle; on y est revenu plus tard, au profit de la colonie agricole de Marengo. Une population quasi fixe de carriers, tailleurs de pierre, toucheurs de bœufs, terrassiers et manœuvres exploitent la ville romaine elle-même, sans respect pour les monuments les mieux conservés. Les constructions modernes qui préparent la renaissance de Tipasa, consistent en ce moment : 1° dans un gourbi qui a d'abord abrité les maçons employés à bâtir la douane, et qui sert aujourd'hui de magasin à M. Moignot, négociant français, premier colon de la cité moderne; 2° dans le bâtiment de la douane, représentée par un chef de poste qui, désormais, aura qualité pour délivrer des expéditions de cabotage sur les ports de l'Algérie, et pour permettre le débarquement des objets d'origine française et algérienne, ou nationalisés par l'acquittement des droits de douane. Le bureau de Tipasa sera, jusqu'à nouvel ordre, considéré comme une annexe de celui d'Alger. Un troisième élément de population campe éventuellement plus qu'il n'habite en ces lieux : ce sont les pêcheurs, menuisiers, peintres, touristes, antiquaires, convalescents de Marengo, Zurich, Bourkika qui vont y rétablir leurs forces par ordre du médecin. Les gourbis répandus sur les collines environnantes, et jusqu'au milieu des ruines appartiennent aux *Chenoua*, kabiles dont le pays véritable est la montagne de ce nom à l'est de Cherchell. Presque au centre de la face septentrionale de cette cité est un petit port qui pouvait suffire aux besoins très-restreints de la navigation antique. A l'ouest, la masse du mont Chenoua et la saillie considérable vers le nord de celui de ses caps qu'on appelle *Ras-el-Amouch* (cap du Chat, en kabile), l'abritaient efficacement. Une jetée, dont il reste encore quelques vestiges, le protégeait des vents d'est et de nord-est. Cette crique, qui ne sert plus guère qu'aux bateaux pêcheurs, s'appelle dans le pays *Mersa-M'ta-Chenoua* ou port de Chenoua. On s'occupe en ce moment de faire une petite chaussée qui arrivera par dessus les rochers à un endroit assez profond pour que des bâtiments d'un faible tonnage puissent s'en approcher. Ce n'est qu'un travail provisoire, car M. de Malglaive, directeur de la colonie agricole de Marengo, centre le plus voisin, propose de réunir les *Tistrin*, deux îlots situés à l'est de la darse, ce qui donnerait un mouillage passable. Une jetée qui réunirait ces deux îlots au continent doterait Tipasa d'un assez bon port de commerce, où déboucherait par Marengo toute la Métidja occidentale. On arrive de Marengo à Tipasa en deux heures, par une route passable pour le pays.

Les détails qui précèdent sont textuellement empruntés à deux notices sur Tipasa, publiées par M. Berbrugger, l'une dans *l'Akbar* des 30 décembre 1852 et 27 janvier 1853, l'autre dans *l'Akbar* du 4 septembre 1853. Ce savant a fait le tracé exact de l'enceinte romaine, qu'il a trouvé de 3,450 mètres, dont 1,400 mètres sur le bord de la mer, 450 à l'ouest, 500 à l'est et 1,100 au sud; il a dessiné les principaux édifices, plan, coupe, élévation; recueilli des inscriptions et des médailles, et décrit les monuments qui survivent et les ruines qui jonchent le sol, authentiques témoignages d'une prospérité qui renaîtra.

### Cherchell.

Chef-lieu de cercle et de district, à 17 lieues marines O. d'Alger, à égale distance E. de Tenez, à 32 kil. N. de Miliana, à 55 kil. N. O. de Blida, à 0° 15 de longitude occidentale et 36° 38 de latitude N. — Comptoir carthaginois du nom de Iol, cette ville fut rebâtie et embellie par Juba II, qui la nomma *Julia Cæsarea*, et en fit la capitale de la Mauritanie césarienne, qui comprenait les provinces actuelles d'Alger et d'Oran. Détruit par le berbère Firmus, relevé par Théodose, ravagé de nouveau par les Vandales, Cherchell reprit un peu de vie sous les Gréco-Byzantins, et subit toutes les vicissitudes des guerres intestines entre les Arabes et les Berbères, jusqu'à ce que l'expulsion des Maures d'Espagne y amena un nouvel élément de prospérité. En 1531, il tomba au pouvoir de l'amiral génois André Doria, qui vint y brûler la flotte que Barberousse y avait rassemblée; mais Doria ne put se maintenir dans le port, quoique la place fût alors protégée par un château actuellement ruiné. Les habitants cultivaient le mûrier, élevaient des vers à soie, et fabriquaient même des étoffes; ils travaillaient assez bien le fer, l'acier, et faisaient un grand commerce de grains; mais la population et la prospérité de la ville ne purent tenir contre la jalousie des Algériens. En 1830 l'industrie de Cherchell ne consistait guère plus que dans quelques fabriques de grosse poterie, qui se vendaient aux Arabes du voisinage, ou que ses *sandales* (grosses barques) transportaient à Alger. Ses habitants ayant commis le 26 décembre 1839 un acte de piraterie sur un bâtiment de commerce français, nos troupes occupèrent le 15 mars 1840 la ville qu'elles trouvèrent abandonnée de tous ses habitants. L'administration apprécia le mérite de cette position, et sans prétendre lui rendre son ancien rôle de capitale, elle s'est appliquée à tirer bon parti du mouillage et du territoire.

Le port de Cherchell, anciennement spacieux, circulaire et commode, a été bouleversé par un tremblement de terre; par les temps calmes on aperçoit dans les eaux des débris de constructions. A côté du port les Romains avaient creusé un bassin qui communiquait avec lui, et dans lequel les bâtiments étaient en parfaite sûreté. Déblayé, creusé et restauré, ce bassin est aujourd'hui ouvert à la navigation. La surface abritée est de 2 hectares avec un fond de 3 à 4 mètres : elle peut recevoir 40 navires de 100 à 150 tonneaux, mais son abord est difficile par le mauvais temps. Le mouillage de Cherchell est provisoirement signalé par un appareil sidéral de Bordier-Marcet, établi contre la face nord de la jetée Joinville qui abrite la passe; élevé de 14 mètres au-dessus du niveau de la mer, il éclaire à 8 milles en mer. Un débarcadère, une direction du port, un bureau et une brigade de douanes complètent l'établissement maritime de Cherchell.

Au midi, sur la terre ferme, se développent, à des degrés divers de conservation, trois villes d'un caractère distinct, fondues ensemble : la ville romaine, la ville arabe, la ville française. L'ancienne Césarée dominait un terre-plein, soutenu par des murs de 12 à 13 mètres de haut qui existent encore, et embrassent toutes les sinuosités du rivage. Du côté des terres son enceinte dépassait de beaucoup les lignes de l'enceinte actuelle ; ce qui reste des murs est en très-bonne maçonnerie. La magnificence des ruines, parmi lesquelles on distingue un cirque, un forum, un palais des proconsuls, un temple de Neptune, des bains consacrés à Diane, attestent une ville de premier ordre. Des nombreux débris de cette antique prospérité ont été recueillis avec soin dans un musée local d'un haut intérêt. L'eau de la rivière El-Hachem y était amenée de plusieurs lieues par un grand et somptueux aqueduc, dont on aperçoit les restes entre les collines du sud-est, et ses eaux pluviales recueillies dans des citernes dont la plus grande pouvait contenir plusieurs milliers de tonnes d'eau. Ce rôle politique de Césarée, alors qu'Alger était encore l'obscure bourgade d'*Icosium*, résultait de sa position. En même temps qu'elle assurait aux Romains un bon port, cette place leur ouvrait l'accès des plaines et des vallées situées entre le Chélif et le Mazafran, par où ils pénétraient jusqu'à Miliana et Médéa, exportant les produits du pays en même temps qu'ils dominaient les indigènes. Aussi toute cette contrée est-elle encore couverte des ruines de leurs colonies. La ville arabe de Cherchell, nous l'avons dit, hérita de l'emplacement, mais non de la gloire de l'antique Césarée. La ville française entremêle aux imposantes ruines de l'une, aux maisons de l'autre, abritées sous les frais ombrages de leurs jardins, le cachet de l'architecture moderne. Dans son enceinte qui, par trois portes, ouvre sur la campagne, on distingue l'hôpital militaire, belle mosquée à trois nefs supportées par cent colonnes de granit dont les chapiteaux sont habilement sculptés ; l'église ; un caravansérail bâti par les Français ; la caserne, la manutention des vivres, les citernes, les fontaines qui reçoivent l'eau du dehors par trois aqueducs.

La colonisation de la plaine de la Métidja, que les Romains paraissent n'avoir pas abordée, agrandit aujourd'hui la fonction maritime et commerciale de Cherchell. Comme du temps des Romains, cette ville reste le port naturel de Miliana et de Ténict-el-Hâad, situés au sud ; elle sert de point de ravitaillement pour les colonnes qui opéreraient dans ces contrées, de point d'appui pour la domination des indigènes, d'entrepôt pour les échanges ; mais, de plus, ses communications avec l'ouest de la Métidja par la route de Blidah, en font le marché d'importation et d'exportation de toute cette région, jusqu'à ce que le port de Tipasa se soit relevé de ses ruines ; nombreuses conditions de prospérité future appréciées par la population qui, de bonne heure, s'est installée à Cherchell, sur la foi d'un arrêté du 20 septembre 1840, portant que cent familles seraient placées dans cette localité, et qu'à chacune d'elles il serait concédé une maison et 10 hectares de terre. Condamnée à l'inaction ou appliquée à la défense des murs tant que dura la guerre, cette population s'occupa de la reconstruction des maisons. Avec la paix, la culture s'est rapidement portée au dehors, et le territoire de colonisation s'est couvert de riches cultures et de nombreuses plantations. Dès le 8 mai 1841, un commissariat civil avait été établi dans cette ville, érigée par là en chef-lieu de district. Le 15 juillet 1846 une ordonnance royale porta à 3,000 hectares l'étendue du territoire civil jusque-là trop restreinte. Aujourd'hui, la plaine de l'Oued-Bella près de la ville est tout entière allotie et cultivée ; les travaux agricoles s'étendent sur le rideau des pentes septentrionales du Zakkar, qui se dresse au sud, à une hauteur de 500 mètres. L'ardeur des colons est soutenue par la fertilité naturelle d'un sol bien arrosé, dont la richesse se révèle aux yeux par la puissance de la végétation. La ferme militaire du 2e bataillon d'Afrique avait déjà montré ce que l'on pouvait attendre de la culture.

Les environs de Cherchell offrent à l'industrie un gisement de plâtre exploité pour les besoins de Cherchell et d'Alger, des hématites de fer que les Kabiles, entre Cherchell et Tenez, fondent sur place, dans des forges à la catalane ; des filons de carbonate de fer hydroxydé, contenant des nids de pyrite cuivreuse.

Des routes encore bien imparfaites font communiquer Cherchell avec Alger par Blida, avec Miliana. Des routes sont projetées entre cette ville et Koléa à l'est, et Tenez à l'ouest ; jusque-là ces points ne communiquent entre eux que par des sentiers arabes impraticables aux Européens. Dans leur prompte et complète transformation est l'avenir de cette ville, que les hautes montagnes du Chenoua à l'est, du Zakkar au sud, semblent isoler du continent. Par ces ouvertures, elle participera au mouvement général de la colonisation dans la mesure de ses avantages naturels. Avec elles, le pays qui l'entoure remplacera les bois sauvages et les broussailles par d'[abondantes] récoltes. Quant à présent, Cherchell ne co[m]munique par un service de messageries qu'avec Bli[dah] et pendant l'été seulement.

STATISTIQUE OFFICIELLE (en 1851). — *Territoire* de 3,050 h[ec]tares sur lesquels 2,074 distribués et 645 défrichés. — *Pl[an]tations* : 12,905 arbres. — *Constructions* : 160 maisons, [80] hangars, 40 écuries et étables, 105 gourbis et silos, 72 pu[its] et norias, d'une valeur totale de 1,661,940 fr. — *Bétail* : [60] chevaux, 40 mulets, 90 ânes, 300 bœufs, 130 vaches, 400 ch[è]vres, 1,200 moutons, 320 porcs. — *Matériel agricole* : 59 ch[ar]rues, 60 voitures, 15 tombereaux. — (En 1852) : sur 1,1[00] hectares cultivés en grains, la *récolte* a été de 450 hectolit[res] de blé tendre, 4,725 de blé dur, 4,675 d'orge, d'une valeur [to]tale de 110,473 fr..

ANNEXES. La commune et le village de Novi.

### Novi.

Colonie agricole de 1848 ; village situé au lieu dit S[idi-]Rilas, à 6 kilom. O. de Cherchell, à 150 mètres de [la] mer, sur un territoire fertile et accidenté qui des mo[n]tagnes voisines descend jusqu'à la mer, et forme ava[nt] d'y arriver une jolie plaine fermée de l'ouest à l'est p[ar] deux ruisseaux : l'O.-Rilas et l'O.-Hammam. Les colo[ns] ont vaillamment défriché un sol difficile ; presque to[us] ont creusé des puits dans leurs lots, outre ceux du villag[e].

Novi a été annexé au commissariat civil de Cherch[ell] par arrêté du 9 juillet 1852.

STATISTIQUE OFFICIELLE (En 1851). — *Constructions* : l'État av[ait] bâti 110 maisons, auxquelles les colons avaient ajouté 4 ha[n]gars, 60 écuries, 25 gourbis, 76 puits. — *Bétail* reçu : 116 bœuf[s]. — *Matériel agricole* reçu : 100 charrues, 55 herses, 100 b[ê]ches, 100 pioches, 55 voitures bouvières. — Sur un *territoi[re]* de 416 hectares distribués, 274 étaient défrichés. — *Planta[]tions* : 3,100 arbres. — (En 1852) : sur 30 hectares *cultivés [en] grains*, la *récolte* a été de 960 hectolitres de blé tendre, 11,2[00] de blé dur, 1,725 d'orge, d'une valeur totale de 143,579 fr.

### Tenez.

Chef-lieu de cercle et de district, située par 1° 3 d[e] longitude occidentale ; 36° 30 de latitude N. ; à 3[0] lieues marines O. d'Alger, à 17 lieues marines O. d[e]

Cherchell, à 28 lieues marines E. de Mostaganem; à 150 kil. d'Alger par Cherchell et Koléa, à 53 kil. N. d'Orléansville. — On distingue le vieux Tenez et le nouveau Tenez.

Le vieux Tenez, situé à un quart de lieue au sud du rivage, est habité par des indigènes. Cette bourgade, chétive et sale, comme tous les villages arabes, fut cependant à une certaine époque du moyen-âge la capitale d'un petit royaume jusqu'à sa conquête et sa destruction par Khair-ed-Din en 1518 : elle est entourée de remparts construits en larges pierres. Les Français, qui y pénétrèrent sans s'y installer le 27 décembre 1842, ont réparé sa mosquée, dont le minaret pointu se voit au loin ainsi que son caravansérail, et l'ont doté d'une fontaine.

Le nouveau Tenez, commencé en mai 1843, s'est élevé rapidement aux proportions d'une petite ville. Il est établi au fond d'une rade très-ouverte, sur un plateau de 20 mètres de hauteur, 700 de longueur et 400 de largeur, dont l'escarpement est presque à pic du côté de la mer. Le plateau est formé d'alluvions grossières, qui se relient à une zone très-mince de terrains tertiaires qui s'étend à l'O. de Tenez, au pied du massif secondaire des Béni-Mazoum. Au pied s'étend du côté de l'est une plaine alluvionnaire, couverte de jardins, et baignée par l'Oued-Allélah, qui s'y perd dans la mer. Un contrefort au sud relie le nouveau Tenez aux montagnes contre lesquelles est adossé, à 1 kil. de distance le village indigène. Ce plateau fut l'emplacement de *Cartenna* colonie des Romains, fondée sous Auguste par la deuxième légion : son existence est attestée par des débris de toute nature, mosaïques, colonnes, vases lacrymatoires, tombeaux, médailles, parmi lesquelles un grand nombre à l'effigie de Constantin; par des pans de murs renversés. Sur la pente occidentale du plateau il existe une multitude d'excavations régulières pratiquées dans le roc vif; c'était la nécropole de *Cartenna*. Le nombre immense de ces cercueils de pierre permet de juger de l'importance de l'ancienne ville et du long espace de temps pendant lequel ce lieu a servi au même usage.

Au bord de la mer s'élève la direction du port, une caserne de marins, l'entrepôt de la douane. Le mouillage est éclairé par un appareil sidéral de Bordier-Marcet, placé à 40 mètres au-dessus du niveau de la mer, et visible à 12 milles. — La rade de Tenez est abritée des vents d'est par le cap Tenez; elle est ouverte aux vents du large depuis l'ouest jusqu'au nord, ce qui en rend l'accès dangereux par le mauvais temps : le seul abri que puissent trouver les navires est formé par un groupe d'îlots situés à 1,200 mètres environ à l'est de la ville. La disposition des lieux dans le voisinage se prête parfaitement à la création d'un beau port de 22 hectares de superficie, bien abrité, d'une entrée facile et pouvant recevoir des vaisseaux de ligne : les fonds auraient de 6 mètres à 12 mètres 50. Adopté en principe, le projet de ce port a été étudié et préparé par le dérasement d'une roche sous-marine. Par sa position équidistante entre Alger et Mers-el-Kébir, par ses communications directes avec Orléansville, la vallée du Chélif et Tiaret, il aurait une grande importance militaire, maritime et commerciale, et ferait de Tenez une place importante. Il a suffi des avantages naturels de sa situation pour en faire le dépôt des troupes distribuées à Orléansville et dans le pays environnant, un centre d'approvisionnement, un entrepôt de commerce, qui rappelle le trafic plus important qui s'y faisait autrefois, principalement en grains.

Dans l'enceinte fortifiée qui entoure Tenez, on distingue l'hôpital militaire, la caserne, une fontaine monumentale. L'eau de l'O.-Allelah y est amenée, de 3 kil. de distance, par une conduite en maçonnerie de 3,250 mèt. débitant 361,800 litres par jour; elle est réunie dans un reservoir qui contient 50 mètres cubes, et distribuée par sept bornes fontaines. Les habitants lui préfèrent l'eau du rocher, située sur les bords de la mer, à 200 mètres environ à l'est de l'embouchure de l'O.-Allelah, au milieu d'un dépôt calcaire formé par des sources incrustantes.

Avec des conditions aussi heureuses, Tenez devait devenir un centre de colonisation. Une ordonnance du 14 janvier 1848 l'a doté d'un commissariat civil. Un décret du 9 juillet 1849 y a créé une justice de paix. Un autre du 31 juillet 1851 a donné une extension importante au territoire civil, en y comprenant le vieux Tenez. Une pépinière avait été créée dès 1840 pour concourir au progrès agricole, que révèlent des plantations de vignes, d'arbres fruitiers et de mûriers, qui se plaisent dans ce sol fertile. — La colonisation trouvera un second appui dans les exploitations métallurgiques du cap Tenez, de l'O.-Tasfillez et l'O.-Allelah, qui entourent Tenez (voir aux Mélanges, l'article Mines). Le cuivre, qu'une légende arabe accuse de corrompre l'air et l'eau, les purifiera en répandant le bien-être au sein des populations industrielles, dont les consommations abondantes répandront l'aisance parmi les populations commerciales et agricoles.

En outre, les environs de Tenez offrent à l'industrie : des marbres de belle qualité pour les édifices publics ; — une source thermale à 30°; — des affleurements carbonifères dans les gorges de l'O.-Allelah, contenant une grande quantité de pyrites de fer qui offrent des chances de succès à une exploitation de vitriol vert, ou sulfate de fer cristalisé, ou d'acide sulfurique fumant ; — du minerai de fer, objet de recherches sur le Djebel-Haddid ; — de la galène renfermée dans les filons cuivreux.

La prospérité de Tenez sera puissamment aidée par la complète exécution de la route impériale qui le relie à Orléansville et à la vallée du Chélif. Au-delà de la colonie de Montenotte, déjà constituée, l'administration se propose de fonder de nouveaux centres au Camp des Chasseurs, aux Trois-Palmiers, aux Cinq-Palmiers, que des aubergistes ont déjà choisis pour étapes des voyageurs. Pour y provoquer la culture, il suffira de donner des terres.

Les tribus arabes de cercle s'engagent dans les travaux d'avenir : on compte parmi elles plus de 40,000 pieds de vigne, ainsi répartis : village de la Smala, 75,000 ; de Touagnouaout, 7,500 ; les Kaïds, 11,000 ; les Cheiks, 1,400. A Touagnouaout, petit centre situé près de Radjanah, il a été en outre planté 900 mûriers, et créé une pépinière où l'on a fait des semis d'amandes, de pêches, d'abricots, et environ 1,200 autres sauvageons qui seront greffés.

Statistique officielle (en 1851). — *Territoire* de 193 h. 72, sur lesquels 160 défrichés. — *Plantations* : 13,500 arbres. — *Constructions* : 37 maisons, 6 écuries ou étables, 23 puits ou norias; l'ensemble d'une valeur de 81,300 francs. — *Bétail* : 25 chevaux, 30 mulets, 114 ânes, 59 bœufs, 78 chèvres, 120 moutons, 48 porcs. — *Matériel agricole* : 1 charrue, 18 voitures, 5 tombereaux. — (En 1852) : sur 1,153 h. *cultivés en grains*, la *récolte* a donné 549 hectol. de blé tendre, 950 de blé dur, 1,026 d'orge, 6 de maïs, 23 de fèves; d'une valeur totale de 111,654 francs.

Annexes. La commune et le village de Montenotte.

### Montenotte.

Colonie agricole de 1848, fondée au lieu dit *Aïn-Deffa*, à 8 kil de Tenez, sur un beau plateau que baigne l'O.-Allelah, ruisseau qui coule vers Tenez, et débouche dans la mer à l'est de la ville. Unie à Tenez et à Orléansville par la route qui dessert ces deux places, Montenotte est un centre commercial et routier autant qu'agricole. Le plan du village a été fixé par arrêté du 17 novembre 1851. Le sol est très-fertile, ses produits sont variés; il est couvert d'une grande quantité d'oliviers, que les colons ont commencé à greffer en 1850. L'eau ne manque pas : l'O.-Allelah est à portée ; une conduite, commencée en 1850, rendra l'irrigation facile et abondante. Malgré quelques fièvres, dues aux grands défrichements, le climat est excellent. Sur le territoire de Montenotte s'exploitent les riches mines de cuivre de *O.-Allelah* (voir aux Mélanges l'article Mines), source de prospérité pour le village, par l'affluence des ouvriers qui y trouvent un centre de consommation et d'approvisionnement. Belles conditions d'avenir.

Statistique officielle (en 1851).—*Constructions* : l'État avait bâti 69 maisons auxquelles les colons avaient ajouté 24 greniers, 45 écuries, 100 gourbis, 14 puits, 1 noria. — *Bétail* reçu: 140 bœufs, 9 vaches, 1 truie. — *Matériel agricole* reçu: 115 charrues, 63 herses, 155 bêches, 106 pelles, 107 pioches, 163 objets divers. — Sur un *territoire* distribué de 1,166 hect., 134 étaient défrichés. — *Plantations* : 116,971 arbres. — (En

1852) : sur 446 hect. *cultivés en grains*, la *récolte* a été de 1,360 hectol. de blé tendre, 678 de blé dur, 1,200 d'orge, 100 de seigle, 10 de maïs, 24 de fèves, d'une valeur totale de 49,860 francs.

## B. — LE SAHEL (1).

Le Sahel comprend le massif central d'Alger et les collines qui se prolongent à l'ouest vers Koléa. Il est délimité par une double ceinture : la mer, au nord; la Métidja, au sud, et par deux rivières, l'Arrach, à l'est; le Nador, à l'ouest. Le Mazafran sépare le massif des collines de l'ouest. Il forme un vaste pâté mamelonné que domine et caractérise le mont Bou-Zaréa, dont la cime, tranchant sur la régularité générale des croupes, culmine à plus de 400 mètres d'altitude. Le sol calcaire du Sahel recouvre une couche argileuse dont l'imperméabilité donne naissance à une multitude de petits cours d'eau, maigres filets en été, torrents en hiver, qui creusent en ravins profonds toutes les pentes. C'est là que se cachent, sous l'ombre d'une puissante végétation, de fraîches et charmantes villas qui ne connaissent point les ardeurs de l'été; c'est là que la culture maraîchère déploie ses prodiges. Sur les sommités, le terrain, moins favorisé en eaux courantes, est sec, couvert de broussailles, fertile néanmoins. La plaine de Staouëli et le plateau de Baïnam constituent les deux seules surfaces planes de quelque étendue.

Toujours ventilé par la brise de mer, le massif est naturellement très-salubre; il a cependant souffert pendant plusieurs années des miasmes dûs aux défrichements et des marécages de Staouëli et de la Métidja. Avec les causes morbides ont disparu les effets.

Les bois ne sont pas nombreux dans le massif, bien

---

(1) *Sahel* signifie littoral; mais, en général, cette dénomination ne s'applique qu'aux terres hautes et en relief voisines de la mer et qui se distinguent des terres basses et planes par une plus grande salubrité, par une végétation plus variée et par une plus grande aptitude à recevoir les riches cultures. Ici nous acceptons les restrictions du langage vulgaire.

que les broussailles frutescentes et de beaux bouquets d'arbres couvrent presque tout le sol. La dent des bestiaux, l'incendie, le défrichement, ont concouru à ce résultat. La compagnie des planteurs militaires de la province d'Alger s'occupe en ce moment du reboisement et de l'aménagement des broussailles sur les crêtes et sur les dunes.

Le massif se divise naturellement en quatre versants réunis, à leur sommet, par une croupe élargie et accidentée.

Le versant du nord, qui constitue la côte, fait face à la Méditerranée, vers laquelle il s'incline par des plans d'une étendue maximum de 8 à 10 kilomètres. Il comprend la partie la plus proche du *Fahs*, ou banlieue administrative d'Alger.

Le versant oriental déverse ses eaux dans l'Arrach qui en borde le pied. Il comprend, à partir de la mer, les communes de Hussein-Dey, Kouba, Birkadem, Saoula, Birmandreis, Draria, El-Achour.

Le versant méridional verse ses eaux dans la Métidja, où une partie se perd, et le reste rejoint l'Arrach d'un côté, le Mazafran de l'autre. Il comprend les communes de Baba-Hassen, Crescia, Douèra, les quartiers de Birtouta, Ouled-Mendil, Saint-Jules, Saint-Charles.

Le versant occidental, mieux caractérisé, s'étend du mont Bou-Zaréa au Mazafran, et traverse les localités suivantes : Aïn-Benian, Chéraga, Staouëli, Sidi-Ferruch, Ouled-Fayet, Saint-Ferdinand, Sainte-Amélie, Maelma, Zéradla.

La ligne de faîte, bien qu'elle s'élargisse sur plusieurs points en plateaux, ne comprend aucune commune entière : celles qu'elle traverse sont, du nord au sud, El-Biar, Dely-Ibrahim, El-Achour, Ouled-Fayet, Baba-Hassen, Douèra, Ouled-Mendil. A son point culminant, elle atteint 279 mètres d'altitude.

Partie d'Alger comme centre de rayonnement, la colonisation n'a pas tenu compte de cette configuration naturelle. Elle a divisé le massif en trois zones concentriques à d'Alger, dont l'occupation progressive a mesuré les développements de la colonisation, et les a peuplés de villages en vue les uns des autres et reliés entre eux par des chemins et des fermes isolées.

La première zone, dite du *Fahs*, destinée à couvrir Alger dans tous les sens, en touchant à tous les points extrêmes de la banlieue, comprend 7 centres : Hussein-Dey, Kouba, Birkadem, Birmandreis, Deli-Ibrahim, qui existaient avant 1841 ; Draria, Saoula, El-Achour, Chéraga, Aïn-Benian, créés depuis. Elle rayonne à environ 12 kilomètres d'Alger, au point où les cultures du Fahs s'arrêtaient en 1842 pour faire place à un pays entièrement abandonné et inculte. Elle enserre l'ancien district d'Alger dans un demi-cercle qui aboutit des deux côtés à la mer ; au N.-E., à l'embouchure de l'Arrach ; au N.-O., au cap Knater.

La deuxième zone, dite de *Staouéli*, se développe sur la partie médiane-occidentale du Sahel, de Sidi-Ferruch à l'ancien quartier Birtouta, sur la lisière de la Métidja. Avant 1842 c'était un pays abandonné et improductif ; on n'y voyait que les ruines peu nombreuses de fermes et d'habitations depuis longtemps détruites. En 1844 il était à peu près colonisé et comprenait les localités de Sidi-Ferruch, Staouéli, Ouled-Fayet, Saint-Ferdinand, Baba-Hassen.

La troisième zone, dite de *Douèra*, court du sud à l'ouest, englobe le plateau supérieur du massif et s'arrête au Mazafran. Avant 1842 c'était un immense désert où l'on ne rencontrait que des postes militaires et quelques cantines, à Douèra, Crescia, Ouled-Mendil et Maelma. Aujourd'hui ces postes sont devenus des villages, Sainte-Amélie, Zéradla, plus les villages libres de Saint-Jules, Saint-Charles, les Quatre-Chemins.

Enfin, les divisions administratives ont découpé le sol du massif, d'après d'autres vues, en districts : le district d'Alger, de Kouba, de Douèra, circonscriptions primitives bien inégales de domination et de colonisation pendant toute la première période, qui ont fait place à une division par communes.

Dans la description des localités, nous suivrons cette

distribution par zones, qui, sans rompre les affinités de la production, tient compte des éléments administratifs.

La partie occidentale du Sahel qui comprend les collines de Koléa s'étend, dans la région de l'est, du Mazafran au Bas-Nador, et constitue une subdivision à la fois naturelle et administrative qui a formé le district de Koléa. Elle comprend, comme chef-lieu, cette ville; comme dépendances, Fouka, Notre-Dame-de-Fouka, Douaouda, Bou-Ismaël, Tefeschoun, et les nouveaux villages suisses de Messaoud, Berbessa, Zouidjet-el-Habous, Saïghr. Zéradla, bien que séparé par le Mazafran, a été rattaché au district de Koléa par des convenances contestables de voisinage et de relations.

Dans l'ensemble du Sahel, déduction faite d'Alger et sa banlieue, la population se répartit ainsi qu'il suit :

| Localités. | Maisons. | Ménages. | Européens. | Indigènes. | Total. |
|---|---|---|---|---|---|
| Hussein-Dey. | 122 | 180 | 858 | 239 | 1,097 |
| Koubă. | 104 | 119 | 527 | 290 | 817 |
| Birkadem et Saoula. | 127 | 167 | 701 | 876 | 1,577 |
| Birmandreïs. | 102 | 125 | 479 | 482 | 961 |
| Draria. | 60 | 62 | 377 | 430 | 807 |
| Deli-Ibrahim et El-Achour. | 100 | 116 | 458 | 150 | 608 |
| Chéraga et Aïn-Benian. | 121 | 134 | 519 | 398 | 917 |
| Oulet-Fayet. | 47 | 51 | 201 | » | 201 |
| Staouéli et Sidi-Ferruch. | 0 | 6 | 36 | 80 | 116 |
| Douéra et sa banlieue. | 234 | 289 | 1,034 | 9 | 1,043 |
| Baba-Hassen. | 52 | 54 | 161 | » | 161 |
| Crescia. | 55 | 58 | 211 | » | 211 |
| Mahim. | 36 | 40 | 150 | » | 150 |
| Sainte-Amélie. | 33 | 34 | 136 | » | 136 |
| Saint-Ferdinand. | 32 | 30 | 174 | » | 174 |
| Zéradla. | 22 | 23 | 130 | » | 130 |
| Koléa. | 145 | 151 | 876 | 1,299 | 2,175 |
| Fouka et N.-D. de Fouka. | 58 | 66 | 245 | » | 245 |
| Douaouda. | 40 | 43 | 232 | » | 232 |
| Castiglione et annexe. | 134 | 136 | 534 | 17 | 551 |
| | 1,643 | 1,907 | 8,041 | 4,270 | 12,311 |

Pour la description des localités du Sahel, nous suivrons leur ordre de position, en allant de l'est à l'ouest, par zones concentriques autour d'Alger.

## Hussein-Dey.

Village légalement créé par arrêté du 23 mai 1845, à 6 kilomètres est d'Alger : la commune longe le rivage de la mer et s'étend sur les coteaux qui terminent le Sahel, dont les ramifications se perdent dans le cours de l'Arrach. Ses limites sont, au nord, la mer; à l'est et au sud-est, le lit de l'Arrach, au-delà duquel s'étend le territoire de la Maison-Carrée; à l'est et au sud, la commune de Kouba, dont la sépare la route d'Alger à Kouba; à l'ouest, le ruisseau d'El-Knis, qui la sépare de la commune de Mustapha-Pacha. Territoire étendu, accidenté, entrecoupé de plaines, boisé, fertile, bien cultivé. Desservi dans le bas par la route d'Alger à la Maison-Carrée; dans le haut, par la route d'Alger à Kouba, qui, par Sidi-Moussa, aboutit à Rovigo. L'Oued-Knis est traversé sur un pont en pierre, à 300 m. environ de l'ancien quartier de cavalerie, bâti au bord de la mer, autour d'une belle habitation dite *Hussein-Dey*, qui a donné son nom à la commune, et qui était autrefois la maison de campagne du dey. Ce camp est aujourd'hui le magasin des tabacs. D'autres ruisseaux y entretiennent une végétation luxuriante : aussi la culture maraîchère y est-elle très-importante; de nombreux jardins ont été créés dans les anciennes dunes. Les vastes prairies qui s'étendent sur les bords de l'Arrach facilitèrent de bonne heure l'exploitation des fourrages et l'engraissement des bestiaux. Cependant la grande culture ne s'y est installée qu'assez tard. Le grès calcaire de Hussein-Dey, qui appartient au terrain tertiaire, forme, à peu de distance du rivage, des assises dont on extrait des pavés pour les rues hautes d'Alger où il n'y a pas de roulage. Il serait trop tendre pour servir dans les rues de grande communication. Une gracieuse chapelle, des maisons de plaisance très-recherchées achèvent de caractériser le site de Hussein-Dey.

STATISTIQUE OFFICIELLE (en 1851). — *Constructions :* 120 maisons valant 850,000 fr., 32 hangars, 110 écuries et étables, 23 gourbis et silos, 145 puits et norias, d'une valeur totale de 546,320 fr. — *Bétail :* 55 chevaux, 152 mulets, 50 ânes, 14 bœufs, 101 chèvres, 60 moutons, 29 porcs. — *Matériel agri-*

cole : 85 charrues, 12 voitures, 60 tombereaux. — *Plantations* : 18,580 arbres. — *Cultures* : 537 hectares, dont 503 en froment et 16 en orge, 5 en pommes de terre et 3 en fèves. — *Récoltes* (en 1852) : sur 142 hectares cultivés, 1,090 hectolitres de blé tendre, 272 de blé dur, 185 d'orge, 30 de fèves, d'une valeur totale de 29,785 fr.

### Kouba.

Ancien village arabe transformé en village européen par le duc de Rovigo, en 1833, pour y loger un essaim d'émigrants alsaciens répartis sur Déli-Ibrahim et sur Kouba, qui furent les premiers colons de l'Algérie. Situé à 6 kilomètres 50, à l'est d'Alger, dans les coteaux du Sahel, à l'extrémité orientale du massif, il s'élève sur une hauteur d'où l'œil embrasse un vaste horizon. La commune a pour limites : au nord, la section de Mustapha-Pacha ; à l'est, la commune de Hussein-Dey ; au sud-est, le cours de l'Arrach ; au sud, la commune de Birkadem ; au nord-ouest, celle de Birmandreis. Son territoire montueux, accidenté, sec et sablonneux, convient très-bien aux cultures maraîchères, à la vigne et aux arbres en général. L'aspect du pays est riant et pittoresque, animé et décoré par de superbes maisons de campagne qui s'établirent de bonne heure sous la protection d'un camp qui fut, à son origine, un des avant-postes d'Alger. Ce camp, situé sur un mamelon que contourne la route, et d'où l'on descend immédiatement vers la Métidja, a depuis été concédé à l'évêque d'Alger pour l'établissement du grand séminaire diocésain ; on est en train de remplacer les baraques par les constructions définitives entreprises sur des proportions monumentales, et qui ont coûté déjà 2 millions ; une maison de la Sainte-Enfance s'abrite sous ce haut patronage. Les principaux cours d'eau de la commune sont l'Arrach, qui coule au pied du Sahel, et l'Oued-Knis qui la sépare de Mustapha-Pacha. Sur ce dernier sont établis plusieurs moulins pour les céréales, qui, avec des exploitations de carrières et des briqueteries, constituent l'industrie de la localité. Le nouveau Kouba, au pied du séminaire, est desservi par la route d'Alger à Rovigo, et par celle de Kouba et de Birkadem, autrefois destinée à relier les camps de ces deux postes.

STATISTIQUE OFFICIELLE (en 1851). — *Constructions*: 105 maisons valant 1,029,000 fr., 17 hangars, 36 écuries ou étables, 44 puits et norias, d'une valeur totale de 181,000 fr. — *Bétail*: 35 chevaux, 38 mulets, 40 ânes, 201 bœufs, 28 vaches, 88 chèvres, 456 moutons, 187 porcs. — *Matériel agricole*: 147 charrues, 16 voitures, 31 tombereaux. — *Plantations*: 10,000 arbres. — *Cultures*: 590 hectares défrichés. — *Récoltes* (1852): sur 326 hectares 92 ares cultivés, 2,918 hectolitres de blé tendre, 59 de blé dur, 355 d'orge, 3 d'avoine, 73 de maïs, 43 de fèves, d'une valeur totale de 57,539 fr.

## Birmandreis.

Commune constituée légalement par arrêtés du 22 avril 1835 et du 17 décembre 1843. Village à 7 kilomètres sud d'Alger, situé à mi-chemin environ de cette ville et de la commune de Birkadem, dans les replis d'un frais vallon, entre de hauts mamelons couronnés d'arbres et de moulins à vent, et au sein des collines du Sahel oriental. Il occupe l'extrémité du ravin de l'Oued-Knis, connu sous le nom de ravin de la *Femme sauvage*, l'un des plus beaux des environs d'Alger. Les limites de la commune sont, en tournant du nord à l'est, Mustapha-Pacha, Kouba, Birkadem, Saoula, Drariah. Le sol, des plus fertiles, est couvert d'une végétation admirable, naturelle ou créée par la culture sur laquelle se détachent de jolis bouquets de bois de pins. On y distingue des plantations considérables pour la fabrication des essences. Les eaux abondent sur le territoire. Dans le village, une belle fontaine; dans la commune, le Bou-Zoua, une des sources de l'Oued-Kerma; l'Oued-Knis, que l'on traverse sur un petit pont. Là sont les sources dont les eaux, conduites par un aqueduc, alimentent le faubourg Bab-Azoun d'Alger. Un entrepreneur y a fait un puits artésien de 200 mètres de profondeur, qui n'a pas fourni d'eau jaillissante. L'industrie y a organisé, outre un café maure, un restaurant renommé et deux moulins à vent. Birmandreis communique avec Kouba par un joli chemin de ceinture, et, avec Hussein-Dey, par le ravin de la Femme-Sauvage. Birmandreis, situé dans une dépression du sol, n'est qu'à 98 mètres d'altitude au-dessus de l'Agha, quartier d'Alger. La réunion de nombreux avantages fait de Birmandreis un site renommé et des plus recherchés de la campagne d'Alger, où de jolies habitations et de nombreuses plantations attestent l'aisance des habitants.

STATISTIQUE OFFICIELLE (en 1851). — *Constructions* : 93 maisons valant 371,000 fr., 5 hangars, 271 étables ou écuries, 6 gourbis et silos, 68 puits et norias, d'une valeur totale de 229,700 fr. — *Bétail* : 32 chevaux, 7 mulets, 63 ânes, 65 bœufs, 28 vaches, 66 chèvres, 292 moutons, 7 porcs. — *Matériel agricole* : 46 charrues, 33 voitures, 4 tombereaux. — *Plantations* : 21,955 arbres. — *Défrichement* : 212 hectares. — *Récolte* (en 1852) : sur 171 hectares, 1,056 hectolitres de blé tendre, 42 de blé dur, 300 d'orge, 18 de seigle, 72 d'avoine, 40 de maïs, 90 de fèves.

## Birkadem.

Chef-lieu d'une commune créée légalement par arrêté du 22 avril 1835, et organisée par arrêté du 16 novembre 1842 ; village situé à 10 kilomètres est d'Alger, au sein des collines du Sahel oriental, dans un vallon que protége un camp assis sur un mamelon voisin : un des plus jolis sites des environs d'Alger. Ce camp, un des avant-postes d'Alger dans les premières années de l'occupation, reliait Déli-Ibrahim à la Maison-Carrée et à la Ferme-Modèle, par Tixeraïn et Kouba, et faisait de Birkadem une position centrale qui fermait l'ancienne route d'Alger à Blidah, et se rattachait aux autres postes de droite et de gauche par le chemin dit de *ceinture*. Il n'est plus aujourd'hui occupé militairement ; en temps d'épidémie on l'a transformé en succursale de l'hôpital militaire ; il a servi, en 1851, de dépôt pour les transportés politiques. A l'abri de cette défense, un grand nombre de propriétaires et de cultivateurs, tant Européens qu'indigènes, s'installèrent de bonne heure sur ce point et formèrent un village sans le secours de l'administration, attirés par une belle fontaine qui coule dans le voisinage de beaux platanes. A l'origine, les effluves marécageuses de la Métidja y portaient la désolation : aujourd'hui, grâce aux desséchements exécutés près de la Ferme-Modèle, la situation est de beaucoup améliorée. Ce point est aujourd'hui un des plus richement cultivés du Sahel ; outre les cultures maraîchères, on y remarque les vignes et les mûriers. La puissance de la végétation naturelle se révèle à quelques magnifiques pins. Servi par la nouvelle route d'Alger à Blida, à une petite distance d'Alger, en communication facile avec tous les villages des environs, doté d'un territoire très-fertile que l'administration s'occupe d'agrandir pour créer un nouvel élément de prospérité, et assurer la valeur des terres voisines, qui, faute de bras, restent improductives, Birkadem est dans les meilleures conditions d'avenir. Déjà il jouit d'une grande réputation pour ses constructions gracieuses et comme but de promenade.

STATISTIQUE OFFICIELLE (en 1851). Manque.—Récoltes (1852) : sur 210 hectares 50 ares cultivés en grains, 1,528 hectolitres de blé tendre, 150 d'orge, 14 d'avoine, 30 de maïs, 30 de fèves, d'une valeur totale de 27,234 fr.

La commune de Birkadem comprend, outre le chef-lieu, le hameau de Tixeraïn, et a pour annexe administrative Saoula.

### Tixeraïn.

A l'origine, camp créé pour relier, avec Birkadem et Kouba, le camp de Déli-Ibrahim à la Maison-Carrée et à la Ferme-Modèle, transformé bientôt en ambulance militaire, qui n'est occupée que temporairement.

### Saoula.

Village créé légalement par arrêté du 17 février 1843, pour une population de 50 familles, entièrement peuplé et construit dès la fin de 1844, à 3 kilomètres de Birkadem, de Tixeraïn et de Draria, à 13 kilomètres sud d'Alger, sur le bord d'un ruisseau, au milieu des vallées qui aboutissent à celles de l'Oued-Kerma, dans un bas-fond très-fertile, au pied des collines. Le sol, quoique couvert de broussailles, est d'une grande fertilité, et sa situation sur la lisière de la campagne d'Alger le fait rechercher par les habitants de cette ville. Rudement éprouvé au début par les fièvres dues à un large ravin aux eaux fangeuses qui serpentait autour du village, et aux marais d'Ouled-Ala, de Ben-Ghazi et de Ben-Danoun, dans la Métidja, que les courants d'air portaient par les gorges de l'Oued-Kerma, le climat y est devenu des plus sains depuis les dessèchements opérés en 1845. Cette année-là, malgré une insalubrité générale, la santé s'y maintint excellente, et, depuis lors, l'aisance et le bien-être ont remplacé la tristesse et la misère. Saoula est alimenté par plusieurs sources dont les eaux peuvent être rangées parmi les meilleures du Sahel. Les vignes, les beaux saules-pleureurs attirent les regards. La présence de quelques familles de Mahonais a amélioré la situation : peu entendus dans la grande culture, en revanche ils tirent un excellent parti de la culture maraîchère à laquelle ils s'adonnent comme propriétaires ou fermiers. Saoula se relie à la nouvelle route d'Alger par un embranchement, et, à Draria, par un chemin vicinal. Un moulin à farine y est installé depuis 1846.

STATISTIQUE OFFICIELLE (en 1851). — *Constructions*: 45 maisons d'une valeur de 66,000 fr., 14 hangars, 23 écuries et étables, 11 puits et norias, d'une valeur totale de 16,000 fr. — *Bétail*: 6 chevaux, 12 mulets, 14 ânes, 44 bœufs, 12 vaches, 70 chèvres, 21 moutons, 55 porcs. — *Matériel agricole*: 35 charrues, 18 voitures, 1 tombereau. — *Plantations*: 3,500 arbres. — *Territoire*: 403 hectares. — *Récoltes* (en 1852): sur 107 50 hectares cultivés en céréales, 728 hectolitres de blé tendre, 50 d'orge, 112 d'avoine, 20 de maïs, 50 de fèves, d'une valeur totale de 14,892 fr.

Sur le territoire de Saoula se trouve un lot de 34 hectares situés sur la route de Sidi-Séliman à Birkadem, qui, étant trop éloigné de Saoula pour être cultivé par les habitants de ce village, a été divisé en quatre lots et concédé à quatre familles qui ont bâti un petit hameau autour duquel se développent les cultures.

## Draria.

Village légalement constitué par arrêtés du 10 janvier 1842 et 17 décembre 1843, pour une population de 51 familles; le premier établi en vertu du nouveau système déterminé par arrêté du 18 avril 1841; à 16 kilomètres sud d'Alger, sur le territoire de deux ou trois petites tribus qui passèrent à l'ennemi en 1839, dans un site des plus salubres, à 203 mètres d'altitude. Il fut créé pour boucher la trouée entre Birkadem et Déli-Ibrahim. La faveur que lui assure sa situation aux limites de la première zone y a favorisé la création de belles maisons de campagne : le territoire a besoin d'être agrandi. Les branches supérieures et gauches de l'Oued-Kerma traversent le territoire; des sources amenées dans l'intérieur de l'enceinte fournissent 12 mètres cubes 1/2 d'eau pour alimenter une fontaine avec abreuvoir et lavoir, ombragée de beaux saules-pleureurs; il suffit de creuser à quelques mètres pour trouver de l'eau en abondance. Les habitants de Draria exploitent six carrières qui fournissent de la belle pierre de taille pour Alger.

STATISTIQUE OFFICIELLE (en 1851). — *Constructions:* 64 maisons d'une valeur de 120,000 fr., 40 hangars, 30 écuries ou étables, 11 puits et norias d'une valeur totale de 36,050 fr. — *Bétail:* 18 chevaux, 18 mulets, 12 ânes, 60 bœufs, 120 chèvres, 200 moutons, 30 porcs. — *Matériel agricole:* 18 charrues, 22 voitures, 2 tombereaux. — *Plantations:* 5,000 arbres. — *Défrichement:* 235 hectares. — *Concessions :* 497 hectares. — *Récoltes* (en 1852) : sur 109 hectares cultivés en céréales, 444 hectolitres de blé tendre, 128 d'orge, 210 d'avoine, 40 de maïs, 30 de fèves, d'une valeur totale de 11,392 fr.

ANNEXES. La section de Kaddous, au nord de Draria.

### Kaddous.

Ancien café arabe, sur un territoire qui fut primitivement érigé en commune par arrêté du 22 avril 1835, n'est aujourd'hui qu'une annexe administrative de Draria. Il y existe quelques fermes particulières et des concessions en voie d'exploitation. Terroir renommé. Sa statistique se confond avec celle de Draria.

### Déli-Ibrahim.

Village fondé en 1832, par le duc de Rovigo, sur une hauteur, à 10 kilomètres sud-ouest d'Alger, pour recevoir des émigrants alsaciens qui se rendaient en Amérique et qu'au Havre on dirigea vers l'Algérie. Une partie fut distribuée à Déli-Ibrahim, l'autre partie à Kouba. Ce furent les premiers essais de colonisation tentés en Afrique, mais dans les plus mauvaises conditions imaginables, ce qui les rendit plus nuisibles qu'utiles à la cause générale de la colonie. Le rôle premier de Déli-Ibrahim était tout militaire : c'était un avant-poste d'Alger, observant tout le canton et faisant sentir son influence sur Staouëli et Sidi-Khalef. Un territoire trop restreint, quoique fertile, arrête le développement de l'agriculture : aussi l'administration s'occupe-t-elle de l'agrandir. Jusqu'en 1842 il n'y avait pas assez d'eau à Déli-Ibrahim, surtout en été; les habitants étaient obligés d'aller avec des voitures s'approvisionner au bassin de la Chasse, distant de 1,600 mètres. Pour éviter l'encombrement et la perte d'une partie des eaux, au lieu de l'agrandir, on établit un second bassin à 850 mètres du village. Un troisième bassin a été creusé à 250 mètres, alimenté par une source qui fournit, même pendant les grandes chaleurs, 4,000 litres d'eau par 24 heures. Malgré ces travaux, on signale encore l'insuffisance des eaux comme un obstacle au progrès agricole sur certains points. Le climat y est d'une salubrité parfaite, due à une altitude très-élevée, qui varie de 200 à 275 mètres : un mont conique se détache à une hauteur de 264 mètres. Longtemps restées en friche, les campagnes de Déli-Ibrahim sont aujourd'hui couvertes de cultures très-productives, dont le débouché naturel est Alger, avec qui ce village communique par la route d'Alger à Douéra. Quant à la situation générale, les débuts, avons-nous dit, furent très-malheureux, les émigrants étant dépourvus de toutes ressources, et privés d'ailleurs des conditions normales de travail agricole; bientôt la construction du camp de Déli-Ibrahim et surtout de la route d'Alger à Douéra, leur vint en aide. En 1838 Déli-Ibrahim était sorti de sa pénible position, il comptait plus de 400 habitants et près de 100 maisons, dont une partie construite en pierre : les bestiaux des colons faisaient des charrois pour l'administration. L'abandon du camp et l'ouverture de la route d'Alger à Blida par la plaine ayant réduit ces ressources, les colons ont dû se tourner vers la culture, et ils y ont trouvé une aisance plus solide. On signale chez M. Mazères, maire de Dély-Ibrahim, des vignobles remarquables par leur étendue et leurs produits, qui font partie d'une ferme bien tenue.

STATISTIQUE OFFICIELLE (1851). — *Constructions* : 66 maisons d'une valeur de 81,000 fr., 10 hangars, 23 écuries ou étables, 7 puits et norias, d'une valeur totale de 9,828 fr. — *Bétail* : 15 chevaux, 10 mulets, 6 ânes. 98 bœufs, 30 vaches, 60 chèvres, 50 moutons, 50 porcs. — *Matériel agricole* : 25 charrues, 27 voitures, 2 tombereaux. — *Plantations* : 300 arbres. — *Territoire concédé* : 252 hectares. — *Défrichement* : 222 hectares. — *Récoltes* (1852) : sur 155 hectares cultivés en céréales, 616 hectolitres de blé tendre, 324 d'orge, 40 de seigle, 936 d'avoine, 100 de maïs, 75 de fèves, d'une valeur totale de 21,583 fr.

ANNEXES. A Dély-Ibrahim est rattachée, comme annexe administrative, la section de El-Achour.

### El-Achour.

Village créé par arrêté du 20 avril 1842, pour boucher le vide entre Draria et Dély-Ibrahim, à 9 kilomètres d'Alger, 3 kilomètres de Draria, 8 de Douéra, sur le versant d'une colline en face de la route d'Alger à Douéra. Le territoire, provenant en grande partie d'une ancienne ferme du beylick, était cultivé sur une certaine étendue; il y existe des prairies naturelles de sainfoin d'une grande beauté. Les terres sont très-propres à la culture; mais le sol est tourmenté et déboisé. Les sources gauches de l'Oued-Kerma y prennent naissance. Le village possède une belle fontaine alimentée d'une eau excellente. Grâce à des altitudes de 184, 240, 260 mètres, la salubrité y est parfaite. La nature du terrain, riche en prairies qui donnent des foins excellents, favorise l'éducation des bestiaux vers laquelle tend à se porter la spéculation agricole, sans négliger les défrichements et les cultures. Dès 1846, un moulin y était installé. De tous les villages du Sahel, El-Achour est dans les moins bonnes conditions, par suite de la pauvreté des familles primitivement installées : cependant elles ont commencé à se relever. Du reste, la propriété tend à s'y concentrer. Les plantations publiques y sont belles et nombreuses.

*L'administration municipale* est annexée à celle de Déli-Ibrahim.

Statistique officielle (1851). — *Constructions* : 57 maisons d'une valeur de 82,400 fr., 20 hangars, 21 écuries et étables, 18 puits et norias, d'une valeur totale de 30,850 fr. — *Bétail* : 12 chevaux, 8 mulets, 10 ânes, 80 bœufs, 12 vaches, 120 chèvres, 110 moutons, 50 porcs. — *Matériel agricole* : 38 charrues, 30 voitures, 4 tombereaux. — *Plantations* : 4,800 arbres. — *Territoire concédé* : 808 hectares. — *Défrichement* : 400 hectares. — *Récoltes* (1852) : sur 119 hectares cultivés en céréales, 640 hectolitres de blé tendre, 230 d'orge, 306 d'avoine, 20 de maïs, 75 de fèves, d'une valeur totale de 17,838 fr.

## Ouled-Fayet.

Primitivement avant-poste militaire établi en 1841, village créé par arrêté du 2 décembre 1842, à 16 kilomètres O.-S.-O. d'Alger, sur une éminence de 249 mètres d'altitude, d'où la vue embrasse Déli-Ibrahim, Chéraga et une partie de la plaine de Staouéli et de la plage de la Méditerranée. Le territoire de cette commune, anciennement occupé par des tribus émigrées, est d'une qualité excellente, d'une culture facile, un des plus agréablement situés du massif; il atteint la crête des collines du Sahel et la ligne de partage des eaux par des altitudes de 254, 240, 232, 196, 135 mètres. Les eaux y sont abondantes et forment une partie des sources de l'Oued-Bridja qui se jette dans la mer à l'ouest; elles alimentent une fontaine avec abreuvoir et lavoir, et permettent d'y établir beaucoup de puits pour les cultures maraîchères. Les fièvres des premiers temps ont fait place à un état très-satisfaisant de salubrité publique. La culture s'y développe sur tous les points; la grande propriété tend à y prédominer, de belles fermes s'y construisent et leurs travaux occupent les familles les moins favorisées. Le centre est complètement constitué et l'avenir des colons assuré. C'est des plus jolis villages et des plus prospères du Sahel.

Statistique officielle (1851). — *Constructions* : 55 maisons d'une valeur de 153,200 fr., 8 hangars, 26 écuries et étables, d'une valeur totale de 26,000 fr. — *Bétail* : 14 chevaux, 10 mulets, 4 ânes, 160 bœufs, 80 vaches, 80 chèvres, 400 moutons, 110 porcs. — *Matériel agricole* : 45 charrues, 30 voitures, 4 tombereaux. — *Plantations* : 5,030 arbres. — *Concessions* : 540 hectares — *Défrichement* : 310 hectares. — *Récoltes* (1852) : sur 169 hectares cultivés en céréales, 912 hectolitres de blé tendre, 98 d'orge, 50 de seigle, 760 d'avoine, 40 de maïs, 80 de fèves, d'une valeur totale de 26,602 fr.

### Chéraga.

Village à 14 kilomètres S.-O. d'Alger, à l'entrée de la plaine de Staouéli, du côté d'Alger, sur un sol élevé et salubre, dans un territoire fertile et bien arrosé, dont l'altitude atteint 198,230 mètres, anciennement occupé par une tribu qui émigra en 1840. Il est destiné à remplir le vide entre Déli-Ibrahim et la mer, à servir de point d'appui et de marché d'approvisionnement à Aïn-Benian, et, plus tard, au centre qu'on se propose de créer sur le plateau des Beni-Messous. Ses eaux forment des ravins qui aboutissent à l'Oued-Terfah ou rivière des Beni-Messous. Le climat, naturellement salubre, n'avait pu préserver, dans l'origine, des fièvres dues au voisinage des marais de Staouéli, desséchés en 1844 et 1845; aujourd'hui la santé générale y est excellente. Les cultures y sont plus avancées qu'en aucun point du Sahel. Les colons, originaires pour la plupart des environs de Grasse, dans le Var, y ont importé la culture des plantes odoriférantes, à l'exemple de M. Mercurin, leur maire, dont on visite les belles plantations. L'éducation des bestiaux y est favorisée par les nombreux coteaux boisés où l'herbe croît en abondance. La grande culture s'y organise dans de nombreuses fermes, parmi lesquelles on cite celle de M. Fruité, distribuées sur cette vaste étendue de terrain comprise entre la Trappe de Staouéli et Chéraga, dont l'aspect était autrefois si dénudé et si triste. Les colons pauvres y trouvent du travail. L'industrie y compte deux briqueteries en pleine exploitation, un moulin, une fabrique d'essences odoriférantes. On travaille le palmier nain pour usages industriels. La route qui joint Alger à Koléa, par Staouéli, Zéralda et Douaouda, traverse la commune de Chéraga, ouvre un débouché facile à tous les produits, et lui permet de jouir de tous les avantages de sa position aux limites de la campagne d'Alger.

Statistique officielle (1851). — *Constructions* : 83 maisons valant 153,200 fr., 14 hangars, 9 écuries et étables, 24 puits et norias, valant en tout 8,450 fr. — *Bétail* : 20 chevaux, 12 mulets, 22 ânes, 80 bœufs, 25 vaches, 60 chèvres, 15 moutons, 50 porcs. — *Matériel agricole* : 20 charrues, 25 voitures, 4 tombereaux. — *Plantations* : 4,550 arbres. — *Concessions* : 340 hect. — *Défrichement* : 300 hect. — *Récoltes* (1852) : sur 394 hect. cultivés en grains, 3,146 hectol. de blé tendre, 768 d'orge, 88 de seigle, 650 d'avoine, 50 de fèves, d'une valeur totale de 62,697 fr.

Annexes. A la commune de Chéraga est annexé administrativement le village d'Aïn-Benian.

### Aïn-Benian ou Guyotville.

Village maritime créé par un arrêté du 19 avril 1845, sous l'administration de M. le comte Guyot, qui autorisa un ancien capitaine de navire marchand à établir, au lieu dit *Aïn-Benian*, au fond d'une crique, à 2 kilomètres à l'est du cap Knater, à 15 kilomètres d'Alger, un centre de 20 familles. Dans ce but il lui fut fait une concession de 200 hectares avec subvention de 800 fr. par chaque maison de pêcheur bâtie, et 100 fr. par chaque bateau amarré au village, plus 2,400 fr. pour sa propre maison. Une autre subvention de 6,000 fr. lui était allouée pour l'établissement d'un débarcadère en bois, de calles de halage, de deux corps morts, d'un parc aux huîtres, d'ateliers pour la préparation des sardines et la sécherie des poissons. En 1845, les 20 maisons étaient terminées ; mais, l'entrepreneur n'ayant pas rempli les autres conditions, l'administration a repris la direction du village, dont elle a fait une annexe de Chéraga. L'expérience ayant démontré que, réduite à la pêche, l'existence des colons était trop précaire, des lots de terre leur ont été distribués. Ils se sont empressés de défricher la ceinture de broussailles qui les entourait, et ont travaillé en vue du débouché que leur ouvre, malgré le passage difficile du ravin des Beni-Messous, le chemin qui conduit de leur village à Alger par Chéraga et

Déli-Ibrahim. Une fontaine et un lavoir, construits en 1852, les approvisionnent d'eau. Entre autres cultures, la vigne y réussit fort bien ; elle y deviendra sans doute dominante. Grâce à ces nouvelles ressources de travail et de débouché, Guyotville, qui avait failli s'éteindre (en un certain moment il n'y avait plus qu'un seul habitant), s'est relevé de son marasme et prospérera. Mais la force des choses en fera un village agricole plutôt que maritime.

Sur les plateaux montagneux du voisinage, connus sous le nom de *Baïnam*, qui s'étendent entre la mer, les versants du Bou-Zaréa et les Beni-Messous, un hameau de 6 feux est en cours de peuplement ; il se fournit d'eau à une fontaine qui a longtemps alimenté seule le village de Guyotville. Sur ce plateau existent une centaine de dolmens, pareils à ceux de Bretagne, que l'on croit être les tombeaux d'une légion armoricaine qui aurait campé aux environs de ce point élevé.

STATISTIQUE OFFICIELLE (1851). — *Constructions* : 22 maisons et 9 hangars d'une valeur totale de 18,000 fr. — *Bétail* : 2 chevaux, 3 mulets, 4 ânes, 22 bœufs, 6 vaches, 36 chèvres, 35 porcs. — *Matériel agricole* : 12 charrues, 7 voitures. — *Plantations* : 400 arbres. — *Territoire* de 164 hectares dont 62 *défrichés*. — *Cultures* : 27 hectares, dont 20 en froment, en orge, 1 en pommes de terre. — La *récolte* en 1852 a été évaluée avec Chéraga.

## Sidi-Ferruch.

Village maritime, à 26 kilomètres ouest d'Alger, sur les bords de la mer, dans la presqu'île de Sidi-Ferruch, célèbre par le débarquement des Français le 14 juin 1830, dont un monument provisoire, peu digne de la France et de la grandeur de l'événement, rappelle seul le souvenir. Créé par arrêté du 13 septembre 1844, ce village fut concédé, pour son exécution, le 28 juin 1845, à M. Gouin, ancien pêcheur terre-neuvien, qui s'engagea à établir dans cette localité un hameau de 21 maisons et de 180 habitants, aux mêmes conditions que pour le village d'Aïn-Benian. L'entrepreneur fit construire les 20 maisons et les peupla de pêcheurs bretons venus avec leurs femmes. Pendant quelque temps la pêcherie locale approvisionna les centres voisins, Alger particulièrement de sardines salées, de poissons frais et d'huîtres qui, jusqu'alors, n'arrivaient que des Baléares ou de l'Océan Mais, peu à peu, la population a diminué, et il est arrivé, en 1853, à des touristes, qui comptaient sur les deux hôtels annoncés par les almanachs algériens, de se trouver nez à nez avec un douanier, seul gardien des maisons renversées. Staouëli, annexe administrative de Sidi-Ferruch, reste en réalité le centre principal de cette région. — A l'extrémité de la presqu'île de Sidi-Ferruch se voit le tombeau d'un marabout Sidi-Efroudj (d'où Sidi Ferruch), dont les musulmans racontent des légendes merveilleuses. Les Français l'ont converti en chapelle, sous le patronage de Notre-Dame-de-Délivrance, où se célébrait un service anniversaire le 14 juin, avant l'arrêté qui a établi cette fête dans toute l'Algérie. Il y a six puits dans les lignes du camp qui fut tracé sur un développement de 800 mètres pour isoler la presqu'île, à l'époque du débarquement des Français. Des sources obstruées par le sable se trouvent aussi sur la plage. De juin à septembre il se forme du beau sel sur les rochers du rivage. A l'ouest, sur les bords de l'Oued-Bridja, on recueille une excellente terre plastique propre à la poterie.

STATISTIQUE OFFICIELLE (1851). — *Constructions* : 21 maisons et 2 hangars d'une valeur totale de 16,000 fr. — *Bétail* : chevaux, 3 mulets, 4 ânes, 2 bœufs, 80 moutons, 3 porcs. — *Matériel agricole* : 4 charrues, 1 voiture. — *Territoire* : 3 hectares, dont 11 *défrichés*. — *Plantations* : 100 arbres. — *Cultures* : 2 hectares de froment, 2 d'orge. — *Récolte* (1852) recensée avec Staouëli, ou plutôt nulle..

## Staouëli.

Etablissement de Trappistes, dans la plaine de ce nom au S.-O. d'Alger, sur l'emplacement d'un ancien camp voisin du lieu où se donna la première bataille qui suivit le débarquement des Français. La première pierre fut posée par l'évêque d'Alger, le 14 septembre 1843, sur un lit de boulets. Consacré le 30 août 1845, le couvent fut plus tard érigé en abbaye de l'ordre. La plaine, au sein de la quelle il s'élève, a 50 kilomètres en tout sens; couverte d'épaisses broussailles et hachée de ravins, refuge des sangliers, retraite des Arabes pendant la guerre, aujourd'hui rendez-vous des chasseurs algériens, elle offre l'image de la solitude la plus complète. L'altitude varie par 34, 47, 128, 151 mètres. La concession, accordée par arrêté ministériel du 11 juillet 1843, comprend 1,020 hectares, qui s'étendent jusque sur le rivage de la mer; elle a été agrandie depuis. L'établissement de Staouëli est un des plus complets de l'Algérie; il comprend, outre le monastère, une belle ferme, des ateliers pour les industries agricoles, une hôtellerie louée, un moulin, le tout d'une valeur de plus de 200,000 fr. Une orangerie, une pépinière, de vastes jardins, un beau groupe de palmiers embellissent les alentours. Quatre fontaines coulent sur la propriété, bordée au S.-E. par l'Oued-Bridja et à l'O. par l'Oued-Bacarah. Une population de 80 moines et de quelques serviteurs salariés s'applique à mettre en valeur cette vaste propriété, sous la direction du P. Marie-François Régis, abbé de Staouëli. Leur travail consciencieux et intelligent, aidé du puissant concours de l'État en argent et en travail des condamnés militaires, a réussi à transformer une partie de cette vaste solitude : l'avenir fera le reste. Cette tâche leur est facilitée par la route d'Alger à Koléa qui traverse leur territoire. Le gouvernement projette, à mi-chemin de Sidi-Ferruch, ainsi qu'au lieu dit *Sidi Mascla-el-Eserfa*, la création de deux villages, dont l'installation première offrira à la ferme de Staouëli d'utiles débouchés pour ses produits. La santé des religieux, gravement altérée au début par les émanations miasmatiques des marécages de la plaine et les rigueurs du régime, s'est améliorée par la suppression de la première cause morbide et les réformes de la seconde. Le P. Régis fait exécuter, à Staouëli, des observations météorologiques que publie tous les mois le *Journal d'agriculture pratique*.

STATISTIQUE OFFICIELLE (1851). — *Constructions* : 3 maisons d'une valeur de 150,000 fr., 2 hangars, 4 écuries ou étables, 3 puits ou norias, d'une valeur totale de 65,000 fr. — *Bétail* :

11 chevaux, 8 mulets, 2 ânes, 24 bœufs, 60 vaches, 300 moutons, 130 porcs. — *Matériel agricole* : 18 charrues, 10 voitures, 2 tombereaux. — *Plantations* : 6,200 arbres. — *Défrichement* : 410 hectares. — *Récoltes* (1852) : sur 131 hectares cultivés en céréales, 1,280 hectolitres de blé tendre, 95 d'orge, 18 de seigle, 586 d'avoine, 180 de maïs, 16 de fèves, d'une valeur totale de 35,145 fr. — Les Trappistes cultivent sur une grande échelle les plantes industrielles. Ils ont obtenu à toutes les expositions de la province de nombreuses distinctions contre lesquelles, il faut le dire, les colons ont fait des réserves à raison des subventions que cet établissement reçoit de l'État.

## Douéra.

Centre de population, à 22 kil. S.-O. d'Alger, qui a traversé toutes les phases de développement. Petite maison arabe (*dar, douera*) lorsque les Français, se dirigeant sur Blida, y passèrent en 1830; — camp créé en 1834 pour protéger les avant-postes du Sahel et surveiller la Métidja; — village formé par l'agrégation spontanée de baraques et de maisons autour du camp, sans plan d'alignement, sans concessions régulières; — petite ville érigée en chef-lieu de district, et dotée d'un territoire communal par arrêtés du 17 février 1840, 17 mars et 30 décembre 1842; — municipalité constituée en 1850. La route d'Alger qui traverse ses rues nivelées et bordées de trottoirs et d'arbres; position centrale, aussi favorable pour l'occupation taire que pour le commerce; sa population; sa fonc d'entrepôt pour toute la troisième zone du Sahel, et transit pour la Métidja, lui assignent le premier rang parm les créations françaises du Sahel. Dans la première période de son existence, ses progrès furent singulièrement favorisés par la circulation considérable sur la route d'Alger à Blida; elle souffrit de la concurrence de la route par la plaine et, plus tard, par la réduction de la garnison; mais cette double épreuve fut pour ses habitants un utile aiguillon qui les poussa vers la culture, jusque-là trop négligée. L'exiguïté du territoire s'est d'abord opposée à une complète réussite, mais cet obstacle s'aplanit par l'allotissement d'anciens terrains de pacage à Ben-Chaben, d'une étendue d'environ 600 hectares. L'influence des marais de la Métidja cède de même aux conditions très-salubres d'un site élevé à 180 mètres au-dessus du niveau de la mer. Le territoire, quoique accidenté et dépouillé d'arbres, se prête à toutes les cultures, qui couvrent plus de 400 hectares. Le mûrier, le coton, le tabac, la vigne s'entremêlent aux champs de céréales et aux vastes pâturages. Les colons trouvent des moyens suffisants d'irrigation dans les sources du territoire, et quand les eaux courantes font défaut, il suffit, comme dans la plupart des villages du Sahel, de creuser à quelques mètres pour trouver les réservoirs d'eau qui alimentent des puits. Les fontaines de la ville, que complètent plusieurs lavoirs et abreuvoirs, débitent 15 mètres cubes d'eau par vingt-quatre heures dans les plus fortes chaleurs, et cette eau est très-bonne. Sans être l'occupation exclusive des habitants, comme à l'origine, le commerce trouve encore quelque aliment, dû à sa situation sur le parcours de la route d'Alger à Blida. L'industrie y a fondé un beau moulin à vapeur, et un à vent, une brasserie, une briqueterie. Des services quotidiens de diligences y entretiennent la vie et l'activité. Un oratoire protestant est le seul du Sahel.

Sous le rapport administratif, Douéra est le chef-lieu d'une commune cantonnale, qui comprend comme faubourg le village primitif groupé autour du camp, comme banlieue les localités de Birtouta, Oued-Mendil, Saint-Jules, Saint-Charles, Quatre-Chemins, Ben-Chaben; comme annexes les villages de Crescia, Baba-Hassen, Sainte-Amélie, Saint-Ferdinand, Maelma. Des chemins vicinaux mettent le chef-lieu en communication avec ces divers points.

STATISTIQUE OFFICIELLE (1851). — *Constructions* : 220 maisons d'une valeur de 428,000 fr., 28 hangars, 64 écuries ou étables, 105 puits et norias, d'une valeur totale de 125,300 fr. — *Bétail* : 51 chevaux, 18 mulets, 7 ânes, 150 bœufs, 39 vaches, 150 chèvres, 300 moutons, 100 porcs. — *Matériel agricole* : 60 charrues, 22 voitures, 12 tombereaux. — *Plantations* : 15,660 arbres. — *Territoire* : 1,307 hectares. — *Défrichement* : 817 hectares. — *Récoltes* (1852) : sur 378 hectares cultivés en céréales, 2,910 hectolitres de blé tendre, 410 d'orge, 45 de seigle, 1,160 d'avoine, 108 de maïs, 60 de fèves, d'une valeur totale de 67,794 fr.

## Crescia.

Village à 22 kil. S. d'Alger, à 5 kil. O. de Douéra, dan[s] une région agreste, créé par arrêté du 3 juillet 1845, su[r] l'emplacement de l'ancien Haouch-ben-Hadery ; c'est un sit[e] très-exposé au N.-O., à l'avant-garde des villages établis a[u] sud de la route d'Alger à Douéra vers la plaine, par des al[-] titudes de 167, 206, 208, 211 mètres. Créé pour remplir l[e] vide qui se trouve entre les centres de Douéra, Baba-Has[-] sen, Draria et Saoula du côté de la Métidja, ce centre as[-] sura la sécurité de cette partie du Sahel, et concourut à [y] ramener la vie et la circulation. Le territoire, bien qu[e] couvert de broussailles, est très-fertile ; le climat est très sain en lui-même, malgré les fièvres des débuts, dues au[x] eaux croupissantes des miasmes méphitiques de l'Oued Kerma et aux marais de la Métidja. On a transformé e[n] mairie et maison d'école la caserne de gendarmerie, bea[u] bâtiment assis sur un point culminant, d'où l'on découvr[e] et d'où l'on peut surveiller une grande partie du Sahel e[t] de la Métidja. Les fossés et les tours de défense ont ét[é] concédés aux colons, à qui l'on a cédé également le terrai[n] de l'ancien communal du village, qui a été remplacé pa[r] un beaucoup plus vaste. L'état agricole s'y améliore, le[s] défrichements s'étendent, les cultures industrielles s'[y] implantent, à côté des vignes et des arbres. Quatre petite[s] fermes ont été bâties sur les lots ruraux les plus éloigné[s] du village. Les bois à brûler et le charbon sont aussi de[-] venus l'objet d'un trafic qui les a fait vivre.

STATISTIQUE OFFICIELLE (1851). — *Constructions* : 51 maisons valant 101,000 fr., 18 hangars, 30 écuries et étables, 4 puit[s] et norias, valant 41,650 fr. — *Bétail* : 7 chevaux, 4 mulets 1 âne, 49 bœufs, 11 vaches, 45 chèvres, 67 porcs. — *Matérie[l] agricole* : 24 charrues, 12 voitures. — *Plantations* : 5,14[0] arbres. — *Concessions* : 448 hect. 66 ares. — *Défrichement* : 161 hect. — *Récoltes* (1851) : sur 87 hect. cultivés en grains. 560 hect. de blé tendre, 60 d'orge, 140 d'avoine, 48 de maïs, 30 de fèves, d'une valeur totale de 12,844 fr.

## Birtouta.

Village créé en 1851, au lieu dit le 4e Blockhaus, sur l[a] route d'Alger à Blida par la plaine, pour une populatio[n] de 22 familles. Territoire d'environ 380 hectares. Les colons se sont mis à l'œuvre avec courage et poursuivent activement leurs travaux de défrichement et de culture.

### Ouled-Mendil.

Ancienne redoute, sur le versant méridional du Sahel, sur la route d'Alger à Blida par Douéra, et sur le trajet de la route d'Alger à Koléa par le pied du Sahel; par 156,212 mètres d'altitude, où, dès 1838, les ponts et chaussées avaient construit des baraques de campement, sur le territoire d'une tribu dont un marabout et quelques tentes formaient toute l'importance. Une pierre tumulaire élevée sur les cadavres d'une petite troupe d'artilleurs surpris par les Arabes, sur ce coteau, en 1841, perpétue le souvenir des dangers qu'on courait naguère, et qui ont disparu devant la plus complète sécurité. On y a constaté des carrières.

### Saint-Jules.

Hameau à 4 kilomètres S. de Douéra, sur le revers méridional du Sahel, à l'entrée de la Métidja, établi dès 1843 par M. le baron Vialar, et légalement créé par arrêté du 22 septembre, au lieu dit Yadj-Hacoub, à 300 mètres de la route d'Alger à Koléa par le pied du Sahel, servit pendant quelque temps de lieu de réunion aux faucheurs de la Métidja, aujourd'hui abandonné.

### Saint-Charles.

Hameau bâti par les colons en 1844, dans la même position que Saint-Jules, auprès d'une redoute avec blockhaus, situé à 44 mètres d'altitude; il en reste une très-belle ferme.

### Quatre-Chemins.

Hameau à l'entrée de la Métidja, à la rencontre des routes d'Alger à Blida, par Douéra et par la plaine, et du prolongement de Koléa; est en voie de développement.

### Baba-Hassen.

Village à 10 kil. S. d'Alger, à 4 kil. N.-E. de Douéra, créé par arrêté du 8 mars 1843, aux dépens des terres d'une ancienne ferme, sur la route d'Alger à Blida par les plateaux. Territoire fertile, à 175, 202 mèt. d'altitude; arrosé par plusieurs sources; bons fourrages dans de belles prairies; pacages favorables à l'éducation des troupeaux. Village entièrement constitué et en voie de développement dès 1843; possédant trois fontaines, abreuvoir, lavoir, plantations publiques nombreuses et de belle venue. Dans un rapport au ministre de la guerre à la date du 30 avril 1853, le préfet d'Alger s'exprimait ainsi au sujet de ce centre:

« Le village de Baba-Hassen, presque entièrement conquis sur les broussailles et les palmiers nains du Sahel, est incontestablement l'une des localités qui méritent le plus de fixer l'attention et le bienveillant intérêt de l'administration. J'ai trouvé tous les habitants de cette commune, sans en excepter l'adjoint faisant fonctions d'officier de l'état civil, occupés aux travaux des champs : les uns repiquaient leurs tabacs qui sont de toute beauté; les autres nettoyaient leurs vignes; un grand nombre préparaient des ensemencements de coton. Cette population active, laborieuse, a déjà fait des travaux bien considérables, et aujourd'hui que par la culture des céréales elle a pu s'assurer un certain bien-être, elle recherche les cultures industrielles qui doivent lui amener la fortune. J'ai pu constater par moi-même que dans cette seule localité, plus de 25 hectares ont reçu des semis de tabac. Deux colons, les sieurs Poupart père et fils, ont fait des essais assez étendus de cultures de nopals qui se trouvent dans d'excellentes conditions ; enfin le sieur Chifflet, dont l'exemple est suivi par beaucoup d'autres concessionnaires, a greffé, depuis plusieurs années, un nombre considérable d'oliviers qui vont commencer à donner, dès cette année, de remarquables résultats. — En me rendant de Baba-Hassen à Douéra, j'ai remarqué avec un sensible plaisir que les landes incultes, il y a peu de temps encore, ont été en partie défrichées. »

La grande culture tend à y prédominer, de belles fermes s'y construisent.

STATISTIQUE OFFICIELLE (1851). — *Constructions* : 46 maisons d'une valeur de 155,800 fr., 10 hangars, 25 écuries et étables, 13 puits et norias, d'une valeur totale de 43,000 fr.—*Bétail* : 15 chevaux, 15 mulets, 86 bœufs, 48 chèvres, 345 moutons, 75 porcs. — *Matériel agricole* : 48 charrues, 50 voitures, 3 tombereaux. — *Plantations* : 5,379 arbres. — *Territoire concédé* : 549 hectares 42 ares. — *Défrichement* : 205 hectares. — *Récoltes* (1852) : sur 152 hectares 50 ares cultivés en céréales, 850 hectolitres de blé tendre, 300 d'orge, 45 de seigle, 1,560 d'avoine, 42 de maïs, d'une valeur totale de 25,736 fr.

### Sainte-Amélie.

Village créé par arrêté du 23 mars 1843, dans un site des plus pittoresques ; à 29 kil. d'Alger, entre Douéra et Maelma, à 3 kil. de l'un et de l'autre ; sur la droite de la route qui va du premier au second, en un lieu appelé *Haouch-ben-Omar* ; sur la crête d'un beau ravin couvert d'arbres de haute futaie et de peupliers blancs. Territoire des plus fertiles, coupé par de frais vallons, arrosé par de nombreuses fontaines, dont une coule sous un groupe de palmiers. Comme fonction militaire, ce poste remplit le vide existant entre Douéra et Maelma, et sans autres défenses que sa position, concourt, avec ces deux centres et celui de Saint-Ferdinand, qui le confine au nord, à couvrir les abords de la plaine de Staouéli. La santé générale s'y est ressentie dans les premières années du voisinage des marais de Staouéli, qu'alimentaient les eaux du ravin de Sainte-Amélie ; leur desséchement a suffi pour faire disparaître les fièvres. La culture des céréales, seule pratiquée dans le village pendant les premières années, commence à se compléter par les cultures industrielles. La situation des colons s'améliore d'année en année, et leurs terres y sont de mieux en mieux entretenues, fumées et ensemencées ; ils ont pour la plupart remboursé la somme de 3,000 fr. pour prix d'une maison et d'une concession de vingt hectares. — A Sainte-Amélie on a trouvé d'intéressantes ruines romaines : une mosaïque avec inscription latine, des salles bien conservées, avec leur pavé en carreaux vernissés.

Statistique officielle (1851). — *Constructions* : 20 maisons d'une valeur de 58,000 fr., 21 hangars, 21 écuries ou étables, 1 puits, d'une valeur totale de 14,900 fr. — *Bétail* : 11 chevaux, 7 mulets, 2 ânes, 150 bœufs, 10 vaches, 21 chèvres, 18 porcs. — *Matériel agricole* : 38 charrues, 30 voitures, 9 tombereaux. — *Plantations* : 4,522 arbres. — *Concession* : 621 hectares 59 ares. — *Défrichement* : 239 hectares. — *Récoltes* (1852) : sur 130 hectares cultivés en céréales, 848 hectolitres de blé tendre, 75 d'orge, 105 de seigle, 660 d'avoine, 24 de maïs, 38 de fèves, d'une valeur totale de 19,860 fr.

## Saint-Ferdinand.

Village situé à 6 kil. N.-O. de Douéra, à 25 kil. S.-O. d'Alger, créé par arrêté du 18 janvier 1843, au centre du Sahel, sur un plateau de 120 mèt. d'altitude, qui domine la plaine de Staouëli. Territoire d'une ancienne ferme et d'une tribu émigrée, couvert d'arbustes et très-propice au pâturage. Bâti par les condamnés militaires, le village défend les abords de la plaine de Staouëli qu'il couvre parfaitement au sud. Pendant la guerre, ce plateau, entouré de ravins profonds et de broussailles épaisses, était le refuge habituel des partisans indigènes qui, de là, se répandaient dans tout le Sahel et jusqu'au Bou-Zaréa; aujourd'hui la sécurité la plus profonde y règne comme dans toute l'Algérie. La position, du reste, est par elle-même assez forte pour qu'on ait pu se passer de défenses, contrairement au système adopté dans le Sahel. Le climat est très-salubre, et les fièvres primitives dues aux marais de Staouëli ont disparu avec leur cause. Les sources abondent sur le territoire; celle construite dans le village même débite 8,000 litres d'eau par jour. Les pacages naturels et l'étendue des communaux favorisent l'élève du bétail que les colons engraissent pour les bouchers d'Alger. Les cultures sont en progrès. Les plantations d'arbres et de vignobles se multiplient. L'avenir de cette localité, qu'une bonne route relie à Ouled-Fayet, est assuré. Dans le voisinage ont été créés récemment les hameaux de *Djoudria* et de *Boukandoura*.

*L'administration civile* a pris possession de Saint-Ferdinand le 16 septembre 1843.

STATISTIQUE OFFICIELLE (1851). — *Constructions* : 20 maisons d'une valeur de 45,000 fr. (chacune a été payée par les colons 1,500 fr. à l'administration), 11 hangars, 29 écuries ou étables, 6 puits ou norias, d'une valeur totale de 46,800 fr.— *Bétail* : 18 chevaux, 4 mulet, 3 ânes, 72 bœufs, 28 vaches, 84 chèvres, 120 moutons, 9 porcs. — *Matériel agricole* : 29 charrues, 28 voitures, 4 tombereaux. — *Plantations* : 1,707 arbres. — *Concession* : 871 hectares 11 arcs. — *Défrichement* : 272 hectares. — *Récoltes* (1852) : sur 113 hectares cultivés en céréales, 910 hectolitres de blé tendre, 40 d'orge, 3 e seigle, 300 d'avoine, 12 de maïs, 12 de fèves, d'une valeur totale de 20,036 fr.

ANNEXES. La disposition des lieux et la nécessité de courir plusieurs points ont fait diviser le centre de population en quatre groupes reliés entre eux : 1° *le village* de Saint-Ferdinand, dont la description précède; 2° *le château*, maison de plaisance élevée sur les ruines d'une ancienne maison romaine, couverte d'ardoises, décorée d'écussons sculptés aux armes d'Orléans et du maréchal Bugeaud; aujourd'hui hameau de quelques familles, entouré de vignes; 3° *la Consulaire*, à 1 kil. de Saint-Ferdinand; 4° *le marabout* d'Aumale.

### La Consulaire.

Belle ferme, formée de la réunion de deux concessions, qui possède une source très-abondante; des travaux considérables y ont été exécutés, et ont fait vivre pendant deux années tous les ouvriers de Saint-Ferdinand, du marabout d'Aumale et de Sainte-Amélie. Elle se signalait de très-bonne heure par la culture du tabac.

### Marabout d'Aumale.

Composé de cinq maisons doubles autour d'un marabout en maçonnerie, à 1,200 mèt. de la Consulaire, à 2 kil. de Sainte-Amélie et de Saint-Ferdinand; territoire situé dans la portion la plus pittoresque du Sahel, par 182,190 mèt. d'altitude. Belle fontaine; beaux groupes d'arbres; fabriques de chaux, tuiles, briques; moulin à manège; vignes; plantations de ricins; le tout réuni entre les mains d'un seul propriétaire.

### Mahelma.

Village situé à 19 kil. S.-O. d'Alger, à 6 kil. O. de Douéra, créé par arrêté du 22 mars 1844, à quelques pas de l'ancien camp de ce nom, qui fut un des avant-postes du Sahel, fondé en 1836. Ce poste, intermédiaire entre Koléa et Douéra, commandait un pays accidenté et difficile, entre la mer et la plaine; c'était comme la clef et le centre de la ligne de l'Oued-el-Agar, qui a joué un rôle pendant quelque temps; la garnison se composait de zouaves, dont le souvenir est perpétué par une pyramide élevée au-dessus d'une fontaine, décorée d'un coq gaulois et d'une inscription. Bâti en six mois par des soldats disciplinaires, le village fut peuplé en partie de colons militaires, auxquels ne tardèrent pas à être adjoints des colons civils. Aujourd'hui ce village est un des plus beaux du pays, et réputé le plus salubre du Sahel (altit. de 166, 200, 212 m.) Des sources nombreuses et fort belles y arrosent plusieurs hectares de pâturages et des jardins limités par un joli bois de tremble conservé comme promenade : les unes coulent au S. vers la Métidja, les autres à l'O. vers la mer ; l'eau de boisson est fournie par un puits creusé sur la place et gracieusement couvert en forme de marabout. Le sol convient à l'élève du bétail ; aussi l'administration y entretenait-elle un nombreux troupeau. Les cultures s'étendent ; les arbres fruitiers y réussissent bien, ainsi que les céréales, le tabac, les vignes ; on y récolte de très-bon foin naturel ; les colons y préparent avec le palmier nain d'excellent crin végétal. Malheureusement, la distance d'Alger rend difficile l'écoulement des produits. Les broussailles et les palmiers nains qui couvrent le sol rendent les défrichements fort pénibles. C'est le plus prospère des villages fondés par les condamnés militaires. — A 1 kil. se trouve la ferme dite de Maelma, entre ce village et le marabout, dominant un épouvantable ravin, entouré de sources et d'arbres.

Maelma réclame des écoles, une église, un cimetière, de bonnes routes, l'emploi utile du camp inoccupé qui tombe en ruines ; la délivrance aux colons de leurs titres de propriété, juste prix de leurs travaux.

STATISTIQUE OFFICIELLE (1851). — *Constructions* : 50 maisons d'une valeur de 74,000 fr., 18 hangars, 30 écuries ou étables, 4 puits ou norias, d'une valeur totale de 19,400 fr. — *Bétail* : 12 chevaux, 5 mulets, 3 ânes, 109 bœufs, 35 vaches, 108 chèvres, 208 moutons, 33 porcs. — *Matériel agricole* : 59 charrues, 33 voitures, 5 tombereaux. — *Plantations* : 4,729 arbres. — *Concessions* : 567 hectares 66 ares. — *Défrichement* : 158 hectares. — *Récoltes* (1852) : sur 123 hectares cultivés en céréales, 2,910 hectol. de blé tendre; 200 d'orge, 15 de seigle, 200 d'avoine, 24 de maïs, d'une valeur totale de 56,102 fr.

## Zéradia.

Village à 26 kil. N.-O. d'Alger, à 1 kil. de la mer, à 12 kil. N.-E. de Koléa, qui sert de transition entre le massif central et les collines occidentales. Situé sur la rive droite du Mazafran, à l'extrémité de la plaine de Staouëli, à cheval sur la route d'Alger, il communique avec les deux parties du Sahel. Créé par arrêté du 13 septembre 1844, il fut commencé en 1845, sur un territoire couvert de broussailles, dont les altitudes varient par 15, 26, 30, 45, 89, 99, 115 mèt.; limité au sud par le Mazafran, que l'on franchit sur un pont à l'américaine. Au nord un cours d'eau, dont Zéradia occupe la rive gauche, prend sa source sur le plateau tertiaire du Sahel, et va se jeter dans la Méditerranée en coulant du S.-E. au N.-O. Une conduite en maçonnerie de 1,400 mèt. de développement, amène au village une partie des eaux de ce ruisseau, et alimente une fontaine qui est plus que suffisante pour les besoins des colons en été comme en hiver. Si cette eau n'est pas toujours bonne et agréable à boire, c'est qu'elle arrive à la fontaine publique sans avoir été préalablement filtrée. Pour obvier à cet inconvénient, on a creusé en 1848 dans le village un puits circulaire de 2 mèt. de diamètre et de 20 mèt. de profondeur, qui renferme 1 mèt. 70 d'eau limpide, fraîche, d'une saveur agréable, et dont la qualité est à peu près la même que celle de l'aqueduc. Ce puits fournit 1 mèt. cube d'eau par jour. Sujet autrefois aux fièvres, Zéradia a vu son état sanitaire s'améliorer par le creusement de ce puits et le desséchement des marais. La population s'est fait une industrie spéciale de l'exploitation des broussailles de son sol. Bien qu'aidée à ses débuts par les travailleurs militaires, elle est encore peu prospère, à cause de son éloignement des centres de population et des difficultés de son territoire. — A proximité de Zéradia, le service forestier, aidé de la compagnie des planteurs militaires, a entrepris un grand travail de nettoiement et de semis pour faire une belle réserve forestière. Lié à Maelma mieux qu'à Koléa par le voisinage et par un chemin vicinal, Zéradia demanda à lui être rattaché pour l'administration et le service médical.

STATISTIQUE OFFICIELLE (1851). — *Constructions* : 33 maisons valant 47,164 fr., 2 hangars, 15 écuries ou étables valant 10,871 fr. — *Bétail* : 18 chevaux, 1 mulet, 3 ânes, 43 bœufs, 81 vaches, 22 moutons, 3 porcs. — *Matériel agricole* : 13 charrues, 7 voitures, 8 tombereaux. — *Plantations* : 682 arbres. — *Concession* : 399 hectares 46 ares. — *Défrichement* : 67 hectares. — *Récoltes* : sur 100 hectares cultivés, 980 hectolitres de blé tendre, 90 de blé dur, 186 d'orge, 54 de seigle, 380 d'avoine, 9 de maïs, 54 de fèves, d'une valeur totale de 26,847 fr.

## Douaouda.

Village créé par arrêté du 5 juillet 1843, à 35 kil. O. d'Alger, à 4 kil. N.-E. de Koléa, à 2 kil. de la mer, sur la rive gauche du Mazafran, en un point très-élevé, dans une position riante et salubre qui domine la riche vallée du fleuve, près de son embouchure ; à cheval sur la route d'Alger à Koléa par Chéraga, Staouëli et Zeradia. Territoire d'une ancienne tribu, descendant de 104,188 mèt. d'altitude, sur la plage de la mer, de bonne qualité quoique couvert de broussailles, favorable surtout à l'élève du bétail, et couvert d'une végétation luxuriante et de magnifiques oliviers. Une source abondante coule de la hauteur où le village est assis, alimente une belle fontaine avec abreuvoir, et arrose les plantations publiques déjà anciennes. L'eau souterraine se trouve à 4 mètres. Comme à Zéradia, les colons se sont faits bûcherons, pour utiliser le bois et le charbon de leurs broussailles dont le voisinage et la route de Koléa leur ont facilité l'écoulement. Les fours à chaux sont un autre élément d'industre et de profit. Grâce à ces ressources, jointes aux produits de la culture, la situation générale s'est améliorée, le village de Douaouda est un des plus beaux du Sahel. Dans la vallée du Mazafran s'élèvent plusieurs fermes. La concession de 2 hectares de prairies faite aux colons, dans le Farguen, permettra à chaque colon d'élever plus de bétail, de faire plus de fumiers et d'obtenir de plus abondantes récoltes.

STATISTIQUE OFFICIELLE (1851). — *Constructions* : 54 maisons d'une valeur de 528,168 fr., 10 hangars, 23 écuries et étables, 23 puits et norias, d'une valeur totale de 33,310 fr. — *Bétail* : 9 chevaux, 3 mulets, 91 bœufs, 15 vaches, 56 chèvres, 9 porcs. — *Matériel agricole* : 33 charrues, 28 voitures, 9 tomboreaux. — *Plantations* : 8,270 arbres. — *Concession* : 672 hectares 99 ares. — *Défrichement* : 200 hectares. — *Récoltes en grains* (1852) : sur 181 hectares cultivés en céréales, 1,404 hectolitres de blé tendre, 98 de blé dur, 110 d'orge, 34 de seigle, 851 d'avoine, 9 de maïs, 27 de fèves, d'une valeur totale de 48,837 fr.

## Koléa.

Ville d'origine mauresque, dans l'ouest du Sahel, à 37 kil. O. d'Alger, 6 kil. de la mer, 22 kil. N. de Blida, sur le revers méridional des collines; à la lisière N. de la Métidja, à 100 mètres environ au-dessus de la plaine et du cours du Mazafran. C'est la petite Mecque des musulmans de l'Algérie, jouissant d'un grand renom de sainteté, due aux marabouts Sidi-Embareck, dont on y voit les tombeaux. Elle fut occupée en juillet 1838 par l'armée française durant la paix qui suivit le traité de la Tafna; mais elle resta interdite aux Européens jusqu'à la reprise des hostilités. Au S. de la ville sur un mamelon fut établi un camp qu'occupa une garnison. Position militaire importante à cette époque, sentinelle avancée, elle observait les débouchés des sentiers au sortir de la Métidja, et surveillait le rivage de la mer; à l'abri de son camp, elle devint un point d'appui à l'intérieur, un centre de domination et de rayonnement pour le territoire des Hadjoutes, nos ennemis les plus redoutés. La conquête achevée, Koléa est devenu un centre d'administration et de colonisation pour l'ouest du Sahel et de la Métidja et pour le littoral. Son territoire, situé par 120 à 150 mètres d'altitude, et 200 à 250 sur les plus hautes collines, primitivement délimité par l'obstacle continu, barrière qu'à un certain moment on avait cru devoir élever entre les Européens et les indigènes, par la mer et le cours du Mazafran, a été successivement agrandi, et a constitué un district d'abord rattaché à l'arrondissement d'Alger, et, plus tard, à celui de Blida. Pays attrayant, bien arrosé, boisé, surtout en oliviers, fertile, propre aux cultures riches, et qui n'attend que l'action intelligente et libre des capitaux pour voir réaliser des merveilles de production. Isolée à l'ouest, hors des lignes principales du mouvement colonisateur, cette ville n'a pas encore atteint le développement qui lui est réservé. Malgré le voisinage du cours du Mazafran, le climat est des plus salubres. La ville est habitée par 1,500 Arabes et 400 Européens seulement. Elle a deux larges et belles rues avec trottoirs et caniveaux, une brasserie, une jolie mosquée, un caravansérail commencé sur de vastes proportions et dont un seul côté a été exécuté, au profit du culte catholique et d'une école de garçons; comme promenade publique une délicieuse orangerie, dominant le riche ravin, où s'étalent les jardins particuliers bien entretenus par les soins de la garnison. Les eaux sourdent de toutes parts, abondantes et pures, dans le petit vallon de Koléa au-dessus des marnes bleuâtres imperméables disposées en couches épaisses sous les bancs calcaires qui composent presque tout le territoire de la commune. Elles sont distribuées avec art dans de magnifiques vergers d'orangers, de citronniers, de grenadiers, qui encadrent les environs de Koléa, et en font une fraîche et charmante résidence, à qui manque seulement l'activité du travail. Koléa reçoit 200 mètres cubes d'eau par 24 heures. La population, attirée d'abord par le voisinage du camp, a été fixée par le don de 30 à 40 lots urbains et de 300 à 400 hectares de terre; cependant les bras manquent encore, cause de retard dans la mise en valeur des fermes voisines. La fertilité du sol, l'abondance des eaux, le cours et les bois du Mazafran, les foins de la plaine, le voisinage de la mer sont des éléments de prospérité de jour en jour mieux appréciés. Deux routes qui unissent Koléa à Alger, l'une par Douaouda, Zéradla, Staouëli, et Chéraga, l'autre par le pied du Sahel, se prolongeant vers Cherchell, celle qui à travers la Métidja se dirige vers Blida, celle qui par Maelma aboutit à Douéra, enfin celle qui par Fouka atteint la mer, sont comme autant de rayons commerciaux qui éclairent pour cette ville tous les points de l'horizon. Un marché indigène y réunit tous les jeudis les tribus des environs. L'industrie y a fondé deux moulins à farine et s'y applique à l'exploitation de carrières qui fournissent une belle pierre de taille dans les nappes de tuf calcaires dont les couches inclinent vers la plaine : un jour peut-être elle tirera parti des traces de lignite observées dans les environs, ainsi que du vaste camp bien construit, bien entretenu, occupé seulement par une faible garnison.

Dans une contrée riche en splendides paysages, celui de Koléa mérite d'être distingué. Au-dessus des vergers et des coteaux boisés, la silhouette de l'horizon est découpée par le beau et haut minaret, orné d'un superbe palmier et d'un cyprès gigantesque, qui couronne la mosquée de Sidi-Embareck, transformé en hôpital militaire; un peu plus loin, trois blockhaus élèvent sur les pentes du nord-est leurs tours de style mauresque; au sud se déroule dans toute sa largeur la plaine de la Métidja, au-delà de laquelle brille Blida, la rivale triomphante de Koléa; dans le fond du tableau se dressent les hautes montagnes de l'Atlas, divisées par la sombre coupure de la Chiffa.

STATISTIQUE OFFICIELLE (1851). — *Constructions* : 54 maisons valant 128,168 fr., 10 hangars, 23 écuries ou étables, 25 puits ou norias, d'une valeur totale de 35,310 fr. — *Bétail* : 32 chevaux, 9 mulets, 50 ânes, 160 bœufs, 30 vaches, 115 chèvres, 230 moutons, 31 porcs. — *Matériel agricole* : 43 charrues, 19 voitures, 11 tombereaux. — *Plantations* : 8,270 arbres. — *Concessions* : 718 hectares 34 ares. — *Défrichement* : 200 hectares. — *Récoltes* (1852) : sur 216 hectares cultivés, 1,573 hectolitres de blé tendre, 42 de blé dur, 1,550 d'orge, 34 de seigle, 1,110 d'avoine, 21 de maïs, 81 de fèves, d'une valeur totale de 59,005 fr.

ANNEXES. L'ancien district de Koléa comprend comme annexes plusieurs villages de nouvelle formation, peuplés de colons suisses, et quelques terres de la Métidja. — Les communes de Fouka et Douaouda lui ont été rattachées par arrêté du 6 août 1844.

### Messaoud, Berbessa.

Installés en 1851 à 2 kil. de Koléa vers la mer, sur le territoire de Chaïba; colons laborieux qui ont utilement profité des subventions administratives. Population agglomérée 44.

### Zouidjet-el-Habous.

A 2 kil. de Koléa sur la route d'Alger : peuplé en 1851, ainsi que

### Saïghir.

A 3 kil. sur la route de Bou-Ismaël (Castiglione); l'émigration suisse comptait dans ces 4 villages, à la fin de 1851, 61 familles.

### Le Fargron.

Vaste domaine dans la Métidja, autrefois affecté au parcage des troupeaux de l'administration de la guerre; aujourd'hui alloti entre les habitants des villages voisins et un certain nombre de grands concessionnaires. Les travaux de culture et d'installation s'y poursuivent, ainsi qu'à

### Sidi-Khlef.

Avoisinant le centre d'Oued-el-Alleg, dans la plaine, sur la route de Koléa à Blida.

Ces deux dernières localités sont les transitions qui rattachent l'agriculture de la plaine à celle du Sahel.

### Fouka, Aïn-Fouka.

Village à 37 kil. O. d'Alger, à 4 kil. de Koléa et de Douaouda auprès d'une belle source, à mi-côte du versant N. du Sahel, en face de la mer, dont un quart de lieue la sépare; commencé en décembre 1841; légalement créé par arrêté du 25 avril 1842, pour l'application du système de colonisation militaire du maréchal Bugeaud. Comme fonction politique, il devait flanquer l'obstacle continu, décrété en 1840 et 1841. Les habitations, construites en partie par le génie militaire en 1841 et 1842, furent achevées en 1843 par les condamnés disciplinaires. Dès le 24 décembre 1841, le gouverneur général avait formé pour le peuplement de ce centre nouveau une compagnie de soldats libérables qui fut installée le même jour. Vingt de ces colons se marièrent en septembre 1842 avec de jeunes filles recrutées à Marseille et à Toulon, et ils furent dotés à cet effet de 500 fr. pour l'achat d'un petit mobilier. Mais à Fouka, comme à Beni-Méred, l'expérience fut peu favorable à ce système de colonisation : à l'exception d'une vingtaine, les soldats abandonnèrent le poste. Par décision du 18 novembre 1843, le village fut remis à l'administration civile, et s'est peuplé successivement de colons libres. Depuis longtemps installés, ils possèdent à peu près tout ce qui est nécessaire en maison, hangars, écuries, bétail, et ont conquis par leur travail un bien-être, que favorisera l'ouverture de la route projetée entre Blida et la mer. Outre les cultures de céréales, ils élèvent des troupeaux et plantent des vignes. Un moulin et une briqueterie sont les premiers éléments industriels installés. Aux alentours d'un bocage d'oliviers qui ombrage une abondante fontaine, on a découvert des restes remarquables de l'occupation romaine : grands tombeaux en pierre, lacrymatoires, vases, médailles en quantité; probablement le *Casæ Calventi* d'Antonin.

STATISTIQUE OFFICIELLE (1851). — *Constructions* : 54 maisons d'une valeur de 128,168 fr., 10 hangars, 23 écuries et étables, 23 puits et norias, d'une valeur totale de 33,310 fr.—*Bétail* : 14 chevaux, 6 mulets, 5 ânes, 60 bœufs, 4 vaches, 30 chèvres, 90 moutons, 31 porcs. — *Matériel agricole* : 29 charrues, 24 voitures, 3 tombereaux. — *Plantations* : 8,270 arbres.—*Concession* : 714 hectares 32 ares. — *Défrichement* : 200 hectares. — *Récoltes en grains* (1852) : sur 292 hectares cultivés en céréales, 3,284 hectolitres de blé tendre, 150 de blé dur, 399 de seigle, 420 d'avoine, 9 de maïs, 224 de fèves, d'une valeur totale de 73,939 fr.

ANNEXES : Notre-Dame de Fouka.

### Notre-Dame de Fouka, Fouka maritime.

Village maritime, sur le bord de la mer, à 4 kil. N. de Fouka, à proximité d'une petite crique, créé par ordonnance du 7 janvier 1845. L'exécution en fut livrée, comme celle de Benian, à un entrepreneur moyennant des indemnités pécuniaires et une concession de 66 hectares 48 ares. Ce village n'existe plus : l'entrepreneur, après avoir touché les indemnités pour les misérables cahutes dressées à ses pêcheurs, en a vendu jusqu'aux derniers matériaux. Ce poste renaîtra peut-être par les relations avec la Métidja et Blida, quand sera ouverte la route qui de cette ville doit aboutir à la mer. Son territoire, facile à cultiver, est riche en chênes-lièges et chênes à glands.

La statistique de ce village se confond avec celle de Fouka, dont il est une annexe administrative.

### Castiglone (Bou-Ismaël, Tefeschoun).

Colonie agricole de 1848, qui comprenait, lors de la fondation, les deux établissements de Bou-Ismaël et de Tefeschoun, aujourd'hui confondu avec Bou-Ismaël, à 8 kil. 1/2 O. de Koléa; site pittoresque sur deux plateaux disposés en gradins en face de la mer, de 50 m. et 30 m. d'altitude, sur le trajet de la route qui doit relier Cherchell à Alger par le littoral. Le territoire est de bonne qualité, quoique léger, très-propre au tabac, l'eau bonne et en suffisante quantité, le climat salubre. Des ruines attestent l'emplacement d'une ancienne station romaine. L'avenir des colons est assuré par les ressources du territoire : un nouveau chemin qui relie Bou-Ismaël à Fouka accroît les conditions de succès qu'annoncent à première vue de belles eaux, de belles rues, de belles plantations.

ANNEXE : **Tefeschoun**, autre colonie agricole de 1848, à peu près dans les mêmes conditions. Terrain plus fort.

STATISTIQUE OFFICIELLE 1° DE BOU-ISMAËL (1851). — *Constructions* : 75 maisons bâties par l'Etat, auxquelles les colons ont ajouté 88 constructions secondaires. — *Bétail distribué* : 85 bœufs. — *Matériel agricole distribué* : 67 charrues, 34 herses, 67 bêches, 67 pelles, 67 pioches, 34 voitures diverses, 549 objets divers. — *Plantations* : 6,765 arbres. — *Concessions* : 807 hectares. — *Défrichement* : 180 hectares. — *Récoltes en grains* (1852) : sur 212 hectares cultivés, 1,350 hectol. de blé tendre, 96 d'orge, 240 de maïs, d'une valeur totale de 29,865 fr.

2° DE TEFESCHOUN. — *Constructions* : 56 maisons bâties par l'Etat, auxquelles les colons ont ajouté 70 constructions secondaires. — *Bétail distribué* : 63 bœufs. — *Matériel agricole distribué* : 51 charrues, 26 herses, 52 bêches, 51 pelles, 52 pioches, 26 voitures diverses, 503 objets divers. — *Plantations* : 2,615 arbres. — *Concessions* : 466 hectares. — *Défrichement* : 169 hectares. — *Récoltes en grains* (1852) : sur 193 hectares cultivés en céréales, 1,125 hectol. de blé tendre, 180 d'orge, 340 de maïs, 30 de fèves, d'une valeur totale de 24,937 fr.

## C. — LA MÉTIDJA.

La plaine de la Métidja se déroule de l'ouest à l'est, du pied du mont Chenoua jusqu'au-delà du cap Matifou, sur une longueur de 96 kil., et une largeur moyenne de 22, ce qui lui donne une superficie d'environ 2,000 kil. carrés, soit 125 lieues carrées ou 200,000 hectares. Elle a la forme d'un long rectangle, dirigé de l'E. 19° N., à l'O. 19° S.; limité au N. par les collines tertiaires du Sahel et le massif de transition du Bou-Zaréa, à l'E., au S. et à l'O. par les hautes chaînes secondaires de l'Atlas. Au N.-E., elle ouvre sur la baie d'Alger, où s'écoule la plus grande partie de ses eaux. Elle forme, entre le Sahel et l'Atlas qui l'encadrent, comme une large et longue zone concentrique autour d'Alger. Le sol de la Métidja renferme quatre lignes de crêtes, faiblement prononcées, il est vrai, mais qui la divisent pourtant en cinq bassins hydrographiques principaux, qui sont les bassins de l'Oued-Nador, de l'Oued-Mazafran, de l'Oued-Arrach, de l'Oued-Khamis et le petit bassin de l'Oued-Reghaya. La pente générale est du sud au nord. Son altitude moyenne dans cette direction, à la ligne médiane, vers Boufarik, est de 120 mèt.; au point le plus bas, elle n'a que 19 mètres ; elle se relève en remontant vers l'Atlas, à Beni-Méred et à Blida, qui se trouve de niveau avec le Sahel, par 185 mèt. d'altitude. L'Atlas et le Sahel, qui la limitent, s'élèvent subitement et presque perpendiculairement au-dessus de la plaine, sans qu'aucun contrefort vienne adoucir la transition.

Entre le bassin du Nador et celui du Mazafran, se trouve le lac Halloula, situé au pied du Tombeau de la Chrétienne (des Rois); il a 6 kil. de long et 2 kil. de largeur moyenne; sa profondeur moyenne, en été, va jusqu'à 2 mètres. Il est très-poissonneux et très-fréquenté par les oiseaux aquatiques que l'on chasse souvent sur ses bords. C'est un lac d'eau douce dont le niveau est supérieur à celui de la mer. Il semble que l'évaporation considérable produite par les fortes chaleurs de l'été, aurait dû le transformer à la longue en lac salé; mais la constance du degré de salure s'explique facilement par un échange continu entre les eaux d'alimentation et celles qui se perdent sous le sol, par des infiltrations souterraines. Ce lac est alimenté par les eaux venant de l'Atlas et du Sahel. Dans la saison des pluies, son niveau s'élève parfois au-dessus de la ligne de faîte qui le sépare de l'Ouedjer. Le lit de cette rivière sert alors d'écoulement aux eaux du lac Halloula, qui pourrait être facilement desséché par le moyen d'une tranchée assez profonde, pour le mettre en communication constante avec la partie inférieure du cours de l'Ouedjer.

Une faible partie de ce vaste territoire a été abordée par la colonisation ; les infiltrations et les débordements des cours d'eau, abandonnés à eux-mêmes sous la domination des Turcs, ont formé, en beaucoup d'endroits, des marécages dangereux qui ont justement fait ajourner l'exploitation des terrains environnants. Mais partout où des travaux de desséchement, suivis de plantations, et sérieusement entretenus, ont rendu au climat sa salubrité naturelle, les colons ont accouru pour installer sur le sol leur laborieuse industrie. Les centres de populations, véritables oasis de culture au sein de cette vaste surface, sont dans le milieu de la plaine : Boufarik, qui, par Beni-Méred, conduit à Blida, capitale agricole de la Métidja, vraie capitale militaire de la province, qu'entourent ses annexes Joinville et Montpensier. De Blida, comme point de départ, la colonisation se divise en deux courants opposés qui suivent le pied de l'Atlas. A l'ouest, dans le haut de la Métidja, ce sont les villages suivants : la Chiffa, Mouzaïaville, Bou-Roumi, El-Afroun, Ameur-el-Aïn, Bourkika, Marengo; par Zurich, cette ligne se relie au territoire de Cherchell, et par Tipasa à la mer. Elle communique avec l'Atlas par les routes de Médéa et de Miliana, avec le Sahel par la route centrale d'Alger, et par celle de Koléa, sur laquelle est disposé le village d'Oued-el-Halleg. Cette partie de la Métidja a été la dernière occupée par la colonisation. — Le courant opposé, à l'est de Blida, rencontre les centres suivants : Dalmatie, Souma, Rovigo, l'Arba, le Fondouk, d'où elle se replie sur la rade d'Alger, par la Rassauta, le Fort-de-l'Eau, la Maison-Carrée, les villages nouveaux d'Aïn-Taya, d'Aïn-Beïda, de Matifou, de Rouïba, de Reghaïa. Par le centre projeté sur le Boudouaou et la ferme de l'Oued-Corso, cette ligne se relie à la région kabile. Elle communique avec le Sahel par la route centrale de Boufarik, par celle de l'Arba qui doit se continuer sur Aumale, par celle du Fondouk qui est le chemin de terre de Constantine, par celle de Dellis. Aucune route ne la met encore en communication directe avec l'Atlas. C'est dans la partie orientale de la Métidja, dans les bassins de l'Arrach et du Khamis, que la colonisation s'est portée de préférence et dès les premières années de l'occupation. Le triangle, connu sous le nom des Beni-Moussa, ayant pour base la Maison-Carrée, pour côtés, le cours de l'Arrach à l'ouest, l'Oued-Boutri et l'Oued-Smar à l'est, le pied de l'Atlas au sud, protégé, dès l'origine, par les camps aujourd'hui abandonnés de l'Arrach et de l'Arba, appela et fixa d'abord la colonisation libre, c'est-à-dire la grande culture. Là, furent fondées les premières fermes européennes. Ces établissements eurent longtemps à lutter contre de nombreuses difficultés, et même de graves dangers, dont plusieurs colons furent victimes ; mais le courage et la persévérance ont triomphé des obstacles. Aujourd'hui, ils sont dans un état très-satisfaisant.

La colonisation libre s'est aussi étendue sur la rive gauche de l'Arrach, dans le quartier des Beni-Khelil, et à l'est du Khamis, dans le quartier des Krachenas, qui renfermait, dès la fin de 1849, 18 fermes européennes, dont quelques-unes très-importantes. Leur nombre s'est aujourd'hui considérablement accru.

Elle s'est enfin étendue principalement autour de Boufarik et de Blida, dont les exploitations représentaient à la fin de 1849 une superficie de 13 à 1,400 hectares.

LOCALITÉS. Dans la description des localités, nous combinerons l'importance administrative avec la distribution géographique.

POPULATIONS. Le tableau suivant présente, pour l'ensemble de la Métidja, les principaux éléments de la statistique de la population :

| LOCALITÉS. | MAISONS. | MÉNAGES. | EUROPÉENS. | INDIGÈNES. | TOTAL. |
|---|---|---|---|---|---|
| Blida | 600 | 814 | 4,204 | 4,415 | 8,619 |
| Joinville | 26 | 26 | 100 | » | 100 |
| Montpensier | 82 | 97 | 156 | 17 | 173 |
| Dalmatie | 65 | 47 | 211 | 202 | 413 |
| Beni-Mored | 84 | 77 | 367 | 497 | 864 |
| Boufarik et Somma | 334 | 438 | 1,553 | » | 1,553 |
| Rovigo | » | 83 | 292 | » | 292 |
| L'Arba | 56 | 138 | 543 | » | 543 |
| Fondouk | 92 | 92 | 384 | 967 | 1,351 |
| Rassouta | 129 | 130 | 551 | 3 | 554 |
| Oued-el-Halleg | 32 | 36 | 101 | » | 101 |
| La Chiffa | 41 | 47 | 116 | » | 116 |
| Mouzaïaville | 116 | 122 | 360 | » | 360 |
| Afroun et Bou-Roumi | 88 | 119 | 392 | 6 | 398 |
| Ameur-el-Aïn | 55 | 40 | 104 | » | 104 |
| Bourkika | 48 | 6 | 34 | 3 | 37 |
| Marengo | 203 | 191 | 580 | 7 | 587 |
| Zurich | 65 | 65 | 175 | » | 175 |
| Aïn-Taya, Aïn-Boïdja, Matifou, Rouiba, Reghaïa, Boudouaou, Oued-Corso. | | | | | |
| 20 centres. | 1,906 | 2,497 | 10,303 | 6,121 | 16,068 |

## Blida.

Principale ville de la province après Alger, chef-lieu de la 1re division militaire et d'un arrondissement; située à la lisière de la Métidja, au pied septentrional de l'Atlas, dont les premiers gradins ne sont éloignés que de quelques centaines de mètres de ses murs, par 185 mèt. d'altitude absolue, à 100 mèt. au-dessus du Mazafran; 36° 50' de latitude N., et 0,50' de long. occid.; à 48 kil. S.-O. d'Alger, à 22 kil. S. de Koléa, à 32 kil. N. de Médéa, à 58 kil. E. de Miliana. Célèbre sous la domination turque, comme séjour de plaisirs, ce qui lui avait mérité le titre de *Voluptueuse*, et pis encore, Blida a toujours eu une importance considérable par le chiffre élevé de sa population, son commerce avec le beylik de Tittery, l'étendue et la richesse de ses jardins remplis d'orangers et de citronniers. Renversée en partie par le tremblement de terre de 1825, la ville était encore en ruines et à peu près dépeuplée, lorsque le 23 juillet 1830 le maréchal Bourmont y fit une première reconnaissance; il fut accueilli avec cordialité et y resta un jour. Mais en peu de mois les dispositions des esprits changèrent: le 19 novembre 1830, le maréchal Clauzel n'y pénétra qu'en combattant, ainsi que le 26, à son retour de l'expédition de Médéa; il n'y put tenir. Elle resta en dehors de notre action jusqu'au 3 mai 1838, jour où le maréchal Vallée se présenta sous ses murs et reçut la soumission de ses habitants. Mais, ne voulant pas pénétrer dans la ville, par ménagement pour la population, il s'établit dans les camps supérieur et inférieur, qui sont devenus les villages de Joinville et de Montpensier; l'armée française n'occupa la ville qu'à la reprise des hostilités avec Abd-el-Kader. Depuis lors, elle a grandi d'année en année, au point de tenir aujourd'hui le second rang dans la province. Sa prospérité ne fera que s'accroître, car elle repose sur des éléments solides. Comme fonction militaire, Blida est le point de départ et le centre d'approvisionnement de toutes les expéditions dans le sud; il surveille la plaine de la Métidja et les débouchés de l'Atlas; comme fonction civile, c'est l'entrepôt des tribus et des colons, dans un vaste rayon: le nœud des relations commerciales pour Médéa, Miliana, Alger, Boufarik, Cherchell même; il représente le centre d'un sablier dont une alvéole s'évase sur la Métidja et la côte, l'autre sur l'Atlas et le Sahara. A tous ces titres, Blida est prédestiné à devenir la capitale agricole, administrative et militaire de la province, mieux qu'Alger, à qui sa position maritime assigne un rôle principalement commercial. En attendant que se développe cette haute destinée, elle est, sans conteste, le centre de colonisation pour la Métidja. Son territoire, remarquable par la beauté du paysage, la richesse du sol, la salubrité de l'air, l'abondance des eaux, est comme perdu dans une forêt embaumée d'orangers, de citronniers, de mûriers, de figuiers, de jujubiers, d'arbres de toutes essence, dont la guerre a malheureusement réduit de beaucoup le nombre. Ses riches jardins et vergers sont arrosés par les eaux de l'Oued-Sidi-el-Kebir (par abréviation Oued-Kebir), dont les sources, situées en amont, à une lieue environ de la ville, sont protégées par les tombeaux de Mohammed-el-Kebir et de ses deux fils, but des pieux pèlerinages à travers des gorges que la nature et la culture embellissent. L'Oued-Kebir, qui fournit dans les plus fortes chaleurs 13,000 mèt. cubes d'eau par vingt-quatre heures, après avoir fait tourner les moulins au-dessus de Blida, alimente de nombreuses fontaines, avec leurs abreuvoirs et lavoirs. C'est la plus pure de toutes les eaux d'Afrique qui aient été examinées; elle pourrait servir à la fabrication du papier fin. Grâce à une abondante irrigation, les plantations de platanes et d'oranger qui décorent les places de la ville, font admirer la plus luxuriante végétation. Favorisés par des conditions privilégiées, les colons se sont adonnés aux cultures les plus riches : orangers, plantes odoriférantes, cotons, tabacs, vers à soie, primeurs : nulle part la production agricole n'est plus lucrative et plus variée; les orangeries de Blida se vendent 6 et 7,000 fr. l'hectare. La ville, partie mauresque, partie rebâtie à neuf par les Français, avec tout le luxe, mais avec l'incommodité de l'architecture européenne, est percée de plusieurs larges et belles rues qui débouchent sur cinq portes qui s'ouvrent sur des marchés : Bab-el-Sept, Bab-Alger, Bab-Zouïa, Bab-el-Rabah, Bab-el-

Kebour. Elle renferme toutes les institutions et les établissements d'une ville de second ordre : hôtels des administrations civiles et militaires, casernes, magasins et hôpital militaire, sur de très-larges proportions, églises, mosquées, télégraphe, hôtel de sous-préfecture nouvellement achevé, tribunal de 1re instance, justice de paix, fondouks et bazars indigènes, abattoirs, écoles, entrepôt civil des farines, bureau arabe, conseil de guerre, etc., tout, excepté un hôpital civil. Le dépôt d'étalons de Koléa a été transféré à Blida ; on y remarque le bel étalon *el Has*, don de l'empereur, et quatre baudets qui ont coûté 22,000 fr. On s'occupe de remplacer le théâtre qui a été incendié. Dans la plaine, à la limite des jardins, se voit l'enceinte élevée, mais non occupée, pour servir d'emplacement à Blida, après le tremblement de terre de 1825. De ses portes, partent des routes qui mettent la ville en communication directe avec Médéa, Miliana, Cherchell, le Fondouk, Boufarick et Alger. Des services de diligences sont organisés sur toutes ces routes, excepté sur celles de la Métidja occidentale. Le projet d'un chemin de fer de Blida à Alger est étudié, et n'attend qu'une décision officielle, pour imprimer un nouvel et puissant essor à l'activité des capitaux et des esprits. L'industrie a déjà provoqué d'utiles diversions. Blida était autrefois renommé par ses teintureries et ses tanneries, ses fabriques d'instruments aratoires, ses moulins, au nombre de quinze. A ces anciennes branches de richesse qui renaissent sous l'impulsion française, l'industrie moderne a joint des fours à gypse qui concourent à l'approvisionnement d'Alger. Les exploitations de mines de cuivre pyriteux, sur l'Oued-Merdja et de l'Oued-Kébir, dans le versant septentrional de l'Atlas, avec les minerais de Mouzaïa, fourniront au chemin de fer projeté un inépuisable aliment. Les brasseries, les messageries, les imprimeries typographiques et lithographiques, les fabriques d'essences constituent, avec les pépinières particulières, les autres industries les plus intéressantes de la cité. Une papeterie y est projetée. Le commerce y est représenté sous toutes ses formes, y compris un marché arabe le vendredi de chaque semaine. Plusieurs grands et beaux hôtels et cafés rappellent les villes de second ordre de France.

Sous le rapport de l'administration, Blida est le chef-lieu de la première division militaire et de la première subdivision, le siège du quartier-général. L'arrondissement, qui répond au territoire civil, comprend les communes suivantes : Blida (annexes : Joinville, Montpensier, Béni-Méred, Dalmatie), Boufarik (annexe Soumœ), la Chiffa, Mouzaïaville, Oued-el-Alleg, Koléa (annexes : Douaouda, Fouka, Zéradia, Castiglione et Téfeschoun), plus les districts de Médéa et de Miliana, enclavés en territoire militaire.

Statistique officielle (1851). — *Constructions* : 565 maisons valant 5,364,000 fr., 7 hangars, 64 écuries ou étables, 88 gourbis et silos, 18 puits et norias, d'une valeur totale de 74,420 fr. — *Bétail* : 74 chevaux, 43 mulets, 74 ânes, 93 bœufs, 40 vaches, 208 chèvres, 28 moutons, 80 porcs. — *Matériel agricole* : 48 charrues, 46 voitures, 46 tombereaux. — *Plantations* : 39,895 arbres. — *Récoltes* (1852) : sur 1,527 hectares cultivés, 10,332 hectolitres de blé tendre, 10,680 de blé dur, 14,388 d'orge, 288 de seigle, 140 d'avoine, 277 de maïs, 625 de fèves, d'une valeur totale de 425,493 fr. — *Orangeries* : 153 hect. 17 ares, contenant 19,140 anciens pieds en rapport et 2,647 nouveaux non encore en rapport. — Un meilleur système de conduite et de distribution des eaux de l'Oued-Kebir permettrait d'irriguer, et par conséquent, de cultiver une étendue double.

## Béni-Méred.

Village créé et constitué par arrêtés des 16 janvier et 15 décembre 1843, érigé en commune par arrêté du 29 octobre 1845, sur l'emplacement d'un camp fondé en 1838, comme avant-poste de la Métidja, à 41 kil. S.-O. d'Alger, à 7 kil. N.-E. de Blida, à 7 kil. S.-O. de Boufarik, entre ces deux localités, sur la route d'Alger à Blida. Territoire excellent, par 129,148 mèt. d'altitude, arrosé par un cours d'eau qui ne tarit pas, fertile et facile à cultiver, récemment doté d'un communal de 80 hectares. Les eaux d'irrigation peuvent y arriver en grande abondance. Climat sain, peu de maladies. Le village fut commencé en 1842 par le génie militaire, pour flanquer l'obstacle continu, sur le même plan, avec les mêmes éléments militaires de population, et avec aussi peu de succès que Fouka, malgré le patronage du maréchal Bugeaud, qui désirait en faire un type de colonisation militaire. Cédé à l'administration civile, il se compléta par la construction d'un village civil situé en face du village militaire, sur le côté opposé de la route. Une partie de sa population se composa du petit nombre de soldats, qui, à leur libération, consentirent à rester colons ; le reste, en majorité, fut recruté parmi les civils. La situation générale est bonne, les cultures donnent d'excellents produits, et s'étendent d'année en année, ainsi que les plantations ; les colons peuvent se suffire à eux-mêmes. L'industrie exploite, à Beni-Méred et à Ferouka, dans l'Atlas, des carrières d'ardoises. Au centre de la place du village, s'élève une fontaine monumentale surmontée d'un obélisque, versant l'eau par quatre mascarons en bronze et garnie de vasques, élevée à la gloire de 22 braves du 26ᵉ de ligne, commandés par le sergent Blandan, qui, en 1842, tombés dans une embuscade, se défendirent héroïquement contre 300 cavaliers arabes. Tous périrent, à l'exception du chirurgien, qui, laissé pour mort, a pu guérir de ses blessures.

Statistique officielle (1852). — *Récoltes :* sur 796 hectares cultivés en grains, 9,191 hectolitres de blé tendre, 1,298 de blé dur, 3,781 d'orge, 131 de seigle, 5,194 d'avoine, 9 de maïs, 9 de fèves, d'une valeur totale de 221,230 fr.

### Joinville.

Village créé par arrêté du 5 juillet 1843, à 48 kil. S. d'Alger, à 6 kil. N.-O. de Blida, dans l'enceinte de l'ancien *camp supérieur* de Blida qu'avait établi le maréchal Vallée en 1838, en dedans de l'obstacle continu, sur la rive gauche du ravin que la tradition désigne comme l'ancien lit de l'Oued-Kebir, sur un plateau qui domine la Métidja, et commande le confluent de la Chiffa et de l'Oued-Kebir. Son territoire, dont l'altitude varie par 192, 196, 200, 203 mèt., est d'une rare fertilité. Limité d'abord à 432 hectares, il a été agrandi par l'annexion de 261 hectares divisés en dix concessions aux dépens des terres de Sidi-Yklef.

Des eaux abondantes et salubres alimentent de belles fontaines avec abreuvoir et lavoir. Les fièvres, dues dans le principe aux miasmes de la plaine, ne sont plus qu'un souvenir. Le voisinage de Blida fait de Joinville en quelque sorte un faubourg de cette ville, et détermine le caractère de son industrie. Outre les cultures maraîchères, les colons se livrent à la plantation de vignes, de mûriers, d'arbres fruitiers et forestiers, et obtiennent dans tous les genres des produits remarquables. Aussi la situation générale, déjà bonne avant l'agrandissement du territoire, ne peut que s'améliorer par cette plus large dotation. Le roulage destiné à Médéa, en prenant le chemin de Joinville, au lieu de la route plus longue de Blida, fournira à cette localité un nouvel élément de prospérité.

Statistique officielle (1851). — *Constructions* : 40 maisons valant 280,000 fr., 6 hangars, 15 écuries ou étables, d'une valeur totale de 4,800 fr. — *Bétail* : 25 chevaux, 3 mulets, 10 ânes, 103 bœufs, 29 vaches, 95 chèvres, 212 porcs. — *Matériel agricole* : 24 charrues, 17 voitures, 5 tombereaux. — *Plantations* : 7,495 arbres. — *Concessions* : 398 hectares 50 ares. — *Défrichement* : 371 hectares. — *Récoltes* (1852) : sur 259 hectares cultivés en céréales, 3,018 hectolitres de blé tendre, 340 de blé dur, 3,404 d'orge, 110 de seigle, 828 d'avoine, 7 de maïs, 138 de fèves, d'une valeur totale de 60,186 fr.

## Montpensier.

Village créé par arrêté du 21 juin 1843, à 46 kil. S. d'Alger, à 2 kil. N. de Blida, dans l'enceinte du camp dit *inférieur*, non loin et à l'E. de l'enclos inhabité destiné à devenir, après le tremblement de terre de 1825, l'enceinte du nouveau Blida. Territoire d'excellente qualité, par des altitudes de 206, 212 mèt., dont l'étendue primitive, de 240 hect., a été ultérieurement agrandie. Des eaux abondantes en assurent la fertilité. Comme Joinville, Montpensier, situé dans la banlieue de Blida, est en quelque sorte un faubourg de cette ville, embellie comme elle par de belles plantations de platanes et d'ormes. Sa position est très-bonne sous tous les rapports, comme cultures, plantations et constructions, surtout comme débouché facile; les plantes industrielles prennent rang dans ses spéculations.

Cependant de toutes les créations de la banlieue de Blida, c'est de beaucoup la moins importante, ce qui tient principalement au défaut d'espace libre pour ses constructions, resserrées entre les limites de l'ancien camp, et pour ses cultures, dotées d'un territoire trop peu étendu. Il faut dire aussi que Montpensier a perdu au changement de direction de la route de Blida, qui ne passe plus dans ses murs.

Statistique officielle. — *Constructions :* 28 maisons valant 100,000 fr., 5 hangars, 43 écuries ou étables valant 4,060 fr. — *Bétail :* 14 chevaux, 10 mulets, 6 ânes, 48 bœufs, 58 vaches, 65 chèvres, 23 porcs. — *Matériel agricole :* 19 charrues, 18 voitures, 2 tombereaux. — *Plantations :* 7,804 arbres. — *Concessions :* 338 hectares 91 ares. — *Défrichement :* 300 hectares. — *Récoltes* (1851) : sur 269 hectares cultivés en grains, 2,088 hectolitres de blé tendre, 396 de blé dur, 2,400 d'orge, 120 de seigle, 943 d'avoine, 5 de maïs, 125 de fèves.

## Dalmatie.

Village créé par arrêté du 3 septembre 1844, au lieu dit Ouled-Yaïch, à 4 kil. N.-E. de Blida, à 44 kil. S. d'Alger, au pied de l'Atlas ; son territoire, de 213 mèt. d'altitude, est des plus fertiles, arrosé par des cours d'eau qui descendent de l'Atlas et ne tarissent jamais. Dalmatie est dans la Métidja le premier jalon de la colonisation de la lisière méridionale à l'est de Blida. Sa situation actuelle est satisfaisante, son avenir très-beau et très-prospère ; les défrichements sont presque achevés, les cultures bien entendues ; un moulin à farine constitue une première et importante création industrielle. — Les minerais de fer et de cuivre ont été constatés sur son territoire.

Statistique officielle (1851). — *Constructions :* 36 maisons valant 190,000 fr., 38 hangars, 15 écuries ou étables, d'une valeur totale de 10,600 fr. — *Bétail :* 24 chevaux, 15 mulets, 5 ânes, 60 bœufs, 30 vaches, 35 chèvres, 89 moutons, 19 porcs. — *Matériel agricole :* 40 charrues, 18 voitures, 4 tombereaux. — *Plantations :* 10,010 arbres. — *Concession :* 686 hectares. — *Défrichement :* 580 hectares. — *Récoltes* (1852) : recensées avec celles de Blida.

## Souma.

Village créé par arrêté du 20 septembre 1845, à 6 kil. N.-E. de Blida, à 41 kil. d'Alger, au pied de l'Atlas, sur le pourtour méridional de la Métidja, à cheval sur la route de ceinture, avec communication directe sur Boufarik. Territoire fertile, bien arrosé. Climat des plus salubres. Défrichement presque achevé. Les colons cultivent les céréales, qui trouvent à se faire moudre dans un moulin de la localité, et les cultures industrielles. L'industrie ne tardera pas à exploiter les minerais de fer et de cuivre qui ont été constatés dans les environs. La situation générale est satisfaisante, l'avenir assuré et aussi beau que celui de Dalmatie. — A l'exposition de Paris, en 1849, Souma obtint une médaille d'argent pour ses cultures de mûriers et éducations de vers à soie.

STATISTIQUE OFFICIELLE (1851). — *Constructions :* 54 maisons valant 248,000 fr., 19 hangars, 21 écuries ou étables valant 21,550 fr. — *Bétail :* 39 chevaux, 3 mulets, 4 ânes, 136 bœufs, 22 vaches, 12 chèvres, 26 porcs. — *Matériel agricole :* 40 charrues, 28 voitures, 6 tombereaux. — *Plantations :* 3,500 arbres. — *Concessions :* 790 hectares 40 ares. — *Défrichement :* 700 hectares. — *Récoltes* (1852) : sur 314 hectares cultivés en céréales, 3,458 hectolitres de blé tendre, 384 de blé dur, 1,870 d'orge, 170 de seigle, 2,116 d'avoine, 18 de maïs, 125 de fèves.

## Boufarik.

Petite ville, à 34 kil. S.-O. d'Alger, à 14 kil. N. de Blida, au centre de la Métidja, sur le point de partage des bassins de l'Arrach et du Mazafran, à égale distance de Koléa et de Blida. Traversé par l'armée française en 1832, le pays de Boufarik fut le premier poste de la plaine. Le marché indigène du lundi détermina, en 1835, la création du camp d'Erlon, tracé sur les plans du capitaine Grand, dont un modeste monument, élevé à l'intérieur, rappelle la mémoire. En 1836, quelques maisons groupées autour du camp formaient le noyau de Boufarik. Un arrêté du maréchal Clauzel, à la date du 27 septembre 1836, le dota de concessions domaniales aux dépens des Haouch-Chaouch (fermes) et Bouya-Gueb. Le 17 février 1840, le nouveau poste fut érigé en chef-lieu de district, administré par un commissaire civil, et doté d'une justice de paix le 18 mai 1841. Le territoire, qui s'étend par 43, 47, 49, 50, 54, 60, 65, 69, 75 mèt. d'altitude, limité d'abord à 729 hectares, fut accru de 716 hectares par arrêté du 31 janvier 1844, dont 700 environ furent répartis entre 114 colons de Boufarik, qui n'avaient reçu que des lots inférieurs à 2 hectares, ce qui porta leurs concessions au chiffre uniforme, bien restreint encore, de 6 hectares. En outre, 126 hectares du marais fertile de Chaïben, composés de terres de première qualité, furent divisés en lots de 2 et 3 hectares, et répartis par le sort entre 35 colons possesseurs de lots inférieurs à 6 hectares. Enfin les terres restées disponibles sur Sidi-Abbed permirent de faire une nouvelle distribution. Le territoire, très-fertile, est complétement assaini, quoique humide. Les eaux, d'une rare abondance, irriguent tout le territoire; en 1836 on essaya d'en accroître le volume par un forage de puits artésien qui n'eut pas de résultat. Boufarik fournit un exemple remarquable, souvent cité et avec juste raison, de la puissance de l'homme sur les climats. Pendant quelques années, il avait une vraie renommée de cimetière : soldats et colons y périssaient presque tous, tous étaient dévorés par les fièvres ; la mortalité atteignait le chiffre effrayant de 20 p. 100 par an. Depuis plusieurs années déjà, Boufarik est renommé par sa salubrité exceptionnelle, la mortalité dépasse à peine le chiffre de 2 p. 100, comme dans les localités les plus salubres d'Europe. A quoi tient cette merveilleuse transformation, accomplie sous nos yeux en quelques années? Aux canaux de desséchement créés par l'Etat, aux plantations considérables, à la culture, à l'occupation permanente et régulière du sol par une population bien logée. Aujourd'hui Boufarik, déjà si favorisé par le terrain, ne manque plus d'aucune condition de prospérité. Ses habitants, si cruellement éprouvés par la guerre, non moins que par la maladie, recueillent, dans une aisance générale, le fruit de leur courage et de leurs travaux. Ils mènent de front toutes les cultures : céréales, tabacs, mûriers, cotons, arbres fruitiers et forestiers, prairies; de magnifiques avenues d'arbres bordent toutes les routes et encadrent Boufarik d'une fraîche et verdoyante ceinture de la plus splendide végétation : aussi, nulle part l'élan pour la culture n'est plus énergique. D'heureuses conditions commerciales complètent les avantages agricoles. Placé sur la route d'Alger à Blida que suivent tous les jours plusieurs diligences et un nombreux roulage, Boufarik est un lieu de transit, en même temps que son marché indigène des lundis, d'année en année plus prospère, amène dans son enceinte toutes les tribus des environs et les bouchers d'Alger qui viennent y faire leurs approvisionnements. Sa position centrale en fait le rendez-vous des faucheurs de la plaine, et en sera l'entrepôt de tous les villages qui ne tarderont pas à s'établir dans le centre de la Métidja. Des routes lui ouvrent dans tous les sens des communications faciles : vers Blida et Alger en première ligne, vers l'est de la plaine par Souk-Ali, vers l'ouest par Oued-el-Halleg, double tronçon de la route diamétrale qui, commençant à l'Arba, se prolongera jusqu'à la Chiffa, sur un trajet de 38 kil. Une autre route relie Boufarik à Souma, et au pied de l'Atlas. Dans d'aussi heureuses conditions, l'industrie n'a pas tardé à suivre l'essor de la culture : il faut citer particulièrement les services de transport, un très-beau moulin à plusieurs tournants. Dans le village on visite une assez jolie église et un beau caravansérail dont les Arabes se dispensent d'user, parce qu'il leur en coûterait 5 centimes.

Un décret présidentiel du 21 novembre 1851 ayant supprimé le commissariat civil, une commission municipale fut installée, le 13 janvier 1852, sous la présidence de M. Borelly de la Sapie.

L'orphelinat de Boufarik est dirigé par le père Brumauld, et installé dans les bâtiments de l'ancien camp d'Erlon qui lui ont été cédés par décret du 16 août 1851, avec la pépinière créée par l'Etat.

ANNEXES. La section de Souma est une annexe de Boufarik. Le beau domaine de Souk-Ali, ancien haras des beys d'Alger, concédé à M. Borelly de la Sapie par ordonnance du 29 juillet 1844 fait partie de la commune même de Boufarik.

Le voyageur ne quittera pas cette intéressante localité sans visiter les deux tableaux peints par Horace Vernet, un des plus anciens colons de la Métidja, pour servir d'enseigne à l'hôtel Girard : les sujets représentent deux épisodes de la prise de Laghouat.

Statistique officielle (1851). — *Constructions :* 315 maisons valant 1,260,000 fr., 130 hangars, 132 écuries ou étables, 116 puits ou norias, d'une valeur totale de 102,856 fr. — *Bétail :* 92 chevaux, 18 mulets, 5 ânes, 800 bœufs, 152 vaches, 39 chèvres, 730 moutons, 115 porcs. — *Matériel agricole :* 139 charrues, 92 voitures, 15 tombereaux. — *Concessions :* 1,546 hectares. — *Défrichement :* 1,410 hectares. — *Plantations :* 260,000 arbres. — *Récoltes* (1852) : sur 717 hectares cultivés en grains, 6,346 hectolitres de blé tendre, 4,200 de blé dur, 4,551 d'orge, 6,030 d'avoine, 197 de maïs, 1,682 de fèves, d'une valeur totale de 218,862 fr. — Dans les fermes isolées dépendantes de la commune : sur 1,751 hectares, 6,707 hectolitres de blé tendre, 13,540 de blé dur, 14,790 d'orge, 420 de seigle, 3,694 d'avoine, 195 de maïs, 1,050 de fèves. — Pour les *cultures industrielles*, Boufarik marche en tête de toute l'Algérie ; en 1853, on y compte 600 hectares en tabac seulement.

Annexe. Souma.

### Revigo.

Village entre Souma et l'Arba, créé par ordonnance du 21 août 1846, mais, par suite des difficultés d'expropriation des indigènes, commencé seulement en 1849 et installé en 1851 ; à 30 kil. S.-E. d'Alger, au voisinage de l'ancien camp de l'Arrach, près de l'endroit où cette rivière débouche dans la plaine, sur le trajet de la route du pied de l'Atlas. Territoire de 820 hectares, d'une fertilité qui rivalisera avec celle de Boufarik, lorsque les projets d'irrigation auront été exécutés. Climat salubre, sauf quelques fièvres dues aux défrichements. En moins d'un an cinquante maisons ont été construites, et ce centre a pris un bel aspect. Cultures céréales et industrielles en plein essor. Un moulin à farine y moud les grains des habitans. Des forêts d'oliviers séculaires invitent aux travaux de greffe de ces arbres, et à l'installation de moulins à huile. Une vaste exploitation de plâtre fournit au prix modéré de 2 fr. 50 c. les 100 kilog., la plus grande partie du plâtre employé à

Alger pour lequel cette ville était tributaire de l'Espagne et de la butte Montmartre, près Paris. Ce plâtre est blanc, très beau et bien meilleur que celui qu'on lui a préféré pendant vingt ans. C'est un aliment de transport par des convois de sacs dont le placement est assuré. Les eaux minérales, connues sous le nom de Marabout-Sidi-Soliman-Hammam-Mebl-Oued, analogues à celles de Balaruc et de Lucques, sont une richesse naturelle encore peu utilisée. Leur température est de 40° centigrades, elles sont diurétiques et purgatives, d'une efficacité constatée dans les maladies de la peau, dans le soulagement des gouttes.

STATISTIQUE OFFICIELLE. — Le récent établissement du village n'a pas permis d'en dresser la statistique.

### L'Arba.

Village fondé en 1849, à 28 kilom. dans la Mélidja orientale, à la rencontre de la route d'Alger à Aumale avec celle du pied de l'Atlas qui joint Blida au Fondouk. Son territoire, d'une étendue de 14,597 hectares 50 ares, et susceptible d'agrandissement par échange avec les indigènes, est très-fertile, abondamment irrigué par les eaux de l'Oued-Djemmaâ, qui descendent de l'Atlas. Des travaux d'assainissement feront facilement disparaître les fièvres qui, en 1851 et 1852, ont encore altéré la santé des colons. Les colons de l'Arba se signalent par leurs aptitudes agricoles et leurs travaux, et se livrent aux espérances d'avenir les mieux fondées. De belles plantations publiques et particulières, parmi lesquelles on distingue de belles orangeries, embellissent le village et ses alentours. De nombreuses fermes, disséminées dans la campagne autour de l'Arba, comprenaient, à la fin de 1851, 1,039 hectares. Ce centre tire son nom (*le quatrième*) d'un marché indigène qui s'y tient tous les mercredis, sur le beau et riche quartier des Beni-Moussa, aliment lucratif pour l'activité locale. Un service régulier de voitures facilite les communications avec Alger. Au débouché de l'Oued-Djemmaâ dans la plaine, sur le territoire de l'Arba, il y a des argiles pyriteuses qui pourraient être utilisées pour la fabrication du sulfate de fer et de l'acide sulfurique fumant. On y constate aussi du minérai de fer. — L'Arba a été dirigé en commune par arrêté présidentiel du 21 août 1851, et dépend de l'arrondissement d'Alger.

Statistique officielle (1851). — *Constructions* : 54 maisons valant 185,000 fr., 29 hangars, 34 écuries ou étables, 32 greniers et silos, 5 puits ou norias, d'une valeur totale de 26,300 fr. — *Bétail* : 12 chevaux, 10 mulets, 2 ânes, 78 bœufs, 15 vaches, 40 chèvres, 31 porcs. — *Matériel agricole* : 25 charrues, 19 voitures, 20 tombereaux. — *Plantations* : 9,100 arbres. — *Concessions* : 368 hectares 88 ares. — *Défrichement* : 204 hectares. — *Récoltes* (1852) : sur 603 hectares 60 ares cultivés, 1,894 hectolitres de blé tendre, 859 de blé dur, 1,544 d'orge, 710 d'avoine, 283 de maïs, 310 de fèves, d'une valeur totale de 60,806 fr.

## Le Fondouk.

Village à 30 kil. E. d'Alger, à l'extrémité orientale de la Métidja, au pied du versant N. de l'Atlas, près de la rive gauche du Khamis. Cette position à l'un des débouchés les plus importants des montagnes de l'Atlas dans la plaine, sur le trajet de la route qui, par Hamza, conduit à Sétif et à Constantine, l'existence d'un marché indigène, tenu tous les jeudis sous une halle couverte, avaient déterminé dans les premières années de l'occupation la création d'un camp français, réunissant de vastes et beaux établissements militaires, autour duquel fut groupé un premier noyau de colons. Le territoire, appartenant au terrain tertiaire, fertile et bien arrosé, comprend 15,061 hectares 84 ares, et peut recevoir un accroissement de 500 hectares. Un barrage sur le Khamis permettrait l'irrigation de la partie orientale du territoire. Le village possède une large et belle fontaine qui alimente un abreuvoir et un lavoir public; son débit, même par les plus fortes chaleurs, n'est pas de moins de 15,000 litres par vingt-quatre heures; l'eau qu'elle fournit, soumise à l'analyse, a été reconnue l'une des plus salubres et des plus agréables au goût. Des puits creusés dans le village et dans les jardins ont ajouté à l'approvisionnement. Cependant il faut recourir dans les grandes sécheresses à l'eau filtrée du Khamis. Le climat du Fondouk, bien que très-salubre en lui-même, a longtemps été un des plus mal famés de la Métidja; aujourd'hui que les travaux de défrichement et d'installation sont finis, que l'on a demandé à un puits une eau plus pure que celle des canaux à l'air libre, que certains marais ont été desséchés, la santé générale est excellente. Le même progrès s'observe pour la population, venue sans ressources et d'abord très-misérable, aujourd'hui se relevant victorieuse de longues et rudes épreuves. A côté des céréales, les tabacs, les mûriers jouent un rôle important. Les cultures libres dans les fermes isolées comprenaient, à la fin de 1851, 278 hectares. Toutefois l'isolement du Foudouk entrave son développement; les colons n'ont de débouché facile que sur Alger, avec lequel ils communiquent par une route et un service régulier de voitures. La continuation prochaine du peuplement du pourtour de la plaine vers Blida et vers le Boudouaou par Kara-Mustapha, l'exécution des routes d'Alger vers la province de l'est doubleront la vitalité de ce village. La contrée tout entière, peu accessible aujourd'hui à la colonisation européenne, rivalisera d'élan avec les parties plus centrales de la Métidja. On cite, à 3 kil. S. de Fondouk, le long du Khamis, des bancs de grès du terrain secondaire propre à faire des meules à aiguiser, et des veines de lignite dans le plateau tertiaire du Fondouk; à 6 kil. au sud, des argiles pyriteuses, colorées en noir par du charbon, qu'on a prises pour du combustible minéral. Cette argile étant très-riche en pyrite de fer, est susceptible de servir à la fabrication du sulfate de fer et de l'acide sulfurique fumant. On a aussi constaté auprès du Fondouk des gîtes de galène.

Érigé en commune par arrêté présidentiel du 28 août 1851, le Fondouk dépend de l'arrondissement d'Alger.

STATISTIQUE OFFICIELLE (1851). — *Constructions* : 78 maisons valant 204,000 fr., 67 écuries et étables, 12 puits et norias, d'une valeur totale de 2,900 fr. — *Bétail* : 14 chevaux, 3 mulets, 1 âne, 81 bœufs, 23 vaches, 6 chèvres, 800 moutons, 37 porcs. — *Matériel agricole* : 52 charrues, 47 voitures, 6 tombereaux. — *Plantations* : 6,835 arbres. — *Concessions* : 951 hectares 94 ares. — *Défrichement* : 403 hectares. — *Récoltes* (1852) : sur 441 hectares cultivés en grains, 1,685 hectolitres de blé tendre, 846 de blé dur, 1,012 d'orge, 16 de seigle, 307 d'avoine, 394 de maïs, 46 de fèves, d'une valeur totale de 58,485 fr.

## La Rassauta.

Belle propriété, sur un coteau de la Métidja, à 18 kil. d'Alger, composée primitivement de deux habitations où les Turcs logeaient des troupes à pied et à cheval, et qui leur servaient de haras. Territoire très-fertile, d'une étendue de 11,069 hectares 58 ares par 17, 19, 25 mètres d'altitude. A l'est, le Khamis coule en replis sinueux avant de se jeter dans la mer. Des canaux de desséchement creusés dans l'angle compris entre la Rassauta, la mer et l'embouchure de la rivière, ont assaini le pays. En 1836, le prince de Mir, général polonais réfugié, avait obtenu la concession de ce vaste domaine pour y faire des essais de grande culture : faute de capitaux, faute d'assainissement, faute d'expérience, l'entreprise, qui avait montré la possibilité de rallier les Européens et les indigènes dans les mêmes travaux, échoua et la déchéance du concessionnaire fut prononcée. Par ordonnance du 22 décembre 1846, un centre de population indigène, destiné à recevoir la tribu des Aribs, dont il prenait le nom, a été établi avec 1,600 hectares sur ce territoire. En 1837, MM. Suchet et compagnie et les Aribs y cultivaient 592 hectares. Un décret présidentiel du 22 août 1851 a érigé le territoire en commune, comprenant, outre les terres de la Rassauta, la Maison-Carrée et le Fort-de-l'Eau. Des travaux considérables de constructions et de cultures ont été exécutés par les colons, à qui la route d'Alger, qui se bifurque sur leur territoire pour se continuer à gauche vers Dellis, à droite sur le Fondouk, offre de faciles débouchés.

STATISTIQUE OFFICIELLE (1851). — *Constructions* : 28 maisons valant 93,000 fr., 11 hangars, 20 écuries ou étables, 8 greniers ou silos, 20 puits valant 28,150 fr. — *Bétail* : 38 chevaux, 18 mulets, 2 ânes, 213 bœufs, 107 vaches, 10 chèvres, 41 moutons, 97 porcs. — *Matériel agricole* : 36 charrues, 27 voitures, 8 tombereaux. — *Plantations* : 7,665 arbres. — *Concessions* : 1,383 hectares. — *Défrichement* : 208 hectares. — *Récoltes* (1852) : sur 831 hectares cultivés en grains, 8,080 hectolitres de blé tendre, 900 de blé dur, 2,406 d'orge, 17 de seigle, 2,520 d'avoine, 252 de maïs, d'une valeur totale de 175,138 fr.

## Maison-Carrée.

Sur la rive droite de l'Arrach, à 12 kil. E. d'Alger : sous les Turcs, espèce de caserne d'où l'agha tombait à l'improviste sur les tribus pour les châtier ou les forcer à payer l'impôt; dans les premiers temps de l'occupation française, poste militaire qui défendait le passage l'Arrach, et par sa position élevée surveillait toute la plaine. Autour de ce camp un hameau s'est formé spontanément, la campagne s'est peuplée de maisons et de fermes. Un décret présidentiel du 22 août 1851 a fait de son territoire une annexe de la commune de la Rassauta. Au bas de la Maison-Carrée et au centre de nombreuses habitations, un pont de 40 mèt. de long sur 4 de large franchit l'Arrach, à 8 mèt. d'altitude. Construit en 1697 par le dey-Hadj-Hamet, il fut réparé par Ibrahim en 1737 et a été conservé par les Français. Le territoire de la Maison-Carrée, par 18, 26, 35, 40 mèt. d'altitude, est des plus fertiles. Le climat de la Maison-Carrée, après avoir été des plus malsains, au point que la garnison française ne l'occupait que quatre mois de l'année, est aujourd'hui parfaitement salubre, grâce aux desséchements exécutés. Le camp militaire a été occupé en 1852 par 526 transportés politiques. C'est à l'est de la Maison-Carrée que débouchait l'obstacle continu, commencé en 1841, qui, se dirigeant vers Blida, devait aboutir à l'ouest de Koléa, monument de timidité heureusement abandonné depuis longtemps.

Près du gué de Constantine, M. Rifard a élevé en 1853 une belle fabrique de papier. Cette création, la première de ce genre en Algérie, présente tous les avantages que l'on recherche dans un grand établissement de ce genre. Ainsi les matières premières entrent d'un côté du bâtiment de face, et, après avoir successivement subi toutes les préparations de triage de chiffon, de blanchiment, de trituration, se rendent à la machine, puis au triage du papier, et elles sortent de l'autre côté transformées en rame. La machine est de la plus grande dimension connue en France, et aussi parfaite que le comporte l'état actuel de cette industrie. Elle peut produire 1,000 à 1,200 kilog. par jour très-régulièrement. Les piles de cylindre sont en fonte, au nombre de sept : on peut au besoin y en ajouter d'autres. Il y aura machine à couper les chiffons, cylindres à satiner, et enfin tout ce que comporte une fabrique de premier ordre. Les constructions ont coûté 500,000 fr., et les machines seules représentent une dépense de plus de 100,000 fr.

STATISTIQUE OFFICIELLE. — Confondue avec celle de la Hassauta.

### Aïn-Taya, Aïn-Beidia, Matifou.

Villages créés par décret impérial du 30 septembre 1853, dans l'arrondissement d'Alger, dans l'est de la Métidja, entre le Khamis et le Boudouaou, au voisinage de la route de Dellis à Alger.

Aïn-Taya est établi sur les rives de la baie orientale du cap Matifou ; son territoire est fixé à 1,026 hectares 42 ares 40 centiares, et la population à 78 familles, y compris, pour le territoire et la population, deux hameaux annexés, l'un de dix feux à Aïn-Beidia, l'autre de huit feux à Chrob, qui prendra le nom de Matifou.

### Aïn-Rouiba.

Centre établi par un autre décret impérial du 30 septembre, sur la route d'Alger à Dellis, à l'embranchement de cette route avec le chemin d'Aïn-Taya. Son territoire sera de 385 hectares 85 ares 90 centiares : sa population de 22 familles.

De nombreuses ruines, que la science reconnaît pour celles de *Rusgoniæ*, témoignent d'une antique prospérité autour du cap Matifou, dont la colonisation française avait jusqu'alors respecté les broussailles : les nouveaux colons trouveront, pour ainsi dire, à pied d'œuvre les matériaux nécessaires à leurs habitations. Pour faire revivre la civilisation dans ces parages, il suffira d'aider l'action des colons par l'entretien de la route d'Alger à Dellis.

### La Reghaïa.

Beau domaine de 1,726 hectares sur le bord de la Méditerranée, à l'est et à environ 30 kil. d'Alger, traversé par la nouvelle route de Dellis et baigné par l'Oed-Reghaïa qui le partage et devient navigable vers son embouchure. Cette rivière, qui ne tarit jamais, prend sa source sur la propriété dans la partie supérieure; il y a des chutes suffisantes pour faire marcher des usines; sa partie inférieure a assez de profondeur pour que des bateaux de 15 à 20 tonneaux puissent remonter le cours jusqu'à la maison d'habitation, qui en est distante de 6 kil. environ. Il y a des sources en abondance, propres à l'irrigation. Le sol est couvert de bois de haute futaie, notamment de forêts de chênes-lièges et d'oliviers sauvages. Des terres à poterie, des carrières de pierres calcaires appellent l'industrie. Des jardins potagers, des vergers, une orangerie, une pépinière, des cultures sont une première amorce à la colonisation.

### Le Boudouaou.

Centre de population en voie d'installation, dans le bassin de la rivière de ce nom, qui reliera la colonisation de la Métidja à celle de la côte de Kabilie, abordée déjà par la ferme de l'Oued-Corso.

### Oued-Corso.

Ferme d'environ 900 hectares d'étendue, dans la vallée de l'Oued-Corso, où se termine la Métidja, où commence la Kabilie, à 45 kil. d'Alger, sur la route stratégique ouverte par le génie, depuis la maison Blanche (Metidja) jusqu'à Dellis; elle appartient à MM. Ponson, Billon, Philippe et Vibert de Lyon. Commencée en 1851, elle a déjà reçu des développements considérables en constructions, plantations, défrichements, cultures céréales et industrielles. La tuilerie, annexée à la Ferme, a fourni des quantités considérables de briques et de tuiles au poste militaire nouvellement établi à Dra-el-Mizan dans la Kabilie; un moulin à huile et un moulin à blé ont été également installés. Cette exploitation est un poste avancé de travailleurs européens sur la route de la Kabilie : le personnel industriel et agricole y est d'environ 90 travailleurs, tous nourris, logés et blanchis dans l'établissement.

Nous revenons à Blida pour reprendre la Métidja par sa partie occidentale. Au cœur de la plaine nous rencontrons d'abord le village de l'Oued-el-Halleg.

### Oued-el-Halleg.

Village de 40 feux, fondé par arrêté du 18 décembre 1851, à 48 kil. S.-O. d'Alger, à 10 kil. N.-O. de Blida au point de rencontre des routes de Boufarik à Miliana et de Blida à la mer, sur l'emplacement d'un camp occupé dès 1846. Terres d'excellente qualité et défrichées, sur lesquelles a été réservé un communal de 140 hectares. Des sources abondantes arrosent la moitié la moins élevée du territoire, et maintiennent constamment fraîches des prairies où l'administration militaire entretenait autrefois un troupeau de bœufs. Un aqueduc de 925 mèt. amène les eaux au centre des cultures. La pente de la plaine depuis Blida jusqu'à l'Oued-el-Halleg est de 0 m. 023 par mètre, ce qui correspond à un angle de 1° 38'. Avec une pente aussi rapide, les marais ne peuvent prendre naissance, ou du moins ceux qui proviennent d'une dépression particulière du sol peuvent être facilement desséchés. L'installation des colons a eu lieu le 4 novembre 1851 par le tirage au sort des lots entre les prétendants. Le plan du village a été adopté le 14 mai 1852. En 1852, il y a eu première récolte. Pour procurer la prospérité des habitants, aux ressources agricoles se joindront les bénéfices du commerce de transit qu'y déposera le roulage d'Alger se rendant à Miliana et dans le sud-ouest de la province : au lieu d'aller faire à Blida un long détour, il fera étape à Oued-el-Halleg. Comme perspectives d'avenir on peut encore signaler l'allotissement, déjà commencé, des immenses prairies du Farguen, la création sur les bords de la Chiffa d'un hameau destiné à relier Oued-el-Halleg à Mouzaïaville, l'installation commencée le 12 novembre 1851 des colons sur la route de Sidi-Yklef, enfin, et surtout l'exécution des routes projetées dans l'ouest de la Métidja. Les eaux de la Chiffa, qui pendant 8 mois de l'année inondent une partie des terres, compromettent, il est vrai, ces espérances, mais la brèche faite aux digues de cette rivière, par où elle se répand dans la plaine, ne peut tarder à être fermée.

STATISTIQUE OFFICIELLE. — *Récoltes en grains* (1852) : sur 118 hectares cultivés en céréales, 152 hectolitres de blé tendre, 7,415 de blé dur, 1,044 d'orge, 215 d'avoine, 40 de maïs, d'une valeur totale de 106,607 fr.

## La Chiffa.

Village fondé par arrêté du 22 décembre 1846 à 56 kil. S.-O. d'Alger, 8 kil. S.-O. de Blida, sur la rivière de ce nom, à son entrée dans la plaine ; première station après Blida sur la route de Médéa et de Miliana qui sont communes jusque-là, et se bifurquent, la première pour remonter en courbes sinueuses et hardies dans les gorges escarpées de la Chiffa, l'autre pour se prolonger jusqu'à Mouzaïaville, avant de s'enfoncer dans les ravins de l'Ouedjer. Territoire de bonne qualité ; un supplément de terres mis par l'autorité militaire à la disposition des colons a permis de compléter les concessions inférieures à 10 hectares. La rivière de la Chiffa fournit l'eau nécessaire, que les indigènes avaient amenée jusqu'à ce point par des rigoles rectifiées et prolongées par l'administration : elle est très-bonne pour tous les usages domestiques. Désolé au début par les fièvres, le pays est aujourd'hui salubre. Les défrichements sont fort avancés ; les cultures et plantations en bon état ; la situation générale est satisfaisante : les colons peuvent se passer de l'administration. Ce centre est complètement installé et capable de se suffire à lui-même.

STATISTIQUE OFFICIELLE (1851). — *Constructions* : 50 maisons d'une valeur de 50,400 fr., 23 hangars, 5 écuries ou étables d'une valeur totale de 3,060 fr. — *Bétail* : 21 chevaux, 16 mulets, 1 âne, 56 bœufs, 15 vaches, 15 chèvres, 8 moutons, 64 porcs. — *Matériel agricole* : 38 chevaux, 22 voitures, 3 tombereaux. — *Plantations* : 5,600 arbres. — *Concessions* : 595 hectares 30 ares. — *Défrichement* : 356 hectares. — *Récoltes en grains* (1852) : sur 338 hectares cultivés en céréales, 2,041 hectolitres de blé tendre, 680 de blé dur, 2,450 d'orge, 224 de seigle, 627 d'avoine, 9 de maïs, 80 de fèves, d'une valeur totale de 62,629 fr.

## Mouzaïa-ville.

Village créé par arrêté du 22 décembre 1846 à 60 kil. S.-O. d'Alger, à 12 kil. O. de Blida, sur la lisière méridionale de la Métidja et sur la route de Blida à Cherchell, à 6 kil. de la rive gauche de la Chiffa, au pied du versant septentrional de l'Atlas. Territoire fertile de 1,658 hectares, baigné par deux ruisseaux voisins amenés au point culminant du territoire de Mouzaïa, par des aqueducs maçonnés de 8,993 mèt. de développement, qui les reçoivent de deux barrages élevés en amont. Le climat est excellent, la salubrité parfaite. Un puits de 16 mèt., creusé dans les graviers de l'Atlas, n'a pas d'abord donné de l'eau ; mais au bout de quelque temps l'eau a afflué dans ce puits, et s'y est élevée à la hauteur de 8 mèt. Les défrichements, cultures, plantations se poursuivent avec ardeur : la situation générale est bonne, et les encouragements donnés portent d'heureux fruits. L'industrie tire parti pour les besoins de Médéa et de Blida d'un gisement de plâtre qui est enclavé dans le terrain secondaire, sur la rive droite de la Chiffa, en face du débouché de l'Oued-Mouzaïa.

STATISTIQUE OFFICIELLE (1851). — *Constructions* : 153 maisons valant 156,560 fr., 42 hangars, 83 écuries et étables, 43 puits ou norias, d'une valeur totale de 25,465 fr. — *Bétail* : 35 chevaux, 22 mulets, 7 ânes, 98 bœufs, 26 vaches, 26 chèvres, 151 porcs. — *Matériel agricole* : 108 charrues, 54 voitures, 2 tombereaux. — *Plantations* : 5,500 arbres. — *Concessions* : 1,276 hectares 22 ares. — *Défrichement* : 509 hectares — *Récoltes en grains* (1852) : sur 497 hectares cultivés en céréales, 3,000 hectolitres de blé tendre, 289 de blé dur, 1,105 d'orge, 261 de seigle, 1,225 d'avoine, 18 de maïs, 315 de fèves, d'une valeur totale de 71,795 fr.

## Bou-Roumi.

Colonie agricole de 1848; à 64 kil. S.-O. d'Alger, à 17 kil. O de Blida, à portée de la route de cette ville à Cherchell. Territoire fertile, qui se prête à toutes les cultures. Le sol est couvert d'oliviers sauvages à greffer. Le village, à cheval sur la route de Blida à Cherchell, se relie à Mouzaïaville d'une part, à El-Afroun de l'autre.

STATISTIQUE OFFICIELLE (1851). — *Constructions* : 15 maisons bâties par l'État; constructions des colons : 25 hangars, 8 écuries, 18 gourbis, 1 puits. — *Bétail distribué* : 41 bœufs, 40 chèvres, 28 truies, 1 verrat. — *Matériel agricole* : 27 charrues, 11 herses, 20 bêches, 16 pelles, 20 pioches, 7 voitures bouvières, 40 objets divers. — *Plantations* : 970 arbres. — *Concessions* : 134 hectares; défrichés, 100 hectares. — *La récolte de* 1852 a été recensée avec celle de El-Afroun.

### El-Afroun.

Colonie agricole de 1848, à l'extrémité occidentale de la plaine de la Métidja, au pied d'un mamelon dioritique, sur lequel est bâti le télégraphe de l'Afroun, à 66 kil. S.-O. d'Alger, à 19 kil. O. de Blida, 22 kil. S.-O. de Castiglione, sur le Sahel opposé. Sur la route de Blida à Cherchell, au centre des collines découvertes que traverse le chemin de terre d'Alger à Oran, à 4 lieues de la Chiffa, on quitte la plaine pour entrer dans les montagnes de Soumata. Non loin de là, la route de Miliana s'enfonce dans les gorges abruptes, profondes, boisées de l'Ouedjer, habitées par des Kabiles. Le sol, des plus fertiles, se prête à toutes les cultures. Un barrage, établi dans le Bou-Roumi en 1850, a permis d'amener dans les deux villages d'Afroun et de Bou-Roumi, et dans les champs voisins, au moyen d'aqueducs maçonnés de 5,315 mèt. de développement, une quantité d'eau évaluée à 30 litres d'eau par seconde en été. Malgré quelques fièvres passagères, dues aux défrichements, le climat est des plus salubres. La situation générale est satisfaisante; l'aisance y est subordonnée à l'augmentation par les défrichements des terres labourables indispensables à l'existence des familles. On remarque de belles plantations de mûriers. L'industrie trouvera sans doute à utiliser, comme meules de moulin à farine, les blocs de nature plutonique, de pierre très-dure et de grain très-fin, qui s'observent dans le mamelon dioritique de El-Afroun. Au col du Djebel-Afroun, où se voit le télégraphe, se trouvent des marnes schisteuses rouges, jaunes et grises, qui renferment des couches de gypse blanc, que l'on pourra utiliser pour les villages voisins.

STATISTIQUE OFFICIELLE (1851). — *Constructions* : 61 maisons bâties par l'Etat; constructions des colons : 98 hangars, 25 écuries, 33 étables, 73 gourbis, 9 puits. — *Bétail distribué* : 110 bœufs, 30 chèvres, 71 truies, 1 verrat. — *Matériel agricole distribué* : 90 charrues, 60 herses, 100 bêches, 100 pelles, 100 pioches, 53 voitures bouvières, 100 objets divers. — *Plantations* : 3,520 arbres. — *Concessions* : 603 hectares. — *Défrichement* : 264 hectares.

ANNEXES. El-Afroun a pour annexes : Bou-Roumi et Ameur-el-Aïn.

## Ameur-el-Aïn.

Colonie agricole de 1849, à 72 kil. S.-O. d'Alger, à 24 kil. O. de Blida, sur la route de Blida à Cherchell.

Sa *statistique* est confondue avec celle de El-Afroun. La population européenne était, en 1851, de 144 habitants.

## Bourkika.

Colonie agricole de 1849, à 80 kil. S.-O. d'Alger, 32 kil. O. de Blida, 6 kil. E. de Marengo, sur la route de Blida à Cherchell. Comptait en 1852, 21 maisons doubles, 11 simples, une église. Habitée dans le principe par 15 familles allemandes, elle l'a été depuis par les transportés politiques de décembre 1851. Grâce à leurs travaux, le territoire de Bourkika est en grande partie défriché. L'allotissement donne à chaque lot de 8 à 12 hectares, outre quelques ares de vignes et la réserve du communal; mais les terres adjacentes permettront d'augmenter proportionnellement cette étendue pour des familles qui auront des ressources pécuniaires supérieures à 2,000 fr.

## Marengo.

Colonie agricole de 1848, à 86 kil. S.-O. d'Alger, à 38 kil. O. de Blida, à 28 kil. S. S.-E de Cherchell, sur la route de ces deux dernières villes, à l'extrémité occidentale de la Métidja. Les collines et pentes modérées qui existent entre son territoire et la mer, la jolie et fertile vallée qui débouche sur les ruines de Tipasa, lui assurent des communications faciles et promptes avec le littoral. Situé sur une des ondulations qui ferment la plaine du côté de l'ouest, ce village est d'un aspect très-agréable. Parmi les pics qui dentellent la chaîne imposante de l'Atlas, qui lui sert de fond, se détache une montagne conique qu'on remarque nécessairement à cause de sa forme, de sa situation isolée, et surtout parce qu'on l'a presque toujours en face de soi depuis Blida. C'est le Sidi *Mohammed* ou *Ali*, ainsi nommée d'un marabout des Beni-Menacer qui y est enterré. Les colons l'appellent le *pain de sucre*. Le territoire de cette commune, sans présenter autant de difficultés de défrichements que celui de l'Afroun, a cependant nécessité le concours des soldats. La broussaille s'y est montrée plus abondante que le palmier nain, et a offert moins de résistance aux outils; du reste, les terres sont fertiles et de qualités variées. Une forêt de près de 300 hectares, celle de Sidi-Sliman, qui s'étend à 2,000 mèt. du rivage, toute peuplée d'ormes et de frênes d'une belle venue, est en voie d'aménagement par les soins du service forestier. Les prairies, qui terminent la forêt au nord, fournissent le foin nécessaire à la consommation des bestiaux. L'abondance des eaux crée à cette localité, autant que la bonté du sol, des conditions particulières de richesse; un canal, dérivé de l'Oued-Meurad, amène dans le village toutes les eaux d'irrigation qui peuvent arroser des centaines d'hectares, et donne naissance, dans son parcours, à quatre chutes de 15 à 30 mèt. chacune, susceptibles de faire mouvoir des usines importantes. Les fièvres, qui ont accompagné les débuts, ne présentent aucune gravité; elles disparaîtront avec la fin des défrichements auxquels les colons travaillent avec ardeur et grand profit. Des travaux considérables ont été exécutés au dedans et au dehors de Marengo, pour le rendre digne de sa destinée qui l'appelle à devenir la capitale administrative de toute la Mitidja occidentale. En vue de cet avenir, vu d'ailleurs la difficulté de le rattacher à aucun autre centre de population, il a été laissé sous la direction militaire de M. le capitaine du génie Malglaive, qui est à sa tête depuis sa création, et qui a, plus d'une fois, fait exécuter sur sa fortune personnelle, les travaux qui dépassaient les limites du budget administratif.

STATISTIQUE OFFICIELLE (1851). — *Constructions :* 200 maisons construites par l'État; constructions des colons : 5 groniers, 27 hangars, 180 écuries ou étables, 70 gourbis, 94 puits. — *Bétail distribué :* 174 bœufs, 174 truies. — *Matériel agricole distribué :* 174 charrues, 87 herses, 190 bêches, 190 pelles, 190 pioches, 87 voitures bouvières, 1,800 objets divers. — *Plantations :* 14,150 arbres. — *Concessions :* 1,555 hectares. — *Défrichement :* 951 hectares. — *Récoltes en grains* (1852) : sur 502 hectares cultivés, 2,475 hectolitres de blé tendre, 1,100 de blé dur, 1,800 d'orge, 180 de seigle, 125 d'avoine, 144 de maïs, 60 de fèves, d'une valeur totale de 75,258 fr.

## Zurich.

Colonie agricole de 1848, à 99 kil. O.-S.-O. d'Alger, 13 kil. S.-E. de Cherchell, à cheval sur la route de Blida à Cherchell, sert de transition entre la Métidja occidentale et le pays accidenté de Cherchell, qui joint l'Atlas à la mer. Le territoire qui s'étend sur les deux rives de l'Oued-el-Hachem, est d'excellente qualité dans la plaine; le reste, placé sur des escarpements couverts de broussailles, a fourni du bois aux colons. Les eaux, qui ont été amenées au milieu des jardins, les travaux de desséchement qui ont été entrepris, assurent l'avenir de cette localité. Le plan du village a été adopté par arrêté ministériel du 17 novembre 1852.

STATISTIQUE OFFICIELLE (1851). — *Constructions :* 40 maisons bâties par l'État; bâtis par les colons : 7 hangars, 26 écuries, 17 étables, 9 gourbis, 27 puits. — *Bétail distribué :* 1 cheval, 74 bœufs. — *Matériel agricole distribué :* 67 charrettes, 38 herses, 67 bêches, 67 pelles, 45 voitures ordinaires. — *Plantations :* 3,737 arbres. — *Concessions :* 512 hectares. — *Défrichement :* 245 hectares. — *Récoltes en grains* (1852) : sur 224 hectares cultivés en grains, 825 hectolitres de blé tendre, 1,007 de blé dur, 1,950 d'orge, 14 de seigle, 75 d'avoine, 34 de maïs, 58 de fèves, d'une valeur totale de 41,748 fr.

## D. — L'ATLAS.

En s'éloignant de la Métidja pour pénétrer dans les montagnes de l'Atlas, les centres de population et de colonisation deviennent rares. Les gorges profondes, les pentes abruptes, les plateaux étroits du versant septentrional se prêtent difficilement aux cultures, et sont presque inabordables pour les routes. Cependant, leurs richesses en minerais de cuivre et de fer y ont déterminé, dans les districts de Blida, de Dalmatie, de Souma, dans les quartiers de Mouzaïa, de l'Oued-Kebir et de l'Oued-Merdja, des explorations, dont quelques-unes ont donné déjà lieu à des concessions et à des établissements métallurgiques, autour desquels des villages d'ouvriers ne tardent pas à se former, premiers foyers de colonisation agricole et commerciale. Mais sur les plateaux moyens, qui s'étendent comme des assises géologiques sur les sommets des montagnes, se sont fondées de toute antiquité des villes importantes, centres de domination politique, de relations commerciales, de cultures productives. L'influence européenne commence à pénétrer sur ces hauteurs, et s'y manifeste par des fondations agricoles et industrielles qui ne sont encore que les premiers jalons d'une civilisation naissante.

POPULATION. Elle est distribuée conformément au tableau suivant :

| Localités. | Hommes. | Femmes. | Européens. | Indigènes. | Total. |
|---|---|---|---|---|---|
| Blida et banlieue civile. | 802 | 659 | 1,178 | 4,072 | 6,750 |
| — banlieue militaire. | 2 | 2 | . | 7 | 7 |
| Damiette. | 126 | 101 | 344 | . | 344 |
| Lodi. | 120 | 96 | 339 | . | 339 |
| Mouzaïa-les-Mines. | 7 | 23 | 152 | . | 152 |
| Boghar. | 82 | 33 | 166 | 338 | 504 |
| Teniet-el-Hâad. | . | 40 | 210 | 45 | 255 |
| Miliana et sa banlieue. | 250 | 438 | 1,385 | 2,944 | 4,329 |
| Affreville. | 25 | 29 | 96 | 1,202 | 1,298 |
| Vesoul-Benian. | . | . | . | . | . |
| Aïn-Sultan et postes télégraphiques. | 26 | 34 | 67 | . | 67 |
| Sidi-Abd-el-Kader-Bou-Medfa. | 32 | 48 | 193 | . | 193 |
| 11 centres. | 1,268 | 1,603 | 4,729 | 9,510 | 14,239 |

L'ensemble de ces fondations se rallie à deux villes principales, Médéa et Miliana. A Médéa se rattachent géographiquement et administrativement : Damiette, Lodi, Mouzaïa-les-Mines, Boghâr, formant ensemble une population de 8,096 habitants. A Miliana se rattachent géographiquement : Teniet-el-Hâad, Affreville, Vesoul-Benian, Aïn-Sultan, Bou-Medfa, d'une population totale de 6,143 habitants. Ce dernier village dépend de Blida pour l'administration. Affreville, situé au pied du Zakkar, appartient à la lisière de la vallée du Chélif.

## Médéa.

Ville de la province d'Alger, à 90 kil. S. d'Alger, à 42 kil. S. de Blida, à 80 kil. E. de Miliana, sur un plateau élevé au-delà de la première chaîne de l'Atlas, sur le revers méridional du mont Nador, à l'extrémité d'un contrefort d'un accès difficile. L'élévation moyenne de la chaîne de plateaux dont Médéa occupe le centre est de 1,100 mèt.; l'altitude de la ville est de 920 mèt. par 36° 15' 47" de lat. N., et 0° 28' 38" long. E. de Paris. Comme fonction politique, elle doit une grande importance à sa position sur la route la plus directe et la plus fréquentée par les caravanes, entre Alger et le désert. Aussi, depuis sa fondation, par le premier chef fatymite, Obéid-Allah-el-Maddhy, a-t-elle joué un rôle considérable dans l'histoire de la régence; elle était même sous les Turcs la capitale du beylick de Titery. Les Français, qui l'ont occupée définitivement le 17 mai 1840, en ont fait le chef-lieu de la 4e subdivision militaire, et, par elle, ils surveillent et dominent tout un vaste pays qui s'étend jusqu'au désert. La ville a été rebâtie à la française, percée de belles rues et de places complantées d'arbres. Elle est dominée par la caserne et l'hôpital militaire, et par un ancien aqueduc qui amène encore dans la ville, sur son double rang d'arceaux, les eaux des sources voisines. La population indigène, qui est en majorité, lui donne une physionomie arabe, qui a disparu des centres de la Métidja et du Sahel. Les cigognes, qui perchent sur les minarets des mosquées, concourent à lui donner cette physionomie orientale. Le territoire, des plus fertiles, offre de grandes ressources à l'agriculture. Les eaux sont belles et abondantes, le climat est un des plus agréables et des plus salubres de l'Algérie. Cependant la colonisation n'a pu y prendre racine et s'étendre qu'assez tard, faute de communications faciles avec Alger, et par insuffisance de banlieue civile. Dotée, en 1849, d'un périmètre de terres cultivables, elle a immédiatement déployé sur le sol son industrieuse activité. Toutes les cultures y réussissent, la vigne surtout, qui produit des vins déjà fort estimés. Les jardins, les vergers, sont plantés d'arbres fruitiers qui se recrutent dans la pépinière du gouvernement. Des moulins, des briqueteries, des brasseries, des fours à chaux, des fabriques de plâtre constatent les premières entreprises de l'esprit industriel. Un marché indigène s'y tient tous les vendredis. Un service de messageries dessert la route de Blida et d'Alger pendant toute la belle saison ; mais l'hiver, il faut encore recourir aux chameliers arabes pour les transports, qui se font, soit par les gorges de la Chiffa, soit par le Ténia de Mouzaïa. — La pépinière du gouvernement est l'établissement le plus intéressant à visiter.

Érigé en commissariat civil en 1850, Médéa est devenu le chef-lieu d'un district, dont le ressort comprend, outre la banlieue, les colonies agricoles de Lodi et de Damiette. La subdivision de Médéa comprend les cercles de Médéa et Boghâr, unis par une route que le génie militaire achève en 1853.

STATISTIQUE OFFICIELLE (1851). — *Constructions* : 30 maisons valant 70,000 fr., 4 écuries et étables, 9 puits et norias, d'une valeur totale de 1,300 fr. — *Bétail* : 17 chevaux, 40 mulets, 2 ânes, 3 vaches, 11 porcs. — *Matériel agricole :* 5 charrues, 6 voitures, 10 tombereaux. — *Plantations* : 15,800 arbres. — *Concessions* : 318 hectares 75 ares. — *Défrichement* : 121 hectares. — *Cultures spéciales* : 150 hectares de prairies artificielles, 110 en vignes. — *Récoltes* (1852) : sur 97 hectares 40 ares cultivés en céréales, 195 hectolitres de blé tendre, 175 de blé dur, 169 d'orge, 66 de seigle, 217 de maïs, 125 de fèves, d'une valeur totale de 20,022 fr.

## Damiette.

Colonie agricole de 1848; village situé à 3 kilomètres est de Médéa, au lieu dit *Aïn-Chelala*. Sur le trajet de cette ville à Damiette se voit une très-belle fontaine. La conduite d'Aïn-Dcheb alimente le village et les jardins qui lui doivent une belle végétation. Le climat est excellent, le territoire fertile; mais beaucoup de points sont trop éloignés du village dont la position n'est pas assez centrale. Heureux de trouver dès leur arrivée des occasions de bénéfices, les colons de Damiette ont eu soin de mettre à profit le voisinage de Médéa pour se créer, par le travail industriel, les ressources pécuniaires qui leur manquaient, et qui, appliquées à la culture, rachèteront bien vite une ou deux années de retard dans leurs travaux agricoles.

Statistique officielle (en 1851). *Constructions :* 120 maisons bâties par l'État, auxquelles les colons avaient ajouté 5 greniers, 27 hangars, 65 écuries, 22 étables, 10 gourbis; total, 129 constructions secondaires. — *Bestiaux* reçus : 137 bœufs, 48 chèvres, 72 truies; total, 257 animaux. — *Matériel agricole* reçu : 133 charrues, 60 herses, 107 bêches, 107 pelles, 118 pioches, 61 voitures bouvières, 349 objets divers. — *Concessions :* 914 hectares, dont 204 défrichés et 254 20 cultivés. — *Plantations :* 7,067 arbres. — *Récoltes* (en 1852) : sur 379 hectares ensemencés en grains, la récolte avait donné 321 hectolitres en blé tendre, 2,080 en blé dur, 2,000 en orge, 285 en seigle, 180 en avoine, 50 en maïs, 12 en fèves, d'une valeur totale de 46,382 fr.

## Lodi.

Colonie agricole de 1848; village situé à 5 kilomètres ouest de Médéa, sur la route de cette ville à Miliana, au lieu dit *Dra-Sama*. Son territoire, bien que parsemé de pierres, est très-bon et très-bien arrosé, sans palmiers nains. Grâce à une altitude de 760 mètres, le climat y est très-sain, la température très-douce. Les colons de Lodi, comme ceux de Damiette, ont d'abord mis à profit le voisinage de Médéa; aussi les cultures ont-elles pris de l'extension dès 1851. Les mûriers ont même dès cette année donné quelques feuilles pour l'éducation des vers à soie.

STATISTIQUE OFFICIELLE (en 1851). — *Constructions :* 120 maisons bâties par l'Etat, auxquelles les colons avaient ajouté 9 hangars, 40 écuries, 20 étables, 50 gourbis; total, 119 constructions secondaires.—*Bétail* reçu : 124 bœufs. — *Matériel agricole* reçu : 136 charrues, 62 herses, 110 bêches, 110 pelles, 121 pioches, 65 voitures bouvières.—*Concessions :* 2,114 hectares, dont 128 défrichés et 397 50 cultivés. — *Plantations :* 6,167 arbres. — (En 1852). *Récoltes :* sur 313 hect. 50 ensemencés en grains, la récolte a donné 128 hectolitres de blé tendre, 2,005 hectolitres de blé dur, 1,555 d'orge, 142 de seigle, 100 de maïs, 18 de fèves; valeur totale, 40,464 fr. — La récolte des cocons a été de 82 kil. 900 grammes.

### Mouzaïa-les-Mines.

Village fondé, dès 1845, par la compagnie concessionnaire des mines de cuivre, à 500 mètres d'altitude, sur le plateau des Oliviers, à 14 kilomètres nord de Médéah, à 15 kilomètres sud de Blidah, sur la route qui relie ces deux villes par le col de Ténia, au cœur du Petit-Atlas. Les constructions, qui forment une enceinte continue avec créneaux, courtines et bastions disposés pour la défense (dépense aujourd'hui inutile), offrent un développement de 635 mètres. Elles comprennent 1° 100 chambrées de cinq ouvriers chacune; 2° le bâtiment de la direction; 3° un bâtiment pour bureaux et logement des employés; 4° un bâtiment destiné au bureau de la place avec logement pour cinq militaires; 5° une chapelle; 6° des ateliers de forges, de menuiserie, de charpente, de tonnellerie; 7° une boulangerie, une boucherie, un magasin économique de combustibles, un café; 8° un magasin général du matériel; 9° une pharmacie, une infirmerie, un bain maure; 10° de vastes écuries et greniers à foin, 11° un puits d'eau, un lavoir à linge. Enfin une auberge et un café maure, où se tient chaque jour un marché arabe, sont situés en dehors de l'enceinte fortifiée.

La compagnie a de plus établi deux blockhaus aux exploitations d'Aumale et de Nemours, et diverses autres importantes constructions. Une usine de préparation mécanique de minerais et une autre pour la fusion de minerais, sont munies de tous les engins nécessaires que meuvent les eaux de l'Oued-el-Réah, ainsi que d'un réservoir qui communique avec l'usine par un aqueduc de 232 mètres.—Des fours à chaux, à plâtre et à brique fournissent au village d'excellents matériaux de construction, et exportent même une partie de leurs produits dans divers centres de population de la province. — Les routes de la Chiffa, du pic ou des mines de Nemours, du col ou des mines d'Aumale, de la forêt, parfaitement carrossables et créées par la compagnie, ont un développement de 21 kilomètres. Enfin, une exploitation agricole comprend 7 hectares de jardins potagers et de vignes, 20 hectares de prairies et 120 hectares de cultures diverses. On a, de plus, greffé environ 800 pieds d'oliviers, et leur réussite assurée sollicite l'établissement à Mouzaïa d'un moulin à huile dont les résultats pourraient être très-lucratifs. La concession comprend plus de 15,000 oliviers et une quantité de chênes-lièges. Pour les travaux d'exploitation des mines, nous renvoyons à l'article d'ensemble sur les mines. Le village de Mouzaïa est administré par un maire.

### Boghâr (Bor'ar).

Ancienne colonie romaine, devenue un des boulevarts de défense et de retraite d'Abd-el-Kader et un avant-poste de la France, sur les limites du Tell et du Sahara, à 166 kilomètres d'Alger, à 80 kilomètres sud de Médéa, sur le trajet de Médéa à Laghouat. Commencé en juillet 1839, sous les ordres de Barkani, kalifah d'Ab-el-Kader à Médéa, ce poste possédait, en 1841, un fort, un hôpital, des forges, une petite manutention, une prison, un atelier de réparation d'armes et un moulin à farine. Le général Baraguay-d'Illiers détruisit une partie de ces établissements en 1840, et le général Bugeaud s'empara définitivement de la place le 23 mai 1841. En 1843, la création d'un camp français fut décidée et y amena une garnison qui n'a cessé de l'occuper. A la suite de la garnison est venue une population civile, dont l'accroissement annuel a fourni les éléments d'une colonisation sérieuse. Cependant la question de l'emplacement de la ville nouvelle, qui doit s'élever auprès de la ville militaire, n'est pas encore résolue. Boghâr, situé sur la rive gauche du Chélif, près des gorges par lesquelles ce cours d'eau descend des hauts plateaux dans le Tell, a de l'importance comme poste militaire et commercial ; il fait partie de la ligne des avant-postes du Tell et relie Teniet-el-Hâad à Aumale. La montagne de Boghâr forme une espèce de cap avancé sur le petit désert, que le Chélif contourne aux deux tiers. De là on contemple ce qu'on appelle le petit désert. Le vrai désert est encore à une quarantaine de lieues, caché par le rideau bleuâtre du Djebel-Amour. Toutes les tribus du sud qui viennent dans le Tell acheter des grains campent sous les murs de Boghâr ; tous les samedis il s'y tient un marché important. Le village arabe de Ksar-Boukari, sur la rive opposée du Chélif et à mi-côte, prend du développement sous la protection de la place. On destine à la colonisation un territoire de 622 hectares. Les sources d'eau s'échappent de tous côtés ; les travaux de barrage et de construction ont été entrepris, dans ces derniers temps, auprès de l'emplacement du marché de cette place, et on a obtenu l'irrigation facile de 470 hectares de terrains aujourd'hui en pleine culture. Un colon de Boghâr, M. Glandier, a produit à l'exposition d'Alger, en 1851, des échantillons de blé dur, de blé tendre et d'orge qui ont été reconnus les plus beaux du concours : en 1852, il a obtenu le premier prix des chevaux de selle. Cette localité possède, entre autres, des matériaux de construction, de la pierre à chaux en grande quantité, et de belles forêts de pins, de genévriers et de tuyas d'une exploitation facile sur une assez grande étendue pour faire de Boghâr un centre industriel prospère. Il suffirait de lui ouvrir des communications faciles avec l'intérieur du Tell. Au-delà commence le pays des landes, où le bois et l'eau sont rares. Boghâr est un chef-lieu de cercle militaire et de bureau arabe. Le génie militaire termine en ce moment la route de Médéa à Boghâr.

STATISTIQUE OFFICIELLE (en 1851). — *Constructions*: 28 maisons et 2 écuries ou étables, d'une valeur totale de 23,500 fr. — *Bétail*: 9 chevaux, 5 mulets, 2 ânes, 2 bœufs, 30 chèvres,

35 porcs. — *Matériel agricole* : 3 charrues, 1 voiture. — *Culture* : 48 hectares, dont 40 en froment, 2 en pommes de terre, 3 en légumes. — (En 1852). *Récolte* : sur 28 hectares cultivés en grains, la *récolte* a été de 65 hectolitres de blé tendre, 225 de blé dur, 228 d'orge, d'une valeur totale de 3,821 fr. — *Plantations* : quelques mûriers avaient été distribués aux colons.

### Teniet-el-Hâad.

Avant-poste militaire et agricole du Tell, situé à 190 kilomètres S.-O. d'Alger, à 60 kilomètres S.-O. de Miliana, à 120 kilomètres en ligne directe du littoral, au nœud de plusieurs vallées des affluents du Chélif, occupé en avril 1843. Il se compose d'un camp et de constructions élevées par une population civile attirée par la garnison. Comme poste militaire, il fait partie de la ligne frontière du Tell, et relie Tiaret à Boghâr; il surveille le passage des chaînes qui séparent le Haut-Chélif du Bas-Chélif, et qui interceptent les communications de l'Ouersenis avec l'est de la province d'Alger. Comme poste agricole, il est un foyer de colonisation dans ces hautes et incultes, mais fertiles régions. A défaut de territoire concédé, la culture n'a pu se développer et le pays se peupler autant que la fertilité du sol et la salubrité du climat y invitaient. Cependant le nombre des colons augmente sensiblement depuis 1851 et les cultures s'étendent. Une pépinière y a été fondée, et les tribus voisines y envoient leurs enfants en apprentissage. A 2 kilomètres ouest de Teniet-el-Hâad, se voit une magnifique forêt de cèdres de 3,000 hectares d'étendue, qui, bien aménagée, ferait de cette localité un centre industriel important : on y compte par milliers des arbres ayant 6 mètres de circonférence sur 18 à 20 de hauteur. On peut en voir un fort bel échantillon à l'exposition permanente de l'Algérie, à Paris. Dans la forêt se trouve, à 3 kilomètres environ du camp, et très-près de la route même de la forêt, une source d'eau ferrugineuse, dont le docteur Bertherand, qui lui a consacré une notice, a constaté l'analogie avec celles de Bussang, Contrexeville, Forges, Spa, etc. Il l'a employée avec succès dans l'hôpital du camp. Un établissement régulier d'eaux minérales à Teniet-el-Hâad serait d'une économie évidente pour l'Etat et d'un intérêt réel pour la population algérienne en général. Enfin cette localité réunit des avantages particuliers, sous le rapport commercial, comme station obligée des habitants du Sahara, quand ils se rapprochent du Tell pour la vente de leurs laines et l'achat de grains. Teniet-el-Hâad est le chef-lieu d'un cercle militaire et d'un bureau arabe compris dans la subdivision de Miliana.

STATISTIQUE OFFICIELLE (en 1851). — *Territoire :* 200 hectares 42, dont 160 défrichés. — *Plantations :* 270 arbres plantés. — *Constructions :* 132 maisons, 2 hangars, 4 écuries ou étables, 10 puits ou norias d'une valeur totale de 71,050 fr. — *Bétail :* 10 chevaux, 4 ânes, 10 bœufs, 7 vaches, 6 chèvres, 32 moutons, 13 porcs. — *Matériel agricole :* 6 charrues, 2 voitures, 4 tombereaux. — *Cultures :* sur 182 hectares cultivés, 64 étaient ensemencés en froment, 4 en légumes, 3 en prairies artificielles. — *Récoltes* (en 1852). Sur 190 hectares cultivés, la *récolte* était de 329 hectolitres de blé dur, 1,293 d'orge, d'une valeur totale de 10,248 fr. — La *population*, qui était, à la fin de 1845, de 135 Européens, s'était élevée, à la fin de 1852, à 210 Européens ; plus 45 indigènes ; total, 255 habitants.

## Miliana.

Ville d'origine romaine (*Malliana*) ; chef-lieu de la 5e subdivision militaire, à 118 kil. S.-O. d'Alger, 80 kil. O. de Médéa, 70 kil. de Blida, 120 kil. N.-E. d'Orléansville, 80 kil. S. de Cherchell, par 36° 40' de latitude N. et 0° 6' de long. O. ; au pied d'un contrefort du Zakkar qui dresse ses cimes à 1354 mèt. Des eaux abondantes et fort belles descendent de la montagne par deux sources, l'Oued-Boutan et l'Oued-Anasseur, et coulent dans la ville, qui est, avec Tlemcen, la mieux dotée de l'Algérie sous ce rapport. Une des sources alimente les fontaines publiques et donne 2,880,000 litres d'eau par jour ; l'autre met en jeu par ses chutes un certain nombre de moulins dont les meules sont fournies par le porphyre du Zakkar. Le territoire est d'une extrême fertilité : dans les ravins, les coteaux, les pentes des montagnes, les plateaux et les vallées, le sol couvert d'arbres fruitiers donne d'abondantes récoltes. Sur les flancs de la montagne jusqu'à la lisière de la plaine du Chélif qui dessine à ses pieds son immense courbe, jadis le grenier d'Abd-el-Kader, des vergers disposés en verdoyants étages étalent au soleil du midi leurs riches cultures : les noyers et les citronniers du pays ont une grande réputation parmi les Arabes. Au sein de cette riante nature, à une altitude de plus de 900 mèt., le climat ne peut qu'être salubre. Érigé en chef-lieu de district par un décret du 4 novembre 1850, Miliana a été dotée d'une banlieue de colonisation, bien restreinte encore, qui a été immédiatement mise en culture, et d'un territoire civil qui comprend, outre cette banlieue, le village d'Affreville. Comme fonction politique, Miliana défend l'approche de la Métidja, surveille les tribus du sud-ouest de la province d'Alger, et commande la haute plaine du Chélif. Défendue en partie par des escarpements naturels, en partie par de hautes murailles, il est imprenable. Le camp de l'Oued-Boutan, établi aux pieds du Zakkar, après l'occupation de la ville le 8 juin 1840, recevait les approvisionnements de fourrage et de grains récoltés dans la plaine. Par Teniet-el-Hâad, on atteint le sud. Comme fonction civile, Miliana est un foyer de colonisation pour toute cette région de l'Atlas; il en sera l'entrepôt commercial et le centre administratif et industriel. Des routes à des degrés divers d'exécution le mettent en relations avec Alger, Blida, Médéa, Orléansville, Cherchell. La route de Blida et d'Alger est la seule praticable pour les voitures : elle est desservie par des diligences. Miliana acquerrait une bien plus haute importance du jour où la route de Cherchell lui permettrait de tirer directement de ce port ses approvisionnements, et d'y diriger à bon marché ses produits. Sous les Romains, qui avaient négligé la Métidja, cette ville avait rempli le rôle d'entrepôt intérieur de Julia Cæsarea (Cherchell); le nombre et la grandeur des ruines qui survivent racontent encore sa haute prospérité. Aujourd'hui la pépinière du gouvernement est l'établissement le plus important à visiter, en attendant que les minerais de fer du Zakkar donnent lieu à la création d'établissements métallurgiques.

STATISTIQUE OFFICIELLE (1851). — *Constructions* : 208 maisons valant 2,428,800 fr., 33 hangars, 16 écuries ou étables, 11 puits ou norias, d'une valeur totale de 79,000 fr. — *Bétail* : 31 chevaux, 80 mulets, 50 ânes, 224 bœufs, 500 chèvres, 610 moutons, 39 porcs. — *Matériel agricole* : 7 charrues, 29 voitures, 12 tombereaux. — *Plantations* : 10,223 arbres. — *Concessions* : 487 hectares tous défrichés. — *Récoltes* (1852) : sur 1,525 hectares cultivés en grains, 2,625 hectolitres de blé dur, 7,650 d'orge, valant 69,300 fr.

ANNEXES. A peu de distance de Miliana, dans les gorges de l'Ouedjer, dans le voisinage de la route de Blida, se trouve l'établissement thermal de Hammam-Righa, fondé par le gouvernement.

## Affreville.

Village ainsi nommé en mémoire de l'archevêque de Paris, tué aux journées de juin 1848, situé à 6 kilomètres sud de Miliana, au pied du massif du Zakkar, au bord de la plaine du Chélif; créé, en 1848, sur l'emplacement de *Colonia Augusta*, ou *Azuccabar*, cité romaine dont l'origine remonte à dix-neuf siècles et dont la prospérité, attestée par des inscriptions et des ruines, donne à Affreville des gages d'avenir. Son territoire, d'excellente qualité, se fond avec la magnifique vallée du Chélif qui atteint en cet endroit sa plus grande largeur : les eaux écumeuses de l'Oued-Boutan, qui descend de Miliana dans les jardins suspendus en étages aux flancs du Zakkar, forment une cascade de riche végétation que les plantations des colons ne tarderont pas à rejoindre. La facilité des irrigations a, dès le principe, dirigé les habitants vers les cultures maraîchères, auxquelles la proximité de Miliana offre un facile débouché. Toutefois la grande culture et les cultures industrielles y ont aussi été entreprises avec succès. Ce village ressort du commissariat civil de Miliana. La création du village projeté de l'Oued-Rhéan lui donnera une impulsion nouvelle.

STATISTIQUE OFFICIELLE (en 1851). — *Territoire* : 470 hectares entièrement distribués, dont 450 défrichés et 428 cultivés. — *Plantations* : 8,151 arbres. — *Constructions* : 2 hangars, 6 écuries ou étables, 2 puits ou norias; en tout, 33 constructions d'une valeur de 41,800 fr. — *Bestiaux* : 20 chevaux, 14 mulets, 3 ânes, 39 bœufs, 12 vaches, 5 moutons, 29 porcs; total, 110 animaux. — *Matériel agricole :* 55 charrues, 20 voitures, 3 tombereaux; total, 78 instruments. — *Récoltes* (en 1852). Sur 200 hectares cultivés en grains, on a récolté 450 hectolitres de blé tendre, 630 de blé dur, 1,080 d'orge, 255 de seigle, 240 d'avoine, 200 de maïs, 300 de fèves, d'une valeur totale de 25,815 fr.

### Oued-Boutan. — Oued-Rhéan.

En 1851, six familles lorraines ont été installées par l'administration sur les prairies de l'Oued-Boutan, district de Miliana, où un camp avait été créé, en 1843, au pied de la montagne, sur la rive gauche du ruisseau de ce nom, pour enfermer le parc aux bœufs et emmagasiner les céréales provenant des récoltes du Chélif. Un mur de 3 mètres de hauteur flanqué de 4 tours en faisait un poste imprenable. Depuis lors on a desséché les marais, on y a planté 17,000 arbres, et, dans le voisinage, s'est élevé le village d'Affreville. Le noyau de population nouvelle est destiné à être englobé par la suite dans le lotissement du village projeté de l'Oued-Rhéan.

### Aïn-Sultan.

Colonie agricole de 1849, située dans les montagnes de l'Atlas, à 110 kilomètres S.-O. d'Alger, à 10 kilomètres N.-E. de Miliana, sur un plateau élevé, appartenant à un des contreforts S.-O. du Gontas, à 1,500 mètres de la route de Blida à Miliana. Affecté aux transportés politiques, qui y ont exécuté, comme à Vesoul-Benian, des travaux considérables de routes et de défrichement, ce village n'a reçu de colons qu'à la fin de 1853, faisant partie de l'émigration franc-comtoise et provençale.

### Vesoul-Benian.

Colonie agricole de 1849, située dans les montagnes de l'Atlas, à 97 kilomètres S.-O. d'Alger, à 19 kilomètres S.-O. de Blida, à 21 kilom. de Miliana, ainsi nommée du chef-lieu de la Haute-Saône, dont les habitants, à la fin de 1853, sont venus la peupler, se nommait précédemment *Aïn-Benian*. Constituée en 1850, elle a été d'abord affectée aux transportés politiques ; elle contient 40 maisons doubles et 19 simples entourées d'un fossé et d'une enceinte à quatre portes. Le territoire comprend 1,355 hect., accidentés et fertiles, se prêtant aussi bien à la culture des céréales qu'à celle des plantes industrielles. Une partie pourra recevoir de la vigne et des oliviers ; les réserves communales forestières sont couvertes d'une grande quantité de broussailles et de menus bois. L'eau est fournie par un puits de 18 mètres environ de profondeur. On a organisé près de l'enceinte une fontaine, un abreuvoir et un lavoir, en utilisant une source abondante qui se trouve à portée. D'autres points du territoire contiennent des sources qui pourront être réservées pour la culture des jardins. Le village est établi sur un vaste plateau qui domine les vallées de l'Oued-Hammam et de l'Oued-Benian, dans les meilleures conditions de salubrité. Un embranchement de 2,000 mètres de longueur met ce centre en communication avec la route de Miliana à Blida et Cherchell.

### Bou-Medfa (Marabout Sidi-Abd-el-Kader).

Colonie agricole de 1849, sur la route de Blida à Miliana, à 86 kilomètres d'Alger, à 38 kilomètres de Blida, à 32 kilomètres de Miliana, sur un plateau élevé ; a été peuplée en 1850 et 1851. Sa population s'élevait, au 31 décembre 1852, à 194 Européens agglomérés dans le village.

---

## 2. — LE CHÉLIF.

La vaste plaine ou vallée du Chélif, qui est le trait caractéristique du sud-ouest de la province d'Alger, s'étend depuis Boghâr jusqu'à la mer. Territoire d'une remarquable fertilité, formé par les dépôts alluvionnaires des cours d'eau descendant des montagnes qui l'encaissent à droite et à gauche, mais complètement dénudé d'arbres par l'effet même d'une culture continue. Le Chélif la parcourt dans toute son étendue, recevant de droite et de gauche de nombreux affluents. Faute de communications faciles, la colonisation n'a pu pénétrer dans ces parages qu'à la suite de l'intérêt militaire qui a fondé Orléansville au cœur de la plaine. La population de colons qui se trouve installée dans la plaine se répartit ainsi dans la province d'Alger :

| Localités. | Maisons. | Ménages. | Européens. | Indigènes. | Total. |
|---|---|---|---|---|---|
| ORLÉANSVILLE. . . . | 226 | 400 | 998 | 368 | 1,366 |
| La Ferme. . . . | 44 | 44 | 159 | » | 159 |
| Pontoba et postes télégr. | 86 | 95 | 270 | » | 270 |
| 3 centres | 356 | 539 | 1,427 | 368 | 1,795 |

Par Affreville, situé sur la lisière de la plaine, au pied de Miliana, la région du Chélif se relie à l'Atlas, et par Montenotte, sur la route d'Orléansville à Tenez, au littoral.

La localité du *Pont-du-Chélif*, dans la province d'Oran, appartient aussi à la plaine.

## Orléansville.

Ville toute française, bâtie sur l'emplacement d'une cité romaine, dont les ruines encore nombreuses et importantes valaient à la localité le nom arabe des *Es-Esslam*, (les statues) : sur la rive gauche du Chélif, à son confluent avec le Tsigraout; à 210 kil. O.-S.-O. d'Alger, 50 kil. S. de Tenez, 80 kil. O. de Miliana par 1° de longitude O. et 36° 15' de latitude N. Ce poste, occupé définitivement le 29 avril 1843, fut doté d'un territoire de 2,000 hectares par une ordonnance royale du 14 août 1845 qui ordonna la création d'un centre de 2,000 âmes. Comme fonction militaire, Orléansville observe la plaine du Chélif, surveille les montagnes du Dahra et de l'Ouersenis; comme fonction civile, il est appelé à devenir le centre administratif, commercial et industriel de toute la vaste région dont Tenez est le port : il est donc à la fois centre de domination et de colonisation. Le territoire, bien qu'exposé à la sécheresse par la nudité du sol, n'en est pas moins très-fertile. Des aqueducs conduisent dans la ville et sur le territoire les eaux du Chélif et celles du Tsigraout; une vieille citerne romaine, qui contient 544 hectolitres d'eau, a ajouté sa réserve aux ressources courantes. La colonisation, attirée d'abord dans le pays par les besoins de l'armée et les constructions de la ville, s'est étendue autour des murs et dans les colonies agricoles de la Ferme et de Ponteba. La culture embrasse les céréales et les plantes industrielles. Le reboisement, qui a reçu un commencement d'exécution, lui sera d'année en année des conditions meilleures. Une pépinière publique à 300 mèt. environ de la ville vers l'est, forme une oasis charmante.

Orléansville s'est ressenti, après 1847, de la crise générale de l'Afrique, aggravée par la cessation des travaux du génie : néanmoins il a repris une nouvelle vie par la fondation des colonies agricoles de 1848, et participe aujourd'hui au mouvement général de prospérité qui ranime l'Algérie entière. Son avenir dépend surtout de la facilité de ses communications avec Tenez, et de la destinée qu'on fera à ce port par les travaux maritimes. Sur la route d'Orléansville à Tenez sont échelonnées les fermes-auberges de Aïn-Beïda, les Cinq-Palmiers, les Trois-Palmiers, Bombara, le Camp-des-Chasseurs : les mines de l'Oued-Allelah, la colonie de Montenotte y maintiennent le mouvement et la circulation. De nouveaux centres sont projetés. La sécurité parfaite dont on y jouit aujourd'hui éveille l'admiration, si on songe à l'insurrection du Dahra et aux exploits de Bou-Maza, dont la soumission ne remonte qu'au 22 avril 1847. On dirait un siècle écoulé entre le temps d'alors et le temps actuel. La sécurité n'est pas moindre sur le prolongement de cette route vers l'Ouersenis, et sur celle qui la croise de Miliana à Bel-Assel. Il se tient à Orléansville, le dimanche, un des marchés les plus considérables de l'Algérie.

Les bains maures d'Orléansville méritent une mention spéciale. Cet établissement, situé vers le centre de la ville, près du bureau arabe, domine une belle place richement plantée d'arbres et arbustes de toute espèce ; il est d'un beau style mauresque, entouré d'une galerie à colonnes surmontée de l'ogive orientale, garnie de dix magasins tenus par des indigènes. Sa masse rectangulaire est couronnée par un dôme orné d'une lanterne aux verres coloriés accentuée à son sommet par l'inévitable croissant : le tout est d'un effet gracieux et élégant. Les bains sont fournis indistinctement à tous les indigènes, par suite d'un abonnement pris en commun et par tribus : il en résulte qu'ils sont à peu près gratuits. Ils le sont tout à fait pour les pauvres, qui, un jour de la semaine, peuvent y aller, et même se faire servir une tasse de café, dont la dépense est supportée par la caisse de l'établissement. Excellente manière de donner des habitudes de propreté aux plus infimes du peuple, dont pourraient profiter les villes les plus civilisées d'Europe ! Cet établissement a encore un caractère plus élevé, en ce sens qu'il résout le premier problème d'association des capitaux indigènes qui ait été tenté. Fondé sous l'impulsion du bureau arabe, au moyen d'actions fournies par les Arabes des tribus, il rapporte maintenant à ces derniers un dividende qui varie de 12 à 15 pour 100. Il atteint donc le but important de servir d'appât aux capitaux indigènes et de les engager à sortir de leur oisiveté souterraine pour produire la richesse générale en se réunissant.

Érigé en commissariat civil par décret du 21 novembre 1850, le district d'Orléansville comprend les villages de la Ferme et de Ponteba.

STATISTIQUE OFFICIELLE (1851). — *Constructions* : 122 maisons valant 834,000 fr., 7 hangars, 12 écuries et étables, 24 puits et norias, d'une valeur totale de 80,100 fr. — *Bétail* : 140 chevaux, 90 mulets, 50 ânes, 30 bœufs, 60 vaches, 64 chèvres, 200 moutons, 60 porcs. — *Matériel agricole* : 90 charrues, 44 voitures, 18 tombereaux. — *Plantations* : 51,677 arbres. — *Concessions* : 873 hectares. — *Récoltes* (1852) : sur 379 hectares, 1,426 hectolitres de blé dur, 4,809 d'orge, 1,860 de seigle, 125 de fèves, d'une valeur totale de 32,106 fr.

ANNEXE. Le village de la Ferme.

## La Ferme.

Colonie agricole de 1848 ; village situé sur la rive droite du Chélif, à 600 mètres d'Orléansville, avec lequel il communique par le pont jeté sur cette rivière : c'est en quelque sorte un faubourg de la place. Il tire son nom du voisinage de l'ancienne ferme militaire, dont les bâtiments s'élèvent tout auprès. Son territoire s'étend sur la rive droite du fleuve, et est borné au nord par les collines des Ouled-Kosséir. Les terres de bonne qualité n'ont exigé que peu de défrichements; mais l'eau courante faisant défaut, on y a suppléé par des puits avec norias et bassins, ce qui a permis aux colons de se livrer aux cultures maraîchères, dont les produits s'écoulent avantageusement à Orléansville. Là est l'avenir de cette localité. Par arrêté du gouverneur général, du 9 juillet 1852, elle a été rattachée au commissariat civil d'Orléansville, dont elle dépend aussi pour le service religieux et l'instruction publique.

STATISTIQUE OFFICIELLE (en 1851). — *Constructions :* 53 maisons bâties par l'État, auxquelles les colons avaient ajouté 11 hangars, 38 écuries, 13 étables, 4 gourbis, 4 puits, 1 noria. — *Bestiaux* reçus : 2 chevaux, 55 bœufs. — *Mobilier agricole :* 18 charrues, 28 herses, 55 bêches, 55 pelles, 55 pioches, 28 voitures bouvières, 8 brouettes, 540 objets divers. — *Territoire* de 550 hectares, sur lesquels on leur en avait distribué 405; 524 se trouvaient défrichés. — *Plantations :* 4,649 arbres, parmi lesquels, en 1852, on comptait 1,700 mûriers greffés, dont 800 en rapport. — *Cultures :* 115 hectares en froment, 110 hectares en orge, 3 hectares en pommes de terre, 1 hectare en fèves, 2 hectares en légumes, 10 hectares en cultures diverses; total, 241 hectares. — En 1852, la statistique des récoltes a été réunie à celle d'Orléansville.

## Ponteba.

Colonie agricole de 1848, créée par décret du 11 février 1851, au lieu dit *Aïn-Chelala*, nommé aussi *la Prairie ;* village situé à 7 kilomètres sud d'Orléansville, avec lequel il communique par la route de Miliana. Son territoire, élevé au-dessus du Chélif, bien que propice aux prairies, manquerait d'eau sans la ressource des puits. On y a construit deux puits avec deux bassins d'arrosage et un lavoir. Le climat est d'une salubrité parfaite. Le plan du village été adopté par arrêté ministériel du 17 novembre 1852.

STATISTIQUE OFFICIELLE (en 1851). — *Constructions :* 52 maisons bâties par l'État, auxquelles les colons avaient ajouté 6 hangars, 52 écuries, 18 étables, 4 gourbis. — *Bestiaux :* ils avaient reçu 67 bœufs, 20 truies, 2 verrats. — *Mobilier agricole :* 67 charrues, 34 herses, 67 bêches, 67 pelles, 67 pioches, 34 voitures bouvières, 603 objets divers. — Sur le *territoire*, d'une étendue de 1,015 hectares, on leur en avait distribué 554; 611 se trouvaient défrichés. — *Plantations :* 9,552 arbres; plus 1,712 mûriers, dont 101 en rapport. — *Récoltes* (en 1852) : sur 417 hectares cultivés en grains, les colons ont *récolté* 14 hectolitres de blé tendre, 2,035 hectolitres de blé dur, 3,330 hectolitres d'orge, 93 hectolitres de seigle, 40 hectolitres en grains ; le tout d'une valeur totale de 34,211 fr.

### F. — LA KABILIE.

Récemment soumise, la Kabilie subit l'ascendant de nos armes, en attendant le jour prochain où elle participera au mouvement de la colonisation. Trois points d'attaque sont déjà marqués : Aumale, chef-lieu de la 6e subdivision au sud; Drâ-el-Mizan, poste militaire entre Aumale et Dellis ; la vallée de l'Oued-Corso au nord; la route de Dellis à Aumale qui la traverse de part en part ne tardera pas à se jalonner d'auberges qui là, comme dans toute l'Algérie, seront les courageux avant-postes du commerce et de la culture. Par la vallée du Sebaou, la Kabilie du Jurjura débouche sur Dellis et la mer; par la route du Fondouk et de Constantine, ainsi que par celle d'Alger à Aumale, elle communique avec la Métidja. Les Bibans ou Portes-de-Fer lui ouvrent, pour aboutir à Sétif et Constantine, leurs défilés restés célèbres par le passage de l'armée française en octobre 1839. Enserrée de tous côtés par la domination française, bientôt pénétrée et parcourue en tous sens, elle ouvrira au génie industriel les richesses inépuisables de ses mines, de ses forêts, de ses marbres, les forces précieuses de ses chutes d'eau.

La population y est ainsi distribuée dans les territoires occupés par les Européens.

| Localités. | Maisons. | Ménages. | Européens. | Indigènes. | Total. |
|---|---|---|---|---|---|
| Aumale . . . . | 132 | 157 | 845 | 175 | 1,020 |
| Drâ-el-Mizan. . | 10 | 17 | 58 | 10 | 68 |
| | 142 | 174 | 903 | 185 | 1,088 |

## Aumale.

Chef-lieu de la 3ᵉ subdivision militaire, situé à 130 kil. S.-E. d'Alger, 136 de Blida, 112 de Médéa, 180 de Sétif, par 36° 15' de lat. N. et 1° 20' de long. E., à l'entrée de la Kabilie, au point de passage des communications du sud avec les plaines de Hamza et les montagnes de la Kabilie, entre Médéa et Sétif. Aumale est bâti sur l'emplacement de la cité romaine *Auzia*, devenue sous les Arabes *Souk-Ghozlan*, dont de nombreux vestiges, et particulièrement une belle mosaïque récemment découverte, attestent la splendeur. Aumale, fondé pour tenir en respect la Kabilie et commander la vaste contrée qui s'étend au sud du Jurjura, n'a pas tardé à devenir, grâce aux avantages naturels de sa position, un centre de colonisation qui serait déjà devenu important, si le territoire libre moins restreint se fût mieux prêté aux efforts des colons. Quand la route qui doit le relier à Dellis sera achevée et rendue propre aux transports, ce poste acquerra une haute importance commerciale : il assurera même nos relations avec le Sahara, en protégeant la marche des voyageurs et des caravanes. Le territoire y est fertile, les eaux sont abondantes et de bonne qualité, le climat est salubre sans être encore tout à fait dégagé des fièvres. Des plantations considérables concourront à l'assainissement du pays. L'élément industriel y est représenté par quelques brasseurs, des chaufourniers, des fabricants de plâtre. Les porphyres feldspathiques du voisinage peuvent être exploités comme meules à farine. On a observé des traces de lignite. — Un décret impérial du 7 décembre 1853 y a fondé une justice de paix.

STATISTIQUE OFFICIELLE (1851). — *Constructions* : 103 maisons d'une valeur de 500,000 fr., 4 hangars, 12 écuries et étables, 250 greniers et silos, d'une valeur totale de 43,900 fr. — *Bétail* : 54 chevaux, 60 mulets, 60 ânes, 14 bœufs, 34 vaches, 80 chèvres, 3 moutons, 95 porcs. — *Matériel agricole* : 26 charrues, 21 voitures, 17 tombereaux. — *Plantations* : 4,105 arbres. — *Concessions* : 669 hectares 83 ares. — *Défrichement* : 305 hectares. — *Récoltes* (1852) : 841 hectolitres de blé dur, 67 d'orge.

### Dra-el-Mizan.

Poste militaire, à moitié chemin de Dellis à Aumale, où une population européenne commence à s'installer. Destiné à surveiller la région moyenne de la Kabilie, il ne tardera pas à devenir un centre de commerce et d'industrie.

### G. — LE PLATEAU CENTRAL.

Point d'établissement de colonisation. Les immenses et riches pacages de cette région seraient très-propres à l'élève de grands troupeaux de moutons, et les terres salines qui avoisinent les lacs paraissent spécialement propres à la culture du coton. L'action française commence à se révéler par les caravansérails échelonnés sur la route de Boghâr à Laghouat, aux lieux d'étapes suivants : Ksar-el-Boukari, Rerd, Aïn-Ousra, Guelt-es-Stel, El-Meleh, Djelfa, Amra, Sidi-Maklouf. Avec le temps, par le développement des relations entre les oasis et le Tell, ces points deviendront des centres de population importants.

### H. — LES OASIS.

Dans les oasis la colonisation est également toute entière à naître. Laghouât en sera le centre, comme il l'est déjà de la domination militaire. On y prélude par la création d'un troupeau-modèle et d'un jardin d'acclimatation. Laghouât deviendra une des étapes principales de la ligne commerciale qui unira un jour Alger au Sahara et à Tombouctou, au cœur de l'Afrique centrale. En ce moment ce poste marque le terme extrême de l'occupation française; mais de nombreuses ruines romaines, éparses dans le pays environnant, nouveaux lauriers de Miltiade, doivent empêcher la France de s'endormir dans une satisfaction prématurée de ses succès. Déjà une concession de 5,000 palmiers, d'un rapport annuel de 10 fr. par palmier, a été faite à M. le docteur Baudens.

La garnison de Laghouât a poussé, en 1853, des reconnaissances dans l'oasis des Beni-M'zab, et visité une de ses villes, Guerrara, le point méridional le plus extrême atteint dans l'Algérie entière.

# QUATRIÈME PARTIE.

## PROVINCE DE CONSTANTINE.

### Situation, limites, étendue.

Bornée à l'O. par la province d'Alger, au N. par la Méditerranée, à l'E. par la Tunisie, au S. par le désert, la province de Constantine occupe la partie orientale de l'ancienne régence. Sa superficie totale est de 175,000 kil. carrés, dont 73,000 dans le Tell et 102,000 dans le Sahara.

### Côte.

La côte, découpée en plus profondes et plus nombreuses échancrures que dans la province du centre, a déterminé de plus nombreux établissements maritimes. En la reprenant aux limites de la province d'Alger, nous trouvons comme points les plus importants après le cap Corbelin : le cap *Sigli*, dont le sommet est remarquable par des blocs de roche disposés d'une manière bizarre, qui ressemblent beaucoup à des ruines ; — l'île *Pisan*, rocher de 500 mèt. de longueur, aux flancs garnis de quelque végétation ; — le cap *Carbon*, qui ferme à l'ouest le golfe de Bougie, et dont la cime constitue le mont Gouraya qui domine tout le pays ; — le port et la ville de *Bougie* ; — l'embouchure de la *Summam* (Oued-Sahel) ; — le golfe de *Bougie*, qui forme un hémicycle dont le cap *Cavallo* forme la pointe orientale ; — dans le golfe se trouve l'île *Mansourah*, très-près de terre ; — le golfe et le port de *Djigelli* ; — l'embouchure de l'*Oued-Kebir*, nom que porte le Rummel dans son cours inférieur ; — puis commencent les sept caps dont le *Bougaroni* est composé, le point le plus septentrional de toute la côte d'Algérie, dont le sommet le plus élevé s'élève à 1,090 mèt. ; — la petite ville de *Kollo* ; — la baie de ce nom ; — *Stora* ; — *Philippeville* ; — le cap (ras) *Skikida* (d'où Russicada) ; — le cap *Filfila*, l'un et l'autre dans le golfe de *Stora* ; — le cap de *Fer*, qui ferme ce golfe à l'est ; — le cap *Takkouch* ; — le cap *Aouan* ; —

le cap de *Garde*, à la pointe O. du golfe de Bone, ayant pour pendant à l'E. le cap *Rosa*; — sur les bords du golfe sont distribuées la ville de *Bone*, l'embouchure de la *Seybouse* et de la *Mafrag*; — les ruines du *Bastion de France*, un des premiers établissements des Français en Afrique, avant la domination des Turcs; — le cap *Gros*, dont une saillie assez remarquable porte le nom de *Bec-de-l'Aigle*; — l'établissement de *la Calle*; — enfin le cap *Roux*, au-delà duquel se termine la frontière orientale. Dans le profil général de la côte, les rentrants principaux sont: le golfe de Bougie, le golfe de Stora, le golfe de Bone, tous les trois occupés par des places importantes pour la marine et le commerce : Bougie, Stora-Philippeville, Bône.

### Montagnes.

Les masses qui dominent les vallées hautes en s'avançant de l'O. à l'E. sont : le Bou-Taleb, à 40 kil. S. de Sétif; — le Guérioun, à 69 kil. S. de Constantine; — le Mehouna, près de Guelma; — le Beni-Salah, au S. de Bone.

Les masses qui bordent le littoral et dominent les vallées basses sont :

Les Babor (grand et petit) entre Bougie et Djigelli; — le Goufi, en arrière de Kollo; — l'Edough, qui domine à l'O. la ville de Bône; — le Ghora, près la Calle; — le cône isolé du Monte-Rotondo, entre la Calle et le cap Roux.

Au S., les plateaux du Tell sont dominés par la zone montagneuse des monts Aurès, une des chaînes principales de l'Atlas algérien, qui forme le haut pays entre le Tell et le Sahara. A l'O. la Kabilie forme un immense pâté montagneux, profondément accidenté, qui se prolonge dans la province d'Alger.

### Rivières. — Lacs.

Les principaux cours d'eau de la province sont, de l'E. à l'O. :

I. Dans le VERSANT MÉDITERRANÉEN : *l'Oued-Sahel*, dont le cours supérieur coule dans la province d'Alger, et qui, grossi de nombreux affluents, parmi lesquels on distingue *le Bou-Sellam*, se jette dans la mer à une lieue à l'E. de

Bougie, sous le nom de *Summam*; — *l'Oued-Kebir*, qui a son embouchure à 7 lieues E. de Djigelli; cours inférieur du *Rummel*, qui passe à Constantine; — *l'Oued-Gueblt*, à l'E. de Kollo; — *le Saf-Saf*, à l'E. de Philippeville; — *l'O.-Radjeta*, à l'E. du golfe de Stora; —*la Seybouse*, à l'E. et dans le golfe de Bone; —*la Mafrag*, à l'E. de la Seybouse.

A l'E. de Bone, au S. de la Calle, divers lacs constituent de remarquables accidents du territoire. Le principal est le lac Felzara, célèbre par l'innombrable quantité de poissons et de gibier aquatique qui peuple ses eaux, au point de donner naissance à une industrie sérieuse de fabrication d'huile. Il reçoit les courants d'un vaste bassin, très-riche territoire de colonisation.

II. Dans le PLATEAU CENTRAL, les cours d'eau sans importance se perdent dans le bassin du Hodna, ou Chott-es-Saïda, d'autres dans les bassins multiples des Sbakh (pluriel de Sebkha).

III. Dans le VERSANT SAHARIEN, les cours d'eau qui descendent des flancs méridionaux des monts Aurès affluent dans l'Oued-Djedi, dont nous avons constaté l'origine dans la province d'Alger, et qui se perd dans le lac Melrir, le lac Triton des anciens. Il reçoit aussi sur sa droite des affluents venant des landes qui entourent les oasis.

## Bassins.

Ils tirent leurs noms des rivières qui recueillent leurs eaux. Aux courants dont le nom précède, il faut joindre le *Medjerda* (*Bagradas* des anciens) qui, par son cours supérieur, appartient à l'Algérie, et à la Tunisie par son cours inférieur et son embouchure. — La ligne de frontière le partage en deux sections: l'une algérienne, où se trouvent Tagaste (Tedjedi), patrie de saint Augustin, Madaure (Mdaouroùch) où il fut élevé; l'autre, tunisienne, consacrée par les souvenirs de Zama et d'Utique.

## Population.

Le dénombrement de 1852, borné aux territoires occupés par les Européens, a donné, pour la province de Constantine, les résultats suivants:

I. Population européenne :

### 1° Suivant l'état civil :

| Sexe masculin. | | Sexe féminin. | | Totaux. |
|---|---|---|---|---|
| Hommes. | 6,503 | Femmes. | 5,420 | 11,923 |
| Garçons. | 8,814 | Filles. | 4,690 | 13,504 |
| | 15,317 | | 10,110 | 25,427 |

Distribués en 1371 maisons et 4,264 ménages.

### 2° Suivant le pays de naissance :

Nés en Algérie, 3,841. — Nés hors de l'Algérie, 21,586.

### 3° Suivant la nationalité :

| | |
|---|---|
| Français. | 16,356 |
| Anglo-Maltais. | 3,456 |
| Italiens. | 2,889 |
| Espagnols. | 1,381 |
| Allemands. | 859 |
| Suisses. | 182 |
| Anglo-Irlandais. | 96 |
| Belges et Hollandais. | 82 |
| Polonais. | 63 |
| Portugais. | 13 |
| Grecs. | 11 |
| Autres. | 62 |

Sous-total Anglo-Maltais à Autres : 9,071

Total. . . . . . . . 25,427

### 4° Suivant la religion :

| | |
|---|---|
| Catholiques. | 24,620 |
| Protestants. | 648 |
| Israélites. | 159 |

Total : 25,427

### 5° Suivant le domicile et le caractère de l'industrie :

| | |
|---|---|
| Urbaine. | 17,817 |
| Rurale non agricole. | 2,923 |
| Rurale agricole. | 4,687 |

Total : 25,427

### 6° Suivant la distribution sur le sol :

| | |
|---|---|
| Population agglomérée. | 23,233 |
| — éparse. | 2,194 |

Total : 25,427

II. La Population indigène ne reproduit qu'en partie les classifications. On la divise ainsi :

1° *Suivant l'état civil* :

|  |  | Reldi (citadins). |  | Rennant (forains). |  |
|---|---|---|---|---|---|
| MUSULMANS. | Hommes... | 12,004 | } 19,296 | 4,409 | } 5,254 |
|  | Garçons... | 7,232 |  | 845 |  |
|  | Femmes... | 12,685 | } 18,835 | 146 | } 241 |
|  | Filles..... | 6,150 |  | 95 |  |
|  |  |  | 38,131 |  | 5,495 |

Total général.......... 43,626

| ISRAËLITES. | Hommes... | 1,056 | } 2,373 |  |
|---|---|---|---|---|
|  | Garçons... | 1,317 |  | } 4,746 |
|  | Femmes... | 1,223 | } 2,373 |  |
|  | Filles..... | 1,150 |  |  |

Total de la population indigène........ 48,372

2° *Suivant la distribution sur le sol* :

Agglomérée, 36,000. — Eparse. — 12,732. — Total, 48,372.

III. En résumant, sous le point de vue *de la distribution sur le sol*, qui est le plus général, la population totale de la province, on obtient :

|  | Européens. | Indigènes. | Total. |
|---|---|---|---|
| Population agglomérée.. | 23,233 | 36,000 | 59,233 |
| — éparse.... | 2,194 | 12,732 | 14,926 |
|  | 25,427 | 48,732 | 74,159 |

Et *suivant le classement administratif des territoires* :

|  | Département. | Division. | Total. |
|---|---|---|---|
| Européens......... | 19,683 | 5,744 | 25,427 |
| Indigènes......... | 39,394 | 8,978 | 48,372 |
|  | 59,077 | 14,722 | 73,799 |
| Population en bloc.... | 18,755 | 5,871 | 24,626 |
|  | 77,832 | 20,593 | 98,425 |

## Viabilité.

La viabilité est moins avancée que dans la province du centre.

Les routes IMPÉRIALES de la province de Constantine sont :

1° La route de *Stora à Constantine*, d'une longueur totale, y compris la rectification de la vallée du Saf-Saf, de 100 kil., ayant coûté, au 31 décembre 1851, 1,915,238 fr.;

2° La route de *Constantine à Sétif*; longueur, 130 kil.; dépense, 132,700 fr.;

3° La route de *Constantine à Guelma*; longueur, 8,300 mèt.; dépense, 60,093 fr.;

4° Route de *Bône à Tebessa*, avec embranchement sur Guelma; longueur, 60 kil.; dépense, 490,191 fr.;

5° Route de *Sétif à Alger*; longueur, 68 kil.; dépense, 34,763 fr.;

6° Route de *Bougie à Sétif*; longueur, 5,000 kil.; dépense, 70,892 fr.

II. ROUTES STRATÉGIQUES. — Néant.

III. Les ROUTES PROVINCIALES sont :

1° Route de *Bône à Constantine*, exécutée seulement sur des parties qui lui sont communes avec d'autres routes;

2° Route de *Philippeville à Kollo*; longueur, 12 kil.; dépense, 5,000 fr.;

3° Route de *Constantine à Biskara* (seconde partie de la route impériale de la mer à Biskara); longueur, 136 kil.; dépense, 78,000 fr.;

4° Route de *Bône à Philipperville*, par Aïn-Morka, 1re partie, entre Bône et Saint-Charles; longueur, 82 kil.; dépense, 294,645 fr. — 2e partie, de Saint-Charles à Philippeville (appartient à la route de Stora à Constantine);

5° Route de *Philippeville à la Calle*; longueur 14 kil.; dépense, 108,000 fr.;

6° Route de *Bône à l'Edough*; longueur, 19 kil.; dépense, 88,000 fr.

IV. Des CHEMINS VICINAUX, dans un état plus ou moins avancé d'exécution relient les divers centres de population.

V. En résumé, la viabilité de la province de Constantine se résume dans le tableau suivant (31 décembre 1851) :

|  | Longueur. | Dépenses. |
|---|---|---|
| Routes impériales. | 571,300 m. | 2,704,479 f. 14 c. |
| Routes stratégiques (néant). | » | » » |
| Routes provinciales. | 277,850 | 608,245 00 |
| Chemins. | 421,100 | 681,266 86 |
|  | 870,250 | 3,993,991 00 |

En 1852 et 1853 des travaux considérables ont de beaucoup amélioré cette situation ; mais le compte-rendu n'en a pas été publié.

Il n'y a de service régulier de diligences que de Philippeville à Constantine, de Constantine à Batna et de Bône à Guelma. En 1853, un troisième service a parcouru la route de Bône à Philippeville.

### Forêts.

La province de Constantine est de beaucoup la plus riche en forêts. On y avait relevé en 1849 :

| | |
|---|---|
| 17 forêts de chênes-lièges. | 28,100 hect. |
| 2 forêts de chênes-verts. | 8,800 |
| 3 forêts de chênes-zeens. | 105,900 |
| 1 forêt de chênes à glands doux. | 4,800 |
| 2 forêts de genévriers. | 12,800 |
| | 160,400 hect. |

Sans compter les nombreuses forêts d'oliviers et d'essences variées dans le Tell, et de palmiers-dattiers dans le Sahara. La totalité de la superficie boisée était évaluée à 429,606 hect., chiffre qui a été augmenté depuis lors par les relèvements des services des eaux et forêts et du génie.

### Conditions générales.

Par l'ensemble de ses conditions de sol, de climat, d'eaux, de bois, la province de Constantine est la plus fertile de toute l'Algérie. A un plus haut degré que les deux autres, elle représente ce renom de fécondité extraordinaire qui avait fait de la Numidie le grenier de Rome.

« Heureuse province, s'écriait à l'occasion de l'exposition agricole de 1851 M. Ceccaldi, président du jury, heureuse province, qui produit tant et de si bonnes choses, lorsque sa culture est encore dans l'enfance; pays qui étonnera les générations à venir, lorsqu'après s'être peuplé de bras, il aura donné essor à sa faculté de production! Tout y vient à souhait. La culture des céréales, de l'olivier, du mûrier, du tabac, de la garance et du coton, marche de front avec la culture des plantes légumineuses, de la vigne et des arbres fruitiers de toute espèce. Les races ovine, bovine et chevaline ne demandent qu'à être exploitées. L'homme aborigène seul se montre çà et là rétif, et paraît ne pas répondre partout aux intentions bienveillantes et civilisatrices de la France; mais il viendra lui-même à nous, et nous bénira de l'avoir arraché à son ignorante barbarie, quand les circonstances permettront de le gouverner par les seules lois éternelles de la justice et de la morale. »

### Divisions naturelles.

En faisant abstraction des divisions administratives, sujettes à des variations annuelles, on distinguera sept régions naturelles : la CÔTE, les VALLÉES INFÉRIEURES, les PLATEAUX DU TELL, la KABILIE, l'AURÈS, le PLATEAU CENTRAL, les OASIS.

Nous décrirons les centres de colonisation en reprenant aux limites de la province d'Alger.

---

### A. — LA CÔTE.

La population s'y répartit ainsi qu'il suit :

| Localités | Maisons. | Ménages. | Européens. | Indigènes. | Total. |
|---|---|---|---|---|---|
| Bougie et banlieue.. | » | 450 | 1,220 | 561 | 1,781 |
| Djigelli. . . . . | 37 | 44 | 274 | 1,022 | 1,296 |
| Stora. . . . . | » | 77 | 391 | » | 391 |
| Philippeville. . . | » | 1,280 | 4,428 | 398 | 4,826 |
| Banlieue. . . . | » | 64 | 290 | 30 | 320 |
| Tribus.. . . . . | » | » | » | 494 | 494 |
| Bône et sa banlieue (Mozerville, Bugeaud, l'Alelik, El-Hadjar). . | 1,035 | 1,339 | 5,518 | 5,104 | 10,622 |
| La Calle. . . . . | 130 | 225 | 739 | 167 | 906 |
| 10 centres. . . . | » | 3,485 | 12,860 | 7,776 | 20,636 |

## Bougie.

Chef-lieu de cercle et de district, port renommé par l'étendue et la sûreté de son mouillage, sur la côte N.-O. du golfe du même nom, à 229 kil. N.-O. de Constantine, à 45 lieues marines environ d'Alger. La ville s'élève au bord de la mer, sur le flanc méridional du Gouraya, mont abrupte et escarpé qui culmine à 700 mètres d'altitude. Cette position sur les flancs d'une haute montagne, ses maisons encadrées dans des massifs d'orangers, de grenadiers, de caroubiers, rendent son site éminemment pittoresque. Bougie, pris par les Français le 29 septembre 1833, fut doté, par arrêté du 21 novembre 1838, d'un commissariat civil, qui dépendit de l'arrondissement d'Alger, jusqu'au décret du 10 mars 1850 qui le rattacha à la sous-préfecture de Philippeville. En même temps le cercle militaire fut placé dans la subdivision de Constantine. Longtemps comprimée par l'hostilité des tribus, la culture s'est développée autour de Bougie, dans ces dernières années, sur le territoire de colonisation fixé, par arrêté du 27 juillet 1848, à 1,176 hectares, et porté à 1,421 par décret impérial du 6 août 1852. En territoire militaire, dès la fin de 1851, une ferme s'était élevée pour l'exploitation de 100 hectares de terres que cultivaient les Kabiles de la tribu des Mzaïas. Les eaux, grâce à d'importants travaux publics, suffisent aux besoins, en tenant compte de celles de l'*Oued-Sahel* ou *Summam*, qui, après avoir arrosé une des plus riches vallées de l'Algérie, se jette dans la mer à une lieue au S. de Bougie. L'industrie a élevé une belle usine à huile, et le commerce atteint déjà un certain degré d'importance, bien faible reflet d'une splendeur plus que séculaire. En effet, l'origine de Bougie remonte aux Carthaginois fondateurs de *Saldæ*. La cité primitive, qui s'accrut sous la période romaine, dont les monuments subsistent encore, à travers quelques éclipses passagères, brilla pendant tout le moyen-âge, sous les dynasties arabes et berbères, ainsi que sous la domination passagère des Espagnols, et ne déclina que sous le despotisme brutal des Turcs, et par la rivalité triomphante d'Alger. A l'apogée de sa gloire, Bougie, aujourd'hui modeste chef-lieu d'un cercle militaire, était plus qu'une ville sainte, la petite Mecque; c'était une capitale peuplée de 100,000 âmes, qui régnait sur Bône, Constantine et Alger. Cette brillante destinée renaîtra en partie dès que la civilisation européenne aura pénétré avec ses sciences et son industrie dans toutes les profondeurs de la Kabilie, source d'inépuisables richesses. Huiles, cuirs, grains, fruits, miel et cire (la *bougie* trahit par son nom son origine), bestiaux, laines, suifs, seront, comme par le passé, les matières d'échange. La route déjà ouverte de Bougie à Sétif agrandit même l'horizon commercial du port de Bougie en lui ouvrant le débouché de la vaste plaine de la Medjana, et, au-delà, celui du plateau central et des oasis méridionales. Aussi déjà plusieurs maisons d'Alger, de Marseille et même de Paris y ont fondé des comptoirs, et, sur la route à peine ouverte de Sétif s'élèvent des moulins à huile, à côté des maisons de cantonniers et des forts de commandement. L'art nautique vient en aide à la spéculation commerciale, en proclamant Bougie un point de relâche assuré par toute saison pour une escadre qui opérerait dans la Méditerranée. Les avantages dont l'art est parvenu à doter Alger, à force de millions, la nature en avait favorisé la reine de la Kabilie. Aussi, en vue d'un rôle de guerre, a-t-elle été justement armée de fortifications, complément de ses défenses naturelles, qui la rendent imprenable par mer comme par terre.

STATISTIQUE OFFICIELLE (1851). — *Constructions*: 9 maisons valant 26,600 fr., 1 hangar, 3 écuries ou étables, 11 gourbis et silos, 31 puits ou norias, d'une valeur totale de 19,710 fr. — *Bétail*: 23 chevaux, 7 mulets, 22 ânes, 2 bœufs, 1 chèvre. — *Matériel agricole*: 6 charrues, 3 voitures, 7 tombereaux. — *Plantations*: 7,679 arbres. — *Concessions*: 126 hect. 26 ares. — *Défrichement*: 69 hect. — *Récoltes* (1852): sur 38 hect. cultivés en grains, 360 hectol. de blé dur, 97 d'orge, 16 de maïs, 23 de fèves, d'une valeur totale de 6,443 fr.

## Djigelli.

Chef-lieu de cercle, petit port d'un abord difficile par le mauvais temps, situé au milieu de la ligne qui borde la Kabilie, entre Bougie et Kollo, à 128 kil. N.-O. de Constantine; à 12 lieues E. de Bougie, 24 lieues O. de Philippeville, fut occupé, le 13 mai 1839, par les Français, qui n'y trouvèrent que quelques misérables masures, humbles restes d'une antique prospérité. Djigelli, fondation carthaginoise, colonie romaine (Dgilgilis), ville épiscopale, berceau de la puissance de Barberousse, fut autrefois florissant par le commerce et la piraterie. Le duc de Beaufort s'en empara en 1664 pour Louis XIV; Duquesne y jeta les fondements du fort que les indigènes appellent encore aujourd'hui fort des Français, pour protéger le commerce, alors considérable, que faisait la France avec les indigènes. La place étant restée, après l'occupation, complétement bloquée par les Kabiles, la culture est elle-même restée fort circonscrite au dehors de ses murs. La pacification, obtenue seulement vers 1850, a permis à la colonisation de s'y établir. Elle trouvera tous les éléments de succès dans un territoire très-fertile, dans l'abondance des eaux qui, à Djigelli seulement, débitent journellement 60,000 litres. Le climat laissait à désirer sous le rapport de la salubrité; mais une allocation de 200,000 fr., affectée au desséchement des marais, l'assainira. En attendant les concessions par l'Etat, certains colons se sont établis sur les terres des indigènes qui leur en ont concédé la jouissance avec promesse de vente; d'autres, et c'est le plus grand nombre, ont reçu des autorisations provisoires de cultiver les terrains de l'Etat. A la fin de 1851, 32 hectares environ de la petite plaine joignant la ville, dite plaine des *Ruines*, étaient cultivés en jardinage. Un moulin à manége a été établi. Quelques Européens font avec les indigènes un commerce assez lucratif en huiles, blé et cuirs; mais ce trafic attendait, pour se développer, la création de routes vers l'intérieur. A la suite de l'expédition des Babors, elles ont été ouvertes par l'armée dans l'été de 1853. Mila, Constantine, Sétif, mis en relations avec le port de Djigelli, lui ouvriront une ère nouvelle.

STATISTIQUE OFFICIELLE.—Manque.

## Kollo.

Bon port de commerce et village arabe sur la côte, à 60 kil. E. de Philippeville, occupé, le 11 avril 1843, par les

Français, et depuis abandonné. C'est un des lieux où le commerce européen a le plus anciennement trouvé accès. Les Vénitiens et les Génois y furent accueillis les premiers; les Flamands, les Français ne tardèrent pas à les suivre, et ces derniers y prédominèrent. La compagnie française d'Afrique établie à Marseille y entretenait un agent et en exportait des laines, de la cire, du miel, des cuirs, des fruits secs. Les habitants, moins barbares que ceux des autres points de l'Afrique, sont accoutumés au commerce des Européens. Les environs sont très-pittoresques et fort boisés; un cours d'eau arrose cette vallée et va se jeter, à l'est, dans la baie. Des débris de constructions attestent que *Collops Magnus* fut peuplé par les Romains. Kollo ne peut être longtemps encore délaissé par les Français : ce sera une des portes de communication avec Constantine, situé à 116 kil. — Le coton y est cultivé par les indigènes.

### Stora.

Port spacieux et sûr, presque fermé, à 4 kil. O. de Philippeville, à 87 kil. de Constantine, dans la rade de ce nom, dans une position agréable et salubre, entouré d'un territoire très-productif. Des habitations groupées autour du port par l'intérêt commercial forment une bourgade dont le développement est limité par les talus à pic de la montagne. La seule fonction de Stora est d'être le port de Philippeville avec qui il communique par une bonne route. A Stora, comme à Philippeville, on a trouvé des restes imposants de constructions romaines, de vastes magasins voûtés et de magnifiques citernes qui présentent un modèle curieux de restauration archéologique.

## Philippeville.

Chef-lieu de cercle et d'arrondissement, sur le bord de la mer, dans la baie de Stora, à 83 kil. N. de Constantine, fondé le 7 octobre 1838 par le maréchal Vallée après la prise de Constantine, pour assurer entre la capitale de l'est et la mer une communication plus courte que par Bône. L'emplacement était tout désigné par les ruines romaines de *Russicada*, qui couvraient le sol. Le 8 octobre 1848, la ville nouvelle fut érigée en chef-lieu de cercle; le 8 mai 1841, en commissariat civil; le 12 mai 1841, une justice de paix y fut créée; le 9 février 1843, une mairie. Le 10 décembre 1842 elle fut érigée en sous-direction de l'intérieur; la République en a fait une sous-préfecture. Ces phases progressives de sa destinée passée font présager celle que lui réserve l'avenir. Cet avenir est tout entier dans ce seul caractère : Philippeville est le port commercial et militaire de Constantine, le centre de transit et d'entrepôt du commerce de l'Europe avec l'Algérie orientale. Aucune localité d'Afrique ne présente le tableau d'un développement aussi rapide. Les environs de Philippeville qui, en 1838, n'étaient qu'un cloaque et un marais infect, trois ans après étaient devenus de riants jardins plantés d'arbres de toute espèce : une ville nouvelle, peuplée de 5,000 habitants, ornée de belles maisons, de larges et droites rues, de vastes quais, de places, de promenades, d'une physionomie tout européenne, s'était élevée par enchantement. Sa banlieue civile, englobant toute la vallée du Zéramna et une partie de celle du Saf-Saf, était distribuée en grandes et petites concessions et voyait s'élever les villages de Vallée, Damrémont, Saint-Antoine. La route de Constantine, malgré l'imperfection de son tracé et de son entretien, permettait l'approvisionnement de cette place et ouvrait au commerce les débouchés plus lointains du Sahara et des oasis. Les paquebots à vapeur avaient choisi ce poste pour leur station principale dans l'est. Les habitants, émerveillés de cette rapide renaissance de l'antique Russicada, ont pris confiance en eux-mêmes au spectacle de leurs succès et méditent de plus hautes entreprises. Un chemin de fer de Philippeville à Constantine leur apparaît comme le couronnement naturel de leur prospérité croissante. Les études sont terminées, et l'on peut en espérer la prochaine réalisation. Dans une direction latérale, la route de Philippeville à Bône, praticable dans toute sa longueur, ouvre à la colonisation agricole, industrielle et commerciale, une autre vaste et riche contrée. Il ne manque à Philippeville, comme à Oran, qu'un port au pied de ses quais : la disposition de

la côte, qui l'en prive, lui en procure un à Stora : un service des chalands par mer, une bonne route de terre à travers le pâté montagneux richement cultivé des Beni-Mélek, rapprochent ces deux éléments solidaires d'une même destinée.
— Philippeville possède toutes les institutions d'une ville algérienne de second ordre : sous-préfecture, municipalité, tribunal civil de première instance, tribunal et chambre de commerce, justice de paix, hôpital civil et militaire, dépôt des colons, théâtre, consulats étrangers, pépinière publique de 26 hect. irrigués. Le service des eaux a été l'objet de travaux importants. Les vieilles citernes romaines, composées de huit grands bassins, ont été déblayées et réparées. Les deux lits à niveaux différents du Zéramna et de l'Oued-Louah ont été réunis par l'endiguement de ce dernier courant, ce qui a permis de consacrer à l'irrigation des eaux fécondantes qui se perdaient jadis improductives, ou formaient, par leurs émanations, des marais dangereux. Les bois considérables du Saf-Saf, du Zéramna, de Stora, les marbres de Filfila, ouvrent à l'industrie une carrière illimitée de fructueuses exploitations; elle s'est déjà signalée par l'établissement de trois usines à vapeur. Un service régulier de diligences conduit de Philippeville à Constantine.

STATISTIQUE OFFICIELLE (1851). — *Constructions* : 76 maisons valant 319,900 fr., 17 hangars, 19 écuries et étables, 6 gourbis et silos, 82 puits et norias, d'une valeur totale de 131,000 fr. — *Bétail* : 87 chevaux, 75 mulets, 90 ânes, 500 bœufs, 190 vaches, 500 chèvres, 650 moutons, 137 porcs. — *Matériel agricole* : 58 charrues, 75 voitures, 35 tombereaux. — *Récoltes* (1852) des fermes isolées : sur 137 hect. cultivés en grains, 240 hectol. de blé tendre, 600 de blé dur, 420 d'orge, 92 de seigle, 128 d'avoine, 120 de maïs, 216 de fèves, d'une valeur totale de 23,204 fr. — *Industrie* : 8 entrepreneurs de 1re classe, 10 entrepreneurs-maçons de 2e, 5 maîtres charpentiers, 24 ateliers de menuiserie, 6 briquetiers ou chaufourniers, 10 ferblantiers et 10 serruriers. — *Transports* : 250 maîtres voituriers, ayant 329 équipages et près de 1,000 bêtes de trait, occupant 8 maîtres charrons, 3 maîtres maréchaux et 3 bourreliers. — *Usines* : 3 à vapeur, dont un moulin à farine, un moulin à huile; la troisième usine fabrique le chocolat, moud le café, les graines oléagineuses et médicinales, broie les couleurs, égrène le coton.

## Bône.

Chef-lieu de la 2e subdivision militaire, siège de sous-préfecture, à 158 kilomètres nord-est de Constantine, à 440 kilomètres d'Alger, à 100 kilomètres de Philippeville, sur la côte ouest du golfe de Bône. Cette ville s'élève derrière une falaise au pied de laquelle est le mouillage particulièrement nommé la rade de Bône, dont le fort Cigogne forme la pointe méridionale; non loin de l'ancienne Hippone, ville qui fut une des résidences des rois de Numidie, joua un rôle important dans la guerre de César en Afrique, dans celle des Vandales sous Genséric, et, plus tard, dans la campagne de Bélisaire, mais qui dut sa principale illustration à l'épiscopat de saint Augustin. On en voit encore les ruines à une petite distance de Bône, entre la Boudjima et la Seybouse, sur un mamelon isolé dans la plaine, couvert d'oliviers, de figuiers et d'orangers. Une statue de saint Augustin y rappelle la mémoire du saint évêque. Bône, appelée par les anciens itinéraires du nom caractéristique d'*Aphrodisium*, est appelée par les indigènes *Beled-el-Aneb*, la ville des jujubes. Au nord de Bône s'élève une colline de 105 mètres de haut, sur laquelle est bâtie la kasba qui couvre entièrement la ville du côté du nord et surveille la rade. La plage, en tournant au sud, correspond à une immense vallée composée de plusieurs plaines arrosées par la Boudjima et la Seybouse, navigable à 2 kil. de son embouchure, dont les lentes sinuosités, sur un sol argileux, déterminent des marécages, sources d'une insalubrité qui avait cédé aux travaux d'assainissement, lorsqu'en 1852, le défaut d'entretien des travaux, joint sans doute à quelque cause atmosphérique, a déterminé une fâcheuse recrudescence de fièvres. Les montagnes de l'Edough, couvertes de belles forêts, prennent naissance à 6 kilomètres dans la montagne. Bône, pris le 26 mars 1832 par un stratagème des capitaines d'Armandy et Youssouf, est devenu pour la France un des points les plus importants d'occupation. Cette place protége la côte et les vallées inférieures de l'Algérie orientale, surveille la mer et la frontière à l'est, comme Oran à l'ouest, sert de dépôt et de magasin pour la Calle, Guelma et tous les postes de l'est, jusques et y compris Medjez-Amar; est enfin un centre important de colonisation pour le fertile bassin de la Seybouse. Les richesses de toute nature y sont réunies : terres d'une merveilleuse fécondité, eaux abondantes, bois magnifiques, minerais de fer. Aussi la colonisation s'y est-elle portée de bonne heure à la suite du commerce; et, malgré les difficultés climatériques, aggravées par le mauvais état des communications, elle a fait de la plaine qui entoure Bône un des plus brillants théâtres de l'agriculture algérienne. Divers centres, créés dans un rayon plus éloigné, étendent le réseau colonisateur sur un territoire de 40 à 50,000 hectares dans toutes les directions. Appuyée sur tous ces éléments variés de prospérité, Bône, qui, jusqu'à la prise de Constantine, fut la capitale de l'est, lutte avec énergie, par l'agriculture, le commerce et l'industrie, contre le rang secondaire que lui a fait la politique. Cette ville possède de nombreuses et importantes institutions : sous-préfecture, tribunal de première instance, justice de paix, chambre de commerce, municipalité, pépinière publique, filature de soie, mission des tabacs, hôpital civil, journal (*la Seybouse*), société d'agriculture, peu active, sinon morte. La plupart des nations de la Méditerranée y sont représentées par des consuls. L'industrie y a construit un moulin à vapeur et plusieurs moulins à huile qu'alimentent les produits d'un territoire très-propice à l'olivier. Des savons de Bône figurent à l'exposition algérienne à Paris. D'année en année le mouvement commercial s'y développe. Relevé de ses ruines, pavé à neuf, construit dans les conditions de l'architecture moderne, avec des fontaines, des places, des quais, des promenades, des égouts, décoré de quelques édifices remarquables, Bône représente avec distinction la civilisation européenne sur la côte africaine. Et, pour relever son mérite, ajoutons que cette prospérité s'est développée sans le secours de l'armée, par le fait seul des conditions favorables du sol et de l'énergie intelligente des colons. Pour combler ses vœux, il lui faudrait un port de refuge depuis longtemps promis et étudié qui remplaçât le mouillage du Fort Génois, éloigné de deux lieues; un lazaret, des quais plus développés, un bâtiment de la douane plus étendu, un entrepôt réel, une banque, un théâtre; des travaux définitifs d'assainissement; enfin des communications plus faciles en toute saison, par terre, avec Guelma, Constantine, Philippeville; par mer, une part plus large dans les voyages des paquebots à vapeur qui font le service de France et celui de la côte jusqu'à Tunis. Pendant plusieurs années Bône a joui d'une exposition d'agriculture qui semble, à partir de 1853, réservée à Constantine; ses habitants réclament, au nom de sa prééminence agricole, contre le privilége accordé à sa rivale. Une diligence a fait, pendant l'été de 1853, le service quotidien de Bône à Guelma, et, en septembre, une autre s'est aventurée pour la première fois sur celle de Philippeville par Jemmapes : autant d'honorables témoignages de vitalité qui révèlent l'avenir réservé à cette localité.

STATISTIQUE OFFICIELLE (pour 1851 manque): — *Récoltes de 1852* : sur 678 hect. cultivés en grains, 120 hectol. de blé tendre, 3,280 de blé dur, 1,900 d'orge, 120 de seigle, 144 d'avoine, 135 de maïs, 420 de fèves, d'une valeur totale de 82,722 fr. Les cultures industrielles de toute nature ont reçu de grands développements autour de Bône. — Fermes isolées de la subdivision de Bône : sur 125 hect. 60 ares cultivés en grains, 1,424 hectol. de blé dur, 544 d'orge, 15 de seigle, 20 de maïs, 59 de fèves, d'une valeur totale de 23,892 fr.

ANNEXES. L'Alelik, Bugeaud, Duzerville, El-Hadjar.

### L'Alelik.

Village de la banlieue de Bône, à 6 kil. de la ville, dans la plaine de l'Alelik; créé en 1851, et doté d'un territoire de 262 hectares. Au 31 décembre 1852, on n'y comptait encore que quatorze habitants qui avaient cultivé 10 hectares. Les plantations de mûriers y réussissent particulièrement. Tout donne lieu d'espérer que le riche territoire de l'Alelik, si recherché par les habitants de Bône, sera bientôt en pleine culture.

C'est dans la plaine de l'Alelik qu'est le dépôt des étalons du gouvernement pour la province de Constantine, créé par décision du 22 avril 1844 : à la fin de 1852, il contenait vingt-trois étalons.

Sur le même territoire, se trouve l'établissement de la

*société anonyme des hauts-fourneaux* de *l'Alelik* qui donne la vie à la plaine par la reprise de ses travaux. (Voir aux Mélanges, article Mines.)

### Bugeaud.

Village à 12 kil. de Bône, créé par ord. du 3 juin 1847, sur la montagne de l'Edough, à l'entrée de la forêt, en vue d'une destination forestière plutôt qu'agricole. Bien que la construction de seize maisons ait suivi de près la création légale, le peuplement n'a commencé qu'en 1851, par quelques familles de bûcherons lorrains, trop pauvres pour s'installer à leurs frais. Elles ont exécuté des défrichements et commencé des cultures régulières, notamment de tabac. Bugeaud communique avec Bône par une bonne route, et cet avantage, joint à tous ceux dont on a doté les colons, fait espérer que les sacrifices de l'État ne seront pas stériles. Au 31 décembre 1851 on y comptait 70 habitants.

STATISTIQUE OFFICIELLE (1851). — *Constructions* : 16 maisons valant 26,500 fr. — *Plantations* : 150 arbres. — *Concessions* : 22 hect. 59 ares. — *Défrichement* : 9 hect.

### Duzerville.

Village de la banlieue de Bône, à 11 kil. de cette ville, au lieu connu sous le nom de Bouzaroura, près du pont de Constantine, sur la Méboudja, à mi-chemin de Mondovi ; dans une vaste et fertile plaine, au point de séparation des routes qui conduisent, l'une à Mondovi, l'autre à Guelma. La création officielle remonte au 12 février 1845 ; mais cet établissement avait été suspendu par des difficultés de propriété, et par la nécessité de travaux préalables d'assainissement. L'installation des colons ne date que du dernier trimestre de 1850. Le territoire est excellent ; les eaux, fournies par deux puits, sont abondantes et saines. Les colons se sont occupés avec ardeur de leurs travaux de construction et de clôture. Aux éléments de prospérité agricole qui sont des meilleurs, la route de Bône à Duzerville ajoute un précieux élément de prospérité commerciale : le voisinage de Bône offre d'ailleurs un débouché facile aux produits. Dès 1852, les colons avaient fait des récoltes importantes en céréales et en foins, et la campagne de 1853 a développé les travaux et les ressources.

STATISTIQUE OFFICIELLE (1851). — *Constructions*: 9 maisons valant 16,100 fr. — *Bétail*: 4 chevaux, 6 mulets, 2 bœufs.— *Matériel agricole*: 3 charrues, 4 voitures, 1 tombereau. — *Concessions*: 164 hect. 09 ares.

### El-Hadjar.

Village créé en 1851, à 12 kil. de Bône, à 5 kil. de Duzerville, sur la route conduisant à Penthièvre, pour quarante-cinq familles qui auront à cultiver un territoire de 1,625 hectares 51 ares 24 centiares. Au 31 décembre 1852, on y comptait déjà cinquante-six habitants dont les cultures étaient plus avancées qu'à Duzerville. Ils avaient fait d'importantes plantations en mûriers. Dès 1852, les foins et les céréales avaient donné d'abondants produits. L'achèvement de la route de Bône à Guelma permettra à ce village de prendre tout son développement.

### La Calle.

Chef-lieu de cercle, à 236 kil. N.-E. de Constantine, à 18 lieues marines à l'est de Bône, à 10 lieues marines de l'île de Tabarca, sur la frontière orientale; fut, à partir du 16ᵉ siècle, le centre du commerce des Français sur la côte d'Afrique, sous la domination turque. Ils y avaient établi des comptoirs à Bône, à Kollo, au Bastion de France, à Tabarca. Les établissements de la compagnie de la Calle, abandonnés pendant la révolution française à la suite de la suppression de son privilège, donnaient lieu, sous la Restauration, à de nouvelles spéculations, lorsqu'ils furent incendiés par les indigènes le 18 juin 1827, lors de la rupture de la France avec Hussein-Dey. Occupée militairement le 15 juillet 1836, cette place devint à l'est de l'Algérie un poste important destiné à assurer la sécurité de la frontière et surveiller les mouvements du bey de Tunis, tout en reprenant son ancien rôle commercial, déterminé surtout par les bancs de corail de ses côtes, les plus riches en ce genre de la Méditerranée. La ville, bâtie sur un rocher qui forme presqu'île, est entourée de tout côté par la mer, excepté au sud, où se trouve la porte de communication avec la terre. Un arrêté du 21 décembre 1842 l'a érigée en commissariat ; une ordonnance royale du 13 décembre 1846 lui a assigné une banlieue civile d'environ 8,500 hectares, circonscrite par la mer et par trois lacs éloignés moyennement de la ville de 2,400 mètres qui lui forment comme un large canal. Dès la fin de 1851, 50 hectares formant trois concessions étaient en état d'exploitation, début de la colonisation qui ne tardera pas à embrasser tout le territoire propre aux cultures, dont les eaux abondantes et saines accroissent la fertilité. La population de la Calle a été jusqu'à présent absorbée par les trafics qui naissent de la pêche du corail, ou de l'exploitation des immenses forêts de chênes-lièges qui couvrent son territoire. Cette industrie, qui a été l'objet de plusieurs concessions, et qui, dans un avenir peu éloigné, constituera une des principales richesses de l'Algérie, a donné naissance à l'établissement forestier de Méla, à 9 kil. environ de la Calle.

STATISTIQUE OFFICIELLE (pour 1851. — Manque.) — *Récoltes de 1852* : sur 575 hect. cultivés en grains, 126 hectol. de blé tendre, 3,280 de blé dur, 1,900 d'orge 120 de seigle, 144 d'avoine, 135 de maïs, 420 de fèves, d'une valeur totale de 82,723 fr.

### Kef-Oum-Theboul.

A 12 kil. à l'est de la Calle, sur la frontière de Tunis, vaste établissement fondé par la compagnie concessionnaire de la mine de plomb argentifère de ce nom ; autour de cette construction s'élève un village pour le logement des ouvriers. La prospérité croissante de l'exploitation minière déterminera bientôt sans doute la création d'un centre de population agricole dans la plaine voisine que traverse l'Oued-el-Eurgh : l'emplacement serait des plus convenables.

## B. — VALLÉES INFÉRIEURES.

Ce sont les vallées et bassins du Saf-Saf, du Zéramna, du Radjeta, de la Seybouse, de la Mafrag.

La population y est ainsi distribuée :

| Localités. | Maisons. | Ménages. | Européens. | Indigènes. | Total |
|---|---|---|---|---|---|
| Vallée. | » | 35 | 104 | » | 104 |
| Damrémont. | » | 16 | 53 | 11 | 64 |
| Saint-Antoine. | » | 24 | 82 | » | 82 |
| Saint-Charles. | 24 | 31 | 103 | » | 103 |
| Gastonville. | 106 | 105 | 351 | 2 | 353 |
| Robertville. | 84 | 84 | 286 | 5 | 291 |
| El-Arrouch. | 76 | 106 | 343 | 41 | 384 |
| Jemmapes. | 156 | 159 | 566 | 2 | 568 |
| Ahmed-ben-Ali. | 14 | 17 | 77 | » | 77 |
| Sidi-Nassar. | 9 | 9 | 46 | » | 46 |
| Mondovi. | 109 | 109 | 377 | 1 | 378 |
| Barral. | 92 | 92 | 314 | 2 | 316 |
| Penthièvre. | 17 | 27 | 81 | » | 81 |
| Nechmeya. | » | » | » | » | » |
| 13 centres. | 687 | 814 | 2,783 | 64 | 2,847 |

### Vallée.

Village à 5 kil. de Philippeville dans la vallée et sur la rive droite du Saf-Saf, près du versant nord des montagnes qui séparent de la Kabilie le territoire civil constitué par arrêté du 26 août 1844. Commencé cette année, le travail d'installation a été terminé en 1845 : le plan a été adopté par arrêté du 17 novembre 1852. Le territoire fut divisé à l'origine entre quarante-neuf familles toutes françaises. Une route le met en communications faciles avec Philippeville. Les eaux souterraines sont élevées par des norias, pour l'irrigation des cultures maraîchères ; le climat est sain. Les colons trouvant à s'occuper à Philippeville ont négligé un peu leurs champs : toutefois les plantations de vignes sont en progrès, et la situation s'améliore chaque année.

STATISTIQUE OFFICIELLE (1851). — *Constructions* : 40 maisons valant 150,000 fr., 11 hangars, 7 écuries ou étables, 15 puits ou norias, d'une valeur totale de 24,800 fr. — *Bétail* : 30 chevaux, 12 mulets, 17 ânes, 53 bœufs, 30 vaches, 25 chèvres,

350 moutons, 84 porcs. — *Matériel agricole* : 24 charrues, 13 voitures, 12 tombereaux. — *Plantations* : 23,360 arbres, — *Concessions* : 647 hectares 20 ares. — *Défrichement* : 499 hect. — *Récoltes* (1852) : sur 46 hect. cultivés en grains, 70 hectol. de blé tendre, 240 de blé dur, 225 d'orge, 40 de maïs, 32 de fèves, d'une valeur totale de 7,150 fr.

### Damrémont.

Village à 5 kil. S.-E. de Philippeville, dans la vallée et sur la rive gauche du Saf-Saf : même date que Vallée. Primitivement alloti par le domaine qui y faisait des concessions à titre onéreux, il fut remis à l'administration de l'intérieur et de la colonisation, qui mit les acquéreurs en demeure de bâtir et de cultiver dans un bref délai sous peine d'éviction. Le territoire est des plus riches, et garni, outre le village, de quelques grandes fermes qui offrent des ressources pour le travail. Une grande partie des terres est aménagée en prairies ; les cultures industrielles commencent à s'y installer. Les habitants profitent du voisinage de Philippeville pour y trouver du travail, et, par un mouvement inverse, la propriété des terres tend à passer aux mains des habitants de cette ville, dont les communications avec Damrémont sont faciles. Une distillerie, établie au village, extrait de l'asphodèle rameux, l'une des plantes les plus communes et jusque-là des plus inutiles du pays, un alcool de 30 à 35°, qui a été utilisé pour plusieurs usages.

STATISTIQUE OFFICIELLE (1851). — *Constructions* : 35 maisons d'une valeur de 140,000 fr., 5 hangars, 2 écuries et étables, 1 gourbi ou silos, d'une valeur totale de 10,500 fr. — *Bétail* : 20 chevaux, 10 mulets, 15 ânes, 25 bœufs, 27 vaches, 15 chèvres, 70 moutons, 58 porcs. — *Matériel agricole* : 11 charrues, 12 voitures, 5 tombereaux. — *Concessions* : 605 hectares. — *Défrichement* : 318 hect. — *Récoltes* (1852) : sur 32 hectares cultivés en grains, 32 hectol. de blé tendre, 199 de blé dur, 168 d'orge, 16 de maïs, 45 de fèves, d'une valeur totale de 5,420 fr.

### Saint-Antoine.

Village à 7 kil. de Philippeville, au sommet de la vallée du Zeramna, commencé en 1844, et prévu dans le projet de création de Saint-Antoine, pour être placé près du blockhaus, à l'entrée de la montagne sur la route. Le climat, sans y être aussi sain qu'à Vallée, est bon. Le territoire est éminemment propre à la culture du foin ; des essais de trèfle et de luzerne y ont bien réussi, comme, du reste, les céréales, le tabac, l'olivier, le mûrier. Les plantations de vignes surtout s'y sont multipliées. Mais les colons, faute de capitaux suffisants, vont s'employer aux travaux de Philippeville, dont les habitants deviennent peu à peu les propriétaires des terres négligées. Le territoire de ces trois villages, Vallée, Damrémont, Saint-Antoine, tend ainsi à agrandir la banlieue agricole de Philippeville. La diligence de Philippeville à El-Arrouch dessert le village de Saint-Antoine.

STATISTIQUE OFFICIELLE (1851). — *Constructions* : 42 maisons valant 142,000 fr., 3 hangars, 4 écuries ou étables, 11 puits ou norias, d'une valeur totale de 9,500 fr. — *Bétail* : 30 chevaux, 15 mulets, 5 ânes, 20 bœufs, 14 vaches, 20 chèvres, 420 moutons, 30 porcs. — *Matériel agricole* : 19 charrues, 10 voitures, 10 tombereaux. — *Plantations* : 15,030 arbres. — *Concessions* : 663 hect. 69 ares. — *Défrichement* : 334 hect. — *Récoltes* (1852) : sur 25 hect. cultivés en grains, 454 hectolitres de blé dur, 80 d'orge, 28 de seigle, 12 de maïs, 56 de fèves, d'une valeur totale de 4,158 fr.

### Saint-Charles.

Village à 17 kil. S. de Philippeville, à 66 kil. N. de Constantine, sur la route qui unit ces deux villes, dans la vallée du Saf-Saf, au confluent de cette rivière avec l'Oued-Zerga : créé par ordonn. du 6 avril 1847 sur un territoire très-fertile, riche en bois, en excellentes prairies, en terres arables, et distribué de manière à établir la grande, la moyenne et la petite propriété. Eau abondante et saine. Les colons, qui étaient entièrement installés dès 1851, ont entrepris avec succès les diverses sortes de cultures : céréales, tabac, coton, plantes légumineuses, prairies artificielles, plantations d'arbres, et notamment de l'olivier et du mûrier. Tous les vendredis se tient sous ses murs un marché arabe très-fréquenté. Ces divers avantages, relevés par la facilité et la fréquence des communications (la diligence de Philippeville à El-Arrouch y passe tous les jours) avec deux grands centres, et par un transit quotidien assurent la prospérité de ce poste.

STATISTIQUE OFFICIELLE (1851). — *Constructions* : 24 maisons valant 63,000 fr., 4 hangars, 6 écuries et étables, 6 puits et norias, d'une valeur totale de 23,000 fr. — *Bétail* : 38 chevaux, 23 mulets, 35 ânes, 128 bœufs, 29 vaches, 30 chèvres, 390 moutons, 11 porcs. — *Matériel agricole* : 17 charrues, 13 voitures, 12 tombereaux. — *Plantations* : 1,850 arbres. — *Concessions* : 813 hect. 73 ares. — *Défrichement* : 276 hectares. — *Récoltes* (1852) : sur 9 hectares 50 ares cultivés en grains, 31 hectol. de blé tendre, 105 de blé dur, d'une valeur totale de 2,044 fr.

ANNEXES. Sur la route de Saint-Charles à Jemmapes, au lieu dit Ras-el-Ma (tête de l'eau), on projette un nouveau centre dont le territoire comprendra 1,100 hectares, et réunira toutes les conditions désirables sous le rapport de la fertilité, de la sécurité et de la salubrité.

## Gastonville.

Colonie agricole de 1848, à 22 kil. S. de Philippeville, à 7 kil. N. d'El-Arrouch, à 59 kil. de Constantine, à cheval sur la route de Philippeville à Constantine, sur les bords du Saf-Saf. Un centre de population avait été déjà créé en ce lieu et de ce nom par arrêté du 16 novembre 1847. Riche territoire, composé de prairies, de terres arables et de bois d'oliviers, dont le greffage offre une facile et lucrative spéculation. Une fontaine qui donne de l'eau excellente, le Saf-Saf, les puits complètent l'approvisionnement. Le terrain vierge, fraîchement remué; les installations provisoires ont donné lieu à beaucoup de maladies; aujourd'hui la salubrité est la même que partout ailleurs. Les plantations et les cultures se développent chaque année; le tabac et le coton ont été essayés avec succès.

STATISTIQUE OFFICIELLE (1851). — *Constructions* : 136 maisons bâties par l'État, à quoi les colons ont ajouté 14 hangars, 11 écuries, 39 étables, 110 gourbis, 4 puits. — *Bétail* (donné) : 123 bœufs, 23 truies, 1 verrat. — *Matériel agricole* (donné) : 124 charrues, 62 herses, 124 bêches, 124 pelles, 124 pioches,

62 voitures bouvières, 1,384 objets divers. — *Plantations* : 13,700 arbres. — *Concessions* : 848 hect. — *Défrichement* : 618 hect. — *Récoltes* : sur 231 hect. cultivés en grains, 630 hectol. de blé tendre, 1,840 de blé dur, 1,050 d'orge, 24 de seigle, 25 d'avoine, 125 de maïs, 138 de fèves, d'une valeur totale de 30,833 fr.

## Robertville.

Colonie agricole de 1848, à 26 kil. S. de Philippeville, à 65 kil. de Constantine, à 6 kil. de Jemmapes, dans une localité déjà désignée pour un village, par ordonnance du 16 novembre 1847. Territoire d'excellente qualité, aussi beau que fertile. L'Oued-Amen, qui coule à 1 kil. de Robertville, fournissant à peine, dans les grandes sécheresses, l'eau nécessaire aux bestiaux, on y a suppléé par des puits et des norias. Si les colons ont été rudement éprouvés par les fièvres, la faute n'en est pas au climat, là plus qu'ailleurs. De belles plantations à l'intérieur et à l'extérieur du village aideront à l'assainissement. Des foins d'excellente qualité, les céréales, les tabacs, les maïs, les légumes, les oliviers, sont les principaux éléments de la richesse locale, et ils sont vivifiés par la route qui relie Robertville à Gastonville, et par là avec Philippeville au nord, El-Arrouch et Constantine au sud.

STATISTIQUE OFFICIELLE (1851). — *Constructions* : 147 maisons bâties par l'État, à quoi les colons ont ajouté 9 écuries, 31 étables, 120 gourbis, 8 puits. — *Bétail* (donné) : 157 bœufs, 10 vaches. — *Matériel agricole* (donné) : 110 charrues, 51 herses, 110 bêches, 110 pelles, 110 pioches, 67 voitures bouvières. — *Plantations* : 7,400 arbres. — *Concessions* : 807 hect. — *Défrichement* : 949 hect. — *Récoltes* (1852) : sur 229 hect. cultivés en grains, 472 hectol. de blé tendre, 2,176 de blé dur, 1,363 d'orge, 35 de seigle, 128 de maïs, 270 de fèves, d'une valeur totale de 61,348 fr.

## El-Arrouch.

Village à 31 kil. S. de Philippeville, à 52 kil. N. de Constantine, sur un des points culminants de la vallée de l'Oued-Ensa, qui fait suite à celle du Saf-Saf; légalement créé par arrêtés des 22 mars 1844 et 29 mars 1845, mais spontanément formé par les colons civils, groupés autour du camp d'El-Arrouch, établi en septembre 1844 au point de jonction des routes, qui, de Philippeville et de Stora, conduisent à Constantine; à 22 lieues de Bône, à 13 de Constantine, à une journée de marche de la mer. A 2 kil. au sud, au sommet d'un mamelon boisé d'oliviers, le 3º bataillon d'Afrique avait organisé une ferme qui était devenue l'une des plus importantes de l'Algérie, et dont les 226 hectares furent réunis au territoire d'El-Arrouch. Riches plaines propres à la culture des céréales et des plantes industrielles, couvertes de prairies très-productives et de bois d'oliviers. Outre l'Oued-Ensa, qui traverse le territoire dans toute sa longueur, les eaux d'une source abondante, située à 7 kil. du village, y sont amenées par un canal voûté; une fontaine à quatre robinets les reçoit sur la place centrale, et les verse en toute saison par 120 litres par minute. Climat sain, bien que les colons aient beaucoup souffert de fièvres, dues aux mouvements de terrains et à la pauvre installation des colons. Dès 1850, le territoire entier était à peu près entièrement concédé et cultivé; dès l'année suivante, une usine à huile, construite sur la route d'El-Arrouch à Constantine, était en mesure de livrer 60 à 70,000 litres d'huile par an. Tous les avantages naturels de cette localité sont relevés par la situation d'El-Arrouch, sur le parcours de la route principale de la province, qui lui facilite l'abord de deux villes considérables. Aussi, après avoir langui pendant plusieurs années dans un état précaire, les colons de ce village sont-ils parvenus à une situation satisfaisante. Une diligence spéciale dessert la route de Philippeville.

STATISTIQUE OFFICIELLE (1851). — *Constructions* : 76 maisons valant 389,600 fr., 19 écuries et étables, valant 70,400 fr. — *Bétail* : 64 chevaux, 6 mulets, 150 ânes, 40 bœufs, 10 vaches, 50 chèvres, 188 moutons, 55 porcs. — *Matériel agricole* : 10 charrues, 9 voitures, 6 tombereaux. — *Plantations* : 9,600 arbres. — *Concessions* : 1,981 hect. 54 ares. — *Défrichement* : 100 hect. — *Récoltes* (1852) : sur 29 hect. 25 ares cultivés en grains, 272 hectol. de blé dur, 473 d'orge, 270 de maïs, 37 de fèves, d'une valeur totale de 11,490 fr.

## Jemmapes.

Colonie agricole de 1848, à 40 kil. S.-E. de Philippeville, 90 kil. N. de Constantine, sur un double mamelon, au centre de la vallée du Fendeck, l'une des plus riches de l'Algérie. Le village est traversé par la route de Bône à Constantine et Philippeville, se bifurquant à Saint-Charles. Cette route est ouverte et praticable dans toute sa longueur; en septembre 1853, elle a été parcourue par une diligence qui a fait le premier trajet entre Bône et Philippeville. Contrée riche en terres arables, en bois, en minéraux, sillonnée à chaque pas par des cours d'eau considérables, et partout couverte de la végétation la plus luxuriante. Jemmapes possède un communal de 600 hectares, un marché arabe important. Des travaux considérables, pour lesquels les colons ont fourni 4,600 journées gratuites, amènent dans le village les eaux de la source d'Aïn-Sefla, située à 5 kil., qui fournit 150 litres d'eau par minute, de manière à assurer en tout temps les irrigations et à remédier à l'insuffisance des eaux de puits à l'extrémité du village. La salubrité naturelle du climat est entretenue par des fossés d'écoulement destinés à assurer un cours régulier aux eaux de pluie. Sur leur fertile territoire, d'une étendue de 7,400 hectares, les colons réussissent dans toutes les cultures, élèvent des troupeaux dans de vastes pâturages. A défaut d'oliviers sauvages, ils pourront utiliser les chênes-lièges qui abondent. Ils sont, à tous égards, dans d'excellentes conditions d'avenir prospère que développera encore la route de Jemmapes à Guelma exécutée par corvées arabes. Auprès de Jemmapes, on a découvert une source d'eau chaude, où des ruines assez considérables font supposer que les Romains avaient construit des bains. Des recherches de mines de plomb et de mercure ont été autorisées dans le périmètre de *Djebel-Gruyer*.

STATISTIQUE OFFICIELLE (1851). — *Constructions* : 185 maisons bâties par l'État, auxquelles les colons avaient ajouté 5 hangars, 2 écuries, 146 gourbis, 37 puits. — *Bétail* (donné) : 196 bœufs, 9 vaches, 21 truies, 1 verrat. — *Matériel agricole* (donné) : 173 charrues, 87 herses, 173 bêches, 173 pelles,

173 ploches, 87 voitures bouvières, 1,567 objets divers. — *Plantations* : 12,020 arbres. — *Concessions* : 1,249 hectares. — *Défrichement* : 567 hect. — *Récoltes* (1852) : sur 438 hectares, 450 hectol. de blé tendre, 2,230 de blé dur, 1,550 d'orge, 72 de seigle, 60 de maïs, 55 de fèves, d'une valeur totale de 49,292 fr.

Annexes. Sur la route de Philippeville à Bône, Ahmed-ben-Ali et Sidi-Nassar. Sur la route de Jemmapes à Guelma, un caravansérail coupe la distance en deux, au lieu dit Aïn-Kseb, sur un plateau au pied duquel se trouvent, à droite et à gauche, deux plaines extrêmement fertiles. Les eaux d'une cour voisine seront conduites dans la cour du caravansérail, où s'élèvera une fontaine.

### Ahmed-ben-Ali.

Colonie agricole de 1849, située à 5 kil. S. de Jemmapes, sur la route de ce village à Saint-Charles; annexe de Jemmapes.

Statistique officielle (1852). — *Récoltes* : sur 23 hect. cultivés en grains, 20 hectol. de blé tendre, 150 de blé dur, 60 d'orge, d'une valeur totale de 2,740 fr.

### Sidi-Nassar.

Colonie agricole de 1849, située à 7 kil. E. de Jemmapes, sur la route de ce village à Bône; a été affectée aux transportés politiques de 1852, et considérée comme colonie pénitentiaire.

Statistique officielle. — *Récoltes* (1852) : sur 15 hect. cultivés en grains, 10 hectol. de blé tendre, 100 de blé dur, 40 d'orge, d'une valeur totale de 1,772 fr.

### Mondovi.

Colonie agricole de 1848, à 26 kil. S. de Bône, à 101 N.-E. de Constantine, sur les bords de la Seybouse, sur la route de Bône à Tébessa. Son territoire, très-fertile, irrigué, abondamment pourvu de bois, a une étendue de 1,656 hectares. On y a trouvé de nombreuses médailles, surtout du Bas-Empire, et des vestiges d'établissements romains qui attestent l'ancienne importance de cette localité. Outre l'eau de la Seybouse, divers puits, dont un d'origine romaine, fournissent l'eau nécessaire à la consommation des habitants. Les colons, outre les céréales, cultivent surtout le tabac et le mûrier.

Statistique officielle (1851). — *Constructions* : 148 maisons bâties par l'Etat, à quoi les colons ont ajouté 4 greniers, 5 hangars, 10 écuries, 37 étables, 116 gourbis, 2 puits. — *Bétail* (donné) : 171 bœufs, 5 truies. — *Matériel agricole* (donné) : 132 charrues, 68 herses, 137 bêches, 137 pelles, 137 pioches, 66 voitures bouvières. — *Plantations* : 6,850 arbres. — *Concessions* : 639 hect. — *Défrichement* : 833 hect. — *Récoltes* (1852) : sur 187 hect. cultivés en grains, 299 hectol. de blé dur, 280 d'orge, 35 de seigle, 170 de maïs, 39 de fèves, d'une valeur totale de 12,700 fr. Mondovi s'est distingué par ses cultures de tabac et de mûriers.

### Barral.

Colonie agricole de 1848, appelée d'abord Mondovi n° 2, à 6 kil. au-delà de Mondovi, à 157 kil. de Constantine, au bord de la Seybouse. Une prise d'eau, pratiquée dans cette rivière, fournira toute l'eau nécessaire aux besoins des habitants, qui sont d'ailleurs pourvus de puits pour l'irrigation de leurs jardins. Le territoire, d'une étendue de 1,613 hectares, est fertile. Les cultures, les plantations, celles de tabac surtout, sont en progrès. L'avenir paraît assuré, et il se consolidera par l'exécution de la route qui unit Barral à Mondovi, et par là à Bône, débouché naturel de toute cette région.

Statistique officielle (1851). — *Constructions* : 126 maisons bâties par l'Etat, à quoi les colons ont ajouté 1 grenier, 11 hangars, 21 écuries, 5 étables, 123 gourbis, 27 puits. — *Bétail* (donné) : 149 bœufs, 11 truies, 1 verrat. — *Matériel agricole* (donné) : 108 charrues, 56 herses, 112 bêches, 112 pelles, 112 pioches, 56 voitures bouvières. — *Plantations* : 5,092 arbres. — *Concessions* : 738 hect. — *Défrichement* : 600 hect. — *Récoltes* (1852) : sur 172 hect. cultivés en grains, 289 hectol. de blé dur, 270 d'orge, 32 de seigle, 168 de maïs, 27 de fèves, d'une valeur totale de 12,092 fr.

### Penthièvre.

Village créé par ordonn. du 26 septembre 1847, à 134 kil. de Constantine, à 35 kil. de Bône et de Guelma, sur la route qui unit ces deux villes au point où elle traverse le Ruisseau-d'Or. Territoire fertile, où le bois et l'eau abondent ; produit des foins en quantité, que les colons exploitent pour l'élève du bétail. Station obligée des voyageurs et du roulage, Penthièvre a eu d'abord un caractère routier plus qu'agricole ; mais là, comme partout, les besoins du transit provoquent la mise en valeur des terres. L'entretien en bon état de la route de Bône à Guelma suffira pour assurer la prospérité de ce centre, doté des éléments naturels et des travaux publics qui préparent le succès.

STATISTIQUE OFFICIELLE (1854). — *Constructions* : 18 maisons valant 65,900 fr., 2 hangars, 5 écuries et étables, 3 gourbis et silos, 2 puits et norias, d'une valeur totale de 7,210 fr. — *Bétail* : 16 chevaux, 4 mulets, 14 ânes, 61 bœufs, 17 vaches, 29 chèvres, 91 moutons, 282 porcs. — *Matériel agricole* : 8 charrues, 6 voitures, 8 tombereaux. — *Concessions* : 613 hectares 31 ares. — *Défrichement* : 300 hect. — *Récoltes* (1852) : sur 37 hect. cultivés en grains, 195 hectol. de blé dur, 100 d'orge, 9 de fèves, d'une valeur totale de 3,192 fr.

### Nechmeya.

Petit centre de population civile qui s'élève sur l'ancien camp de ce nom, occupé dès 1837 ; à 122 kil. de Constantine, à 12 kil. de Penthièvre, à 47 kil. de Bône, sur la route de Bône à Guelma. Situé dans un pays des plus fertiles, entouré de trois côtés d'eau courante, dans un climat sain, assuré, à tous ces titres, d'une prospérité prochaine, Nechmeya exercera une influence salutaire sur les tribus voisines, et assurera la sécurité de la route de Penthièvre à Guelma, dont il est une des haltes.

---

### C. — LES PLATEAUX DU TELL.

Cette région comprend les plateaux et hautes plaines d'où descendent les principales rivières de la province, le Rummel, la Seybouse, le Bou-Sellam, la Medjerda. Ils se caractérisent par leurs cités principales, Constantine au centre, Guelma au nord, Tébessa à l'ouest, Sétif à l'est.

La population y est ainsi distribuée :

| Localités. | Maisons. | Ménages. | Européens. | Indigènes. | Total. |
|---|---|---|---|---|---|
| Constantine et banlieue. | » | 1,405 | 1,462 | 31,393 | 35,858 |
| —Territoire militaire. | 57 | 57 | 411 | 2,417 | 2,828 |
| Condé. | 39 | 27 | 168 | 5 | 173 |
| Aïn-Beïda. | 7 | 6 | 28 | 40 | 68 |
| Guelma et banlieue. | 268 | 403 | 1,294 | 754 | 2,048 |
| —Territoire militaire. | » | 10 | 22 | » | 22 |
| Héliopolis. | 96 | 89 | 366 | » | 366 |
| Millesimo. | 70 | 70 | 238 | » | 358 |
| Petit. | 52 | 52 | 186 | » | 186 |
| Sétif et banlieue. | 200 | 329 | 1,102 | 482 | 1,584 |
| —Territoire militaire. | 52 | 58 | 203 | » | 203 |
| Bordj-bou-Aréridj. | 1 | 2 | 20 | » | 20 |
| Tébessa. | 14 | 5 | 36 | 1,081 | 1,117 |
| | 824 | 2,175 | 6,356 | 35,172 | 14,322 |

## CONSTANTINE.

Capitale de la province de ce nom, siége de la division militaire et de la préfecture, à 422 kil. E. d'Alger, 83 kil. S. de Philippeville, 156 S.-O. de Bône : s'élève en amphithéâtre, à 644 mètres d'altitude, sur un rocher qui domine le pays, et forme une sorte de presqu'île de tout côté bordée de rochers escarpés, ou contournée par le Rummel, excepté au sud-ouest. Dans sa course accidentée sous les murs de Constantine, le Rummel forme des chutes, des cascades, des gouffres dans les coupures profondes de rochers d'une hauteur moyenne de 110 mètres, qui sont un des sites les plus imposants de l'Algérie. La disposition du sol, qui fait de Constantine une cité presque inaccessible, sa situation au cœur d'une contrée riche de mille ressources, entre le Sahara et le littoral, lui ont valu, dès la plus haute antiquité, un rôle pivotal dans l'histoire de l'Afrique du nord. Sous le nom de Cirtha, cette place fut la capitale de la Numidie. A sa naissance, colonie grecque, et successivement résidence des rois numides, asile de Jugurtha, conquête romaine, elle fut détruite par l'armée de Maxence et réédifiée par Constantin, qui lui a donné son nom : elle le conserva même sous les dynasties arabes et berbères, qui, pendant dix siècles, se sont disputé le Maghreb. Soumise aux Turcs, elle devint la résidence des beys de l'est. Le dernier de ses chefs, Hadj-Achmet-Bey, résista aux Français se ptannées après l'occupation d'Alger. Après une première expédition qui échoua par l'insuffisance des forces, Constantine fut emporté d'assaut, le 13 octobre 1837, par le maréchal Vallée, qui prit le commandement en place du général Damrémont, tué d'un boulet aux pieds des remparts. Pendant plus de dix ans, l'occupation a eu un caractère presque exclusivement militaire, et la population européenne, à qui la ville arabe était interdite, n'a recruté qu'un faible contingent. De 1847 date la colonisation. Quelques concessions de jardins furent faites dans le territoire du Hamma et sur la rive droite du Rummel, en se rapprochant de la ville; en 1848, un village avait été créé à Sidi-Mabrouk; d'autres concessions particulières avaient été accordées près du confluent du Bou-Merzoug et du Rummel; 800 hectares avaient été donnés dans la vallée de Yacoub, à 8 kil. de Constantine. En 1849, la colonisation fut dotée d'un territoire de 14,000 hectares. En 1851, on y comptait 78 exploitations particulières, presque toutes en état de culture. C'est surtout vers la vallée de Bou-Merzoug (père de la fécondité), baignée par la rivière de ce nom, un des affluents du Rummel, que se portent les essors nouveaux de la colonisation et les vues de l'administration. Constantine possède, outre les institutions militaires propres à une capitale de province, une préfecture, une justice de paix, une chambre consultative d'agriculture, une pépinière publique, un théâtre, un journal (l'*Africain*), une exposition annuelle d'agriculture, que lui disputent Bône et Philippeville; elle sollicite une municipalité. L'industrie minotière y a élevé de très-beaux établissements qui alimentent en partie le reste de la province; des briqueteries, des poteries, préparent de très-importantes entreprises. La fabrique indigène, qui s'applique à une multitude d'objets de consommation usuelle, mérite l'attention des visiteurs; elle a été honorée de distinctions à l'exposition de Paris en 1849. Le commerce des laines et des graines y est fort important. Des diligences conduisent à Philippeville et à Batna.

Le caractère historique domine trop à Constantine pour

s'effacer devant les conquêtes nouvelles de la colonisation : au pied des magnifiques débris de ses monuments, le présent interroge le passé avec une curiosité sympathique, principe d'une noble émulation. L'antique Cirtha survit dans l'aqueduc situé au sud de la ville, composé d'arceaux de pierres de taille, dont le moindre n'a pas moins de 20 mètres de hauteur; dans de vastes citernes, où l'eau des sources du Mansoura est conduite par un syphon ; dans des fragments de voie romaine, un théâtre, un canal de dérivation du Rummel, utilisé pour la minoterie, un arc-de-triomphe, un cirque, un capitole, des mosaïques, des inscriptions. Tous les restes, susceptibles de déplacement, ont été transportés dans l'ancienne kasbah, qui est elle-même un des monuments les plus curieux de l'architecture mauresque.

STATISTIQUE OFFICIELLE (1851). — *Constructions* : 94 maisons valant 475,500 fr., 13 hangars, 19 écuries et étables, 3 gourbis et silos, 5 puits et norias, d'une valeur totale de 59,700 fr. — *Bétail* : 118 chevaux, 31 mulets, 12 ânes, 223 bœufs, 174 vaches, 20 chèvres, 150 moutons, 60 porcs. — *Matériel agricole* : 68 charrues, 22 voitures, 19 tombereaux. — *Plantations* : 155,962 arbres. — *Concessions* : 3,983 hect. — *Récoltes* (1852) : en territoire militaire : sur 3,202 hect. cultivés en grains, 28,000 hectol. de blé dur, 20,400 d'orge, 50 de maïs, d'une valeur totale de 481,480 fr.; — en territoire civil : sur 735 hect., 60 hectol. de blé tendre, 6,000 de blé dur, 3,400 d'orge, 180 de maïs, 400 de fèves, d'une valeur totale de 92,740 fr.

### Banlieue de Constantine.

Cinq groupes d'habitations se sont formés spontanément, correspondant aux principales divisions du territoire : Sidi-Mabrouk, Ouled-Yacoub, Cherekat-Bouazen, Hamma, Constantine.

Le Hamma surtout, par la verdure de ses prairies et la riche végétation des figuiers, des vignes, des orangers et des grenadiers de ses jardins, fait un merveilleux contraste avec le pays dénudé qui le précède au nord. Le desséchement de cette plaine magnifique a été terminé en 1846, et les eaux, recueillies par un canal de ceinture, s'écoulent sur les terres qu'elles noyaient autrefois. Cet important travail, les plantations et les cultures exécutées par les concessionnaires, donnent au Hamma la seule chose qui lui manquât, la salubrité. Le Hamma doit son nom à une eau chaude et minérale qui traverse son territoire.

De Constantine des rayons de colonisation éclairent toutes les directions de l'horizon. Vers le sud, la vallée du Bou-Merzoug et la route de Batna ; à l'est, celle de Tébessa ; au nord, la route de Philippeville ; à l'ouest, celle de Sétif.

## Vallée du Bou-Merzoug.

La vallée de ce nom, qui aboutit à celle du Rummel, sous les murs de Constantine, offrait à la colonisation plus de 20,000 hectares cultivables, entremêlés de quelques marais que des travaux de desséchement assainiront. Divers centres de population y sont en voie d'installation. A la fin de 1851 on y comptait 44 fermes ou maisons achevées, 250,000 arbres fruitiers, forestiers ou d'agrément, 80,000 pieds au moins de vignes. Les grands canaux de dérivation du Bou-Merzoug, établis par l'administration, ont été complétés par des canaux particuliers, sur lesquels un colon, M. Chirat, a construit une machine hydraulique qui élève l'eau à 14 mètres pour irriguer une partie de sa propriété. Sur tous les points, la culture maraîchère et industrielle déploie son activité. Cette contrée, naguère déserte et abandonnée à la vaine pâture, ou cultivée en céréales seulement par les indigènes, nourrira une nombreuse population. La vallée est traversée par une voie destinée à devenir la tête des routes de Constantine à Guelma, M'daourouch, Aïn-Beïda et Tébessa.

Parmi les villages plus ou moins avancés ou constitués, on distingue ceux de Fornier et du Kroub.

### Fornier.

Village créé dans la vallée et sur la rive droite du Bou-Merzoug, par décret du 9 mars 1852, à 18 kil. de Constantine, près des ruines romaines de Summa. Un territoire de 2,340 hectares est affecté à ce village, destiné à recevoir 44 familles. Le plan a été fixé par arrêté ministériel du 29 septembre 1852.

### El-Kroub.

Village en cours d'établissement dans la vallée du Bou-Merzoug, à 16 kil. de Constantine; commencement d'exécution d'un plan de colonisation de la vallée entière. Quelques colons sont déjà installés. Entourés de grands propriétaires qui font exécuter des travaux importants, ils trouvent facilement du travail, et fournissent en même temps les bras qui manqueraient à la grande propriété. Sur les quatre rivières ou torrents qui traversent la route de Constantine au Kroub, celle des Chiens, l'Oued-Mimin ou des Lauriers-Roses, l'Oued-Fettaria et l'Oued-el-Berda, se passent sur des ponts qui assurent les communications en toute saison.

### Aïn-el-Bey.

Centre de population, en voie de peuplement sur la route de Constantine à Batna, au lieu de grande halte de la première étape. Le territoire comprend 2,270 hectares divisé en 45 lots d'environ 50 hectares chacun. Les terres domaniales qu'il comprend dans son périmètre sont le Bled-el-Abi, Ouarrath et El-Gouari. Des lots à bâtir et des terrains irrigables pour jardins sont réservés autour d'Aïn-el-Bey à la colonisation plus spécialement industrielle qui réclame un lieu de passage et de halte forcée pour le roulage. Les terres de ce centre agricole sont excellentes pour la grande culture. L'eau est renommée pour sa qualité; aussi les beys s'y arrêtaient-ils chaque fois qu'ils passaient par là, d'où est venu le nom de fontaine du Bey. Le pays est très-sain. Dans ces conditions, l'établissement qu'on fonde doit prospérer. En attendant son développement, un caravansérail bien bâti, contenant quatre grandes chambres, deux petites formant bastion, deux magasins pour l'orge et la paille, et une écurie, offre toujours aux voyageurs un gîte assuré.

Plus loin, sur la route de Batna, se trouvent les postes naissants d'Aïn-Mlila et Aïn-Iacout.

### Aïn-Beida.

Village situé sur la route de Tébessa et de Tunis en passant par les Hanenchas, à 100 kil. E. de Constantine, à 88 kil. O. de Tébessa. Il y existe des bâtiments militaires ; maison de commandement pour le kaïd, bureau arabe et plusieurs maisonnettes appartenant à des particuliers. Une smala de spahis y campe. Aïn-Beida peut devenir rapidement un point important. Terre sans limites. La pierre à bâtir et à chaux se trouve sur les lieux. Une source y donne à la minute 400 litres à peu près d'une eau d'excellente qualité. A une lieue se trouvent beaucoup de broussailles. Au 31 décembre 1852, la population était de 28 Européens et 40 indigènes.

### Aïoun-Sael, — Aïoun R'mel, — Deux-Ponts.

Petits centres de formation récente distribués entre Condé et Constantine.

### Condé (Smendou).

Centre de population à 22 kil. d'El-Arrouch, à 30 kil. de Constantine, à 53 kil. de Philippeville; sur la route qui relie ces deux villes. En septembre 1838, un camp y fut établi et pourvu des établissements nécessaires pour abriter les convois. Plus tard, un puits artésien y fut foré, mais sans succès. Un village civil pour trente-six familles fut créé aux portes de Smendou, par ordonn. du 9 septembre 1847, et gratifié inutilement, comme beaucoup d'autres, d'un nom nouveau. Déjà les éléments en existaient depuis 1846, en vertu d'une formation toute spontanée. Condé étant une station obligée pour les voyageurs, le commerce de transit a été jusqu'à présent la principale occupation des habitants ; la fertilité du territoire y développera l'agriculture. Aux environs du village existe un gîte de combustible minéral ou lignite de 80 cent. d'épaisseur, dont on voit des échantillons à l'exposition algérienne à Paris.

STATISTIQUE OFFICIELLE (1851). — *Constructions* : 23 maisons valant 23,800 fr., 6 hangars, 14 écuries et étables, 3 gourbis et silos, d'une valeur totale de 23,830 fr. — *Bétail* : 32 chevaux, 8 mulets, 60 ânes, 20 bœufs, 3 vaches, 50 chèvres, 21 porcs. — *Matériel agricole* : 7 charrues, 8 voitures, 5 tombereaux. — *Plantations* : 2,849 arbres. — *Concessions* : 461 hect. 89 ares. — *Défrichement* : 69 hect.

### El-Kantour.

Petit centre de population civile échelonné sur la route de Philippeville à Constantine, commençait à paraître dès 1846 : magnifique point de vue.

STATISTIQUE OFFICIELLE. — *Récoltes* (1852) : sur 3 hect. cultivés en grains, 30 hectol. de blé dur, 42 de blé tendre, 30 de maïs, d'une valeur totale de 1,173 fr.

### Les Toumiettes.

Petit centre de population sur la route de Philippeville à Constantine, une des étapes de la route, entre El-Arrouch et El-Kantour ; dès 1841, un baraquement y avait été élevé pour 200 hommes. On projette d'y constituer un village qui serait doté de 1,000 hectares de terres.

Du col des Toumiettes la route descend vers El-Arrouch.

### Mila.

Petite ville arabe, à 38 kil. N.-O. de Constantine, occupée en mars 1838. Cinq ou six colons y représentent l'élément européen. L'un d'eux, M. Bégot de Constantine, y a élevé un moulin à farine à deux tournants qui rend aux indigènes de précieux services ; d'autres concourent à l'approvisionnement de la petite garnison française établie dans les bâtiments de l'ancienne kashah. Quelques concessionnaires établis sur les terrains appartenant à l'État en tirent bon parti. Le sol autour de Mila est d'un travail facile, largement irrigable, d'une extrême fertilité, et donne des produits hâtifs, parmi lesquels on cite les fruits comme les plus beaux de la province de Constantine. Colonie romaine, Mila était renommé par les délices de son séjour et la richesse de ses maisons de campagne. Mise en communication avec Djigelli par une route tracée en 1853 après l'expédition de la Kabilie dont les prolongements la relieront à Constantine et à Sétif, cette ville verra refleurir son antique prospérité, attestée par des vestiges importants de la domination romaine.

### Atmenia.

Petit centre de population, à 42 kil. E. de Constantine, formé spontanément sur la route de cette ville à Sétif. On y a déjà fait des plantations et constructions assez considérables, et bâti deux moulins.

### Oued-Dekri.

Plus loin, sur la même route, à environ 52 kil. de Constantine, un colon européen a construit une belle maison et des bâtiments d'exploitation, entrepris des plantations et des cultures. Le terrain fort riche, couvert de belles prairies, et riche en eaux qui peuvent être utilisées sans frais pour l'irrigation lui promet une légitime récompense de ses travaux.

### Guelma.

Chef-lieu de cercle, à 100 kil. E.-N.-E. de Constantine, à 66 kil. S. de Bône, occupé en 1836, au retour de la première expédition de Constantine par l'armée française qui y reconnut de nombreux et précieux vestiges de la colonie romaine de *Calama*; un établissement militaire y fut formé pour dominer le vaste pays qui s'étend entre Constantine et Bône. Un arrêté du 20 janvier 1845 y créa une ville de deux cent cinquante familles, avec un territoire de 1956 hectares. La colonisation y a fait de rapides progrès. En 1851, il existait dans le district de Guelma vingt-huit fermes d'une valeur approximative de 93,200 fr. Il avait été dépensé en travaux de défrichements et d'irrigation au-delà de 6,000 fr.; plus de 300 hectares étaient ensemencés. Deux moulins à farine (Lavie et Guiraud), un moulin à huile (Sanson) utilisaient les ressources spéciales de la localité. Le commerce des olives sauvages avec les indigènes prenait une telle extension, que la culture de l'olivier et la préparation de l'huile s'annonçaient comme appelées à devenir la principale industrie du pays. Les Arabes des environs retirent du commerce des sangsues des bénéfices fort élevés. Un marché considérable y facilite les transactions entre Européens et indigènes. Pour prendre un des premiers rangs dans le mouvement de colonisation, il ne manque à Guelma, doté de terres excellentes et d'eaux abondantes, de prairies, de bois, de matériaux de construction, que de faciles communications avec les centres voisins : Constantine, Bône, Philippeville. En 1853, une impulsion vigoureuse a été donnée aux travaux publics de la contrée, avec le concours des transportés politiques et des indigènes. Ceux-ci ont fourni, au printemps de cette année, une somme de 109,000 fr., destinée à la construction de caravansérails, de routes, de ponts, avec la main-d'œuvre indigène. Malheureusement, l'incendie du pont de la Seybouse, le 28 août 1853, est venu apporter un nouvel obstacle aux rapides communications de Guelma avec le nord de la province. Mais on espère relever ce pont dans les premiers mois de 1854.

Pour l'administration, Guelma est érigé en commissariat civil d'où dépendent les villages de Héliopolis, Millesimo et Petit.

STATISTIQUE OFFICIELLE (1851). — *Constructions* : 229 maisons valant 1,292,800 fr., 16 hangars, 13 écuries ou étables, 3 puits ou norias, d'une valeur totale de 8,450 fr. — *Bétail* : 120 chevaux, 43 mulets, 160 ânes, 139 bœufs, 119 vaches, 400 chèvres, 123 moutons, 352 porcs. — *Matériel agricole* : 19 charrues, 40 voitures, 12 tombereaux. — *Plantations* : 9,684 arbres. — *Concessions* : 1,771 hect. 52 ares. — *Défrichement* : 1,833 hect. — *Récoltes* (1852) : sur 343 hect. 50 ares cultivés en grains, 3,435 hectol. de blé dur, 1,166 d'orge, 136 de seigle, 10 de maïs, 60 de fèves, d'une valeur totale de 46,288 fr.

### Guelma (colonie).

En 1849, une colonie agricole fut placée dans l'enceinte même de Guelma et sous le même nom. Elle ne tarda pas à se fondre complètement avec la ville, où les colons trouvèrent leurs premiers moyens d'existence.

STATISTIQUE OFFICIELLE (1851). — *Constructions* : 51 maisons bâties par l'État, à quoi les colons ajoutèrent 6 greniers, 78 hangars, 11 écuries, 33 étables, 63 gourbis, 1 puits, 4 noria. — *Bétail* (donné) : 88 bœufs, 15 vaches, 29 truies, 1 verrat. — *Matériel agricole* (donné) : 78 charrues, 39 herses, 78 bêches, 78 pelles, 78 pioches, 39 voitures bouvières. — *Plantations* : 4,838 arbres. — *Concessions* : 743 hect. — *Défrichement* : 250 hect. — *Récoltes* : la statistique de 1852 se confond avec celle de Guelma (ville).

Annexes. Au district de Guelma se rattachent encore les établissements de Hammam-Meskoutin, et de Medjez-Amar.

### Hammam-Meskoutin (les bains enchantés).

Une des curiosités de l'Algérie. Établissement d'eaux thermales, à 10 kil. E. de Guelma, fondé en 1845, à l'extrémité d'un plateau de 100 hectares, pour les militaires, aux frais et sous la direction du gouvernement. (Voir aux Mélanges Sources thermales.) Le site se prêterait admirablement à la colonisation. Terre végétale profonde, légère, d'un défrichement peu dispendieux, d'un labour facile ; irrigation naturelle et abondante, avec une eau dont la température élevée favoriserait la culture des primeurs, et spécialement celle des ananas ; à 4 kilomètres de là, belle forêt de chênes, et plus près, coteaux boisés de diverses essences dont plusieurs donneraient du bon bois de construction. Chaux sur place, en abondance et de qualité supérieure ; bancs calcaires pour pierres à bâtir ; ruines romaines qui fourniraient une grande quantité de pierres taillées ; plantations faciles ; greffe et culture d'oliviers, dont le pays est couvert ; exploitation des eaux thermales pour les bains civils ; chutes d'eau pour la création de moulins à farine et de moulins à huile ; accessoirement incubation artificielle comme à Chaudes-Aigues, commerce d'incrustations calcaires comme à Clermont, Saint-Nectaire et Carlsbad ; débouchés faciles de tous les produits par les routes de Constantine, Bône et Philippeville ; le beau idéal de la colonisation semble réalisé par le site de Hammam-Meskoutin. L'administration y projette la création d'un village.

## Medjez-Amar.

Ancien camp à 86 kil. de Constantine, à 14 kil. de Guelma ; il fut, en 1837, le point de départ du corps expéditionnaire qui fit la première campagne de Constantine ; il a été concédé, en 1849, avec 500 hectares, à l'abbé Landmann d'abord, et, en 1851, à l'abbé Plasson, pour l'établissement d'un orphelinat. Un petit pont suspendu sur la Seybouse, un moulin à huile, avaient inauguré déjà de premiers et utiles secours pour la colonisation agricole. (Voir aux Mélanges.) L'administration y projette la création d'un centre de population.

## Héliopolis.

Colonie agricole de 1848, à 5 kil. N. de Guelma, à 105 kil. O.-N.-O. de Constantine, à 55 kil. de Bône, sur la route de Bône à Guelma. Territoire fertile, propre à toutes les cultures ; abondance extrême des eaux. Une conduite de 150 mètres amène dans le village l'eau de l'Oued-Hammam-Berda qui arrose le territoire. Malgré la salubrité naturelle du climat, les défrichements de terrains vierges, la situation trop basse des premières maisons, ont causé dans les premiers temps des fièvres graves. Mais, grâce aux desséchements effectués par le service du génie et à la construction du reste du village sur le versant de la colline, la situation sanitaire est devenue satisfaisante. Les avantages de la position sont relevés par le voisinage de grands concessionnaires qui assurent du travail aux petits colons pendant plusieurs mois de l'année, et par la proximité de Guelma, débouché assuré des produits. Un moulin à huile y prélude aux prochains établissements de l'industrie. La route d'Héliopolis à Guelma traverse la Seybouse sur un beau pont à l'américaine, qui a été détruit par l'incendie le 28 août 1853, mais qui sera relevé dans les premiers mois de 1854.

STATISTIQUE OFFICIELLE (1851). — *Constructions :* 101 maisons bâties par l'État, à quoi les colons ont ajouté 3 greniers, 35 hangars, 16 écuries, 2 étables, 16 gourbis. — *Bétail (donné) :* 97 bœufs, 6 vaches, 19 truies, 1 verrat. —*Matériel* agricole (donné) : 75 charrues, 35 herses, 95 bêches, 80 pelles, 95 ploches, 41 voitures bouvières. — *Plantations* : 8,262 arbres. — *Concessions* : 631 hect. — *Défrichement* : 1,100 hectares. — *Récoltes* (1852) : sur 390 hect. cultivés en grains, 4,440 hectol. de blé dur, 1,200 d'orge, 63 du maïs, 110 de fèves, d'une valeur totale de 70,254 fr.

### Millesimo.

Colonie agricole de 1848, à 5 kil. E. de Guelma, à 104 O.-N.-O. de Constantine, sur la rive droite de la Seybouse. Territoire des plus fertiles; eau abondante et bonne fournie par un puits qui donne 2 mètres d'eau et par un canal d'irrigation dérivé de l'Oued-Zimbal. Des travaux ont assaini les maisons des colons que les eaux de la montagne rendaient humides. Des foins d'une excellente qualité permettent l'élève des bestiaux. Toutes les cultures y prospèrent : une route met le village en communication facile avec Guelma; aussi la position des colons laisse-t-elle peu à désirer.

STATISTIQUE OFFICIELLE (1851). — *Constructions* : 95 maisons bâties par l'État, à quoi les colons avaient ajouté 16 hangars, 80 gourbis, 3 puits. — *Bétail* (donné) : 99 bœufs, 10 vaches, 26 truies, 1 verrat. — *Matériel agricole* (donné) : 82 charrues, 41 herses, 82 bêches, 82 pelles, 82 ploches, 41 voitures bouvières, 981 objets divers. — *Plantations* : 3,956 arbres. — *Concessions* : 618 hect. — *Défrichement* : 509 hectares. — *Récoltes* (1852) : sur 238 hect. cultivés en grains, 2,745 hectolitres de blé dur, 67 d'orge, 43 de maïs, 85 de fèves, d'une valeur totale de 42,315 fr.

### Petit.

Colonie agricole de 1848, appelée d'abord Millesimo II, à 3 kil. E. de Millesimo, à 9 kil. S. O. de Guelma, à 107 kil. O.-N.-O. de Constantine. Territoire fertile ; eaux excellentes, mais en quantité d'abord insuffisante. Des travaux publics assureront au village des eaux plus abondantes. Salubrité parfaite. La situation des colons, longtemps difficile, s'est beaucoup améliorée, grâce aux secours et aux subventions de tout genre. Deux ponts, sur l'Oued-Roidgel et l'Oued-Zimbal, permettent les communications avec Guelma.

STATISTIQUE OFFICIELLE (1851). — *Constructions* : 73 maisons bâties par l'État, à quoi les colons ont ajouté 1 grenier, 6 hangars, 9 écuries, 1 étable, 57 gourbis, 1 puits. — *Bétail* (donné) : 109 bœufs, 9 vaches. — *Matériel agricole* (donné) : 58 charrues, 29 herses, 75 bêches, 75 pelles, 75 pioches, 29 voitures bouvières. — *Plantations* : 5,628 arbres. — *Concessions* : 708 hectares. — *Défrichement* : 645 hect. — *Récoltes* (1852) : sur 874 hect. cultivés en grains, 3,525 hectol. de blé dur, 525 d'orge, 15 de seigle, 18 de maïs, 17 de fèves, d'une valeur totale de 51,980 fr.

## Tébessa.

Ville indigène à quelques kilomètres de la frontière de l'Algérie, au sein de riches tribus, occupée par une garnison française et une smala de spahis. Trois routes y aboutissent : celle de Constantine qui passe par Aïn-Beïda (100 kil.) et d'Aïn-Beïda à Tébessa (88 kil.), en tout 188 kil., ou 47 lieues ; — celle de Bône qui passe à Guelma (76 kil.), de Guelma au Khamis (48 kil.) et du Khamis à Tébessa (112 kil.), en tout 236 kil., ou 59 lieues ; — celle de la Calle ou Kef, à travers le territoire tunisien (112 kil.), du Kef à Tébessa (128 kil.), en tout 240 kil, ou 60 lieues. Un établissement militaire, entrepris dans cette ville, et les travaux de construction y ont amené un noyau d'ouvriers européens. La colonisation agricole s'y installera dès que des terres pourront être mises à sa disposition. On a même projeté déjà la création de deux villes nouvelles, l'une civile, l'autre militaire, en dehors de la ville actuelle. Trois forêts, présentant une superficie de 35,000 hectares, peuplées, l'une de beaux oliviers, les deux autres de pins, thuyas et chênes-verts, les pins surtout d'une venue remarquable, fourniraient des bois de charpente et d'œuvre. Un aqueduc réparé conduirait l'eau à Tébessa. En attendant l'exécution de ces projets, le commerce de la province et celui de Marseille font sur le marché de Tébessa des transactions sur les laines qui seront bien plus importantes quand les routes de Constantine et de Bône auront atteint un degré de construction plus avancé. Tébessa grandira. Les magnifiques débris qui survivent de l'ancienne *Theveste* prédisent l'avenir par l'histoire du passé.

# Sétif.

Chef-lieu de la 4e subdivision militaire, à 130 kil. O.-S.-O de Constantine, à 82 kil. S. de Bougie, par 1,100 mètres d'altitude, sur la route par terre de Constantine à Alger, à la lisière sud des régions kabiles. L'armée française, en y entrant le 21 septembre 1839, lors de l'expédition des Bibans, n'y trouva que les ruines de la vieille citadelle romaine de l'antique *Sitifis*, capitale de la Mauritanie sitifienne et celles des anciennes écuries du beylick. Son occupation permanente fut décidée en considération de son importance militaire. Cette place est le centre d'approvisionnement de tous les postes qui seront établis dans un vaste rayon pour contenir une race guerrière devant laquelle avaient échoué toutes les dominations antérieures; elle surveille la Medjana, vaste plaine où s'exercèrent les premières intrigues des khalifas d'Abd-el-Kader dans l'est; assure les communications par terre entre les capitales des deux provinces au sud de la Kabilie. L'ouverture d'une route directe sur Bougie permet de pénétrer au cœur même de la Kabilie. Ces mêmes avantages, s'appuyant sur un territoire très-fertile, devaient y provoquer la colonisation. Une petite ville se forma spontanément à Sétif sous le canon du camp. Dès 1846, bien que les habitants eussent été forcés, faute d'une route directe sur Bougie, de tirer de Philippeville et de Constantine les bois nécessaires à leur installation, et qu'ils n'eussent reçu aucune subvention, 68 maisons étaient bâties, 61 étaient en construction, d'une valeur totale de 890,000 fr. Le 11 février 1847, une ordonnance royale créait une ville européenne et la dotait de 2,509 hectares. Dès 1850, une colonisation agricole commençait à apparaître, aidée par une pépinière publique. Aux environs de la ville s'élevaient 12 fermes particulières, indépendamment d'un grand nombre de petites maisons d'exploitation ou d'habitation dans les jardins voisins de la ville. Les bras faisaient défaut à l'agriculture. L'industrie y avait élevé 4 moulins à eau, des tuileries et briqueteries. Un décret du 21 novembre 1851 y a créé un commissariat civil. En 1853, un nouveau moulin a été installé. L'essor de la colonisation a été retenu par l'isolement de Sétif, qui ne communique avec Bougie, Djigelli, Constantine et Alger que par des routes encore imparfaites. La concession de 20,000 hectares de terres, faite à une société genevoise, par décret du 26 avril 1853, sur le territoire de Sétif, hâtera le peuplement et la mise en valeur du pays. Tout y sollicite l'activité privée. Si ce vaste plateau est dépouillé d'arbres, la faute en est aux hommes, non à la nature; les arbres y poussent avec une merveilleuse vigueur, comme on peut le voir dans la pépinière officielle qui y a été créée en 1841. A 15 lieues au sud de Sétif se trouvent les belles forêts de Bou-Thaleb, susceptibles d'une fructueuse exploitation. Les eaux sont d'une telle abondance que Sétif en reçoit de 500 à 700,000 litres par jour. Le climat doit à l'élévation de la contrée une salubrité remarquable. Aux ressources agricoles, le commerce ajoute les siennes. Chaque dimanche un marché y réunit de nombreux indigènes. La route de Sétif à Bougie, en ouvrant aux tribus de la Medjana et de Bouçada des débouchés sur le littoral et dans l'intérieur du pays kabile, multipliera les transactions et fera de Sétif un lieu de transit et d'entrepôt. Du reste, sans être encore à l'état d'entretien, cette route est déjà praticable. Un colon de Sétif l'a inaugurée en cabriolet au printemps de 1853, et l'accueil triomphal qui lui a été fait a donné la mesure des espérances que les populations fondaient sur cet instrument si puissant de prospérité.

STATISTIQUE OFFICIELLE (1851). — *Constructions* : 203 maisons valant 1,400,000 fr., 33 hangars, 99 écuries et étables, 7 gourbis et silos, 5 puits et norias, d'une valeur totale de 48,980 fr. — *Bétail* : 164 chevaux, 101 mulets, 58 ânes, 259 bœufs, 153 vaches, 88 chèvres, 2,817 moutons, 61 porcs. — *Matériel agricole* : 145 charrues, 38 voitures, 10 charrettes. — *Concessions* : 2,938 hect. 17 ares. — *Défrichement* : 6,850 hectares. — *Récoltes* (1852) : en territoire militaire : sur 980 hect. cultivés en grains, 6.080 hectolitres de blé dur, 3,050 d'orge, d'une valeur totale de 78,897 fr.; — en territoire civil : sur 103 hect., 60 hectol. de blé tendre, 6,000 de blé dur, 3,400 d'orge, 180 de maïs, 400 de fèves, d'une valeur tot. de 92,740 fr.

ANNEXES. Dans la banlieue de Sétif, quelques groupes d'habitations doivent à leur importance un nom particulier et le rang de village : Aïn-Sefla, Lanasser, Kalfoun, Mezloug, Fermatou, Enfin Aïn-el-Arnat, le premier des villages suisses.

### Aïn-Sefla.

Petit village arabe à 4 kil. de Sétif, au milieu d'une plaine cultivée par les indigènes. Le premier noyau de population européenne, remonte à 1842; en 1845 il composait un hameau de 12 maisons. Une ordonnance du 16 janvier 1846 lui donnait une existence légale pour 30 familles. Dès cette époque, sur l'emplacement d'une flaque marécageuse, s'élevait une fontaine et un abreuvoir. Sur ce territoire fertile, où coulent des eaux d'un débit journalier de 500,000 litres, de beaux jardins, de nombreuses plantations, des cultures soignées attestent le travail intelligent de l'homme. La population ne comprenait cependant, au 31 décembre 1852, que 17 habitants.

### Lanasser, Kalfoun, Mezloug, Fermatou.

Villages autour de Sétif, dont la naissance date de 1850, et qui, grâce à la fertilité du sol et au travail des colons, sont en voie de développement.

### Aïn-el-Arnat.

Un décret du 26 avril 1853 a concédé à une compagnie génevoise 20,000 hectares de terres, sur le territoire de Sétif, pour l'installation d'émigrants suisses. « Dans les journées du 15 et du 17 octobre, dit le *Génevois* du 19, a eu lieu le départ des émigrants qui doivent former le noyau de nouvelles colonies suisses de l'Algérie. Ils étaient au nombre de 90, y compris les femmes et les enfants. La plupart venaient du canton de Vaud, 9 appartenaient à celui de Genève, 6 à celui d'Argovie. Ils seront suivis, dans une quinzaine de jours, d'un nouveau contingent d'une quarantaine de personnes. Le dimanche, dans une touchante réunion, un pasteur avait appelé les bénédictions de Dieu sur les émigrants, et, joignant les fraternelles exhortations à la prière, il les avait vivement pressés de chercher le courage, l'énergie, la persévérance dont ils auront besoin, dans leur confiance en Dieu et dans leur foi chrétienne. Il leur avait aussi rappelé qu'au milieu des populations d'origines et de religions différentes dont ils vont être entourés, ils auront l'honneur du nom suisse à soutenir, et qu'ils n'y pourront mieux parvenir qu'en accomplissant fidèlement leurs devoirs religieux et moraux. Il les avait enfin engagés à se souvenir des grandes facilités que s'était empressé de leur fournir le gouvernement sous la protection duquel ils vont vivre désormais. La réunion à laquelle assistaient non seulement les colons, mais encore leurs parents, leurs amis et plusieurs représentants de la compagnie de Sétif, était nombreuse, et, quoiqu'elle se tînt dans un local peu favorable à la solennité d'un culte religieux, elle empruntait un puissant intérêt à la nature des circonstances au milieu desquelles elle se tenait. On a été généralement frappé de la bonne tenue des émigrants, bien différente de l'air souffreteux et misérable des Valaisans qui avaient passé par Genève il y a deux ou trois ans, se rendant aussi en Algérie. C'est d'un bon augure pour l'avenir de la nouvelle colonie. »

Le premier village, déjà bâti et peuplé, s'élève à 8 kil. environ de Sétif, sur une petite colline, à côté d'une source d'eau, connue sous le nom d'Aïn-el-Arnat, qu'elle communique au centre de population. Il touche à des ruines romaines assez importantes. A proximité sont les terrains destinés aux jardins. A peu de distance, dans un vallon appelé Chaïb, se trouvent des prairies naturelles et des terrains susceptibles de recevoir des cultures industrielles. Les terres pour les céréales sont sur les pentes des vallons. Tout le pays environnant offre d'ailleurs les meilleures conditions de salubrité. Le lot de chaque colon sera de 20 hectares.

### Bordj-bou-Areridj.

Chef-lieu d'un bureau arabe de 2e classe, à 198 kil. O. de Constantine, sur la ligne de communication de Sétif à Aumale. Créé dans un but tout politique et militaire, ce poste domine la plaine, garde le chemin de

Sétif à Aumale, surveille les tribus de la Kabilie et du Hodna, assure les importantes communications du Sahara algérien avec le Tell au Nord. Bâti aux dépens d'un établissement romain dont il occupe la place, il couvre deux mamelons qui s'élèvent au milieu de la plaine. M. le lieutenant-colonel d'Argent, qui y commande encore aujourd'hui, l'a occupé le premier comme sous-lieutenant en 1841. En 1842, on commença des baraquements. Jusqu'en 1847, la plaine marécageuse qui s'étend au-dessous décimait la garnison. Des cultures et des canaux de dessèchement ont amélioré la position. Un jardin a prospéré en dépit des sauterelles et de la grêle qui l'ont cruellement éprouvé dans le principe. Ce poste va gagner en importance: on étudie en ce moment les moyens d'y installer une population plus nombreuse. C'est, d'ailleurs, le siège d'un établissement hippique où l'on voit déjà des étalons bien choisis et de taille avantageuse qui donneront de magnifiques produits avec les belles juments de la Medjana. Lorsque le lieutenant-colonel d'Argent vint s'établir, il y a onze ans, à Bordj-bou-Aréridj avec une seule compagnie de tirailleurs indigènes, à une grande distance de tout autre poste français, les tribus qui l'entouraient étaient pour la plupart douteuses ou insoumises: aujourd'hui elles s'inclinent toutes avec respect devant le drapeau français. La population civile se compose d'une vingtaine d'habitants, la plupart cantonniers, qui deviendront des colons le jour où on leur donnera des terres. Les beaux jardins, les belles plantations qui décorent ce lieu promettent les plus grands succès au travail civil. La position intermédiaire de cette place, eu égard aux provinces de Constantine et d'Oran, la richesse agricole des tribus qui l'entourent, lui assurent dans l'avenir un grand développement. Bordj-bou-Aréridj est un des points de la ligne télégraphique d'Alger à Constantine par Aumale et Sétif.

## D. — LA KABILIE.

Aucun centre de population européenne n'a été encore installé dans l'intérieur de la Kabilie; mais des moulins à huile, des auberges, des maisons de cantonnier, des forts qui jalonnent la route de Bougie à Sétif et de Djigelli à Mila ne tarderont pas à devenir le noyau d'une colonisation agricole, industrielle et commerciale, qui trouvera, dans les terres, les eaux, les bois, les mines, des forces et des richesses inépuisables.

### E. — L'AURÈS.

La colonisation aborde à peine cette zone montagneuse. La population y est ainsi répartie :

| Localités. | Maisons. | Ménages. | Européens. | Indigènes. | Total. |
|---|---|---|---|---|---|
| Batna.. | 167 | 139 | 910 | 419 | 1,329 |
| Lambessa. | 77 | 155 | 300 | 74 | 363 |
| 2 centres. | 244 | 293 | 1,319 | 493 | 1,712 |

## Batna.

Chef-lieu de la 3ᵉ subdivision militaire et du cercle de ce nom, à 110 kil. S. de Constantine, à 126 kil. de Biskara ; ville créée par arrêté du chef du pouvoir exécutif, du 12 septembre 1848, sous le nom qui n'a pas pu prévaloir, de *Nouvelle-Lambèse*, sur un plateau élevé auprès de la ville arabe de Batna, entre les montagnes de l'Aurès et des Ouled-Sultan, sur la route qui unit le littoral et le Tell constantinois aux Zibans et aux oasis de l'Oued-R'ir et de l'Oued-Souf. Occupé d'une manière définitive en mai 1844, à la suite de l'expédition de Biskara, Batna est devenu le centre de la domination française dans les monts Aurès, où il assure les communications du Tell avec le Sahara, et la soumission des tribus. En même temps sa position sur la ligne la plus fréquentée entre Constantine et Biskara en fait un centre d'échanges entre le nord et le sud, qui prend de jour en jour les proportions d'un entrepôt important. Pour l'approvisionnement de la place un bourg européen ne tarda pas à s'établir sous le canon de l'enceinte. En un tel concours de conditions, l'agriculture ne tarde pas à naître de l'affluence de la population militaire et commerciale. En vue de ce nouvel essor, Batna a été doté d'un territoire agricole de 8,700 hectares, d'une extrême fertilité, où le bois et l'eau abondent. Un certain nombre de concessions ont été faites, et quelques-unes sont en pleine voie de prospérité. Le nombre des colons augmente tous les jours. Une pépinière officielle y a été créée pour venir en aide à leurs efforts. L'industrie elle-même s'y constitue. Deux moulins à eau, de fabrique française, y ont été installés. L'exploitation des magnifiques forêts des environs d'une étendue de 13,500 hectares, est appelée à prendre un grand essor par l'emploi, dans les constructions de la province, de ses bois de charpente, et par l'exportation en France des bois de cèdre nécessaires à l'ébénisterie et autres industries. Le gouvernement y trouverait une mine de revenus importants pour le trésor, et la colonie une nouvelle source de prospérité. Pour son rapide et puissant essor, il ne manque à Batna que des communications toujours faciles et assurées avec Constantine. Sur la route ont été échelonnés les villages ou caravansérails d'Aïn-el-Bey, Aïn-Mila, Aïn-Iagout, l'abreuvoir de Aïn-Djemla, sur les traces des établissements romains. Des ponts nombreux ont été établis, des travaux considérables ont été exécutés, prélude de constructions plus complètes. La route de Batna à Biskara a vu également s'élever le caravansérail de Nsa-bel-Msal, indispensable pour assurer la sécurité entre Ksour et El-Kantara et procurer un abri et un gîte sûrs à demi-distance de ces deux localités. Un climat admirablement sain, une température modérée complètent l'ensemble des avantages qui présagent à Batna un brillant avenir. — Un décret impérial du 7 décembre 1853 établit à Batna une justice de paix.

Dans la banlieue de Batna, les exploitations les plus importantes sont : la ferme Doulac, à 5 kil. O. de Batna, au pied du Djebel-Bou-Merzoug ; la ferme Arnaud, à 10 kil. N. de Batna, sur la route de Constantine ; la ferme Oued-el-Asnam, à 25 kil. N. de Batna, sur la même route. — C'est dans la région entre Constantine et Batna que se voit un monument grandiose de 179 mètres de circonférence et de 19 mètres 20 centim. de haut : le *Médracen*, tombeau des rois de Numidie.

STATISTIQUE OFFICIELLE (1851). — *Constructions* : 150 maisons valant 445,000 fr., 52 hangars, 30 écuries et étables, 29 puits et norias, d'une valeur totale de 71,700 fr. — *Bétail* : 138 chevaux, 48 mulets, 50 ânes, 140 bœufs, 45 vaches, 100 chèvres, 150 moutons, 74 porcs. — *Matériel agricole* : 8 charrues, 35 voitures, 19 tombereaux. — *Plantations* : 58,871 arbres — *Concessions* : 8 hect. 92 ares. — *Récoltes* (1852) : sur 22 hect. 50 ares cultivés en grains, 60 hectol. de blé dur, 200 d'orge, 20 de maïs, d'une valeur totale de 2,100 fr.

### Lambessa.

Colonie pénitentiaire affectée aux transportés politiques de 1848, à 10 kil. S.-E. de Batna, bâtie sur l'emplacement de l'antique *Lambœsis*, cité romaine, dont la fondation est à peu près contemporaine de l'ère chrétienne, et qui était, deux siècles plus tard, à l'apogée de sa splendeur. Site admirablement choisi dans une vaste plaine, protégé contre le vent du désert par les cimes de l'Aurès, au point de partage des eaux de la Numidie, à plus de 1,000 mètres d'altitude, au point d'intersection des routes stratégiques qui, sous les Romains, sillonnaient la province. La ville se survit presque tout entière dans ses ruines : on y trouve tous les monuments qui distinguaient la civilisation romaine : amphithéâtre, théâtre, cirque, aqueduc, temples, arc-de-triomphe, thermes, palais, statues ; son enceinte embrassait un circuit de plus de trois lieues, et l'on peut évaluer sa population à 50,000 âmes. Vers l'an 240 de notre ère, 90 prélats africains y tinrent un synode. Sur les édifices, sur les tables de marbre, sur des pierres et jusque sur les briques, on rencontre l'inscription LEG. III, indiquant qu'à Lambessa séjournait la troisième légion, Augusta Pia Vindex, à laquelle était confiée la garde de l'Afrique septentrionale : leçon donnée à l'occupation française, et du travail industriel des armées, et de l'art de rendre immortels de glorieux souvenirs.

Lambessa, retrouvée en 1844 par le commandant Delamarre, a été explorée par le 2e régiment de la légion étrangère, sous la direction du colonel Carbuccia. Leur œuvre a été continuée par les transportés politiques, qui ont consacré à de studieuses recherches les heures de loisir que leur laissaient les travaux publics ou la culture des jardins. La construction du pénitencier, commencée en 1851 en vertu d'une loi du 24 juin 1850, est à peu près terminée, mais cette destination passagère et accidentelle d'une des plus belles positions de l'Algérie ne suffit pas au rôle que la tradition romaine assigne à l'émulation de la France. La capitale militaire de la Numidie doit redevenir une grande et glorieuse cité.

## F. — LE PLATEAU CENTRAL.

Autour du bassin du Hodna quelques Européens sont installés à Bouçada, dont la statistique résume ainsi la population :

3 maisons. — 2 ménages. — 15 Europ. — 3,552 indig. — Total, 3,567 habit.

### Bouçada.

Ville indigène du plateau central, dans le bassin du Hodna, prise par les Français le 15 novembre 1849. La colonisation européenne n'a pas fait encore grand'chose à cette latitude : il n'y a que quatre maisons de civils européens et environ vingt individus mâles appartenant à l'élément chrétien. Ce chiffre s'augmentera beaucoup par le développement des transactions commerciales, sur les laines particulièrement, qui, dès 1853, ont pris une certaine extension. La pacification du sud, l'ouverture de débouchés sur le littoral, par la route de Sétif à Bougie, sont les conditions essentielles de ce progrès. Alors l'agriculture elle-même y trouverait à faire d'utiles spéculations ; on voit à Bouçada de beaux jardins de palmiers et des plantations de toutes sortes, provenant de la pépinière d'Alger.

## G. — LES OASIS.

De la province de Constantine dépendent les oasis du Zab (Ziban au pluriel), de l'Oued-R'ir, de l'Oued-Temacin, de l'Oued-Souf. La colonisation n'a pris pied qu'à Biskara, capitale des Ziban.

### Biskara.

Ville arabe et européenne, à 236 kil. S.-E. de Constantine, à 126 kil. de Batna, sur le versant méridional des monts Aurès, capitale des oasis des Ziban, qui renferment, entre autres petites villes, Zaatcha, célèbre par son siége. Chef-lieu de cercle, occupé le 4 mars 1844 pour observer les oasis et assurer les communications commerciales de cette région du Sahara avec Constantine et la mer. L'établissement militaire, situé à environ 2 kil. nord de la ville arabe, est devenu le noyau d'une ville nouvelle où se sont groupés les ouvriers, appelés par les travaux considérables du génie, et qui a attiré même les habitants de l'ancienne localité. Destiné par sa position à devenir un centre actif d'échanges, Biskara a vu son commerce prendre un développement auquel les négociants européens ne sont pas restés étrangers. L'industrie y est représentée, outre 10 moulins indigènes à eau, par un moulin à turbines et à deux tournants, affecté à la mouture française et arabe, qu'a fait construire le kaïd. Une salpêtrerie doit être établie à la kasbah qui sera appropriée à cette destination. Le sol et le climat, qui font des Ziban la patrie des palmiers-dattiers dont les épaisses forêts ombragent les oasis, paraissent propres aux cultures tropicales ; un jardin a été établi en 1851 dans l'oasis de Beni-Morra, à un demi-kilom. environ de Biskara, pour y tenter l'acclimatation des plantes tropicales, telles que café, poivre, indigo, vanille, cactus à cochenille, coton, canne à sucre, riz, cassave, bambou, igname, patate douce, etc. A raison de la haute température du pays, qui varie de 5 à 48° centigrades, on a pensé y retrouver des conditions à peu près semblables à celles des régions chaudes de l'Amérique et de l'Asie. Les indigènes des oasis sahariennes y viendront faire leur apprentissage agricole, et communiqueront aux jardiniers européens les enseignements de leur expérience séculaire du climat. Déjà des résultats fort intéressants ont été obtenus, mais la période d'observations est trop courte encore pour permettre des conclusions solides. L'oasis de Beni-Morra présente une surface de 25 hectares : le terrain s'irrigue au moyen d'un barrage dans la rivière voisine. Un puits artésien fut tenté, il y a quelques années, aux environs de Biskara, mais sans succès.

La garnison de Biskara rayonnant dans le sud, a construit un bâtiment pour la surveillance forestière à Saada, au confluent de l'Oued-Biskara avec l'Oued-Djedi; et le 20 mars 1853, un détachement de cavalerie commandé par le colonel Desvaux a visité, le 20 mars 1853, la bourgade indigène de Dzioua, au-delà du 34° de latitude, le point le plus méridional atteint par les troupes françaises dans la province de Constantine.

STATISTIQUE OFFICIELLE (1851). — *Constructions*: 150 maisons valant 90,000 fr. — *Plantations*: 1,800 arbres.

### Sidi-Okba.

A 20 kil. au S.-E. de Biskara, ville sainte des musulmans d'Algérie, consacrée par la mosquée de Sidi-Okba, le conquérant arabe de l'Afrique au 7e siècle. Son tombeau, objet de la pieuse vénération des Arabes, repose dans un sanctuaire inviolable recouvert d'un drap de soie verte, où des inscriptions sont brodées en soie blanche. Une pierre porte une inscription en caractères koufiques, qui remonte aux premiers temps de l'islamisme. Après la prise de Biskara, le duc d'Aumale visita Sidi-Okba, sa mosquée et son sanctuaire le 7 mars 1844, et reçut les hommages des tolbas, les gardiens du lieu saint, qui entonnèrent à l'unisson, au nom du roi des Français, la *Khotba*, le *Domine salvum fac* des musulmans.

Les honneurs fidèlement rendus à la mémoire de Sidi-Okba après douze siècles, par la reconnaissance des Arabes, sont un reproche pour la France, qui n'a consacré par aucun monument durable le souvenir de la conquête de 1830, plus glorieuse pour la civilisation que celle de 645 pour l'islamisme. Le même regret de tout témoignage commémoratif des grandes actions de la guerre, des utiles créations de la paix, afflige le patriotisme du voyageur français en Algérie. Un pays dont chaque horizon raconte une gloire nationale ne compte peut-être pas six monuments funéraires et douze inscriptions! Les Romains en ont laissé des milliers!

# CINQUIÈME PARTIE.

## PROVINCE D'ORAN.

### Position, étendue, limites.

Cette province occupe la partie occidentale de l'Algérie, depuis le cap Magroun jusqu'à l'embouchure de l'Oued-Adjeroud; elle est comprise entre la Méditerranée, la province d'Alger, le Désert et le Maroc. Son étendue superficielle est ainsi répartie : Tell, 35,000 kilomètres carrés; Sahara, 67,000; total, 102,000 kilomètres carrés.

Le peu de profondeur du Tell, qui n'a pas, vers la limite occidentale, plus de vingt lieues, est un des caractères constitutifs de cette province; elle y puise des conditions d'ensemble moins favorables sous le rapport de l'abondance des pluies, du nombre et de l'importance des cours d'eau; elle est moins abritée des vents du sud : de là, un renom général d'infériorité productive. Cependant, les territoires fertiles y occupent, là comme partout, la presque totalité de la surface; mais leurs conditions d'exploitation agricole invitent à l'élève des troupeaux, plus peut-être qu'ailleurs. Le caractère salin de beaucoup de ses parties, qui avait jusqu'à ce jour été un obstacle à la plupart des cultures, lui assurera peut-être le privilége des qualités supérieures de coton. A vrai dire d'ailleurs, une moindre concurrence a pour effet, en maintenant les cours des produits à un taux plus élevé, d'assurer plus facilement la prospérité des villages et des fermes consacrés à la production : c'est une des causes qui ont le plus concouru au développement local de la colonisation. Quoiqu'elle n'y date que de la pacification, c'est-à-dire de six à sept ans à peine, déjà elle a distancé la province de Constantine, et sur quelques points elle rivalise de près avec celle d'Alger. La salubrité du climat a beaucoup aidé à ce résultat : elle est telle que nous ne la mentionnerons que dans des circonstances exceptionnelles.

### Côte.

Les points les plus remarquables de la côte, en les reprenant au cap *Mayroua*, sur la limite de la province d'Alger, sont: le cap *Aghmiss*; — le cap *Ivi*, où commence le golfe d'Arzew; — la pointe et l'embouchure du *Chélif*; — le village et la ville de *Mostaganem*; — l'embouchure de la *Macta*; — le port d'*Arzew*; — le cap d'*Arzew*; — le cap *Carbon*, qui ferme à l'ouest le golfe d'Arzew, vaste échancrure, une des plus belles de toute la côte d'Algérie; — le cap *Ferrat*; — la pointe d'*Abuja*, qui ouvre le golfe d'Oran; — la ville d'*Oran*; — la rade, le port et la pointe de *Mers-el-Kebir*; — le cap *Falcon*, qui ferme à l'ouest le golfe d'Oran; — le cap *Lindlès*; — le cap *Sigale*, vis-à-vis les îlots des *Habibas*; — le cap *Figalo*; — l'embouchure de l'*Oued-Melah* ou *Rio-Salado*; — l'embouchure de la *Tafna*, en face de l'île *Rachgoun*; — le cap *Noé*; — la plage et le port de *Nemours* (*Djemma-Ghazaoudt*); — le cap *Milouta*; — l'embouchure de l'*Oued-Adjeroud*. — La côte, généralement rocheuse et abrupte, présente néanmoins trois vastes rentrants favorables aux établissements maritimes : le golfe d'Arzew, où s'élèvent Mostaganem et Arzew; le golfe d'Oran, où s'élèvent Oran et Mers-el-Kebir; la baie, moins profonde, où débouchent le Rio-Salado et la Tafna et qui porte quelquefois le nom du golfe de Rachgoun, où les Maures et les Romains fondèrent des villes destinées à renaître. Les ruines de *Siga*, la capitale de Syphax, s'aperçoivent non loin de la mer, près des bouches de la Tafna.

## Montagnes.

Les masses principales de la province d'Oran sont :

Sur la CÔTE, une partie du *Dahra*, entre Tenez et l'embouchure du Chélif; — le *Karkar* ou montagne des Lions, entre Arzew et Oran (615 mètres) ; — le *Medtouna*, entre Oran et la Tafna ; — le *Trara*, en arrière de Nemours (850 mètres).

A L'INTÉRIEUR : le *Chareb-el-Rteh*, contrefort de l'Ouersenis, qui sépare le bassin du Chélif de celui de l'Habra. Sur la crête du Tell, à l'entrée du plateau central, le système de l'Atlas forme une haute chaîne de montagnes, qui culminent par 800 et 1,000 mètres d'altitude. Au Nord elle est séparée par des plateaux de moyenne élévation d'une seconde chaîne, fortement mamelonnée, qui prend en travers la province de l'ouest à l'est, et domine les basses plaines de Meleta, du Tlélat, du Sig et de l'Habra. Sur son trajet, se dresse, entre Oran, Sidibel-Abbès le Thessala, une des cimes caractéristiques de l'horizon oranais.

## Cours d'eau. — Lacs. — Bassins.

Les principaux courants de la province sont, de l'est à l'ouest :

Le CHÉLIF, dont nous avons déjà parlé. Son cours inférieur et son embouchure sont dans la province : un petit nombre de centres de population s'élèvent sur son bassin : Aïn Tédelès, Souk-el-Mitou, sont les principaux. Il reçoit sur sa gauche le *Riou* et la *Mina*, qui appartiennent au système hydrographique de la province.

La *Macta*, formée de deux cours principaux, l'*Habra* et le *Sig*. L'Habra, qui porte dans son cours supérieur le nom d'*Oued-el-Hammam* (eaux chaudes), descend des plaines élevées où est assis Mascara, traverse le massif intérieur et arrose une grande et fertile plaine. Le *Sig* appelé *Mekera*, dans son cours supérieur, baigne de même la plaine de ce dernier nom, autour de Sidi-bel-Abbès, traverse le massif intérieur, et, après avoir arrosé une autre grande et fertile plaine, se joint à l'Habra à peu de distance de la mer; alors les deux cours réunis prennent le nom de *Macta*. La Macta est bordée de marécages dus à l'extravasation des eaux pendant les fortes pluies : leur desséchement, qui assainirait ce vaste cirque de 69 lieues carrées de surface connu sous le nom de plaine de Ceirat, ne dépasserait pas les forces d'une puissante compagnie, aidée du concours de l'État. Cette plaine est sur le trajet du chemin de fer, déjà à l'étude, qui un jour ou l'autre reliera Oran à Alger par Blida.

L'*Oued-el-Melah* ou *Rio-Salado*, qui a son embouchure entre le cap Figalo et l'île Rachgoun : dans son cours supérieur, il traverse la riche plaine de Zeidour. C'est sur ses bords que périt le fameux Barberousse, dans un combat contre les Espagnols.

La *Tafna*, célèbre par le traité de ce nom, conclu sur ses bords, le 30 mai 1837, entre le général Bugeaud et l'émir Abd-el-Kader, reçoit sur sa gauche le *Mouila* qui passe à Lalla-Maghrnia, et sur sa droite l'*Isser* qui traverse les riches prairies des Ouled-Mimoun.

L'*Adjeroud*, moins remarquable par l'étendue de son cours que comme limite entre la France et le Maroc ; il se jette dans la mer entre le cap Mouloula (Milonia?) et l'Oued-Mouloula ; il se nomme aussi le *Kiss* dans une de ses branches supérieures.

Entre la Macta et le Rio-Salado, le littoral se relève en un plateau calcaire, dont les eaux, au lieu de couler vers la mer, se perdent dans les dépressions du sol, ou forment divers lacs salés qui sont un des caractères les plus marqués de la province. Les deux principaux lacs sont : à 14 kil. sud d'Arzew, le lac salé de ce nom par 45 mètres environ d'altitude, ayant 12 kil. de long sur

2 kil. 500 mèt. de large, objet d'une importante exploitation de salines ; au sud d'Oran, la *Sebkha* (nom générique des lacs salés), qui s'étend de Valmy-le-Figuier à Misserghin, entre le plateau d'Oran et la plaine de Meleta, à 80 mètres d'altitude. Elle a 20 kil. de large sur 50 de long. Autour de ce grand lac, il y a, surtout vers la partie orientale, une série de très-petits lacs dont les eaux salées déposent en été des couches de sel, qui sont, comme la Sebkha, exploitées par les Arabes et les colons pour les besoins de la ville d'Oran.

Dans le plateau central, les *Chott-Chergui* et *Gharbi* (de l'est et de l'ouest) sont des particularités hydrographiques encore plus remarquables.

Le versant saharien ne possède aucun cours d'eau important ; mais c'est au Djebel-Amour que le Chélif et l'Oued-Djedi prennent naissance.

## Population.

Le dénombrement de 1852, borné aux territoires occupés par les Européens, a donné pour la province d'Oran, les résultats suivants :

I. POPULATION EUROPÉENNE :

### 1° *Suivant l'état civil :*

|  | Sexe masculin. |  | Sexe féminin. | Total. |
|---|---|---|---|---|
| Hommes. | 9,353 | Femmes. | 8,990 | 18,343 |
| Garçons. | 12,221 | Filles. | 8,802 | 21,023 |
|  | 21,576 |  | 17,792 | 39,368 |

### 2° *Suivant le pays de naissance :*

Nés en Algérie, 5,703. — Ailleurs, 33,665

### 3° Suivant la nationalité :

| | | |
|---|---|---:|
| Français. | | 20,240 |
| Étrangers. | Espagnols. . . . . 15,780 | |
| | Italiens. . . . . . . 1,513 | |
| | Allemands. . . . . . 853 | |
| | Belges et Hollandais. 286 | |
| | Anglo-Irlandais. . . 230 | |
| | Anglo-Maltais. . . . 105 | 19,028 |
| | Suisses. . . . . . . 94 | |
| | Polonais. . . . . . . 58 | |
| | Portugais. . . . . . 27 | |
| | Grecs. . . . . . . . 24 | |
| | Autres. . . . . . . . 58 | |
| Total. | | 39,268 |

### 4° Suivant la religion :

| | | |
|---|---:|---:|
| Catholiques. | 38,686 | |
| Protestants. | 519 | 39,368 |
| Israélites. | 163 | |

### 5° Suivant le domicile et le caractère de l'industrie :

| | | |
|---|---:|---:|
| Population urbaine. | 24,892 | |
| — rurale non agricole. | 2,877 | 39,308 (1). |
| — — agricole. | 11,539 | |

### 6° Suivant la distribution sur le sol :

| | | |
|---|---:|---:|
| Population agglomérée. | 34,281 | 39,368 |
| — éparse. | 5,087 | |

II. La POPULATION INDIGÈNE ne reproduit qu'en partie ces classifications. On la divise ainsi :

---

(1) Le défaut de concordance existe dans le tableau officiel.

|  | | Beldi (citadins). | | Berrani (forains). | |
|---|---|---|---|---|---|
| Musulmans. | Hommes.. | 5,499 | } 9,523 | 976 | } 1,682 |
| — | Garçons.. | 4,024 | | 706 | |
| — | Femmes.. | 5,972 | } 9,507 | 555 | } 873 |
| — | Filles... | 3,535 | | 318 | |
| | Totaux. . . . | | 19,030. | . . . | 2,555 |

Total général. . . . . 21,585

| Israélites. | Hommes.. | 2,011 | } 4,804 | | |
|---|---|---|---|---|---|
| — | Garçons.. | 2,793 | | } | 9,173 |
| — | Femmes.. | 2,190 | } 4,369 | | |
| — | Filles... | 2,179 | | | |

Total de la population indigène. . 30,758
Dont 24,654 agglomérée et 6,104 éparse.

III. Enfin, la POPULATION TOTALE se résume dans le tableau suivant, pour la distribution administrative dans les territoires :

| | Département. | Division. | Totaux. |
|---|---|---|---|
| Population européenne. . . | 28,681 | 10,687 | 39,368 |
| — Indigène. . . . | 29,838 | 920 | 30,758 |
| — en bloc. . . . | 19,923 | 2,744 | 22,667 |
| Totaux. . . | 78,442 | 14,351 | 92,793 |

## Viabilité.

La nature du sol a rendu l'établissement et l'entretien des routes plus faciles dans cette province ; mais leur état se ressent encore de la faiblesse des allocations dont elles ont été dotées pendant plusieurs années.

Les routes IMPÉRIALES sont.

1° La R. d'*Oran à Mers-el-Kebir*. Un des plus beaux travaux de l'occupation française en Algérie. Longueur 7,000 mètres ; dépense, 418,000 fr. Franchit un tunnel de 50 mètres, creusé dans le rocher à la sortie d'Oran. Servie par une multitude de corricolos, elle présente une animation extrême.

2° R. d'*Oran à Tlemcen*. Longueur, 147,500 mètres ; dépense, 515,700 fr. Un beau pont sur l'Isser. État peu avancé jusqu'en 1853, où elle a reçu une vigoureuse impulsion. Servie à grand'peine par une diligence.

3° R. d'*Oran à Mascara*. Longueur 100,500 mètres ; dépense, 501,202 fr. La véritable artère de la province. Un pont en pierre sur l'Ougaz, un en bois sur le Sig, un sur l'Habra. Celui du Tiélat est impatiemment attendu. Route déjà à l'état d'entretien d'Oran au Tiélat, dans la plaine du Sig, aux abords de Mascara. Servie régulièrement par des diligences. Circulation de 50 charrettes par jour.

4° R. d'*Oran à Daïa* (section comprise entre Daïa et la route d'Oran à Mascara). Longueur, 144,500 mètres ; dépense, 98,900 fr. C'est la route principale de Sidi-bel-Abbès. Service par des diligences jusqu'à cette ville.

5° R. d'*Oran à Mostaganem*, par Arzew. Longueur, 77,000 mètres ; dépense, 106,522 fr. Un pont sur la Macta, près duquel deux auberges se sont élevées et prospèrent, au sein de vastes solitudes, très-favorables à la chasse. Route servie par des diligences.

6° R. de *Mostaganem à Orléansville*. Longueur, 140,000 mètres ; dépense, 38,990 fr. Un pont sur la Mina.

7° R. de *Mostaganem à Tenes*. Longueur, 89,000 mètres ; dépense, 478,720 fr. Un beau pont en pierre sur le Chélif.

8° R. de *Mostaganem à Mascara*, par El-Bordj. Longueur, 46,000 mètres ; dépense, 109,245 fr.

9° R. d'*Arzew au Sig*. Longueur, 39,500 mètres ; dépense, 36,663 fr. Vient rejoindre au Sig celle d'Oran à Mascara.

II. Les routes STRATÉGIQUES sont :

1° R. de *Mascara à Tiaret*. Longueur, 110,000 mètres ; dépense, 42,060 fr.

2° R. de *Mascara à Saïda*. Longueur, 60,000 mètres, dépense, 23,794 fr. Un pont sur l'Oued-Taghria.

3° R. de *Tlemcen à Mascara*, entre Tlemcen et Sidi-bel-Abbès. Longueur, 8,000 mètres; dépense, 3,550 fr.

4° R. de *Tlemcen à Nemours*. La partie exécutée de cette route se confond avec celles de Tlemcen à Maghrnia et de Maghrnia à Nemours mentionnées ci-dessous.

5° R. de *Tlemcen à Sebdou*. Dépense, 60,404 fr.

6° R. de *Tlemcen à Maghrnia*. Longueur, 44,100 mètres; dépense, 57,770 fr.

7° R. de *Tlemcen à Daïa*, partie entre Tlemcen et la Mekera. Longueur, 61,000 mètres; dépense, 4,000 fr.

8° R. de *Nemours à Maghrnia*. Longueur, 44,000 mètres; dépense, 24,610 fr.

III. Les routes PROVINCIALES sont :

1° R. d'*Oran à la plaine du Sig*, par Sidi-Chami. Longueur, 13,000 mètres; dépense, 33,000 fr.

2° R. d'*Oran à Nemours*, par les Andalous. Longueur, 24,000 mètres; dépense, 5,000 fr.

3° R. de *Mostaganem à l'Habra*. Longueur, 23,000 mètres; dépense, 27,357 fr.

4° R. de *Nemours au Kiss*, par Sidi-Boudjenan. Longueur, 8,000 mètres; dépense, 4,000 fr.

IV. Les chemins VICINAUX sont répartis sur tous les points du territoire.

Le tableau suivant résumait la viabilité de la province au 31 décembre 1851.

|   | Longueur. | Dépenses. |   |
|---|---|---|---|
| Routes impériales. | 771,000 m. | 2,300,845 fr. | 73 c. |
| Routes stratégiques. | 427,950 | 184,025 | 07 |
| Routes provinciales. | 68,000 | 69,357 | 00 |
| Chemins vicinaux. | 463,000 | 400,994 | 36 |
|   | 1,729,950 m. | 2,955,322 fr. | 16 c. |

Le complément de ces routes sera un chemin de fer qui

est à l'étude d'Oran au Sig, avec embranchements sur Arzew et Mostaganem, sur Sidi-bel-Abbès et Tlemcen et devant se prolonger ultérieurement jusqu'à Blida, pour constituer le chemin de fer d'Alger à Oran.

### Forêts.

Le tableau suivant résume les richesses forestières de la province d'Oran, telles qu'elles étaient relevées à la fin de 1850 :

| | hectares |
|---|---|
| Réserve des colonies agricoles. | 4,100 |
| Forêt de Muley-Ismaël. | 20,259 |
| Bois de la Macta. | 2,275 |
| Bois de l'Aghoub et d'Ennaro. | 6,600 |
| Bois de Msila. | 3,000 |
| Broussailles de Sidi-Chami. | 450 |
| Bois de Chebdelhem. | 2,000 |
| Bois des rives du Sig. | 4,000 |
| Bois de l'Oued-el-Habra. | 1,600 |
| Bois des Beni-Chougran. | 7,000 |
| Bois des Flittas. | 600 |
| Bois de Sidi-Ali-ben-Joub. | 2,500 |
| Bois de Sebdou. | 30,000 |
| Bois d'Aïn-Hafir. | 20,000 |
| Forêts de Daïa. | 30,000 |
| | 20,000 |
| Forêt de l'Ouizert. | 15,000 |
| Forêts de Kacherou. | 15,000 |
| Forêt des Ouled-Brahim. | 18,000 |
| Forêt des Ouled-Kraled. | 22,000 |
| Forêt de Frendah. | 22,000 |
| Forêt de Tegdempt. | 24,000 |
| Total | 269,764 |

Depuis 1850, de nouvelles reconnaissances ont accru ce chiffre, qui suffit pour montrer que cette province est loin d'être aussi déboisée qu'elle en a la réputation. Là, comme dans toute l'Algérie, il suffirait d'ouvrir des routes pour obtenir d'inépuisables matériaux de construction, des ressources aussi précieuses que variées à la memuiserie et à l'ébénisterie. Au lieu de faire venir à grands frais les bois de Norwége et de Trieste, l'Algérie n'a qu'à tirer parti de ses propres richesses. Affaire de capital, de travail et de routes.

## Divisions naturelles.

D'après la configuration topographique, nous diviserons ainsi la province d'Oran :

A. LA COTE. — B. LE LITTORAL. — C. LE CHÉLIF. — D. LES PLAINES INFÉRIEURES. — E. LES PLATEAUX DU TELL. — F. LA LIGNE DE FAITE. — G. LE PLATEAU CENTRAL. — H. LES OASIS.

Cette nomenclature établit que le relief du sol se distribue dans l'ouest d'une manière analogue, mais non identique, à ce que nous avons vu au centre et à l'ouest.

### A. — LA COTE.

La colonisation y occupe les points suivants :

| Régions. | Localités. | Maisons. | Ménages. | Européens. | Indigènes. | Pop. totale. |
|---|---|---|---|---|---|---|
| Cote. | ORAN et ses faub. | 1,371 | 4,264 | 15,054 | 8,287 | 22,097 |
|  | Mers-el-Kébir. | 157 | 381 | 1,403 | 11 | 1,414 |
|  | Ain-el-Turk. | 33 | 44 | 237 | 59 | 196 |
|  | Bou-Sefer. | 6 | 6 | 32 | 245 | 277 |
|  | Christel. | » | 18 | 83 | » | 83 |
| Est. | Arzew. | 187 | 239 | 908 | » | 908 |
|  | Mostaganem. | 771 | 871 | 3,067 | 4,191 | 7,258 |
| Ouest. | Rachgoun. | » | » | » | » | » |
|  | Nemours. | » | 168 | 492 | 222 | 714 |
|  | Total. | 2,475 | 5,987 | 21,736 | 13,015 | 32,897 |

### ORAN.

Capitale de la province, chef-lieu de division et de préfecture, à 410 kil. ouest d'Alger, 852 kil. de Constantine, sur la côte, au fond du golfe qui porte son nom. Cette ville s'étage par groupes irréguliers sur le terrain tourmenté et incliné en fortes pentes qui sépare les flancs de la montagne de Santa-Cruz du plateau d'Oran : elle est coupée en deux par un ravin où coule toute l'année un ruisseau qui a déterminé, par l'abondance et la qualité de ses eaux, l'assiette de la ville. Du côté de la montagne, à partir de la mer, se développe 1° le quartier neuf de la marine, principal centre d'activité commerciale, où l'on admire au quai Sainte-Marie les immenses magasins de l'administration militaire, d'origine espagnole ; 2° la Blança, quartier des Espagnols, que dominent le nouvel hôpital militaire, un joli minaret aujourd'hui compris dans les services de l'ancien hôpital, enfin l'église principale de la ville ; à l'extrémité occidentale, se dresse sur la crête du contrefort la Kasba ou Château-Vieux, convertie en prison militaire. Un pont unit cette partie qui constituait autrefois exclusivement la ville espagnole, à l'autre partie qui était la ville indigène, dont on retrouve encore, sur l'arête escarpée qui domine le ravin, les rues et les maisons presque dans l'état primitif. La mosquée, consacrée au culte musulman et le Château-Neuf, résidence du général commandant la province, sont les principaux monuments de ces quartiers, qu'embellit la superbe promenade de Létang. De ses esplanades l'œil embrasse l'ensemble du golfe d'Oran, fermé à l'ouest par le rideau de hautes montagnes, qui s'étend de Mers-el-Kébir au fort de Santa-Cruz, dont les imposantes ruines sont souvent voilées de nuages. Dans la rue Philippe affectée au commerce de détail, et qui de la place Kléber gravit jusqu'à la place Napoléon, d'énormes peupliers constatent la puissance de la végétation africaine. Entre ces deux grands quartiers d'Oran, un troisième se développe le long du ravin ; la mairie, la sous-préfecture, un boulevart naissant, son débouché sur un riche et verdoyant ravin, consacré aux jardins de luxe et de produit, y attireront un mouvement considérable de population et d'affaires. Hors du mur d'enceinte, s'est élevé depuis quelques années, sur la route de Mascara, un village peuplé exclusivement de nègres, venus de tous les pays d'Afrique et groupés sur ce point par l'administration, ce qui est bien le plus curieux échantillon de races et de mœurs primitives que l'on puisse voir, surtout en un jour de fête. Sur la route de Mostaganem, se développe le faubourg de Karguentah (ou la Mosquée), entièrement créé à neuf depuis moins de dix ans sur les terrains et par l'initiative de M. Ramoger. C'est là que se tient le marché aux grains et que se trouve le magasin des tabacs de l'administration. Au bout de la place d'Armes qui s'étend entre Karguentah et Oran, s'élève un élégant édifice, destiné d'abord à servir de caravansérail, et transformé depuis en hôpital civil.

Dès la plus haute antiquité Oran a joué un rôle dans l'histoire de la province. Cependant il n'est resté des périodes carthaginoises et romaines que d'incertaines légendes; de la période arabe, que des traditions historiques sur sa dépendance du royaume de Tlemcen, ses franchises locales et son commerce. En 1505, les Espagnols prirent pied à Mers-el-Kebir, et en 1509 le cardinal Ximénès s'empara d'Oran. Pendant deux siècles ils en restèrent les maîtres. Mais en 1708 le bey Mustapha leur enleva la place : ils la reprirent en 1732, sous le commandement du comte de Mortemart, et la gardèrent jusqu'en 1790, où ils l'évacuèrent de nouveau à suite d'un traité avec Mohamed-el-Kebir, bey de la province, dont la résidence était à Mascara. L'occupation des Espagnols y a laissé de nombreux et remarquables monuments de leur génie militaire, entre autres les forts Santa-Cruz, Saint-Grégoire, Lamoun, Saint-Philippe, Saint-André, Sainte-Thérèse, les magasins dont nous avons parlé, d'autres creusés dans le roc, la Kasba, le Château Neuf et des églises. Mais ils ne prirent jamais racine dans le pays, et nulles fondations d'ordre productif n'ont légué le souvenir de leur puissance colonisatrice à la reconnaissance de la postérité. Il est facile aux Français, sinon de les faire oublier, du moins de les surpasser. Occupé le 3 janvier 1831 par les troupes françaises, Oran a été refait presque à neuf; mais, à travers l'empreinte du peuple conquérant survivent encore les sociétés espagnole et arabe dont le mélange avec la nouvelle société européenne donne à Oran la physionomie la plus originale.

Des portes d'Oran rayonnent en éventail les routes principales de la province vers : 1° Mers-el-Kébir, Rachgoun et Nemours ; 2° Arzew et Mostaganem ; 3° le Sig et Mascara, avec embranchement au Tlélat sur Sidi-bel-Abbès ; 4° Misserghin, Aïn-Temouchen et Tlemcen. Elles facilitent, malgré la position excentrique d'Oran, l'unité politique et administrative de la province, et ont permis jusqu'à ce jour au chef-lieu de remplir sa fonction militaire et commerciale, comme clef de la domination et marché principal d'importation. Mais le développement de la colonisation à l'intérieur amènera la création prochaine à Sidi-bel-Abbès d'un nouveau centre de gouvernement dont Oran ne sera plus que le port. — D'Oran à Mostaganem et Arzew a été établie au mois d'août 1853 la première communication de télégraphie électrique en Algérie.

La banlieue d'Oran offre un des plus éclatants témoignages de la puissance colonisatrice de la France. En 1846, on ne pouvait dépasser un fossé d'enceinte à 1 kil. de la ville ; en 1847, on voyait à peine quelques rares exploitations poindre sur cet immense plateau qui n'était qu'une morne solitude. Six ans après, sur une profondeur de deux ou trois lieues en tous sens, la campagne est défrichée, embellie de plantations et de maisons de plaisance, de vignes, de vastes et riches cultures. Aux abords de la ville, la gorge de Ras-el-Aïn et le

Ravin-Vert présentent le plus pittoresque aspect. Plus loin, les habitations de MM. Ramoger, Jonquier, Boyer, Péraldi, Gaussens, Marquis, madame Huber, etc., rappellent les maisons de plaisance de France. Les cultures maraîchères, vivifiées par de nombreuses norias, ont remplacé les palmiers nains par des légumes. Les grandes fermes ne peuvent être qu'en petit nombre dans une banlieue restreinte et fractionnée. Cependant celles de MM. le général Brice, Coyral, Lignière, Georges, et enfin celle de Dar-Beïda, appartenant à M. Ernest de Saint-Maur et gérée par M. du Preuil, méritent d'être visitées.

Le mouvement industriel n'a encore qu'une importance secondaire. Les fabriques de tabac, la sparterie, les fours à chaux, sont aux mains des Espagnols. La marbrerie, les brasseries, une fonderie, marquent d'heureuses innovations. Un des principaux établissements industriels français est l'imprimerie de M. Perrier, éditeur de *l'Écho d'Oran*, journal de la province, consacré depuis dix ans d'existence à la défense des intérêts du pays. De ses ateliers parfaitement montés sont sortis certains livres, entre autres, l'*Histoire du Maghzen d'Oran*, par M. Walsin-Esterhazy, dont la beauté typographique honorerait les meilleures imprimeries de France. Un moulin à vapeur et six moulins à eau s'élèvent dans le ravin de Ras-el-Aïn; une dizaine de moulins à vent couronnent les crêtes de l'horizon le plus rapproché de la ville. La vermicellerie compte plusieurs fabriques. La tannerie, la corderie débutent.

Le véritable rôle d'Oran est le commerce. Sauf la sphère d'action de Mostaganem et de Nemours, cette ville centralise l'importation et l'exportation pour toute la province. Grains, laines, peaux, suifs, tabacs, bestiaux de l'intérieur, s'échangent contre les vins, les tissus et autres produits manufacturés de France et alimentent un mouvement d'entrepôt, de cabotage, de commission, de débit, de transports, très-important.

Pour en favoriser le développement, le port d'Oran, d'un mouillage peu sûr, est l'objet de travaux considérables qui le rendront abordable aux navires du commerce, et leur ménageront des quais et des magasins.

Ces avantages ont valu à cette place les institutions d'une ville algérienne de second ordre. Division militaire, préfecture, municipalité, tribunal de première instance, justice de paix, tribunal et chambre de commerce, chambre consultative et société d'agriculture, deux journaux, administrations publiques de toute nature, civiles et militaires. Les édifices qui leur sont consacrés constituent, après les grands monuments que nous avons cités, les plus importantes constructions de la ville. On devra y joindre, dans quelque temps, les égouts pour lesquels la ville vient d'être autorisée à s'imposer extraordinairement une somme de 300,000 fr. Joints aux nombreuses et abondantes fontaines qui coulent dans les rues, ils assureront la propreté de la ville, problème insoluble jusqu'à ce jour.

STATISTIQUE OFFICIELLE (1851). — *Constructions* : 62 maisons valant 202,80 fr., 9 hangars, 25 écuries et étables, 4 gourbis et silos, d'une valeur totale de 40,500 fr. — *Bétail* : 120 chevaux, 65 mulets, 9 ânes, 400 bœufs, 97 vaches, 60 chèvres, 1,407 moutons, 61 porcs. — *Matériel agricole* : 59 charrues, 40 voitures, 15 tombereaux. — *Récoltes* (1852) : sur 606 hectares cultivés en grains, 2,160 hectol. de blé tendre, 2,013 de blé dur, 4,125 d'orge, 216 de seigle, 1,125 d'avoine, 300 de fèves, d'une valeur totale de 99,417 fr.

## Mers-el-Kebir (le grand port), Saint-André, le village des Pêcheurs.

Mers-el-Kebir est le Gibraltar de l'Algérie, dans le golfe d'Oran, au fond d'une rade sûre pour quinze vaisseaux, à l'entrée du canal qui sépare l'Afrique de l'Espagne; aujourd'hui simple port de refuge; dans l'avenir grand port d'abri et d'agression, arsenal de ravitaillement et de réparation et second port militaire de l'Algérie. Le mouillage d'Oran ayant peu de fond, étant très-exposé d'ailleurs aux vents du large, les navires mouillent à Mers-el-Kebir, qui a été de tout temps, par les caractères nautiques de sa position, un petit centre maritime et commercial d'une grande activité. Les Romains y avaient bâti une forteresse; les rois de Tlemcen y fondèrent une petite ville; les Espagnols, qui s'en emparèrent en 1505, sous la conduite de don Diégo de Cordoue, y construisirent de formidables défenses, dont la conquête française a profité, en les réparant et les complétant. Le mouvement des navires dans le port, des voyageurs et des voitures sur les quais, le phare, les fortifications dessinant sur un ciel toujours azuré leur silhouette anguleuse et crénelée, les maisons se dressant en amphithéâtre sur les pentes escarpées de la montagne pour voir la mer, font de Mers-el-Kebir un site aussi intéressant pour l'artiste que pour le marin. Ce port est doté d'un entrepôt réel, d'un service de santé et d'un bureau de douanes. Les communications avec Oran se font soit par mer, au moyen de chalands qui peuvent débarquer en toute saison, sauf par les très-mauvais temps; soit par terre, au moyen de la belle route qui serpente, presque horizontalement, sur les flancs des hautes et sauvages montagnes que dominent le fort Saint-Grégoire et le fort ruiné de Santa-Cruz, à 420 mètres d'altitude. A mi-chemin, elle est bordée par l'établissement thermal des *Bains de la Reine* renommé pour la vertu de ses eaux. (Voir aux Mélanges, EAUX THERMALES.) Depuis deux ans, Mers-el-Kebir est approvisionné d'eau par une conduite en tuyaux et en maçonnerie, qui s'embranche à la source de Ras-el-Aïn, au-dessus d'Oran.

Les projets sont dressés pour la création d'un port militaire avec tous les établissements qui s'y rattachent; le développement des constructions maritimes eût été plus considérable, si tous les terrains qui peuvent les recevoir et qui entourent la rade n'étaient concentrés aux mains d'un seul propriétaire, M. Laujoulet. Il n'en a encore aliéné qu'une seule parcelle, sur laquelle a été construit, en 1846, le bourg Saint-André, qu'il ne faut pas confondre avec Saint-André de Mascara. A Saint-André attient le village des *Pêcheurs*, établi simultanément, et légalement constitué par ordonnance du 23 août 1846, à 1 kil. du véritable Mers-el-Kebir, dont les deux autres localités ne sont que des annexes. En tant que village civil, celui *des Pêcheurs* n'a qu'une existence temporaire. Les concessions ont été faites seulement pour trente années, qui expirent en 1864 : à cette époque les habitants devront se reporter à Saint-André, et l'emplacement de l'ancien village, à qui d'ailleurs la disposition des lieux interdit toute extension, sera rendu aux établissements militaires et maritimes qui le réclament. C'est à Saint-André que doit aboutir le chemin de fer projeté d'Oran à Mers-el-Kebir. — En vue de cette création, M. Laujoulet a obtenu la concession de 4 hectares à prendre dans la mer sur ce point, pour former un bassin servant de dock-entrepôt, qui serait mis en communication avec les rails, ainsi que de quatre autres hectares près des Bains de la Reine pour un établissement de bains de mer. Ces entreprises n'ont pas encore reçu d'exécution. — Ne pouvant se développer autour d'eux, les habitants de Mers-el-Kebir ont jeté leurs vues sur la plaine voisine de l'Eufra, sur Aïn-el-Turk et Bou-Sefer.

## Aïn-el-Turk.

Créé par arrêté du 11 août 1850 et le plus récent des centres fondés en territoire civil, Aïn-el-Turk est un de ceux qui renferment le plus d'éléments de prospérité. Par sa position sur le bord de la mer, au fond de la baie du cap Falcon, excellent mouillage qui serait plus fréquenté sans la proximité de Mers-el-Kebir, et qu'on croit être le second des *Portus divini* des Romains, il est appelé à former le point d'arrivage et d'embarquement de la plaine de l'Eufra qui forme son territoire. La communication avec Mers-el-Kebir et Oran s'établit ainsi, soit par mer, soit par une excellente route taillée en corniche dans la montagne et qui vient d'être achevée. Cette route, destinée à se prolonger dans la direction de Rachgoun et Nemours, franchit la montagne de Mers-el-Kebir, et offre les points de vue les plus pittoresques, en même temps que des difficultés vaincues avec une habileté qui fait honneur aux Ponts et chaussées. Les ressources que Aïn-el-Turk tire de sa position maritime s'accroissent chaque jour. Par arrêté ministériel du 27 juillet 1853, M. Miguel Ors y Garcia, ancien commissaire de la marine d'Espagne, est autorisé à établir une madrague pour la pêche du thon et des autres poissons de passage sur la côte d'Aïn-el-Turk, moyennant une redevance annuelle de 300 francs au profit de l'État. Le territoire dépendant de ce centre comprend près de 2,000 hectares de pacages et 8 à 900 de terres labourables. Sur le bord de la mer, des jardins disposés en amphithéâtre sont arrosés par plusieurs sources. La disposition du village est heureusement conçue et n'a rien de la monotonie reprochée aux créations administratives en Algérie. Toutes les maisons sont situées dans l'enclos même des lots de jardins et bordent une large et belle rue qui descend sur une longueur de plus d'un kilomètre, depuis l'église, gracieux monument élevé sur un mamelon en vue de toute la contrée, jusqu'à la plage où le village se termine par une place semi-circulaire qui lui fait face. Une douane, un presbytère, un cimetière enclos de murs, des lavoirs, et des abreuvoirs alimentés par l'eau courante forment avec l'église un des ensembles les plus complets dont les villages n'ont été dotés. Les efforts privés ont répondu à la sollicitude de l'administration. Soixante maisons ont été construites en moins de trois ans, en grande partie par les habitants de Misserghin, qui font de l'Eufra leur campagne de plaisance. Un moulin à farine vient d'être construit, et le territoire est aujourd'hui entièrement concédé.

STATISTIQUE OFFICIELLE (1851). — *Constructions* : 28 maisons valant 42,000 fr., 2 hangars, 11 écuries et étables, 4 puits, d'une valeur totale de 3,700 fr. — *Bétail* : 20 chevaux, 6 mulets, 24 ânes, 10 bœufs, 4 vaches, 50 chèvres, 100 moutons, 15 porcs. — *Matériel agricole* : 14 charrues, 6 voitures, 1 tombereau. — *Plantations* : 350 arbres. — *Concessions* : 373 hect. — *Défrichement* : 117 hect. — *Récoltes* (1852) : sur 224 hect. cultivés en grains, 634 hectol. de blé tendre, 960 de blé dur, 4,664 d'orge, 20 de seigle, d'une valeur totale de 33,164 fr.

ANNEXES. Bou-Sefer, les fermes de Sidi-Bou-Amer, des Andalouses.

### Bou-Sefer.

Bou-Sefer n'est jusqu'à présent qu'une annexe d'Aïn-el-Turk. Situé à l'autre extrémité de la plaine de l'Eufra, au pied de la montagne qui l'entoure, ce centre possède un territoire d'une salubrité qui ne laisse rien à désirer : une conduite d'eau de 125 mètres alimente les fontaines et l'abreuvoir : les eaux sont utilisées pour l'irrigation des jardins. Bou-Sefer offre une particularité assez remarquable. Une partie du village est habitée par les Arabes de la tribu qui parcouraient la plaine avant qu'elle fût livrée à la colonisation. Ces indigènes, d'accord avec l'administration, se sont fixés sur ce point, ont sollicité des concessions et construit une vingtaine de maisons. Celles des Européens n'arrivent encore qu'à la moitié de ce nombre. Les deux populations vivent en bonne intelligence ; les Arabes, enchantés de leurs propriétés limitées, mais personnelles, concourent aux travaux agricoles des fermes voisines et se montrent empressés à prendre des terres en location ou en colonage partiaire. Leurs enfants fraternisent avec les enfants européens.

Statistique officielle (1851). — *Constructions* : 8 maisons d'une valeur de 6,900 fr., 1 écurie valant 200 fr. — *Bétail* : 10 chevaux, 2 mulets, 4 ânes, 2 bœufs, 1 vache, 3 chèvres, 40 moutons, 122 porcs. — *Matériel agricole* : 4 charrues, 2 voitures, 1 tombereau. — *Plantations* : 6,839 arbres. — *Concessions* : 185 hectares 50 ares. — *Défrichement* : 74 hect. — *Récoltes* : sur 81 hect. cultivés en grains, 452 hect. de blé tendre, 266 de blé dur, 592 d'orge, 20 de seigle, 40 de fèves, d'une valeur totale de 14,950 fr.

### Sidi-Bou-Amer.

La ceinture de montagnes, qui, en s'appuyant sur la chaîne de Mers-el-Kebir à Oran et Misserghin, entoure les plaines de l'Eufra et des Andalouses, est boisée dans beaucoup de parties, coupée par des ravins fertiles, toujours rafraîchis par la brise de mer : formant le côté le plus pittoresque des environs d'Oran. ces hauteurs sont destinées à se couvrir de maisons de campagne. Celle de M. Garbé, ancien préfet d'Oran, au marabout de Sidi-Bou-Amer, entourée de beaux jardins, domine toute la plaine de l'Eufra. Indépendamment de ses cultures, M. Garbé entreprend, sur les flancs de la montagne qui l'avoisinent, des semis et des plantations d'arbres forestiers qui doivent embrasser successivement plusieurs centaines d'hectares. Cette tentative, suivie avec un vif intérêt, fera, si elle réussit, de ce point favorisé par la nature plus que la plus belle habitation de la contrée ; elle servira à l'enseignement des colons qui voudraient entrer dans la même voie.

### Les Andalouses.

A la suite de la plaine de l'Eufra, qui forme le territoire de Bou-Sefer et d'Aïn-el-Turk, se trouve celle des Andalouses (ou plutôt *Andaloux*), propriété exclusive d'une société d'actionnaires qui possède dans cette plaine et dans les montagnes qui y font suite une étendue de

20 à 25,000 hectares. Cette association, connue sous le nom de société de l'Eufra, parce que l'on confond assez souvent les deux plaines séparées seulement par une faible ondulation du sol, est dotée d'un territoire fertile, d'eaux abondantes, de débouchés faciles par mer ; elle a fait de l'élève du bétail la principale branche d'exploitation. Les bâtiments de la ferme méritent d'être vus : vastes et bien disposés, ils s'élèvent dans un site délicieux aux bords de la mer, et sur les ruines de l'ancienne ville que l'on croit avoir été habitée par les Maures d'Espagne, à l'extrémité de la ceinture de montagnes qui enveloppe les deux plaines de l'Eufra et des Andalouses.

Ces deux plaines se relient à Misserghin par une route muletière, carrossable du côté de Misserghin, qui descend vers cette localité, par un pittoresque et verdoyant ravin.

Du côté opposé du golfe d'Oran, nous trouvons :

### Christel.

Petit village maritime, à 21 kil. N.-E. d'Oran, entouré de beaux jardins européens et arabes qui s'entre-voient de cette ville. Un poste de douaniers y a été établi pour surveiller la contrebande espagnole-oranaise qui avait choisi Christel pour un de ses points favoris de débarquement. Une ordonnance royale du 12 mars 1847 concéda autour de Christel à MM. Veyret et Delbalso environ 7,840 hectares qui s'étendaient sur les territoires des communes (non constituées de fait) de Isabelle, San-Fernando et Christine, entre le cap Canastel et la commune d'Arzew. Les concessionnaires ont fait bâtir le village et établi plusieurs fermes ; mais l'inexécution de la plus grande partie de leurs obligations a fait réduire la concession à 2,300 hectares. — On exploite sur le territoire de Christel de beaux gisements de plâtre.

## Arzew (port).

Petite ville à 37 kil. N.-E. d'Oran, à 44 kil. O. de Mostaganem, dans le beau golfe de ce nom; occupée par les Français le 3 juillet 1833, elle fut pendant quelques années un simple poste militaire. Dès 1837, quelques établissements s'y étaient déjà formés; un plan d'alignement fut tracé, des édifices furent construits. Le 12 août 1845, une ordonnance royale y créa une ville de 1,500 à 2,000 âmes, avec un territoire de 1,800 hectares: le peuplement n'eut lieu qu'à la fin de 1846. Après quelques années d'un essor rapide, mais sans base solide, Arzew, cruellement éprouvé par le choléra, écrasé entre ses deux puissants voisins, Oran et Mostaganem, est tombé dans une défaveur passagère, d'où ne tarderont pas sans doute à le relever les qualités nautiques de son port, les routes que l'on ouvre ou que l'on projette vers les plaines intérieures, et surtout la colonisation de la Macta, du Sig et de l'Habra, aliments naturels et nécessaires de son commerce d'exportation. Rade vaste et sûre pour des navires marchands et débarcadère abrité; débouché à la mer des vallées de l'Habra, du Sig, de la Mina et du Bas-Chélif; entrepôt naturel de Mostaganem, de Mascara, Saïda, Oued-el-Hammam et Saint-Denis du Sig; aujourd'hui simple port de relâche pour les navires à destination de Mostaganem; dans l'avenir, premier port marchand de la province d'Oran: tels sont les caractères nautiques d'Arzew. Son mouvement commercial fut jadis très-considérable. Les Turcs y avaient des magasins servant de dépôt aux grains qu'ils destinaient à l'exportation. Pendant les guerres de l'empire, il en est parti jusqu'à 300 navires par an, chargés de grains, pour l'armée anglaise en Espagne; en 1814, 40,000 bœufs ont été exportés pour cette destination; en 1831, plus de cent bâtiments y sont venus faire leurs chargements. Déchu depuis vingt ans, le commerce commence à se relever. La pêche donne quelques revenus aux pêcheurs de la localité qui colportent le poisson dans les villages du littoral. On y avait fondé, il y a quelques années, une madrague qui employait une centaine de personnes, et fournissait du poisson frais et salé à toute la contrée ; malheureusement, la mort de l'entrepreneur, M. Aripp, a mis fin à cette utile et intelligente spéculation. Une fabrique de poteries a conquis une certaine réputation, surtout par le mérite de ses *gargoulettes* ou *alcarazas*, qui font concurrence à celles d'Espagne : elle a un entrepôt à Oran, où l'on peut voir ses produits, simples encore, mais utiles et dignes d'encouragement. La sparterie peut devenir, par l'emploi de l'alfa, qui couvre toute la côte, une importante industrie. Mais, au-dessus de toutes ces ressources, il faut citer le lac salé d'Arzew, à 14 kilomètres du port, dont l'exploitation, successivement concédée à plusieurs entrepreneurs, peut répandre l'aisance dans le pays, et offrir aux navires étrangers des chargements de retour. Quelques modifications plus libérales dans le régime douanier, surtout l'exécution d'une voie ferrée dont la concession est demandée et qui relierait les salines, d'une part au port d'Arzew, de l'autre au chemin de fer projeté d'Oran à Alger, à la station du Tlélat, donneraient à cette industrie toute sa haute importance. Enfin, Arzew a été relié, en 1853, au télégraphe électrique d'Oran à Mostaganem, deux villes avec lesquelles il communique par une route très-imparfaite encore, bien qu'un service de diligences la parcoure. On s'occupe de procurer à Arzew de l'eau de bonne qualité, dont la privation est aussi pénible qu'onéreuse pour la population.

STATISTIQUE OFFICIELLE (1851). — *Constructions* : 120 maisons valant 400,000 fr., 2 hangars, 8 écuries et étables, 64 puits et norias, valant en tout 14,700 fr. — *Bétail* : 218 chevaux, 175 mulets, 280 ânes, 494 bœufs, 141 vaches, 733 chèvres, 1,311 moutons, 3,928 porcs. — *Matériel agricole* : 25 charrues, 32 voitures, 19 tombereaux. — *Récoltes* (1852) : sur 256 hect. 80 ares cultivés en grains, 875 hectolitres de blé dur, 4,334 d'orge, d'une valeur totale de 28,828 fr.

### Arzew (colonie).

Pour la mise en culture du territoire agricole, très-restreint d'ailleurs, d'Arzew, une colonie agricole y fut fondée en vertu des décrets de 1848; mais, comme il était aisé de le prévoir, les colons, entraînés par le voisinage d'Arzew, se firent ouvriers et trafiquants. Cette colonie, simple enclave de la ville, s'est fondue avec elle.

STATISTIQUE OFFICIELLE (1851). — *Constructions* : 44 maisons bâties par l'État, auxquelles les colons ont ajouté 6 hangars, 21 écuries, 10 étables, 10 gourbis, 57 puits. — *Bétail* (distribué) : 38 bœufs. — *Matériel agricole* (distribué) : 42 charrues, 21 herses, 42 bêches, 42 pioches, 42 pelles, 21 voitures bouvières, 378 objets divers. — *Plantations* : 550 arbres. — *Concessions* : 246 hectares. — *Défrichement* : 134 hectares. — *Récoltes* (1852) : sur 256 hect. 8 ares cultivés en grains, 875 hectolitres de blé dur, 4,334 d'orge, d'une valeur totale de 28,828 fr.

### Mostaganem.

Chef-lieu de la 2ᵉ subdivision militaire et d'une sous-préfecture, à 76 kil. E. d'Oran, sur la côte. Ancienne cité romaine et arabe, célèbre par ses trésors, Mostaganem fut occupé par les Français le 23 juillet 1833, et n'a cessé, depuis cette époque, d'être un des points les plus importants de la domination française. C'est par son port, quelque mauvaise que soit la plage, qu'ont été, pendant la guerre, ravitaillées et renouvelées les colonnes qui opéraient dans le pays de Mascara; de là une source de richesses que, la paix advenue, ses industrieux habitants ont fait tourner au profit de la colonisation et du commerce. Dans aucune localité de la province le progrès agricole ne se révèle avec plus d'énergie et avec un sentiment plus vif des brillants et fructueux résultats qu'il doit réaliser. La ville se divise en deux parties séparées par le ruisseau d'Aïn-Sefra. La partie située sur la droite porte le nom de Matmore (groupe de silos), quartier spécialement militaire, doté notamment d'un magnifique hôpital. Sur la rive gauche s'étend la cité proprement dite de Mostaganem, moitié arabe, moitié européenne, décorée, dans sa partie nouvelle, de larges rues, de grandes places à arcades, de maisons bâties avec goût, de nombreux édifices publics parmi lesquels on distingue la mairie, l'église, le théâtre ; de belles plantations ; elle est dominée par des minarets et des forts, dont les cigognes, toujours perchées sur leur haute cime, donnent à la ville entière un air oriental, en même temps qu'elles servent de girouettes aux habitants. La maison moitié mauresque, moitié européenne de Sidi-el-Aribi, khalifa de la Mina, est, comme le personnage lui-même, une des curiosités du lieu. Le jardin public, qui développe sous les murs de Mostaganem l'harmonie de ses lignes et ses arbres, admirablement venus, est arrosé par des eaux qu'une conduite amène de deux lieues de distance. Le ravin de la ville, fort curieux à voir, est lui-même bordé de belles cultures maraîchères, dont les produits sont renommés par leur saveur ; elles sont irriguées par l'Aïn-Sefra, dont les eaux jadis stagnantes et foyers redoutables d'infection, sont devenues, grâce à des travaux d'assainississement, des éléments de richesse et de salubrité. La banlieue de Mostaganem est livrée à une culture soignée partout où la nature du sol l'a permis : en se développant à l'est, elle forme la célèbre *Vallée des jardins*, une des plus fertiles portions du littoral de la province. A un kilomètre de la ville est située la pépinière publique, dont le directeur doit lutter contre l'insuffisance de l'irrigation et les sables du sol. Mais le plus bel établissement à visiter est le haras, peuplé de chevaux, de juments et d'élèves, qui exercent sur la régénération de la race chevaline du pays la plus précieuse influence. Autour des bâtiments se développent de beaux jardins, de magnifiques luzernières dont on coupe le fourrage onze fois par an, et une grande exploitation de 300 hectares. En 1851, on comptait dans la banlieue de Mostaganem 13 fermes d'une valeur totale de 80,000 fr., sur une surface de 238 hectares, où s'entremêlaient avec un égal succès les céréales, les légumes, les fourrages, le tabac, les mûriers, les arbres fruitiers. En 1852 et 1853, ces cultures se sont développées et améliorées avec la plus remarquable activité. La création d'un agent spécial des tabacs à Mostaganem est devenue nécessaire. Le coton fut jadis une des cultures prospères du territoire de Mostaganem, et y reprendra bientôt le premier rang.

Dans cette ville, l'essor de l'agriculture s'appuie sur un mouvement industriel et commercial fort important, qu'alimentent de près des marchés très-fréquentés, et de loin les riches plaines et vallées de l'Habra, de la Mina, du Chélif et les massifs montagneux qui de ces bas fonds se relèvent vers Mascara et Tiaret. Grains, laines, peaux brutes ou préparées, fruits secs (figues surtout et raisins renommés), sont les principaux objets d'exportation : la tannerie, la maroquinerie, l'orfévrerie, la sparterie locales, toutes les industries indigènes que l'on peut voir réunies dans une rue peuplée de Juifs et de Maures, soutiennent sous les Français leur antique réputation. La minoterie y constitue une industrie nouvelle exercée par des moulins à eau et des moulins à vent, qui ont, jusqu'à ce jour, alimenté, outre la ville, toutes les colonies de la circonscription. Les briqueteries, les fours à chaux, bordent les environs de la ville.

Par ces sources multiples de travail et de spéculation, les habitants de Mostaganem ont conquis une aisance générale, et quelques-uns une richesse que la nature semblait avoir réservée à Arzew. L'avenir ne pourra que la développer, et ce n'est pas sans raison qu'Oran voit dans sa voisine une future rivale. Une route, encore bien imparfaite, quoique desservie par les diligences, facilite les communications entre ces deux villes, que le télégraphe électrique a rapprochées encore plus intimement en 1853. D'autres routes, encore inachevées, conduisent à Mascara, Orléansville et Tenez. Un trait caractéristique manquerait à cette description, si nous n'ajoutions pas que Mostaganem est la ville d'Algérie où l'on s'amuse le plus.

Statistique officielle (en 1851). — *Constructions :* ? maisons valant 85,000 fr. — *Concessions :* 771 hect. 44 ares. — — *Défrichement :* 855 hect. — *Récoltes* : sur 318 hect. 80 ares cultivés en grains, 187 hectolitres de blé tendre, 5,148 de blé dur, 4,268 d'orge, 980 de seigle, d'une valeur totale de 41,950 fr. — (Fermes du territoire communal). *Récoltes* (1852 sur 120 hect. 60 ares cultivés en grains, 172 hectol. de blé tendre, 253 de blé dur, 1,591 d'orge, 34 de seigle, 122 de maïs, 7 de fèves; total, 14,471 fr.

En reprenant la côte à l'O. du golfe d'Oran, nous rencontrons

### Les Habibas, Rachgoun.

Au large, dans la direction du cap Sigale, les îles inhabitées et presque inabordables des Habibas fournissent un refuge momentané aux navires surpris par le mauvais temps.

En face de l'embouchure de la Tafna se trouve l'îlot volcanique de Rachgoun ou Harchgoun (*l'Acra des Romains*), dont les bancs inépuisables de pouzzolane fournissent la matière de chargements très-nombreux aux balancelles d'Oran.

### Nemours (Djemaa-Ghazaouat).

Chef-lieu de cercle, dernier point occupé sur la côte O. d'Algérie, à 162 kil. d'Oran, à 34 kil. de la frontière; centre légalement créé par ordonnance du 4 décembre 1846. Petite anse très-ouverte à l'exposition directe du nord: abri nul, mais bonne plage de débarquement; emplacement qui se refuse à la création d'un port; communications faciles avec l'intérieur du pays; transit de Nedroma, Laila-Maghrnia, Sebdou et de la frontière du Maroc ; port de cabotage et de pêche, insuffisant pour le commerce maritime du territoire de Tlemcen : tels sont les caractères nautiques et commerciaux de cette localité. Elle fut occupée en 1844 à l'occasion de la campagne du Maroc, et depuis lors elle a servi au ravitaillement des colonnes opérant dans ces régions. Un souvenir funèbre est resté attaché au nom de Sidi-Brahim, marabout situé dans le rayon de Nemours, à 3 lieues de distance. A 1 kil. de la place, dans le ravin qui remonte vers Nedroma, au pied du village kabile des Ouled-Ziris, se voit un monument d'une simplicité peu digne de la grandeur du sacrifice, qui recouvre les restes des dernières victimes de ce désastre. Sur la hauteur qui domine Nemours se dressent encore les ruines imposantes du village de Thoun, résidence des pirates qui avaient donné leur nom au lieu de *Djemaa-Ghazaouet* (assemblée des pirates) ; et vis-à-vis Thoun, s'aperçoit le village de Sidi-Hamar, où l'on remarque chez les femmes quelques traces du type espagnol, attribuées à des alliances de pirates avec les femmes capturées. — Après plusieurs années de stagnation dues au caractère provisoire de l'occupation militaire et de la propriété privée, Nemours s'ouvre à la colonisation. Ses baraques de bois commencent à faire place à des maisons de pierre ; son ravin encaissé et magnifiquement ombragé se couvre de jardins. Des concessions de terres ont été faites en 1852 et accueillies comme la meilleure des fortunes. Une salubrité exceptionnelle y invite aux projets de long avenir. Pendant les trois années où le choléra a sévi sur l'Algérie, Nemours n'a pas éprouvé un cas, pas un symptôme ! Mais la principale importance de ce port est dans le commerce. Débouché de la fertile vallée de Nedroma, d'une partie du bassin de la Tafna et des montagnes kabiles du littoral, il reçoit les blés, les orges et les laines de l'intérieur qui alimentent un commerce actif avec Oran. — Une direction du port, un débarcadère, un phare, constituent, avec les baraquements militaires, les modestes monuments de Nemours. — Plus à l'O., sur la côte, se trouvent les îles Zafarines, occupées, au nom de l'Espagne, par un poste de soldats. C'est là que se réfugient les bâtiments empêchés par le mauvais temps de débarquer à Nemours. Ce caractère de lieu de refuge rattache ces îlots à la côte algérienne, dont ils sont une dépendance nautique et devraient être une annexe politique.

STATISTIQUE OFFICIELLE (1852). — *Récoltes* : sur 82 hect. cultivés en grains, 135 hectol. de blé dur, 385 d'orge, d'une valeur totale de 3,250 fr.

---

## B. — LE LITTORAL.

Le littoral de la province d'Oran, sur une profondeur de 2 à 3 lieues, a été jusqu'à ce jour le champ principal de la colonisation. Il se divise géographiquement en 8 régions : de Nédroma, de la Tafna, du Rio-Salado, de la Sebkha, du plateau d'Oran, du plateau d'Arzew, de la Macta, du plateau de Mostaganem. Une neuvième se confond avec le bassin du Chélif. La région de Nédroma comprend la fertile plaine de ce nom, non encore abordée par les Européens ; il en est de même du cours inférieur de la Tafna. La colonisation commence au bassin du Rio-Salado, et se développe parallèlement à la côte, en se condensant sur le rayonnement des deux villes principales, Oran et Mostaganem. Sur la ligne d'Oran au Chélif ont été distribuées, par une application précipitée du plan du général Lamoricière, les colonies agricoles de 1848 et 1849, dont quelques-unes sont mal dotées en terrains et en eaux. Faute d'assainissement, la région de la Macta n'est occupée que par deux auberges sur le pont de cette rivière. Sur l'ensemble de cette vaste zone la population se répartit ainsi, de l'E. à l'O., dans les centres également constitués :

| Régions | Localités | Maisons | Ménages | Européens | Indigènes | Pop. totale |
|---|---|---|---|---|---|---|
| Rio-Salado | Aïn-Temouchen | • | 51 | 178 | 6 | 184 |
| La Sebkha | Bou-Tlélis | • | 85 | 342 | • | 342 |
| | Misserghin | 175 | 184 | 683 | 84 | 767 |
| | Valmy | 81 | 85 | 357 | • | 357 |
| Oran | La Sénia | 30 | 52 | 405 | • | 405 |
| | Arcole | 37 | 37 | 130 | • | 130 |
| | Sidi-Chami | 101 | 101 | 430 | • | 430 |
| | Mangin | • | 55 | 179 | • | 179 |
| | Haci-ben-Nif | • | 53 | 190 | • | 190 |
| | Haci-Ameur | • | 57 | 217 | • | 217 |
| | Fleurus | • | 71 | 240 | • | 240 |
| | Haci-ben-Okba | • | 48 | 178 | • | 178 |
| | Saint-Louis | • | 101 | 382 | • | 382 |
| | Haci-ben-Ferrés | • | 63 | 250 | • | 250 |
| | Fermes du territoire militaire | • | 35 | 184 | • | 184 |
| Arzew | Saint-Cloud | • | 246 | 832 | 10 | 842 |
| | Kléber | • | 67 | 227 | • | 227 |
| | Méfessour | • | 44 | 195 | 2 | 197 |
| | Sainte-Léonie | • | 65 | 181 | • | 181 |
| | Saint-Leu | • | 42 | 133 | • | 133 |
| | Damesme | • | 32 | 122 | • | 122 |
| | Muley-Magoun | • | 8 | 25 | • | 25 |
| | La Stidia | • | 95 | 338 | • | 338 |
| | Oures | 0 | 6 | 19 | • | 19 |
| Mostaganem | Mazagran | 66 | 76 | 250 | 620 | 870 |
| | Rivoli | • | 57 | 230 | • | 230 |
| | Aïn-Noussi | • | 49 | 200 | • | 200 |
| | Aïn-Si-Chérif | • | 53 | 213 | • | 213 |
| | Bled-Touëria | • | 61 | 255 | • | 255 |
| | Aboukir | • | 52 | 171 | • | 171 |
| | Vallée des Jardins | 50 | 60 | 234 | 1,230 | 1,464 |
| | Les Libertés | • | • | • | • | • |
| | Tounin | • | 38 | 153 | • | 153 |
| | Keroube | • | 40 | 178 | 6 | 280 |
| | | 545 | 2.039 | 8.430 | 1.956 | 10.304 |

## Aïn-Temouchen.

Ancien camp, sur la route d'Oran à Tlemcen, à 70 kil. S.-O. d'Oran ; sur son emplacement, un arrêté du 26 décembre 1851 a constitué un centre de population doté d'un territoire de 1,160 hectares, pour 228 familles. Les aubergistes avaient de bonne heure pressenti l'importance de ce poste et s'y étaient installés. Le plan du village a été fixé par arrêté du 2 novembre 1852. Les conditions naturelles sont des meilleures. Circulation de la route de Tlemcen ; sol fertile et arrosé ; abondantes ressources en bois de construction, chaux, pierres, terre à brique et à tuile. Dans le voisinage un chef arabe a bâti une belle maison avec un moulin à vent. Un moulin à eau, dû à l'industrie européenne, a été plus récemment construit. Placé sur le trajet d'Oran à Tlemcen, à proximité de Sidi-bel-Abbès, au débouché de la fertile plaine de Zidour, Aïn-Temouchen est appelé à un grand avenir agricole et commercial. Les entreprises industrielles trouveront aussi des bases d'opérations dans la marne schisteuse des environs du village qui enclave un gîte de sel gemme et de gypse, dans les formations basaltiques qui renferment probablement des dépôts de pouzzolane. Appréciant tous ces avantages, l'occupation romaine y avait fondé *Timici*, dont le nom se retrouve à peine altéré dans *Temouchen*. Les Arabes y tenaient tous les jeudis un marché fort important qui a été maintenu.

STATISTIQUE OFFICIELLE (1851). — *Constructions :* 8 maisons valant 24,210 fr., 1 hangar, 6 écuries et étables, 10 gourbis et silos, 29 puits et norias, d'une valeur totale de 4,700 fr. — *Bétail :* 24 chevaux, 18 mulets, 25 ânes, 20 bœufs, 60 chèvres, 50 moutons, 150 porcs. — *Matériel agricole :* 11 charrues, 14 voitures. — *Cultures :* 50 hect. de froment, 200 en orge, 2 en pommes de terre, 9 en légumes divers; total, 261 hectares.

## Bou-Tlélis.

Colonie agricole de 1849, à 30 kil. d'Oran sur la route de Tlemcen. Village créé dans des conditions de succès difficile. Affecté aux transportés politiques, peuplé de familles allemandes, et de quelques marchands et aubergistes, émigrés de Misserghin, Bou-Tlélis prendra peut-être son essor par l'achèvement de la route de Tlemcen sur laquelle il est situé.

## Emsila.

Au sein de la forêt de ce nom, M. le docteur Dupuy fonde une belle ferme de 100 hectares.

## Tensalmet.

Vaste et belle concession de 1,480 hectares, accordée à M. Charles Bonfort d'Oran, spécialement en vue du perfectionnement de la race ovine par le croisement avec les mérinos. De magnifiques plantations d'arbres fruitiers, de citronniers entre autres, presque les seuls du territoire de colonisation qui soient antérieurs à la conquête, ombragent le frais vallon de Tensalmet, aujourd'hui compris dans le jardin de M. Bonfort. Le concessionnaire a élevé autour de sa maison d'habitation une bergerie, et réuni un troupeau amélioré déjà nombreux, début d'une industrie agricole pleine d'avenir.

## Misserghin.

Centre de population, à 15 kil. S.-O. d'Oran, à cheval sur la route de Tlemcen, près de la Sebkha, dans le voisinage des plaines de Bredia et de Meleta. Avant la prise d'Oran, les beys de la province y avaient leur maison de campagne, des jardins et des vergers couverts de belles plantations. Pendant tout le temps de la guerre, Misserghin fut un des avant-postes militaires d'Oran, affecté à la cavalerie indigène, avec de beaux établissements militaires, aujourd'hui abandonnés à l'or phelinat de Misserghin. C'est un des lieux les plus heureusement dotés de la province pour l'agrément du climat, la fertilité de ses terres et l'abondance de ses eaux qui sourdent en plusieurs endroits, et, après avoir baigné un verdoyant ravin, se répandent dans les jardins et les cultures du village. On n'évalue pas à moins de 1,800 mètres cubes par jour le débit de la source principale qui, en amont de Misserghin, fait déjà tourner deux moulins, et bientôt trois autres. Premier poste de la colonisation dans la province; constitué légalement en centre communal par ordonnance du 25 novembre 1844, Misserghin avait atteint un haut degré de prospérité, lorsque la garnison des spahis lui fut enlevée, en 1851, pour être transférée sur des places plus extérieures. En même temps furent cédés à l'orphelinat l'ancien camp, les établissements militaires et la pépinière de l'administration, avec 32 hectares acquis par l'Etat, le tout estimé à une valeur de 91,326 fr. 17 c., à la condition par le père Abram, directeur de l'orphelinat, d'exécuter les traités passés avec l'administration pour l'éducation d'orphelins et l'exploitation de la pépinière. Ces mesures, en privant Misserghin d'une source abondante de consommation et de travail, déterminèrent une crise qui eût pu devenir fatale à un centre doué d'une vitalité moins énergique; mais les heureuses conditions du lieu ont triomphé de cette épreuve qu'avaient aggravée la sécheresse et le choléra. Après quelques émigrations à Bou-Tlélis, quelques ventes de maisons à vil prix, quelques débits fermés, la petite colonie s'est relevée par son travail, et bientôt elle fleurira par la culture comme jadis par le petit commerce. La route enfin terminée, qui la relie à Oran, à travers un sauvage pays, commence à se couvrir de fermes et de champs, et bientôt, grâce à elle, les fruits et les légumes de Misserghin aideront à chasser d'Oran les produits de l'Espagne.

La pépinière de Misserghin, créée à la fin de 1842, développée pendant dix ans par les travaux et les sacrifices de l'Etat, concédée aujourd'hui à l'orphelinat qui en continue l'exploitation, mérite une visite détaillée. Cet établissement a alimenté jusqu'en ces derniers temps les plantations publiques et privées du rayon d'Oran. Les jardins de Madame de Montauban, et ceux des principaux colons ont remporté de nombreuses distinctions aux expositions provinciales.

Outre l'orphelinat, Misserghin possède un établissement de refuge, principalement destiné aux filles et femmes repenties, et aux filles dites à préserver, connu sous le nom du Bon-Pasteur. En vue de cette destination, l'Etat a concédé l'ancien immeuble Tailhan, avec un lot contigu de 4 hectares (décret du 31 mars 1851). Un orphelinat de filles va être établi sous la direction des sœurs de Saint-Vincent-de-Paule, dans l'ancienne maison du général Montauban, qui vient d'être acquise à cet effet par l'Etat.

Parmi les cultures on remarque celles de fleurs et de fruits dans le jardin du général de Montauban ; celle des arbres dans la pépinière de M. Cailler.

STATISTIQUE OFFICIELLE (1851). — *Constructions* : 135 maisons valant 162,000 fr., 7 hangars, 165 écuries et étables, 10 puits et norias, d'une valeur totale de 55,800 fr. — *Bétail* : 64 chevaux, 9 mulets, 55 ânes, 14 bœufs, 9 vaches, 75 chèvres, 225 moutons, 50 porcs. — *Matériel agricole* : 56 charrues, 22 voitures, 4 tombereaux. — *Plantations* : 7,275 arbres. — *Concessions* : 911 hect. 50 arcs. — *Défrichement* : 527 hect. — *Récoltes* (1852) : sur 372 hectares cultivés en céréales, 1,620 hectol. de blé tendre, 1,820 de blé dur, 16 de seigle, 150 d'avoine, 60 de maïs, 125 de fèves, d'une valeur totale de 142,316 fr.

ANNEXES. Le territoire de Misserghin, longtemps désert, s'ouvre à la colonisation qui échelonne ses postes sur la route de Tlemcen à Bredia, à Tensalmet, à Emsila, à Bou-Tlélis, et plus près du lac salé à Aïn-Beïda.

#### Aïn-Beïda.

Groupe de fermes, dont la principale est celle de M. Ramoger, sur le chemin qui d'Oran se dirige sur la plaine de Mefeta, à travers la Sebkha, que l'on traverse à gué pendant une partie de l'année. L'État a pu, au moyen d'une modique somme de 500 fr., dessécher les marais de cette localité.

#### Valmy (le Figuier).

Village légalement créé par arrêté du 14 février 1848, à proximité du camp du Figuier, un des avant-postes militaires pendant la guerre, aujourd'hui abandonné et enseveli sous les herbes. C'est au camp du Figuier que fut conclu le 16 juin 1835, entre le général Trézel et les chefs des tribus des Douairs et des Zmelas, un traité (dit du *Messoulan*, Figuier) qui rattacha définitivement à la cause française les goums de ces tribus, dont le général Mustapha-ben-Ismaël a immortalisé les services. Le nom agricole de *Figuier* (dû à un arbre énorme de cette essence qu'on voit encore sur le bord de la route d'Oran) marqua, dès son origine, le village nouveau, et il a survécu dans le langage habituel au nom militaire de Valmy. Un arrêté ministériel du 25 février 1843 en a fixé le plan d'alignement. Situé à 14 kil. à l'est d'Oran, sur la route de Mascara, ce centre ressent le mouvement d'activité qui rayonne autour de la capitale de la province. La partie cultivable de son territoire est exploitée, mais une partie, limitrophe au territoire de la Sénia, n'a pu encore trouver de culture appropriée à son sol qui est imprégné de sel, comme en témoigne le voisinage de la Sebkha; les indigènes y font paître de nombreux troupeaux de chameaux. Des fermes importantes sont distribuées sur l'étendue de la commune; les cultures industrielles commencent à s'y développer. Les planta-

tions publiques bordent la route et la place que décore une belle fontaine, mais les plantations particulières sont encore peu nombreuses. La route d'Oran au Figuier, entièrement terminée jusqu'au Tlélat, assure l'avenir de cette localité : des diligences la desservent tous les jours.
— Les principales fermes sont celles de MM. Peyre et Durand, Coyral, Ricard.

STATISTIQUE OFFICIELLE (1851). — *Constructions* : 48 maisons valant 146,500 fr., 19 hangars, 30 écuries et étables, 51 puits et norias d'une valeur totale de 38,300 fr. — *Bétail* : 45 chevaux, 12 mulets, 4 ânes, 105 bœufs, 30 vaches, 48 chèvres, 400 moutons, 39 porcs. — *Matériel agricole* : 33 charrues, 21 voitures, 2 tombereaux. — *Plantations* : 4,864 arbres. — *Concessions* : 324 hectares (territoire civil). — *Défrichement* : 234 hectares. — *Récoltes* (1852) : sur 1,068 hect. cultivés, 1,830 hectolitres de blé tendre, 4,188 de blé dur, 11,200 d'orge, 586 de seigle, 25 d'avoine, 100 de fèves, d'une valeur totale de 142,316 fr.

### La Sénia.

Un des premiers villages européens de la province d'Oran, commencé en 1843, légalement créé par arrêté du 10 juillet 1844, à 8 kil. E. d'Oran, sur l'emplacement d'une ancienne ferme domaniale; à cheval sur la route d'Oran à Mascara, dont il formait autrefois un avant-poste militaire, dont il n'est aujourd'hui que la première station commerciale. La proximité d'Oran, l'active circulation de la route de Mascara ont concouru, avec l'excellente qualité des terres et la facilité de puiser l'eau à une profondeur de quelques mètres, à procurer la prospérité de ce centre, sans aucune subvention de l'État. Les cultures maraîchères, irriguées à l'aide de nombreuses norias, et la grande culture se partagent le territoire. Une pépinière privée, fondée par M. Grandjean, de nombreuses plantations particulières, la beauté des mûriers plantés le long de la route par le corps des ponts-et-chaussées, montrent la puissance de la végétation arborescente. — La section communale de la Sénia a été délimitée par ordonn. du 29 octobre 1848, et annexée à la commune d'Oran par ordonn. du 31 janvier 1848. — Le dépôt des colons de la province est établi à la Sénia. Des voitures spéciales, outre les omnibus du Sig et de Mascara, desservent cette localité, dont l'avenir prospère est assuré. — Les principales fermes de la commune sont : Saint-Joseph, fondé par M. de Montigny aîné, Saint-Hubert à madame Huber, Saint-Aimé à M. Deceugis, Petit-Parc à M. Garbé, et celles encore innommées de MM. Bruguier, Maklouf-Kalfoun et Troupel.

STATISTIQUE OFFICIELLE (1851). — *Constructions* : 45 maisons valant 241,600 fr., 9 hangars, 21 écuries et étables, 39 puits et norias, d'une valeur totale de 69,800 fr. — *Bétail* : 72 chevaux, 49 mulets, 51 ânes, 38 bœufs, 22 vaches, 4 chèvres, 16 moutons, 26 porcs. — *Matériel agricole* : 48 charrues, 60 voitures, 18 tombereaux. — *Concessions* : 687 hectares. — *Défrichement* : 635 hectares. — *Récoltes* (1852) : sur 390 hectares cultivés en grains, 2,250 hectolitres de blé tendre, 1,950 de blé dur, 1,940 d'orge, 72 de seigle, 375 d'avoine, 40 de fèves, d'une valeur totale de 81,612 fr.

### Arcole.

Village créé par ordonn. du 14 février 1848; territoire délimité par arrêté du 10 mai 1848, à 5 kil. d'Oran, sur l'ancienne route de cette ville à Arzew et Mostaganem. Bien que les terres soient de bonne qualité, l'insuffisance des eaux limite les cultures maraîchères et industrielles, et réduit les colons aux cultures d'hiver, les céréales particulièrement. Sur son territoire se trouve la ferme de M. Charles Daudrieu, fondée au milieu des périls de la guerre, avec un courage et un succès que la croix d'honneur a récompensés. Le propriétaire, sans viser à transformer le caractère du terrain par des plantations et des travaux d'amélioration, s'est surtout appliqué à en tirer bon parti par l'élève d'un troupeau et la culture des céréales. — Un industriel a installé à Arcole une fabrique de poterie, spécialement pour le jardinage. On a découvert dans le voisinage un filet d'eau chaude non exploité encore.

Statistique officielle (1851). — *Constructions* : 27 maisons valant 63,000 fr., 5 hangars, 8 puits et norias, valant 8,500 fr. — *Bétail* : 28 chevaux, 10 mulets, 14 ânes, 20 bœufs, 10 vaches, 24 chèvres, 170 moutons, 60 porcs. — *Matériel agricole* : 18 charrues, 18 voitures, 1 tombereau. — *Plantations* : 775 arbres. — *Concessions* : 428 hect. 62 ares. — *Défrichement* : 271 hect. — *Récoltes* (1852) : sur 342 hect. cultivés en grains, 1,584 hectolitres de blé tendre, 924 de blé dur, 2,340 d'orge, 120 de seigle, 100 de fèves, d'une valeur totale de 54,458 fr.

## Sidi-Chami.

Village à 13 kil. d'Oran, créé par ordonn. royale du 16 décembre 1845, qui le dota d'un territoire de 886 hectares 45 ares 24 centiares. Territoire de bonne qualité; eaux abondantes; cultures très-étendues, nombreux bétail dont l'élève est favorisé par le voisinage des montagnes et des parcours immenses. Un moulin à farine, le seul dans un rayon assez étendu. Exploitations considérables dans la commune. Un des plus anciennement créés, ce centre a traversé toutes les épreuves de premier établissement : sa situation actuelle est prospère et son avenir assuré. — La principale ferme est Sidi-Marouf, belle exploitation de M. Calmels. On visite aussi une plantation de 22 hectares de vigne, avec tout l'appareil vinaire, à M. Billard-Feurier, et les cultures de fleurs de spéculation, à M. Gros.

Statistique officielle (1851). — *Constructions* : 58 maisons valant 173,500 fr., 15 hangars, 35 écuries et étables, 9 puits et norias, d'une valeur totale de 27,300 fr. — *Bétail* : 26 chevaux, 16 mulets, 6 ânes, 130 bœufs, 29 vaches, 55 chèvres, 125 moutons, 18 porcs. — *Matériel agricole* : 48 charrues, 42 voitures, 1 tombereau. — *Plantations* : 4,635 arbres. — *Concessions* : 709 hect. 67 ares. — *Défrichement* : 455 hect. — *Récoltes* (1852) : sur 747 hectares cultivés en grains, 2,720 hectolitres de blé tendre, 1,104 de blé dur, 6,885 d'orge, 720 de seigle, d'une valeur totale de 104,114 fr.

Annexe. Plusieurs hameaux sont groupés autour de Sidi-Chami : Ce sont ceux d'Assi-el-Blod et l'Etoile, deux fractions d'un même centre sur la route d'Oran à Mangin, Saint-Remi, le Petit-Sidi-Chami (La République.)

## Mangin.

Colonie agricole de 1848, à 15 kil. S.-E. d'Oran, à peu de distance de Sidi-Chami et de la plaine du Tlélat, sur la route provinciale qui mène d'Oran au Sig par le plateau. Le terrain est de bonne qualité, propre surtout à la vigne sur les coteaux; l'eau des puits suffit à la boisson et à l'irrigation des jardins, mais manquerait pour les cultures estivales. Les travaux agricoles s'étendent au loin dans la direction d'Haci-bou-Nif. Une route doit relier Mangin aux villages voisins, en se prolongeant vers Saint-Louis, pour aboutir aux salines d'Arzew : c'est la voie que suivront les produits de ces salines et d'une partie de la forêt de Mouley-Ismaël. Elle contribuera beaucoup à assurer l'avenir de ce centre, en ajoutant des éléments de prospérité commerciale à ceux de l'agriculture. Quelques colons ont fait des essais de garance.

STATISTIQUE OFFICIELLE (en 1851). — *Constructions* : 76 maisons bâties par l'État, auxquelles les colons ont ajouté 12 hangars, 22 écuries, 0 étables, 15 puits. — *Bétail* (donné) : 2 chevaux, 1 mulet, 32 bœufs. — *Matériel agricole* (donné) : 51 charrues, 29 herses, 49 bêches, 48 pelles, 51 pioches, 27 voitures bouvières, 2 tombereaux. — *Plantations* : 1,653 arbres. — *Concessions* : 559 hectares. — *Défrichement* : 250 hect. — *Cultures* : 6 hect. en froment, 125 en orge; total, 131 hect.

## Haci-Bou-Nif.

Colonie agricole de 1848, à 14 kil. E. d'Oran, située dans un bassin fermé où les eaux sans écoulement sont absorbées et nulle part n'apparaissent à la surface, au milieu de touffes vigoureuses de broussailles qui rendent les défrichements très-pénibles. Aussi, les débuts ont été difficiles; mais l'essor est donné; le fond de cette cuvette naturelle s'est couvert de cultures qui peu à peu gagnent les hauteurs, sur lesquelles les troupeaux trouvent à paître, à l'abri des maquis, dans toutes les saisons de l'année. Les eaux des puits sont abondantes et de bonne qualité. La route définitive de Mostaganem qui doit traverser ce village en facilitera le développement, un peu lent jusqu'à ce jour.

STATISTIQUE OFFICIELLE (1851). — *Constructions* : 59 maisons bâties par l'État, auxquelles les colons ont ajouté 25 hangars, 34 écuries, 8 étables, 21 gourbis, 45 puits. — *Bétail* (distribué) : 2 chevaux, 2 mulets, 54 bœufs. — *Matériel agricole* (distribué) : 62 charrues, 31 herses, 62 bêches, 62 pioches, 31 voitures bouvières, 1 tombereau, 516 objets divers. — *Plantations* : 1,432 arbres. — *Concessions* : 581 hect. — *Défrichement* : 189 hect. — *Cultures* : 58 hectares en froment, 94 en orge ; total, 152 hect.

ANNEXE. Haci-Ameur.

### Haci-Ameur.

Colonie agricole de 1848, à 17 kil. E. d'Oran, dans des conditions de sol analogues à Haci-Bou-Nif. L'eau des puits est presque toute saumâtre ; mais on espère qu'elle ira en s'améliorant, comme on en a de nombreux exemples. On s'occupe d'établir une conduite et des travaux d'art pour amener jusque dans le milieu du village une eau plus potable.

STATISTIQUE OFFICIELLE (1851). — *Constructions* : 69 maisons bâties par l'État, auxquelles les colons ont ajouté 10 hangars, 6 écuries, 32 gourbis, 47 puits, 1 noria. — *Bétail* (distribué) : 1 cheval, 45 bœufs. — *Matériel agricole* (distribué) : 67 charrues, 34 herses, 67 bêches, 67 pelles, 67 pioches, 34 voitures bouvières, 9 brouettes. — *Plantations* : 318 arbres. — *Concessions* : 312 hect. — *Défrichement* : 152 hect. — *Cultures* : 55 hectares en froment, 80 en orge ; total, 135 hect.

### Christine (Sidi-Ali).

Commune créée par ordonn. du 12 mars 1847, mais non établie de fait. Un décret impérial du 29 décembre 1852 a autorisé la vente à M. Garbé des vastes bâtiments de l'Intendance militaire, ancien parc aux bestiaux de la division, dans l'ensemble duquel devait être établi un village de cent familles, avec 730 hectares de terres. Indépendamment de l'élève du bétail, un établissement de filature et tissage de soie et de laine, s'y forme sous la direction de M. Costerisan, ancien fabricant de Lyon, dont les produits ont été remarqués à l'exposition, et va donner aux habitants d'Haci-bou-Nif, Haci-Ameur et Haci-ben-Okba, qui entourent Sidi-Ali, du travail et des salaires qui s'ajouteront aux produits trop restreints de leurs cultures.

### Fleurus.

Colonie agricole de 1848, à 20 kil. E. d'Oran, à 8 kil. S. de Saint-Cloud, situé avec Haci-ben-Ferréah et Saint-Louis sur le revers oriental de la plaine de Télamine. Le sol, d'une nature assez ingrate, a exigé des travaux pénibles qui en ont transformé la surface : il est des plus favorables à l'élève du bétail. L'administration a dû suppléer à l'insuffisance des eaux par des norias. Les colons, adonnés d'abord aux cultures d'agrément, qui produisaient peu ou rien, n'ont pas tardé à se livrer à des cultures plus sérieuses : leurs ensemencements couvrent le versant de Télamine et s'étendent au loin dans la plaine. Le village se distingue par le soin qu'ont mis les colons à leur installation particulière. Le voisinage des salines d'Arzew et de la forêt de Muley-Ismaël ajoutera quelques ressources industrielles et commerciales aux ressources agricoles.

STATISTIQUE OFFICIELLE (1851). — *Constructions* : 98 maisons bâties par l'État, auxquelles les colons ont ajouté 1 grenier, 14 hangars, 17 écuries, 21 étables, 25 gourbis, 30 puits. — *Bétail* (distribué) : 3 chevaux, 3 mulets, 68 bœufs, 29 truies. — *Matériel agricole* (distribué) : 88 charrues, 44 herses, 88 bêches, 88 pelles, 88 pioches, 44 voitures bouvières — *Plantations* : 7,230 arbres. — *Concessions* : 677 hect. — *Défrichement* : 234 hectares. — *Cultures* : 80 hect. en froment, 160 en orge, 80 ares en maïs, 1 hect. 20 ares en pommes de terre, 6 en légumes divers, 3 en cultures diverses ; total, 251 hect.

ANNEXE. Haci-ben-Okba.

## Haci-bou-Okba.

Colonie agricole de 1848, à 19 kil. E. d'Oran, sur le versant des collines qui terminent a plaine de Télamine, dans une position saine. Terres excellentes, eau de puits de bonne qualité ; la route définitive de Mostaganem la traversera. Situation générale analogue à celle d'Haci-bou-Nif.

STATISTIQUE OFFICIELLE (1851). — *Constructions* : 64 maisons bâties par l'Etat, auxquelles les colons ont ajouté 22 hangars, 4 écuries, 56 étables, 44 gourbis, 33 puits. — *Bétail* (distribué) : 3 chevaux, 52 bœufs. — *Matériel agricole* (distribué) : 64 charrues, 32 herses, 64 bêches, 64 pelles, 64 pioches, 32 voitures bouvières. — *Plantations* : 1,779 arbres. — *Concessions* : 541 hectares. — *Défrichement* : 159 hectares. — *Cultures* : 54 hect. en froment, 101 hect. 60 ares en orge, 60 ares en maïs, 2 hect. 10 ares en pommes de terre ; total, 164 hect.

## Saint-Louis.

Colonie agricole de 1848, à 24 kil. E. d'Alger. A été, avant l'annexion au territoire civil, le chef-lieu d'une direction. L'emplacement domine une plaine qui s'étend au loin, et n'est séparé que par un mamelon du lac salé d'Arzew. Les terrains y sont légèrement salifiés, ainsi que les eaux ; les défrichements pénibles. L'élève des bestiaux est l'industrie agricole la plus convenable à cette localité.

STATISTIQUE OFFICIELLE (1851). — *Constructions* : 148 maisons bâties par l'Etat, auxquelles les colons ont ajouté 19 écuries, 27 étables, 63 gourbis, 28 puits, 1 noria. — *Bétail* (distribué) : 5 chevaux, 4 mulets, 134 bœufs. — *Matériel agricole* (distribué) : 140 charrues, 70 herses, 140 pelles, 140 pioches, 140 bêches, 67 voitures bouvières. — *Plantations* : 6,250 arbres. — *Concessions* : 693 hectares. — *Défrichement* : 257 hectares. — *Cultures* : 130 hect. en froment, 190 en orge, 1 hect. 50 ares en pommes de terre, 2 en fèves, 2 en légumes divers, 12 en cultures diverses ; total, 135 hect.

ANNEXE. Haci-ben-Ferréah.

### Hacl-Ben-Ferreah.

Colonie agricole de 1848, à 23 kil. E. d'Oran, dans une situation analogue à Fleurus, dont les cultures sont contiguës. Les habitants, fortement atteints du choléra en 1849 et 1851, ne se sont pas laissés abattre ; ils recueillent en ce moment le fruit de leur énergique persistance : l'aisance commence à pénétrer dans ce centre. Malheureusement l'eau est de médiocre qualité, et la terre n'offre que des ressources bornées pour la culture.

STATISTIQUE OFFICIELLE (1851). — *Constructions* : 72 maisons bâties par l'État, auxquelles les colons ont ajouté 2 hangars, 21 écuries, 5 gourbis 44 puits. — *Bétail* (distribué) : 6 chevaux, 3 mulets, 63 bœufs. — *Matériel agricole* (distribué) : 70 charrues, 35 herses, 70 pelles, 70 pioches, 70 bêches, 35 voitures bouvières, 12 brouettes. — *Plantations* : 335 arbres. — *Concessions* : 311 hectares. — *Défrichement* : 222 hect. — *Cultures* : 100 hect. en froment, 110 en orge, 3 en pommes de terre, 6 en fèves, 4 en légumes divers, 1 en prairies artificielles, 8 en cultures diverses ; total, 232 hect.

### Saint-Cloud.

Colonie agricole de 1848, à 23 kil. E. d'Oran, à 16 kil. S. d'Arzew, sur la route qui relie ces deux villes au lieu appelé Goudiel : était, sous le régime militaire, chef-lieu d'une direction ; doté par arrêté du 6 juillet 1850 d'une justice de paix, Saint-Cloud marche, sous le rapport administratif, comme par le chiffre de sa population et de ses maisons et l'étendue de ses cultures, en tête des colonies agricoles de la province d'Oran. La fontaine de la place est remarquable par l'abondance et la qualité de ses eaux, et la belle végétation des saules qui l'entourent. Saint-Cloud possède une ambulance bien établie, une pépinière du génie, des bains. Le territoire, d'une vaste étendue et d'une fertilité remarquable, est arrosé par un cours d'eau formé à l'aide de nombreuses saignées exécutées dans les montagnes, travail aussi pittoresque qu'utile et ingénieux. La concentration du bourg sur un point trop éloigné du rayon des cultures a nui au développement de Saint-Cloud. Cependant les colons luttent avec courage et succès contre cette difficulté qu'aggravent des défrichements très-pénibles. A côté des céréales, se montrent de belles plantations, parmi lesquelles on distingue celles du mûrier, qui ont permis déjà quelques éducations de ver à soie ; le chanvre de France y est devenu aussi gros que celui de Chine. Un beau jardin entoure l'auberge de Campillo qui avait précédé la fondation du village. L'industrie commence à s'y installer, et se révèle au loin par un moulin à vent. Les colons ont tiré parti des broussailles qui couvraient leur territoire pour faire du charbon. Des recherches de mines exécutées à la montagne voisine des Lions, une source minérale, qu'on y a découverte, promettent de bons résultats. Le commerce des céréales et des bestiaux s'y greffe sur celui de débit local. Ajoutons que Saint-Cloud possède une salle de spectacle, des guinguettes en nombre, des bals champêtres, des fêtes animées, et l'on comprendra que l'on ait pu dire de sa population qu'elle est à la fois la plus intelligente et la plus dansante du pays. Saint-Cloud est le siége d'une justice de paix.

STATISTIQUE OFFICIELLE (1851). — *Constructions :* 280 maisons bâties par l'Etat, auxquelles les colons ont ajouté 11 greniers, 43 hangars, 83 écuries, 112 étables, 112 gourbis, 12 puits, 1 noria. — *Bétail* (distribué) : 6 chevaux, 8 mulets, 275 bœufs, 50 truies, 2 verrats. — *Matériel agricole* (distribué) : 250 charrues, 90 herses, 250 bêches, 265 pelles, 280 pioches, 101 voitures bouvières, 29 tombereaux. — *Plantations :* 1,927 arbres. — *Concessions :* 2,368 hectares. — *Défrichement :* 900 hect. — *Cultures :* 178 hect. en froment, 700 en orge, 50 ares en fèves, 1 hect. 50 ares en légumes divers; total, 850 hect.

## Kléber.

Colonie agricole de 1848, à 29 kil. d'Oran, à 8 kil. d'Arzew, dans une position qui serait heureuse et saine, sans la rareté de l'eau qui est telle que Kléber a été surnommé *la colonie de la soif.* Cependant, les colons de Kléberont tiré si bon parti des autres éléments de leur territoire, qu'ils ont figuré avec le plus grand honneur à toutes les expositions agricoles de la province. Leurs légumes surtout ont été distingués. Les terres sont éminemment propres à la grande culture, à l'élève des bestiaux, à la vigne. Si l'on parvient, comme on l'espère, à établir des puits qui donnent abondamment de l'eau de bonne qualité, Kléber n'aura rien à envier aux meilleurs villages des environs.

STATISTIQUE OFFICIELLE (1851). — *Constructions* : 83 maisons bâties par l'État, auxquelles les colons ont ajouté 10 hangars, 17 écuries, 50 étables, 80 gourbis. —*Bétail* (distribué) : 2 mulets, 86 bœufs, 4 chèvres, 16 truies.—*Matériel agricole* (distribué) : 76 charrues, 38 herses, 76 bêches, 76 pelles, 76 pioches, 38 voitures bouvières, 3 brouettes, 228 objets divers. —*Plantations* : 8,825 arbres. — *Concessions* : 231 hectares.—*Défrichement* : 240 hectares. — *Cultures* : 108 hect. en froment, 100 en orge, 14 en cultures diverses; total, 222 hect.

ANNEXE. Méfessour.

### Méfessour.

Colonie agricole de 1848, à 28 kil. d'Oran, à 12 kil. d'Arzew, 4 kil. de Saint-Cloud. Terres de bonne qualité. Eaux abondantes et saines, que vingt-quatre puits et une noria distribuent sur tout le territoire. La route rectifiée d'Oran à Mostaganem traversera ce centre.

STATISTIQUE OFFICIELLE (1851). — *Constructions* : 62 maisons bâties par l'État, auxquelles les colons ont ajouté 5 hangars, 11 écuries, 2 étables, 65 gourbis, 24 puits, 1 noria. — *Bétail* (distribué) : 1 mulet, 43 bœufs, 13 truies. — *Matériel agricole* (distribué) : 57 charrues, 29 herses, 57 bêches, 57 pelles, 57 pioches, 29 voitures bouvières, 171 objets divers. — *Plantations* : 1,690 arbres. — *Concessions* : 136 hectares.—*Défrichement* : 170 hectares. — *Cultures* : 125 hect. en froment, 20 en orge, 12 hect. 40 ares en cultures diverses ; total, 157 hectares.

### Sainte-Léonie.

Village à 31 kil. d'Oran, à 6 kil. d'Arzew, créé par ordonnance du 4 décembre 1846, pour recevoir, avec la Stidia, des familles prussiennes transportées en Algérie en 1847. Après avoir traversé pendant plusieurs années de dures épreuves, elles sont enfin parvenues, par un travail infatigable et grâce aux secours de l'État, à conquérir une situation prospère. Leurs terres calcaires se sont couvertes de beaux blés, qui trouvent à se moudre dans un moulin à vent. Les maisons, d'assez jolie apparence, donnent au village un aspect d'aisance. Les colons commencent à se faire remarquer aux expositions agricoles.

STATISTIQUE OFFICIELLE (1851). — *Constructions* : 55 maisons valant 150,000 fr., 1 hangar, 18 écuries et étables, d'une valeur totale de 2,800 fr. — *Bétail* : 2 mulets, 40 bœufs, 11 vaches, 151 chèvres, 0 moutons, 5 porcs. — *Matériel agricole* : 18 charrues, 4 voitures. — *Plantations* : 550 arbres. — *Concessions* : 656 hect. 16 ares. — *Défrichement* : 234 hect. — *Cultures* : 97 hect. en froment, 100 en orge, 10 en pommes de terre, 3 en fèves, 10 en légumes divers, 13 ares en tabac, 3 en cultures diverses, 1 en vigne; total, 224 hect. 13 ares.

### Saint-Leu.

Colonie agricole de 1848, à 38 kil. d'Oran, à 10 kil. S.-O. d'Arzew, à 6 kil. de la mer. Le territoire est médiocre dans la banlieue du village, mais plus loin il s'améliore. Les colons ont aménagé eux-mêmes les eaux des sources voisines, creusé des puits et établi des abreuvoirs et s'occupent de compléter le système des irrigations. Quoique un peu saumâtre, l'eau n'est pas malsaine, et pourvoit à la consommation des habitants et à l'arrosage des jardins, pour lequel on utilise d'anciennes conduites romaines. L'avenir de Saint-Leu est commercial autant qu'agricole, grâce à sa situation sur le parcours de la route rectifiée d'Oran à Mostaganem, par Saint-Cloud et Méfessour, et de la route d'Arzew à Mostaganem, aux salines et à Saint-Denis du Sig. Déjà une auberge importante s'y est établie avec des constructions considérables. Le propriétaire de cette auberge a fait aussi de nombreuses plantations. — A une portée de fusil se voit le vieil Arzew, composé d'une vingtaine de maisons arabes habitées par la petite tribu de Betioua, riche en figuiers, que gouverne un kaïd. C'est là qu'on a trouvé un groupe de silos, entrepôt romain d'une grandeur proportionnée aux vues du peuple qui le construisit. Ce sont de grandes chambres souterraines, de 15 mètres de haut sur plus de 20 mètres de long, ayant dans la voûte supérieure un étroit orifice pour l'entrée du grain, et dans la partie basse une autre orifice pour la sortie, chacun de ces derniers donnant sur un puits commun qui servait au travail de l'extraction. Des ruines de maisons romaines, remarquablement conservées, avec l'alignement des rues, constatent l'existence d'une station antique, dont le nom reste à déterminer, depuis que M. MacCarty a prouvé qu'*Arsenaria* se trouve entre Mostaganem et Tenes, près de la mer, et *Quiza Municipium* au Pont-du-Chélif.

STATISTIQUE OFFICIELLE (1851). — *Constructions :* 58 maisons bâties par l'Etat, auxquelles les colons ont ajouté 15 hangars, 20 écuries, 8 étables, 24 goûrbis, 7 puits.—*Bétail* (distribué) : 1 cheval, 1 mulet, 61 bœufs, 32 truies. — *Matériel agricole* (distribué) : 50 charrues, 23 herses, 50 bêches, 50 pelles, 50 pioches, 23 voitures bouvières, 1 tombereau, 634 objets divers. — *Plantations :* 675 arbres. — *Concessions :* 353 hect. — *Défrichement :* 220 hectares. — *Cultures :* 33 hect. 10 ares en froment, 108 hect. 35 ares en orge, 3 hect. 65 ares en pommes de terre, 5 hect. 25 ares en légumes divers ; total, 210 hectares.

### Damesme.

Colonie agricole de 1848, constituée par décret du 11 février 1851. Territoire fertile. Eau de bonne qualité, mais en quantité insuffisante pour les besoins de l'irrigation ; on espère y remédier en amenant, par une conduite, les eaux d'une source voisine ; les colons réclament l'agrandissement de leur territoire.

STATISTIQUE OFFICIELLE (1851). — *Constructions :* 41 maisons bâties par l'Etat, auxquelles les colons ont ajouté 10 hangars,

13 écuries, 23 étables, 30 gourbis, 3 puits. — *Bétail* (distribué) : 44 bœufs, 4 chèvres, 26 truies. — *Matériel agricole* (distribué) : 40 charrues, 20 herses, 40 bêches, 40 pelles, 40 pioches, 20 voitures bouvières, 1 brouette, 360 objets divers. — *Plantations*, 600 arbres. — *Concessions* : 331 hectares. — *Défrichement* : 150 hect. — *Cultures* : 42 hect. 60 ares en froment, 102 hect. 40 ares en orge, 1 en pommes de terre, 4 hect. 10 ares en légumes divers; total, 150 hect. 10 ares.

### Mulcy-Magoun.

Hameau, compté comme colonie agricole de 1848, à 34 kil. d'Oran, à 5 kil. O. d'Arzew. Suivant un principe, essentiellement favorable à la colonisation, les maisons, au lieu d'être agglomérées en un seul groupe, sont distribuées sur les lots. Les puits creusés par les colons donnent l'eau nécessaire. Le voisinage d'Arzew facilite les débouchés.

STATISTIQUE OFFICIELLE (1851). — *Constructions* : 7 maisons bâties par l'État, auxquelles les colons ont ajouté 2 écuries, 1 étable, 1 gourbi, 1 puits, 2 norias. — *Bétail* (distribué) : 7 bœufs. — *Matériel agricole* (distribué) : 7 charrues, 4 herses, 7 bêches, 7 pelles, 7 pioches, 4 voitures bouvières, 2 brouettes, 63 objets divers. — *Plantations* : 100 arbres. — *Concessions* : 66 hect. — *Défrichement* : 26 hect. — *Cultures* : 6 hect. en froment, 12 en orge, 50 ares en pommes de terre, 50 ares en légumes divers, 1 en cultures diverses; total, 20 hectares.

### La Macta.

Deux auberges, rendez-vous des chasseurs et des faucheurs, étapes des voyageurs sur la route d'Oran à Mostaganem, auprès du pont.

### La Stidia.

Village, à 62 kil. d'Oran, à 14 kil. de Mostaganem, sur la route qui relie ces deux villes. Fondé par ord. du 4 décembre 1846, pour recevoir, avec Sainte-Léonie, des émigrants prussiens destinés d'abord au Brésil, ce village a traversé toutes les phases de la destinée des colonies naissantes, à partir de la plus dure misère jusqu'à l'aisance. Pendant longtemps les familles ont passé les nuits à défricher pour aller le lendemain vendre le bois à Mostaganem, et acheter les quinze sous de pain qui devaient les faire vivre le jour, et elles recommençaient la nuit suivante jusqu'à extinction. Ainsi ont fait, du plus au moins, la presque totalité des colons algériens, soldats du travail non moins dignes d'honneur que les soldats du combat ! L'opiniâtre persévérance des Prussiens de la Stidia a reçu enfin sa récompense : presque tout le territoire est défriché ; les céréales de toutes les espèces, de belles et nombreuses plantations, de riches jardins entourent leurs maisons ; leur bétail se multiplie sur de vastes pâturages ; le commerce des racines et des bois défrichés accroît leurs revenus ; munis de quelques épargnes, ils peuvent aborder les cultures spéciales du tabac et du coton. L'industrie naissante y est représentée par un moulin, une fabrique de poterie, la sparterie, des essais de distillation de seigles, de figues, de cactus, de caroubes. De son côté, l'administration favorise cet essor par des travaux publics. Outre la fondation primitive par les bras militaires, en 1851 une somme de 18,000 fr. a été employée à construire des puits et des canaux d'irrigation, et reboiser les dunes pour abriter les récoltes contre les vents du large, nuisibles dans certaines saisons.

STATISTIQUE OFFICIELLE (1851). — *Constructions* : 11 maisons valant 22,000 fr., 3 hangars, 4 écuries et étables, 39 gourbis et silos, d'une valeur totale de 260 fr. — *Bétail* : 10 chevaux, 32 ânes, 169 bœufs, 27 vaches, 154 chèvres, 8 moutons, 43 porcs. — *Matériel agricole* : 59 charrues, 30 voitures, 1 tombereau. — *Plantations* : 3,070 arbres. — *Concessions* : 937 hectares 48 ares. — *Défrichement* : 379 hectares. — *Cultures* : 65 hectares en froment, 170 hect. 80 ares en orge, 4 hectares 65 ares en pommes de terre, 7 hect. 7 ares en fèves, 9 hect. 12 ares en légumes divers, 80 hect. en cultures diverses ; total, 336 hect. 64 ares.

## Ouréa.

Hameau situé sur la route entre la Stidia et Mostaganem, comportant le séjour d'une quinzaine de familles dotées d'un territoire de 190 hectares. Le volume d'eau de la source qui a déterminé cet emplacement a été augmenté par le nettoyage d'anciens bassins et conduites. Les colons cultivent les céréales, les légumes, la vigne; ils élèvent des troupeaux sur les pacages des dunes; ils exploitent des carrières, et par ces diverses ressources assurent leur existence.

STATISTIQUE OFFICIELLE (1851). — *Constructions :* 8 maisons valant 6,400 fr., 7 hangars, 3 écuries et 1 gourbi d'une valeur totale de 1,270 fr.—*Bétail :* 1 cheval, 1 mulet, 7 ânes, 13 bœufs, 5 vaches, 84 chèvres, 55 moutons, 13 porcs. — *Matériel agricole :* 6 charrues, 4 voitures, 1 tombereau.—*Plantations :* 1,815 arbres. — *Concessions :* 117 hectares 70 ares. — *Défrichement :* 70 hectares. — *Récoltes* (1852) : sur 67 hectares 49 ares cultivés en grains, 207 hectolitres de blé tendre, 120 de blé dur, 586 d'orge, 62 de seigle, 114 de maïs, 11 de fèves, d'une valeur totale de 9,407 fr.

## Mazagran.

Bourg, à 72 kil. d'Oran, à 4 kil. de Mostaganem, célèbre par la défense héroïque de 122 soldats du 1er bataillon d'Afrique, commandés par le capitaine Lelièvre, contre des nuées d'Arabes, en février 1839 : glorieux fait d'armes consacré par une colonne monumentale qui s'élève sur le fort, théâtre de la défense. Ce poste ne mérite pas une moindre attention pour le mérite de ses cultures qui l'élèvent au premier rang des centres agricoles de la subdivision. Tout y concourt : la qualité supérieure de ses terres; les eaux abondantes qui descendent en cascades des collines, et se ramifient dans de nombreux et verdoyants jardins ; le climat d'une salubrité exceptionnelle, grâce à la ventilation continue de la brise de mer ; son site pittoresque sur les flancs d'une colline d'où la vue plonge au loin sur la Méditerranée ; la route d'Oran à Mostaganem qui passe au pied de ses murs ; la création des colonies agricoles que Mazagran a approvisionnées de légumes ; la proximité du chef-lieu qui offre à tous ses produits, et particulièrement à ses cultures maraîchères, un facile et lucratif débouché ; enfin, ce qui féconde tous les dons de la nature ou de l'administration, le travail persévérant et intelligent des colons. Pendant que le plateau est livré aux céréales, les flancs et le bas de la colline sont couverts de beaux jardins et vergers. Les plantations sont nombreuses et remarquables : on visite avec un intérêt particulier les cultures et les animaux de MM. Combes et Clausel. L'industrie y a débuté par un moulin à farine. Comme consécration de tous ces mérites, les Mazagranais réclament pour leur jolie petite bourgade le titre de diamant de la province.

STATISTIQUE OFFICIELLE (1851). — *Constructions* : 74 maisons valant 196,460 fr., 22 hangars, 50 écuries et étables, 2 puits et norias, d'une valeur totale de 7,625 fr. — *Bétail* : 22 chevaux, 8 mulets, 35 ânes, 60 bœufs, 26 vaches, 40 chèvres, 90 moutons, 32 porcs. — *Matériel agricole* : 61 charrues, 20 voitures, 7 tombereaux. — *Plantations* : 30,697 arbres. — *Concessions* : 952 hectares 20 ares. — *Défrichement* : 760 hectares. — *Récoltes* (1852) : sur 481 hectares 97 ares cultivés en grains, 1,680 hectolitres de blé tendre, 1,022 de blé dur, 3,876 d'orge, 583 de seigle, 379 de maïs, 93 de fèves, d'une valeur totale de 68,377 fr.

### Rivoli.

Colonie agricole de 1848, à 70 kil. d'Oran, à 8 kil. 8. de Mostaganem, à l'extrémité O. de la vallée des Jardins, sur la route de Mascara, dont elle forme la première étape. Un des meilleurs territoires à palmiers nains de la subdivision. Des puits dans tous les jardins suppléent à l'absence d'eau courante. Les défrichements et les cultures y sont très-avancés ; les cultures industrielles prennent rang ; les plantations publiques, quelques plantations naissantes de particuliers ombragent le sol ; la plaine de l'Habra a fourni jusqu'à 20,000 quintaux de fourrage aux spéculations des habitants. Un moulin à manége y invite à la consommation locale des céréales du pays. Pendant la période militaire des colonies agricoles, Rivoli a été le chef-lieu d'une direction qui comprenait Aïn-Noussy, Aboukir, Si-Chérif, Bled-Touaria. La proximité de Mostaganem, la beauté de la route, la position intermédiaire entre la ville et la campagne, se joignent à tous les avantages naturels du territoire pour assurer à cette localité un avenir prospère.

STATISTIQUE OFFICIELLE (1851). — *Constructions* : 74 maisons bâties partie par l'État, auxquelles les colons ont ajouté 8 hangars, 4 écuries, 39 étables, 9 gourbis, 69 puits. — *Bétail* (distribué) : 4 mulets, 48 bœufs, 7 chèvres, 41 truies, 16 verrats. — *Matériel agricole* (distribué) : 60 charrues, 50 herses, 60 bêches, 60 pioches, 60 pelles, 30 voitures bouvières, 6 brouettes. — *Plantations* : 1,180 arbres. — *Concessions* : 415 hectares. — *Défrichement* : 235 hectares. — *Récoltes* (1852) : sur 295 hectares cultivés en grains, 750 hectolitres de blé tendre, 1,500 de blé dur, 1,330 d'orge, 420 de seigle, 97 de maïs, d'une valeur totale de 36,087 fr.

## Aïn-Nouissy.

Colonie agricole de 1848, à 68 kil. d'Oran, à 15 kil. S.-O. de Mostaganem, au débouché de la route de Mascara dans la plaine de l'Habra, à l'abri des vents du nord par des collines couvertes de broussailles. Ses terrains de culture, forts et substantiels, quoique sablonneux, s'étendent vers le sud. L'eau n'abonde pas, mais on espère beaucoup d'une source récemment découverte ; le peu dont on dispose est amené par une longue conduite à travers un ravin surmonté d'un pont. Le voisinage de l'Habra, plaine aux riches fourrages, est le principe d'une solide prospérité pour Aïn-Nouissy, par l'élève et le commerce du bétail et les livraisons administratives. Un marché arabe y développe les transactions. Le territoire renferme des gisements de plâtre, de la terre à brique. Les céréales constituent la principale production.

STATISTIQUE OFFICIELLE (1851). — *Constructions* : 76 maisons bâties par l'État, auxquelles les colons ont ajouté 9 hangars, 28 écuries, 10 étables, 19 gourbis. — *Bétail* (distribué) : 2 mulets, 88 bœufs. — *Matériel agricole* (distribué) : 60 charrues, 34 herses, 43 bêches, 71 pelles, 72 pioches, 23 voitures bouvières, 1 tombereau, 6 brouettes, 77 objets divers. — *Plantations* : 8,078 arbres. — *Concessions* : 548 hectares. — *Défrichement* : 262 hect. — *Récoltes* (1852) : sur 413 hect. 85 ares cultivés en grains, 319 hectolitres de blé tendre, 723 de blé dur, 1,206 d'orge, 728 de seigle, 27 d'avoine, 134 de maïs, 20 de fèves, d'une valeur totale de 22,457 fr.

### Si-Chérif, Assi-Chérif, Aïn-Si-Chérif.

Colonie agricole de 1849 : à 77 kil. d'Oran, à 13 kil. de Mostaganem, en vue de la plaine de l'Habra ; l'installation des habitants n'est pas encore terminée. Le territoire a toutes les qualités et les inconvénients des terres de palmiers nains : on y trouve de la terre à brique et à poterie. Une source alimente une fontaine et ne suffirait pas aux besoins ; mais la gorge de Si-Chérif offre de grandes ressources en eaux souterraines, qu'un aqueduc pourrait, à travers les ravins, amener dans le village. Un petit lac salé se voit aux environs. Les plantations privées commencent à suppléer aux plantations publiques qui manquent. Par une heureuse innovation, le lot de chaque colon forme un seul tènement ; le bétail est encore en petit nombre ; les céréales forment la culture dominante ; les pommes de terre y sont excellentes ; quelques essais de tabac et de coton, réussis sans irrigation, permettent d'espérer pour cette localité le bénéfice des cultures industrielles.

STATISTIQUE OFFICIELLE (1852). — *Récoltes* : sur 15 hectares, 42 hectol. d'orge, d'une valeur de 846 fr.

### Bled-Touaria.

Colonie agricole de 1849, à 90 kil. d'Oran ; à 17 kil. de Mostaganem ; à l'état naissant. Terres substantielles et riches couvertes de palmiers nains, dans lesquelles on trouve des carrières de plâtre, d'albâtre, de pierres de taille. L'eau, rare jusqu'à ce jour, s'accroîtra, on l'espère, à suite des fouilles entreprises. Le climat est si bon que, malgré les défrichements, il n'y a pas eu de maladie ; comme à Si-Chérif chaque lot forme un seul tènement de 8 à 10 hect., et comprend un lot de figuiers comme dans la généralité des colonies de la subdivision de Mostaganem. Les colons cultivent particulièrement les céréales, les pommes de terre, les vignes ; ils font du charbon avec les broussailles de chêne-vert, de lentisque, de jujubier. Un colon fait de la poterie dont il fournit le pays environnant jusqu'à Mostaganem ; un autre a essayé la distillation des figues ; mais il a dû s'arrêter faute de ressources. En résumé, les éléments matériels de Bled-Touaria sont bons : ils sont vivifiés par la route empierrée qui le relie à Aboukir, et par Aboukir à Mostaganem.

STATISTIQUE OFFICIELLE. — *Récoltes* (1852) : sur 15 hectares cultivés en grains, 42 hectolitres de blé tendre, d'une valeur de 840 fr.

## Aboukir.

Colonie agricole de 1848, à 79 kil. d'Oran, à 12 kil. S.-O. de Mostaganem, définitivement constitué par décret du 11 février 1851, au lieu dit *Mezara*, et les *Trois Marabouts*, sur la grande route de Mascara. Territoire de bonne qualité, quoique couvert de palmiers nains ; eau suffisante pour l'irrigation de 15 à 20 hectares de jardins, avec une chute qui pourrait être utilisée pour une usine. Entre autres cultures spéciales, les colons cultivent, par hectares, les petits pois dont ils écoulent des cargaisons à Mostaganem ; les vignes, d'une puissance merveilleuse de végétation ; les mûriers, dont un colon, M. Sohn, a fait une belle plantation de 400 pieds ; le tabac, le coton, qui commencent à s'y naturaliser. Le voisinage de la plaine de l'Habra facilite la spéculation sur les fourrages et le commerce du bétail qui s'écoule sur Mostaganem ; on y élève beaucoup de volaille, dont une espèce, les canards, jouissent au loin d'un renom mérité. Un habitant fait avec profit des expéditions de tortues à Paris, en Belgique, en Angleterre. Dans la gêne des premières années, la population a imaginé de faire avec des figues douces, qui sont un des plus abondants produits du pays, avec de l'orge, des caroubes, des figues de Barbarie, une boisson économique devenue populaire dans le pays. La situation, très-dure à l'origine, commence à s'améliorer ; le travail parvient à dissiper la gêne ; les préventions contre le terrain s'effacent ; l'avenir s'annonce prospère. — Dans le voisinage d'Aboukir, on doit visiter une belle grotte remarquable par ses stalactites.

STATISTIQUE OFFICIELLE (1851). — *Constructions :* 86 maisons bâties par l'État, auxquelles les colons ont ajouté 2 greniers, 22 hangars, 20 écuries, 6 étables, 57 gourbis, 2 puits. — *Bétail* (distribué) : 6 chevaux, 51 bœufs, 29 chèvres, 43 truies, 3 verrats. — *Matériel agricole* (distribué) : 79 charrues, 40 herses, 45 bêches, 79 pelles, 79 pioches, 36 voitures bouvières, 3 tombereaux, 8 brouettes. — *Plantations :* 2,766 arbres. — *Concessions :* 600 hectares. — *Défrichement :* 273 hectares. — *Récoltes* (1852) : sur 333 hect. cultivés en grains, 120 hectol. de blé tendre, 735 de blé dur, 1,600 d'orge, 18 de seigle, 10 de maïs, d'une valeur totale de 16,146 fr.

### Vallée-des-Jardins.

A 8 kil. 1/2 E. de Mostaganem, après un plateau calcaire qui appartient à la commune de Mostaganem, se développe une vaste étendue de terrain légèrement ondulé, jadis couverte de jardins et de plantations que la guerre a détruites presque entièrement, mais qui renaissent sous les mains laborieuses des Européens et des Arabes. Les exploitations formant un corps unique de ferme, intelligente combinaison qui est partout un principe de prospérité agricole, y sont munies de norias qui favorisent toutes les cultures industrielles, maraîchères et arborescentes. On distingue, à droite de la route d'Oran à Mascara qui la traverse dans toute sa longueur, les fermes du kaïd des Flittas, chef indigène qui apprécie le confortable de la civilisation, celle de M. Vincent Yvas, la ferme ou plutôt la maison de plaisance princière du khalifa de la Mina, Sidi-Laribi, autre indigène rallié aux Français, depuis le début de la guerre, par sa haine contre Abd-el-Kader et son goût pour les spéculations; celle de M. Migette, près du village des Libérés; à gauche de la route, la ferme de M. Grayard. La Vallée-des-Jardins, autrefois couverte d'une population nombreuse, de plantations et de cultures, de villes et de villages, célèbre par sa fertilité, la beauté de ses sites, la douceur de son ciel, tend tous les jours à redevenir une des parties les plus florissantes de l'Algérie. — Sur la route de Mostaganem à Mascara s'embranche un chemin de ceinture qui part du village des Libérés, et traverse la vallée, mettant en communication un grand nombre de fermes créées sur ses bords. Prolongé jusqu'à Rivoli, il sera une véritable artère agricole pour toute cette contrée.

STATISTIQUE OFFICIELLE (1851). — *Récoltes* (1852) : sur 870 hect. cultivés en grains, 2,640 hectol. de blé tendre, 1,021 de blé dur, 5,594 d'orge, 99 de seigle, 660 de maïs, 144 de fèves, d'une valeur totale de 126,683 fr.

## Les Libérés.

Village créé en 1846, à 80 kil. d'Oran, à 4 kil. de Mostaganem, à l'extrémité E. de la Vallée-des-Jardins dont il est une annexe, vis-à-vis Rivoli, à cheval sur la route de Tounin. Terre rouge mêlée de sable particulièrement favorable à l'arboriculture : aussi le territoire est-il couvert de belles plantations de vignes et d'oliviers qui ont parfaitement réussi; dans un prochain avenir les colons pourront se livrer avec avantage à la production de la soie. Fondé au début pour recevoir des militaires libérés, de qui il tire son nom équivoque et mal sonnant, ce village a vu sa population primitive dispersée et remplacée par des colons civils qui, après bien des souffrances, se relèvent et ne doutent plus de leur prochaine prospérité. Bien que les céréales soient le fond de leur spéculation, les cultures industrielles commencent à paraître : un colon a créé une nopalerie dans la partie la plus proche de la Vallée-des-Jardins.

STATISTIQUE OFFICIELLE (1851). — *Constructions :* 21 maisons valant 39,000 fr., 23 hangars, 43 écuries et étables, 9 puits et norias d'une valeur totale de 26,200 fr. — *Bétail :* 35 chevaux, 12 mulets, 10 ânes, 70 bœufs, 30 vaches, 50 chèvres, 200 moutons, 25 porcs. — *Matériel agricole :* 50 charrues, 25 voitures, 5 tombereaux. — *Plantations :* 11,000 arbres. — *Concessions :* 382 hect. — *Défrichement :* 380 hect.

## Tounin.

Colonie agricole de 1848, à 8 kil. S.-E. de Mostaganem, à 84 kil. d'Oran, sur la route de Mostaganem au Chélif par Bel-Assel, tête de la route projetée de Mostaganem à Alger, première étape des voyageurs, première station télégraphique dans cette direction. L'eau des puits, assez abondante pour alimenter une belle fontaine, supplée au défaut d'eau courante, en attendant que l'on puisse amener dans le village l'eau d'une source voisine très-abondante. Les céréales se font remarquer par un rendement exceptionnel, sans exclure les cultures industrielles ; de jolies plantations publiques embellissent le village. Un colon a même établi un petit Tivoli, à l'instar de Mostaganem, lequel est une des curiosités du lieu. Une briqueterie marque la naissance de l'industrie. Le voisinage de la zone du Chélif procure à Tounin, comme aux autres villages des environs, les mêmes avantages pour les fourrages, l'élève et le commerce du bétail. Dans la période du régime militaire,

Tounin était le chef-lieu d'une circonscription qui comprenait Karouba et Aïn-Boudinar.

Statistique officielle (1851). — *Constructions* : 51 maisons bâties par l'Etat, auxquelles les colons ont ajouté 22 hangars, 7 écuries, 12 étables, 40 gourbis, 14 puits. — *Bétail* (distribué) : 2 mulets, 57 bœufs, 2 vaches, 17 chèvres, 17 moutons. — *Matériel agricole* (distribué) : 44 charrues, 25 herses, 34 bêches, 49 pelles, 51 pioches, 22 voitures bouvières, 1 tombereau, 508 objets divers. — *Plantations* : 2,132 arbres. — *Concessions* : 414 hectares. — *Défrichement* : 198 hect. — *Récoltes* (1852) : sur 257 hectares 56 ares cultivés en grains, 1,228 hectolitres de blé tendre, 188 de blé dur, 1,725 d'orge, 716 de seigle, d'une valeur totale de 42,012 fr.

### Karouba.

Colonie agricole de 1848, à 4 kil. E. de Mostaganem, à 80 kil. d'Oran, en face de la mer. Territoire sablonneux, de médiocre qualité, plus propre au seigle qu'au froment, mal doté en eau. Les colons ont de la peine à vaincre les conditions matérielles. La compagnie des planteurs militaires a travaillé, en 1853, à reboiser les dunes de Karouba. On met en état la route qui relie ce village à Mostaganem.

Statistique officielle (1851). — *Constructions* : 7 maisons bâties par l'Etat, auxquelles les colons ont ajouté 5 hangars, 9 étables, 1 puits. — *Bétail* (distribué) : 1 mulet, 10 bœufs, 2 vaches, 10 chèvres, 10 moutons, 8 truies. — *Matériel agricole* (distribué) : 9 charrues, 9 herses, 9 bêches, 10 pelles, 9 pioches, 5 voitures bouvières, 1 tombereau. — *Plantations* : 558 arbres. — *Concessions* : 110 hectares. — *Défrichement* : 81 hectares. — *Récoltes* (852) : sur 71 hect. 25 ares cultivés en grains, 211 hectol. de blé tendre, 630 d'orge, 57 de seigle, d'une valeur totale de 8,285 fr.

---

### C. — LE CHÉLIF.

Dans le bas Chélif qui baigne la province d'Oran, s'élèvent un petit nombre de villages. Le cours de la Mina et du Riou, ses deux principaux affluents de gauche, sont surveillés, le premier par le poste de Bel-Assel, et le second par celui de Ammi-Moussa.

La population s'y répartit ainsi :

| Localités. | Maisons. | Ménages. | Européens. | Indigènes. | Total |
|---|---|---|---|---|---|
| Aïn-Boudinar. | » | 32 | 127 | » | 127 |
| Pont-du-Chélif. | » | 22 | 62 | » | 62 |
| Aïn-Tédelès. | » | 100 | 352 | » | 352 |
| Souk-el-Mitou. | » | 66 | 202 | » | 202 |
| Bel-Assel. | » | 11 | 3 | 1 | 4 |
| Ammi-Moussa. | » | » | 23 | 10 | » |
| | » | 213 | 769 | 11 | 747 |

### Aïn-Boudinar

Colonie agricole de 1849, à 12 kil. de Mostaganem, à 88 kil. d'Oran, sur une colline qui domine la route du Chélif. Terre substantielle quoique sablonneuse, propre aux céréales, au seigle particulièrement, et aux pommes de terre. Les cultures couvrent presque tous les plateaux à 3 kil. de distance. Les travaux destinés à l'arrosage des jardins sont terminés, et ceux-ci s'en ressentent. Les arbres prospèrent ; une vaste plantation établie au N.-O. de l'enceinte abritera le village contre les vents. Les vignes, plantées sur les pentes, qui au nord font face au village, sont en très-bonne voie. La route déjà ouverte de Boudinar à Tounin se perfectionne : elle est, dans tout son parcours, bordée par les cultures soit du premier, soit du second de ces centres.

STATISTIQUE OFFICIELLE. —(Manque.)

### Pont-du-Chélif.

Colonie agricole commencée avec les fonds de 1848, et exécutée avec ceux de 1849 ; à 20 kil. E. de Mostaganem, au bord et sur la rive droite du Chélif, tire son nom du pont dit aussi d'Orléans, qui avait été construit sous les Turcs par 4,000 Espagnols captifs, et fut rebâti par les Français pendant les années 1846, 1847 et 1848. Ce pont, construit tout entier en maçonnerie sur une longueur de 76 mètres entre les culées, a coûté 403,110 fr. Les tribus du voisinage ont contribué, par des dons volontaires, pour un quart de cette somme. Les maisons, affectées en 1852 aux transportés politiques, sont encore vides d'habitants ; on se propose de les peupler d'Arabes. C'est au Pont-du-Chélif que les savants croient avoir retrouvé les traces du *Quiza municipium*.

STATISTIQUE OFFICIELLE. —(Manque.)

### Aïn-Tédelès.

Colonie agricole de 1848, à 20 kil. E. de Mostaganem, à 96 kil. d'Oran, sur la route de Mostaganem au Chélif, sur un plateau qui descend en pente douce vers le fleuve. Terres fortes et substantielles quoique sablonneuses, s'étendant jusqu'au bord du Chélif, où elles se couvrent de prairies sur une largeur de 1,000 mètres. Une source abondante baigne un ravin, incliné vers la vallée, renommé par sa fertilité et la facilité de son irrigation, ce qui n'a pas empêché les colons d'y creuser des puits. Le village est bâti et entretenu avec plus de luxe que ses pareils ; ses larges et belles rues sont bordées de trottoirs; les arbres entourés de fascines ; une pépinière publique créée dans le ravin donne une première idée de la puissance de la végétation africaine, qui n'est pas moins remarquable dans une pépinière privée, créée par un colon en vue de la spéculation commerciale. La vigne est l'objet de soins particuliers que justifie la vigueur de ses pousses. Les jardins, peuplés de tous les arbres fruitiers d'Europe et d'Afrique, sont déjà la source de profits : avec les figues, quand les chaleurs ne permettent pas le transport sur les routes, les colons font des conserves fort estimées, pratique familière, du reste, à toutes les colonies de la subdivision. Le commerce local s'alimente dans un marché arabe très-fréquenté ; il s'engage aussi volontiers dans la spéculation sur les foins du Chélif. Favorisée par un concours rare d'heureuses circonstances, dont elle a su tirer parti par le travail, la population d'Aïn-Tédelès a conquis l'aisance et atteindra un jour la fortune, dès que la route qui relie ce centre, d'une part à Tounin et Mostaganem, de l'autre au Chélif, sera entièrement exécutée. On espère qu'un barrage projeté sur le Chélif accroîtra encore la puissance productive de la plaine et la richesse de la colonie. L'importance d'Aïn-Tédelès en avait fait, sous le régime militaire, le chef-lieu d'une circonscription qui comprenait Souk-el-Mitou et le Pont-du-Chélif.

Statistique officielle (1851). — *Constructions :* 103 maisons bâties par l'État, auxquelles les colons ont ajouté 3 greniers, 39 hangars, 22 écuries, 27 étables, 14 gourbis, 58 puits. — *Bétail* (distribué) : 3 mulets, 105 bœufs, 29 chèvres, 44 truies. — *Matériel agricole* (distribué) : 107 charrues, 53 herses, 39 bêches, 107 pelles, 112 pioches, 53 voitures bouvières, 1 tombereau, 900 objets divers. — *Plantations :* 57,070 arbres. — *Concessions :* 819 hectares. — *Défrichement :* 604 hectares. — *Récoltes* (1852) : sur 851 hectares cultivés en grains, 480 hectolitres de blé tendre, 1,436 de blé dur, 400 d'orge, 744 de seigle, 28 de maïs, d'une valeur totale de 28,960 fr.

### Souk-el-Mitou.

Colonie agricole de 1848, à 24 kil. de Mostaganem, à 100 kil. d'Oran, sur les collines qui se terminent en face du Chélif, vers lequel on descend par un magnifique ravin, qui est un des sites les plus remarquables de la contrée. La source abondante qui s'échappe à larges flots des flancs du rocher met en mouvement un moulin à eau à deux tournants, et forme de superbes cascades; les eaux conduites à travers tout le ravin arrosent une multitude de jardins aussi pittoresques que fertiles; entre les fruits de toute espèce qui s'y cueillent, les pêches sont renommées par leur volume et leur délicatesse. Les terres y sont comme à Aïn-Tédelès, propres à toutes les cultures; celles de luxe tendent à y prédominer; les fleurs même sont l'objet de lucratives spéculutions. Deux pépinières, l'une publique, l'autre privée, alimentent de nombreuses plantations, parmi lesquelles se distinguent les mûriers. L'administration s'occupe de convertir en prairies un vaste marais situé dans la partie inférieure du village, pour procurer aux colons des foins abondants, ce qui leur permettra de se livrer avec profit à l'élève et à l'engraissement du bétail. Pour couronner cet ensemble de favorables conditions, on travaille à terminer la route qui relie Souk-el-Mitou à Mostaganem. La légende ainsi que les ruines d'un fort, en arrière duquel s'élève le village, accusent une antique origine, romaine sans doute : sous les Turcs, ce poste devait son importance à un marché très-fréquenté qui n'a pas cessé d'être, sous les Français, le rendez-vous des Arabes du Chélif. Aussi est-ce à juste titre que cette colonie est citée comme la reine des créations agricoles de 1848 dans la province d'Oran, digne d'être visitée par tous ceux qui veulent voir l'alliance de la nature africaine dans toute son opulente splendeur avec l'industrie civilisée.

Statistique officielle (1854). — *Constructions :* 94 maisons bâties par l'Etat, auxquelles les colons ont ajouté 2 greniers, 7 hangars, 22 écuries, 10 étables, 49 gourbis, 5 puits. — *Bétail* (distribué) : 1 cheval, 104 bœufs, 37 chèvres, 29 truies, 12 verrats. — *Matériel agricole* (distribué) : 83 charrues, 42 herses, 84 bêches, 84 pelles, 84 pioches, 43 voitures bouvières. — *Plantations :* 18,700 arbres. — *Concessions :* 786 hectares. — *Défrichement :* 615 hectares. — *Récoltes* (1852) : sur 665 hectares cultivés en grains, 840 hectolitres de blé tendre, 675 de blé dur, 2,893 d'orge, 224 de seigle, d'une valeur totale de 19,714 fr.

### Bel-Assel (Sidi-bel-Hacel).

Casernement et magasins de subsistances, occupé par une petite garnison et trois à quatre civils; dans la fertile et large vallée de la Mina, à 120 kil. d'Oran. La Mina se traverse sur un pont-aqueduc de 35 mètres de long, commencé le 5 novembre 1852 et fini le 10 décembre par des ouvriers militaires avec une dépense de 28,725 fr. 60 c. Ce poste, aujourd'hui des plus modestes, est appelé à un grand avenir par le développement de la colonisation dans ces riches plaines que doit traverser le chemin de fer d'Oran à Alger. Le barrage de la Mina ajoute à la vertu naturelle des terres la puissance vivifiante des eaux. Il ne faut que des routes à cette contrée pour rivaliser avec les plus renommées de l'Algérie.

### Ammi-Moussa.

Chef-lieu de cercle, poste-magasin établi au cœur du pays des Flittas, dans la vallée de l'Oued-Riou, affluent de la rive gauche du Chélif, pour surveiller le pâté montagneux et jadis indiscipliné de l'Ouersenis. Son isolement semble éloigner pour quelque temps encore tout projet de colonisation. Sa fonction reste purement militaire.

---

### E. — LES PLAINES BASSES.

En revenant des vallées de la Mina et de l'Hillil, affluent du Chélif, vers l'ouest, on traverse la plaine du Cairat, vaste cirque de 63 lieues carrées de surface qui comprend les plaines de l'Habra et du Sig, arrosées par ces deux rivières, et celle de la Macta, formée par leur réunion. Celles-là sont séparées par les collines et les bois de Moulei-Ismaël de la plaine du Tlélat, qui, en se prolongeant vers l'ouest, aboutit à la plaine de Mélata. La plaine de l'Habra ne possède aucun établissement européen ; mais le long de cette rivière, dans la montagne où elle porte encore le nom de l'Oued-el-Hammam, se bâtit un village qui se rattache à Mascara et par suite à la région des moyens plateaux. La plaine du Sig possède la commune de Saint-Denis du Sig avec la section de l'Union agricole ; la plaine du Tlélat, divers établissements dont le principal porte ce nom ; la plaine de Mélata, la ferme-modèle d'Arbal. La population s'y répartit ainsi qu'il suit :

| Localités. | Maisons. | Ménages. | Européens. | Indigènes. | Total. |
|---|---|---|---|---|---|
| Saint-Denis-du-Sig.. | » | 227 | 735 | 58 | 793 |
| L'Union agric. et fermes. | » | 63 | 162 | » | 162 |
| Tiélat. . . . . . . . | » | 31 | 138 | » | 138 |
| Arbal. . . . . . . . | » | » | » | » | » |
| | » | 321 | 1,035 | 58 | 1,093 |

### Saint-Denis du Sig (le Sig).

Centre de population, à 52 kil. d'Oran, sur la route de Mascara à droite du Sig. Créé par arrêté du 20 juin 1845, ce centre a traversé les plus rudes épreuves, défrichements difficiles, miasmes de la Macta, eau mauvaise, fièvres opiniâtres, sécheresse, choléra, usure, défaut de communications, préventions fâcheuses; il n'a dû son salut qu'au labeur opiniâtre de ses habitants, pleins de foi dans la qualité supérieure de leurs terres et la puissance vivifiante des eaux du Sig. Au débouché de ce cours d'eau (la Mékera de Sidi-bel-Abbès) dans la plaine à 3 kil. du bourg, un barrage de 42 mèt. 76 cent. de long sur 9 mèt. 20 de haut, le plus important ouvrage de ce genre dans toute l'Algérie, retient et élève ses eaux, qui, par des canaux latéraux de 30 kil. de développement, se répandant à droite et à gauche dans la vaste plaine du Sig, arrosent 3,200 hectares en hiver, 800 en été. Le débit journalier du Sig est estimé à 4 mètres cubes 800 mill. par minute dans les plus fortes sécheresses. Un règlement officiel, arrêté en 1853, règle la répartition des eaux, principe de toute la richesse de cette localité. Toutes les cultures y prospèrent à merveille : fourrages, céréales, maïs, légumes, tabacs, cotons, mûriers, arbres de toutes les essences, vignes. Les Arabes du voisinage, Tallaït et autres, y concourent à tous les travaux et vivent dans la meilleure intelligence avec les colons, qui leur confient les céréales, se réservant les cultures industrielles. Celles-ci y prennent le plus rapide développement : en 1853, on a cultivé 250 à 260 hectares de tabac, 20 hect. de coton, et fait plusieurs éducations de vers à soie et une de cochenille. On y compte trois pépinières, celle du génie, celle de M. Sévignon, celle de M. Capmas, au Bois-Sacré ; sans compter celle de l'Union agricole. Nulle part les arbres ne poussent avec plus de vigueur, comme on peut en juger par les beaux peupliers et mûriers des plantations publiques et privées. Situé à peu près à mi-chemin d'Oran à Mascara, lié avec ces deux villes par une belle route, achevée sur beaucoup de parties, rendez-vous hebdomadaire de 7 à 8,000 Arabes qui tiennent marché tous les dimanches sous ses murs, étape forcée des voyageurs, des diligences, du roulage, des troupes, le Sig a une importance commerciale égale à son importance agricole : il devient de jour en jour le premier lieu de transit, le principal entrepôt intérieur de la province dont il occupe le cœur. Enfin l'industrie s'est mise en mesure d'utiliser les chutes d'eau, réservées sur le trajet des canaux, par des moulins à blé qui feront un jour de la minoterie une des principales sources de richesse de cette contrée. Par l'ensemble de ses caractères, le Sig rappelle Boufarik, et des juges compétents estiment même les terres de ses plaines supérieures à celles de la Métidja. Le chemin de fer d'Oran à Alger, qui traversera son territoire, complétera l'analogie. Dans la campagne, on visite avec intérêt la ferme de MM. Capmas et Ligney, près du Bois-Sacré, honorés en 1852 du prix de l'intelligence agricole ; celle de M. Gleizes, sur la route d'Oran.

STATISTIQUE OFFICIELLE (1) (1851). — *Constructions :* 166 mai-

---

(1) La statistique de l'Union agricole ne paraît pas comprise dans les chiffres qui suivent, sauf pour l'étendue du territoire et les cultures.

sons valant 299,000 fr., 4 hangars, 125 écuries et étables, 10 gourbis et silos, 1 puits, d'une valeur totale de 12,920 fr. — *Bétail* : 150 chevaux, 65 mulets, 55 ânes, ? bœufs, 15 vaches, 110 chèvres, 55 moutons, 655 porcs. — *Matériel agricole* : 154 charrues, 60 voitures, 15 tombereaux. — *Plantations* : 17,650 arbres. — *Concessions* : 8,411 hectares 37 ares. — *Défrichement* : 1,485 hectares. — *Cultures* : 2,365 hect. en froment, 2,570 en orge, 25 en maïs, 8 en pommes de terre, 4 en fèves, 24 en légumes divers, 9 prairies artificielles, 65 en tabac, 9 en cultures diverses, 55 en vignes; total, 5,314 hect. — Deux moulins construits (Vidal et Tardieu, Perrin et Holl), un troisième en construction (Merlin), un quatrième concédé (Renard et Denantes).

### Union agricole d'Afrique.

A 3 kil. de Saint-Denis, à 55 kil. d'Oran, section communale qui se compose d'une seule grande exploitation, appartenant à une compagnie d'actionnaires, à qui une ordonnance du 8 novembre 1846 concéda une étendue de 3,059 hectares, dans le but d'y essayer, non pas un phalanstère, comme on s'est obstiné à le répéter, malgré les dénégations persistantes des chefs, mais l'association du capital et du travail dans la propriété et dans les bénéfices. L'histoire de cet établissement se compose de deux périodes. La première, depuis sa fondation en 1846 par le capitaine d'artillerie Gautier jusqu'en mai 1851 : dans cette période, on poursuivit avec persévérance, sans pouvoir cependant le réaliser que sur une très-petite échelle, le principe de l'institution ; la seconde, depuis mai 1851 jusqu'à ce jour, où la pratique du salariat pur et simple et du colonage partiaire a pris le dessus. A la première période appartiennent tous les grands travaux qui ont mis l'Union Agricole à un des premiers rangs dans la colonisation algérienne : de vastes bâtiments d'exploitation, le défrichement de 400 hectares, la création d'une grande pépinière privée, de nombreuses et belles plantations, la culture en grand du tabac et du coton, les premières éducations sérieuses de vers à soie, la construction d'un moulin à eau à deux tournants, qui a été le premier et reste jusqu'à ce jour le plus prospère de la plaine; celle d'une briqueterie et tuilerie; le ralliement aux travaux agricoles de l'élément arabe, vivant dans un intime rapprochement avec l'élément européen; la publication d'un bulletin mensuel de colonisation; des comptes-rendus périodiques avec justifications détaillées de comptabilité agricole. La seconde période a continué une partie seulement des traditions de la première, en y apportant un élément nouveau : le concours plus soutenu des notabilités de la province. Elle n'a pu cependant préserver la Société, d'une transaction avec l'Etat pour obtenir par le sacrifice de 1,267 hectares le titre définitif des 1,792 restants, faute d'exécution dans les délais voulus de toutes les conditions de l'ordonnance de concession.

Des personnes mal informées ont cru et dit souvent que si l'Union n'avait pas entièrement réalisé les espérances attachées à sa fondation, la faute en était : 1° à son principe vicieux; 2° à l'inexpérience agricole de ses chefs; 3° à la division du pouvoir entre un directeur et un administrateur. Autant d'erreurs. Le principe de l'association du capital et du travail a pleinement justifié sa supériorité; seul il a donné aux chefs et à quelques ouvriers d'élite la force de résister à toutes les dures épreuves des premiers temps, la fièvre, la sécheresse, le choléra, le déficit chronique d'argent; et le seul regret, qui ait paru légitime, c'est qu'il n'ait pas été possible, faute des conditions morales et pécuniaires voulues, d'intéresser tous les coopérateurs dans la propriété et les bénéfices de l'entreprise. — L'inexpérience agricole a été réelle, mais ce n'est pas le défaut de *pratique* qui a beaucoup nui, c'est le défaut du sens de la *spéculation agricole*, et ce sens a manqué autant aux directeurs civils qu'aux directeurs militaires, quoique ceux-là fussent plus familiers avec la routine agricole : la nullité de leur résultats, bien que la période de premier établissement et d'apprentissage fût passée, l'a amplement prouvé. La faute agricole commise à l'Union, comme dans toute l'Algérie, a été de se lancer avec des capitaux insuffisants dans les cultures arborescentes et industrielles, au lieu d'asseoir sur les fourrages, les bestiaux et les fumiers une première et solide base financière d'opérations. — Et quant au concours d'un directeur et d'un administrateur, à un degré inégal du reste, dans le gouvernement de cette colonie agricole, leur parfait accord, pendant les trois années qu'a duré ce système, a prouvé que cette division du travail n'impliquait aucunement la division du pouvoir et du commandement ; en même temps que les difficultés de la marche avant cette combinaison, et le déclin rapide de la situation, dès qu'un directeur a été chargé seul de ce lourd fardeau et livré à ses seules inspirations, ont prouvé qu'à la tête des grandes entreprises de l'agriculture, ce n'était pas trop, comme on l'a reconnu pour celles de l'industrie, du concours de deux intelligences et de deux fonctions convergeant en une seule volonté. Les causes du demi-succès de l'Union Agricole sont tout autres. Ce sont : 1° la difficulté même de l'œuvre : une grande création agricole sur 3,000 hectares d'étendue, en un pays complétement inconnu, dans des conditions de sécurité, de viabilité, d'administration et de personnel extrêmement imparfaites au début, est un très-difficile problème, et c'est déjà un grand honneur et un grand mérite que de n'avoir pas succombé à la tâche ; 2° l'insuffisance des ressources : la crise financière qui suivit la révolution de 1848 coupa court à la souscription du capital social qui jusque-là se couvrait rapidement, et qui atteignit à peine la moitié du million jugé nécessaire ; cette moitié n'a même été que partiellement payée et avec des lenteurs et des difficultés inouïes, qui ont constamment entravé tous les plans de la direction ; 3° cette répugnance à payer avait, outre la gêne pécuniaire ou le mauvais vouloir, un prétexte très-sérieux dans le danger d'éviction par l'État, le titre de la propriété n'étant que provisoire, et subordonné à l'exécution de conditions à peu près impossibles : les assurances données par la haute administration de la guerre ne détruisant pas l'effet d'une menace écrite dans l'ordonnance, et qui s'est réalisée, quoique d'une manière bienveillante pour l'Union ; 4° un concours d'accidents graves : les fièvres en permanence qui n'ont pas épargné un seul habitant de l'Union ; trois années de choléra, tellement violent qu'en 1850 sur 120 ouvriers, j'en ai vu tomber 37 autour de moi de septembre à décembre ; trois années de sécheresse qui ont frappé toute la province d'Oran, des incendies, des grêles, des ouragans qui ont détruit partie de ses récoltes ; 5° il faut ajouter qu'avec 400 actionnaires, trop sympathiques à l'œuvre pour ne pas intervenir activement dans son administration, avec un personnel d'employés et d'ouvriers qui n'étaient pas toujours la fleur de l'émigration, l'expérience a prouvé que le principe de liberté devait céder au principe d'autorité, la bienveillance du caractère aux nécessités de l'ordre. Résister à de pareilles épreuves, et survivre avec honneur, avec de grands et beaux travaux exécutés, est déjà fort méritoire. Aujourd'hui que les temps sont devenus meilleurs pour tous, que la terre du Sig a acquis un renom incontesté d'aptitude aux cultures industrielles, que le climat et le régime des eaux sont améliorés, qu'une belle route relie à Oran et Mascara, le succès devient des plus faciles avec une loyale et intelligente direction. Les directeurs de l'Union ont été successivement : les capitaines d'artillerie Gautier, Garnier et Blondel, à qui ont succédé des directeurs civils. J'ai rempli pendant trois ans (de 1847 à 1850), sous les deux premiers, les fonctions d'administrateur.

## Le Tlélat.

Le nom officiel de Sainte-Barbe n'a pu prévaloir contre le nom arabe du Tlélat, consacré par l'unanimité des Européens et des indigènes. Village qui s'élève le long du cours d'eau de ce nom, à l'extrémité d'une grande et fertile plaine. Commencé dès 1846 par le choix spontané d'un colon (Bonnemazon) et successivement développé, grâce à son heureuse position à mi-chemin de la route d'Oran au Sig, le Tlélat n'a pas encore reçu de constitution officielle. Seulement la commune de Sainte-Barbe a été adjugée en 1847 à un capitaliste français, M. Adam, qui en a concédé une partie et a fondé sur le restant un grand établissement agricole. Depuis 1851, des travaux considérables ont été effectués par le génie pour le dessèchement de la plaine du Tlélat, ce qui amènera l'assainissement de 8,000 hectares, lorsque les travaux seront terminés. Un barrage sur le Tlélat a procuré l'irrigation des jardins. De son côté, le service des ponts et chaussées a terminé la route d'Oran jusqu'au village; il ne reste que le pont à établir pour assurer à ce poste agricole autant que routier et commercial une rapide prospérité. D'après les études faites pour l'établissement des chemins de fer dans la province, on doit établir au Tlélat la gare centrale, où viendraient se réunir les lignes arrivant de toutes les directions : le Sig et Mascara, Arzew et Mostaganem, Sidi-bel-Abbès et Tlemcen.

L'établissement agricole du Tlélat, à M. Adam, est confié à la direction de M. Sohn, auteur de l'*Atlas agricole de l'Algérie*, ouvrage qui a été honoré des récompenses les plus éminentes de l'ex-comice agricole de Mostaganem, de l'Académie nationale et de la Société centrale d'agriculture.

STATISTIQUE OFFICIELLE. Comprise dans la banlieue militaire d'Oran.

### Arbal.

Vaste ferme, sur la lisière de la plaine de Melata, auprès des montagnes qui séparent le bassin de la Sebkha du bassin de la Mékera, concédée par ordonn. du 25 novembre 1846 à M. Dupré de Saint-Maur avec 040 hectares, auxquels un décret du 11 octobre 1852 en a ajouté 412. Un décret du 31 décembre 1851 a honoré cette exploitation du titre de ferme-modèle. Si quelquefois l'exactitude de cette qualification a été contestée, personne du moins ne dénie à M. de Saint-Maur le titre de colon-modèle. Il n'a reculé devant aucun sacrifice, aucune expérience pour faire d'Arbal une école de tout genre de cultures pour la province. Bâtiments d'habitation et d'exploitation, vastes silos, jardins, plantations, cultures céréales, cultures industrielles, de coton surtout, beaux troupeaux améliorés des espèces ovine, bovine et porcine; moulin à vent : tels sont les principaux caractères de cette entreprise qui honore en même temps que le propriétaire, M. de Saint-Maur, le directeur des travaux, M. Héricart de Thury. La province regrette que le fruit de tant d'expériences ne soit pas livré à la publicité, comme semble y engager le titre de *Ferme-Modèle*.

---

### 2. — PLATEAUX DU TELL.

Cette zone, qui se développe entre les basses plaines et la ligne des hautes montagnes, comprend trois régions de l'est à l'ouest, celle de Mascara, de Sidi-bel-Abbès et de Tlemcen, toutes les trois abordées par la colonisation. C'est désormais dans cette zone que se portera l'intensité du mouvement colonisateur; car elle est bien plus favorisée que le littoral pour la fertilité de terres et l'abondance des eaux, plus que les plaines basses pour la salubrité du climat. Elle possède en bois des ressources qui manquent aux deux autres régions. Les routes seules lui font défaut, mais leur exécution est une œuvre plus facile que la réforme des conditions naturelles, poursuivie ailleurs.

| Cercle | Localités. | Maisons. | Ménages. | Européens. | Israélites. | Pop. tot. |
|---|---|---|---|---|---|---|
| Mascara | Mascara.. | 284 | 402 | 8,881 | 4,009 | 6,000 |
| | Saint-André.. | 51 | 46 | 151 | • | 158 |
| | Saint-Hippolyte. | • | 7 | 33 | • | 33 |
| | Ben-Yaklef.. | • | 3 | 11 | • | 11 |
| Sidi-bel-Abbès | Sidi-bel-Abbès.. | • | 405 | 1,411 | 393 | 1,804 |
| | Fermes environnantes... | • | 202 | 766 | • | 766 |
| Tlemcen | Tlemcen.. | 472 | 744 | 2,333 | 10,502 | 12,835 |
| | Brêa.. | 44 | 45 | 165 | • | 165 |
| | Hannaya.. | 52 | 53 | 151 | • | 151 |
| | Mansoura.. | 20 | 20 | 104 | • | 104 |
| | Négrier. | 31 | 31 | 104 | • | 104 |
| | Saf-Saf.. | 20 | 20 | 68 | • | 68 |
| | Pont de l'Isser. | • | 3 | 12 | • | 12 |
| | Ouled-Mimoun. | • | 3 | 12 | • | 12 |
| | | 980 | 2,000 | 7,199 | 15,504 | 22,703 |

## Mascara.

Chef-lieu de la 4ᵉ subdivision, à 96 kil. S.-E. d'Oran, à 71 de Mostaganem, sur le versant sud des collines qui ferment au nord la plaine d'Eghris, sur deux mamelons séparés par un ravin où l'eau coule en tout temps. La place se compose de cinq parties distinctes, qui sont : — Sur le mamelon à l'est : 1° la ville même de Mascara ; 2° le faubourg de Baba-Ali au nord de la ville ; 3° le faubourg d'Aïn-Beïda au sud ; 4° un petit faubourg à l'est. — Sur le mamelon à l'ouest, le faubourg d'Arkoub-Ismaïl. Des eaux très-belles circulent dans de nombreux canaux et arrosent tous les points de la ville ; elles proviennent d'une source abondante et qui ne tarit pas l'été, située à près de 8,000 mètres de la ville, et qui, à

2,000 mètres environ, traverse le grand ravin. Le climat y est d'une salubrité exceptionnelle. Mascara était la patrie et la capitale d'Abd-el-Kader, qui en avait fait le boulevart de sa puissance. Après une première occupation en 1836, stérile en résultats, car elle fut suivie de l'évacuation immédiate, l'armée française occupa définitivement Mascara le 30 mai 1841, et dès lors toute la force de cette position militaire au cœur des tribus arabes tourna au profit des conquérants, qui en firent leur base d'opérations. Au moment de l'entrée des troupes, tous les habitants avaient émigré, et la ville était couverte de ruines; les maisons furent relevées, restaurées, remplacées. Une ville presque entièrement européenne succéda à la ville arabe, et les industries civilisées ne tardèrent pas à s'installer à portée de la nombreuse garnison de Mascara. Fondé sur les priviléges de la nature plus encore que sur des rassemblements temporaires de soldats, cet essor s'est avec le temps développé et consolidé; de la ville il a rayonné dans les campagnes, a fécondé par la culture un territoire par lui-même des plus fertiles. Passant aux mains des colons, les fermes que créa l'armée ont grandi en importance ; les belles plantations, les vignes opulentes, les bois d'oliviers ont attiré les soins des nouveaux maîtres ; une vaste pépinière est devenue pour toute la contrée une école d'instruction et une source d'approvisionnement en arbres de toutes les essences. Sur le cours d'eau qui baigne la ville, se sont élevés des moulins à farine, des moulins à huile, utilisant toute la force motrice que laisse libre l'irrigation de cultures maraîchères très-florissantes. Des briqueteries, des brasseries ont signalé les tendances industrielles de la localité. Diverses mesures administratives consacrent le rôle éminent dont Mascara, résidence du bey de la province, était en possession, pendant que les Espagnols occupaient Oran, et l'ont érigé en chef-lieu de subdivision et de commissariat civil.

Pour atteindre le niveau de prospérité que lui promettent ses avantages naturels, il ne manque à Mascara que des routes complétement terminées qui lui rendent plus faciles les abords de Mostaganem, d'Arzew et d'Oran, et d'autres qui le relient à l'intérieur avec Tiaret, Saïda, Sidi-bel-Abbès. Avec des communications et des transports faciles, et déjà ils sont bien supérieurs à ce que nous les avons trouvés, Mascara deviendrait l'entrepôt de toute la vaste région du sud-est de la province d'Oran. — Les vins, déjà renommés de Mascara, ne tarderaient pas à devenir une branche très-importante de revenu.

STATISTIQUE OFFICIELLE du district (1851).—Sur 333 hect. cultivés en grains, 1,872 hectol. de blé dur, 3,363 d'orge, d'une valeur totale de 35,539 fr.

ANNEXES. A Mascara se rattachent les villages de Saint-André et de Saint-Hippolyte, ainsi que plusieurs fermes. Les bourgades arabes d'El-Bordj, Kalanth, Thouent offrent quelque intérêt, mais surtout Cachrou, berceau de l'émir, isolé au sein de la plus riche nature.

### Saint-André-de-Mascara.

Village commencé en 1847, définitivement constitué par décret du 22 janvier 1850, à 2 kil. O. de Mascara, avec qui il communique par une belle route carrossable. Son territoire, dont une portion s'étend dans la fertile plaine d'Eghris, est abondamment arrosé par les cours d'eau de l'Aïn-Zoudman et de l'Arcibin. De bonnes conditions de salubrité et de viabilité assurent la prospérité de ce centre ; elles s'annoncent par de belles cultures et de nombreuses et verdoyantes plantations.

STATISTIQUE OFFICIELLE (1852). — *Récoltes* : sur 522 hect. 50 ares cultivés en grains, 785 hectolitres de blé tendre, 2,939 de blé dur, 3,829 d'orge, 5 de maïs, 8 de fèves, d'une valeur totale de 65,834 fr.

### Saint-Hippolyte.

Petit centre à 3 kil. O. de Mascara, à 99 kil. d'Oran; créé en 1847, définitivement constitué par décret du 22 janvier 1850, en même temps que Saint-André. Les quelques colons de Saint-Hippolyte, presque tous anciens soldats, s'occupent de céréales et quelque peu de jardinage, le long du petit cours d'eau que forme une source à proximité, et que le génie militaire a approprié aux besoins de la localité par quelques travaux exécutés en 1851. La position de ce centre se régularise et sa prospérité s'affermit.

Statistique officielle (1851). — *Constructions :* 14 maisons valant 12,000 fr., 14 gourbis et silos valant 300 fr. — *Bétail :* 4 chevaux, 2 mulets, 6 ânes, 18 bœufs, 20 vaches, 30 chèvres, 60 moutons, 12 porcs. — *Matériel agricole :* 14 charrues, 4 voitures, 6 tombereaux. — *Plantations :* 2,500 arbres. — *Concessions :* 169 hect. 17 ares 60 cent. — *Défrichement :* 114 hect. — *Cultures* (1852) : 60 hect. en froment, 47 en orge, 4 en pommes de terre, 1 en fèves, 2 en légumes divers ; total, 114 hectares.

### Oued-el-Hammam.

Village à 20 kil. N.-O. de Mascara sur la route de cette ville, entre cette ville et Saint-Denis du Sig, créé par décret du 19 novembre 1851, pour 54 familles dotées de 700 hectares. Des fonds ont été alloués, les travaux commencés, quelques demandes adressées, quelques maisons bâties. Le génie étudie les moyens d'utiliser le cours de l'Hammam pour l'irrigation d'une partie du territoire compris dans le lotissement affecté à ce nouveau centre, qui sera ainsi dans de bonnes conditions. La chute d'eau résultant du barrage sera utilisée pour l'établissement d'un moulin, premier et indispensable instrument de toute culture des céréales. Le village avait été précédé par une auberge située auprès du pont en bois sur lequel on traverse la rivière Hammam (Habra).

## Sidi-bel-Abbès.

Chef-lieu de la 3ᵉ subdivision militaire, à 82 kil. S. d'Oran; ville entièrement européenne, dont le rapide développement atteste la puissance d'attraction des localités bien situées pour la colonisation. Dès 1843, une redoute y était construite pour servir de dépôt d'approvisionnement sur la route de Tlemcen à Mascara. Attirés par la faible garnison qui gardait ce poste, quelques débitants accoururent, formèrent un premier noyau de village et de population. En 1848, les constructions prirent un caractère important. En 1849, le gouvernement, prenant en considération la position centrale de Sidi-bel-Abbès, à égale distance d'Oran, de Mascara, de Tlemcen, à mi-chemin du littoral au Sahara, dans un pays abandonné par la puissante tribu des Beni-Amer, sur un territoire fertile, baigné par de nombreux cours d'eau, entouré de bois, décréta, par arrêté du 5 janvier 1849, la création d'une ville qui serait le chef-lieu de la 3ᵉ subdivision. Comme fonction militaire, Sidi-bel-Abbès couvre la plaine d'Oran, surveille l'ouest et le sud de la province, bouche une des trouées par lesquelles l'insurrection s'est propagée en 1845 jusqu'aux portes d'Oran. Comme fonction civile, c'est le centre de la colonisation du vaste bassin de la Mékera, l'entrepôt commercial de tous les villages qui ne tarderont pas à le couvrir, en s'étendant vers Oran, Mascara, Tlemcen et Daïa; dans l'avenir un des principaux marchés d'approvisionnement de l'exportation pour les ports de Mostaganem, Arzew, Oran. Conformément à cette double destination, la ville, bâtie sur les plans du commandant du génie Prudhon, qui a eu la satisfaction de présider jusqu'à ce jour à tous ses développements, est partagée en deux quartiers entièrement distincts. Le quartier militaire, où l'on remarque, parmi tout un système de vastes et beaux établissements, le bâtiment des silos pour conserver les grains; le quartier civil, qui s'est peuplé comme par enchantement de grandes et belles maisons qui forment déjà une ville importante. Quatre portes, orientées sur les quatre points cardinaux de l'horizon, ouvrent sur les routes, malheureusement encore bien imparfaites, sauf la première, d'Oran, de Daïa, de Tlemcen et de Mascara. De larges rues, bordées d'arbres, constamment arrosées par l'eau des fontaines qui décorent les places, coupées à angles droits, rappellent le système des villes neuves de France. De loin, Sidi-bel-Abbès semble perdu dans une forêt de verdure; ce sont les plantations qui ombragent les rues, les boulevarts, les routes; le lit de la rivière, les jardins et les villas des habitants : tout respire le travail, l'aisance, la foi dans un avenir de richesse. Au pied des murs de la ville, au sud, l'ancienne ferme militaire de la légion étrangère est devenue, sous la direction du capitaine Doze, une précieuse pépinière et un parc qui serait admiré en France même. — Le sol, très-fertile, n'est pas aussi embarrassé qu'ailleurs de palmiers-nains; dans les terrains encore incultes, l'on aperçoit à peine quelques broussailles, faciles à extirper. Aussi l'agriculture, parfaitement secondée par 5,000 mètres de canaux d'irrigation, dérivé de la Mékera, par un sous-sol qui, à quelques mètres de profondeur, donne partout de l'eau en abondance et de très-bonne qualité, a-t-elle fait des progrès surprenants en peu d'années. Les habitants, qui chassaient, il y a quatre à cinq ans à peine, la bécassine dans le marais sur lequel s'est élevé Sidi-bel-Abbès, et l'hyène, le chacal, la gazelle, le sanglier, le lion même dans les fourrés des alentours, ont de la peine à reconnaître la situation primitive des lieux. Le commerce de détail, dont l'action éminemment colonisatrice est trop souvent méconnue, peut revendiquer une bonne partie de ces rapides progrès; il en a recueilli les bénéfices en s'y associent. L'industrie a déjà fondé un moulin (Jaclot et Vivès), qui est là, comme partout, une des pierres de l'édifice colonisateur. Par le concours de toutes ces forces, l'atmosphère elle-même a été transformée comme le sol; la situation sanitaire, au début assez mauvaise, s'est rapidement améliorée, et rivalise aujourd'hui avec les meilleures de la province. Sous l'empire de toutes ces heureuses conditions, Sidi-bel-Abbès est appelé, mieux encore que Blida dans le centre, à devenir la capitale militaire et civile de l'ouest: les plans de la cité ont été conçus en vue de cette haute destinée, officiellement annoncée dès 1847; aussi est-ce vers ce point qu'affluent aujourd'hui de préférence les capitaux et les bras, et l'État l'a-t-il doté d'une banlieue de 16,000 hectares. La province tout entière gagnerait à voir son centre de gravité, de domination et de colonisation, fixé d'abord sur le littoral par les nécessités de la guerre, reporté plus avant dans l'intérieur, ce que permet la sécurité complète et désormais assurée du Tell tout entier. La pacification elle-même en serait consolidée.

Statistique officielle (1851). — *Constructions*: 34 maisons valant 63,000 fr., 3 hangars, 4 écuries et étables, 54 gourbis et silos, 11 puits et norias, d'une valeur totale de 8,290 fr. — *Bétail*: 20 chevaux, 6 mulets, 40 ânes, 23 bœufs, 10 vaches, 150 chèvres, 25 moutons, 72 porcs. — *Matériel agricole*: 22 charrues, 6 voitures, 3 tombereaux. — *Plantations*: 30,000 arbres. — *Concessions*: 731 hectares. — *Défrichement*: 343 hectares. — *Récoltes* de la subdivision (1852) : sur 923 hectares cultivés en grains, 310 hectolitres de blé tendre, 650 de blé dur, 9,500 d'orge, d'une valeur totale de 123,080 fr.

### Sidi-Lahssen.

Centre naissant de population, situé près de la Mékera (Sig supérieur), sur la route conduisant à Tlemcen, dans une situation saine. Les terres sont de qualité passable, l'eau est donnée par un puits, malheureusement un peu profond. Pour réussir, il faudrait une bonne pompe dans le puits, une prise d'eau qui permit aux colons de faire un peu de jardinage, et quelques centaines de francs pour l'entretien. A ces conditions, ce village pourrait se soutenir et même prospérer. Il n'a pas encore d'existence légale.

STATISTIQUE OFFICIELLE (1851). — *Constructions* : 6 maisons valant 4,800 fr., 1 gourbi, 1 puits, d'une valeur totale de 4,280 fr. — *Bétail* : 7 chevaux, 1 mulet, 3 ânes, 18 bœufs, 4 vaches, 10 chèvres, 7 moutons, 17 porcs. — *Matériel agricole* : 13 charrues, 4 voitures, 2 tombereaux. — *Plantations* : 660 arbres. — *Concessions* : 388 hectares 46 ares. — *Défrichement* : 85 hectares. — *Cultures* : 50 hectares en froment, 80 en orge, 1 en pommes de terre, 1 en légumes divers; total, 132 hectares.

### Freuda.

Dès la fin de 1849, la première maison du village de Freuda était commencée : le lieu n'avait pu, en 1852, réunir que trois colons. Il est situé au-dessus du Sarno, dont l'eau, quand il y en a, est saumâtre ou peut-être plus malfaisante encore, d'après le renom qu'elle a d'altérer les eaux de la Mékera, salubres en amont et suspectes à partir de ce point. Quoique placé sur le vent du Sarno, ce village en reçoit les miasmes, ce qui rend sa position malsaine; il est d'ailleurs aussi éloigné du bois que de la bonne eau. Mais, là comme en bien d'autres points, pour réhabiliter le site, entouré de terres fertiles, il suffirait sans doute de quelques travaux d'assainissement, qui profiteraient au cours du Sarno et à celui bien plus important de la Mékera (Sig).

STATISTIQUE OFFICIELLE (1851). — *Constructions* : 3 maisons valant 20,900 fr., 1 hangar, 3 écuries et étables, 2 gourbis et silos, 5 puits et norias, d'une valeur totale de 1,280 fr. — *Bétail* : 6 chevaux, 2 ânes, 6 bœufs, 2 vaches, 8 chèvres. — *Matériel agricole* : 9 charrues, 2 tombereaux. — *Plantations* : 800 arbres. — *Concessions* : 256 hectares 52 ares. — *Défrichement* : 83 hectares. — *Cultures* : 60 hect. en froment, 47 en orge, 4 en pommes de terre, 1 en fèves, 2 en légumes divers; total, 114 hect.

## Sidi-Brahim.

Village nouveau, commencé en 1851, bien plus tard que Frenda et Sidi-Lahssen; se trouve dans de bien meilleures conditions de vitalité. Placé sur le nouveau tracé de la route d'Oran, dominant la vallée qui porte son nom, il est entouré de terres fertiles, arrosées par d'anciens barrages arabes, qu'on laisse fonctionner jusqu'à ce qu'on puisse régulariser la prise d'eau. Il ne manque à ce village qu'un puits et des terres plus étendues, pour devenir un des plus jolis points de la province d'Oran. Des fermes considérables y sont déjà installées, parmi lesquelles on cite celles de MM. Lacretelle, Didier, Bleuze, qui ont obtenu de très-abondants produits de la dernière récolte.

STATISTIQUE OFFICIELLE (1851). — *Constructions :* 6 maisons valant 22,500 fr., 1 hangar, 1 écurie ou étable, 1 gourbi, 2 puits, d'une valeur totale de 4,610 fr. — *Bétail :* 2 chevaux, 3 mulets, 5 ânes, 19 bœufs, 3 vaches, 25 chèvres, 6 moutons, 34 porcs. — *Matériel agricole :* 18 charrues, 2 voitures, 1 tombereau. — *Plantations :* 1,500 arbres. — *Concessions :* 388 hectares 46 ares. — *Défrichement :* 6 hectares. — *Cultures :* 1 hect. 50 ares en froment, 320 en orge, 1 en maïs, 50 ares en fèves, 4 en tabac; total, 327 hect.

## Les Trembles, — les Lauriers-Roses, — Ouled-Ali.

Stations des voyageurs sur la route de Sidi-bel-Abbès au Tlélat, marquées par des auberges, appelées à devenir, avec les cultures que provoquent partout les besoins du commerce, des centres de colonisation. Aux Ouled-Ali, un moulin, ressort puissant des cultures, a été construit sur un courant qui verse ses eaux dans la Mékera. Aux Trembles, un beau pont a été jeté sur la Mékera.

## Tlemcén.

Chef-lieu de la 5e subdivision militaire, et d'un commissariat civil, dans une position des plus heureuses; sur un plateau uni, légèrement incliné vers le nord, et adossé contre la montagne de Lalla-Seti, rameau du Tlemi, élevé de 1,335 mètres, qui est lui-même un appendice du plateau supérieur du Nador, d'une altitude de 1,529 mètres, d'où l'œil découvre la ville d'Oran. Son altitude propre est de 725 mètres. Séparé d'Oran par une distance de 116 kil., Tlemcen n'est qu'à 48 kil. de la mer, du côté de l'embouchure de la Tafna; aussi ses vœux comme ses souvenirs et ses regards se portent-ils vers ce point de l'horizon; c'est en effet le golfe de Rachgoun, et non Oran, qui est le port naturel et historique de tout le bassin de la Tafna, dont Tlemcen occupe un des sommets. Comme fonction militaire, Tlemcen, placé à proximité des frontières du Maroc, qu'il surveille, est la position la plus importante et la plus forte de toute la province de l'ouest; Rome en avait fait sa colonie de *Pomaria* ou *Kala*, tête de la grande voie intérieure qui, de là, allait jusqu'à *Rusucurrus* (Dellis). Pendant tout le moyen-âge, Tlemcen joua un rôle souverain sous les dynasties arabes et berbères, fut pendant longtemps la capitale du royaume des Zianites, et réunit la réputation de la sainteté religieuse à celle de la puissance militaire. La tradition lui attribue, avec de merveilleuses richesses, une population de 100,000 âmes; sa grandeur et sa gloire sont attestées par les monuments qui survivent, quoique la plupart délabrés : ses sept enceintes, ses trente-deux mosquées, parmi lesquelles on distingue la grande mosquée et celle de Sidi-Brahim, ses forts, ses marabouts, ses bassins, ses conduites d'irrigation, ses barrages, ses aqueducs, ses portes, ses tours, ses restes de moulins, ses immenses cimetières, ses minarets. Après une première occupation, en 1835, par une garnison qui l'évacua en 1837 en vertu du traité de la Tafna, Tlemcen fut de nouveau et définitivement occupé en janvier 1842. Les Français ont transformé la vieille cité arabe en une ville à demi-européenne, où de belles rues, de larges places, des plantations, des fontaines, des égouts, signalent l'action éclairée de la civilisation. La ville se divise en trois quartiers principaux : 1° le *quartier des Koulouglis*, qui renferme le Méchouar, ancienne citadelle restaurée, où sont réunis la plupart des établissements militaires ; 2° le *quartier du Centre*, quartier du commerce, principalement occupé par les Européens et les Juifs ; 3° le *quartier des Hadars*, le plus curieux de tous pour le touriste, parce qu'il représente dans toute sa vérité la vieille ville arabe, avec ses industries locales, image fidèle des villes musulmanes de l'Afrique et de l'Orient. La banlieue de Tlemcen est peut-être la plus pittoresque et la plus riante de toute l'Algérie. A l'est de la ville se développe un fourré d'arbres magnifiques, qui a mérité d'être appelé le bois de Boulogne. La campagne presque tout entière développe un verdoyant tableau. La ville est entourée, en demi-cercle, d'une forêt d'oliviers séculaires, d'une vigueur prodigieuse. On estime que dans un rayon de 10 à 12 kil., on peut compter au moins 1,500,000 pieds d'oliviers, en grande partie arrosés deux fois la semaine. Toute la banlieue, partout arrosable, couverte d'arbres fruitiers, est soigneusement cultivée par les habitants, et produit tous les ans d'abondantes récoltes. Le jardinage, les fruits, les céréales, le tabac, l'huile surtout, bientôt la soie, sont les principaux produits de ce riche pays. Des moulins à huile, des moulins à farine, une pépinière officielle en sont les principaux établissements, dus à l'industrie européenne. Aux bénéfices de l'agriculture le commerce ajoute ses spéculations. Tlemcen est un des plus riches marchés intérieurs, où affluent notamment les laines et les grains des tribus environnantes, les marchandises que les caravanes apportent du Maroc ; de là ces produits sont dirigés sur le littoral et sur Oran pour l'exportation, par une route qui n'est malheureusement pas encore terminée, sur laquelle sont échelonnés des villages déjà constitués, et des auberges, villages naissants. Les routes à l'intérieur vers Sidi-bel-Abbès, Sebdou, Lalla-Maghnia, Rachgoun, sont encore plus imparfaites. Leur exécution suffirait à la prospérité de Tlemcen. Tlemcen a été doté d'une justice de paix, dédoublement du commissariat civil.

STATISTIQUE OFFICIELLE (1852). — *Récoltes* : sur 47 hectares cultivés en grains, 70 hectolitres de blé tendre, 172 de blé dur. 240 d'orge, d'une valeur totale de 4,246 fr. (Le territoire de Tlemcen est presque entièrement couvert de jardins et de vergers.)

ANNEXES. 5 villages : Mansoura, Hanaya, Bréa, Négrier, Seysaf. — Dans le voisinage, Sidi-Bou-Medine, village arabe, dont la résidence est interdite aux Français, célèbre par la belle mosquée qui renferme le tombeau du saint marabout qui a donné son nom au village, sur la route de l'aqueduc qui conduit à de magnifiques cascades que le voyageur doit aller visiter.

### Mansoura.

Centre de population à 2 kil. O. de Tlemcen, à 118 kil. d'Oran dans une immense enceinte de hautes murailles à l'abri d'une tour élevée, dont la tradition fait remonter la construction à Abi-Saïd, frère du sultan de Fez, qui, au 13ᵉ siècle, assiégea Tlemcen pendant sept ans et consacra les loisirs de ses troupes à cette œuvre monumentale. Des fouilles entreprises sur l'emplacement de la mosquée ruinée de Mansoura ont fait découvrir des colonnes et des chapiteaux en marbre, qui ont été déposées dans la mosquée de Sidi-el-Hassan, destinée à servir de musée, et qui est elle-même, par l'ornementation intérieure, un chef-d'œuvre de goût et de délicatesse.

STATISTIQUE OFFICIELLE (1851). — *Constructions* : 36 maisons valant 62,500 fr. 2 hangars, 25 écuries et étables, 3 gourbis et silos, d'une valeur totale de 21,045 fr. — *Bétail* : 17 chevaux, 3 mulets, 13 ânes, 5 bœufs, 3 vaches, 15 chèvres, 3 moutons, 46 porcs. — *Matériel agricole* : 34 charrues, 6 voitures, 5 tombereaux. — *Plantations* : 5,680 arbres. — *Conces-*

sions : 348 hectares 54 ares. — *Défrichement* : 43 hectares. — *Récoltes* (1852) : sur 242 hectares cultivés en grains, 1,087 hectolitres de blé tendre, 633 de blé dur, 462 d'orge, 120 de de maïs, 17 de fèves, d'une valeur totale de 25,186 fr.

### Hanaya (Hennaya).

Centre de population créé et délimité par arrêtés des 25 avril, 8 septembre et 21 novembre 1851, à 11 kil. N.-O. de Tlemcen, sur la route de Lalla-Maghrnia, de Nemours et de Rachgoun, au débouché principal de la vallée de la Tafna vers Tlemcen. Le territoire, sain, fertile, bien arrosé, se prête à tous les genres de culture. La plaine d'Hanaya est oblongue et d'une superficie de 60 à 70 kil. ; elle est beaucoup plus basse que la plaine de Tlemcen, dont elle est séparée par un pâté de petites éminences, bordé de deux petits cours d'eau.

STATISTIQUE OFFICIELLE (1851). — *Constructions* : 6 maisons valant 8,400 fr. — *Bétail* : 22 chevaux, 12 mulets, 3 ânes, 4 bœufs. — *Matériel agricole* : 6 charrues, 5 voitures, 8 tombereaux. — *Concessions* : 731 hectares. — *Défrichement* : 155 hect. 92 ares. — *Récoltes* (1852) : sur 171 hect. cultivés en grains, 67 hectol. de blé tendre, 836 de blé dur, 504 d'orge, 60 de maïs, 54 de fèves, d'une valeur totale de 11,396 fr.

### Bréa.

Le plus ancien des villages créés dans la subdivision de Tlemcen, à 4 kil. N. du chef-lieu, à 114 kil. d'Oran. En 1844, simple ferme de l'administration que l'on entoura depuis d'un mur de clôture, flanqué de tourelles ; on y construisit des hangars, des bassins d'irrigation, une abreuvoir et une pépinière. Ces premiers travaux, exécutés en 1844 et 1845, coûtèrent environ 31,000 fr. En 1847 et 1848, un village, qui prit, dans cette dernière année, le nom de *Bréa*, fut créé auprès de la ferme de l'administration, que l'on concéda au capitaine Safrané, ancien commandant du camp d'Aïn-Temouchen. Le centre fut légalement constitué par décret du 11 janvier 1849. 30 maisons furent construites par l'État, et 8, postérieurement à 1850, par des particuliers. Indépendamment des puits, plusieurs sources, amenées par une conduite de 600 mètres, donnent de l'eau pour les irrigations. Sur ce territoire fertile et accidenté, toutes les cultures prospèrent : l'olive donne lieu à une fabrication d'huile chez le capitaine Safrané. Ce village a conquis l'aisance à travers bien des épreuves, et n'attend que ses titres définitifs de propriété pour jouir en toute sécurité du fruit de ses travaux.

STATISTIQUE OFFICIELLE (1851). — *Constructions :* 51 maisons valant 82,854 fr., 6 hangars, 60 écuries et étables, 6 gourbis et silos, 1 puits ou noria, d'une valeur totale de 17,800 fr. — *Bétail :* 27 chevaux, 26 mulets, 7 ânes, 17 bœufs, 2 vaches, 102 chèvres, 128 moutons, 50 porcs. — *Matériel agricole :* 39 charrues, 15 voitures, 7 tombereaux. — *Plantations :* 8,451 arbres. — *Concessions :* 422 hect. — *Défrichement :* 10 hect. — *Récoltes* (1852) : sur 206 hectares cultivés en grains, 1,265 hectolitres de blé tendre, 408 de blé dur, 490 d'orge, 20 de maïs, d'une valeur totale de 23,299 fr.

### Négrier.

Village créé, à la même date que Bréa, à 4,260 mèt. de Tlemcen, à 110 kil. d'Oran, dans une position saine et productive. A 200 mètres environ du village coule une belle fontaine avec abreuvoir et lavoir. Les eaux de la Saf-Saf, retenues par un barrage, et plusieurs sources servent aux irrigations des jardins et des prairies. Négrier se développe rapidement, et sa prospérité future n'est plus douteuse.

STATISTIQUE OFFICIELLE (1851). — *Constructions :* 49 maisons d'une valeur de 103,730 fr., 10 hangars, 22 écuries et étables, 13 gourbis et silos, 1 puits et noria, d'une valeur totale de 11,900 fr. — *Bétail :* 17 chevaux, 15 mulets, 6 ânes, 45 bœufs, 11 vaches, 151 chèvres, 25 moutons, 30 porcs. — *Matériel agricole :* 59 charrues, 26 voitures, 5 tombereaux. — *Plantations :* 11,565 arbres. — *Concessions :* 415 hect. 22 ares. — *Défrichements :* 46 hect. — *Récoltes* (1852) : sur 126 hectares cultivés en grains, 1,371 hectolitres de blé tendre, 259 de blé dur, 675 d'orge, 101 de maïs, 17 de fèves, d'une valeur totale de 26,750 fr.

### Seyzaf (Saf-Saf supérieur).

Village créé, à 3 kil. 830 mèt. E. de Tlemcen, à 110 kil. d'Oran, par décret du 6 mai 1850. Dès 1851, l'installation était complète : l'Etat avait bâti 23 maisons, les particuliers avaient fait le reste. Les conditions sont très-bonnes pour la qualité des terres et les moyens d'irrigation. La population, qui s'est recrutée parmi d'anciens colons de Tlemcen, d'anciens militaires, est pourvue d'un matériel suffisant, et son avenir paraît assuré.

STATISTIQUE OFFICIELLE (1851). — *Constructions* : 38 maisons valant 72,640 fr., 6 hangars, 17 écuries et étables, 8 gourbis et silos, d'une valeur totale de 11,256 fr. — *Bétail* : 20 chevaux, 19 mulets, 11 ânes, 13 bœufs, 4 vaches, 9 chèvres, 45 moutons, 70 porcs. — *Matériel agricole* : 41 charrues, 7 voitures, 1 tombereau. — *Plantations* : 6,506 arbres. — *Concessions* : 415 hect. 96 ares. — *Défrichement* : 21 hect. — *Récoltes* (1852) : sur 105 hect. 50 ares cultivés en grains, 213 hectol. de blé tendre, 291 de blé dur, 350 d'orge, 100 de maïs, 119 de fèves, d'une valeur totale de 9,439 fr.

### Pont de l'Isser.

Au point où la route d'Oran à Tlemcen franchit l'Isser, un pont de bois, primitivement construit par les Français, ayant été brûlé par les Arabes, il a été remplacé par un beau pont en pierres, auprès duquel un groupe de cantiniers s'est installé, premier noyau de la colonisation dans cette contrée. A la fin de 1852, on y comptait une douzaine d'habitants. En deçà du pont de l'Isser, sur la route d'Oran, se trouve

### Aïn-Tebaïek.

Poste naissant où le génie a fait construire une jolie fontaine avec un abreuvoir. Ces travaux ont porté leurs fruits, car déjà des familles se sont établies sur ce point, attirées par l'excellente qualité des eaux. C'est près de ce point que le marbrier oranais Delmonte, en exploitant des carrières de marbre, a retrouvé celles d'albâtre (onyx translucide), dont on peut admirer à l'exposition algérienne à Paris de magnifiques échantillons.

### Ouled-Mimoun.

Localité située à l'E. de Tlemcen, sur la route encore informe qui mène de cette ville à Sidi-bel-Abbès. Elle est renommée par ses vastes et belles prairies qui fournissent de foin la cavalerie de Tlemcen, et par les ruines monumentales connues sous le nom de *Hadjar-Roum* (pierres romaines), où M. Mac-Carthy croit reconnaître la station de *Ad Rubras*. Le concessionnaire des prairies y a élevé une maison, bâti un moulin ; à la fin de 1852, on y comptait 12 habitants. Ce beau pays, presque inconnu aujourd'hui, deviendra, grâce au nombre et au volume des cours d'eau qui baignent son territoire, un des plus florissants de la province, lorsque de bonnes routes l'auront rendu plus accessible à la colonisation.

### Lalla-Maghrnia.

Avant-poste militaire, sur la frontière du Maroc, à deux lieues et en face de la petite ville marocaine d'Ouchda, à 52 kil. O. de Tlemcen, à 164 kil. d'Oran, créé en 1844, à l'occasion de la campagne contre l'empereur du Maroc qui se termina par la bataille d'Isly. Le sol est fertile et arrosable ; il offre d'abondantes ressources en bois de construction, chaux, pierres, tuiles et briques ; mais l'insalubrité de la plaine de Lalla-Maghrnia a dû jusqu'ici en éloigner la colonisation, qui ne comptait à la fin de 1852 que 71 personnes. Cette regrettable nécessité se modifiera par l'exécution des projets d'assainissement au moyen de la dérivation de l'Oued-Ouerdefou, dont les eaux se perdent sur un fonds perméable, et laissent sur un grand nombre de points des flaques pestilentielles. Le canal sera employé à des irrigations, et bordé de plantations qui auront elles-mêmes une action salutaire.

Sur la rive gauche du ruisseau, au pied du camp retranché, on visite avec intérêt une pépinière créée et dirigée par le génie militaire. Des inscriptions sur pierres, conservées dans l'enceinte du poste, constatent l'antique existence d'une station romaine (Sur, Sour), bon augure pour l'avenir de cette localité ; en même temps que la légende merveilleuse d'une sainte femme arabe qui lui donne son nom (Madame la Pure), poétise, dans l'esprit du voyageur, cette contrée d'un aspect sévère et monotone jusqu'à la tristesse.

---

### F. — LA LIGNE DE FAITE.

Elle comprend la ligne de montagnes qui sépare le Tell du Sahara dans toute la largeur de la province. Elle est armée d'avant-postes militaires qui défendent les principaux passages du Tell dans le Sahara, protègent les marchés qui servent aux échanges entre les habitants des deux régions, et coupent en deux la masse de ces populations, habituées à se prêter mutuellement refuge dans les cas d'insurrection.

En ce moment la population s'y répartit ainsi :

| Localités. | Maisons. | Ménages. | Europ. | Indigèn. | Pop. tot. |
|---|---|---|---|---|---|
| Sebdou. . . . | » | 6 | 42 | » | 42 |
| Daïa. . . . . | » | 5 | 35 | » | 35 |
| Saïda. . . . | » | 34 | 83 | 17 | 100 |
| Tiaret. . . . | » | 8 | 184 | 191 | 375 |
| | » | 53 | 344 | 208 | 552 |

### Sebdou.

Chef-lieu de cercle, avant-poste militaire occupé dès 1844, et bâti sur l'emplacement d'un ancien fort d'Abdel-Kader, à 37 kil. S. de Tlemcen, à 153 kil. d'Oran, à l'extrémité de notre ligne défensive du côté du Maroc, près de la limite des hauts plateaux. Quand les communications avec Tlemcen et le littoral seront plus faciles, et que des terres seront distribuées, la colonisation s'empressera de se porter sur le territoire de Sebdou, dont le climat (à 1,200 mèt. d'altitude, 400 mèt. au-dessus de Tlemcen), le sol, les eaux, les matériaux de construction, les vastes forêts invitent à créer des établissements agricoles. Un marché indigène important y attire déjà les Européens, pour l'achat des laines. Il s'y est vendu dans un seul mois plus de 2,000 moutons et 30,000 toisons.

## Daïa.

Chef-lieu de cercle, avant-poste militaire, occupé au commencement de 1845, pour remplir le vide entre Sebdou et Saïda. Il est situé à l'entrée des hauts plateaux, à 153 kil. d'Oran, à 71 kil. de Sidi-bel-Abbès; dans un pays boisé, fertile, arrosé par d'abondantes sources; sur un sol des plus favorables à la colonisation, dès que la route de Sidi-bel-Abbès en rendra l'abord facile, et que des terres seront livrées à la propriété privée. Malgré le caractère provisoire et peu facile de l'installation, la population civile, attirée par la présence de la garnison, y a exécuté quelques cultures. Les relations naturelles de Daïa sont avec Sidi-bel-Abbès.

## Saïda.

Chef-lieu de cercle, avant-poste militaire, à 176 kil. d'Oran, à 60 kil. S. de Mascara, occupé au commencement de 1844; situé auprès d'un établissement fondé par Abd-el-Kader, et ruiné dans la guerre. Son territoire présente toutes les ressources favorables à la colonisation; telles que pierres à bâtir, bois de construction, eaux abondantes, sol très-fertile. Aussi la situation du petit centre de population civile, qui s'est spontanément formé à l'abri du camp, est-elle prospère. La position, sur le passage des communications du Tell au Sahara, est propice aux échanges avec les caravanes du sud, que favorisent des marchés hebdomadaires très-fréquentés : en un seul mois il s'y est vendu plus de 80,000 toisons. L'achèvement de la route de Saïda à Oran et à Mascara sera le plus puissant encouragement que la colonisation puisse recevoir. Il faut tenir compte aussi des conduites exécutées pour appliquer à l'irrigation les eaux de l'Aïn-Sultan, qui se perdaient dans les marais.

STATISTIQUE OFFICIELLE (1852). — *Récoltes* : sur 262 hectares cultivés en grains, 1,620 hectol. de blé dur, 1,495 d'orge, d'une valeur totale de 37,902 fr. — Dès 1844 Saïda comptait 17 maisons d'une valeur de 26,000 fr.

## Tiaret.

Chef-lieu de cercle, avant-poste militaire, à 220 kil. d'Oran, à 124 kil. de Mascara, sur la ligne de crête du Tell, à proximité des hauts plateaux. Fondé en 1843, ce poste est demeuré jusqu'en 1849 une création exclusivement militaire, dans laquelle les soldats peuvent seuls être logés. Les habitants civils résidant à Tiaret composent une population flottante de 150 à 200 individus, partie ouvriers d'art employés par le génie, partie débitants de boissons, boulangers, bouchers, épiciers. Une dizaine de voituriers ont mis en valeur des terres situées autour du poste, bien que l'autorité n'en ait accordé que la possession provisoire. Le génie y a créé une pépinière. Le territoire invite à la colonisation. Le sol est fertile et arrosable; les ressources abondent en matériaux de construction. Il suffira d'y constituer la propriété et la viabilité pour attirer une population sédentaire. Un mur antique, sur lequel s'élève l'enceinte française, témoigne de la présence d'une station romaine sur ce point.

STATISTIQUE OFFICIELLE (1852). — *Récoltes :* sur 52 hect. cultivés en grains, 252 hectol. de blé tendre, 772 d'orge, d'une valeur totale de 4,352 fr.

## G. — LE PLATEAU CENTRAL.

Aucun établissement européen.

---

## H. — LES OASIS.

Une garnison française occupe Geryville (El-Biod), où l'inauguration du drapeau français a été célébré le 21 mai 1853. Des reconnaissances militaires ont été poussées sur divers points du pays des Ouled-Sidi-Cheick, des négociants y ont même fait quelques excursions : mais aucun établissement agricole n'y a été installé. La présence de la garnison ne manquera pas d'y attirer des cantiniers, qui bientôt, là comme partout, se transformeront en spéculateurs, en jardiniers, en cultivateurs, en propriétaires.

En avril 1847, le général Cavaignac, à la tête d'une colonne, avait déjà visité les oasis de Asla, Thiout, Aïn-Seufra, S'fissifa, Moghar-Tahtania, et Moghar-Foukania, mais sans y laisser aucune installation.

# SIXIÈME PARTIE.

## NOTICES.

### CULTURE DU COTON EN ALGÉRIE.

La notice suivante est l'analyse des divers documents sur la culture du coton, publiés en vue surtout de l'Algérie. Nous les avons étudiés à l'aide des observations qu'il nous a été donné de faire à l'Union du Sig, où le coton, après avoir, de 1846 à 1850, occupé seulement un carré de jardin, a été ensemencé en 1850 sur un hectare d'étendue avec un plein succès. Pour ceux qui voudraient remonter aux sources, voici la liste des publications.

**Bibliographie.**

Exposé complet de la culture du coton aux Antilles, par M. Pelouse père, 1838.

Documents relatifs à la culture du cotonnier et aux procédés de récolte de coton, publiés par le ministère de la guerre, 1842.

Instruction sur la culture du coton en Algérie, par M. Hardy, 1850.

Dans le Recueil d'instructions à l'usage des colons, 1851, reproduction du travail précédent, avec notice sur l'essai de géorgie longue-soie fait en 1850 à la pépinière centrale.

Annales de la colonisation algérienne. Nombreux documents statistiques et agricoles, parmi lesquels on doit distinguer les articles de M. Seabrock sur la culture du coton dans la Géorgie et la Caroline du sud, les rapports de MM. Cox et Feray, filateurs, sur les cotons d'Algérie, et surtout les instructions de M. Hardy, dans son Bulletin mensuel d'agriculture pratique.

Bulletin de l'Union agricole du Sig, 1849-1850, par MM. Garnier et Duval.

Dans l'*Akbar*, extraits par M. Berbrugger des chapitres du *Traité d'agriculture* d'Ebn-el-Aoun, Maure espagnol du 12e siècle (nos des 12 et 19 avril 1853).

Documents officiels. — Rapport de M. de Choiseul, consul français à Charles-Town ; de M. Fort-Rouen, consul français en Grèce.

Tableaux de la situation des établissements français en Algérie. — Comptes-rendus des cultures de la colonie et des jugements portés par les chambres de commerce de France, disséminés dans la collection.

Divers articles de l'*Akbar* et de l'*Echo d'Oran*.

### Climature.

Le cotonnier est originaire des régions chaudes du globe ; en beaucoup de lieux, sa culture s'associe au café, au cacao, à l'indigo, à la canne à sucre. S'il a pu végéter dans le midi de la France, comme on l'a vu en 1807, à suite d'essais faits par ordre du gouvernement impérial, il n'y a pu donner naissance à la spéculation ; l'Espagne méridionale, Malte, la Grèce sont, au nord de l'Afrique, ses limites extrêmes, et encore ses qualités industrielles n'y sont-elles pas de premier ordre. De ces faits on doit conclure que si l'été de l'Algérie convient au cotonnier (dont la culture y est du reste une renaissance arabe plutôt qu'une création nouvelle), à raison du voisinage de la limite qui se traduit en influences atmosphériques, l'action de la nature doit être aidée par un choix habile des saisons, des expositions, des procédés de culture. Avec du laisser-aller, on obtiendra encore du coton, mais son prix commercial ne couvrira pas les frais.

On ne peut se guider avec une confiance absolue sur les pratiques de la Géorgie et de la Caroline du sud, en Amérique, bien que l'on y cultive la variété qui mérite la préférence en Algérie, le *géorgie longue-soie* (*sea-island*, île de la mer). Les saisons vont à peu près de pair dans les deux contrées, mais l'hiver est sensiblement plus froid dans cette partie de l'Amérique qu'en Algérie. Les étés, dans les deux pays, semblent donner la même somme de chaleur, quoique dans le sud des Etats-Unis, les gelées blanches se fassent sentir dès la fin de septembre, et que, en décembre, la gelée pénètre quelquefois jusqu'à deux pouces dans le sol, et arrête momentanément toute végétation, ce qui revient à dire que l'été est plus chaud et moins long dans ces contrées qu'en Algérie. Mais c'est sous le rapport hygrométrique que ces deux climats diffèrent d'une manière essentielle. Les étés, dans la Géorgie et la Caroline du sud, joignent à une haute température une humidité ambiante considérable. Dans les mois les plus chauds, en juillet et en août, il tombe de fortes pluies accompagnées d'orages, qui entretiennent la terre humide et maintiennent la végétation dans une sorte de bain de vapeur. La vie végétale se trouve ainsi placée sous l'influence d'un milieu des plus favorables ; elle s'y développe et s'y étale avec un luxe, une vigueur, une rapidité dont on peut difficilement se faire une idée en Europe.

De ces différences climatologiques découlent des différences de pratique agricole que nous signalerons.

Outre une haute température, l'expérience universelle paraît établir que le cotonnier demande un climat salin, ce qui lui rend précieux le voisinage de la mer, si nuisible à la plupart des plantes. On considère aux Antilles cette espèce de vapeur marine, que les Anglais nomment le *spray*, comme le véritable excitant de la production cotonnière. A défaut de cet arrosement imperceptible et continuel, quoique la plante pousse et fleurisse bien, ses fruits ne nouent pas, et s'il en réussit quelques-uns, la plupart ne mûrissent pas; ils tombent avant que la capsule soit assez gonflée pour que la bourre de coton s'en échappe et puisse s'en détacher. L'Algérie développant sur le rivage de la Méditerranée 250 lieues de côte, est au mieux située pour recevoir sur ses cotonniers cette imprégnation des effluves marines. Deux circonstances doivent même étendre dans une plus grande profondeur qu'en Amérique la zone de terre soumise à ces influences: la première, est la brise de mer, qui souffle pendant tout l'été, et qui est due à la raréfaction de la colonne atmosphérique sur le parcours du grand désert et sous l'équateur; la seconde, est l'inclinaison du versant méditerranéen de l'Algérie, qui sous le nom de Tell, présente ses flancs au courant de la brise marine jusqu'à la ligne de faîte. Enfin, le caractère salin des terres compensera peut-être la distance de la mer. Du moins on a déjà récolté du coton à Boghar et à Biskara. Et du reste, même dans la Géorgie, on récolte du *sea-island* à 48 kil. du littoral.

Quant à l'altitude, il est constaté que le cotonnier a réussi en Algérie à 800 mètres au-dessus du niveau de la mer.

## Sol.

Au rapport de certains écrivains, cette plante, dans toutes ses variétés, affectionne et exige un terrain sec et sablonneux. Le cotonnier prospère, assure-t-on, sur les monts rocailleux de l'Indostan, de l'Afrique et sur les collines sèches des Antilles. Là où le sol sera trop maigre pour produire aucune espèce de récolte, on en pourra obtenir d'abondantes en coton. Aux États-Unis, les terrains silicio-calcaires, réputés les plus mauvais pour presque toutes les autres cultures, passent pour les mieux appropriés et les plus favorables à celles du cotonnier *sea-island*. A Sainte-Lucie, M. Pelouze a vu des produits immenses récoltés sur un sol aride, avec deux pouces au plus de terre végétale. En Grèce, dans les îles de l'Archipel, en Syrie, le cotonnier s'accommode des terrains les plus secs. Le meilleur coton de la Grèce croît dans un schiste micacé très-aride. En Algérie, le coton louisiane semé en 1853 sur les flancs de la montagne qui domine la pépinière centrale, s'est couvert de capsules, donnant une sole très-fournie, et les plantes ont atteint une hauteur de 30 à 50 centimètres, bien que le terrain soit très-sec et très-maigre.

Mais il n'est pas établi par moins de témoignages authentiques, soit en Amérique, soit en Algérie, que le cotonnier prospère dans une terre substantielle, riche en humus, qui soit compacte sans cesser d'être perméable et friable, ni trop légère, ni trop forte, notamment dans les argilo-calcaires qui forment la majorité de la croûte arable en Algérie. En Amérique, après avoir été longtemps réservé aux terres chaudes et élevées des îles, le coton a été essayé sur les terrains marécageux de la Caroline du sud, composés d'une épaisse et riche couche végétale, et à la condition d'élever les cultures sur des billons en relief, on s'en est bien trouvé. En Algérie, les terres substantielles des plaines argilo-calcaires de la Métidja se sont montrées aussi favorables que les terres légères du Sahel.

A travers cette apparente contradiction, plusieurs points semblent néanmoins bien établis.

1º L'humidité stagnante est mortelle au coton. Ainsi les terres glaiseuses, celles où l'eau séjourne sans écoulement, doivent être rejetées sans hésitation.

2º Le sable, qui, en divisant la terre, facilite l'action des racines, est éminemment favorable. Par conséquent, les terres fortes ne doivent pas être rejetées pourvu qu'elles aient une proportion de sable. Il paraît même que sans inconvénient cette proportion pourrait aller jusqu'au tiers.

3º Le sel (chlorure de sodium), soit du sable, soit de la terre, est aussi précieux que celui qui nage dans l'atmosphère. L'Algérie, si riche en terres salines, soit dans les plaines basses, soit sur les hauts plateaux, est donc particulièrement favorisée. Cette circonstance permettra probablement de cultiver la plante à une distance quelconque de la mer, sur les terrains qui possèdent cette propriété. On la reconnaît aux efflorescences salines, au voisinage de daïa, chotts, sebkha, lacs salés; à la présence de plantes salines, la soude, le pourpier marin (*atriplex halymus*), etc. Un autre signe confirme les précédents : c'est quand les animaux ruminants, si friands de sel en Europe, le dédaignent; ce qui arrive lorsque les herbages en sont naturellement imprégnés, phénomène général, et peut-être même universel en Algérie. Cependant l'excès de sel est nuisible, on l'a reconnu en Amérique. Là on donne la préférence aux terrains qui s'étendent au contact des eaux douces et des eaux salées.

4º Le sol doit être profond, condition capitale. Les racines du cotonnier pivotant à 50 cent. de profondeur, c'est le minimum qui convienne. Les exemples contraires dans les Antilles ou l'Archipel, s'expliquent par l'humidité saline atmosphérique qui stimule vivement la plante par les feuilles. En Algérie on doit demander davantage au sol ; d'ailleurs, la sécheresse, qui est inconnue dans ces contrées, serait chez nous mortelle à la plante dont les racines traceraient à la surface de la terre au lieu de s'enfoncer profondément.

### Localités algériennes.

D'après ces données, il est facile de déterminer les stations algériennes qui semblent prédestinées au coton. Elles ont été énumérées dans un mémoire de la Compagnie qui en demandait le monopole à concurrence de 400,000 hectares. C'était de l'est à l'ouest, à peu près tout le bas pays.

*Dans la province de Constantine :* banlieue de Bône, rive de la Seibouse, bassin du lac de Fezzara, ligne de Bône à Guelma, et de Guelma à Constantine, ligne de Philippeville à Constantine, de Bougie à Djigelli.

*Dans la province d'Alger :* depuis l'Isser jusqu'à Cherchell, c'est-à-dire tout le Sahel et toute la Métidja, la route de Cherchell à Miliana, de Miliana à Orléansville, d'Orléansville à Tenez, la banlieue de Tenez.

*Dans la province d'Oran :* les rives du Chélif, la banlieue de Mostaganem, les marais de la Macta, le bassin de l'Habra, les plaines du Sig, du Tlélat et de Mélata, la route de Mostaganem à Arzew, la route d'Oran à Aïn-Temouchen, la route de Tlemcem à Rachgoun.

Il faut y joindre la plaine de Nedroma, couverte de coton du temps de Léon l'Africain.

En un mot, toutes les bonnes terres du Tell inférieur, à l'exposition des vents de mer.

On a quelquefois recommandé pour cette destination le territoire entre Oran et Mostaganem, sur lequel sont installées les nombreuses colonies agricoles de 1848 et 1849. Pour ne rien compromettre, il conviendra de se tenir en garde contre les terres, et elles sont en très-grand nombre, où la roche calcaire constitue le sous-sol à quelques centimètres de profondeur. C'est l'obstacle qui nuit en ces endroits à la culture du blé bien plus que le voisinage de la mer. Ce dernier avantage ne rachèterait pas pour le coton l'inconvénient d'un sol arable sans profondeur.

Il faudra du reste beaucoup expérimenter, mais en petit, pour acquérir la science sans trop de dommage.

### Espèces et variétés.

Le cotonnier appartient à la famille des malvacées, dont plusieurs genres, les mauves, les hibiscus, les lavatera surtout, croissent avec une grande vigueur sur les terres les plus sèches de l'Algérie, signe de bon augure en faveur de leur congénère. On classe les cotonniers d'après leur consistance, arborescente ou herbacée, assez mauvais caractère, au moins en botanique.

Les cotonniers *en arbres* ont été cultivés en grand dans la régence d'Alger : en 1834, on en voyait encore à Mostaganem des sujets vigoureux qui survivaient à un long abandon. Soit lenteur de production, soit sensibilité au simple refroidissement de température pendant l'hiver, cette espèce ou variété n'est guère cultivée pour la spéculation : on y renonce de plus en plus.

Dans les cotonniers herbacés, on distingue les *courtes-soies* des *longues-soies*. Parmi les variétés introduites en Algérie, le louisiane, le nankin, le castellamare, appartenaient aux courtes-soies. On y a provisoirement renoncé, vu les bas prix de ce coton. Les indigènes le produiront peut-être avec avantage, et les colons eux-mêmes quand l'abondance des bras aura fait baisser le prix de la main-d'œuvre.

Reste la classe des cotons *longue-soie*, à laquelle appartiennent le jumel d'Égypte et le géorgie longue-soie (sea-island), objet de nombreux essais comparatifs qui ont établi en faveur de ce dernier un avantage tellement marqué qu'il est exclusivement recommandé pour les vastes plantations projetées en vue de la campagne 1854. Le jumel et le géorgie longue-soie se ressemblent par les tiges, les feuilles, les fleurs et les graines ; mais les filaments du dernier sont plus longs, plus fins, plus soyeux, plus nerveux ; du reste il mûrit de bonne heure, fournit d'abondantes récoltes, moindres pourtant que les espèces courte-soie, et donne les produits les plus précieux pour l'industrie. En compensation il demande des soins plus attentifs qu'aucune autre variété.

Les colons ne doivent pas hésiter à cultiver exclusivement le géorgie longue-soie, puisqu'il est le seul que l'administration paie à un haut prix, justifié par une haute valeur commerciale.

### Cultures préparatoires.

*Labours.* — On en donnera autant qu'en demandera le parfait ameublissement du sol ; il en faut d'ordinaire trois au moins. La terre sera d'autant mieux imprégnée des fluides atmosphériques que ces labours seront donnés à plus long intervalle. Le mieux serait de donner le premier au printemps ou dans l'été précédents, le second à l'entrée de l'hiver, le troisième au printemps, à l'approche de l'ensemencement. Mais il est rare que les ressources de la ferme en matériel, en bestiaux, en personnel, en loisirs se prêtent à une prévoyance d'aussi longue date. En donnant les trois labours, de l'automne au printemps, on pourra arriver à temps, mais on fera moins bien.

Les labours peuvent se faire à la charrue ou à la houe. En Amérique on préfère ce dernier instrument, peut-être parce que la main-d'œuvre esclave est moins chère. La charrue est plus expéditive et plus économique. Mais il faut veiller à donner au labour une profondeur de 30 à 35 cent. au moins pour que le pivot du cotonnier arrêté par la dureté du plancher de la charrue, ne fasse pas tracer latéralement les racines qui seraient atteintes par la sécheresse.

*Hersages.* — Un hersage énergique doit suivre chaque labour pour extirper les racines vivantes parasites, et briser les mottes.

*Roulage.* — Si l'action du rouleau est nécessaire pour achever de briser les mottes et tasser le sol, on y recourt.

*État du sol.* — Il doit être meuble, propre, en état de parfaite culture : la dernière préparation doit être donnée en mars, afin de profiter en avril du premier moment favorable.

### Engrais.

En Géorgie, il est notoire que tous les ans les terres perdent une notable proportion de leur puissance productive faute d'en recevoir l'équivalent sous forme d'engrais ou autres substances améliorantes. C'est une des causes principales qui ont réduit en certains lieux la production ; qui, en d'autres, ont amené les planteurs à porter les cultures dans les terres basses et marécageuses jusque-là dédaignées pour les terres élevées et chaudes. Mais, depuis 1825 surtout, les plus avisés ont eu recours à des engrais de diverses natures dont l'emploi se répand de jour en jour. Les plus usités sont :

La chaux vive ou éteinte, la marne, dans les terres non calcaires, mêlées à des substances végétales ;

Les cendres, et particulièrement celles des végétaux déracinés par le sarclage ;

La graine de coton, douée de vertus très-stimulantes (30 boisseaux par acre) ;

La paille de blé ;

Le sel, pur ou mêlé à des substances végétales, et répandu dans le sol ou au pied des plantes ;

Le parcage des troupeaux ;

Un mélange de feuilles et autres matières végétales, de fumier des bestiaux, et de vase salée ;

Le guano, seulement dans les terres humides ;

Les détritus des bois, des marécages ;

La vase salée ;

Les herbes et roseaux des marais salins ;

Ces deux dernières matières sont les plus estimées.

Les Maures d'Espagne fumaient avec de l'engrais (végétal?) bien consommé et du fumier de brebis.

En Algérie, les mêmes substances seront employées avec le même succès, les substances salées et alcalines surtout.

Mais il faut bien se garder d'en abuser. Le coton étant cultivé pour le fruit, non pour la feuille, n'a pas besoin d'autant d'engrais que le tabac. Il faut le réserver pour les terres légères, sableuses, ou épuisées par des récoltes antérieures : sur les autres terrains, les fumiers gras risqueraient de déterminer une végétation pléthorique et maladive, pour peu qu'il y eût excès.

Aux Antilles on a soin de mettre le fumier en terre six semaines avant l'ensemencement des graines, et de le retourner dans cette fosse une dizaine de jours avant cette date, pour que l'engrais ne brûle pas la graine. Il est probable que pour le coton, comme pour les blés, la fumure, appliquée aux récoltes antérieures, mais non épuisée, suffirait pour stimuler la végétation sans danger de pléthore. Dans l'un et l'autre cas, il s'agit de graine à obtenir, non de feuilles ou organes foliacés : l'engrais doit donc agir modérément.

### Ensemencement.

*Trous ou fosses.* — Le cotonnier pivotant dans le sol à 50 centimètres, il est rare qu'un labour, même profond, suffise. On assure la prompte germination en creusant à la bêche des trous, poquets ou fosses de 40 centimètres cubes, distants de 1 mètre dans un sens, de 80 cent. ou 60 dans l'autre, suivant la fertilité du sol. Il faut avoir soin de disposer une des lignes dans le sens de la plus faible pente du sol, en vue de l'irrigation. Dans son expérience du géorgie longue-soie, en 1850, M. Hardy espaça ses plants de 50 cent. en un sens sur 1 mètre 60 dans l'autre, et, malgré cette distance, les branches étalèrent si bien que le sol fut entièrement couvert : témoignage d'une luxuriante végétation qui se reproduira dans les bonnes conditions. Il est avantageux de se rapprocher, pour la plantation, de l'alignement en carré ou en quinconce, afin de mieux équilibrer les feuilles et les racines, tout en conservant le passage pour la récolte.

Au Brésil, où la végétation est d'une puissance extrême, on nettoie le sol sans le labourer, et on se contente de fosses. Aux Antilles, on ameublit seulement autour des fosses sans labourer l'espace intermédiaire, non par économie, mais en vue d'empêcher les racines latérales de tracer. En Géorgie et dans la Caroline du sud, on élève au-dessus du sol, en ramenant de droite et de gauche toutes les substances végétales, de larges bandes en billons, dans lesquels on creuse des trous, ou plutôt des monticules creux (*hills*) destinés à recevoir la semence. On fait de même au Brésil pour le tabac, et on a recommandé cette pratique aux colons algériens. Mais comme elle n'a d'autre objet que de soustraire le coton ou le tabac à l'excès d'humidité résultant des pluies d'été, elle est des plus inopportunes en un pays qui pèche toujours par sécheresse. Elle pourrait cependant trouver sa place en cas de plantation sur des terrains marécageux récemment appropriés à la culture.

*Choix de la graine.* — La graine aura été choisie à la main, non sur les capsules les plus vigoureuses et qui témoigneraient d'une disposition pléthorique de la plante, mais sur des gousses de moyenne force, bien venues toutefois et très-franches. Les premières cueillies sont préférables, pour augmenter les dispositions à la précocité. Bien qu'elles conservent leurs facultés germinatrices pendant trois ou quatre ans, il est prudent de préférer celles de la dernière récolte. En trempant la graine dans un vase rempli d'eau, que l'on couvre et que l'on expose au soleil ou dans un endroit chaud pendant deux jours, on avance la maturité. Celle des longue-soie est noire, celle des courte-soie verte : il faut adopter exclusivement la première. Avant de l'immerger ou de la semer, on la dégage des brins de coton qui y adhèrent en la frottant avec les mains, humectée ou mêlée avec un peu de terre : les graines attachées entre elles rendraient le semis inégal. On n'est bien sûr que des graines qui tombent au fond de l'eau.

Si on cultive plusieurs variétés, il faut les éloigner l'une de l'autre pour prévenir le croisement ou hybridation qui les abâtardirait toutes.

*Saison des semis.* — La graine du cotonnier, plante des pays chauds, demande une température assez élevée et en même temps l'humidité nécessaire pour germer. Cette union de la chaleur à l'humidité varie ordinairement, en Algérie, du 1er avril au 15 mai ; c'est au colon à bien étudier la saison, jusqu'à ce que l'expérience ait établi une pratique régulière. M. Hardy donne les indications suivantes. (*Température.*) Chaleur constante de 15° centigrades au lever du soleil ; température des nuits modérée ; pas de craintes sur le retour des froids. (*Vents.*) Plus de vents d'ouest depuis quelque temps ; brise légère et tiède. (*Pluies.*) Pluies froides et giboulées tardives du printemps remplacées par des pluies fines et douces. (*Végétation.*) Bourgeonnement général de certains arbres, surtout des saules et du mûrier blanc en plein vent, sans que les feuilles se rouillent sur leurs bords par l'effet du refroidissement. Quand on irrigue à volonté, les semis peuvent se prolonger assez avant dans l'été. En 1853, des colons de la

Métidja en ont fait trois du 1ᵉʳ avril au 1ᵉʳ juillet, et tous ont réussi. Quand le printemps s'annonce de bonne heure par des chaleurs bien marquées, on peut semer, en se réservant les moyens de recommencer si un retour de froid compromettait les jeunes plants.

*Moment du semis.* — Il faut profiter autant que possible de l'heureuse circonstance d'un temps couvert, calme, humide et doux, ou même d'une pluie fine qui ne fasse pas cependant trop mastiquer la terre.

*Méthode de semis.* — Dans chaque petite fosse préparée, comme nous l'avons dit, on jette à la main 4 ou 5 graines, un peu distantes; puis on les recouvre, en appuyant du dos de la binette, d'une couche de terre de deux doigts, suffisante pour les protéger contre la sécheresse. Le semis de plusieurs graines, dont une seule devra rester, a pour objet d'assurer la réussite ou moins d'un sujet, de soutenir la touffe contre le vent, et de lui donner un peu d'ombre. Pour accélérer le travail, un homme fait la fosse, une femme ou un enfant répand la graine, une troisième personne la recouvre.

*Arrosement.* — Si la terre est sèche, il faut humecter le plant à la main.

*Quantité de grain.* — Pour un hectare il suffit de un demi-décalitre à un décalitre.

*Levée de la graine.* — Si le semis a été bien fait, avec de la bonne graine et dans des conditions convenables de température et d'humidité, les graines lèvent au bout de 6 à 8 jours. S'il y a des fosses entièrement vides, il faut les garnir en transplantant des pieds d'autres fosses; le jeune plant repiqué sera abrité et arrosé. On visera à égaliser tout ce champ.

## Soins et travaux de la culture.

*Éclaircie.* — Lorsque les jeunes plants sont assurés et qu'ils ont chacun 3 à 4 feuilles, on n'en laisse que 2 ou 3 au plus à chaque touffe, et on retranche les autres. Quelques jours après, on n'en laisse plus qu'un. M. Seubrock recommande de veiller à ne pas isoler les plants avant que leur écorce bien venue les protège contre l'action du soleil, ce qu'annonce la couleur brune de la tige. L'éclaircie ne doit jamais se faire par un temps froid et venteux. Cette opération demande de l'adresse et une longue expérience : le planteur doit apprécier le degré de fertilité du sol, la température, la saison, prévoir le développement plus ou moins grand que prendront les plantes.

*Sarclage, binage.* — Ces travaux ont pour objet de détruire les plantes parasites, et d'ouvrir le sol aux fluides atmosphériques en l'ameublissant autour des fosses. Il faut éviter de blesser les jeunes plants, de les enterrer, d'éventer les racines. Le nombre et l'époque des binages dépendent entièrement de l'état du champ; ils varient ordinairement de 5 à 7. Leur effet s'annonce par une croissance immédiatement sensible. Les binages répétés, quand il y a de la rosée, remplacent avantageusement l'irrigation. Si on a irrigué, ils doivent suivre dès que la terre est ressuyée. Il est de règle en Amérique de suspendre tout binage dès que la gousse commence à mûrir, surtout si le temps est humide, de crainte d'interrompre le travail de la fructification. Chaque binage exige de 10 à 15 journées d'hommes à l'hectare. Les Maures d'Espagne brûlaient les plantes arrachées sur place pour activer la végétation par les cendres. Pratique à essayer.

*Buttage.* — Lorsque les plantes ont de 50 à 60 centimètres de hauteur, il est bon de ramener la terre au pied, et de les consolider par une petite butte.

*Écimage.* — Dès que les premières fleurs des cotonniers commencent à s'épanouir, on coupe avec les ongles la cime herbacée de la tige principale. Cet écimage fait refluer la sève dans les rameaux latéraux, développe les capsules, hâte et égalise la fructification sur toutes les branches. Lorsque, sur des pieds vigoureux, les rameaux latéraux prennent un accroissement qui absorbe la sève, qu'ils développent indéfiniment des feuilles et peu de fleurs, on les écime également pour amortir la végétation, et provoquer la production des fruits. En Amérique, on n'écime la plante que si la végétation foliacée est trop vigoureuse, ou quand le bas de la plante est entièrement dépourvu de fruits. Cette pratique semble très-rationnelle, car l'écimage du coton n'a pas pour objet, comme celui du tabac, de pousser la sève aux feuilles ; c'est le fruit seul que l'on a en vue ; or, le fruit vient à l'extrémité des tiges, aussi bien que des rameaux secondaires.

*Irrigation.* — C'est ici le point le plus délicat de la culture. La prédilection du coton pour les terrains secs et salins où il pivote profondément à l'abri de la sécheresse, le danger de l'excès d'humidité pour ses racines, l'exemple de beaucoup de pays où le coton pousse à merveille sans irrigation, la végétation spontanée vigoureuse des autres malvacées, du lavatera notamment, dans les terrains les plus secs de l'Algérie, autorisent à croire que le cotonnier, *une fois la levée de son plant assurée, soit par les pluies, soit par un premier arrosement à la main, soit par l'humidité du sol et de la saison,* peut se passer d'irrigation pour traverser toutes les phases de sa végétation. Mais la question économique est autre que la question botanique. En une telle condition donne-t-il des produits en quantité et qualité suffisantes pour assurer des bénéfices aux producteurs ? Voilà qui n'est pas prouvé jusqu'à présent. L'exemple de l'Espagne, de la Grèce, de Malte, de la Syrie ne prouve rien à cet égard, parce que les peuples de ces contrées produisent dans de telles conditions d'existence économique, que le moindre rendement leur suffit, comme on le voit pour le coton courte-soie qui leur donne du bénéfice, tandis qu'il ne rembourse pas les dépenses des colons algériens. Par cette raison, il se peut que les indigènes arabes et kabiles puissent seuls produire avec avantage le coton sans irrigation. L'exemple de certaines contrées de l'Amérique du nord n'a pas plus d'autorité, parce que les étés y sont très-humides, grâce aux pluies et aux orages de la saison.

Jusqu'à présent il semble établi qu'en Algérie le géorgie longue-soie gagne à être modérément irrigué trois à quatre fois par saison. Les filaments sont plus longs et plus soyeux, le produit est considérablement augmenté, la récolte plus assurée. Du reste, M. Seabrock nous apprend que, même dans la Géorgie et la Caroline du sud, les planteurs ne négligent pas les irrigations. A s'en passer on joue trop gros jeu.

Mais il faut bien se garder d'un excès qui aurait pour effet dans certains cas de déterminer la mort de la plante, et tout au moins la prédominance de la végétation foliacée sur la fructification. Il faut s'abstenir d'irrigation dès que les boutons à fleurs commencent à paraître. Si les fruits n'avortaient pas, ce qui serait fort à craindre, la maturité des graines serait retardée, tandis qu'il importe beaucoup de la hâter pour se soustraire aux dommages des pluies.

### Maladies. — Insectes.

Les colons algériens n'ont pas eu, jusqu'à présent, à s'inquiéter des maladies du cotonnier, ni des insectes qui l'attaquent. Il est bon que ces accidents ne les prennent pas au dépourvu.

*Maladies.* — La principale est appelée en Amérique : *the blight* (bleuissure) ; elle est produite par l'excès d'humidité autour des racines, qu'elle provienne d'une eau intérieure stagnante, ou des pluies surabondantes, ou d'irrigations immodérées. En vue des deux premières causes, le drainage des terrains qui retiennent l'eau est une pratique à introduire en Algérie.

Une autre maladie, le dessèchement ou la flétrissure, résulte de causes contraires, la sécheresse extrême, l'épuisement du sol, ou une stimulation trop énergique par des engrais salins. En 1838, les cultures de coton à la Rhégaïa périrent par la sécheresse. On prévient la première cause par l'irrigation ou des binages multipliés à défaut d'eau d'irrigation ; on parc à la seconde et à la troisième, en donnant au sol destiné au coton les engrais qui lui rendent sa fertilité. On obtient le même résultat par un assolement qui amène l'alternance des cultures ou même le repos du champ, livré pour quelque temps à la seule production naturelle.

L'avortement des fruits est une troisième maladie, qui est produite par un excès de végétation foliacée, dû soit à la trop grande richesse du sol, soit à l'excès de fumure ou d'irrigation. Le choix d'un terrain d'une moyenne richesse ou amendé par des substances salines et alcalines, la sobriété dans la fumure et l'irrigation, préviennent ce dommage, qui, sans être mortel pour la plante, comme les deux premières maladies, détruit toutes les espérances du cultivateur.

Les vents violents font aussi des ravages dans les plantations. Des rideaux d'arbres sont le meilleur abri. Pour cette destination le cyprès pyramidal, dont on peut étudier la puissance protectrice dans les carrés de la pépinière centrale à Alger, ne saurait être trop recommandé. Le buttage n'y supplée que bien imparfaitement.

*Insectes*. — M. Seabrock énumère les suivants: 1° le *noctua xylina*, chenille ou ver du coton; en s'y prenant dès son apparition, on peut atteindre sa larve et prévenir l'invasion; on coupe le sommet des branches tendres et luxuriantes, où le papillon dépose ordinairement ses œufs; on sacrifie les plants les plus compromis; 2° la *punaise rouge* (*red-brig*) dont on prévient l'apparition en répandant du sel dans le terrain autour de la plante; elle n'a pas causé jusqu'à présent de dommage sensible. Il est de même 3° de l'*apata monachus*, espèce de scarabés qui pénètre jusqu'à la moelle de la plante; 4° le ver *fossoyeur ou coupeur* (*grub or cut-worm*) ne se montre que lorsque le printemps est froid et que soufflent les vents d'est.

### Récolte.

*Maturité*. — Elle a lieu dans le cinquième mois qui suit l'ensemencement : ordinairement elle commence en septembre et se prolonge jusqu'en décembre, car elle est successive et non simultanée. C'est un grand avantage pour les planteurs qui peuvent faire la récolte avec un personnel assez restreint.

*Cueillette*. — Les Maures d'Espagne coupaient la capsule, d'où ils détachaient ensuite le coton. La pratique moderne est bien préférable. On cueille le coton à mesure que la capsule en s'ouvrant sous l'action de la chaleur le laisse pendre au dehors. Quand le temps est beau, il y a à récolter tous les jours pendant deux à trois mois. Les cueilleurs détachent le coton qui flotte au dehors de la capsule, et le jettent dans un sac suspendu à la ceinture. Un compartiment du sac doit être réservé pour le coton sali, défectueux, d'une couleur différente, pour les feuilles mortes. On le vide hors des rangs sur des toiles ou dans de grands paniers, en ayant soin de ne pas mélanger les parties triées pendant la cueillette. Comme tout coton tombé à terre et sali perd sa valeur, il faut le récolter en temps opportun et avec beaucoup de soin. Mais il faut éviter aussi de le détacher violemment de la capsule : faute de maturité, il reste terne, crépu et perd de son élasticité.

*Personnel.* — Deux personnes un peu exercées suffisent à la récolte d'un hectare. Les femmes et les enfants conviennent à ce travail, qui ne demande que de l'agilité et de la dextérité. En Algérie, on y emploie les enfants indigènes, qui gagnent 60 centimes par jour ; il est bien à souhaiter qu'on réserve ce travail aux enfants pauvres et abandonnés de France, qui y trouveraient, avec un précieux apprentissage de l'agriculture, des moyens assurés et faciles d'existence. L'argent des colons, au lieu d'aller enrichir la tente ou le gourbi, préparerait un avenir à une population dont la France est embarrassée.

*Pluie.* — La pluie entrave la récolte du coton ; mais, pourvu qu'on ait soin de le faire sécher, elle ne nuit point à sa qualité, à moins d'une trop longue durée. Si on prévoit ce cas, il vaut mieux le retirer des capsules qui commencent à s'ouvrir et le mettre à part. Quand la récolte est presque épuisée, l'on peut couper toutes les capsules, et de même si on avait besoin du terrain pour d'autres cultures.

*Etendage, séchage.* — A la fin de chaque jour, le coton récolté de la journée doit être déposé dans un endroit sec et aéré, et étalé sur des claies en roseaux, si c'est possible. S'il a été mouillé par la pluie, on l'expose pendant quelques jours au soleil, et on ne le rentre que bien ressuyé. Les locaux et les claies qui servent à l'éducation des vers à soie conviennent très-bien pour le coton : toute pièce peut servir, pourvu qu'elle soit propre et non humide. Le coton non séché se décolore par l'action de l'huile que renferme la graine, lorsqu'il est soumis à une température élevée ; il s'égrène et se nettoie difficilement, devient aisément filandreux et noueux, ses graines sont défectueuses. Etendu au soleil avant l'égrenage, les fibres se détendent et sont plus faciles à saisir par les cylindres.

*Assortiment.* — Dans le magasin consacré à la récolte, les diverses qualités sont soigneusement séparées, les qualités homogènes rapprochées et assorties. L'homogénéité du coton est un de ses premiers mérites.

*Triage.* — En même temps on trie toutes les matières hétérogènes, les débris de feuilles, tous les filaments tachés ou défectueux qui seraient mêlés au lainage.

*Récoltes multiples.* — Quand le coton mûrit de bonne heure, on peut faire une seconde récolte et peut-être davantage. D'une année à l'autre la plante se conserve, et permet encore de renouveler les récoltes. La qualité du produit dira au colon s'il y a avantage à s'abstenir d'un réensemencement.

### Opérations complémentaires.

Arrivé à ce point, le producteur peut livrer son coton à l'administration, qui le lui achète non égrené et accomplit dans ses magasins, ou par l'intermédiaire d'entrepreneurs, les opérations subséquentes, qui sont :

*L'égrenage ; — le classement ; — l'emmagasinage ; — l'emballage ; — le transport ; — la vente au commerce.*

Nous ne dirons rien de ces opérations, confiées, en Algérie, à des personnes compétentes et parfaitement en mesure de se passer d'instructions. Nous ajouterons seulement que, d'après M. Cox, filateur à la Louvière-près-Lille, qui s'est montré un des plus intelligents et des plus zélés promoteurs du coton algérien, les colons qui auront obtenu du géorgie longue-soie de belle qualité, trouveront tout bénéfice à égrener le coton à la main : quelque longue et coûteuse que paraisse cette opération, elle donne au produit une plus-value de 2 à 3 fr. par kil., en conservant aux filaments toute leur longueur et permettant un triage plus sévère ; mais ils doivent s'abstenir provisoirement de tout égrenage mécanique, jusqu'à la solution du problème de la meilleure machine à égrener, dont s'occupent avec soin des commissions officielles.

### Comptes de culture.

La culture du cotonnier étant encore dans sa période de tâtonnements, il n'y a rien de bien positif à dire sur les frais et les revenus de cette spéculation. Ils varient entre des limites très-étendues. Aussi croyons-nous que le meilleur moyen d'éclairer la question est de reproduire les estimations diverses qui ont été publiées.

1er COMPTE. D'après les relevés faits à la pépinière centrale du gouvernement (Tableau de situation, 1848-1850, p. 274, et Recueil des traités, p. 180) :

| | | |
|---|---|---|
| 3 labours profonds à la charrue, de 25 à 30 centimètres de profondeur, à 45 fr. l'un, ci. | 135 fr. | 00 c. |
| 3 hersages à 12 fr. l'un, ci. | 36 | » |
| Ouverture de 12,000 fosses, 30 journées à 2 fr. 25 c., ci | 67 | 50 |
| Ensemencements, ci. | 15 | » |
| 3 binages à 20 fr. | 60 | » |
| Récolte : 105 journées d'enfant et 15 journées | | |
| A reporter. . . . | 313 | 50 |

|                           | Report. . . . . . . . . . | 313 fr. 50 c. |
|---------------------------|---|---|
| d'homme. cl. . . . . . . . . . . . . . . . . . |  | 82 50 |
| Egrenage : 67 journées à 2 fr., cl. . . . . . |  | 174 » |
| Total des dépenses. . . . . . . . |  | 570 fr. » c. |

Pour le géorgie longue-soie il y aurait à ajouter :

| Frais divers pour travaux plus minutieux. . | 75 fr. |
|---|---|
| Arrosements supposés faits par une noria. . | 350 fr. |
| | 425 fr. |

Ce qui porte le revient total de cette variété à. 995 fr.

La recette varie suivant les variétés. Voici comment elle était établie par hectare :

| | Bot brunet. | Écarté. | Prix du kil. égrené. | Somme nette. | Frais par hectare, égrenage compris. |
|---|---|---|---|---|---|
| | kil. | kil. | fr. c. | fr. c. | fr. c. |
| Géorgie longue-soie. . . . . . . . | 1,860 | 267 | 9 00 | 2,403 00 | 995 00 |
| Jumel . . . . . . . . . . . . . | 1,678 | 375 | 2 50 | 937 50 | 367 50 |
| Malte ou Nankin. . . . . . . . . | 2,230 | 557 | 1 60 | 891 20 | 563 10 |
| Louisiane blanc et castellamare blanc. | 2,005 | 501 | 1 50 | 751 50 | 546 30 |

En rapprochant les chiffres, on trouve que le bénéfice net par hectare serait :

| Pour le géorgie longue-soie. . . . . | 1,408 fr. 90 c. |
|---|---|
| Jumel. . . . . . . . . . . . | 367 50 |
| Malte ou nankin. . . . . . . . | 328 10 |
| Louisiane blanc et castellamare blanc. | 205 20 |

Les perfectionnements introduits à la machine d'égrenage à la pépinière centrale ont opéré une réduction sur le prix de cette opération, qui se décompose ainsi qu'il suit, en 1853 :

| 20 journées d'enfants à 60 c. . . | 12 fr. 00 c. |
|---|---|
| 200 kil. de charbon de terre. . . . | 7 » |
| Chauffeur et mécanicien. . . . | 3 » |
| Usure et intérêt du capital engagé. | 3 50 |
| Total. . . . . . . . . . | 25 fr. 50 c. pour 100 kil. |

L'égrenage est réduit de 60 c. à 25 c. par kilogramme.

2ᵉ Compte. Par M. Beyer de Montpensier (Annales de la colonisation algérienne, livraison de décembre 1853, t. IV, p. 371); pour un hectare de géorgie longue-soie dans de bonnes conditions au grand complet de tous les pieds. Nous citons textuellement :

### Frais de culture.

| | |
|---|---|
| Labours et hersages. | 100 fr. |
| Semences, 15 kilog. choisis. | 15 |
| Divers frais d'ensemencements. | 80 |
| Remplacement des pieds manquants. | 15 |
| Divers petits frais. | 10 |
| Arrosages. | 80 |
| Récolte. | 590 |
| Faux frais. | 80 |
| Total des frais de culture. | 795 |

### Produits.

22,000 pieds à 30 capsules, de 4 grammes chacune, bien qu'il s'en trouve en quantité portant de 100 à 200 capsules.

22,000 × 30 × 4 = 2,640 kil., soit 26 quintaux métriques au prix actuel de 300 fr. le quintal, font. . . 7,800 fr.
A déduire les frais ci-dessus. . . . . . 795
Reste pour bénéfice par hectare. . . . 7,005

« Ce compte est fait sur un hectare existant tel actuellement à la ferme de Ben-Bernous près Oued-el-Alleg, cultivé par Beyer, colon à Montpensier, premier prix avec médaille d'argent pour le coton, à l'exposition de 1852. Trois autres médailles en argent pour cultures industrielles.

« *Signé* BEYER. »

Les différences notables et les lacunes que l'on aperçoit à première vue dans les comptes qui précèdent ne leur laissent que le caractère d'une simple approximation, mais c'est assez pour montrer quels bénéfices peut donner le coton dans de bonnes conditions. Un rendement moyen brut de 10 à 15 quintaux métriques à l'hectare, un prix de 3 fr. le kil. non égrené, justifié par une valeur commerciale de 6 à 11 fr. le kilogr. égrené, sont les moyennes sur lesquelles on peut compter. Elles laissent un bénéfice qui varie de 500 à 1,000 fr. par hectare, et peut atteindre 4 à 5,000 fr.

### Qualités et défauts.

Il importe au colon de bien se pénétrer des qualités mesurant la valeur du coton géorgie longue-soie et des défauts qui le déprécient. En voici le tableau.

| *Qualités.* | *Défauts.* |
|---|---|
| Fort, nerveux. | Faible. |
| Fin. | Grossier, commun. |
| Long. | Court, morcelé. |
| Régulier. | Irrégulier. |

| *Qualités.* | *Défauts.* |
|---|---|
| Soyeux. | Boutonneux. |
| Brillant, lustré. | Noueux. |
| Ductile au filage. | Filandreux. |
| Elastique. | Terne. |
| Souple. | Cassant. |
| Homogène. | Mélangé. |
| Propre. | Sale. |

Les indices tirés de la blancheur sont sujets à erreur. M. Seabrock nous apprend que les cotons de la Caroline du sud et de la Géorgie sont jaunes, quelques-uns même d'une teinte très-foncée, tandis que les districts intérieurs de ces mêmes Etats et leurs voisins plus méridionaux jusqu'à la rivière Rouge produisent des cotons d'un blanc pur, mais bien inférieurs en force et en beauté. La teinte jaunâtre passe pour une marque de finesse.

La supériorité du *sea-island* sur les autres variétés vient de ses fibres en forme de spirale parfaitement appropriées au filage, qui s'entremêlent facilement et glissent l'une sur l'autre pendant la formation du fil avec une force élastique convenable.

L'expérience semble constater que la fécondité de la plante est contre-balancée par le défaut de qualité des produits; et qu'au contraire plus précieuse était la fibre, plus minime est la récolte. Jusqu'ici tous les efforts tentés en Amérique pour concilier la qualité avec la quantité ont été impuissants. S'il en est de même en Algérie, les colons devront s'appliquer à obtenir de préférence la qualité, qui assure de plus beaux bénéfices. Pour des numéros extra-fins, des filateurs ont payé jusqu'à 26 francs le kilogramme de géorgie longue-soie. Les prix de 6 à 11 francs sont des prix ordinaires pour les belles sortes, tandis que les classes secondaires descendent à 2 et 3 francs.

La propreté est par dessus tout recommandée. Chaque classe a sa valeur et trouve sa place, tandis que quelques poignées de coton sali dans une balle de très-belle qualité lui font perdre un tiers de sa valeur.

### Primes et encouragements.

Deux décrets impériaux du 16 octobre 1853 ont établi, en faveur de la culture du coton, des encouragements considérables.

Le 1er décret porte : 1° que les graines de coton continueront d'être fournies gratuitement aux colons par l'administration; 2° que l'Etat achètera pendant trois ans encore, à partir de 1854, les cotons récoltés par les planteurs ; 3° qu'à l'expiration de ce terme, et pendant deux autres années, des primes seront accordées à l'exportation en France de cotons récoltés en Algérie et réputés marchands ; 4° que, pendant cinq ans, à partir de 1854, des primes seront allouées à l'introduction en Algérie des machines à égrener ; 5° que des prix de 2,000, 3,000 et 5,000 fr. (trois par province), seront accordés aux meilleurs produits récoltés — Le second décret affecte un fonds de 100,000 fr. sur la cassette de l'empereur à titre d'encouragement à la culture du coton. Au moyen de ce fonds, et à partir de 1854, un prix de 20,000 fr. sera délivré annuellement au planteur des trois provinces de l'Algérie qui sera jugé avoir récolté, sur la plus large échelle, le meilleur produit en coton.

De son côté, la chambre de commerce de Philippeville a affecté deux prix à la culture de coton. Pour le premier, 200 fr. et une médaille d'or ; pour le second, 150 fr. et une médaille d'argent.

En France, la société d'agriculture de Mulhouse a décidé dans son assemblée générale du 25 mai 1853 :

1° Qu'une médaille d'or serait décernée par ses soins au colon ou planteur qui aura obtenu en Algérie et livré dans le Haut-Rhin, au prix du commerce, jusqu'à la fin de 1854, une récolte d'au moins 300 kil. de coton courte-soie, ou 100 kil. de coton longue-soie.

2° Qu'une médaille d'argent sera délivrée au colon ou planteur qui aura rempli les mêmes conditions pour une récolte d'au moins 150 kil. de coton courte-soie ou 50 kil. de coton longue-soie.

(La société de Mulhouse n'a pas sans doute remarqué qu'en obligeant les concurrents à livrer le coton dans le Haut-Rhin au *prix du commerce*, alors que le gouvernement en paie un prix de faveur, elle leur impose une perte considérable en argent qui peut faire moins rechercher ses médailles).

N. B. Les mémoires et pièces justificatives doivent être adressés franc de port au président de la société industrielle de Mulhouse avant le 15 janvier 1855.

### Exposition permanente des cotons algériens.

Les cotons forment une des parties les plus brillantes de l'exposition de la rue de Bourgogne. Nous donnons le relevé sommaire des principaux échantillons.

(P. M. *Prize-medal* : à l'exposition de Londres.)

I. *Produits agricoles.* — (Dans la province d'Alger.)

MM. Hardy, directeur de la pépinière centrale : coton nankin, 1848, P. M. — Louisiane, 1848, 1849, P. M. — Jumel, 1848, 1850, P. M. — Géorgie longue-soie, 1850, P. M. — Macédoine, P. M.

Reverchon, à Birkadem : coton blanc dit de Malte, 1850, — Jumel blanc, 1850, P. M.
Morin, à El-Biar : jumel, 1850, P. M.
Pélissier, à Kaddous : coton blanc, 1850, P. M.
Chuffart, à Birmandreis : louisiane, 1850, P. M.
Goby, à Blida : géorgie longue-soie, 1852.
Haloche, à Draria ; 1850. ?
Rozey et Loppin, à Ouled-Fayet : blanc, 1848.
Beyer, à Montpensier : géorgie longue-soie, 1853.
Maréchal, à Bou-Zaréa : blanc, 1850.
? Boghar.

(Dans la province de Constantine.)

Pépinière de Bône : New-York, 1847, 1848. — Jumel, 1847, 1848.
Pépinière de Biskara : nankin, 1853. — Jumel, 1853.
? : — blanc, 1847.
Dédiès, à Bône :    ? 1852.
Grima, à Philippeville : nankin, 1848, 1852, — blanc, 1850, 1851. — Malte, 1851. — Louisiane, 1852.
Savona, à Bône : castellamare rouge, 1850. — Castellamare blanc.
? à Philippeville : coton castellamare blanc, 1851.
Garcin, à Bône.
Calaine à Gastonville :    ? 1852.
Marie Benez, à Philippeville : coton blanc, 1850.

(Dans la province d'Oran.)

Pépinière de Misserghin : jumel, 1848.
Dupré de Saint-Maur, à Arbal : jumel, 1850, P. M.
Sohn, à Aboukir : géorgie longue-soie, 1852.

II. *Produits manufacturés.*

Filés n° 200 à 360, fil simple, 400, fil retors. — Coton à coudre, coton à broder, bobines. — Jaconas. — Madapolams. — Calicots. — Nansouk brillantés. — Mousselines. — Balzorines. — Gazes. — Tulles. — Dentelles. — Devant de chemises. — Cols de femmes. — Nappes d'autel. — Bas de femme. — Feutre. — Chapeaux de feutre : en un mot tous les fils et tous les tissus auxquels on emploie le coton des autres pays du globe.

Les fabriques de Lille, de la Picardie et de la Flandre ont rivalisé de désintéressement et de talent pour faire valoir les matières premières de l'Algérie. En même temps les soins éclairés du ministère de la guerre, aidés par ceux de MM. Cox et compagnie, filateurs à Lille, et Feray, filateur à Essonne, ont disposé, à côté des produits algériens, les produits américains, afin de confirmer, par une facile comparaison, leur haute estime des cotons de la colonie française.

Jules DUVAL.

## L'ANAYA DES KABILES.

M. le général Daumas vient d'ajouter à la série de ses importantes publications sur l'Algérie un nouveau volume, sous ce titre : *Mœurs et coutumes de l'Algérie*, dans lequel il a réuni des études du plus piquant intérêt sur la vie privée, les institutions, les superstitions des Arabes et des Kabiles du Tell et du Sahara. Nous ne pouvons mieux donner une idée de ce livre, plein de faits bien observés et d'aperçus ingénieux, qu'en en détachant quelques pages sur une des coutumes les plus curieuses de la société kabile ; le sauf-conduit appelé *anaya*, émanation du mot (*ana*).

---

« L'anaya est le sultan des Kabiles : aucun sultan au monde ne peut lui être comparé ; il fait le bien et ne prélève point d'impôt. Un Kabile abandonnera sa femme, ses enfants, sa maison, mais il n'abandonnera jamais son anaya. »

Tels sont les termes passionnés dans lesquels le Kabile exprime son attachement pour une coutume véritablement sublime, qu'on ne trouve chez aucun autre peuple.

L'anaya tient du passe-port et du sauf-conduit tout ensemble, avec la différence que ceux-ci dérivent essentiellement d'une autorité légale, d'un pouvoir constitué, tandis que tout Kabile peut donner l'anaya, avec la différence encore qu'autant l'appui moral d'un préjugé l'emporte sur la surveillance de toute espèce de police, autant la sécurité de celui qui possède l'anaya dépasse celle dont un citoyen peut jouir sous la tutelle ordinaire des lois.

Non seulement l'étranger qui voyage en Kabilie sous la protection de l'anaya défie toute violence instantanée, mais encore il brave temporairement la vengeance de ses ennemis ou la pénalité due à ses actes antérieurs. Les abus que pourrait entraîner une extension si généreuse du principe sont limités, dans la pratique, par l'extrême réserve des Kabiles à en faire l'application.

Loin de prodiguer l'anaya, ils le restreignent à leurs seuls amis, et ne l'accordent qu'une fois au fugitif ; ils le regardent comme illusoire s'il a été vendu ; enfin, ils en puniraient de mort la déclaration usurpée.

Pour éviter cette dernière fraude, et en même temps pour prévenir toute infraction involontaire, l'anaya se manifeste en général par un signe ostensible. Celui qui le confère délivre, comme preuve à l'appui, quelque objet bien connu pour lui appartenir, tel que son fusil, son bâton ; souvent il enverra l'un de ses serviteurs; lui-même escortera son protégé, s'il a des motifs particuliers de craindre qu'on ne l'inquiète.

L'anaya jouit naturellement d'une considération plus ou moins grande, et surtout il étend ses effets plus ou moins loin, selon la qualité du personnage qui le donne. Venant d'un Kabile subalterne, il sera respecté dans son village et dans les environs ; de la part d'un homme en crédit chez les tribus voisines, il y sera renouvelé par un ami qui lui substituera le sien, et ainsi de proche en proche. Accordé par un marabout, il ne connaît point de limites. Tandis que le chef arabe ne peut guère étendre le bienfait de sa protection au-delà du cercle de son gouvernement, le sauf-conduit du marabout kabile se prolonge même en des lieux où son nom serait inconnu. Quiconque en est porteur peut traverser la Kabilie dans toute sa longueur, quels que soient le nombre de ses ennemis ou la nature des griefs existant contre sa personne. Il n'aura, sur sa route, qu'à se présenter tour à tour aux marabouts des diverses tribus ; chacun s'empressera de faire honneur à l'anaya du précédent, et de donner le sien en échange. Ainsi, de marabout en marabout, l'étranger ne pourra manquer d'atteindre heureusement le but de son voyage.

Un Kabile n'a rien plus à cœur que l'inviolabilité de son anaya : non seulement il y attache son point d'honneur individuel, mais ses parents, ses amis, son village, sa tribu tout entière en répondent aussi moralement. Tel homme ne trouverait pas un second pour l'aider à tirer vengeance d'une injure personnelle qui soulèvera tous ses compatriotes, s'il est question de son anaya méconnu. De pareils cas doivent se présenter rarement, à cause de la force même du préjugé : néanmoins, la tradition conserve cet exemple mémorable :

L'ami d'un Zouaoua (1) se présente à sa demeure pour lui demander l'anaya. En l'absence du maître, la femme, assez embarrassée, donne au fugitif une chienne très-connue dans le pays. Celui-ci part avec le gage de salut. Mais bientôt la chienne revient seule : elle était couverte de sang. Le Zouaoua s'émeut, les gens du village se rassemblent, on remonte sur les traces de l'animal, et l'on découvre le cadavre du voyageur. On déclare la guerre à la tribu sur le territoire de laquelle le crime avait été commis; beaucoup de sang est versé, et le village compromis dans cette querelle caractéristique porte encore le nom de *Dacheret-el-Kelba*, village *de la Chienne.*

L'anaya se rattache même à un ordre d'idées plus général.

---

(1) *Zouaoua* : nom d'une tribu kabile. On le donne aussi par extension à toutes celles de la crête du Jurjura, entre Dellis et Bougie.

Un individu faible ou persécuté, ou sous le coup d'un danger pressant, invoque la protection du premier Kabile venu. Il ne le connaît pas, il n'en est point connu, il l'a rencontré par hasard; n'importe, sa prière sera rarement repoussée. Le montagnard, glorieux d'exercer son patronage, accorde volontiers cette sorte d'anaya accidentel. Investie du même privilége, la femme, naturellement compatissante, ne refuse presque jamais d'en faire usage. On cite l'exemple de celle qui voyait égorger par ses frères le meurtrier de son propre mari. Le malheureux, frappé de plusieurs coups, et se débattant à terre, parvint à lui saisir le pied, en s'écriant : Je réclame ton anaya : — et la veuve jette sur lui son voile : les vengeurs lâchent prise.

Il est connu dans tout Bougie qu'au mois de novembre 1833, un brick tunisien fit côte, en sortant de la rade, et que les naufragés furent tous mis à mort, comme amis des Français, à l'exception de deux Bougiotes, plus compromis encore que les autres, mais qui eurent la présence d'esprit de se placer sous la sauvegarde des femmes.

Ces traits épars et qu'il serait facile de multiplier, indiquent une assez large part faite aux sentiments de fraternité, de merci. Leur présence au milieu d'une société musulmane, si âpre d'ailleurs, ne saurait être constatée sans éveiller quelque surprise. Chez un peuple très-morcelé, très-peu gouverné, fier, et toujours en armes, où doivent abonder par conséquent les dissensions intestines, il était nécessaire que les mœurs suppléassent à l'insuffisance des moyens de police, pour rendre à l'industrie et au commerce la sécurité du transit. L'anaya produit cet effet. Il assoupit en outre bien des vengeances, en favorisant l'évasion de ceux qui les ont suscitées. Enfin, il étend sur tous les Kabiles un immense réseau de bienfaits réciproques.

Général E. DAUMAS.

A la lecture de ce fidèle récit, le lecteur, saisi d'admiration, se demandera sans doute quel pays civilisé serait capable de supporter une pareille institution ; et il pensera qu'un peuple qui a pu l'inventer et la maintenir depuis des siècles, est digne d'être l'auxiliaire de la France dans l'œuvre de régénération de l'Afrique dont notre patrie a accepté la mission.

J. D.

# DE L'ÉMANCIPATION DE LA FEMME ARABE.

## CHAPITRE I.

### Préambule.

Ceci est un sujet de la plus haute importance, et qui demande à être traité d'une manière sérieuse.

Tout l'avenir du peuple dont nous avons la tutelle y tient, et on peut dire de lui, qu'il est le nœud gordien de ses destinées.

Sachons le dénouer, et tout ira à souhait dans cette œuvre de conquête et de civilisation que nous avons entreprise de l'autre côté des mers.

Montrez-moi dans quelle condition se trouve la femme chez un peuple, et je vous dirai où en est celui-ci, en lumières et en progrès.

A peuple abruti, femme dégradée. L'un mesure la valeur de l'autre, dans une réciprocité inexorable. Ce sont les deux niveaux d'un même siphon; que le premier monte ou descende, le second le suit.

Que fait le Caffre quand il veut se marier? Il guette l'objet de sa passion aux carrefours des bois, l'assomme d'un coup de massue et l'emporte évanoui dans son repaire. Si elle en meurt, il la jette aux poissons du fleuve voisin; si elle en échappe, il en fait sa femme. Inutile d'ajouter que le reste de son existence est digne de ses fiançailles.

Aussi le Caffre est-il Caffre.

Voyons le Chinois. Le Chinois casse les jambes à sa femme et trouve moyen de faire accepter la chose à celle-ci comme un objet de coquetterie. Cette combinaison diabolique est évidemment l'indice d'un échelon supérieur. Il peut ainsi enfermer sa victime en laissant ouverte à deux battants les portes de sa prison. Fort bien.

Mais aussi le Chinois n'est-il qu'un Chinois.

Passons au Musulman, qui, d'après le sujet que nous traitons, nous intéresse plus particulièrement. Le Musulman, lui, achète sa femme comme une bête de somme, la traite comme telle, c'est-à-dire en tire le plus de travail possible, à l'aide du bâton, sa première et dernière raison conjugale. Il ajoute à cette dégradation générale la honte de la tenir parquée en compagnie de plusieurs autres, et de lui créer des associées en abrutissement.

Aussi qu'en arrive-t-il?

C'est que le Musulman n'est qu'un Musulman.

passons-en et des meilleurs, pour ne pas trop allonger le sujet, et sautons d'un bond à l'extrémité opposée.

Que fait le Français à cet égard? Le Français prend une femme pour en faire sa compagne dans la vie et son égale devant tous. Il y a mieux, cette égale devient souvent supérieure, et d'autant plus aisément, qu'elle caractérise mieux la faiblesse. Combien de héros farouches à l'extérieur ne tremblent-ils pas, en effet, devant la menace d'une migraine à huis clos?

Aussi qu'en résulte-t-il?

C'est que le Français est le Français, c'est-à-dire le fils aîné du bon Dieu sur cette terre, et son espoir.

Il est donc bien manifeste que la condition de la femme est la meilleure mesure qu'on puisse donner du degré de civilisation d'un peuple. C'est le baromètre de sa valeur morale. Elevez ce baromètre, et celle-ci montera; baissez-le, et elle descendra.

Dans le cas particulier qui nous occupe, il est donc d'un intérêt majeur de nous occuper de cette pauvre femme arabe, dont l'homme ne semble sortir que pour la maudire et la mépriser.

Mais, pour la tirer de l'abîme où elle gémit, la première chose à faire est d'en mesurer les profondeurs, et d'en examiner les escarpements abruptes et d'un franchissement, en apparence, si difficile; ce sera poser nettement les termes de la question.

Or, voici quelles sont les forces de l'ennemi que nous avons en face:

## CHAPITRE II.

### Condition actuelle de la femme arabe.

Condition n'est pas même le mot qui convient. On ne sait en effet comment définir une chose qui n'a d'autre loi que le caprice : tantôt ceci, tantôt cela. Un paria est un paria; il sait à quoi s'en tenir; mais la femme arabe n'a pas même une charte d'infamie écrite par les mœurs de la société où elle vit; elle n'a pas même une garantie déterminée de misères, comme le premier. Quand elle prend un homme, elle ne sait véritablement pas où elle va. Esclave, elle n'ignore pas qu'elle le sera; mais, quant aux tortures intimes, que nul ne voit, dont aucune autorité n'ose sonder les mystères, qui lui en tracera les limites? Qui pourra lui dire : voilà le lot de douleurs qui va t'échoir? Personne. L'inconnu se dresse devant elle, secouant de ses bras les terreurs que la peur inspire à sa faiblesse.

Voici, dans toute sa brutale simplicité, comment la chose se passe.

Un Arabe, qui a amassé les douros nécessaires pour se marier, s'informe dans le voisinage de l'objet qui pourra lui convenir. Ce qu'il lui faut généralement, ce n'est pas, hélas! la houri de ses rêves, éclose dans sa tête au feu de sa jeunesse, image rayonnante de toutes les illusions premières que le cœur inspire ; loin de là. Ce qu'il lui faut d'abord, ainsi que nous l'expliquerons plus loin, c'est une créature lui faisant son pain et son burnous, capable de le nourrir et de l'habiller. C'est en effet à ces termes, d'un matérialisme brutal, que se réduit le plus souvent cette union que quelques poètes égarés ont dorée de si beaux mensonges.

Pour l'amour et les besoins du cœur, il y a la femme du mystère (souvent celle du voisin), et les hasards des nuits sombres.

La machine découverte (c'est véritablement le seul nom à lui donner), celui qui la cherche se présente chez son détenteur, père, oncle, cousin, l'un quelconque de l'avide série des ayants-droit, aux termes de la loi musulmane.

Supposons qu'il s'agisse du père.

Le futur se présente chez lui, et abordant immédiatement le sujet, le colloque suivant s'établit entre eux :

Le Futur. — Sidi, je voudrais bien épouser ta fille.

Le Beau-père. — Volontiers, combien m'en donnes-tu ?

Le Futur. — D'après les renseignements que j'ai pris sur son compte, je ne puis t'en donner que 20 douros (1).

Le Beau-père. — Sidi Ab-Alla ! 20 douros ! tu plaisantes, j'en ai déjà refusé 50, et de la part d'un homme du gouvernement, encore !

Le Futur. — Ceci m'étonne. Ta fille est vieille, veuve, et on m'assure qu'elle est un peu bossue.

Le Beau-père. — La belle affaire ! Et quand cela serait ! ignores-tu qu'elle fait merveilleusement le couscoussou, et que, dans toute la tribu, il n'y en a pas une qui puisse lui être comparée pour la fabrication des haïks, d'après le genre du quobela (2).

Le Futur. — Je n'ignore pas cette particularité, et je ne te cache pas que c'est surtout à cause de ses talents que je la désire.

Le Beau-père. — 20 douros ! Sidi Abd-el-Kader ! tu n'y penses pas. Une femme qui m'est demandée par les hommes les plus considérables des environs ; qui cuisine admirablement, et fabrique les étoffes dans la perfection.

Le Futur. — Soit, mais je n'ai que 20 douros à lui consacrer.

---

(1) Le douro, piastre espagnole, a une valeur courante de 5 fr. 40 c. à 5 fr. 50 c.

(2) Quobela, le Sud ; la mode du Sud.

Le Beau-père. — Qu'à cela ne tienne. Donne-moi d'abord cette somme, et quant au reste tu m'en feras une reconnaissance devant le kadi. Des gens comme nous trouvent toujours moyen de s'entendre.

Le Futur. — Sidi Abd-el-Kader! voilà qui est parlé. Dès que tu n'exiges pas immédiatement le paiement complet de la somme, je suis ton homme. Affaire conclue.

Le Beau-père. — Dieu soit loué! (A part.) Avec une reconnaissance de 30 douros dans la main, je te tiendrai en bride, mon gaillard, et il faudra bien, tôt ou tard, que tu me les donnes.

Le Futur. — Gloire à Dieu! (A part.) Si jamais tu vois l'ombre de ces 30 douros, tu seras fin, vieil avare.

Le Beau-père. — Affaire conclue.

Le Futur. — Affaire conclue.

Le Beau-père. — A quand la noce?

Le Futur. — Jeudi prochain.

Le Beau-père. — C'est convenu. Va en paix.

Le Futur. — Reste sur le bien!

A quelques jours de là, un grotesque barbouilleur de papier, dont les études classiques n'ont jamais dépassé la première ligne du Koran, trace en jambages tortueux les conditions du mariage projeté.

Ces conditions, le dialogue précédent vient de nous les révéler dans toute leur netteté mathématique. Il s'agit de 20 douros payés comptant, et de 30 qui devront l'être plus tard.

Or, ces 30 douros, le gendre les a garantis avec l'intention formelle de ne les jamais donner, se promettant à leur égard la réponse triomphante renouvelée de Figaro. Le contrat commence donc par jeter les bases d'un procès interminable entre le gendre et le beau-père, procès qui sera comme le fond (teinte de Murillo) sur lequel se dérouleront les scènes de la vie conjugale.

Le jeudi, jour fixé pour la consécration, la fiancée est transportée de la tente paternelle à celle de son époux, avec un accompagnement de coups de fusil, cris, vacarme, qui peut lui donner un avant-goût de l'harmonie qui l'attend.

Le soir, il y a redoublement de sabat, et, après une ventrée homérique de couscoussou et de viandes plus ou moins grillées, chaque homme, j'allais dire chaque estomac, se retire, cuvant du mieux qu'il peut l'approvisionnement de victuailles dont il s'est gratifié.

Le lendemain, le supplice de la pauvre créature commence. Tout un poème dans le genre lamentable ne suffirait pas à le dire, et la lyre du Dante lui-même, accoutumée à décrire les tortures de l'enfer, se fatiguerait à la tâche.

Comment raconter en effet les péripéties, les tourments quotidiens d'une vie pareille ?

Traire les vaches, battre le lait pour faire du beurre, aller au bois et à l'eau, quelquefois à une lieue de la tente, en revenir chargée comme une bête de somme, tourner toute une journée un moulin à bras pour faire de la farine et ensuite du pain; cuisiner cet éternel couscoussou, et tisser cette interminable toile de Pénélope, qu'on appelle un burnous; grelotter en hiver, pieds nus, sous des haillons gelés; se rôtir en été, sous un soleil de feu, sur une terre ardente; ce n'est certes pas là une existence à envier, mais sa face la plus triste n'en paraît point encore.

Un travail dur, exagéré, est encore chose supportable quand il a pour compensation les satisfactions du cœur, les joies saintes de la famille, la pensée qu'on est protégé, soutenu, aidé.

Mais ici rien de pareil.

Tandis que la pauvre femme se brûle au soleil pour satisfaire ce maître qui s'appelle son époux, celui-ci, contraste déchirant! étale sa paresse à l'ombre d'un buisson, et se repaît des journées entières du plaisir de contempler l'azur qui se déroule devant lui.

Quand il rentre dans sa tente attristée, ce n'est qu'avec la mine altière du maître et des paroles de reproches à la bouche; et si quelque motif particulier vient exciter une bile prompte aux explosions, il bat sa femme comme il battrait son âne.

Celle-ci supporte cet excès de misère aussi longtemps qu'elle le peut; mais enfin sa tête s'exaltant et lui donnant l'audace qui manque à sa faiblesse, elle se décide à fuir chez son père, comme chez son protecteur naturel.

Celui-ci la reçoit les bras ouverts, et se dit à lui-même : Voici une excellente occasion d'empocher quelques douros. Sois la bienvenue, ma fille! En effet, le mari arrive quelques instants après sur les traces de sa victime. Un colloque d'abord fort animé s'établit entre lui et son beau-père, lequel s'efforce de mettre le ton de sa voix au diapason de ses prétentions, toujours fort exagérées. L'affaire se conclut enfin, suivant la méthode ordinaire, par un terme moyen. Le gendre compte la somme, le beau-père l'encaisse, et la fille, qu'on s'est bien gardé de consulter, est rendue à son brutal, avec la recommandation paternelle de mieux le satisfaire à l'avenir.

Et tout est dit, c'est-à-dire que tout recommence.

Il y a un aphorisme arabe qu'on peut poser en ces termes : Un mari a d'autant plus le droit de rosser sa femme, qu'il donne plus d'argent à son beau-père. Ou, pour le tourner d'une façon plus géométrique, la quantité de coups de bâton dont il peut l'affliger est en raison directe du nombre de douros dont il peut gratifier celui-ci.

La brutalité de l'époux va quelquefois jusqu'à la mutilation, jusqu'à des actes d'une cruauté indicible. J'ai connu pour ma part un grand chef indigène, qui, sur un simple soupçon, coupa le nez à une de ses femmes, et la renvoya ainsi mutilée à sa famille épouvantée. Le misérable vit maintenant retiré à la Mecque, et compte beaucoup aller au ciel de la façon la plus directe. D'autres leur brûlent les pieds avec des charbons ardents ; ceux-ci les éventrent ; ceux-là leur fendent la tête avec une pioche : chacun, suivant ses goûts, fort variés d'ailleurs. Et savez-vous quel est presque toujours le motif de ces actes incroyables de cruauté? Une infidélité vraie ou fausse, révélée par un esclave qui veut se venger de sa maîtresse, soit à cause de certains mauvais traitements dont il garde rancune, soit parce que celle-ci a repoussé, avec mépris, ses propositions particulières. Que dire de plus, enfin ? Pendant la guerre intestine des tribus, et surtout dans cet interrègne anarchique qui sépara la chute des Turcs de l'avènement d'Abd-el-Kader, elles passaient dans les razias à l'état de véritable bétail, et les vainqueurs se les partageaient comme des moutons. Seulement, sur la menace de quelques marabouts en renom, on légalisait l'opération à l'aide de petits bouts de papiers figurant de nouveaux actes de mariage et annulant les précédents de la façon la plus magistrale. Si bien qu'après quelque temps d'un pareil gâchis, il arriva, par exemple, qu'une femme se trouva être réclamée par cinq ou six hommes à la fois, appuyant tous leur prétention sur des pièces authentiques d'une égale valeur. J'ai vu pour ma part plusieurs cas de ce genre, et la chose qui me frappa le plus dans cette circonstance, ce fut de voir le charmant parti que la femme en tirait. Elle passait de l'un à l'autre avec une remarquable prestesse et les faisait tous endiabler à qui mieux mieux.

Pouvait-on sérieusement lui en vouloir? Elle se faisait un peu payer son énorme arriéré.

Cette situation misérable, où luttent le mépris et la honte, porte ses fruits naturels, qui sont l'absence de toute dignité, et l'affaissement moral le plus affligeant.

C'est là une loi inexorable dont on retrouve les effets, dans toutes les phases de la vie des êtres, soit que, réunis en groupes, ils constituent des sociétés diverses, soit que désagrégés ils vivent dispersés dans l'isolement que leur impose leur caractère particulier. Traitez l'homme le plus intelligent comme une bête, éteignez en lui toutes les nobles aspirations qu'il ressent, sous l'abjection d'un travail repoussant et le mépris de lui-même, et cet être, où l'on sent le reflet généalogique de Dieu, sera bientôt descendu à l'échelon de la brute.

Un célèbre naturaliste du dernier siècle, nommé Lamarck, a basardé sur la transformation physique des êtres, suivant les besoins qui les sollicitent, quelques idées aventureuses qui semblent trouver leur confirmation dans cette loi générale, dont elles seraient un chapitre particulier.

Suivant ce hardi savant, un quadrupède obligé de vivre en poisson le deviendrait infailliblement après quelques générations, et le poisson, par une réciprocité des plus logiques, suivrait dans un cas analogue, pour lui, une métamorphose inverse.

On voit qu'il n'y a qu'un mot à changer pour passer de l'ordre matériel de Lamarck aux conceptions plus élevées qui nous occupent. C'est ainsi que l'Arabe rayonnant de science et de gloire de la dynastie des Ouniades est devenu ce barbare en guenilles que nous connaissons.

C'est ainsi que le Turc de Mahomet II, le vainqueur de Constantinople, est descendu à cette triste condition, de ne devoir son existence qu'à l'embarras qui naîtrait du partage de ses dépouilles entre les puissants qui l'entourent ;

Que le Juif des Machabées, pour qui Dieu faisait chaque jour des merveilles, s'est transformé, sous la malédiction publique, en ce je ne sais quoi sans nom, des 13e et 14e siècles, qu'on écorchait et grillait pour faire une bonne œuvre.

Que la femme arabe, enfin, est devenue cette pauvre créature méprisée et vile, qui n'a de la femme que le sexe, et la faculté de procréation commune à toutes les femelles ;

Elle en est à ce point de misère qu'elle n'a plus conscience de sa dégradation, semblable à ces malades désespérés qui ne sentent plus leurs maladies, et se croient un pied dans la tombe dans un état parfait de santé. La pudeur, ce parfum chrétien de la femme civilisée, lui est tout à fait inconnue, et elle se livre sans remords, sous le premier buisson, au premier venu.

Elle craint le bâton de son mari, mais sa propre conscience, non ; et comme Richard III, elle se demande ce que c'est. Toute sa morale consiste donc à n'être pas vue. Si elle n'est pas découverte, gloire à Dieu ! c'est une honnête femme ; si le contraire à lieu, tant pis, car voici le bâton.

Son mari lui donnant d'ailleurs l'exemple de débordements sans nombre et apportant à sa tente ce qu'il est allé chercher chez la voisine, il en résulte que cette maladie, qu'on appelait, du temps de François 1er, napolitaine à Paris, et française à Naples, est comme le trait d'union de toutes les relations conjugales.

Des tribus entières en sont infectées.

La dégradation de cette pauvre créature est à ce point admise, que le dicton populaire la consacre par une foule de plaisanteries, où la cruauté le dispute au mauvais goût.

En voulez-vous un échantillon ?

— Qu'as-tu donc, Fatma, pour pleurer ainsi ?

— Hélas ! mon mari m'a battue.

— Le beau sujet de plainte, ma foi ! S'il t'a battue, c'est qu'il t'aime.

— Sans doute, mais....

— Quoi, mais ?

— Il m'a frappée avec le couffin (1) et la pioche était à ses côtés. Hélas ! plus de doute, il commence à me mépriser.

Le lazzi populaire admet donc qu'une femme arabe est d'autant plus aimée, qu'elle est plus vigoureusement battue, et qu'une preuve certaine d'une décroissance d'affection est le passage outrageant de la pioche au couffin, dans l'agent essentiel des relations conjugales.

Comme l'esclave antique, comme le serf féodal, comme toutes les natures dégradées par le milieu même où elles vivent, c'est à peine si elle désire un état meilleur que celui où elle gémit.

Elle crie quand on la bat, elle pleure quand elle souffre ; mais son intelligence affaissée a de la peine à rêver une amélioration qui lui paraît impossible. Belle occasion de triomphe, ma foi, pour les aveugles amants du *status quo* éternel, et les adorateurs impotents du dieu-borne !

Pourquoi chercher à améliorer la situation de gens qui ne demandent et ne conçoivent rien de mieux que celle où ils sont ?

Depuis le célèbre argument d'Aristote démontrant que l'esclavage était d'institution divine, il n'y en a pas en effet de plus fort. Aussi le passerons-nous, ne nous sentant pas de force à y répondre.

La femme arabe montre donc peu d'aspiration vers un état meilleur. Elle se plaint, gémit, et voilà tout. Comme l'enfant qui ne sait encore dire de quel côté il souffre, ses efforts se réduisent à une agitation stérile. Aussi, dans sa douleur inintelligente, en vient-elle souvent à demander des changements qui lui seront à coup sûr funestes.

Ainsi, le croirait-on ? Une femme, seule épouse d'un homme, en vient quelquefois à pousser celui-ci à en prendre une autre, espérant diminuer ses misères en les partageant avec une compagne, et tempérer par suite l'amertume de son isolement.

C'est ainsi que la polygamie, dont elle a tant à gémir, et qui fait surtout le côté vil de sa condition, est invoquée par elle comme un remède à ses maux.

(1) Panier de sparterie.

Peut-on concevoir un abîme de misères plus profond, plus désespéré ? Y a-t-il des échelons plus bas dans la dégradation et le malheur ? Non certes, je ne le pense pas. J'ai beau passer dans mon esprit la lamentable revue des damnés de ce monde, je ne vois nulle part une situation plus poignante, plus affreuse.

Eh bien, que devons-nous faire devant elle ? Faut-il nous croiser les bras, planter nos cotons, nos mûriers, et dire : Que nous importe, pourvu que notre colonie prospère ?

Non, certes. Nous sommes un trop grand peuple pour prononcer un blasphème pareil ; apôtres de tout ce qu'il y a de généreux, d'élevé dans ce monde, nous craindrions que cette indifférence impie ne frappât de stérilité la terre que nous voulons féconder.

Mais, dira-t-on, les difficultés sont grandes.

Des difficultés ! Je suis de ceux qui pensent qu'il n'y en a pas que nous ne puissions vaincre après celles dont nous avons triomphé.

Vous venez de voir Goliath dans toute sa grandeur farouche et formidable !

Voici maintenant la fronde qui, d'un coup, peut l'abattre.

## CHAPITRE III.

### Premier moyen d'émancipation.

La loi musulmane elle-même, et la première, nous fournira l'un des plus puissants moyens d'émancipation qui soient à notre disposition pour améliorer le sort de la femme arabe.

Comment ! la loi musulmane, la cruelle ennemie de l'esprit chrétien, qui consacre la polygamie et l'esclavage, les deux hontes de la barbarie, pourrait nous aider dans l'accomplissement d'une œuvre en apparence si contraire à son caractère général ?

Eh, oui sans doute. Et c'est là, on peut le dire, ce qui doit nous réconcilier un peu avec le Koran et Mahomet. Un ennemi, assez courtois pour nous donner des armes contre ses erreurs, a évidemment droit à nos sympathies.

Il est très-facile, à la distance où nous sommes, de juger sévèrement les doctrines du grand réformateur de l'Orient, et de lancer l'anathème à toutes les erreurs que la resplendissante clarté évangélique fait découvrir en elle, mais il n'est pas aussi facile d'être juste envers lui.

Mahomet est l'homme de génie qui a su le mieux tirer parti du peuple qu'il voulait transformer, et auquel son impulsion puissante a failli assurer la conquête du monde.

Il est vrai qu'il a institué la polygamie, qui se dresse maintenant devant nous comme un obstacle sérieux à nos projets, mais on oublie ou l'on semble ignorer que la polygamie, telle qu'il l'a réglementée, était un progrès énorme, accompli sur les mœurs du temps, une véritable conquête morale.

Les peuplades auxquelles il s'adressa d'abord, et qui formèrent ses premières cohortes, vivaient dans une promiscuité sans exemple, au milieu de l'anarchie de tous les intérêts, qu'aucune digue ne retenait. Un homme passait d'une femme à l'autre comme on change de vêtement, et, pareils aux chevaux de l'Ukraine, c'était le plus fort qui avait le privilège de choisir celles qui lui convenaient.

Que voulez-vous faire avec des catéchumènes d'une nature aussi réfractaire? Leur proposer de se réduire à une seule compagne, suivant l'esprit évangélique? C'eût été peine perdue et le moyen certain de se faire pendre au premier arbre, avec de tristes épithètes pour oraison funèbre. Une seule femme pour des gaillards pareils, y pensez-vous? Dites-leur de se réduire à quatre, qui soient bien à eux, interdites aux voisins d'une manière absolue, et il y aura moyen de s'entendre. Ainsi fit le révélateur de l'Orient, et bien lui en prit. Le propre de l'homme de génie est précisément de n'exiger juste que ce qu'il peut obtenir, et c'est ainsi qu'il jette les bases d'un succès infaillible.

Mahomet ne demanda donc à ses peuples d'autre progrès moral que la polygamie, et il l'obtint. Mais, prévoyant, avec cette vue profonde de l'avenir dont il a donné maintes preuves, que cette première transformation en appellerait nécessairement une autre plus parfaite, il ménagea dans sa loi tous les éléments qui pouvaient en assurer le succès.

Et comme il ne pouvait pas trop, lui, dans son rôle de prophète et d'inspiré, donner à ses préceptes le caractère transitoire, qui les aurait discrédités devant une masse stupide qui les voulait infaillibles, il légua à ses commentateurs le soin de compléter ses secrètes intentions à cet égard.

Voyons quelles sont les armes qu'ils nous ont préparées dans l'arsenal confus de leur jurisprudence. Allons d'abord au plus pressé, et cherchons si, avec leur secours, nous ne pouvons pas affranchir immédiatement la victime dont le sort nous occupe des mauvais traitements qui l'accablent.

Un docteur vénéré, l'Imam Chouchaoui, dans son Commentaire du Koran, sourate el-Mhaïda, dit :

« Si la femme a désobéi au mari en négligeant les soins
« du ménage, celui-ci lui en fait des reproches; si les repro-
« ches sont sans effet, il l'éloigne de la couche nuptiale et lui
« désigne un endroit où elle doit coucher seule; si ces deux
« punitions n'amènent encore aucun résultat, il est autorisé
« à la frapper de dix coups, avec un objet *doux, souple et*
« *large, si toutefois il pense que la chose soit profitable.*

« Le mari qui contrevient à ces prescriptions reçoit du
« hakem la défense de ne plus battre sa femme. En cas de
« contravention, celui-ci le punit lui-même par les coups.

Le mari a donc, suivant la loi, trois degrés de châtiment
envers l'épouse récalcitrante. La réprimande d'abord, la privation du lit conjugal, qu'elle doit partager dans une égalité
rigoureuse avec ses compagnes de misère, et enfin les coups
tels qu'ils viennent d'être définis. Mais comme les transitions
de ce genre ne sont ni dans ses mœurs, ni dans son caractère fougueux et explosif, négligeant les deux degrés intermédiaires, il ne manque jamais de sauter immédiatement au
troisième, c'est-à-dire à l'emploi des coups. Mais combien ce
châtiment se trouve exagéré par la colère, et qu'il y a loin
de cet objet *doux, souple* et *large*, qui, suivant les légistes, représente une ceinture, à ce noueux gourdin conjugal qui le
remplace dans l'application !

Il est manifeste, que le législateur a voulu agir seulement sur
l'amour-propre de la femme et non pas sur son corps. La peine
de l'humiliation est évidemment la seule qu'il ait eue en vue.
La restriction délicate qui suit ses prescriptions, et qui ne
permet au mari l'emploi de ces coups bénins que dans le cas
où ils pourront être efficaces, complète le caractère de ménagement dont elle est empreinte. Ainsi, bien que des coutumes
barbares l'aient altérée au point de permettre au mari d'assommer, de tuer même sa femme, ainsi que cela se passe dans
certaines localités, il nous est possible, en invoquant la loi
même, de mettre un terme à la brutalité féroce de celui-là
en proclamant et faisant respecter les garanties qu'elle accorde à celle-ci.

Nous pouvons d'ailleurs effacer d'un trait toutes les subtilités que l'esprit chicanier des légistes réfractaires pourrait
élever à cet égard, en leur opposant l'autorité la plus respectée après celle du Koran, celle de Sidi-Krélil lui-même.

Sidi-Krélil dit en termes formels qu'il n'y a que l'autorité
constituée qui puisse faire battre une femme avec le bâton.

Nous pouvons donc dire à l'Arabe hautement : Au nom de
ta loi, tu ne battras plus ta femme, et il nous sera facile de
trouver des juges d'une intégrité parfaite au point de vue
musulman qui, au nom du prophète, le puniront s'il ose
transgresser nos ordres à cet égard.

La conséquence de ce premier succès obtenu sera une certaine élévation dans le niveau moral de la femme. Comme le
jonc sous la pression qui diminue, elle se redressera d'elle-même ; étonnée d'avoir des droits, elle songera à les demander tout entiers. Son instinct secondant ses besoins, elle pensera sans doute à vivre sans rivale dans sa tente transformée,
et sera fort surprise d'apprendre encore que la loi l'y auto

rise et qu'elle peut étouffer du pied la polygamie, sa plus cruelle ennemie.

Et en effet, Sidi-Brahim-Téloi, dans son Commentaire de Sidi-Krelil, au chapitre des mariages, dit :

« Les actes peuvent comporter certaines conditions par « lesquelles seules l'union a lieu. Ces conditions sont : *de ne* « *pas faire partager à une autre le lit conjugal, de ne pas* « *éloigner la femme de son pays, de ne pas en prendre une* « *seconde, de ne pas lui associer de concubine et autres de ce* « *genre*. Le docteur Ben-Ehhab établit, et il est l'autorité la « plus sûre, que celui qui s'est marié à la suite de conditions « bien constatées est tenu de les remplir. »

Ainsi donc la femme, en se mariant, a la faculté de faire ses conditions dans l'acte qui la lie; elle peut en quelque sorte établir la charte de ses libertés conjugales. Le sens très-étendu de la loi lui permet de renverser à peu près les rôles, et d'esclave devenir maîtresse. Il dépend d'elle d'interdire l'entrée de toute autre femme dans la tente de son époux, et de placer ainsi, d'un coup, le mariage musulman à la hauteur du nôtre.

Mais comment, dira-t-on, la femme arabe avec tous les avantages que la loi lui permet d'obtenir peut-elle se laisser acculer ainsi dans l'impasse de misères où nous la voyons? La raison de cette inconséquence apparente n'est que trop facile à donner.

La femme arabe ne s'appartient pas, elle dépend toujours d'un parent, père, oncle, frère ou autre, qui, de longue date, fonde sur elle une recette déterminée pour l'arrangement de ses affaires particulières. Il a du blé en silos, qu'il vend quand le besoin d'argent le presse trop vivement; il a une fille sous la main, dont il se débarrasse dans le même but; marchandise dans les deux cas; grains ou femme.

Si le blé est médiocre, il le vend peu. Si la fille pose des conditions au mari, elle rentre dans le cas du blé, et perd sensiblement de son prix.

Il y a telle condition qui, mise dans un acte, fait baisser sa valeur de 10 douros, un autre de 15; il en est qui vont jusqu'à 30, 50 douros ! Or quel est le marchand, de quelque origine qu'il soit, fils d'Abraham ou d'Ismaël, qui consentirait bénévolement à un rabais pareil ?

Donc, se dit le détenteur de la fille à marier, gardons-nous bien de lui assurer des garanties quelconques; que son mari en fasse ce qu'il lui plaira, et que je réalise l'intégrité de sa valeur. Et la pauvre fille est ainsi livrée sans défense, pour quelques pièces d'argent de plus, au maître cruel qui l'attend.

Comment faire disparaître cet affreux trafic de la famille, d'autant plus révoltant qu'il viole les sentiments les plus sacrés, en faisant d'un défenseur naturel un oppresseur impitoyable?

D'une manière bien simple : en invoquant encore la loi même et la faisant respecter.

La loi dispose que la dot donnée par le mari appartient à sa femme et qu'il ne peut en être rien distrait, dans les cas déterminés où elle est en dépôt, que pour son usage particulier. Rétablissons le principe dans toute son intégrité; empêchons le détenteur de la fille d'en toucher un centime, et celui-ci, dégagé du sentiment de cupidité qui le dénaturait, n'ayant rien autre à faire qu'à défendre les droits de sa pupille, s'en acquittera avec cet entêtement tenace qu'il manifeste dans la défense de ses propres intérêts.

Voici les armes que la législation musulmane nous donne pour obtenir ce résultat.

Sidi-Brahim-Téteï dit, dans ses Commentaires de Sidi-Krell, au chapitre des dots:

« Le père reçoit la dot du mari quand sa fille est vierge,
« ou bien quand, jeune encore, elle n'a été mariée qu'une
« fois, ou, à son défaut, le tuteur désigné par lui.

« Si la femme n'a ni père ni tuteur désigné (par lui),
« c'est elle-même qui perçoit sa dot et non pas un de ses
« parents.

« Si pourtant l'un de ces derniers l'avait touchée hors du
« cas légal, la femme ou son mari sont en droit de le poursuivre en restitution. »

Sidi-el-Krerchi dit aussi, dans un commentaire d'un autre passage de ce même chapitre des dots de Sidi-Krell :

« Celui qui a reçu la dot ne peut en justifier l'emploi que de
« trois manières légales :

« La première, en achetant les présents de noce, et en fai-
« sant attester par témoins que ces présents ont été remis
« à la mariée, et qu'ils lui conviennent. Le deuxième, en
« faisant attester que ces présents ont été choisis par elle-
« même et remis par lui entre ses mains. La troisième, en
« les faisant estimer par des témoins et en constatant qu'ils
« lui ont été remis par eux. »

Que résulte-t-il, en deux mots, de cet échantillon de jurisprudence musulmane, qui ne brille pas précisément par la clarté et la concision des termes?

Le père ou un délégué du père peut seul percevoir la dot de sa fille nouvelle mariée, et cela uniquement pour la dépenser à l'usage particulier de celle-ci.

Veut-on quelque chose de plus concluant encore et surtout de plus précis?

El-Bermouni ajoute encore, d'après Bou-Hassen, autre commentateur de Sidi-Krell :

« La dot que le père perçoit pour la nouvelle mariée ap-
« partient à cette dernière et doit lui revenir dans toute son
« intégrité. »

Il serait possible d'ajouter encore d'autres autorités à celles-ci, qui toutes prouveraient, en résumé, que la dot donnée par le mari appartient de droit à la femme, et que la coutume établie par la rapacité arabe de la détourner au profit des plus proches parents, viole les textes sacrés et constitue une impiété flagrante.

Abd-el-Kader qui tenait beaucoup, soit résultat d'une conviction profonde, soit pour couvrir son ambition de l'auréole vénérée de régénérateur, à se montrer observateur scrupuleux de la loi, avait rappelé à ses prescriptions ceux qui s'en éloignaient à cet endroit. Par les ordres sévères qu'il avait donnés aux ulémas, et par quelques exemples sanglants, il était en effet parvenu à étouffer l'avidité des marchands de femmes et à relever par conséquent d'autant la condition de celles-ci. Il nous est possible d'obtenir encore un résultat plus décisif qu'Abd-el-Kader, ayant des moyens d'action plus intelligents que les siens, et un but plus élevé à atteindre.

Ainsi donc la loi musulmane, qui a fondé l'iniquité, nous servira à la détruire. Tant il est vrai que tout, sous l'impulsion mystérieuse de la Providence, conspire à pousser dans la voie du progrès les éléments divers de ce monde, tout, même ce qui nous apparaît comme un obstacle infranchissable à ce progrès.

La loi qui tient la femme captive sous la honte et la dégradation, commentée par nous, l'élèvera, et d'esclave de l'homme nous permettra d'en faire sa sœur et son égale, suivant les desseins de Dieu.

Mais la loi musulmane, cet auxiliaire inespéré, n'est pas le seul instrument que nous pourrons employer dans l'exécution de cette œuvre importante. Quand une bonne chose est à faire par le monde, et porte l'empreinte d'une nécessité absolue, il faut bien qu'elle se fasse, et mille forces diverses poussent à son accomplissement.

Après l'agent moral, nous allons trouver l'agent matériel, et l'un aidant l'autre, nous verrons que la besogne n'en ira que plus vite.

## CHAPITRE IV.

### Deuxième moyen d'émancipation.

Nous nous faisons, en général, des idées très-fausses sur le caractère de la polygamie chez le peuple arabe. Jugeant la situation au point de vue particulier où nous sommes, nous nous imaginons volontiers que l'Arabe a plusieurs femmes uniquement pour apporter aux plaisirs des sens une certaine variété, c'est-à-dire un charme de plus. Notre imagination féconde en broderies, partant de cette donnée, se livre aux rêves les plus désordonnés et se perd au fond d'un conte des Mille et une Nuits, c'est-à-dire à l'extrémité opposée de la vérité.

Il ne s'agit pas ici, soyez-en convaincu, d'une reproduction des goûts bibliques de Sardanapale et de Salomon : il n'y a rien de cela ou presque rien dans le cas qui nous occupe, malgré sa ressemblance apparente avec des mœurs à peu près effacées. L'Arabe n'embarrasse pas son existence de quatre femmes à conduire, à surveiller, dans l'intention unique que vous croyez. Lui si amoureux de liberté, de mouvements rapides, pour fuir ou atteindre son ennemi, ne s'emprisonnerait pas pour un pareil motif, soyez-en certain, dans le cercle obligé d'*impedimenta*, qu'un nombre pareil de compagnes entraîne nécessairement avec lui.

On conçoit jusqu'à un certain point la polygamie comprise dans ce sens, à la cour d'un padischa, où chaque femme a un harem, son personnel de serviteurs et de surveillants, dans ces eunuques chers à Cybèle et fort laids. Mais dans la tente de l'Arabe, sous les rayons d'un soleil torride, dans la liberté obligée que la vie des champs donne à ceux qui en jouissent, peut-elle raisonnablement avoir ce caractère ? Certainement non.

Les quatre femmes qui vivent sous la tente d'un Arabe n'ont que trois choses à faire, et s'en acquittent avec une périodicité inaltérable : travailler, se battre entre elles, et être battues par leur époux commun.

Faites-moi le plaisir de me dire quel agrément peut en résulter pour l'un quelconque des acteurs de cet imbroglio conjugal, jusques et y compris l'impressario de la troupe, celui qui bat sans être battu ?

Il n'est certes pas facile de le formuler. Bien au contraire, je crois qu'il est impossible de concevoir une situation qui en soit plus privée ; et, pour ma part, si j'étais homme à me venger de mon plus cruel ennemi, et que la chose fût en mon pouvoir, je ne lui voudrais d'autre châtiment que de vivre au milieu de quatre femmes qui se battraient perpétuellement entre elles, et qu'il serait obligé de battre lui-même pour les mettre dans un accord à chaque instant troublé.

Cela va de soi et se comprend de reste, pour peu que le courant de la vie vous ait placé entre deux femmes, adorables d'ailleurs, mais d'humeur contraire. Il a été même peut-être donné à quelques-uns d'asseoir leur conviction à cet égard, en ne faisant l'expérience que sur une seule. Mais gardons-nous de trop approfondir cette question délicate, et tenons-nous à cet égard dans une prudente réserve.

Trop parler nuit, a dit un célèbre philosophe.

Quoi qu'il en soit, tenez pour certain que l'Arabe ne nourrit pas quatre femmes sous sa tente pour le plaisir qu'un padischa cherche dans son harem.

Mais alors qu'en fait-il, et pourquoi s'en embarrasse-t-il ?

Il est clair qu'il doit avoir quelque puissante raison pour ça.

On ne s'enchevêtre pas, de gaîté de cœur, dans un tel gâchis intime sans l'idée d'en tirer un avantage qui le compense au-delà. On prend une purge, fort bien, mais c'est pour guérir. Tout homme, quel que soit son échelon intellectuel, possède cette logique-là.

L'Arabe prend donc plusieurs femmes parce qu'il y trouve un avantage matériel, un confort qu'elles seules peuvent donner au sein de la société mal faite où il vit.

Pour s'en faire une idée exacte, il est nécessaire d'analyser tout le parti qu'il en tire, et alors s'expliquera naturellement cette contradiction apparente que nous venons de signaler.

La femme arabe remplace, dans la tente de son époux, les arts manuels qui manquent autour de lui, et dont l'usage est indispensable à son existence, quelle qu'en soit la simplicité. Elle tient lieu :

1° Du meûnier. — C'est elle qui, toute la journée, lui moud son grain entre les deux meules d'un moulin à bras, dont le bruit monotone frappe le voyageur.

2° Du boulanger. — Après avoir fait la farine, elle pétrit la pâte, prépare le pain et le fait cuire dans un grand plat de poterie grossière.

3° Du restaurateur et cuisinier. — Elle tire de la farine, à l'aide d'une opération assez délicate de la main, aidée de quelques gouttes d'eau, le célèbre couscoussou, mets national de l'Arabe, et la base de toute son alimentation. Elle fait aussi, avec de la viande et des légumes, une foule de combinaisons culinaires inconnues à nos Vatels, qui font les délices du gosier de son mari, amoureux de poivron, mais qui écorchent le nôtre d'une façon brutale.

4° Du pâtissier-confiseur. — Avec de la pâte et du miel, il n'est rien qu'elle ne fasse en fait de douceurs. — C'est là une branche très-importante des services qu'elle rend, et qui rehausse beaucoup sa valeur (*en douros*) aux yeux des hommes riches.

5° Du tisserand. — C'est encore elle qui prépare les tissus qui doivent vêtir l'homme, haïks et burnous, principaux éléments de son habillement, et chez certaines tribus à peu près les seuls.

6° Du tailleur. — A part les chemises, les abaïas et gundouras qui sont de la même famille, son travail le plus ordinaire consiste à réparer et entretenir le vieux. Elle obtient dans ce genre des résultats dignes d'être cités, et j'ai connu, pour ma part, certains burnous qui avaient bien couvert trois générations.

7° Du maçon. — Elle tisse cette étoffe épaisse et solide, formée de laine et de barbe de palmier nain, qui constitue la tente, c'est-à-dire la maison mobile de la famille. Après l'avoir faite, elle la répare. C'est naturel : qui peut le plus, peut le moins.

Nous pourrions continuer notre énumération, mais nous nous arrêterons ici pour ne pas parodier le chapitre biblique des nombres, et aussi parce que cet échantillon paraîtra sans doute suffisant au lecteur.

En résumé, et sans compter les détails accessoires, qu'on peut appeler d'agrément, la femme assure à l'homme les trois choses essentielles de la vie matérielle : aliment, vêtement, abri. Comprenez-vous maintenant qu'il y tienne ?

J'ai connu de jeunes cavaliers à bonnes fortunes aimant les aventures des bois et du bord de l'eau, qui me disaient : Il faut pourtant bien que nous nous mariions. — Et, pourquoi donc, qui vous presse ? — Qui nous presse ? Mais la faim : nous ne savons véritablement plus où aller manger.

Cette réponse porte en elle un sens profond.

L'Arabe se marie d'abord pour s'assurer la nourriture.

Ce premier besoin satisfait, et si la fortune le permet, il songe aux autres, et prend alors successivement autant de femmes qu'il lui en faut pour se permettre un grand train de maison et le confort intérieur auquel il peut prétendre.

S'il n'a qu'une femme, c'est un pauvre homme ; il lui est interdit de représenter et de faire honorablement l'hospitalité, à laquelle les enfants d'Ismaël tiennent autant par tradition que par gloriole.

Le dernier degré hiérarchique de la tente arabe est représenté par une femme maladive et maladroite ; le premier par quatre vigoureuses luronnes capables de bâcler, dans un instant, le repas de vingt hôtes que le prophète leur envoie, et de faire ainsi honneur à leur mari et maître. On dit de celui-ci : c'est une tente de sultan ; de celui-là : c'est une tente de berger.

La vanité s'en mêlant, et les exigences des positions aussi, il arrive que bien des personnages arabes n'en ont pas assez de leurs quatre femmes légales, et qu'ils en prennent un plus grand nombre à l'aide de l'une de ces subtilités comme on en trouve au fond de toutes les jurisprudences.

Il n'est permis qu'aux princes souverains d'en prendre plus de quatre; mais tout homme riche qui a déjà ce complet peut en mettre une de côté, c'est-à-dire hors de tout commerce conjugal, et en prendre une nouvelle à sa place. On conçoit où l'on peut aller avec une doctrine aussi flexible. Il en résulte que les hauts personnages en prennent tant qu'ils veulent, sans compter les esclaves achetées.

Mais, on le voit, le fond de cette polygamie est toujours d'assurer les nécessités de la vie, ou de faire honneur à la position qu'on occupe dans la société. Toute monstrueuse qu'elle soit, cette institution porte donc en elle le cachet d'une nécessité relative, et c'est là ce qui fait sa force et, on peut le dire, sa justification. Pour la détruire, il faut donc autre chose que des sermons; il faut, d'indispensable qu'elle est, la rendre inutile, la dépouiller de ses avantages et ne lui laisser que ses inconvénients.

Pour atteindre ce but, le moyen pratique est des plus simples: le lecteur l'a déjà deviné. Il suffit de mettre à la portée de l'Arabe ces divers arts manuels dont la femme lui procure les bienfaits. Donnez-lui le meunier, le boulanger, le cuisinier, le pâtissier, le tisserand, le tailleur, le maçon, etc., et tous ces ouvriers réunis, aidés de la loi musulmane, telle que nous l'avons interprétée, vous tueront la polygamie raide morte.

Quand vous aurez transformé le milieu où vit l'Arabe, au point d'annuler la femme comme unique artisan de sa vie matérielle, vous aurez transfiguré celle-ci, et lui aurez assuré la place chrétienne qu'elle doit occuper à côté de l'homme. En la rendant moins indispensable aux soins grossiers, vous la rendrez plus noble et plus chère. On la prenait pour moudre du blé et faire cuire le pain; on la recherchera pour l'aimer, pour satisfaire au plus impérieux besoin du cœur, quand, avec la plus modique somme, on pourra remplacer chez le boulanger voisin son travail de deux jours. Machine avant; femme après.

Quel est l'homme riche qui voudra encombrer sa tente de quatre batailleuses étourdissantes, qui le fatiguent autant qu'elles le ruinent en bijoux et fanfioles incessantes, quand, avec quelques douros, il lui sera facile de doubler le bien-être matériel qu'elles pourraient lui procurer?

A part quelques originaux d'une ténacité exceptionnelle, de la famille de ces vieillards porte-queues que nous avons vus au commencement de ce siècle étonner les générations nouvelles de leur persistance à porter cet incommode ornement de leurs nuques, je ne vois pas qui pourrait résister à l'influence salutaire du courant dont il s'agit.

Et puis, une fois les exceptions mortes, tout sera dit, et le grand pas sera fait.

Que tel soit le remède efficace à la polygamie, il suffit de considérer les villes où les Maures, bien que musulmans, n'ont généralement qu'une femme, par la seule raison qu'ils ont sous la main le boulanger, le pâtissier, le tailleur, le maçon, le tisserand, etc.

Pour résumer d'un mot tout ce chapitre, disons qu'un puissant argument à employer, pour obtenir l'émancipation de la femme arabe, c'est un moulin ; et sans nous effaroucher du jeu de mots, ajoutons que c'est un des plus solides qu'on puisse produire.

La machine brute doit se substituer partout à la machine humaine. C'est la grande loi qui fait monter le niveau de l'intelligence et du bonheur chez les peuples avancés comme chez ceux qui sont en retard.

## CHAPITRE V.

### Troisième moyen d'émancipation.

Il est encore un moyen qui doit puissamment contribuer à amener le grand résultat qui nous occupe. Il est précisément de ceux qui, pour justifier ce vieil adage que le mieux est ennemi du bien, font sourire les uns et hausser les épaules des autres. Il est pourtant incontestable que le mieux est préférable au bien. Mais c'est là une de ces vérités de Lapalisse qui demandent une très-grande hardiesse chez celui qui veut la poser et la défendre dans les champs clos de l'infirme raison humaine.

Ce moyen, que n'ai-je pour le faire accepter avec l'entrain qu'il mérite, la lyre d'Amphion, si féconde en miracles ! Elle ne serait vraiment pas de trop. Mais, à son défaut, disons la chose militairement, c'est-à-dire sans paraphrases, sans atours, franchement et nettement.

Ce moyen serait le mariage de la femme arabe avec le conquérant lui-même.

Certes, le moyen n'est pas d'une conception difficile, et nous convenons volontiers qu'un brevet d'invention n'est pas ici nécessaire ; mais ce qu'on ne saurait nier, c'est qu'il ne soit d'une triomphante efficacité.

Tous les peuples conquérants qui ont voulu jeter des racines durables chez les nations soumises à leurs armes l'ont employé, poussés par cette première logique des temps, la nécessité. Voyez ce qu'ont fait les Normands en Angleterre, devant la race ennemie des Saxons, et, avant eux, toute cette avalanche germanique qui se rua sur nos pères en flots pressés, et ce peuple de Rome qui prenait aussi volontiers à ses voisins leurs femmes que leurs terres.

Il n'est pas en effet de lien plus puissant pour cimenter l'union de deux races que celui qu'établit la fusion du sang et des familles. Il n'est pas de combinaison qui puisse asseoir plus carrément notre conquête, même le croisement d'intérêts matériels communs.

Et voyez d'ailleurs quel avantage nous en tirerions immédiatement pour le but que nous poursuivons! La femme a cela de constant dans chaque coin de la terre où elle vit près de l'homme, qu'elle suit toujours, quoique dans une sphère inférieure, la condition de son époux. Plus le peuple est avancé, et plus cette assimilation approche de l'égalité. Un roi prend une femme et en fait une reine : un berger, une bergère. Un Français d'une femme arabe ferait donc une Française, c'est-à-dire une créature jouissant, à peu de chose près, des mêmes droits que lui, et ayant sauté d'un pas l'immense distance qui sépare un barbare d'un civilisé: dans ce cas, on pourrait dire : femme mariée, femme émancipée.

Nous avons donc le plus grand avantage à encourager de pareilles unions, et il est d'une sage politique d'y pousser de toutes nos forces. Mais, au rebours de nos intérêts bien entendus, c'est jusqu'ici le contraire que nous avons fait.

Avec cette causticité gauloise, qui nous pousse souvent à préférer un calembourg à une idée féconde, nous avons presque toujours payé de raillerie les tendances que quelques caractères hardis et généreux ont manifestées dans ce sens. Au lieu de les applaudir et de les encourager, nous nous sommes plu à leur faire sentir les inconvénients d'une position exceptionnelle au milieu de nos mœurs, et à refroidir par là ceux qui étaient disposés à suivre leur exemple.

C'est là une faute aussi ridicule que nuisible. Pour la réparer au plus vite, nous devons changer de tactique, et au lieu de gêner cette association du sang, qui assure l'union des races, l'encourager et la diriger même d'une manière conforme à nos desseins.

Dans un autre ordre d'idées, l'inoculation de ce sang nouveau peut nous être utile. Nous nous affaissons un peu trop dans le positivisme mercantile ; et l'insouciance de l'enfant de la tente qui compte toujours sur Dieu, nous rendrait cette touche poétique qui semble nous échapper. Nos populations, émigrées d'Europe, luttent péniblement contre l'acclimatation. Une race, depuis douze siècles acclimatée, ne peut que leur inoculer un vigoureux principe de naturalisation.

Pour faciliter ce résultat, il serait bon de prendre quelques mesures.

Ainsi la famille arabe, alliée à un Français, devrait être aussitôt investie de certains priviléges capables de faire envier son sort aux voisines. Le premier et le plus simple serait de n'être justiciable que de l'autorité française, d'être exempte de corvées de tous genres, et de n'acquitter l'impôt qu'entre les mains de nos agents.

Ces quelques avantages, auxquels on pourrait en joindre d'autres sans inconvénient, suffiraient déjà pour exciter la convoitise de nos prochains alliés, et il n'y aurait bientôt plus qu'à calmer l'ardeur des concurrents.

On pensera peut-être que la loi musulmane, si prompte à vomir le mépris sur les infidèles, ne s'accommodera pas de ce système de fusion et se refusera à consacrer les contrats de mariage. Détrompez-vous. Il n'est rien sous le soleil de plus accommodant qu'elle. Avec un peu d'habileté, on en tire ce qu'on veut sur le même sujet. Oui ici, non là-bas. Croyez-en un homme qui longtemps l'a pratiquée, et qui toujours a su y trouver le texte destiné à teindre d'une couleur légale les actes favorables à nos justes intérêts. Le caoutchouc n'est qu'une barre de fer à côté.

Je n'ai plus sous la main les vieux bouquins poudreux qui renferment les merveilles de la jurisprudence musulmane, mais je me fais fort, quand besoin sera, de dénicher dans leurs feuillets jaunis les versets les plus concluants pour l'objet dont il s'agit.

Je vous en donnerai 10, 20, 30, s'il le faut, qui vous diront tous, dans un touchant accord, qu'il n'y a rien d'agréable au prophète comme le mariage d'une musulmane avec un chrétien, parce qu'en définitive c'est encore un moyen indirect d'amener celui-ci à la foi orthodoxe.

En attendant, je puis vous attester que les kadis, en général, ne voient aucun obstacle sérieux à ce genre d'union. Les farouches citent bien certain passage de Sidi-Krelil qui semble établir que chacun doit se marier dans sa caste et sa religion, mais les docteurs de la loi, Si-Mohhamed-Ben-Senoussi et d'autres, soutiennent que ces prescriptions ne se rapportent qu'à un certain état de perfection, qu'il n'est guère possible d'atteindre.

Et puis d'ailleurs, qu'auraient à faire Sidi-Krelil et ses illustres confrères devant monsieur le maire de la commune, qui n'en aurait jamais entendu parler, suivant toute probabilité? Ceci soit dit sans faire tort aux lumières de ce magistrat.

Aucun obstacle sérieux ne s'oppose donc à l'emploi de ce troisième moyen d'émancipation, dont l'efficacité est manifeste.

## CHAPITRE VI.

### Résumé et conclusion.

Résumons un peu ce que nous venons d'exposer, et tâchons d'en rendre plus sensibles les points saillants, en y projetant les rayons concentrés de l'analyse.

Quand on a foi dans une idée, on craint avec raison de la délayer dans les flots confus du verbiage, et on voudrait pouvoir la ciseler en quatre mots. Malheureusement la chose n'est possible qu'après l'avoir étalée sous ses phases diverses, et, alors, à moins d'avoir sous les yeux le clepsydre impitoyable du pnyx (instrument que je regrette), il devient difficile de s'arrêter à temps.

Voici en quelques mots notre pensée :

La condition de la femme est chez un peuple la mesure de sa valeur morale. Elevez celle-là, et le niveau de celui-ci montera d'autant.

Vous aurez beau doter l'Arabe de tous les avantages que nos progrès récents nous ont donnés, qu'il n'en restera pas moins un barbare au cœur farouche, à l'esprit épais, si la compagne de sa vie continue à vivre à côté de lui de la vie pestilentielle, de la brute. On ne peut être moitié homme, moitié bête ; il faut être l'un ou l'autre, surtout depuis la disparition des centaures.

Donc, pour accomplir d'une manière complète vos devoirs sacrés de tuteur, et, aussi, pour sauvegarder vos intérêts les plus vulgaires, il faut vous occuper du sort de la femme arabe, et résoudre, avec les ménagements qu'un pareil sujet comporte, le problème chrétien de son émancipation.

Votre intérêt, d'accord avec votre gloire, vous y pousse par les deux épaules, et vous tient devant la difficulté comme devant le sphynx antique.

Ne craignez rien : avec la foi on transporte les montagnes, et quand on veut une chose juste, on réussit toujours à l'œuvre, surtout quand on est peuple et qu'on a les siècles pour soi.

Pour atteindre ce magnifique but, trois moyens vous sont offerts, moyens sûrs et infaillibles, mais dont la simultanéité d'action me paraît indispensable au succès.

Vous avez d'abord, comme auxiliaire puissant, l'interprétation de la loi musulmane que nous venons d'exposer.

La lettre tue et l'esprit vivifie, a dit l'Evangile ; c'est une vérité radieuse qu'on retrouve au fond de tous les codes religieux ou civils.

Prenons l'esprit de cette loi, et laissons à la lettre sa fonction matérielle de porte faix de l'idée.

Cet esprit nous montre, sous les couches épaisses de l'habitude et d'une fausse tradition, les droits enfouis de la malheureuse femme arabe. Exhumons hardiment ces droits et faisons-les respecter.

Que faut-il pour cela ? Peu de chose.

Organiser d'abord à Alger un medjelès, sorte de cour de cassation indigène, composée de toutes les notabilités judiciaires des trois provinces.

Ce medjelès aurait deux choses à faire, toucher de gros appointements, ce qui lui irait fort, et fixer la jurisprudence musulmane sur toutes les questions délicates qui lui seraient soumises par l'autorité.

Il serait dressé à avoir toujours un texte à notre disposition et à l'appuyer des commentaires les plus savants et les plus irréfutables.

Ces commentaires, rédigés sous forme de circulaires et communiqués par l'intermédiaire des bureaux arabes à tous les kadis du pays, auraient, aux yeux de ceux-ci et du peuple, le caractère imposant de la loi même, et seraient obéis, en y aidant de notre côté, avec la plus scrupuleuse ponctualité.

On comprend l'immense parti que nous pourrions tirer d'un pareil instrument, mis en branle à Alger par l'autorité supérieure, et dirigé, dans son action, jusque dans les derniers éléments du peuple, par notre puissante institution des bureaux arabes.

C'est ainsi que la question délicate de l'émancipation de la femme, au point de vue légal, serait élucidée avec une autorité de lumière irrésistible, et que le succès de sa solution deviendrait une chose certaine.

C'est ainsi qu'il nous serait facile d'obtenir une décision souveraine qui consacrât aux yeux de tous le mariage d'une musulmane avec un chrétien, résultat qui nous assurerait, dans l'application, l'usage du troisième moyen d'émancipation que nous avons mentionné.

Quant à celui qui ne dépend absolument que d'une transformation matérielle du milieu social de l'Arabe, il est évident qu'aucun obstacle sérieux ne pourrait gêner son emploi.

La femme est pour l'Arabe sa machine, son esclave : riche, il lui en faut un grand nombre pour assurer un train de maison digne de lui.

La nécessité s'alliant à une sotte vanité populaire, la polygamie se trouve ainsi perpétuée, et jusqu'à un certain point justifiée.

Que devons-nous faire pour la miner et l'amener insensiblement à tomber en poudre ?

Nous l'avons dit : remplacer la machine femme par la machine brute, ennoblir la première, la rendre plus chère au cœur et moins indispensable aux soins grossiers; dans ce but, peupler le pays de meuniers, boulangers, tisserands, etc., etc., mettre en un mot la vie matérielle sous la main même de l'Arabe.

Or, je vous le demande, qu'y a-t-il de difficile dans une pareille entreprise ? Mettre des ouvriers où il en manque, n'est-ce pas pousser l'air dans le vide?

L'œuvre importante de l'émancipation de la femme arabe s'accomplira donc, n'en doutez pas, sous l'impulsion intelligente qui dirige les affaires de l'Algérie, si bien secondée par l'action locale des bureaux arabes.

A chaque œuvre son temps; celle-ci demandera le sien, mais il sera moins long qu'on ne serait d'abord tenté de le croire. Les dix-huit siècles de transformation et de travail intérieur qui nous ont donné la civilisation moderne, à travers les deux couches romaine et germanique stratifiées sur nous, nous ont fait acquérir l'expérience qui permet d'aller plus vite en besogne, en évitant les tâtonnements. Pour que la femme arabe, abandonnée aux seuls courants qui conduisent les peuples musulmans vers l'avenir, atteignît l'ère désirée de son émancipation chrétienne, vingt siècles n'auraient peut-être pas suffi; grâce à nous, vingt ans opéreront peut-être cette transfiguration inattendue.

Or si, dans une question d'un abord si ardu, si inquiétant, il nous est possible d'atteindre presque d'un bond la solution délicate qu'elle appelle, que sera-ce donc pour les autres?

Où trouverons-nous un obstacle capable de nous arrêter sur cette terre féconde et glorieuse, destinée à doubler la France en richesse et en puissance?

Courage donc à tous, car le succès est certain, et l'espérance illumine tous les coins de l'horizon.

Commandant CHARLES RICHARD,<br>Ancien chef des affaires arabes d'Orléansville.

*N. B.* Le lecteur, à qui la remarquable étude qui précède aura inspiré le désir de pénétrer plus avant dans la connaissance de la société arabe, devra lire les autres publications du commandant Richard : — *Études sur l'insurrection du Dahra.* — *Du Gouvernement arabe et de l'institution qui doit l'exercer.* — *De l'Esprit de la législation musulmane.* — *Scènes de la vie arabe.* Œuvres aussi solides que brillantes et neuves.

J. D.

# SEPTIÈME PARTIE.

## MÉLANGES.

### RÉSUMÉ HISTORIQUE DE LA CONQUÊTE.

En 1793 et les années suivantes les maisons Bacri et Busnac d'Alger font à l'administration française des fournitures de grains. — De 1796 à 1827, règlements de la dette, paiements partiels, discussions sur le solde. — Le 30 avril 1827, dans une conférence sur cette liquidation, le dey d'Alger, Hussein-Pacha, emporté par la colère, donne un coup d'éventail sur la figure à M. Deval, consul de France, en y joignant des gestes et des paroles de mépris contre le roi de France et les chrétiens en général. — Justement indignée de cette offense, la France déclare la guerre au dey.

De 1827 à 1830, blocus d'Alger par une escadre française. — En janvier 1830, une expédition est décidée. — 25 mai, l'armée expéditionnaire part de Toulon, sous le commandement du maréchal Bourmont, portée par une flotte commandée par l'amiral Duperré. — Le 13 juin, l'escadre mouille dans la rade de Sidi-Ferruch. — 14 juin et jours suivants, débarquement. — 19 juin, combat de Staoueli. — 4 juillet, capitulation d'Alger. — 5 juillet, prise de possession d'Alger.

De 1830 à 1852, occupation et domination progressives de l'Algérie dans l'ordre suivant.

1830, Alger. — 1831, Oran. — 1832, Bône. — 1833, Arzew, Mostaganem, Bougie. — 1835, Boufarik (camp d'Erlon). — 1836, la Calle, Guelma. — 1837, Constantine. — 1838, Koléa, Blida, Philippeville. — 1839, Djigelli, Sétif. — 1840, Cherchell, Médéa, Miliana. — 1841, Boghar, Mascara. — 1842, Tlemcen. — 1843, Teniet-el-Haad, Orléansville, Tenez, Sidi-bel-Abbès, Tiaret, Sebdou. — 1844, Saïda, Dellis, Batna, Biskara, Djemma-Ghazaouat (Nemours), Lalla-Maghrnia. — 1845, Aumale, Bordj-bou-Aréridj, Daïa, Ammi-Moussa. — 23 décembre 1847, soumission d'Abd-el-Kader. — 1852, Laghouat. — 1853, Geryville (El-Biod) Ouargla. — De 1846 à 1855, soumissions partielles de la Kabilie.

En 1854, le drapeau français flotte du Maroc à la Tunisie, de la Méditerranée au désert, sur une profondeur de plus de 150 lieues. Quelques tribus kabiles, quelques oasis lointaines échappent seules pour peu de temps à la souveraineté française. Abd-el-Kader vit en paix à Brousse de la pension que lui fait le gouvernement français, et se fait colon.

## RÉSUMÉ HISTORIQUE DE L'ORGANISATION.

I. (Monarchie de Charles X. — II. De Louis-Philippe.) Du 5 juillet 1830 au 22 juillet 1834, simple occupation de la régence par une armée que commande un lieutenant général. — 22 juillet 1834, le territoire occupé de l'ancienne régence prend le titre de *Possessions françaises du nord de l'Afrique*, sous le commandement militaire et la haute administration d'un gouverneur général. — 30 juin 1842, la désignation d'*Algérie* devient officielle ; elle est divisée en trois provinces : Alger, Constantine, Oran.
(Parallèlement à l'organisation militaire prédominante, la direction supérieure des services civils est confiée, du 1er décembre 1831 au 31 octobre 1838, à des intendants civils; de cette dernière date au 8 mai 1845, à un directeur de l'intérieur.)
— 15 avril-31 août 1845, nouvelle organisation qui crée à côté du gouverneur général un conseil supérieur d'administration de l'Algérie et des directeurs généraux des affaires civiles. Le pays est divisé en territoire civil, militaire et mixte.
— 1er-30 septembre 1847, création d'une direction civile par province.
III. (République.) 4-30 novembre 1848, le territoire de l'Algérie est déclaré par la Constitution territoire français, admis à la représentation politique. — 9 décembre 1848-16 mars 1849, nouvelle division en territoire civil et militaire. — Création d'un conseil et d'un secrétariat général de gouvernement. — *Idem*, de préfectures et de sous-préfectures en territoire civil. — IV. (Louis-Napoléon.) 7-10 décembre 1852, mise en état de siége de l'Algérie.

## RÉSUMÉ HISTORIQUE DE LA COLONISATION. — ACTES OFFICIELS.

Province d'Alger. 1832, installation de colons misérables à Deli-Ibrahim et Kouba. — 1836, création de Boufarik. — 1840, colonies à Cherchell, à Blida, Koléa. — 1842, Draria, Douéra, Aïn-Fouka, El-Achour, Chéraga, Birkadem, Ouled-Fayet. — 1843, Saint-Ferdinand, Beni-Méred, Staouéli, Saoula, Baba-Hassen, Sainte-Amélie, Montpensier, Joinville, Crescia, Douaouda, Saint-Jules, Beni-Méred (civil). — 1844, Maelma, Zéralda, Dalmatie, Fondouk. — 1845, Dellis, Guernou (indigène), Souma, Aïn-Benian (Guyotville), Sidi-Ferruch. — 1846, les Aribs (indigènes), la Chiffa, Mouzaïaville, N.-D. de Fouka, Rovigo. — 1848, Affreville, colonies agricoles (Zurich,

Marengo, Castiglione, Tefeschoun, El-Affroun, Bou-Roumi, Nori, Montenotte, Lodi, Damielle, la Ferme, Ponteba). — 1849, colonies agricoles (Ameur-el-Aïn, la Bourkika, Aïn-Sultan, Aïn-Benian de l'Atlas), l'Arba. — 1850. Fort-de-l'Eau. — 1851, Birtouta, Oued-el-Alleg. — 1852, Boukondoura, Djoudria, Sidi-Moussa (1). — 1853, Aïn-Taya, Aïn-Bedila, Matifou, Aïn-Rouiba.

PROVINCE DE CONSTANTINE. 1840, banlieue civile de Philippeville. — 1844, El-Arrouch, Damrémont, Valée, Saint-Antoine. — 1845, Guelma, Duzerville. — 1847, Sétif, Saint-Charles, Bugeaud, Condé, Penthièvre, Robertville, Gastonville. — 1848, Saint-Augustin (mixte), Jemmapes, Batna (Nouvelle-Lambèse), colonies agricoles (Jemmapes, Gastonville, Robertville, Héliopolis, Guelma, Millesimo, Petit, Mondovi, Barral). — 1849, colonies agricoles (Ahmed-ben-Ali, Sidi-Nassar). — 1851, l'Alélick, El-Hadjar. — 1852, Fornier.

PROVINCE D'ORAN. 1844, la Senia, Misserghin. — 1845, Saint-Denis du Sig, Arzew-le-Port, Sidi-Chami. — 1846, Mozagran, Nemours, Joinville, Saint-Louis, Saint-Cloud, Sainte-Adélaïde, Saint-Eugène, Saint-Leu, Sainte-Barbe (il n'y a eu d'exécution que pour un petit nombre), le village des Pêcheurs. — 1847, Sainte-Léonie, la Stidia, Nemours (port), Christine, San-Fernanda, Isabelle, l'Union agricole d'Afrique. — 1848, Valmy, Fleurus, colonies agricoles (Aboukir, Rivoli, Aïn-Nouissy, Tounin, Karouba, Aïn-Tedelès, Souk-el-Mitou, Saint-Leu, Damesme, Arzew, Muley-Mogoun, Kléber, Messour, Saint-Cloud, Fleurus, Haci-Ameur, Haci-ben-Ferréah, Saint-Louis, Haci-ben-Okba, Haci-bou-Nif, Mangin). — 1849, Sidi-bel-Abbès, Négrier, Bréa, colonies agricoles (Bou-Tlélis, Pont-du-Chélif). — 1850, Saint-André, Saint-Hippolyte, Soysaf, Mansoura, Aïn-el-Turk. — 1851, Hanaya, Oued-el-Halommon. — 1852, Aïn-Temouchen. — 1853, Ouréa.

A ces fondations administratives il conviendrait de joindre un très-grand nombre d'exploitations isolées et d'établissements commerciaux et industriels, dont l'énumération ne saurait trouver place ici.

---

(1) Sidi-Moussa devait être un village au point de jonction des routes de Rovigo et l'Arba ; mais les débordements de l'Oued-Djemaa, survenus depuis que ce village est projeté, les galets que ces débordements ont jetés sur les terres à concéder aux colons, ont provisoirement suspendu l'exécution de ce centre. On a cherché, au moyen d'endiguements et de levées, à prévenir le retour de ces débordements. Jusqu'à présent il n'y a à Sidi-Moussa qu'une baraque des ponts et chaussées et deux baraques-hôtels à l'usage de voyageurs. — Près de ce point, se trouve le beau pont sur l'Oued-Djemaa (route de Rovigo).

## PRINCIPAUX ÉVÉNEMENTS DE 1853.

**Janvier** (7). Rentrée triomphale à Oran de la colonne du sud, sous la conduite du général Pélissier, au retour de l'expédition de Laghouat. — (12). Remise à l'autorité civile des colonies agricoles de 1848 et 1849, à l'exception d'un petit nombre trop distantes des centres de population ou réservées pour l'internement des transportés politiques. — (13). Fondation à Constantine d'une société archéologique.—(17). Abd-el-Kader, mis en liberté par le chef de l'État, dès le mois d'octobre précédent, arrive à Brousse, dans la Turquie d'Asie, suivi de toute sa famille et accompagné du commandant Boissonnet. — Le port d'Oran fait des expéditions d'orge sur Anvers.

**Février** (5). Inauguration à Mazagran de la colonne commémorative de la défense, en février 1839, de 123 soldats du 1ᵉʳ bataillon d'Afrique, commandés par le capitaine Lelièvre, contre des nuées d'Arabes. — Achèvement de la ligne télégraphique entre Alger et Constantine par Aumale, qui se continue vers l'ouest par Blida, Médéa, Miliana, Orléansville, Tenez, Mostaganem, Oran, Sidi-bel-Abbès, Tlemcen, faisant ainsi communiquer les frontières opposées de terre.

**Mars.** Constitution de la *Compagnie impériale* pour le service officiel de la navigation à vapeur entre la France et l'Algérie. — Installation à l'Agha, près d'Alger, du moulin à vapeur à 5 tournants établi par MM. Robert et compagnie de Toulon. — La municipalité de Bône affecte 1,500 fr. à des primes aux colons les plus méritants. — La chambre de commerce d'Alger fonde 2,000 fr. de primes pour l'arachide et le sésame. — (20). La colonne de Biskara, sous les ordres de M. le commandant Desvaux, pousse une reconnaissance jusqu'à Dzioua, un des points extrêmes atteints par nos armes dans le sud.—(28). Distribution tardive à Oran des prix de l'exposition agricole de 1852.

**Avril.** Distribution à Alger des prix et médailles de l'exposition de Londres. —Envoi d'une députation des Beni-M'zab pour négocier la soumission de leurs villes.—(25). L'Académie des sciences est saisie par le ministre de la guerre d'un plan d'observations météorologiques pour l'Algérie. — Construction à Saâda, à 32 kil. sud de Biskara, d'un logement de garde-forestier.

**Mai** (19). Discussion et vote au Corps législatif du budget du ministère de la guerre, comprenant la plus grande partie de celui de l'Algérie. — (21). Inauguration du drapeau national à Géryville (El-Biod) dans le Sahara oranais. — (24).

Convention Brett pour l'établissement d'une ligne télégraphique sous-marine entre la France et l'Algérie. — (25-30). Courses de chevaux, foire à Blida. — (28). La société industrielle de Mulhouse vote des primes pour la culture du coton et de la garance en Algérie, et pour l'introduction d'une matière filamenteuse propre à la fabrication du papier. — Fondation à Alger de la caisse du commerce Robert Saint-Lager et compagnie. — Commencement des curieuses expériences d'électro-biologie par M. le professeur Philips, qui ont émerveillé les habitants d'Alger pendant tout l'été. — Publication du onzième volume du *Tableau de situation des Etablissements français en Algérie.* — Débuts de l'expédition de Kabilie, conduite par M. le gouverneur général Randon, les généraux Bosquet et Mac-Mahon. — Installation du poste d'observation de Drâ-el-Mizan.

**Juin**. Continuation et fin de l'expédition de la Kabilie, qui consacre la soumission des tribus avoisinant les monts Babor, au sud de Djigelli. — (5). Investiture des cheiks. — Ouverture en dix jours, par l'armée, de la route de Djigelli à Constantine et Sétif. — Célébration, dans toute l'Algérie, de la fête nationale du 14 juin, en mémoire du débarquement des Français dans la rade de Sidi-Ferruch, le 14 juin 1830. — Expériences concluantes du système du Tremblay sur le navire de ce nom, pour l'emploi combiné des vapeurs d'eau et d'éther dans la navigation.

**Juillet**. Construction d'usines à huile sur la route de Bougie à Sétif. — Réception d'un taleb à Alger : un professeur français siège dans la mosquée à côté des tolbas musulmans. — Délivrance, après examen scientifique, à huit musulmanes du diplôme légal de sages-femmes. — Intervention active de M. Dieu, préfet de la Haute-Saône, en faveur de la colonisation algérienne. — Les projets d'émigration franc-comtoise en Algérie se dessinent. — Premières opérations du mont-de-piété d'Alger.

**Août** (15). Inauguration de la télégraphie électrique entre Oran et Mostaganem. — Premiers voyages de la Compagnie impériale, à titre non officiel. — Constitution de la société des mines de Gar-Roubbam, sur la frontière du Maroc. — Distribution des prix dans toutes les institutions de l'Algérie, chrétiennes, israélites et musulmanes : dans plusieurs, les enfants des trois cultes participent aux mêmes concours et reçoivent les mêmes récompenses. — Création de la papeterie Riffard sur l'Arrach, au gué de Constantine. — (28). Incendie du pont de la Seybouse, sur la route de Guelma à Bône.

**Septembre**. Départ de l'émigration franc-comtoise destinée à Vesoul-Benian. — (8). Fête aux mines de l'Oued-

Allelah près Tenez pour l'installation de la première machine à vapeur introduite dans les mines de l'Algérie. — Une diligence fait en trois jours le trajet de Bône à Philippeville par Jemmapes. — Courses d'Oran, de Constantine et d'Alger : ici le cheval, vainqueur dans la course de fond, fait 7 lieues à l'heure, vitesse des chemins de fer allemands. — Exposition provinciale des produits d'agriculture à Alger et à Oran, et distribution des prix à Alger. — Foire d'Alger. — Conférences auprès du gouverneur général des commandants des trois provinces et des préfets des trois départements. — Le haras de Blida s'enrichit de 4 baudets, qui ont coûté 23,000 fr. — Exposition à Paris des fruits et légumes de l'Algérie, au concours de la Société Impériale d'horticulture.

**Octobre.** Session des chambres consultatives d'agriculture dans les trois provinces. — Exposition agricole de la province de Constantine. — Premiers départs de l'émigration suisse organisée par la compagnie génevoise. — Construction achevée par cette compagnie du village d'Aïn-el-Arnat, près de Sétif. — Constitution de la société de l'Oued-Merdja pour l'exploitation de minerais de cuivre dans l'Atlas. — (20). Ouverture par le ministre de la guerre de l'exposition permanente des produits algériens, rue de Bourgogne, n° 6. — Installation de 78 familles de colons au village récemment créé d'Aïn-Taya. — Concours de chant institué par la mairie d'Alger. — Inauguration du nouveau théâtre d'Alger. — Peuplement du village d'Aïn-Raya et annexes. — (30). Les colons de Saint-Cloud célèbrent le cinquième anniversaire de l'arrivée à Oran du premier convoi des colons parisiens.

**Novembre** (17). Fête pour l'inauguration de la reprise des travaux aux forges de l'Alélik. — Formation d'une société dunquerkoise pour la culture et le commerce du coton en Algérie. — Formation, par les dames de Douéra, d'une société de bienfaisance. — Le commandant Dubarrail pousse une pointe jusqu'à Guerrera, point plus méridional que Dzioua, atteint au mois de mars. — Adresses des chambres d'agriculture et de commerce de la colonie à l'empereur au sujet des décrets sur le coton; protestations contre les projets de monopole. — Publication du compte-rendu de l'exercice 1852-1853 de la banque de l'Algérie. 8 pour 100 de bénéfice net. — Etablissement à Oran d'une succursale de la caisse du commerce algérien. — Exposition supplémentaire à Alger. — Mention honorable, accordée à M. Mac-Carthy par l'Académie des inscriptions et belles-lettres pour ses travaux de géographie comparée de la régence d'Alger.

**Décembre** (4). Commémoration de la prise de Laghouat par des services funéraires et des fêtes. — Envoi par le ministère de la guerre de plusieurs caisses de plantes tropicales à acclimater à la pépinière centrale. — Session extraordinaire des chambres consultatives d'agriculture pour délibérer sur le programme des primes accordées au coton. — Adresses de remerciments à l'empereur, et protestations contre les projets de monopole. — (4). Service funéraire célébré à Oran, en commémoration des combattants morts à la prise de Laghouât. — Exposition supplémentaire à Oran : 26 exposants pour le coton.—(13). Commencement des fêtes du Mouloud, en commémoration de la naissance de Mahomet. — (15-16). Tempête sur Alger. — (24). Distribution des prix de l'école arabe-française d'Alger, témoignage de l'initiative intelligente et tolérante de la France. — (27). Découverte dans la démolition des murs du fort de Bab-el-Oued, à Alger, du corps du martyr Geronymo, maure chrétien, enterré vivant dans la bâtisse, en 1569, par le pacha d'Alger.—Prise d'Ouargla par Si-Hamza, khalifa des Ouled-Sidi-Cheick, au nom du gouvernement français. — Le pavillon national flotte à 200 lieues de la côte.

**Dans le cours de l'année.** Etudes des chemins de fer d'Alger à Blida, de Philippeville à Constantine, d'Arzew aux Salines, d'Oran au Sig. — Construction de routes dans les trois provinces, avec le concours des tribus. — Etudes sur la création d'un jardin d'acclimatation à Laghouât.—Peuplement des villages d'Aïn-Benian, par l'émigration franc-comtoise; Aïn-Sultan, par l'émigration provençale; Aïn-el-Arnat, par l'émigration suisse. — Dénombrement achevé de la population européenne et musulmane dans les territoires de la colonisation. — Mémoire de M. Emile Barrault à l'appui d'un projet de monopole du commerce de coton en Algérie, suivi des protestations des filateurs de Lille, des chambres consultatives d'agriculture, des chambres de commerce d'Alger et d'Oran, d'une vive polémique dans l'*Echo d'Oran*. — Constitution de la domination française dans le cercle de Laghouât et dans la petite Kabilie. — Fondation d'une crèche à Alger.

---

## ACTES OFFICIELS DE 1853.

Nous ne citons que ceux qui ont trait à la colonisation.

Le chiffre compris entre parenthèses indique la date de la promulgation, quand elle est distincte de la signature indiquée par le premier chiffre.

Abréviations: D. I., décret impérial. — A. M., arrêté ministériel. — A. G. G., arrêté du gouverneur général.

La lettre B suivie d'un chiffre indique le numéro du

bulletin officiel de l'Algérie, où se trouve rapporté le document cité.

### Janvier.

11. Décret du roi de Naples fixant le droit d'entrée sur les chevaux algériens.

12. A. G. G. portant remise à l'administration civile des colonies agricoles de 1848 et de 1849, à l'exception d'un petit nombre éloigné des centres de population, ou réservé à l'internement des transportés politiques. B. 430.

14. A. G. G. qui place sous le séquestre et réunit au domaine de l'Etat les terres des Beni-Salah, province de Bône. B. 14.

21 (24 décembre). A. M. portant réorganisation du service médical de colonisation. B. 430.

23 (24 février). D. I. qui concède à Mohammed Sghir, marabout, un terrain domanial, sis au territoire de la colonie agricole d'Ahmed-ben-Ali. B. 433.

24 (14 mars). A. M. qui afferme à M. Alfred Lannes de Montebello les lots n°s 1 et 3 de la forêt des chênes-lièges de la Calle. B. 434.

25. A. G. G. qui séquestre et réunit au domaine de l'Etat les biens des habitants de Laghouât. B. 431.

### Février.

20 (4 mai). A. M. qui fixe le plan d'Arcole. — Id. de Birtouta.

23 (19 avril). D. I. qui fixe le budget des recettes locales et municipales de l'Algérie pour 1853. B. 436.

24 (19 avril). A. M. qui autorise le sieur Mikalof à établir une porcherie près du fort de l'Empereur, entre Alger et l'Agha. B. 436.

25 (11 juin). A. M. qui fixe le plan d'Aïn-el-Turck. B. 489.

25 (4 mai). Id. pour Valmy. Id. pour la Seuta. B. 437.

25 (4 mai). Id. pour Sidi-Chami. B. 438.

### Mars.

6 (9 mai). D. I. qui fixe le budget des recettes et dépenses locales et municipales de l'Algérie pour l'exercice 1850.

14 (19 avril). A. M. qui autorise les sieurs Dervieu et Aguilar à exécuter des recherches de mines de plomb et de cuivre aux environs de Roubham, province d'Oran. B. 437.

17. A. G. G. portant que les marchés établis à Sidi-bel-Abbès donneront lieu à la perception des droits de place. B. 435.

30 (14 mai). A. M. qui autorise M. Dervieu à exécuter des

recherches de mines sur le territoire des Ouled-el-Mazis, province d'Oran. B. 437.

### Avril.

2 (9 mai). A. M. qui autorise les sieurs Louis de Gonzague et Alexandre Teissère à poursuivre des travaux de recherches de mines de plomb argentifère auprès du village d'Anoël, province de Constantine. B. 437.

4 (13 mai). A. M. qui autorise M. Moureaux à poursuivre des travaux de recherches de mines et de plomb sulfuré dans les collines du Bou-Merzoug, province de Constantine. B. 437.

6. A. G. G. qui fait remise à l'autorité civile de la colonie agricole de Bou-Tléhs. B. 435.

10 (23 mai). D. I. qui approuve 23 concessions rendues définitives en 1852. B. 438.

13 (24 mai). D. I. portant concession à titre gratuit et irrévocable à Mohammed-ben-Daoud, agha des Douaïrs de la province d'Oran, de 246 hect. 15 ares sur le territoire d'Arcole. B. 438.

14 (24 mai). A. M. qui proroge pour un an l'autorisation accordée à M. Dupin de faire des recherches de mines de cuivre et de plomb dans la gorge des Righas, près de Miliana. B. 438.

16 (29 avril). D. I. qui reconnaît la congrégation des frères de N. D. de l'Annonciation, de Misserghin, comme établissement d'utilité publique, vouée à l'enseignement. B. 438.

21 (18 juin). A. M. qui fixe le plan de Sidi-Moussa. B. 439.

22 (24 mai). D. I. qui crée le village d'Ouréa. B. 439.

23 (19 mai). D. I. qui reconstitue les chambres consultatives d'Algérie. B. 438.

25. A. G. G. portant qu'il y a intérêt à créer dans la commune d'Alger une société de secours mutuels. B. 436.

26 (19 mai). D. I. qui concède à MM. Sautter de Beauregard et consorts 20,000 hect. de terre dans les environs de Sétif pour la construction de dix villages destinés à l'émigration suisse. B. 438.

27. A. G. G. qui fixe la population des communes et centres de population de la province d'Alger ayant plus de cinq ans d'existence. B. 436.

### Mai.

3. Loi qui règle le service postal entre la France et ses colonies.

5 (28 juin). D. I. qui concède à M. Favre et compagnie l'usage d'une chute d'eau sur l'Oued-bou-Sellam. B. 440.

6 (9 juillet). D. I. qui concède au sieur Castel l'usage d'une chute d'eau sur le canal de dérivation de l'Oued-Djemmaa, province d'Alger. B. 441.

9 (29 juin). D. I. qui concède au sieur Choisemartin des Ouled-Ali l'usage d'une chute d'eau sur l'Oued-Tiélat, province d'Oran. B. 440.

9 (28 juin). D. I. qui concède au sieur Bégot l'usage d'une chute d'eau sur l'O. Rummel, province de Constantine. B. 441.

9 (28 juin). D. I. qui concède aux sieurs Carbonnel et Ruffier frères l'usage de deux chutes d'eau sur le Rummel. — Id. au sieur Guolt sur le Bou-Merzoug. B. 440.

11 (9 juillet). D. I. qui concède au sieur David l'usage d'une chute d'eau sur le canal de dérivation de l'Oued-ti-Hammemin, province d'Alger. B. 441.

20 (28 juin). D. I. qui concède au sieur Girard un territoire de 140 hect., au lieu dit Haolan-Moussa-Touil, province d'Oran. B. 440.

23 (8 septembre). A. M. qui fixe le nombre des membres à attribuer à chaque circonscription dans la composition des chambres consultatives d'agriculture. B. 443.

23 (24 juin). D. I. qui ajoute la graine d'alpiste à la nomenclature des produits naturels de l'Algérie admis en franchise dans les ports de la métropole. B. 440.

28 (4 juillet). A. M. qui autorise le sieur Seignette à exécuter des recherches de mines de cuivre et autres métaux au Djebel-Magroun, province de Constantine. B. 441.

28 (13 juillet). A. M. qui autorise le sieur Baccuet à exécuter des recherches de mines de plomb et de cuivre dans la partie Est du mont Filfilah, province de Constantine. B. 442.

31 (28 juin). A. M. qui fixe à 1 et 2 pour 100, suivant les cas, le droit de courtage des marchandises en Algérie. B. 440.

### Juin.

11 A. G. G. qui fixe le chiffre de la population des communes et centres de la province de Constantine. B. 439.

11 (8 juillet). A. M. qui concède à M. le baron de Poérier de Franqueville un terrain domanial situé sur le territoire de Khemis, subdivision de Sidi-bel-Abbès, province d'Oran. B. 441.

11 (9 juillet). D. I. qui autorise les sieurs Leroy, Larrieu et Laugier à exporter directement de l'Algérie à l'étranger 2,000 tonnes de minerai de cuivre provenant des mines de l'Oued-Tafilez et du cap Tenez. B. 441.

11 (13 juillet). D. I. qui concède aux sieurs Capmas et Li-

gney un terrain domanial sis dans la plaine du Sig. B. 442.

16. Décision ministérielle portant que le produit de la vente des animaux ou objets mis en fourrière appartient à l'Etat. B. 441.

22. A. G. G. qui fixe le chiffre de la population des communes et centres de la province d'Oran. B. 439.

23 (23 juillet). A. M. sur la liberté de la boulangerie. B. 442.

23 (12 août). D. I. qui concède à la dame Guibaud, veuve Gilly, l'usage d'une chute d'eau sur l'O.-Bouchemla, département d'Alger. B. 443.

23 (4 septembre). A. M. qui fixe le plan du village de Hennaya, province d'Oran. B. 443.

24. A. G. G. portant qu'il y a utilité à créer dans la ville et banlieue de Constantine une société de secours mutuels.

### Juillet.

11 (28 juillet). A. M. sur la liberté de la boulangerie. B. 442.

11 (3 octobre). A. M. qui fixe le plan de Mouzaïa-Ville. B. 445.

18 juillet. Règlement par le commandant de la province d'Oran de la jouissance des eaux du Sig.

22 juillet. Constitution définitive du cercle de Laghouat. B. 442.

27 juillet (23 août). A. M. qui autorise le sieur Miguel Ors y Garcia à établir une madrague sur le rivage d'Aïn-el-Turk, province d'Oran. B. 443.

### Août.

10 (10 septembre). D. I. qui autorise les sieurs Briqueler et compagnie et Desage à exporter directement de l'Algérie à l'étranger 10,000 tonnes de minerai de cuivre provenant de la concession de l'Oued-Allélah. B. 445.

10 (22 septembre). D. I. qui concède au sieur Dandoy l'usage d'une chute d'eau sur l'Oued-Senan, près Aïn-Temouchen. B. 444.

11 (19 octobre). A. M. qui proroge pour une année l'autorisation accordée à M. Michel d'exécuter des recherches de mines de plomb argentifère au mont Bou-Zaréa. B. 445.

11 (19 septembre). D. I. qui règle le régime douanier sur les frontières de terre. B. 444.

12. D. I. qui autorise la banque d'Alger à établir une succursale à Oran.

16 (7 octobre). A. M. qui confirme le vote de la municipalité de Philippeville pour que le nom de Gourgas soit donné à une rue de Philippeville en mémoire d'un des principaux colons de l'arrondissement. B. 445.

18 (25 octobre). D. I. qui concède aux sieurs Jaclot et Vivès

l'usage d'une chute d'eau sur la Mékerra, près de Sidi-bel-Abbès. B. 416.

18. Convention entre le ministre de la guerre et la Société de l'Union agricole d'Afrique pour l'obtention d'un titre définitif de 1,792 hectares.

19. Décision du ministre des finances qui organise le service postal dans les colonies agricoles de la province d'Oran.

30 (25 octobre). D. I. qui concède aux sieurs Alizard et Bagarry l'usage de deux chutes d'eau situées au quartier d'El-Balaa, territoire de Tlemcen. B. 416.

31. Retrait de permis d'exploration des minerais du Zakkar, accordé à MM. Doclicky et Rubenstein.

Ouverture du port de Tipasa à la navigation.

? Arrêtés du préfet de Constantine qui proclament la liberté de la boulangerie et de la boucherie à Constantine, à partir du 12 octobre. Id. pour Dellis. — (27) Id. pour Alger.

31 (30 novembre). A. M. qui autorise M. Barberoux à exploiter 20,000 mètres de bois de cèdre dans la forêt de Bélezma, subdivision de Batna. B. 419.

### Septembre.

6. A. G. G. qui nomme les membres des chambres consultatives d'agriculture. — *Idem*, qui fixe du 5 au 15 octobre leur première session. B. 443.

? Décision ministérielle qui admet les parfumeries liquides de la colonie à l'entrée en franchise dans les ports de France.

8. D. I. qui autorise la Société anonyme de l'Alélik.

12 (29 oct.). D. I. qui fixe, en les étendant, les circonscriptions des arrondissements de Constantine, Philippeville, Bône, Oran, Mostaganem, Mascara, ainsi que de la commune de Sétif et du commissariat civil d'Arzew. B. 446.

18. D. I. qui règle les relations postales entre l'Algérie et les Etats romains. Réciprocité établie.

28. A. M. qui règle les justifications nécessaires pour obtenir le passage gratuit en Algérie.

30. D. I. qui porte que jusqu'au 31 décembre 1851, les transports entre l'Algérie et la France, de grains, riz, pommes de terre, légumes secs, pourront s'effectuer par navires étrangers en franchise de droit. B. 445.

30 (14 octobre). D. I. portant création des centres d'Aïn-Raya avec ses annexes Aïn-Beidia et Matifou, et de Aïn-Rouïba, sur la route d'Alger à Dellis. B. 446.

30 (16 novembre). A. M. qui autorise le sieur Dussap à établir une porcherie à Mustapha. B. 448.

30 (16 novembre). D. I. autorisant les sieurs Ronard et Denantes à utiliser la chute d'eau n° 4 sur le Sig. B. 448.

### Octobre.

3. A. M. qui retranche une parcelle de terrain de la concession faite à M. Chappon, et lui accorde, comme supplément de concession, une parcelle de terrain de la forêt de Djebel-Alla. B. 447.

3. A. M. qui autorise les sieurs Jean-Baptiste Agard, Jean Soumat, Pierre Cassagne, Dieuzaide, Poncet et Bertholn, domiciliés à Oran, à exécuter des recherches de combustible minéral au revers nord de la montagne des Lions, commune de Christel.

12. A. G. G. qui règle les droits de place et de stationnement sur les marchés d'Orléansville. B. 445.

16 (14 novembre). D. I. qui institue des primes en faveur de la culture du coton. B. 447.

16. D. I. qui étend le périmètre de la concession de l'Oued-Allélah,

19 (14 novembre). A. G. G. qui substitue au droit de mesurage le droit de pesage pour les huiles sur les marchés de Dellis. B. 448.

Publication du *Tableau général du commerce de la France* pendant 1852. Pour la première fois l'Algérie y figure au même titre que la France.

25. Arrêté du maire d'Alger qui crée une commission de vérification du pain.

27. Arrêté du maire d'Alger sur la vente du poisson.

### Novembre.

3. Arr. du maire d'Oran qui déclare la boulangerie et la boucherie libres à Oran.

11. A. M. qui déclare la boulangerie et la boucherie libres à Tlemcen.

Suppression du privilége de la boulangerie à Douéra.

22 (9 décembre). D. I. qui autorise la ville d'Oran à s'imposer une contribution de 300,000 fr. pour l'exécution de ses égouts. B. 449.

28. A. du général commandant la province d'Oran qui défend aux indigènes de vendre des grains en dehors des marchés.

### Décembre.

3. A. G. G. dotant les communes d'Alger, d'Oran, de Mostaganem, de Bône et de Philippeville, de divers édifices, bâtiments et terrains domaniaux. B. 450.

5 (21 décembre). A. M. déterminant les circonscriptions médicales de colonisation. B. 450.

7 (23 décembre). D. I. créant des justices de paix à Sidi-bel-Abbès, Aumale et Batbna. B. 450.

16. A. M. portant que le permis accordé à M. Briqueler, pour la recherche de mines au Djebel-Zeltoun, dans la province de Constantine, ne sera pas renouvelé.

20. A. G. G. sur les visites à faire et sur les médicaments à fournir par les médecins de colonisation. B. 430.

22. A. M. qui règle la quotité et le mode de perception des droits dans les abattoirs publics d'Aumale. B. 450.

29. A. municipal pour un nouveau numérotage des maisons d'Alger.

## BRUITS ET PROJETS DE L'ANNÉE 1853.

Érection de l'Algérie en royaume. — Loi sur les chemins de fer d'Algérie. — Organisation du crédit foncier par diverses compagnies. — Rétablissement de l'évêché d'Hippone. — Service de bateaux à vapeur entre l'Algérie et l'Italie. — Projet d'un port à l'embouchure de la Tafna. — Fondation d'une crèche à Oran. — Fondation d'une banque à Constantine. — Société projetée pour la fondation d'un village à l'Oued-Zekri. — Création d'une grande banque algérienne au capital de 100 millions. — Création d'un port de refuge à Bône. — Assainissement de la plaine de Bône. — Découverte à Bône d'un vaste souterrain rempli de colonnes antiques. — Construction d'un théâtre et d'un hôtel-de-ville à Bône. — Construction d'un théâtre à Blida. — Création d'une société de secours mutuels et d'une caisse d'épargne à Philippeville, à Constantine, à Alger. — Formation d'une compagnie pour acquérir le monopole légal du commerce de coton en Algérie, avec 400,000 hectares de terres de premier choix. — Fondation d'un hôpital militaire d'instruction à Constantine. — Organisation en Algérie de la Société des artistes et inventeurs.

## INVENTIONS, DÉCOUVERTES EN 1853.

Voici la nomenclature des brevets d'invention délivrés en 1853 :

M. Borde, à Philippeville, brevet de 15 ans pour l'extraction d'une huile du fruit de lentisque.

M. Bénier, à Alger, brevet de 15 ans, pour la transformation en filasse des feuilles du palmier nain.

M. Cruzel, à Alger, brevet de 15 ans, pour la fabrication du crin végétal au moyen de la sparterie.

M. Daigre, à Alger, brevet de 15 ans pour un appareil propre à la destruction des charançons.

M. Denduran, à Alger, brevet de 15 ans pour un appareil plongeur.

MM. Millon et Mouren, à Alger, brevet de 15 ans, pour les perfectionnements apportés par eux dans le traitement des blés et autres grains.

M. Mourquet, à Alger, brevet de 15 ans pour un procédé propre à la fabrication du crin végétal au moyen de la sparterie.

M. Salaville, à Alger, brevet de 15 ans pour un appareil destiné à transformer les blés durs en blés blancs et tendres.

M. Le Catteux, à Alger, brevet de 15 ans pour un appareil désigné sous le nom de pêcheur sous-marin.

— Un transporté politique de Lyon, M. Penot, a découvert à Oran un procédé pour l'amélioration des alcools de grains, figues et autres produits.

— M. Hardy a découvert un principe tinctorial bleu indigo très-intense et très-abondant dans une plante nouvelle qu'il a appelée provisoirement *eupatorium tinctorium*, et qui est cultivée au jardin d'essais d'Alger.

— *Industrie nouvelle.* M. J. Cohen Solal, israélite d'Alger, a fait hommage à la bibliothèque de cette ville de deux ouvrages imprimés en hébreu à Alger, et dont il est l'éditeur. L'un est le *nouveau Rituel hébraïque*, ou Prières pour les enfants à l'occasion du jour de l'an et du grand jeûne ; l'autre est un *Rituel* pour la société du samedi, lequel est terminé par un récit de la vie de Sidi-Khader (le prophète *Élie*), écrite en arabe avec des caractères hébraïques. Les caractères qui ont servi à cette double impression ont été fondus à Alger, par un israélite polonais. C'est le début d'une industrie qui se propose de faire concurrence aux imprimeries de Livourne, en possession jusqu'ici, de fournir de livres hébreux la nombreuse population juive de l'Afrique septentrionale.

*Quinine.* M. Hoste, médecin à Bône, constate dans les feuilles de l'olivier un principe fébrifuge succédané de la quinine.

---

### ANTIQUITÉS.

On a présenté au musée d'Alger deux petites idoles phéniciennes en plomb trouvées dans la Métidja.

A Bougie, des fouilles ont fait retrouver les vestiges de l'antique Saldæ.

A Tenez, découverte de trois inscriptions phéniciennes.

A Alger, médailles nombreuses découvertes dans les fouilles. Deux inscriptions lybiques déposées au musée, découvertes dans la Métidja.

## BELLES ACTIONS EN 1853.

Le 13 février, des Arabes de la tribu de Soumata se dévouent courageusement pour sauver des gendarmes, entraînés par les eaux torrentielles de l'Ouadjer. Ce sont les nommés Ali-ben-Ismaël, Ahmet-bou-Kader, Moktar-ben-Hadj, Abel-Kadour, Mohamed-ben-Saliman, Yussuf-ben-Kassel, Mohammed-ben-Imoud, Ab-el-Kader-bou-Jaiet.

— Un poste de nageurs indigènes de la tribu des Hachems, dans la province d'Alger, a mérité des récompenses pour les services qu'il a rendus, au lieu dit le gué du Chélif, sur la route de Miliana à Tenlet-el-Haad. Par les plus mauvais temps ils se jetaient à l'eau pour faire passer la rivière aux voyageurs qui se présentaient sur les deux rives. Ces indigènes sont : Ali-ben-Millant, Ali-ben-Hamed, Ali-ben-Abdalh, Mohammet-ben-Abad.

— 6 mars. M. Constantin, à Oran, en se jetant à la mer, quoique assez lourdement chargé, sauve un portefaix qui se noyait.

— 7 août. Deux infirmiers militaires de l'hôpital du dey, à Alger, MM. Majot et Mermet, périssent victimes de leur dévouement en voulant sauver un jeune homme qui se noyait. Une nombreuse population honore leur conduite en assistant à leurs funérailles.

— En août, le nommé Auguste Domingo, âgé de quinze ans, à Oran, sauve deux zouaves qui se noyaient dans la mer.

— En novembre, le kaouadji de la Pointe-Pescade, Mohamed, dit Ould-el-Bey, se jette dans la mer pour sauver un jeune maure qui se noyait, et ne se retire, après des efforts inouïs de courageux dévouement, que lorsqu'un bateau est arrivé pour les sauver tous deux.

— Nous ne mentionnons pas les actes particuliers de dévouement en cas d'incendie : ils sont innombrables.

---

## BUDGET DE L'ALGÉRIE POUR 1854.

Les dépenses militaires proprement dites se subdivisent de la manière suivante :

| | |
|---|---:|
| Troupes françaises y compris les états-majors. | 41,937,000 fr. |
| Corps étrangers et troupes indigènes. | 9,940,000 |
| Artillerie. — Matériel et construction. | 412,000 |
| Génie. — Construction. | 3,855,000 |
| Total. | 56,144,000 |

Les dépenses civiles qui se rattachent au département de la guerre comprennent :

| Ch. XXII. | Gouvernement général de l'Agérie, administration provinciale, service télégraphique, etc., pour. | 1,867,900 fr. |
| --- | --- | --- |
| XXIV. | Service indigène. | » »» |
| XXV. | Service maritime. | 769,000 |
| XXVI. | Service financier. | 1,359,393 |
| XXVII. | Indemnité antérieure à 1845. | 700,000 |
| XXVIII. | Colonisation. | 1,918,000 |
| XXIX. | Lambessa et colonies pénitentiaires. | 1,700,000 |
| XXX. | Travaux civils. | 7,752,040 |
| XXXI. | Dépenses secrètes. | 150,000 |
| | Total. | 15,036,435 |

Enfin, dans le budget des autres ministères l'Algérie compte pour environ 2,500,000 fr.

En somme un budget civil de 17,500,000 fr., et un budget militaire de 56 millions, soit en tout 73,000,000 environ. Encore faut-il imputer à l'Algérie, pour une forte part de son budget militaire, seulement la différence du pied de paix au pied de guerre.

Les recettes qui doivent entrer au trésor, d'après les prévisions ministérielles, sont évaluées à 13 millions, dont voici le détail :

| Contributions directes. | 475,000 fr. |
| --- | --- |
| Enregistrement, timbre et domaine. | 3,300,000 |
| Produits et revenus forestiers. | 60,000 |
| Contributions indirectes. | 1,250,000 |
| Produits des postes. | 700,000 |
| Contributions arabes. | 6,500,000 |
| Produits divers. | 850,000 |
| Recettes diverses. | 200,000 |
| Total. | 13,035,000 |
| Budget local et municipal. | 6,878,000 |
| Budget de 6 communes. | 800,000 |
| Total. | 20,713,000 |

Vingt-un millions de revenus, tel est le produit actuel de l'Algérie. Il convient de réserver, pour mémoire, la plus value du sol algérien, dont nous ne pouvons encore recueillir pleinement le fruit dans cette première période qui est grevée des frais d'établissement.

## MOUVEMENT COMMERCIAL DE L'ALGÉRIE AVEC LA FRANCE.

**I. *Ensemble du mouvement commercial.* (Commerce général.) (Importations et exportations réunies).**

|  | Valeurs officielles. | Valeurs actuelles. |
|---|---|---|
| 1848 | 85,9 millions. | 57,3 millions. |
| 1849 | 97,5. | 71,7 |
| 1850 | 94,6. | 75,5 |
| 1851 | 116,0. | 82,8 |
| 1852 | 122,8. | 94,2 |

**II. *Importations de France en Algérie.* (Commerce général.)**

| 1848 | 82,509,923 fr. | 55,636,745 fr. |
| 1849 | 89,464,072 | 62,244,320 |
| 1850 | 87,898,349 | 67,371,988 |
| 1851 | 99,424,283 | 66,328,284 |
| 1852 | 104,483,144 | 75,881,828 |

**III. *Exportations d'Algérie en France.* (Commerce général.)**

| 1848 | 3,376,980 fr. | 3,808,324 fr. |
| 1849 | 8,042,123 | 9,586,858 |
| 1850 | 6,695,506 | 6,263,239 |
| 1851 | 16,614,760 | 16,551,014 |
| 1852 | 18,332,911 | 18,326,629 |

Le mouvement général du commerce, importations et exportations réunies, place l'Algérie au 7ᵉ rang des puissances avec qui la France fait le plus d'échanges.

---

### PRIX-COURANT DES MARCHANDISES.
### (1ʳᵉ quinzaine de novembre).

#### 1. Céréales.

*Blé tendre.*—Devenu très-rare : à Oran 35 fr. 15 les 100 kil.

*Blé dur.*—A Alger, prix moyen : 21 fr. 20 l'hectol. — A Constantine : 1ʳᵉ qualité, 18 fr. 20 c. l'hectol. ; 2ᵉ qualité, 16 fr. 18 ; 3ᵉ qualité, 15 fr. 42. — A Bône : de 22 fr. 14 c. l'hectol. à 23 fr. 53. — A Oran : de 31 fr. 09 c. à 31 fr. 94 c. les 100 kil. (l'hectol. pesant 78 kil. 66).

*Farines.*—A Alger, Languedoc : 1ʳᵉ estampe, 57 fr. les 100 kil. ; 2ᵉ estampe, 55 fr. 75 c. ; blé tendre indigène minot, n° 1, 57 fr. ; blé dur indigène, 43 fr. 44 c. — A Constantine, blé dur indigène : 1ʳᵉ qualité, 39 fr. 60 ; 2ᵉ qualité : 34 fr. 85. — A Bône, 1ʳᵉ qualité, farine de Constantine, 45 fr. ; d°, de Bône, 45 fr. ; d°, de Guelma, 45 fr. — A Oran, farines de blé dur indigène, 45 fr. ; semoule, 1re qualité, 50 fr.

*Pain.* — A Constantine, taxe maximum, 35 et 30 c. le kil. — A Bône, taxe de rigueur, 45 et 35, ainsi qu'à Oran.

*Orge.* — A Alger, 19 à 20 fr. les 100 kil. — A Constantine, 1re qualité, 6 fr. 69 c. l'hect. ; 2e qualité, 6 fr. 30 c. — A Bône, 10 fr. 38 c. l'hectol. — A Oran, 16 fr. 35 à 17 fr. les 100 kil. (Le poids de l'hectol. étant de 60 kil.)

## II. Produits divers.

*Bois.* — A Alger, planches de Trieste, 200 fr. le 100 ; madriers du nord, de 3 m. 15, 84 fr. la douzaine ; poutres de chêne baltique, le mètre cube, 84 à 85 fr. ; poutrelles du nord, 80 fr. — A Bône, madriers du nord, 8 fr. le mètre carré ; poutres et poutrelles, 85 fr. le mètre cube ; planches de Fiume, 250 fr. le 100 ; d°, de Trieste, 200 fr. — A Oran, planches de Trieste (disponible), 250 fr. le 100 ; (à livrer), 200 fr. ; d°, du nord 0,75 c. le mètre courant ; madriers du nord, 2 fr. le mètre courant ; d°, de 5 à 6, 2 fr. 50 c., poutres de chêne baltique, 200 fr. le stère ; d°, du nord, 70 fr. le mètre.

*Cafés* (les 100 kil.) — A Alger, triages, 106 à 112 fr. ; ordinaire, 144 à 150 fr. ; rio vert, 156 à 166 fr. ; rio bas, 158 fr., gueyra, 200 à 202 fr. ; havane, 200 à 202 fr. ; martinique, 200 à 202 fr. ; moka, 200 à 202 fr. — A Bône, rio vert, 150 fr.; rio ordinaire, 140 fr. — A Oran, martinique, 140 à 120 fr. ; rio ordinaire, 150 fr. ; d° vert, 156 fr. ; gueyra, 190 à 200 fr.: rio vert, 70 fr. ; moka, 300 fr.

*Charbon de terre.* — Sur le littoral, 5 fr. les 100 kil. — A Constantine, 9 fr.

*Fèves.* — A Alger, fèves indigènes, 17 fr. 50 c. à 18 fr. les 100 kil. — A Bône, 11 fr. 50 c. l'hectol. — A Oran, indigènes, 16 à 17 fr. les 100 kil. ; 14 à 14 fr. 50 c. et 15 fr. l'hectol.

*Drogueries* (le kil.). — A Alger, bois de réglisse, 1re qualité, 2 fr. à 2 fr. 25 ; 2e qualité, 2 fr. ; cannelle, 4 fr. 75 ; thé poudre à canon, 9 à 11 fr. ; cochenille, 14 fr. ; girofle en baril, 3 fr. à 4 fr. 10 ; d°, en couffe, 2 fr. 75 à 3 fr. ; indigo madras, 8 fr. 50.

*Haricots* (100 kil.). — A Constantine, 56 fr. — A Oran, haricots du Languedoc, 38 à 40 fr.

*Huiles* (le litre). — A Alger, olive superfine, 1 fr. 70 c. à 1 fr. 80 c. ; d°, fine, 1 fr. 60 à 1 fr. 65 c. ; d°, sésame, 1 fr. 60 c. ; d°, colza, 1 fr. 30 c. — A Constantine, huile à manger, 2 fr. ; d°, à brûler, 1 fr. 50 c. à 1 fr. 67 c. ; d°, de sésame, 1re qualité, 1 fr. 80 c. ; de colza, 1 fr. 40 c. — A Bône, d°. fine exotique, 2 fr. 25 c. ; d°, indigène, 1 fr. 25. — A Oran, d°, de sésame, 1 fr. 55, d°, à brûler, 1 fr. 15 à 1 fr. 20 c.; d°, colza, 1 fr. 15 à 1 fr. 20 c.

*Lentilles* (100 kil.). — A Constantine, 75 fr. — A Oran, d°, d'Auvergne, 50 fr.

*Maïs* (100 kil.).—A Alger, indigène, 17 à 18 fr.

*Pois* (100 kil.).—A Constantine, 60 fr.

*Pommes de terre* (100 kil.).—A Constantine, 25 fr.

*Riz* (100 kil.).—A Alger, riz piémont ordinaire, 40 à 42 fr.; d°, rizon, 48 fr.; d° écume, 48 à 50 fr.; d°, glacé, 55 à 56 fr. — A Constantine, riz ordinaire, 55 fr.; d°, écume glacé, 65 fr. — A Oran, riz ordinaire, 44 fr.; d°, rizon, 48 fr.; d°, écume, 48 fr.

*Savons* (100 kil.).—A Alger, savon bleu, 1re qualité, 86 à 88 fr.; d°, 2e qualité, 84 à 86 fr.; d°, blanc, 96 à 100 fr.; d°, Rouen, demi-blanc, 82 à 84 fr.—A Constantine, savon bleu pâle, 100 fr. — A Bône, savon bleu de Marseille, 88 fr.; d°, de Bône, 58 fr. — A Oran, savon bleu, 1re qualité, 86 fr.; d°, 2e qualité, 82 fr.; d°, mi-blanc, 80 à 82 fr.

*Sel* (100 kil.).—A Alger, sel raffiné, 21 à 22 fr.; d° gros de France, 2 fr. 80 à 2 fr. 90 c.—A Bône, sel marin français, 3 fr. 50 c.; d°, indigène, 3 fr. — A Oran, sel gros indigène, 1 fr. 50 c.; d°, marin d'Arzew, 1 fr. 50.

*Sucre* (100 kil.). — A Alger, raffiné, 1er choix, papier 7 p. 100, 108 à 112 fr.; nu, 1er choix, 112 à 114 fr.; brut en barrique, 1re nuance, 96 à 100 fr.; d°, 2e nuance, 112 à 114 fr. — A Bône, sucre raffiné sans papier, 110 fr.; d°, en papier, 108 fr.; d°, brut blond, 106.—A Oran, sucre nu, 1er choix, 112 à 114 fr.; martinique, 94 à 96 fr.

*Tabacs* (100 kil.). —A Alger: Virginie, 1re qualité, 150 fr.; d°, 2e qualité, 90 fr.; d°, 3e qualité, 80 à 82 fr.; de Palatinat, 1re qualité, 240 à 260 fr.; d°, ordinaire, 150 fr. — A Constantine, 150 fr. — A Bône, 200 fr. — A Oran : Virginie, 1re qualité, 180 fr.; d°, 2e qualité, 160 fr.; d°, 3e qualité, 140 fr.; d°, de Hollande, 1re qualité, 220 fr.; d°, de Trieste, 1re qualité, 130 fr.; d°, ordinaire, 110 fr.; d°, Palatinat, 220 fr.; d°, ordinaire, 200 fr.; d°, ordinaire, 150 fr.

*Vins et spiritueux.* — A Alger : bordelaise de vin rouge foncé, 90 fr.; d°, clair, 80 à 85 fr. — A Constantine : bordelaise de vin ordinaire, 80 fr. — A Bône, 85 fr. — A Oran : roussillon, 100 fr.; d°, rouge-foncé, 95 à 100 fr.; d°, rouge-clair, 90 à 95 fr.

*Esprit.* — 3/6° (34°) le litre : à Alger, 2 fr. 10 c. — A Constantine, 2 fr. — A Bône, 2 fr. 40 c. — A Oran, 2 fr. 20 c.; d° de betterave, 1 fr. 90 c.

*Absinthe* (le litre). — A Bône, 2 fr. 50 c. — A Oran, 2 fr. à 2 fr. 50 c.

*Rhum* (le litre). — A Bône, 1 fr. 75 c.

## III. Produits animaux.

*Bestiaux.* — A Bône, le quintal métrique sur pied : le bœuf, 25 fr. 50 c.; le veau, 24 fr. 25 c.; le mouton, 25 fr. 75 c.

*Viandes abattues.* — A Bône : le bœuf et le veau 60 c. le kil.; le mouton, 70 c.; le porc frais, 1 fr. 10.

*Beurre* (le kil.). — A Bône, 2 fr. 20 c.

*Bougies.* — A Alger : bougies de l'Etoile, paquet de 450, 475 et 500 gr. 1 fr. 50 c., 1 fr. 55 c., 1 fr. 60 c. — A Constantine : bougies de l'Etoile, 3 fr. 10 c. le kil.; d°, de Lyon, 3 fr. 22 c. — A Oran : bougies de l'Etoile, paquet de 450, 475 et 500 gr. 3 fr. 30 le kil.; d°, des Salons, 2 fr. 80 c.; d°, de Lyon, 2 fr. 80 c.

*Chandelles.* — A Alger : chandelles de France; caisse de 12 kil. 1/2, 17 fr. 50 c. à 18 fr.; d°, indigène, 16 fr. 50 c. à 17 fr. — A Oran, chandelles de France, caisse de 12 kil. 1/2, 18 fr.

*Cire* (100 kil.). — A Constantine, 322 fr. — A Bône, 340 fr.

*Cuirs secs* (100 kil.). — A Bône, 110 fr.

*Fromages* (100 kil.). — A Alger : fromage de Gruyère suisse, 148 à 150 fr.; d°, de Hollande pâte jaune, 194 à 198 fr.; d°, de Lorraine, 110 à 115 fr. — A Constantine : d°, de Gruyère, 182 fr.; d°, de Lorraine, 110 à 115 fr. — A Oran : Gruyère suisse, 156 à 160 fr.; d°, Comté, 156 à 160 fr.; d°, Hollande pâte jaune, 210 à 220 fr.; d°, pâte blanche, 210 à 220 fr.; d°, de Lorraine, 120 à 130 fr.

*Graisses* (les 100 kil.). — A Alger : graisse de France, 194 à 198 fr. — A Constantine, 185 fr. — A Bône : d°, française, 190 fr. — A Oran : d°, de France en vessie, 200 à 210 fr.; d°, de Naples, 200 à 210 fr.; d°, d'Italie en baril, 180 à 190 fr.

*Lards* (les 100 kil.). — A Constantine : lard de France, 180 fr. — A Bône, 180 fr. — A Oran : d°, de France et de Naples, 190 à 200 fr.

*Miel* (les 100 kil.). — A Constantine, 210 fr. — A Bône, 300 fr.

*Morue* (les 100 kil.). — A Alger: petit poisson, 37 à 40 fr. — A Oran : petit et grand poisson, 40 fr.

## IV. Matériel agricole.

Les renseignements suivants ont été fournis officiellement par le préfet d'Alger à son collègue de la Haute-Saône pour les émigrants franc-comtois. Ce sont les prix d'Alger.

Charrue de Dombasle légère, 60 fr.

Herse Valcourt à dents de fer, 40 fr.

Joug de bœuf, de 5 à 8 fr.

Charrette bouvière, 200 fr.

Pioches à défricher, de 5 fr. et au-dessus, suivant le poids.

Pelles, bêches, houes, sarcloirs, de 3 à 4 fr., avec le manche.

Faux avec le manche et accessoires, 4 fr. 55 c.

Faucille, 1 fr. 30 c.

Fléau à battre, 2 fr. 25 c.

Fourches en bois à faner, 1 fr. 40 c.

Fourches à dents de fer, 1 fr. 60 c.

Râteau, 1 fr.

Ventilateur, 100 à 200 fr.

### V. Animaux de travail et de rente.

(Même origine pour les documents.)

Un bœuf vaut en moyenne de 80 à 130 fr., suivant la taille et l'âge.

Une vache, de 50 à 80 fr.

Un cheval, de 120 à 400 fr. et au-dessus, suivant la taille, l'âge, la force et la beauté des formes.

Un mulet vaut de 200 à 300 fr.

Un âne, de 50 à 70 fr.

Une chèvre, race indigène, de 8 à 15 fr.; maltaise 50 à 80 fr.

Une brebis, de 8 à 12 fr., suivant le cours.

Les porcs à engraisser valent de 70 à 80 fr. les 100 kil.

Une poule de race française ou espagnole vaut 2 fr.; de race indigène, 1 fr. 20 c.

### VI. Maisons.

Une maison très-simple coûte à bâtir de 1,000 à 2,500 fr., suivant qu'elle a une, deux ou trois pièces. La Compagnie génevoise s'est imposé de ne pas réclamer plus de 2,500 fr. pour le remboursement des maisons qu'elle fait construire pour chaque colon.

### VII. Terres.

Les terres, en pleine campagne, coûtent de 10 à 15 fr. l'hectare, si elles ne sont ni défrichées ni irrigables : défrichées, il faut payer le prix du défrichement, environ une centaine de francs. Irrigables, elles acquièrent une valeur plus élevée. Cependant on peut compter acheter *un corps de ferme*, avec partie notable de terres irrigables, au prix moyen de 100 fr. l'hectare. A ce prix, on a des terres qui donnent un revenu net annuel de 500 fr. en tabac et en coton. Aussi vaut-il mieux, quand on a quelques capitaux, acheter des terres libérées que prendre des concessions gratuites de l'Etat, lesquelles, par l'exécution des conditions imposées, reviennent beaucoup plus cher que le prix courant des terres. Il est rare d'ailleurs qu'on ne recueille pas à très-bon marché les travaux accomplis par les propriétaires précédents.

### VIII. Main-d'œuvre.

Journée du travail de la terre, 1 fr. 75 c. à 2 fr. 25 c. — Journée de manœuvre d'art, 2 fr. — Garçon de ferme, par mois, 25 à 35 fr.; maître charretier, 35 à 45 fr.; fille de ferme 12 à 20 fr. par mois; journée de femme 75 c. à 1 fr.; journée d'Arabe, 1 fr. à 1 fr. 10 c.; journée d'enfant, 50 à 75 c.

---

## PASSAGES GRATUITS ET CONCESSIONS AUX ÉTRANGERS.

M. le ministre de la guerre a décidé, à la date du 28 septembre dernier, que des permis de passage gratuit en Algérie continueraient à être délivrés aux étrangers sur la foi de certificats émanant de leurs autorités locales ; mais que ces permis ne seraient admis comme valables par MM. les sous-intendants militaires, à Cette et à Marseille, qu'après exhibition par les titulaires de sommes dont le minimum est fixé ainsi qu'il suit :

    Futurs concessionnaires . . . . . 2,000 fr.
    Ouvriers chefs de famille . . . . 400
    Ouvriers célibataires . . . . 100

MM. les sous-intendants militaires remettront aux familles de concessionnaires embarqués des certificats énonçant le montant des sommes représentées par elles ; et, d'après ces certificats, l'administration algérienne déterminera l'étendue de la concession à accorder à chaque famille. L'expérience ayant démontré que l'établissement d'une ferme exige en moyenne une dépense de 250 à 300 fr. par hectare, c'est sur cette base que l'autorité locale se fonde dans la délivrance des terres.

Les émigrants remarqueront qu'une famille un peu nombreuse dépense, pour se rendre aux États-Unis, des sommes qui suffiraient, dans la plupart des cas, pour assurer son avenir dans nos possessions d'Afrique.

---

## DES CONCESSIONS DE TERRE EN ALGÉRIE.

Jusqu'en 1851, les lois des 21 juillet 1845, 5 juin et 1er septembre 1847 prescrivaient, pour obtenir des concessions de terre en Algérie, des formalités multipliées qui contraignaient l'administration à des lenteurs décourageantes pour les demandeurs, en même temps qu'elles soumettaient les concessionnaires à des formalités qui apportaient souvent des obstacles invincibles à leur réussite. Ainsi, sous l'empire de cette législation, les préfets, pour les territoires civils, et les généraux commandant les divisions, pour les territoires militaires, ne pouvant accorder que des concessions de 25 hectares, et le gouverneur général n'en pouvant délivrer de plus de 100 hectares, il en résultait des retards inévitables par la nécessité de renvoyer au ministre de la guerre les demandes qui ne se renfermaient pas dans ces limites. — Les colons ne recevaient, au moment de leur mise en possession, qu'un *titre provisoire*, qui n'était qu'une simple promesse de concession soumise à une condition *suspensive*. Cet état de choses ne permettait au colon ni d'hypothéquer, ni d'aliéner tout ou partie du terrain concédé, et, dans de telles conditions, il ne pouvait trouver de crédit qu'à des intérêts ruineux. — On n'assignait au colon aucun délai obligatoire pour la prise de possession des terrains accordés; en sorte que des concessionnaires inactifs, différant indéfiniment de se présenter, laissaient la concession inoccupée sans profit pour personne, et au préjudice de la colonisation. Une concession de 100 hectares et au-dessus imposait au colon l'obligation de déposer, avant son entrée en possession, une somme de 10 fr. par hectare. C'était priver inutilement les colons de leurs moyens d'actions. — Enfin un inspecteur de colonisation était *seul* chargé de la vérification des travaux imposés au concessionnaire, ce qui n'était, pour ce dernier, qu'une garantie insuffisante.

Pour obvier à d'aussi graves inconvénients, le ministre de la guerre signala, le 26 avril 1851, toutes les imperfections de la législation alors en vigueur au président de la république, qui rendit, le même jour, un décret modifiant cette législation. Ce décret, qui règle tout ce qui concerne les concessions en Algérie et les conditions à remplir par le concessionnaire pour être mis en possession définitive dans un délai fixé, porte en substance : 1° les préfets sont autorisés, sur l'avis du conseil de préfecture, à délivrer des concessions de 50 hectares et au-dessous; les concessions seront la *propriété* des concessionnaires, moyennant l'accomplissement des conditions prescrites; 2° le concessionnaire doit requérir sa mise en possession dans le délai de trois mois, à peine de déchéance; aucun cautionnement ne sera exigé des concessionnaires, même pour une concession de 100 hectares et au dessus; 3° le concessionnaire peut hypothéquer ou aliéner, à titre onéreux ou gratuit, tout ou partie du terrain concédé; 4° dans le mois qui suit le délai fixé pour l'accomplissement des conditions imposées au concessionnaire, ou plus tôt, s'il le désire, il est procédé à la vérification des travaux exécutés par ledit concessionnaire, et cette vérification est effectuée par un inspecteur de colonisation, un agent du service topographique et un colon désigné par le concessionnaire, ou, à son défaut, par le préfet ; 5° si toutes les conditions exigées par le cahier des charges sont exécutées, l'immeuble est déclaré affranchi des clauses résolutoires, ce qui est constaté par un procès-verbal dont copie est remise au concessionnaire, devenu dès lors propriétaire définitif ; 6° dans le cas où toutes les conditions imposées ne seraient pas remplies, le concessionnaire, après avoir fait consigner sur le procès-verbal ses dires et observations, est admis à demander une prorogation de délai sur laquelle il est statué ; si la déchéance totale ou partielle n'est pas prononcée, et si le concessionnaire a fait sur l'immeuble des améliorations réelles, il sera procédé à une adjudication de l'immeuble, dont le prix, déduction faite des frais, sera remis au concessionnaire ou à ses ayants-cause ; 7° la déchéance ne peut être prononcée que par le ministre de la guerre, le concessionnaire préalablement entendu et sauf recours au conseil d'Etat ; 8° enfin, les dispositions du décret sont applicables aux territoires militaires où les généraux commandant les divisions et les commissions consultatives des subdivisions sont chargés des attributions que remplissent les préfets et les conseils de préfecture dans les territoires civils.

Ainsi, les concessionnaires aujourd'hui sont propriétaires (1) ; ils doivent réclamer leur mise en possession dans le délai de trois mois ; ils peuvent hypothéquer, aliéner, à titre gratuit ou onéreux, tout ou partie du terrain concédé ; si la vérification des travaux imposés leur est favorable, ils sont déclarés définitivement propriétaires ; dans le cas contraire, ils peuvent obtenir, pour l'entier accomplissement des travaux imposés, une prorogation de délai ; enfin, si la prorogation expirée, la vérification leur est encore défavorable, si la déchéance est prononcée, une adjudication publique a lieu, dont le prix, frais déduits, leur est remis, pourvu que des améliorations réelles aient été apportées par eux à l'immeuble dont ils étaient concessionnaires. La déchéance, d'ailleurs, ne peut être prononcée que par le ministre de la guerre, le conces-

(1) Il est difficile de comprendre que l'administration croie accorder un droit de propriété par les clauses qui précèdent. Les concessionnaires ne doivent se faire aucune illusion à cet égard : leur titre ne leur concède qu'une possession provisoire et nullement le droit de propriété, lequel consiste essentiellement dans le droit de ne pouvoir être dépossédé que pour cause d'utilité publique et moyennant préalable indemnité. Ils ne doivent donc dormir en paix que lorsqu'ils tiendront leur *titre définitif de propriété*. Aucune société de crédit foncier ne pouvant prêter sur un immeuble dont la propriété est révocable à la volonté de l'administration, la consolidation de la propriété est le premier progrès que devra réaliser le gouvernement pour la rapide colonisation de l'Algérie. J. D.

sionnaire préalablement entendu, et sauf recours au conseil d'État.

Voilà ce que la législation a fait pour les colons algériens.

Voici maintenant les formalités à remplir pour obtenir une concession, et les conditions auxquelles on l'obtient :

1° Les colons doivent s'adresser au préfet, s'ils veulent s'établir dans les territoires civils; au général commandant la division si les terrains à concéder sont situés en territoire militaire. Les personnes non domiciliées en Algérie peuvent adresser leurs demandes, soit à ces autorités, soit au ministre de la guerre;

2° Tout demandeur doit indiquer l'étendue de la concession demandée, dire ses nom, prénoms, professions, domicile;

3° Toute demande doit être accompagnée de pièces justificatives de la moralité du demandeur et de ses ressources pécuniaires. Ces dernières justifications sont produites sous forme d'extraits de rôles de contributions directes, avec titres de propriétés non grevées d'hypothèques, soit de certificats émanant de maires et percepteurs, ou des chambres ou tribunaux de commerce, soit d'actes de notoriété publique passés devant le juge de paix, et, dans les localités où il n'en existe pas, devant le commissaire civil ou le commandant de place, suivant le cas. Le minimum exigé est de *quinze cents francs*. Ces justifications sont obligatoires. L'étendue de la concession dépend des ressources des demandeurs. L'État ne donne aux colons que le sol. Toutes les dépenses de l'exploitation sont à leur charge. Les pétitionnaires non présents sur les lieux avant l'admission de leur demande, doivent se faire représenter par un mandataire, chargé de débattre leurs intérêts et de provoquer leur mise en possession dans les délais voulus.

Le passage de la première traversée sur mer est accordé gratuitement aux concessionnaires, à leurs familles et aux colons attachés à leur exploitation. (*Document officiel*.)

---

ENCOURAGEMENTS A L'AGRICULTURE. — PRIMES.

L'administration encourage la production agricole par des achats directs ou par des primes.

### Achats directs (prix de 1858).

*Soie, cocons:* 1re qualité extra, 5 fr. le kil.; 2e qualité, 4 fr.; 3e qualité, 3 fr.; 4e qualité, chiques et taches, 1 fr.

*Coton* : Géorgie longue soie non égrené, 3 fr. le kil. ; égrené, 9 fr. ; louisiane blanc non égrené, 1 fr.

*Cochenille :* bien sèche et bien nette, 15 fr. le kil.

*Opium :* en larme, 50 fr. le kil.

*Tabac* (100 kil.) : 140, 130, 110, 90, 70, 50, 30, 20 fr., suivant les qualités.

### Primes.

ANNUELLES. Dans les expositions périodiques de l'agriculture qui ont lieu tous les ans dans les trois provinces, et qui consistent en médailles d'or, d'argent et de bronze, avec ou sans prix en argent.

SPÉCIALES. Elles sont votées par les municipalités, allouées par l'administration pour défrichement, norias, pépinières privées, moulins à farines, moulins à huile, etc.

Deux décrets du 16 septembre 1855 ont créé des primes d'une haute importance pour le coton. (V. Notice sur le coton.)

La société industrielle de Mulhouse a décidé 1° qu'une médaille d'or sera décernée en mai 1856 à celui qui aura livré aux fabriques du Haut-Rhin 2,000 kil. ou moins ou la quantité équivalente en poudre de racines de garance récoltées la même année dans une seule propriété en Algérie ;

2° Qu'une médaille d'argent sera décernée à la même époque à celui qui aura livré la moitié de cette quantité dans les mêmes conditions.

*N. B.* Les mémoires et pièces justificatives doivent être adressés francs de port au président de la Société industrielle de Mulhouse avant le 15 février 1856.

La chambre de commerce d'Alger décerne aussi des primes aux plus belles cultures de coton, de sésame, d'arachide : le programme n'en est pas encore publié.

---

### IMPORTANCE DE DIVERSES CULTURES.

*Céréales.* — D'après le *tableau de situation des établissements français en Algérie* pour 1852, la culture des céréales (y compris les fèves) par les Européens et les indigènes dans les territoires de colonisation se résumait ainsi en 1852.

Étendue cultivée. . . . . 153,721 hectares.
Récolte. . . . . . . . 1,613,170 hectolitres.
Valeur. . . . . . . . 15,771,372 francs.

Mais, en tenant compte des cultures des tribus, c'est par plusieurs centaines de millions qu'il faudrait évaluer les récoltes de l'Algérie entière.

*Tabac.* — Les achats de l'administration se sont élevés en 1852 à 780,000 francs pour 885,000 kilogrammes : on peut évaluer à une somme triple les achats de 1853, auxquels il faut ajouter ceux du commerce, d'une appréciation plus difficile. Le chiffre de 5 millions de francs peut être donné comme approximatif.

*Soie.* — Les achats de l'administration ont été d'environ 56,000 fr. en 1852 pour 9,525 kil. de cocons; ils ont dû approcher de 70,000 fr. en 1853.

*Coton.* — En 1853, les achats de coton, à peu près nuls précédemment, s'élèveront à environ 500,000 fr., produit de 600 hectares de culture.

*Oranges.* — La récolte des oranges, dans la seule province d'Alger, était évaluée pour 1852 à 155,000 fr.

— Les bénéfices de la culture du tabac et du coton varient de 500 à 1,000 fr. par hectare.

## PÉPINIÈRES.

Pour faciliter le reboisement de l'Algérie, le gouvernement a fondé et administre, dans les principales localités des trois provinces, des pépinières qui livrent leurs arbres aux colons gratuitement ou à des prix réduits, et fournissent aussi les sujets pour les plantations publiques. Indépendamment de ces grands établissements soumis à l'administration civile, le génie militaire a fondé, dans divers postes de garnison, des pépinières qu'il dirige dans le même but. Enfin les particuliers ont créé plusieurs entreprises de cet ordre dans les localités favorisées par la nature du sol et l'irrigation, les unes à leurs risques et périls, d'autres avec une subvention de 15 à 1,800 fr., allouée par l'administration. Les pépinières publiques sont :

I. *Province d'Alger.* — 1° Pépinière centrale ou Hamma, près Alger, à la tête de toutes les autres sous tous les rapports; 2° à Médéa; 3° à Miliana; 4° à Orléansville.

II. *Province de Constantine.* — 1° A Constantine; 2° à Philippeville; 3° à Bône; 4° à Biskara; 5° à Guelma; 6° à Sétif; 7° à Batna.

III. *Province d'Oran.* — 1° A Mostaganem; 2° à Mascara; 3° à Tlemcen.

Les orphelinats de Boufarik et de Misserghin ayant obtenu la concession gratuite des pépinières publiques de ces deux localités, sont tenus de fournir une certaine quantité d'arbres à des prix réduits.

Les prix des arbres varient en moyenne de 30 à 50 centimes le pied. Il est rare que, même chez les particuliers, le prix d'un très-beau sujet dépasse 1 franc.

A mesure que les établissements publics cesseront de faire

## FORTUNES FAITES PAR LES COLONS.

Le discours de M. le préfet d'Alger, à la distribution des primes de l'exposition agricole d'Alger, cite les faits suivants, que les émigrants devront méditer :

Angèle (Joseph), s'est installé en 1848 au Fondouk, avec une famille de 11 personnes, ayant pour toute ressource 109 fr. Il possède aujourd'hui une petite ferme de 4 hectares et une maison ; 4 bœufs, 1 chariot, 2 charrues, 1 herse. En 1852, il a récolté 20 quintaux métriques de blé, 10 d'avoine, 10 d'orge, 6 de pommes de terre, 4 de maïs. En 1853, il fait du tabac, du coton, etc.

Le sieur Ginesty, père de quatre enfants, est venu s'établir au même endroit en 1845 avec une somme de 800 fr. Il a aujourd'hui une maison, une concession défrichée, couverte de de blé, d'avoine, de maïs, du tabac et du coton, et tout le matériel qui convient à une exploitation.

Le sieur Jamet, à Fahsly, venu sans ressources, possède en 1853, 10 hectares en céréales, 2 hectares en tabac.

Le sieur Jouffrain, père de six enfants, installé à El-Achour, avec 500 fr., il y a quelques années, possède 12 hectares dans de très-bonnes conditions.

Le sieur Pierre, à Baba-Hassen, installé avec 1,500 fr., possède deux concessions de terre et met chaque année 10 hectares environ en culture.

Le sieur Bidan, à Guyotville, père de sept enfants, installé sans ressources au milieu des broussailles, s'est construit une cabane, a fait du charbon, bâti une maison. L'administration lui a donné une concession de 20 hectares. Aujourd'hui il a 5 hectares de terres cultivables, entièrement défrichés par lui.

Dans un ordre d'exemples afférents à la grande culture, M. Hardy, rapporteur du jury de l'exposition agricole de 1853, cite quelques exemples des résultats promis au travail et à l'intelligence.

M. Gimbert, de la Maison-Carrée, possédait une superficie de 290 hectares, qui n'était en majeure partie qu'un marais. Grâce à des canaux d'assainissement, il possède aujourd'hui 100 hectares de terres irrigables.

M. Bonnand à Boufarik, possède 150 hectares, au milieu desquels se trouvent 60 hectares de marais. Il a complété les travaux d'assainissement de l'administration, si bien qu'en

1855, 26 hectares de tabacs magnifiques fleurissaient sur le marécage.

## ORPHELINATS. — FAIBLE MORTALITÉ DES ENFANTS.

Établissements consacrés à l'éducation morale, agricole et professionnelle des enfants pauvres, orphelins, ou abandonnés, les orphelinats sont au nombre de sept, dont quatre pour les garçons, deux pour les filles et un mixte. Les quatre orphelinats de garçons sont ceux : 1° de Ben-Aknoun, dans la commune d'El-Biar, près d'Alger, fondé en 1842 par le P. Jésuite Brumauld, et par lui confié en 1851 au P. Reynaud ; 2° de Boufarik, auprès du village de ce nom, fondé en 1854 et dirigé par le P. Brumauld, à qui a été concédé le camp d'Erlon avec une vaste pépinière plantée d'arbres et les terres nécessaires à une exploitation ; 3° de Medjez-Amar, fondé en 1849 par l'abbé Landmann, remplacé depuis, après un intérimat militaire, par l'abbé Plasson ; 4° de Misserghin, fondé en 1849 et dirigé par le P. Abram, fondateur d'une congrégation *sui generis*.

Les deux orphelinats pour filles sont ceux de Mustapha à Alger et celui d'Oran, transféré à Misserghin.

Ces six orphelinats sont destinés principalement aux enfants catholiques. On y voit quelques enfants indigènes.

L'orphelinat mixte est consacré à recevoir les enfants des deux sexes des communions protestantes. Il est établi dans l'ancien hôpital de Deli-Ibrahim, près d'Alger, et placé sous la direction du consistoire protestant d'Alger.

Les cultes israélite et musulman réclament, dans l'intérêt de leurs orphelins, la création de pareils établissements.

En rendant justice aux orphelinats comme établissements d'éducation, il faut bien se garder d'opposer leurs succès agricoles aux résultats obtenus en Algérie par les autres grandes entreprises. Ce serait oublier que celles-ci ont toutes été abandonnées à elles-mêmes (1), tandis que les orphelinats n'ont cessé de recevoir en bâtiments, en défrichements, en plantations, en argent, en matériel, en travail, en pensions largement rémunératrices, des subventions de toute nature. Il est permis

---

(1) La somme de 45,000 fr. que l'Union du Sig a reçue de l'État, représente non une subvention, mais le remboursement de l'enceinte communale, dont la dépense est, dans toute l'Algérie, portée au compte de l'État, à titre de travail public. A l'Union, le soin de l'élever a été laissé à la Compagnie, sous la condition du remboursement par l'État, qui n'a encore acquitté que les 4/5es de cette dette. Ainsi l'Union a dû se soutenir sans un centime de subvention, sans secours d'aucun genre.

d'affirmer que pas un orphelinat, de même que la Trappe de Staouéli, n'aurait tenu, mis dans les mêmes conditions que les autres colons.

La loi de mortalité, observée à Ben-Aknoun sur des enfants qui étaient loin de se trouver par leur vie antérieure, dans les meilleures conditions de santé, est bien propre à dissiper les préjugés vulgaires contre le climat d'Afrique, meurtrier, dit-on, pour les enfants. Ben-Acknoun a compté :

En 1846, sur 157 enfants, 4 morts, 2,5 o/o.
En 1847, 231  4  1,7
En 1848, 247  4  1,6

En même temps la colonie agricole de Mettray comptait :

En 1846, sur 245 enfants, 7 morts, 2,8 o/o.
En 1847, 528  10  1,9
En 1848, 526  17  3,2

Et la colonie agricole de Marseille comptait :

En 1846, sur 245 enfants, 16 morts, 6,5 o/o.
En 1847, 310  29  9,3
En 1848, 313  43  13,6

On pouvait pressentir ce résultat en voyant les rues des villes d'Algérie peuplées d'enfants plus qu'en aucun pays du monde.

NOTES MÉTÉOROLOGIQUES.

*Trombes.* — 19 janvier. On a pu observer dans la rade d'Alger plusieurs exemples ou phénomènes des trombes de mer. A 11 heures 1/2 une ligne grisâtre, se détachant des nuages noirs qui fermaient l'horizon, descendait sur la mer en formant comme une espèce de colonne dont le pied se baignait dans les eaux. Poussé par la violence du vent, le cône se dirigeait en tourbillonnant de la Pointe-Pescade vers le cap Matifou, et l'on voyait à l'épanouissement de son extrémité supérieure qu'il pompait l'eau et la rejetait avec violence. Ce phénomène s'est reproduit plusieurs fois dans le cours de la journée. Il n'a donné lieu à aucun accident.

*Parhélies.* — 31 janvier, de 1 heure 1/4 à 1 heure 3/4, on a vu à Alger deux superbes parhélies, taches lumineuses, semblables à des fragments d'arc-en-ciel, situées à droite et à gauche du soleil, à la même hauteur et à une distance angulaire qui variait suivant la hauteur de 22 à 30 degrés. Elles offraient d'abord du côté du soleil la couleur rouge, puis, en s'éloignant, l'orange, le jaune; puis une teinte verdâtre; les autres couleurs du spectre sont rarement visibles. A une heure, la température était, à Alger, de 17° degrés, et le vent d'ouest modéré, les nuages qui produisaient les parhélies venaient rapidement du N.-N.-O.

*Thermomètre.* — Vers le milieu de février, température extraordinaire à Alger. Des neiges abondantes couvrent les cimes de l'Atlas et refroidissent l'atmosphère. Le thermomètre est descendu à près de 7° au-dessus de zéro, chose qui ne s'était pas vue depuis plusieurs années. Enfin, il tombe une pluie mêlée de grésil et de grêle, et des bourrasques d'une violence inouïe rompent les vitres des fenêtres et menacent les maisons les plus solides. Dans la nuit du 19 au 20 février, un véritable ouragan, entrecoupé de coups de tonnerre s'est déchaîné sur Alger avec une furie inouïe ; il n'y a pas eu cependant de graves accidents.

— Du 17 au 18 février, il est tombé plus de 30 cent. de neige à Tlemcen.

— Le 23 février, il a gelé à Constantine.

— Le 23 mars, 6 pouces de neige sur les toits à Constantine.

*Ouragan.* — 23 mai. Ouragan à Alger : la statue du duc d'Orléans vacille sur sa base. Le thermomètre baisse en quelques heures de 15°.

— 17 juillet : violent ouragan à Constantine.

*Tremblement de terre.* — Une secousse de tremblement de terre se fait sentir à Alger dans la nuit du 11-12 avril. — Un autre, le 25 novembre, à Alger, Boghâr, Médéa, Miliana, Orléansville.

*Brouillards.* — A Alger, vers la mi-juillet, des brouillards épais s'élèvent de la mer vers les 4 heures du soir, et durent toute la nuit jusqu'au lever du soleil. Le 18 juillet leur intensité a été extraordinaire, ils couvraient la mer, et rendaient les objets invisibles à quelques mètres de distance.

*Météores.* — 10 août. A Alger, un météore lumineux a attiré l'attention des nombreux promeneurs qui couvraient la place du Gouvernement. Le météore, qui suivait la direction de l'ouest à l'est, jetait une grande clarté. Quelques instants après son apparition, et lorsque déjà il avait traversé un espace considérable, il s'est élevé au zénith comme une éblouissante fusée, et il a éclaté, semblable à une énorme chandelle romaine (*Akbar*).

*Comète.* — Visible à Alger vers le 20 août ; cesse de l'être le 28.

*Pluies.* — Les premières d'automne, le 17 septembre à Alger : pas moins de 12 millimètres d'eau.

*Baromètre.* — 28 septembre. Le baromètre est monté en 36 heures de 8 millimètres, de 76° à 76° 8'.

*Neige.* — 28 novembre. La neige tombe à Sétif : 55 cent. d'épaisseur.

*Chaleur d'Afrique.* — Les chiffres suivants, qui constatent les températures moyennes diurnes de la saison d'été réduisent à leur juste valeur les préjugés sur les chaleurs d'Afrique. Les observations sont celles de Staoueli, situé au milieu d'une vaste plaine à 125 mètres d'altitude. Elles sont, comme les autres, relevées dans le *Journal d'agriculture pratique*, année 1853. (Celles du mois de juin n'ont pas été publiées.)

| Localités. | Mai. | Juillet. | Août. | Septembre. | Octobre. |
|---|---|---|---|---|---|
| Staoueli. | 12°38 | 17°01 | 23°50 | 23°70 | 21°86 |
| Marseille. | 12°38 | 18°71 | 21°87 | 23°47 | 18°85 |
| Toulouse. | 10°87 | 19°17 | 21°41 | 21°03 | 16°41 |
| Régusse (Var). | 11°35 | 19°60 | 24°90 | 23°58 | » |
| Lunel (Hérault). | 11°55 | 20°17 | 24°60 | 24°82 | 18°73 |
| Beyrie (Landes). | 10°50 | 16°18 | 20°71 | 21°07 | 16°76 |
| Orange. | 7°05 | 18°45 | 22°03 | 22°40 | 17°44 |
| Bordeaux. | 13°83 | 19°10 | 24°10 | 24°07 | 18°95 |
| Nantes. | 11°05 | » | 20°41 | 20°76 | 17°25 |
| Le Puy. | » | 16°52 | 20°19 | 21°85 | » |
| Bourg. | » | 16°75 | 19°37 | » | » |
| Grangeneuve (Indre). | » | 16°50 | 19°01 | » | » |
| Nantes. | » | 17°00 | » | » | » |
| Vendôme. | » | 15°37 | » | » | » |
| Marboué (Eure-et-Loir). | » | 15°37 | » | » | » |
| Paris. | » | 16°80 | » | » | » |
| Gœrsdorff (Bas-Rhin). | » | 16°50 | » | » | » |
| Metz. | » | 17°90 | » | » | » |
| Clermont. | » | 15°48 | » | » | » |

Ce tableau démontre mathématiquement que la température moyenne diurne d'été, dans la zone d'Alger, est la même à peu près que celle du midi de la France, qu'elle a même été moins forte en mai, juillet et août, que sur quelques points de France, à Bordeaux notamment.

**OBSERVATIONS MÉTÉOROLOGIQUES.** Dans la province d'Alger, les observations faites à Alger sont publiées toutes les semaines dans l'*Akbar*; celle de Staoueli sont publiées tous les mois dans le *Journal d'agriculture pratique*, rue Jacob, 26, à Paris. Dans la province d'Oran, M. Aucour, ingénieur en chef, fait exécuter, depuis treize ans, une suite d'observations dont le relevé annuel est publié dans l'*Echo d'Oran* et le *Moniteur algérien*; à Mostaganem, M. Robin, ingénieur ordinaire, en fait autant depuis quatre ans. La province de Constantine ne publie aucun document de ce genre; lacune très regrettable.

---

## SOUVENIRS D'HISTOIRE NATURELLE.

*Baleines.* En février, une baleine morte a été déposée sur le rivage par les vagues au-dessus de Saint-Eugène, près des moulins. Elle mesurait 15 mètres 80 de longueur, sur 8 de hauteur, et 15 de circonférence.

*Requin.* En octobre, un requin s'est montré dans les eaux de la rade d'Alger près du rivage.

*Hirondelles.* — N'ont paru à Alger que le 30 mars. La date ordinaire de leur retour est du 19 au 20 mars.

*Arbres.* — Le platane colossal de la porte de Bab-Azoun, âgé de plus de 300 ans, a été abattu, par ordre administratif. Il a fourni 103 quintaux métriques de bois. — En septembre, on a admiré dans les salons du gouverneur général un guéridon de cèdre massif de 1 mètre 50 cent. de circonférence, provenant d'un arbre coupé dans la forêt de Teniet-el-Had, dont le tronc ne mesurait pas moins de 40 mètres de haut. D'après les veines circulaires du bois, on a calculé que cet arbre était âgé de 500 ans.

*Fossiles.* — En novembre, découverte à Constantine de fossiles gigantesques. — Vertèbres, côtes, omoplates, défenses colossales, comme celles des sangliers, mais d'une longueur de 30 à 35 c. taillées en biseau, des dents, et enfin la partie supérieure de la tête de l'animal, n'appartenant à aucune espèce existante, dans un état remarquable de conservation. Cette tête gigantesque n'a pas moins de 85 centimètres depuis les dents jusqu'à la nuque, et une largeur de 48 centimètres au droit de l'os frontal. Sa partie antérieure s'évanouit en spatule et atteint une largeur de 40 centimètre au droit du museau. La mâchoire inférieure était armée de deux défenses, la partie antérieure de la mâchoire supérieure était garnie de longues dents à section circulaire, et taillées en biseau. Les jambes de l'animal égalent à peu près celles d'un cheval ; la courbure de ses côtes annonce que sa grosseur devait être au moins quadruple de celle d'un bœuf de grande taille; sa tête a de l'analogie avec celle de l'hippopotame ; sa bouche devait être une machine d'une prodigieuse puissance, et ses défenses, un formidable instrument de combat. Le terrain dans lequel il a été trouvé est une roche calcaire tendre, appartenant à l'étage falunien ou subapennin de la formation tertiaire. Les fouilles, dirigées par l'ingénieur en chef des ponts et chaussées, ont mis au jour des ossements appartenant évidemment à d'autres animaux, dont les espèces, pas plus que celle du géant que nous venons de décrire, n'ont été encore déterminées (l'*Africain* de Constantine).

*Plantes.* — Envoi à la pépinière centrale par le ministre de la guerre de caisses de plants tropicales, contenant, entre autres, mammea americana, arthocarpus incisa, mangifera indica, carapa gayanensis, citronniers, orangers, bigaradiers de la Guyane, gulielma speciosa, manihot utilissima, cramognoc, œnocarpus bacaba, œnocarpus catana, colocasia esculenta, colocasia touca, dioscorea, hymenæa, artocarpus seminifera, omphalea diandrea, moronobea coccinea, myrristica sebifera.

---

## MINES. — CARRIÈRES.

L'Algérie est un des pays du monde les plus riches en mines. Déjà plusieurs établissements importants ont été fondés pour leur exploitation.

I. Dans la province d'ALGER, à Mouzaïa, dans l'Atlas; à l'Oued-Allelah, l'Oued-Tofület, le cap Tenez, dans le cercle de Tenez. L'entreprise de *Mouzaïa*, qui exploite des minerais de cuivre, après de longues crises, dues à l'insuffisance des capitaux et à l'inexpérience des premiers essais, a abouti à une solution qui lui présage de meilleurs temps. Une compagnie fermière s'est chargée de l'exploitation, au prix d'un intérêt de 4 p. 100 aux actionnaires, avec l'intention de développer l'usine de Caronte, sur le littoral méditerranéen, pour le traitement du cuivre. De très-riches filons de minerai, récemment découverts, promettent d'ailleurs des succès inconnus. — Les entreprises du *cercle de Tenez* sont toutes affectées également aux recherches du cuivre : les décrets qui autorisent l'exportation à l'étranger de leurs minerais, témoignent de leur activité croissante. Celle de l'Oued-Allelah a fêté le 8 septembre l'inauguration de la première machine à vapeur dans les mines de l'Algérie; les eaux extraites des galeries, seront conduites sur le territoire environnant et dans la ville de Tenez, pour joindre ainsi le bienfait de l'irrigation et d'une boisson salubre aux services industriels.

II. Dans la province de CONSTANTINE, les forges de l'A-lélik, consacrées au traitement des minerais de fer, après avoir été atteintes pendant plusieurs années de la crise générale, se sont relevées. Un décret impérial a autorisé leur constitution en société anonyme. Le 17 novembre, on a fêté la reprise des travaux. Leur importance est telle qu'elles versont dans le pays 50,000 fr. par mois. Elles font appel aux bûcherons et charbonniers du continent pour l'exploitation d'un affouage proportionnel à leurs besoins qui leur a été accordé dans les montagnes avoisinantes.

L'exploitation de Kef-Oum-Theboul, dans le cercle de la Calle, n'a pas cessé de prospérer. La mine comprend de la galène, très-riche en argent, ainsi que des minerais de cuivre.

III. Dans la province d'ORAN, il n'y a pas encore d'établissement métallurgique.

De nombreuses permissions de recherches ont constaté par toute l'Algérie les minéraux les plus divers : cuivre pyriteux, cuivre argentifère, fer oxydulé, fer magnétique, cinabre, mercure, zinc sulfuré, galène antimoniale, plomb, plomb argentifère, antimoine oxydé et sulfuré, traces d'argent et d'or.

Des bancs de lignite et d'anthracite, de houille peut-être, des carrières de marbre et d'albâtre, complètent cette trop sommaire énumération des richesses minérales de l'Algérie, dont on peut voir de nombreux et beaux échantillons à l'exposition permanente des produits de l'Algérie, rue de Bourgogne, 6, à Paris.

## NOBILIAIRE DE LA COLONISATION.

La nécessité, dans une première année de publication, de faire connaître l'Algérie par la description des localités ne nous a pas permis de reproduire le nom des lauréats des expositions agricoles. Ce document trouvera sa place dans les années suivantes. Nous comptons réunir ainsi les éléments d'un travail important que nous appellerons *Nobiliaire de la colonisation* ou *Livre d'or de la colonie*. Il conservera le nom des hommes qui à l'origine, au prix des souffrances, des privations, des sacrifices de toute nature, ont conquis l'Algérie à la France par le travail de l'intelligence et des bras, complément des courageux exploits de l'armée. La gloire civile, ainsi associée à la gloire militaire, perpétuera des traditions que la postérité, nous en avons la foi, consacrera par sa reconnaissance et son admiration, comme les Etats-Unis aimeraient à bénir aujourd'hui le nom des premiers pionniers qui fondèrent leurs villes et défrichèrent leurs forêts, à l'origine retraite des bêtes féroces, aujourd'hui théâtre de la plus exubérante civilisation.

Comme début, nous inscrivons aujourd'hui les décorations de l'ordre de la Légion-d'Honneur, décernées au mérite agricole :

PROVINCE D'ALGER. — M. Hardy, directeur de la pépinière centrale, officier; M. Morin, colon à El-Biar, chevalier.

PROVINCE DE CONSTANTINE. — M. Chirat, colon à Constantine, chevalier.

PROVINCE D'ORAN. — M. Charles Daudrieu, colon à Arcole, arrondissement d'Oran, chevalier.

Les services rendus à la colonisation, à divers titres, ont motivé la croix accordée à MM. :

L'Abbé Régis, supérieur de la Trappe de Staouëli;

Le père Brumauld, fondateur de l'orphelinat de Ben-Aknoun, directeur de celui de Boufarik.

Le baron de Vialar, propriétaire à Alger.

## NÉCROLOGIE DE 1853.

*Janvier.* — 8. Baron de Montribloud, conseiller de préfecture à Oran, décédé à Alger. — 26. Dupont, architecte, chef du service des bâtiments civils à Oran, 38 ans. — J. de Caudin, peintre, transporté politique, à Bône.

*Février.* — 5. Mornand, conseiller de préfecture à Oran.

*Mars.* — 1er. Boileau, juge au tribunal civil de Bône, décédé à Alger. — 4. Hadj-Achmed-ben-Mohammed-el-Mokhrani, C. ✻, khalifa de la Medjena, décédé à Marseille. — 13. Mohammed-ben-Ahmed-el-Tedjini, marabout d'Aïn-Maddi. — 14. Si-el-Hadj-bel-Kassem, ✻, kaïd de l'Edoughd, à Bône.

*Mai.* — 19. Blanchard père, ancien négociant à Oran, décédé à Aubagne.

*Juin.* — 8. Arnoux, juge d'instruction à Oran, 48 ans.

*Juillet.* — 1er. Blin, médecin, adjoint au maire de Mostaganem, 38 ans. — 13. Bordet, juge de paix à Tlemcen. — 29. Yussef-Bulcher, ancien grand-rabbin des juifs d'Alger, 78 ans.

*Août.* — 21. Chauvy, conseiller rapporteur civil du conseil du gouvernement à Alger. — 29. Savy, commissaire de police du 1er arrondissement à Alger. — Sœur Marie-Ange, de la Doctrine chrétienne à Bône.

*Septembre.* — 15. Baron Voirol, général de division, ancien général en chef de l'armée d'Afrique, en 1833 et 1834, décédé à Besançon, 72 ans.

*Novembre.* — 26. Capitaine Gruard, chef du bureau arabe de Médéa, 33 ans. — 29. De Cadenet, juge de paix à Bône. — Si-Salah-bel-Louifi, kadi des Beni-Ouedjena, dans la province de Constantine.

## CONSEILS AUX ÉMIGRANTS.

Pour cette fois nous les résumons tous en un seul. Arrivez en Algérie à l'époque du beau temps et des travaux, depuis avril jusqu'en septembre. A cette époque, pourvu que vous ayez 20 fr. en poche pour vous donner les moyens d'aller

2   3
    4̶

chercher du travail, vous êtes certain de gagner de 2 à 6 fr. par jour, suivant votre savoir-faire, pendant toute la saison d'été, grâce aux fauchaisons, aux moissons, aux cultures du tabac et du coton. Avec ce salaire, il vous sera facile de vous procurer des ressources d'existence pendant l'hiver.

Que si, au contraire, vous arrivez en automne ou en hiver, le travail est plus rare, surtout après la saison des labours; de janvier en mars, vous épuisez vos ressources et tombez à la charge de l'administration ou du public, c'est-à-dire dans la misère.

Ne vous inquiétez pas des chaleurs et de l'acclimatation : il n'y a que des poltrons qui aient peur d'un beau soleil. Avec une simple ceinture de flanelle vous passerez votre temps d'acclimatation sans aucun danger, pourvu que vous évitiez tous les excès, surtout en boisson, et les refroidissements du matin et du soir. Du reste, si vous avez des habitudes régulières, vous n'avez absolument rien à y changer.

A la première menace de fièvre, prenez quelques pilules de quinine, et vous en serez quitte pour la peur, à moins que vous ne débutiez par une localité enfiévrée, comme il en reste un petit nombre encore. Mais c'est une chance qu'on peut généralement éviter.

---

EXPOSITION PERMANENTE DES PRODUITS ALGÉRIENS.
(6, RUE DE BOURGOGNE, A PARIS.)

Ouverte depuis le 20 octobre 1853, cette exposition attire tous les jeudis un grand nombre de curieux. Elle est divisée en 6 pièces, où sont distribués les objets dans l'ordre suivant.

VESTIBULE. Cartes de l'Algérie. Laines en sac.

1re SALLE. Cotons en laines et tissés, soies en cocons, filées et tissées, laines, cochenilles, garances.

2e SALLE (industrie indigène). Ceintures, haïks, burnous, éventails, bourses, chachias, robes juives, bnika ou coiffures de femmes, tapis, bijoux, paniers, objets de sellerie, étriers, sacoches, armes, turbans, portefeuilles, œufs d'autruche, parfums et essences, étoffes de toute nature.

3e SALLE (minéraux). Fers, fontes, cuivre, zinc, nickel, plomb, antimoine, plomb argentifère; lignites; granits, marbres, albâtre, corail, faux, limes, faucilles, etc.

4e SALLE. Céréales de toute nature; blés tendres, blés durs, orges, seigle, avoines, riz, maïs, millet, sorgho; haricots, fèves, pois, lentilles; sainfoins, tiges de lin et de chanvre;

fécules, farines, semoules, cires; opium; huiles d'olive et de graines grasses, avec les graines (moutarde, coton, ricin, tournesol, madia sativa, cameline, pavot, lin, colza, sésame, arachide); — sur une table, objets travaillés de marbre et d'albâtre : savon de Bône; sardines confites à l'huile, etc.

5e SALLE. Tabacs en feuilles, en cigares, en poudre, pipes indigènes; herbier de l'Algérie; préparations industrielles du palmier nain, de l'alfa, du dis, de l'aloès, du bananier (crins, cartons, cordes, papier).

6e SALLE. Bois : échantillons de cèdre, thuya, sumac, oranger, citronnier, lentisque, laurier, térébinthe, cyprès, frêne, phyllirea, jujubier, arbousier, génévrier, olivier sauvage, chêne-liége, chêne-vert, chêne à glands doux, myrte, cerisier sauvage; bambou; candelabres et chapeaux en nervures de cactus; feutres de coton, balles de coton en laine; écorces de liége, etc.

On n'entre que sur permis délivré par le ministère de la guerre, qui se distribuent, du reste, avec une extrême complaisance. — Heures d'ouverture, de midi à quatre heures.

## ORGANISATION ADMINISTRATIVE DE L'ALGÉRIE.

Il n'a été publié jusqu'à ce jour aucun tableau d'ensemble de l'organisation administrative de l'Algérie, et cette abstention est certainement un témoignage des difficultés de cette tâche, lesquelles tiennent à des causes multiples. Lors de la création d'un centre de population, le décret constitutif ne détermine pas toujours d'avance la circonscription civile ou militaire à laquelle ce centre appartiendra. Autour d'un centre, dont la circonscription est déterminée, tout le pays environnant reste souvent sans juridiction précise, ce qui forme des enclaves civiles en territoire militaire, des enclaves militaires en territoire civil. Le territoire civil forme un département; le département se divise en arrondissement; voilà deux bases bien établies. Mais, au-dessous de l'arrondissement, se trouvent tantôt des municipalités ou communes simples, administrées par un maire et un ou plusieurs adjoints, avec ou sans annexes ou sections; tantôt des communes cantonales ou collectives, qui réunissent à une commune principale, administrée par un maire avec adjoint, des communes secondaires administrées par un adjoint spécial, Douéra par exemple; tantôt des districts administrés par un commissaire civil, comprenant des localités administrées par un maire, bien qu'elles ne soient pas plus importantes que les sections des communes cantonales. Le *district* répondait primitivement au ressort d'un commissaire civil ; mais l'usage le conserve faute d'autre, même quand le régime communal a succédé. Le *canton*, qui répond essentiellement à la juridiction des justices de paix, n'est adopté officiellement que pour les villes : dans les campagnes, il se confond avec le district, et cependant les ressorts des commissariats civils et des justices de paix ne sont pas toujours les mêmes. Cette confusion, née des tâtonnements des débuts et de la transformation successive des institutions de la colonie, s'amoindrira peu à peu par les progrès mêmes d'une organisation plus régulière. Elle pourrait même disparaître immédiatement par une définition officielle des expressions : *district, canton, commune, section, annexe*, suivi d'un tableau d'ensemble que dresserait le ministère de la guerre, du classement administratif et hiérarchique de toutes les localités de l'Algérie. En attendant ce travail officiel, nous l'essayons, au risque de quelques erreurs.

## A. — PROVINCE D'ALGER.

### I. — TERRITOIRE CIVIL OU DÉPARTEMENT.

Le département se divise en deux arrondissements, dont les chefs-lieux sont Alger et Blida. Alger est la capitale du département, siège de la préfecture.

#### 1. — Arrondissement d'Alger.

| Districts | Communes (1). | Sections commun. Annexes (2). | Dépendances (3). |
|---|---|---|---|
| | (Canton J. P. nord). | | |
| 1º ALGER. | Alger. | El-Biar. A. | Hidra. |
| | | Bou-Zaréa. A et Pointe-Pescade. | St.-Eugène. |
| | | Mustapha - Pacha. A. (Infér. et sup.). | Agha. Hamma. |
| | Chéraga. | Guyotville. A. | |
| | Dely-Ibrahim. | El-Achour. A. | |
| | Ouled-Fayet. | | |
| | Sidi-Ferruch. | | Staouéli. |

(1) Nous avons classé dans cette colonne les localités régies par un commissaire civil ou un maire.
(2) La lettre A indique les annexes qui sont administrées par un adjoint particulier.
(3) Il n'y a pas corrélation entre les indications de cette colonne et celles de la précédente.

(Canton J. P. sud).
Hussein-Dey.
Kouba.
Birmandreis.
Birkadem. . . . Saoula. A. . . . Tixeraïn.
Draria. . . . . . Kaddous.
La Rassauta. . . Maison-Carrée.
Fort-de-l'Eau.
L'Arba.
Le Fondouck.
Aïn-Taya. . . . Aïn-Beïda.
Matifou.
Aïn-Rouïba.
Douéra. . . . . Baba-Hassen. A. Birtouta.
Crescia. A. . . St.-Jules.
Maelma. A. . . St.-Charles.
St.-Ferdinand A Oul.-Mendil
Ste-Amélie. A. . Quatre-Chemins.

2º CHERCHELL. Cherchell.
Novi.
Zurich.
3º TÉNÈS. . . . . Ténès.
Montenotte,
4º ORLÉANSVILLE Orléansville.
La Ferme.
Pouteba.

**1. — Arrondissement de Blida.**

5º BLIDA.; . Blida. . . . . . Beni-Mered. A.
Joinville.
Montpensier.
Dalmatie. A.
Bouferik. . . . . Souma. A.
La Chiffa.
Oued-el-Halleg.
Mouzaïaville.
El-Afroun. . . . Bou-Roumi.
Ameur-el-Aïn.
Koléa . . . . . . Fouka. A. . . . N.-D. de Fouka.
Zéradia. A. . . Messaoud.
Douaouda. A. . Berbessa.
Saïghir.
Castiglione
Tefeschoun.
6 MÉDÉA . Médéa.

Lodi.
Damiette.
Mouzaïa-les-Min.
7° MILIANA. Miliana.
Affreville.

## II. — TERRITOIRE MILITAIRE OU DIVISION.

Six subdivisions, dont les chefs-lieux sont : Blida, Alger, Aumale, Médéa, Miliana, Orléansville. Le quartier-général est à Blida, siége de la 1re subdivision, résidence du général commandant la division.

| Subdivions. | Cercles. | Bureaux arabes Annexes. | Enclaves civiles. |
|---|---|---|---|
| 1° BLIDA. | Blida. | | Marengo. |
| | | | La Bourkika. |
| | | | Tipaza. |
| 2° ALGER. | Alger. | Drâ-el-Mizan. | |
| | Dellis. | | |
| 3° AUMALE. | Aumale. | Beni-Mançour | |
| 4° MÉDÉA. | Boghâr. | | |
| | Laghouat. | | |
| 5° MILIANA. | Miliana. | | Bou-Medfa(1). |
| | Teniet-el-Had. | | Vesoul-Ben. |
| | Cherchell. | | Aïn-Sultan. |
| 6° ORLÉANSVILLE | Orléansville. | | |
| | Tenez. | | |

## B. — PROVINCE DE CONSTANTINE.

### I. — TERRITOIRE CIVIL OU DÉPARTEMENT.

Trois arrondissements : Constantine, Bône, Philippeville. La capitale du département est Constantine, siége de la préfecture.

#### 1. — Arrondissement de Constantine.

| Districts. | Communes. | Sections. Annexes. | Dépendances. |
|---|---|---|---|
| 1° CONSTANTINE. | Constantine (2). | | Hamma. |
| | Condé. | | Sidi - Mabrouck. |
| | Fornier? | El-Kroub? | |
| | | | Divers. |

(1) Pour la justice de paix, Bou-Medfa ressortit de Blida.
(2) Constantine n'a pas d'administration municipale ; la fonction de maire est remplie par un conseiller de préfecture délégué.

| | | |
|---|---|---|
| 2° SÉTIF...... | Sétif........ | Lanasser, |
| | | Permatou. |
| | | Kalfoun. |
| | | Aïn-Sefla. |
| | | Mezloug. |
| | | Aïn-el-Arnat. |
| 3° GUELMA (1).. | Guelma......... | Hammam-Meskoutin. |
| | | Medjez-Amar. |

### 2. — Arrondissement de Bône.

| | | |
|---|---|---|
| 4° BÔNE...... | Bône........... | Aletik |
| | | Bugeaud. |
| | | Duzerville. |
| | | El-Hadjer. |
| | Mondovi |
| | Barral. |
| | Millesimo. |
| | Petit. |
| | Héliopolis. |
| 5° LA CALLE.... | La Calle........ | Kef-oum-Theboul. |

### 3. — Arrondissement de Philippeville.

| | | |
|---|---|---|
| 6° PHILIPPEVILLE. | Philippeville. | Stora...... |
| | | Damrémont. |
| | | Vallée..... |
| | | St.-Antoine. |
| | Gastonville. |
| | Robertville. |
| | Saint-Charles. |
| | El-Arrouch. |
| | Jemmapes?... | Ahmed-bon-Ali? |
| 7° BOUGIE..... | Bougie. | Sidi-Nassar? A |

### II. — TERRITOIRE MILITAIRE OU DIVISION.

Quatre subdivisions, dont les chefs-lieux sont à Constantine, Bône, Batna, Sétif. Le chef-lieu de la division est à Constantine, résidence du général commandant la province.

(1) Pour la justice de paix Guelma ressortit de Bône.

| Subdivisions. | Cercles. | Bureaux annexes. | Enclaves civiles. |
|---|---|---|---|
| 1° CONSTANTINE. | Constantine. | Aïn-Beida. Tébessa. | Bou-Merzoug. |
| | Philippeville. | | |
| | Djigelli. | | |
| 2° BÔNE. | Bône. | | |
| | La Calle. | | Drechmeya. |
| | Guelma. | Souk-Arras | |
| 3° BATHNA. | Bathna. | | Lambèse. |
| | Biskara. | | |
| 4° SÉTIF. | Sétif. | | |
| | Bougie. | | |
| | Bordj-Bou-Aréridj. | Bouçada. | |

## C. — PROVINCE D'ORAN.

### I. — TERRITOIRE CIVIL OU DÉPARTEMENT.

Deux arrondissements, dont les chefs-lieux sont à Oran et Mostaganem. La capitale du département est Oran, siège de la préfecture.

#### 2. — Arrondissement d'Oran.

| District. | Communes. | Sections, annexes. | Dépendances. |
|---|---|---|---|
| 1° ORAN. | Oran. | Mers-el-Kebir A. | |
| | | La Sénia. A. | |
| | Aïn-el-Turck | Bou-Sefer. A. | |
| | Misserghin. | | Aïn-Beida. |
| | Bou-Tlélis. | | |
| | Valmy-le-Figuier. | | |
| | Sidi-Chami. | Mangin. A? | |
| | Arcole. | | |
| 2° ARZEW (1). | Arzew. | | |
| | Saint-Cloud. | Saint-Leu. A. | Christel. |
| | | Damesme. A. | |
| | | Muley-Magoun. | |
| | Fleurus. | Haci-ben-Okba. A. | Christine? |
| | Haci-bou-Nif. | Haci-Ameur? A. | Chartres. |
| | Kléber. | Mefessour? A. | |
| | Ste.-Léonie. | | |
| | Saint-Louis. | Haci-ben-Ferréa. A. | |

(1) La justice de paix est à Saint-Cloud, dont le ressort embrasse, outre la circonscription du commissariat civil d'Arzew, les centres de Sidi-Chami, Mangin, Arcole, du territoire civil, et le Tlélat (Sainte-Barbe), du territoire militaire d'Oran.

3° MASCARA. Mascara . . . Saint-Hippolyte.
Saint-André.
4° TLEMCEN.. Tlemcen . . . Bréa.
Hennaya.
Mansoura.
Négrier.
Seysaf.

### 2. — Arrondissement de Mostaganem.

5° MOSTAGA- Mostaganem.
NEM. Les Libérés.
Mazagran. . . . Ouréa.
La Stidia
Aïn-Nouissy.
Aboukir.
Si-Chérif.
Bled-Touaria.
Rivoli.
Tounin.
Karouba.
Aïn-Tédelès.
Souk-el-Mitou.
Aïn-bou-Dinar.

### II. — TERRITOIRE MILITAIRE OU DIVISION.

Cinq subdivisions, dont les chefs-lieux sont : Oran, Mostaganem, Sidi-bel-Abbès, Mascara, Tlemcen. La capitale de la division est Oran, résidence du général commandant la province.

| Subdivisions. | Cercles. | Bureaux annexes. | Enclaves civiles. |
| --- | --- | --- | --- |
| 1° ORAN . . . . . . . . . . . . . . . . . . . . . | | | Le Tléint (Ste-Barbe). Arbal. Saint-Denis-du-Sig. |
| 2° MOSTAGANEM. | Mostaganem. Ammi-Moussa. | | Pont-du-Chélif. |
| 3° SIDI-BEL-ABBÈS. | Sidi-bel-Abbès. Daïa. | Aïn-Temouchen . . . | Frenda. Sidi-Lahssen. Sidi-Brahim. Aïn-Temouchen. |
| 4° MASCARA. . . . | Mascara. Saïda Tiaret | | |

5° TLEMCEN . . . . . Tlemcen.
              Nemours.
              Sebdou.
              Lalla-Maghrnia.

Nous ferons remarquer, en finissant, que les désignations de districts sont très-peu usitées dans les provinces de Constantine et d'Oran.

Nous aurions désiré compléter ce document par l'indication des principales fermes de chaque commune, usines agricoles qui représentent souvent mieux que les villages la puissance productive du pays; mais l'espace et les informations nous ont manqué : ce sera pour l'an prochain.

## TRANSPORTS PAR TERRE ET PAR MER.

### COMPAGNIE IMPÉRIALE.

A partir du 1er janvier 1854, des modifications considérables ont été introduites dans le régime des communications maritimes entre la France et l'Algérie. Le service du gouvernement et du transport des dépêches a été confié à la Compagnie Impériale, et réglé, quant aux voyages, conformément au tableau ci-annexé :

### PRIX DES PASSAGES.

**A. — Sur les navires à petite vitesse.**

|  |  | 1re classe. | 2e classe. | 3e classe. |
|---|---|---|---|---|
| De Marseille à | Alger. . . . . . . | 80 | 60 | 25 |
| — | Stora-Philippeville. | 115 | 90 | 55 |
| — | Bône. . . . . . | 125 | 100 | 60 |
| — | Tunis. . . . . . | 150 | 120 | 75 |
| — | Oran. . . . . . | 125 | 100 | 60 |
| — | Tanger. . . . . | 165 | 130 | 80 |
| — | Gibraltar. . . . | 175 | 140 | 90 |
| — | Cadix. . . . . | 200 | 135 | 90 |
| — | Mahon. . . . . | 40 | 30 | 20 |
| — | Palma. . . . . | 40 | 30 | 20 |
| — | Barcelonne. . . | 75 | 50 | 30 |
| — | Valence. . . . | 85 | 75 | 50 |
| — | Alicante. . . . | 105 | 85 | 63 |
| — | Carthagène. . . | 115 | 95 | 70 |
| — | Port-Vendres. . | 15 | 10 | 6 |
| De Toulon à Alger. . . . . . . | | 80 | 60 | 25 |
| De Cette à Alger. . . . . . . | | 80 | 60 | 25 |
| — | Stora. . . . . . | 115 | 80 | 55 |
| — | Oran. . . . . . | 125 | 100 | 60 |
| — | Palma. . . . . | 40 | 30 | 20 |
| — | Port-Vendres. . | 15 | 10 | 6 |

Les retours des mêmes paquebots sont réglés ainsi qu'il suit :

|  | 1re classe. | 2e classe. | 3e classe |
|---|---|---|---|
| d'Alger sur Marseille. | 80 | 60 | 55 |
| — Mahon. | 40 | 30 | 20 |
| — Cette. | 80 | 60 | 55 |
| — Palma. | 40 | 30 | 20 |
| — Toulon. | 80 | 60 | 55 |
| d'Oran sur Marseille. | 125 | 100 | 60 |
| — Valence. | 95 | 75 | 50 |
| — Barcelonne. | 85 | 65 | 40 |
| — Carthagène. | 115 | 95 | 70 |
| — Alicante. | 105 | 85 | 60 |
| — Cette. | 125 | 100 | 80 |
| De Stora sur Marseille. | 115 | 90 | 55 |
| — Cette. | 115 | 90 | 55 |

La nourriture est ainsi réglée par jour :

1re classe, 6 fr. ; 2e classe, 4 fr. ; 3e classe, 2 fr.

### B. — Sur les navires à grande vitesse.

|  | 1re cl. | 2e cl. | 3e cl. | 4e cl. | 5e cl. |
|---|---|---|---|---|---|
| De Marseille sur Alger. | 100 | 60 | 40 | 35 | 25 |
| — Stora. | 125 | 60 | 40 | 35 | 25 |
| — Oran. | 125 | 60 | 40 | 35 | 25 |
| — Iles Baléares. | 65 | 30 | 20 | 18 | 13 |
| — Barcelonne. | 100 | 50 | 32 | 30 | 32 |
| — Alicante. | 120 | 58 | 40 | 35 | 24 |
| — Carthagène. | 125 | 60 | 40 | 35 | 25 |
| De Stora à Bône. | 40 | 19 | 13 | 11 | 8 |
| — Tunis. | 80 | 38 | 26 | 22 | 16 |
| d'Oran à Tanger. | 40 | 19 | 13 | 11 | 8 |
| — Gibraltar. | 50 | 24 | 16 | 14 | 10 |
| — Cadix. | 75 | 36 | 24 | 21 | 15 |
| De Toulon à Alger. | 125 | 60 | 40 | 35 | 25 |
| De Cette à Alger. | 125 | 60 | 40 | 35 | 25 |
| — Stora. | 125 | 60 | 40 | 35 | 25 |
| — Oran. | 125 | 60 | 40 | 35 | 25 |
| — Port-Vendres. | 40 | 19 | 13 | 11 | 8 |
| — Iles Baléares. | 65 | 30 | 20 | 18 | 13 |

### Agents de la Compagnie :

Paris, E. Seignette, place de la Bourse.
Alger, Isnard fils aîné, L. Maurin et compagnie.
Oran, J. Gleize.
Stora, Philippeville et Constantine, Barneau fils et comp.

Bône, Claude Arnaud.
Tunis, Eugène Foa.
Montpellier, les directeurs des Messageries du Midi et de
   l'Auvergne.
Cannes et Grasse, Gillette fils aîné.
Nice, J.-P. Gobbi.

### PAQUEBOTS DE L'ÉTAT.

Les bâtiments à vapeur de l'État continuent à faire le service de la côte. Les heures de départ et d'arrivée sont réglées conformément au tableau ci-annexé, et les prix ainsi qu'il suit :

#### PRIX DES PASSAGES.

|   |   | 2ᵉ classe. | 3ᵉ classe. |
|---|---|---|---|
| d'Alger p. | Cherchell | 12 fr. 60 c. | 8 fr. 40 c. |
| — | Tenez | 22 05 | 14 70 |
| — | Mostaganem | 37 80 | 25 20 |
| — | Arzew | 44 10 | 29 40 |
| — | Mers-el-Kebir ou Oran | 50 40 | 33 60 |
| — | Dellis | 12 60 | 8 60 |
| — | Bougie | 23 10 | 15 75 |
| — | Djigelli | 34 75 | 23 10 |
| — | Philippeville | 47 25 | 31 50 |
| — | Bône | 58 80 | 58 85 |
| d'Oran à | Arzew | 6 30 | 4 20 |
| — | Mostaganem | 12 60 | 8 40 |
| — | Tenez | 29 40 | 18 90 |
| — | Cherchell | 37 80 | 25 20 |
| — | Alger | 50 40 | 33 60 |

Les places à bord des navires de l'État se délivrent aux bureaux de la poste.

### AUTRES COMPAGNIES.

Les autres compagnies qui font les transports des voyageurs et des marchandises en concurrence avec la Compagnie impériale sont :

*La Compagnie Bazin et Périer* de Marseille. Bureau à Marseille, rue de la Canebière; bureaux à Alger, chez MM. Alphandéry, rue des Consuls, au coin de la rue de la Licorne.

*La Compagnie André et Abeille.* Bureaux à Alger, chez MM. Eugène Richard, Duvallet et Comp., rue Duquesne, 20.

*La Compagnie L. Arnaud, Touache frères et Comp.* Bureaux à Alger chez MM. Henri fils et Laugier, rue d'Orléans, passage des Consuls.

*La Compagnie de Rouen.* (Bâtiments à voile, dont M. de Lovs), quai de la Bourse, 16, à Rouen, est le directeur.

Une autre compagnie de Rouen, Fraissinet et fils, a inauguré, à la fin de 1855, un nouveau service de bâtiments à vapeur touchant aux côtes de Portugal, d'Espagne, de l'Algérie et du midi de la France.

### PRIX DES PASSAGES.

Compagnie André et Achille : de Cette à Alger et retour, 80 fr., 60 fr., 25 fr.

Compagnie Touache : de Marseille à Alger et retour, 55 fr., 40 fr., 20 fr.

Compagnie Bazin et Perier : de Marseille à Alger et retour, 80 fr., 60 fr., 25 fr.

### Messageries, Diligences, Omnibus, Courriers de l'intérieur.

Nous nous bornerons à donner l'indication des services, ainsi que leurs prix, qui resteront probablement les mêmes, s'ils ne diminuent à la suite de la nouvelle organisation qui modifiera les jours et les heures des départs et des arrivées.

ALGER. *Messageries générales de l'Algérie* : entreprise Sarlondo, entre Alger, Blida, Médéa, par Birkadem, Douéra, Boufarik, etc.—Prix des places : 5 fr. 50 c., 4 fr. 50 c., 2 fr. 50 c., 2 fr.

*Messageries nationales* : Entreprise Helferich et Arnoux, entre Alger et Blida, par Birkadem. — Coupé, 5 fr. ; intérieur, 4 fr.; banquettes, 2 fr. 50 c., 2 fr.

Voitures pour *l'Arba*. Coupé, 2 fr.; intérieur, 1 fr. 50 c.; banquettes, 1 fr.

Voitures pour *Aumale*, 20 fr. la place.
— pour *Koléa*, coupé 4 fr. 50 c.; rotonde, 3 fr. 50 c.
— pour *Birkadem*, 75 c. la place.
— pour *Birmandreis*, 50 c. la place.
— pour *El-Biar*, 75 c. la place.
— pour *Douéra*, 1 fr. 50 c.
— pour le *Fondouk*, tous les jours.

CHERCHELL. *Voitures de Cherchell à Blida* : 12 fr. la place. — Deux balancelles font le service par mer entre Alger et Cherchell.

TENEZ. *Voitures de Tenez à Orléansville*. Prix des places, 7 et 10 fr.

ORLÉANSVILLE. *Voitures de Tenez*, 7 et 10 fr.

BLIDA. *Voitures pour Alger* (voir Alger). Pour *Médéa*, coupé, 5 et 6 fr.; rotonde, 3 et 4 fr. Pour *Miliana*, coupé, 12 fr.; rotonde, 10 fr. Pour *Koléa*, 2 fr.; pour *Cherchell*, 12 fr.

ORAN. Omnibus d'*Oran à Mers-el-Kébir*, à volonté, 75 c. la place.; pour *Arzew*, 6 fr.; pour *Mostaganem*, 15 fr.; pour

Mascara, 15 fr.; pour *Sidi-bel-Abbès*, 10 fr.; pour *Tlemcen*, 25 fr. en été, 30 fr. en hiver.

Services réguliers pour la Sénia, Valmy-le-Figuier, le Sig, Misserghin.

CONSTANTINE. Deux entreprises de diligences. (Voir Philippeville.)

Bons pour *Guelma*, 6 fr. la place; pour *Philippeville*, service irrégulier.

PHILIPPEVILLE pour *Constantine*, 15, 10 et 8 francs.

En Algérie, partout où n'existent pas des voitures, les voyages sont faciles à l'aide de chevaux et de mulets, qui coûtent 2 fr. 50 c. à 3 fr. par jour sans homme, 5 fr. avec l'homme qui vous sert de guide et d'interprète. Sans autre escorte et sans armes, à pied ou à cheval, on peut voyager en toute sécurité, comme en un pays quelconque d'Europe, du littoral au Sahara (100 lieues), du Maroc à la Tunisie (250 lieues). Mais en hiver, à défaut de ponts sur les rivières, les voyages sont plus difficiles.

## Tarif des courses dans la banlieue d'Alger.

Un arrêté du maire d'Alger fixe le prix des courses à Alger et la banlieue, à partir du 1er janvier 1854, conformément au tableau suivant, applicable aux calèches, berlines, corricolos, etc., et aux omnibus.

|  | fr. c. | Omnibus. |
|---|---|---|
| La journée de 12 heures. | 20 |  |
| La demi-journée de 6 heures. | 11 |  |
| L'heure. | 2 |  |
| La course dans l'enceinte de la ville. | 1 25 | 10 c. |
| — à Mustapha. | 1 50 | 15 |
| — au Jardin-d'Essai | 2 25 | 30 |
| — au Ruisseau. | 2 50 | 35 |
| — au Palais du gouverneur-général. | 2 » | 30 |
| — à la colonne Voirol. | 3 50 | 35 |
| — à Saint-Eugène. | 1 50 | 20 |
| — à la Pointe-Pescade. | 2 50 | 35 |
| — à la Bou-Zaréa, par El-Biar. | 2 50 | 35 |
| — à El-Biar jusqu'à l'embranchement de la colonne. | 2 50 | 50 |
| — au bivouac des indigènes. | 3 » | 60 |
| — à Ben-Aknoun. | 3 50 | 75 |
| — à l'extrémité d'El-Biar, sur la route de Delli-Ibrahim. | 4 » |  |

## Nouveau service des Courriers de terre.

### I. — PROVINCE D'ALGER.

*Départ.* Blida, tous les jours.
Miliana, idem.
Médéa, idem.
Boghâr, tous les jours, et tous les deux jours de Médéa.
De Boghâr pour Laghouât, les 1er, 5, 10, 15, 20, 25 et 30.
Cherchell par Blida, les 3, 6, 10, 14, 18, 22, 26 et 30.
Dellis, les 4, 13, 18 et 28.
Aumale, le lendemain des arrivées de France, les 1er, 4, 8, 13, 18, 23 et 28, à six heures du matin.

### II. — PROVINCE DE CONSTANTINE.

Non publié au moment où nous mettons sous presse.

### III. — PROVINCE D'ORAN.

*Départs ordinaires.* D'Oran, tous les jours pairs, à trois heures du matin, et de chaque chef-lieu de subdivision, tous les jours impairs, à trois heures du matin.

1. Ligne de Mascara, desservant Saint-Denis-du-Sig.
2. Ligne de Mostaganem, desservant Arcole, Saint-Cloud et Arzew.
3. Ligne de Tlemcen, desservant Misserghin, Bou-Tlélis, Aïn-Temouchen et Nemours.
4. Ligne de Sidi-bel-Abbès, desservant Valmy et Sainte-Barbe (Tlélat).

*Départs extraordinaires.* Pour chaque chef-lieu de subdivision, le 7, les mois pairs; le 13 de chaque mois, et le 21, les mois impairs, lorsque les courriers de Marseille et de Cette arriveront exactement les 6, 12 et 20.

*Retour* des chefs-lieux de subdivision le 8, les mois pairs; le 14 de chaque mois, et le 22, les mois impairs.

# TABLEAU

*Des distances légales entre le chef-lieu de chaque province et les principales villes qui en dépendent.*

(La distance légale de Paris à Alger est de 160 myriamètres.)

| d'Alger à | kil. | | kil. |
|---|---|---|---|
| Achour (El-) | 14 | Fort-de-l'Eau | 18 |
| Affreville | 128 | Fouka | 37 |
| Affroun | 66 | Guyotville | 15 |
| Aïn-Benian (Vesoul-B.) | 97 | Hammam-Kheira | 97 |
| Aïn-Sultan | 110 | Hussein-Dey | 6 |
| Amélie (Sainte-) | 29 | Joinville | 48 |
| Ameur-el-Aïn | 72 | Koléa | 37 |
| Arba | 32 | Kouba | 8 |
| Armousa (El-) | 111 | Lodi | 93 |
| Aumale | 128 | Mahelma | 31 |
| Baba-Hassen | 19 | Maison-Carrée | 12 |
| Beni-Mered | 41 | Marengo | 86 |
| Berouaguia | 122 | Médéa | 90 |
| Biar (El-) | 6 | Miliana | 118 |
| Birkadem | 10 | Montenotte | » |
| Birmandreis | 7 | Montpensier | 46 |
| Blidah | 48 | Mouça (Sidi-) | 23 |
| Boghar | 66 | Mouzaïa-les-Mines | 84 |
| Boufarik | 34 | Mouzaïaville | 60 |
| Bou-Medfa | 86 | Novi | 121 |
| Bourkika | 80 | Orléansville | 210 |
| Bou-Roumi | 61 | Oued-el-Alleg | 48 |
| Castiglione | 45 | Ouled-Fayet | 16 |
| Charles (Saint-) | 33 | Pont-de-l'Oued-Kerma | 15 |
| Chéragas | 12 | Pontéba | 204 |
| Cherchell | 111 | Quatre-Chemins | 27 |
| Chiffa | 56 | Rovigo | 32 |
| Crescia | 22 | Saoula | 13 |
| Dalmatie | 44 | Souma | 41 |
| Damiette | 93 | Staoueli | 18 |
| Dellys | 96 | Tablat | 71 |
| Dely-Ibrahim | 11 | Tefeschoun | 48 |
| Douaouda | 33 | Ténez | » |
| Douéra | 23 | Teniet-el-Had | 180 |
| Draria | 16 | Tixeraïn | 12 |
| Ferdinand (Saint-) | 25 | Zéralda | 26 |
| Ferruch (Sidi-) | 20 | Zurich | 99 |
| Fondouk | 82 | | |

— 470 —

### de Constantine à

| | kil. | | kil. |
|---|---|---|---|
| Aïn-Haddada | 34 | Guelma | 100 |
| Aïn-Morka | 126 | Hammam-Meskoutin | 90 |
| Aïn-Yacout | 74 | Héliopolis | 105 |
| Antoine (Saint-) | 77 | Jemmapes | 90 |
| Arrouch (El-) | 52 | Kantours (El-) | 33 |
| Atménia | 42 | Kroub (El-) | 16 |
| Barral | 257 | La Calle | 256 |
| Batna | 110 | Lambesse | 120 |
| Biskara | 256 | Mdaourouch | 110 |
| Bône | 156 | Milah | 58 |
| Bordj-bou-Arerldj | 198 | Millésimo | 104 |
| Bord-Mamra | 82 | Medjez-Amar | 86 |
| Bougie | 229 | Mondovi | 151 |
| Bou-Saada | 326 | Msilah | 258 |
| Bugeaud | 168 | Nechemeya | 122 |
| Charles (Saint-) | 66 | Penthièvre | 134 |
| Collo | 116 | Petit | 107 |
| Condé | 30 | Philippeville | 83 |
| Daurémont | 83 | Robertville | 60 |
| Djigelly | 128 | Sétif | 130 |
| Djimila | 95 | Stora | 87 |
| Gastonville | 59 | Vallée | 88 |

### d'Oran à

| | kil. | | kil. |
|---|---|---|---|
| Aboukir | 79 | Daïa | 133 |
| Aïn-Boudinar | 88 | Damesme | 55 |
| Aïn-el-Turck | 16 | Denis (Saint-) | 52 |
| Aïn-Nouissy | 68 | Etoile (l') | 40 |
| Aïn-Sidi-Chérif | 77 | Fleurus | 20 |
| Aïn-Tédélès | 96 | Haci-Ameur | 17 |
| Aïn-Temouchen | 70 | Haci-ben-Ferrah | 25 |
| Ament-Moussa | 182 | Haci-ben-Okba | 19 |
| André (Saint-) | 98 | Haci-bou-Nif | 11 |
| Arcole | 5 | Haci-el-Biod | 12 |
| Arzew | 37 | Hippolyte (Saint-) | 99 |
| Barbe (Sainte-) | 28 | Karouba | 80 |
| Bled-Touaria | 90 | Kléber | 29 |
| Bou-Sefer | 17 | Lalla-Maghrnia | 164 |
| Bou-Tlélis | 30 | Léonie (Sainte-) | 31 |
| Bréa | 114 | Leu (Saint-) | 38 |
| Christel | 21 | Louis (Saint-) | 24 |
| Cloud (Saint-) | 23 | Libérés (village des) | 80 |

### d'Oran à

| | kil. | | kil. |
|---|---|---|---|
| Mangin. | 15 | Safsaf-Supérieur. | 114 |
| Mansourah. | 118 | Saïda. | 170 |
| Mascara. | 96 | Sebdou. | 163 |
| Mazagran. | 72 | Sénia (la). | 8 |
| Méfessour. | 28 | Sidi-bel-Abbès. | 82 |
| Mers-el-Kebir. | 8 | Sidi-bel-Hacel. | 120 |
| Misserghin. | 15 | Sidi-Chami. | 15 |
| Mostaganem. | 76 | Souk-el-Mitou. | 100 |
| Muley-Magoun. | 34 | Stidia (la). | 62 |
| Négrier. | 110 | Tiaret. | 220 |
| Nemours. | 162 | Tlemcen. | 116 |
| Pont-du-Chélif. | 96 | Tounin. | 84 |
| Rivoli. | 70 | Valmy. | 10 |

## LA PRESSE ALGÉRIENNE.

### 1. — JOURNAUX DE L'ALGÉRIE.

#### 1° PROVINCE D'ALGER.

1. BULLETIN OFFICIEL DES ACTES DU GOUVERNEMENT, à Alger. Périodicité irrégulière (format in-8°).

2. MONITEUR ALGÉRIEN, journal officiel de la colonie, 23° année (1854). Paraît à Alger tous les cinq jours (format in-4°). Prix de l'abonnement : 25 fr. par an; 14 fr. pour 6 mois. Prix des insertions : avis divers, 40 c. par ligne. — Les abonnements ne sont reçus en Algérie que par MM. les receveurs des domaines, mais les récépissés de ces comptables doivent être transmis par les abonnés à M. Roland de Bussy, directeur du *Moniteur algérien*. — Les insertions peuvent être remises directement à l'imprimerie du gouvernement, rue des Lotophages, 30, à Alger.

3. MOBACHER, journal français-arabe (une édition dans chaque langue), paraissant tous les quinze jours à Alger, sous la direction de l'administration militaire (format in-4°).

4. L'AKHBAR (nouvelles), 16° année, paraissant trois fois par semaine à Alger : mardi, jeudi et dimanche (format in-folio). Prix de l'abonnement : en France et en Algérie, un an, 32 fr.; 6 mois, 16 fr.; 3 mois, 9 fr.; à Alger, un an, 28 fr.; 6 mois, 14 fr.; 3 mois, 7 fr. 50 c. On s'abonne à Alger, au bureau du journal, rue Sainte, n° 1. Insertions : annonces di-

verses, 35 c.; annonces légales, 55 c.; réclames, 1 fr. — *L'Akhbar* a été désigné pour les insertions légales et commerciales. — Imprimeur-propriétaire-gérant, M. Bourget; rédacteurs, MM. Bourget, Berbrugger, Fleury, Toulouze, Chandelier.

5. RECUEIL DE JURISPRUDENCE ALGÉRIENNE, publié sous la direction de M. Branthomme, avocat. Paraît tous les mois par livraisons de 3 feuilles grand in-8°. Prix de l'abonnement : 15 fr. par an pour Alger; 18 fr. pour les départements de l'Algérie et de la France. Toute demande d'abonnement doit être adressée à M. Branthomme, avocat à Alger.

6. JOURNAL AGRICOLE ET INDUSTRIEL (allemand), 15 fr. — Autorisé en octobre 1853 : éditeur, Renner.

7. BULLETIN DU PORT, 9 fr. (trois mois).

## 2° PROVINCE DE CONSTANTINE.

8. L'AFRICAIN, *estafette de Constantine*, 4° année, paraissant à Constantine tous les samedis (format petit in-folio). Prix de l'abonnement : pour Constantine, un an, 18 fr.; 6 mois, 9 fr.; pour l'Algérie et la France, un an, 20 fr.; 6 mois, 10 fr. — Les abonnements datent des 1er et 15 de chaque mois. — Insertions : annonces, 25 c. la ligne; réclames, 35 c. — On s'abonne au bureau du journal, à Constantine, chez E. Guende, libraire. — Imprimeur-propriétaire-gérant, M. Guende; rédacteur, M. Mercier.

9. SEYBOUSE, *Journal de Bône* (11° année), paraissant à Bône tous les samedis (format in-4°). Prix de l'abonnement : pour Bône, 18 fr.; par la poste, 20 fr. — Les abonnements datent du 1er de chaque mois. — Insertions : annonces légales, 25 c.; annonces diverses, 30 c. — Imprimeur-propriétaire-gérant, M. Dagand; rédacteurs : MM. Le Marchant, Ch. Dupin.

10. Le ZÉRAMNA, *journal de la colonisation* (4° année), paraissant à Philippeville tous les samedis, format in-4°. Prix d'abonnement : pour Philippeville, un an, 15 fr.; 6 mois, 8 fr.; pour la France et l'Algérie, un an, 16 fr.; 6 mois, 9 fr. — Annonces judiciaires, 25 c. la ligne; annonces particulières, 35 c.; réclames, 50 c. — Bureau du journal, rue Soixante-et-unième de ligne. — Imprimeur-propriétaire-gérant, M. C. de Franceschi.

## 3° PROVINCE D'ORAN.

11. ECHO D'ORAN (10-11° année), paraissant à Oran deux fois

par semaine, le mercredi et le samedi (format in-folio). Prix de l'abonnement : pour Oran, 6 mois, 11 fr.; un an, 20 fr.; par la poste : 6 mois, 15 fr.; un an, 25 fr. Insertions : annonces, 35 c.; réclames, 50 c. — On s'abonne à Oran, chez M. Perrier, au bureau du journal, boulevart Oudinot, n° 9. — Imprimeur-propriétaire-gérant, M. Ad. Perrier; rédacteurs, MM. J. Ravoux, rédacteur en chef; de Médina, Bertrand. — L'*Echo d'Oran* est seul désigné pour l'insertion des annonces judiciaires de la province.

12. ÉDITEUR (2° année), *journal d'annonces judiciaires, administratives et commerciales*, à Oran, paraissant tous les dimanches (format petit in-folio). Prix de l'abonnement : Oran et le département, un an, 10 fr.; 6 mois, 6 fr.; France, un an, 15 fr.; 6 mois, 8 fr. Insertions : annonces, 35 c. la ligne; réclames, 50 c. On peut payer en marchandises quelconques. — On s'abonne à Oran, au bureau du journal, rue Philippe, 87. — Imprimeur-propriétaire-gérant-rédacteur, M. Renard.

## II. — JOURNAUX DE FRANCE. — A PARIS.

1. REVUE DE L'ORIENT, DE L'ALGÉRIE ET DES COLONIES, *Bulletin de la Société orientale de France* (12° année), paraissant le 5 de chaque mois, par cahier de 5 à 6 feuilles grand in-8°, et formant à la fin de l'année 2 vol. de 500 pages environ. — Prix de l'abonnement pour chaque année : pour Paris, la France et l'Algérie, 20 fr.; pour l'étranger, 25 fr. On s'abonne à Paris, au bureau de la *Revue*, chez Just Rouvier, libraire-éditeur, rue de l'École-de-Médecine, 20. — La collection complète de la *Revue de l'Orient, de l'Algérie et des Colonies*, forme jusqu'à ce jour 25 volumes, savoir : 1re série, 1843 à 1846, 11 vol. — 2e série, 1847 à 1853, 14 vol. Prix de la collection : 120 fr. — La rédaction concernant les pays de l'Orient ottoman (Turquie, Grèce et îles Ioniennes, Russie méridionale, etc.), est sous la direction de M. A. Ubicini. — La rédaction concernant les pays de l'extrême Orient (Indes, Chine, etc.), de l'Algérie et des colonies, est sous la direction de M. C. Lavollée.

2. ANNALES DE LA COLONISATION ALGÉRIENNE, *Bulletin mensuel de colonisation française et étrangère* (3° année), paraissant le 1er de chaque mois à Paris, par cahier de 4 feuilles, grand in-8°, formant 2 vol. par an. Prix de l'abonnement : pour Paris, France et Algérie, un an, 14 fr.; six mois, 8 fr. Pour l'étranger, un an, 16 fr.; six mois, 9 fr. — On s'abonne à Paris, au bureau des *Annales de la colonisation algérienne*, chez M. Dusacq, rue Jacob, n. 26. Toute per-

sonne qui envoie le montant de six abonnements a droit à un abonnement gratuit. Directeur : M. Hippolyte Peut. Principaux rédacteurs : MM. Peut, Hardy, directeur de la pépinière centrale à Alger; Cohen, avocat, ancien défenseur à Alger; Jules Duval, ancien administrateur de l'*Union du Sig*; Magne, professeur à l'école vétérinaire d'Alfort; Gourdon, professeur à l'école vétérinaire de Toulouse, etc.

---

Les journaux qui s'occupent spécialement de l'Algérie sont invités à envoyer au bureau du *Tableau-Annuaire* un exemplaire des articles consacrés à la colonie; nous aurons soin de les comprendre dans la liste de l'année prochaine Pour cette année, nous ne pouvons mentionner spécialement que le *Journal d'agriculture pratique* (rue Jacob, 26; 12 fr. par an), qui publie toutes les quinzaines un bulletin commercial de la colonie, et tous les trimestres une chronique de la colonisation algérienne.

### III. — IMPRIMEURS TYPOGRAPHES OU LITHOGRAPHES, LIBRAIRES EN ALGÉRIE.

PROVINCE D'ALGER. — *Alger*, Bastide, Bouyer, Corberon et Boudet, Guende, madame Philippe, Bourget, Dubos frères, Gueymard, Bernard. — *Cherchell*, Marchand. — *Tenès*, Bailly. — *Blida*, Roche, Joubert. — *Aumale*, Pimgeon et Roche.

PROVINCE DE CONSTANTINE. — *Constantine*, Guende, Abadie, Audibert. — *Sétif*, Vincent. — *Bône*, Dagand, Bresson, Dresler et Billard. — *Philippeville*, de Franceschi, Proust des Ageux, madame Hurlin, mademoiselle Clara Roublère.

PROVINCE D'ORAN. — *Oran*, Perrier, Renard, Villet. — *Tlemcen*, Mardochée, Vidal. — *Mostaganem*, Châtelain.

# REVUE DE L'ORIENT, DE L'ALGÉRIE
## ET DES COLONIES

**Bulletin de la Société orientale de France.**

GÉOGRAPHIE, VOYAGES, HISTOIRE, LITTÉRATURE,
SCIENCES, COLONISATION, AGRICULTURE, COMMERCE, RELIGION, MŒURS
ET COUTUMES DES PEUPLES.

---

Fondée vers le milieu de 1843 pour servir d'organe à la *Société orientale de France* qui venait de se constituer, la *Revue de l'Orient, de l'Algérie et des Colonies* compte déjà onze années d'existence, pendant lesquelles on peut dire qu'elle n'est demeurée étrangère à aucun des grands événements qui se sont accomplis dans les diverses contrées de l'Orient.

Ces contrées se partagent en deux groupes distincts :

Le premier embrasse tous les États ou les portions d'État qui, par leur proximité de Constantinople, ont un intérêt direct et immédiat dans ce qu'on appelle la *question d'Orient*, à savoir : l'empire ottoman avec ses subdivisions et ses annexes (Serbie, Moldo-Valachie, Égypte, Tunis, Tripoli, etc.), le royaume de Grèce, Malte et les îles Ioniennes, la Hongrie, la Transylvanie et la Serbie autrichienne, la Russie méridionale, le Caucase, la Perse dans ses rapports avec la Turquie.

Le deuxième groupe est formé de l'Algérie et des Colonies et des pays de l'extrême Orient, l'Inde, la Chine, le Japon, etc.

Les matières relatives aux divers pays que nous venons d'énumérer, et qui sont traitées dans la *Revue*, se divisent en plusieurs classes ou séries.

La première est consacrée à l'histoire et à la géographie. Les recherches sur l'origine des peuples, les grandes époques de leur histoire, l'analyse des traités qui établissent leur état politique, les biographies des grands hommes, les sièges, les batailles, les voyages, les monographies des villes célèbres, appartiennent à cette première catégorie.

La seconde, relative à la statistique et à l'économie politique, comprend une suite d'aperçus sur la population, le commerce, l'industrie, les finances, l'administration, les forces militaires, la presse, les écoles, etc.

La troisième série traite de l'archéologie, des monuments écrits de la langue, des chants populaires, des voyages et des explorations scientifiques, en un mot de tout ce qui intéresse l'art en général.

Sous le titre *Variétés*, la *Revue* consacre une quatrième

série à certains articles qui, sans sortir de son cadre général, ne sauraient être considérés comme appartenant exclusivement à aucune des catégories précédentes.

La cinquième série, consacrée à la bibliographie, renferme des notices sur les auteurs les plus célèbres qui ont écrit sur l'Orient depuis les trois derniers siècles, ainsi que des comptes rendus des travaux des écrivains et des voyageurs modernes.

Enfin la *Chronique*, placée à la fin de chaque numéro, présente un résumé des événements du mois, extraits des principaux journaux de l'Orient, ainsi que des correspondances particulières de la *Revue*.

Ainsi, la *Revue de l'Orient, de l'Algérie et des Colonies* est un recueil complet de documents, recueillis de toutes parts et de toutes mains pour servir à l'étude de la grave question qui préoccupe et qui préoccupera longtemps encore les esprits sérieux en Europe.

Elle suit avec une vive sollicitude la série des transformations qui s'accomplissent chez les peuples de l'extrême Orient, et qui tendent chaque jour à faire pénétrer, dans des pays si longtemps fermés pour nous, en Chine, à Siam, au Japon, les idées, le commerce, la foi religieuse des nations occidentales.

Enfin, elle étudie avec une attention particulière les progrès de la colonisation française en Algérie, et elle s'applique à mettre en œuvre les précieux documents émanés du ministère de la guerre sur ce vaste et riche pays, où se représentent, au point de vue moral, religieux et commercial, les diverses questions qui se rattachent aux rapports des peuples européens avec les races asiatiques.

---

La *Revue de l'Orient, de l'Algérie et des Colonies* paraît le 5 de chaque mois, par cahier de 5 feuilles (80 pages) grand in-8°, et forme, à la fin de l'année, 2 volumes de 500 pages environ.

Le prix de l'abonnement, pour chaque année, *franco*, est fixé :

Pour Paris, la France et l'Algérie, à 20 fr.—Pour l'étranger, 25 fr.

On s'abonne, à Paris, chez Just Rouvier, libraire-éditeur, 20, rue de l'Ecole-de-Médecine.

La collection complète de la *Revue de l'Orient*, de 1843 à 1853, forme 25 vol. grand in-8°. — Prix : 120 fr. — Chaque année séparée, 12 fr.

# APPENDICE.

### PÉRIODE QUINQUENNALE

### 1854 — 1859.

I. Opérations militaires.
II. Actes du ministère de l'Algérie et des colonies.
III. Colonisation. — Centres de population.
                Grandes concessions de terres.
                Ventes de terres.
                Concessions forestières.
                Concessions de mines.
                Concessions d'eaux thermales.
IV. Organisation administrative de l'Algérie.
V. Statistique agricole.
VI. Statistique commerciale.

## I. Opérations militaires.

1854.

Le 23 décembre de l'année précédente notre khalifa des Ouled-Sidi-Cheikh, Si-Hamza, après avoir défait les contingents du chérif rebelle Mohammed-Ben-Abdallah, qui avait pris la fuite vers le sud, était entré dans Ouargla.

En janvier 1854 le commandant supérieur de Mascara, le colonel Durrieu, s'y rend de sa personne pour en prendre possession au nom de la France. Parti d'Alger le 28 janvier le gouverneur général Randon arrive à Laghouat le 8 février, y procède à l'investiture des chefs et à l'organisation des populations du sud.

En avril une première opération est dirigée avec succès contre les tribus insoumises du Haut-Sebaou, qui s'agitaient à l'instigation de Bou-Barghla. La campagne est reprise sur une plus vaste échelle, en juin et juillet, par le gouverneur général en personne, qui conduit les colonnes réunies des divisions d'Alger et de Constantine, à travers la Kabilie. Le 16 août a lieu à l'hôtel du gouvernement à Alger l'investiture des chefs des tribus soumises.

Malgré la sanglante défaite qu'il avait essuyée à Laghouat, en décembre 1852, malgré l'échec éprouvé à Ouargla en décembre 1853, le chérif Mohammed-ben-Abdallah, notre vieil ennemi de Tlemcen, troublait encore le Sahara par ses menées. Il avait fait de Tougourt le boulevard de sa résistance et y avait trouvé l'appui du cheikh Selman qui régnait dans cette ville. Pour mettre fin à ses hostilités, quatre petites colonnes françaises très-mobiles, accompagnées de nombreux contingents arabes, partirent en novembre de Biskara, Boucada, Laghouat et Géryville. Le 29 novembre un engagement eut lieu à Meggarin, non loin de Tougourt; les ennemis furent mis en déroute. Le 1er décembre le chérif et Selman abandonnaient Tougourt, et le lendemain le commandant Marmier entrait dans la kasba, sans aucune résistance de la part des habitants. Peu de jours après, le colonel Desvaux, commandant la subdivision de Batna, en prenait possession au nom de la France. Toutes les *djemmaa* de l'Oued-Rir et la plupart de celles de l'Oued-Souf s'empressèrent de traiter de leur soumission. Une députation d'officiers fut autorisée à venir présenter à l'empereur des Français les drapeaux pris sur l'ennemi, ce qu'elle fit le 21 janvier de l'année suivante. L'occupation définitive de Tougourt fut le dernier épisode important des campagnes du Sahara algérien : grâce à ce succès, la domination française atteignit ses limites naturelles au sud, et nul obstacle n'arrêta plus l'extension de notre légitime influence. Mais si elle veut se faire sentir jusqu'à l'oasis du Touat, le rendez-vous central des caravanes du désert, elle y trouvera encore le chérif Mohammed-ben-Abdallah qui paraît s'y être réfugié.

Vers la fin du même mois Bou-Barghla, qui depuis plusieurs années, soulevait contre nous les tribus du Djurjura, périt obscurément dans une aventure de nuit, sous le sabre du caïd Lakhdar.

## 1855.

L'année 1855 s'ouvrit par un brillant coup de main exécuté par le capitaine de Colomb, commandant le cercle de Géryville, sur la tribu marocaine des Zegdou. Malgré une réduction considérable de l'armée d'Afrique, appelée à concourir à la guerre de Crimée, la tranquillité publique ne subit nulle part aucun trouble sérieux, car la révolte des kabiles Beni-Ouaguemnoun fut suivie de leur châtiment immédiat. Pour consolider notre pouvoir dans le Sahara, six colonnes partirent simultanément, en novembre, de Biskara, Boucada, Laghouat, Géryville, Saïda et Sebaou, se dirigeant vers les ksours ou villages du sud. Leurs marches s'accomplirent sans obstacle. Partout où elles passèrent les populations, heureuses d'une paix dont elles appréciaient les bienfaits, se portèrent à leur rencontre avec l'empressement le plus amical, leur offrant de copieuses *diffas*, gages de leur soumission et de leur reconnaissance. Ces bonnes dispositions ne purent qu'être fortifiées par la célérité du mouvement des colonnes, leur bonne organisation, leur aspect imposant et leur ardeur qui frappaient l'imagination des Sahariens, et confirmaient le sentiment que la France leur avait déjà donné de sa puissance. Toutes ces colonnes étaient de retour dans leurs garnisons en janvier 1856.

Vers la même époque, l'agitateur Moufok-ould-Maghraia,

descendant de la célèbre Lalla-Maghrnia dont le nom survit dans celui d'une localité de la province d'Oran, tomba aux mains de nos spahis, commandés par le capitaine Chabaud, et fut dirigé sur Tlemcen d'où il devait être amené à Oran. Mais on le fit *disparaître* sans aucune formalité, d'après les révélations du fameux procès Doineau.

## 1856.

Dans le pays kabile la paix n'était qu'à la surface: la fermentation générale et l'excitation des esprits éclatèrent de nouveau dès le début de l'année nouvelle.

En janvier Tiziouzou fut bloqué par les Kabiles. Le 22 une colonne partit d'Alger, attaqua et battit l'ennemi, dégagea le poste et rétablit une tranquillité momentanée dans la vallée du Sebaou. Après un été assez calme, une nouvelle attaque contre le poste de Dra-el-Mizan, à l'instigation d'un nouveau fanatique, Hadj-el-Amar, amena la formation d'un corps expéditionnaire, dont les deux divisions, commandées par les généraux Renault et Yusuf, gravirent triomphalement les flancs septentrionaux et même quelques crêtes du Djurjura, marquant partout leur passage par la vigueur de leurs coups. L'armée rentra à Tiziouzou le 9 octobre. Malgré ces succès, autour de l'axe central du Jurjura, se concentrait, dans une région longue de 80 kilomètres sur 20 à 25 de large, un dernier et vivace foyer de l'indépendance kabile. Il restait à lui imposer la loi de la commune obéissance ; ce fut l'objet de la campagne de 1857.

## 1857.

Tiziouzou fut choisi pour base des opérations. Trois corps expéditionnaires formant un effectif de 30 000 hommes, et distribués en trois divisions commandées par les généraux Renault, Mac-Mahon et Yusuf, sous la haute direction du gouverneur général Randon, quittèrent le camp de Sikhou-Meddour le 19 mai, et gravirent, avec un élan invincible, les contre-forts escarpés qui conduisent à la haute cime où s'élève Souk-el-Arba, le centre principal des Beni-Raten, fraction la plus importante et la plus résistante de la grande confédération des Zouaoua. Le 26, après de violents combats, une partie des Kabiles se soumettent. Le 30, les troupes françaises occupent Souk-el-Arba, et le 14 juin posent la première pierre, sur les plans du commandant supérieur du génie, le général de Chabaud-La-Tour, du Fort-Napoléon, témoignage et instrument d'occupation définitive. En moins de trois semaines une route carrossable fit communiquer ce fort à Tiziouzou, et le télégraphe électrique les unit l'un et l'autre à Alger. Les troupes victorieuses gravirent, le fusil en main, jusqu'à la crête centrale du Djerdjer, qui donne son nom à la chaîne entière. Le 10 juillet elles purent reprendre la route d'Alger. L'honneur de cette campagne, aussi périlleuse que fructueuse, fut partagé par la colonne du général Maissiat, accouru de Sétif à travers l'Oued-Sahel, celles des colonels Dargent et Marmier dans le haut de cette rivière, du colonel Drouhot dans la vallée du Boghrni à l'ouest, qui appuyèrent par leurs diversions les opérations principales. Toutes les tribus du Djurjura firent leur soumission, et les aigles françaises planèrent à des hauteurs que n'atteignirent jamais les aigles romaines. La domination politique du pays, déjà préparée par la création des postes de Dra-el-Mizan, Tiziouzou et Beni-Mançour, par la translation à Dellis de la première subdivision militaire, dont le siége était précédemment à Alger, se compléta par la constitution du cercle de Tiziouzou et du bureau arabe du Fort-Napoléon.

Ainsi s'étendit la domination de la France sur la Kabilie tout entière. L'année s'acheva dans la tranquillité la plus parfaite.

## 1858.

L'année 1858 fut à peine troublée par quelque agitation locale dans la province de Constantine. Le 12 avril, veille du rhamadan, quelques contingents des tribus des Babors, dans la petite Kabilie, avaient tenté de s'emparer du bordj nouvellement construit, de Takitount; mais rudement accueillis par nos troupes, ils avaient regagné leurs montagnes. Le général Desmarets, accouru de Sétif, rétablit facilement l'ordre : un petit nombre d'arrestations et de destitutions lui suffirent.

1859.

Au commencement de cette année une agitation toute locale s'est déclarée dans les monts Aurès, au sud de la province de Constantine, où un fanatique, nommé Si-Sadok, usant de son influence de marabout, a tenté de prêcher la guerre sainte au milieu de ces tribus qui n'ont avec l'autorité française que des rapports peu fréquents. Le général Desvaux, commandant la subdivision de Batna, s'est immédiatement porté à Tibidjourix où il est arrivé le 13 janvier; le goum de Si-Sadok, qui a voulu s'opposer à son passage, a été culbuté le 14 et la colonne s'est emparée du ksar. Le 15, le général Desvaux a envoyé ses cavaliers indigènes à Guelaa-Djédida, où ils ont fait un butin considérable dans les magasins de Si-Sadok. Les tribus, qui occupent le revers sud de l'Amor-Chadden, ont demandé l'aman. Le général a exigé des otages et les a frappées d'une contribution de guerre. Le 20 janvier Si-Sadok, avec sa famille et les principaux fauteurs de troubles, en tout 88 personnes, est tombé au pouvoir du général Desvaux.

Les débuts de la même année ont vu l'occupation définitive de Kollo, petit port entre Philippeville et Djidjelli, qui avait été jusqu'alors abandonné aux indigènes sans motif bien connu. On peut donc considérer la conquête de l'Algérie jusqu'à ses limites naturelles et dans l'intérieur du pays comme entièrement terminée.

## II. Actes du ministère de l'Algérie et des colonies.

La création d'un ministère spécial de l'Algérie et des colonies, par décret impérial du 24 juin 1858, constitue l'événement capital de l'administration algérienne dans la dernière période quinquennale. Confié d'abord au prince Napoléon, qui s'en est démis le 7 mars, et après un court intérim, rempli par le ministre de l'agriculture et des travaux publics, M. Rouher, ce ministère spécial a été confié, le 24 mars 1859, à M. Prosper de Chasseloup-Laubat, député au Corps législatif. Nous essayerons de retracer, dans un rapide résumé, les actes principaux et caractéristiques de la nouvelle institution dans ses deux premières phases.

PREMIÈRE PHASE. — *Ministère du prince Napoléon.*

(du 24 juin 1858 au 7 mai 1859.)

22 *juillet.* Décision du ministre d'après laquelle l'autorité militaire ne pourra plus condamner administrativement des Arabes présumés coupables de crimes ou de délits; ils devront être renvoyés devant un conseil de guerre.

27 *juillet.* Nouvelles mesures pour les cahiers de charges de ventes d'immeubles domaniaux aux enchères publiques.

29 *juillet.* Décret qui place le service de la justice en Algérie dans les attributions du nouveau ministère, et fait rentrer les magistrats algériens dans le cadre de la magistrature française.

2 *août.* Même décision pour les services de l'instruction publique et des cultes.

23 *août et* 25 *septembre.* Circulaires relatives aux instances domaniales à introduire ou à soutenir devant les tribunaux; la plus grande réserve est prescrite.

31 *août.* Suppressions des fonctions de gouverneur général et institution d'un commandement supérieur des forces de terre et de mer employées en Algérie. — Nomination du général Mac-Mahon comme commandant supérieur.

2 *septembre.* Décision qui exempte de l'*achour* les Arabes cultivant à un titre quelconque une terre européenne.

18 *septembre.* Instructions par lesquelles le ministre retire aux préfets et se réserve le droit de donner les avertissements aux journaux.

21 *septembre.* Arrêté qui institue une commission disciplinaire à Alger, près du commandant supérieur, et dans chaque chef-lieu de division et de subdivision, pour le jugement des indigènes signalés comme dangereux pour la domination française ou l'ordre public.

Date indéterminée. Suppression du *Moniteur Algérien,* du *Mobacher,* de l'imprimerie du gouvernement à Alger, qui ont cessé de fonctionner à partir du 1er octobre.

*7 octobre.* Circulaire relative à la composition des conseils de guerre. Invitation d'y faire entrer des officiers connaissant la langue arabe.

*13 octobre.* Création de nouvelles sous-préfectures à Médéa, Miliana, Mascara, Tlemcen, Guelma; — de nouveaux commissaires civils à Aumale, Nemours, Djijelli, Souk-Arras, Batna.

*Même date.* Prorogation de la faculté accordée aux navires étrangers d'effectuer le transport des grains et farines, du riz, des pommes de terre, et des légumes secs entre l'Algérie et la France.

*14 octobre.* Circulaire qui demande l'envoi d'un exemplaire de toutes les publications qui ont paru depuis le 1er juillet dernier.

*Même date.* L'organisation et la surveillance de l'exposition d'Alger sont attribuées au préfet.

*16 octobre.* Instruction pour la fixation de l'orthographe des mots arabes transcrits en français.

*21 octobre et 2 novembre.* La haute direction du collége impérial arabe-français appartiendra au recteur de l'Académie.

*Même date.* Instructions pour la délivrance des passeports à destination des échelles du Levant et de la Barbarie.

*23 octobre.* Première expropriation pour le chemin de fer d'Alger à Oran, entre Mustapha et Boufarik.

*26 octobre.* Remise à l'autorité civile des indigènes des arrondissements de Philippeville et Bone, moins ceux de la rive droite de la Seybouse.

*26 octobre.* Instructions qui prescrivent de prendre l'avis du commandant supérieur de l'armée pour la création de villages en territoire militaire.

*27 octobre.* Nouvelle organisation administrative en Algérie. — Institution des conseils généraux et des budgets de province.

*30 octobre.* Décret qui rend applicables aux transactions entre musulmans et de musulmans à israëlites les ordonnances qui déclarent les transactions immobilières inattaquables pour cause d'inaliénabilité des immeubles.

*Même jour et 14 novembre.* Nomination des membres des conseils généraux; l'élément israëlite y est expressément introduit.

*Même date.* Fixation au 5 décembre de l'ouverture de la première session des conseils généraux.

*10 novembre.* Autorisation accordée à M. Arthur de Fonvielle de créer à Alger un journal politique intitulé l'*Algérie nouvelle.*

*12 novembre.* M. Mac-Carthy est chargé d'un voyage d'exploration dans l'Afrique centrale pendant les années 1859, 1860, 1861.

*13 novembre.* Fixation du traitement des préfets, sous-préfets, secrétaires généraux, commissaires civils et conseillers de préfecture.

*18 novembre.* Décision qui enjoint aux généraux divisionnaires de substituer à la qualification de *commandants de province* celle de *commandants de divisions* (d'Alger, d'Oran ou de Constantine).

*21 novembre.* Création du conseil supérieur de l'Algérie et des colonies. — Nomination des membres. — Suppression de l'ancien comité consultatif de l'Algérie.

*22 novembre.* Décision qui soumet le régime de la presse coloniale à l'application pure et simple du décret du 30 avril 1852.

*24 novembre.* Suppression des rapports mensuels établis par les bureaux arabes et défense aux officiers de ces bureaux d'adresser aucune communication directe au ministre.

*24 novembre.* Suppression des amendes collectives infligées aux tribus pour les crimes commis sur leurs territoires et dont les auteurs ne pourraient être découverts.

*25 novembre.* Invitation de faire publier dans les journaux les documents et actes officiels.

*26 novembre.* Création d'une station d'observation astronomique à proximité d'Alger.

*29 novembre.* Décision qui prescrit l'impression aux frais du ministère de l'Algérie et des colonies, d'une grammaire de la langue touareg, par le commandant Hanoteau.

*30 novembre.* Arrêté du Prince qui dispose que la perception des impôts arabes continuera d'être effectuée pendant l'année 1859 d'après les bases et tarifs fixés par les titres actuels.

*1er décembre.* Attribution aux budgets provinciaux des quatre dixièmes de l'impôt arabe.

*Même date.* Instructions pour attribuer aux budgets provinciaux un cinquième de l'octroi de mer.

*2 décembre.* Arrêté pour la réunion en un seul local de l'exposition de l'Algérie et de celle des colonies, toutes deux établies séparément à Paris.

*3 décembre.* Instruction pour la délimitation des nouveaux arrondissements et districts; très-large part à faire aux territoires civils.

*4 décembre.* Circulaire qui autorise la libre émigration des indigènes chez les colons européens.

*9 décembre.* Formation, au sein des conseils supérieurs de l'Algérie et des colonies, d'une commission permanente des travaux publics.

*15 décembre.* Réorganisation de la Cour impériale d'Alger. Institution d'une première présidence et création d'une chambre des mises en accusation.

*Même date.* Translation de Blida à Alger du chef-lieu de la 1re division.

*22 décembre.* Décret qui supprime la direction des affaires civiles de l'Algérie et celle des colonies et réorganise les services du ministère par nature d'attributions.

*27 décembre.* Instructions par lesquelles est refusée aux généraux commandants les divisions la faculté de prononcer l'internement de certains indigènes, dans l'intérêt de la tranquillité publique.

*Même date.* Instruction pour mettre fin aux achats de cochenille et d'opium par l'administration.

*31 décembre.* Instructions en faveur des recherches archéologiques.

*11 décembre.* Règlement du conseil supérieur de l'Algérie et des colonies.

*6 janvier 1859.* Dépêche du ministre qui prescrit l'emploi d'un seul cachet pour les affaires militaires et les affaires arabes.

*6 janvier.* Arrêté de réorganisation du service de la vaccine en Algérie.

*15 janvier.* Instructions pour l'organisation d'un service spécial de la carte géologique de l'Algérie.

*17 février.* Arrêté qui autorise, au profit de M. Merle, imprimeur, la création d'un journal politique intitulé : *l'Indépendant, Écho de Constantine.*

*19 février.* Arrêté réglant l'établissement de l'impôt arabe par le concours des préfets en conseil de préfecture et des généraux en conseil des affaires civiles.

*21 février.* Fixation à 18 du nombre des centimes additionnels qui peuvent être ajoutés au principal de l'impôt arabe. — Fixation des conditions d'avertissement et de sommation en matière d'impôts arabes.

26 *février*. Décret qui porte que les dépenses des bureaux des préfectures, des sous-préfectures et des commissariats civils seront à l'avenir payés par voie d'abonnement.

1er *mars*. Décret qui promulgue en Algérie la loi des 22-30 janvier 1851, sur l'assistance judiciaire.

2 *mars*. Décret qui exempte du timbre les journaux et écrits périodiques ou non périodiques, exclusivement relatifs aux lettres, aux sciences, aux arts et à l'agriculture.

7 *mars*. Décret qui accepte la démission du prince Napoléon.

II<sup>e</sup> PHASE. — *Ministère intérimaire de M. Rouher.*

(du 7 au 24 mars.)

19 *mars*. Décret qui autorise l'achat de cotons algériens pour la campagne de 1859.

---

### III. Colonisation.

A. CENTRES DE POPULATION.

Dans la dernière période quinquennale, les centres suivants de populations ont été créés par décret impérial.

*Province d'Alger.*

1854. 21 juillet. CHEBLI, à 8 kil. de Bousarik, entre cette ville et l'haouch Mimouch, sur la route médiane de la Métidja. Territoire de 1072 hectares, dans l'arrondissement de Blida.

— 14 octobre. REGHAIA, sur la route d'Alger à Dellis, entre la Rassauta et le Boudouaou. Territoire de 613 hectares 23 centiares, dans l'arrondissement d'Alger. 31 feux.

**1855. 24 mars. STAOUELI**, entre le couvent des Trappistes et le village de Sidi-Ferruch. Territoire de 536 hectares 88 ares 55 centiares, dans l'arrondissement d'Alger. 30 feux.

**1856. 26 mai. Hameau de HAMEDI**, sur le haouch Ben-Hamedi, entre la Maison-Blanche et le Fondouk, sur la route d'Alger au Fondouk. Territoire de 112 hectares 19 ares, dans l'arrondissement d'Alger. 10 feux.

— **5 juin. RIVET**, sur la route du pied de l'Atlas, entre l'Arba et le Fondouk. Territoire de 555 hectares 61 ares 30 centiares, dans le département d'Alger. 43 feux.

— **25 juillet. L'ALMA**, sur la route d'Alger à Dellis, auprès des rives du Boudouaou. Territoire de 1127 hectares 62 ares 95 centiares, dans le département d'Alger. 72 feux.

**1857. 10 juillet. LAVARANDE**, dans la vallée du Chélif, à 14 kilomètres de Miliana, près la route de Miliana à Orléansville. Territoire de 1743 hectares, dans l'arrondissement de Blida. 40 feux.

— **6 septembre. DUPERRÉ**, dans la vallée du Chélif, à 31 kilomètres de Miliana, sur la route de Miliana à Orléansville. Territoire de 2251 hectares 93 ares 90 centiares. 82 feux.

— **5 décembre. BOUINAN**, sur la terre de Bouinans commune de Boufarik. Territoire de 916 hectares 15 are, 35 centiares. 50 feux.

— **26 décembre. SAINT-PIERRE**, centre de 22 feux, à *Sidi-Salem*, entre le Fondouk, l'Alma et Reghaïa. — **SAINT-PAUL**, 17 feux, à *Ouled-Moussa*, dans les mêmes lieux. Territoire total de 623 hectares 91 ares 90 centiares.

**1858. 8 avril. PONT DE L'OUEDJER**, au lieu de ce nom, dans la vallée de l'Oued-Djer, sur la route de Blida à Miliana. Territoire de 228 hectares 29 ares 44 centiares. 14 feux.

— **11 juin. Hameau de CHATTERBACH**, entre El-Afroun et Ameur-el-Aïn, à proximité de la route d'Alger à Miliana. Territoire de 364 hectares, dans l'arrondissement de Blida. 22 feux.

— **20 juillet. BIR-RABALOU**, dans la plaine des Aribs, à 19 kil. d'Aumale, sur la route d'Alger à cette ville. Territoire de 2281 hectares 97 ares 57 centiares dans la subdivision d'Aumale. 72 feux.

— 2 août. TENIET-EL-HAD, auprès du poste militaire de ce nom. Territoire de 957 hectares 75 ares 15 centiares, dans la subdivision de Miliana. 70 feux.

— 13 octobre. BÉRARD, au Sahel des Hadjoutes, sur le versant nord entre Bou-Ismaël et Tipaza, à 10 kil. du premier et à 16 du second, sur le haouch Tagoureith et partie de Bled-Mustapha. Territoire de 862 hectares 2 ares 80 centiares. 32 feux.

1850. 16 février. GUELT-ZERGA, dans la plaine des Aribs, à 7 kil. N. de la ville et à l'E. de la route d'Alger. Territoire de 2492 hectares 73 ares 90 centiares, dans la subdivision d'Aumale, divisé en 4 hameaux : GUELT-ZERGA, Bir-Djaïch, Aïn-Tasla, Aïoun-Sebau.

30 décembre. DRA-EL-MIZAN, à 32 kil. environ au sud de Dellis. Territoire de 683 hectares 18 ares 45 centiares, dans la subdivision de Dellis. 82 feux.

*Province d'Oran.*

1848. 22 décembre. AIN-KIAL, sur la route d'Oran à Tlemcen. Territoire de 3135 hectares 95 ares 60 centiares. 68 feux.

1850. 15 janvier. LOURMEL, sur la route d'Oran à Tlemcen, au lieu dit Bourbach. Territoire de 3684 hectares, dans la subdivision d'Oran. 70 feux.

1857. 24 janvier. RELIZANE, dans la plaine de la Mina. Territoire de 4000 hectares.

1858. 30 janvier. TENIRA, au lieu de ce nom, sur la route de Sidi-bel-Abbès à Daia. Territoire de 2758 hectares 46 ares 40 centiares, dans la subdivision de Sidi-bel-Abbès. 40 feux.

12 mai. PONT DE L'ISSER, au lieu de ce nom, sur la route d'Oran à Tlemcen, auprès du pont construit sur l'Isser. Territoire de 2100 hectares, dans la subdivision de Tlemcen. 60 feux.

29 juillet. M'LÉTA, dans la plaine de ce nom, au lieu dit Aïn-Berda, sur le chemin à ouvrir du Rio-Salado au Tlélat, au sud de la Sebkha. Territoire de 1000 hectares. 40 feux.

Même date. PERREGAUX, au lieu dit la *Redoute*, à 28 kil. au nord de Mascara, sur la route qui relie cette ville à

Mostaganem. Territoire de 2265 hect. 40 ares, dans la subdivision de Mascara. 128 feux.

23 août. AIN-EL-ARBA, au lieu de ce nom, dans la plaine de M'léta. Territoire de 3427 hectares 57 ares 40 centiares.

Même date. TAMZOURA, au lieu de ce nom, dans la plaine de M'léta. Territoire de 632 hectares. 16 feux.

13 octobre. OULED-MIMOUN, dans la plaine de ce nom, à 32 kil. de Tlemcen. Territoire 1051 hectares, 78 ares. 50 feux.

1839. 8 janvier. L'HILLIL, dans la plaine de ce nom, sur la route de Mostaganem à Relizane. Territoire de 1725 hectares 7 ares 80 centiares. 50 feux.

— 16 février. RIO-SALADO, sur la route d'Oran à Tlemcen, entre Aïn-Temouchen et Lourmel. Territoire de 3000 hectares. 50 feux.

*Province de Constantine.*

1835. 5 août. AIN-SMARA, sur la route de Constantine à Sétif. Territoire de 1384 hectares 14 ares 7 centiares. 50 feux.

1836. 15 janvier. BIZOT, au lieu dit *El-Hadjar*, à 13 kil. de Constantine, sur la route de Philippeville. Territoire de 464 hectares 95 ares 54 centiares. Dans l'arrondissement de Constantine.

1837. 28 février. NECHMEIA, au lieu de ce nom, sur la route de Guelma à Bone. Territoire de 1019 hectares 12 ares 87 centiares. 40 feux.

— 27 mai. DUVIVIER, au lieu dit *Bou-Chagous*, sur la route de Bone à Souk-haras, à 34 kil. en avant de ce poste militaire. Territoire de 1272 hectares dans le cercle de Bone. 50 feux.

1838. 15 septembre. SOUK-HARAS, au lieu de ce nom, chef-lieu de cercle. Territoire de 4638 hect. 1 are 98 cent. dans la subdivision de Bone. 308 feux.

A ces centres de population, créés ou plutôt dénommés par décret impérial, il convient de joindre ceux qui ont été fondés par des compagnies particulières, en vertu d'obligations légales ou spontanément. Tels sont :

*Dans la province d'Alger.* TIPAZA, imposé à M. Demonchy, concessionnaire de cette localité, par décret du 12 août 1854.

*Dans la province d'Oran.* GAR-ROUBBAN, dans le cercle de Lalla-Maghrnia, sur les frontières du Maroc, fondé par la compagnie Dervieu, concessionnaire des mines de ce nom.

*Dans la province de Constantine.* OULED-DEKRI, imposé à M. Joly de Brezillon, concessionnaire de cette localité, par décret du 16 décembre 1854; et en outre les villages construits, par la compagnie des colones de Sétif, en vertu du décret de concession du 26 avril 1853. Ces villages sont, outre

AIN-EL-ARNAT, déjà cité page 270;
OURICIA, au N. E. de Sétif. 50 feux.
BOUHIRA, à l'O. O. N..... 50 feux.
MESSAOUD, à l'O........ 50 feux.
AIN-TRIK, au S. E........ 50 feux.

Sont en outre en voie de construction et de peuplement par l'initiative de la même compagnie, les villages de *Sumerah, Zeira, Ougrina, Mahouan, Maidouar, Mahla, El-Hassi.*

### B. GRANDES CONCESSIONS DE TERRES.

Les principales concessions octroyées dans la période quinquennale ont été les suivantes :

*Province d'Alger.*

1854. 12 août. Concession au sieur Demonchy, propriétaire à Paris, d'un territoire de 2672 hect. 42 ares 95 cent., composant la section de Tipaza.

1855. 13 avril. Concession au sieur Suquet d'un terrain de 150 hectares sur la rive gauche du Chélif, dans la subdivision de Miliana.

— 3 octobre. Concession aux sieurs Ponson et Philippe de 376 hectares dans la vallée de l'Oued-Corso.

1856. 19 avril. Concession au sieur Champel de 250 hectares, sur la route d'Alger à Dellis, entre la Regbaïa et le Boudouaou.

1857. 17 juin. Concession au sieur Triboult de Morambert de 200 hectares, sis au Bled-Sahari, dans la plaine du Chélif, à 30 kil. O. de Miliana.

1853. 12 août. Concession aux sieurs Robat frères, de 501 hectares, sur le territoire de Bled-Sahari, à 30 kil. de l'ouest de Miliana.

— 30 juin. Concession au sieur Poitevin, baron de la Motte Mausseny, de 382 hectares, dans la plaine du Chélif, près le pont d'El-Kantara, à 30 kil. environ de Miliana.

### Province d'Oran.

1854. 21 juin. Concession aux sieurs Masquelier fils et Cie, de 200 hectares, au lieu dit Bou-Adjémi, au nord de Saint-Denis du Sig.

— 1er octobre. Concession au sieur Bonfort, de 250 hectares sur le territoire de Bredia.

1855. 13 janvier. Concession au sieur Garbé, de 342 hectares au lieu dit Ben-Ameur.

— 20 janvier. Concession du sieur Domergue, de 200 hectares à Sidi-Lahssen, près Sidi-Bel-Abbès.

— 24 mars. Concession au sieur Durand, de 430 hectares près Saint-Denis du Sig.

1856. 8 mars. Concession aux époux Goërt de 300 hectares, au lieu d'Aïn-el-Bridj, cercle d'Aïn-Temouchen.

— 16 août. Concession à l'abbé Abram, de 500 hectares, situés au territoire d'Aïn-el-Khemis, dans la subdivision de Sidi-bel-Abbès, comme dépendance de l'orphelinat de Misserghin.

### Province de Constantine.

1854. 19 janvier. Concession aux sieurs Sanson et Beignier, de 807 hectares, sur la route de Constantine à Guelma.

— 5 avril. Concession à la dame Brossier de Buros, de 300 hectares dans l'arrondissement de Constantine.

— 17 mai. Concessions diverses à 12 indigènes du cercle de Guelma.

— 19 juillet. Concession au sieur Mazerli Ali, de 264 hectares sur la route de Constantine à Miliana.

— 16 décembre. Concession aux sieurs Joly de Brésillon, Héraud et Marill, de 2000 hectares dans la subdivision de Constantine.

1858. 16 mars. Concession au sieur Gérin, d'un terrain de 200 hectares sur la route de Sétif à Constantine.

24 mars. Concession au sieur Nony, d'un terrain de 192 hectares sur le territoire du village de S. Charles, dans le département de Constantine.

— 31 mars. Concession au kaïd Si-Ahmou-bel-Mathi, d'un terrain de 195 hectares sur le chemin de Sétif à Milah.

— 26 avril. Concession au sieur Dompierre-Leducq, d'un terrain de 232 hectares sur le territoire de l'Oued-Touta, cercle de Guelma.

— 20 juillet. Concession de l'ancien camp de Medjez-Amar, à M. le comte Bagnoud, évêque de Bethléem, en remplacement de M. l'abbé Plasson, président concessionnaire.

— 25 juillet. Concession au sieur Montreynaud, de 270 hectares, sur la route de Sétif à Constantine.

— 11 octobre. Concession au sieur Ahmed-bel-Hadj, d'un terrain de 141 hectares au territoire des Abd-el-Nour, à l'ouest de Constantine.

1856. 26 avril. Concession à Mohammed-ben-Zghrouda, cadi de Philippeville, de 198 hectares, dans la vallée du Safsaf.

— 16 juin. Concession au sieur Bourdais, de 201 hectares entre Constantine et Bizot.

1858. 23 août. Concession de 320 hect. 50 ares 80 cent., comprenant le lot n° 3, de l'Azel Faraouines, à 34 kil. E. de Constantine, au profit de MM. Hébert, agent général de la société d'acclimatation, et Lacroix, employé du ministère des finances.

*Même jour.* Concession de 394 hectares, dans la vallée de l'Oued-Emchékel, district de Jemmapes, au profit de M. Ilesmivy d'Auribeau, lieutenant-colonel en retraite.

8 septembre. Concession de l'usage d'une partie des eaux d'Hammam-Meskoutin, avec 1273 hect. 47 ares 41 cent., au même lieu, cercle de Guelma, au profit de M. Moreau, docteur en médecine.

30 novembre. Concession de 605 hect. 18 ares 29 cent., formant les lots 1 et 2 de l'azel Faraouine, au profit de M. Napoléon Lannes, duc de Montebello.

— *Même date.* Concession de 348 hect. 16 ares 23 cent., dans la vallée du Bou-Merzoug, au profit d'Ali-ben-Bahamed, ex-khalifa de Constantine.

## C. Ventes de terres.

### I. *De gré à gré*.

1859. 28 juin. Approbation de la vente de 169 hectares, à M. le colonel de Neveu, au versant sud de Djetlabach, à 14 kil. de Constantine.

### II. *Aux enchères*.

En octobre 1856, a eu lieu à Oran un essai important de la vente aux enchères des terres domaniales de la plaine de l'Habra. L'adjudication a donné les résultats suivants :
1046 hectares 41 ares 30 centiares ont été vendus moyennant la somme de 146 300 fr. Moyenne par hectare, 140 fr. — Sur ce total 21 lots couvrant 938 hectares 93 ares 30 centiares ont été vendus à des Européens, pour 118 950 fr.; moyenne par hectare, 125 fr. — 3 lots contenant 107 hectares 48 ares ont été vendus aux indigènes, pour 27 350 fr.; moyenne par hectare, 253 fr.

Dans les années suivantes, quelques autres et timides essais se sont succédé de loin en loin, dans la même plaine de l'Habra, à Médéa, dans la Métidja, dans la province de Constantine : partout avec un égal succès, toutes les fois qu'une publicité suffisante les a annoncées.

### D. Concessions forestières.

1857. 23 *juillet*. Concession au sieur Louis de Nogué, pour 80 ans, de la forêt d'oliviers de Ziaradz, d'une contenance approximative de 209 hectares 12 ares, située sur le territoire de Robertville (province de Constantine).

1858. 9 *juin*. Fermage au sieur Gadot d'un bois d'oliviers, dans la forêt de Ziaradz, sur le territoire de Robertville, arrondissement de Philippeville.

— 14 *septembre*. Fermage au sieur Pollonnais, pour 20 années, au point de vue seulement de l'extraction de la résine, de la forêt de Ouled-Boufrid, d'une contenance approximative de 1800 ares, dans le cercle de Tenez.

— 7 *novembre*. Fermage au sieur Firmin Didot, pour 40 années, en vue de l'exploitation du chêne-liège, de 4000 hectares de bois, situés sur le territoire des Beni-Salah et des Merdès formant le n° 1 desdites forêts, à 45 kilom. S. E. de Bone.

— *Même date.* Fermage autorisé au sieur Bonnard, directeur du comptoir central, à Paris, pour 40 ans, de la forêt des Beni-Amran, à 30 kilom. de Djidjelli.

1860. 21 *mars.* Fermage au sieur Edmond Adam, pour 41 ans, d'un lot de 2700 hectares, formant le n° 1 de la forêt de Muley-Ismaël, dans le département d'Oran.

— *Même date.* Fermage aux sieurs Jonquier et Girard, pour 41 ans, d'un lot de 3057 hectares formant le n° 3 de la forêt de Muley-Ismaël.

### E. CONCESSIONS D'EAUX THERMALES.

1858. 8 *septembre.* Concession au docteur Moreau de l'usage d'une partie des eaux minérales d'Hammam-Meskoutine, dans le cercle de Guelma, avec 1273 hectares.

### F. CONCESSIONS DE MINES.

1858. 16 *juin.* Décret de concession des mines de Gar-Roubban, au profit de M. Dervieu aîné.

### G. STATISTIQUE DES CONCESSIONS.

En 1854 la totalité des terres, tant urbaines que rurales, concédées par l'administration, se résumait ainsi qu'il suit :

| | | |
|---|---|---|
| Province d'Alger . . . . . | 52.931 h. 26 a. 12 c. | |
| — d'Oran . . . . . | 63.835 62 28 | |
| — de Constantine. | 77.256 57 37 | |
| Total. . . . . . | 194.023 45 77 | |

Sur ce total 31 509 hectares seulement étaient affranchis de la clause résolutoire, et 3785 avaient été retirés aux concessionnaires déclarés déchus.

## IV. Organisation administrative de l'Algérie.

La création du ministère de l'Algérie et des colonies, la suppression du gouverneur général, et les modifications qui ont complété ces deux grandes mesures ont introduit des changements considérables dans l'organisation administrative de l'Algérie. Nous en présentons ici le tableau résumé, correspondant au mois de mai 1859.

### SYSTÈME GÉNÉRAL D'ORGANISATION.

En France, un ministre de l'Algérie et des colonies. — *Comité supérieur de l'Algérie et des colonies.*

En Algérie, un commandeur supérieur de l'armée de terre et de mer.

Trois préfets, administrant le département ou territoire civil de chaque province.

Trois généraux commandant et administrant la division ou territoire militaire de chaque province.

*Un conseil général par province.*

*Conseils de préfecture auprès des préfets.*

*Conseils des affaires civiles auprès des généraux.*

Dans la hiérarchie civile, des sous-préfets à la tête des arrondissements, des commissaires civils à la tête des districts, des maires et adjoints à la tête des communes.

Dans la hiérarchie militaire, des officiers supérieurs de divers grades à la tête des subdivisions et des cercles; des khalifas, des bach-aghas, des aghas, des kaïds, à la tête des tribus; des amins en pays kabile.

### A. PROVINCE D'ALGER.

*Territoire civil ou département.*

Chef-lieu de département : Alger (un préfet).

Chefs-lieux d'arrondissement : Alger (le préfet), Blida, Médéa, Miliana (trois sous-préfets).

*Chefs-lieux de districts ou commissariats civils :* Aumale, Cherchel, Dellis, Marengo, Orléansville, Tenez.

ARRONDISSEMENT D'ALGER : *Districts ou commissariats civils :* Aumale, Dellis, Tenez.

ARRONDISSEMENT D'ALGER : *Communes :* Alger avec ses annexes El Biar, Moustapha et Agha, Bouzaréa, Pointe-Pescade, et Saint-Eugène. — Arba, avec ses annexes Rovigo, Sidi-Moussa, Rivet. — Birkadem, avec ses annexes Saoula, Birmandreis. — Chéragas, avec ses annexes Guyotville (Baïnan), Sidi-Ferruch, Staouëli et Mokta-Essefa. — Dellis, avec son annexe Ben-Nichoud. — Déli-Ibrahim, avec ses annexes El-Achour, Draria, Kaddous, Ouled-Fayet. — Douera, avec ses annexes Ouled-Mendil et Saint-Jules, Baba-Hassen, Crescia, Mohelma, Sainte-Amélie, Saint-Ferdinand et Boukandoura. — Le Fondouk, avec ses annexes l'Oued-Corso, Reghaïa, Alma, Boudouaou, Hamedi, Saint-Pierre, Saint-Paul. — Kouba, avec son annexe Hussein-Dey. — Rassauta, avec ses annexes Fort-de-l'Eau, Maison-Carrée, Maison-Blanche, Aïn-Taya, Aïn-Beida, Rouiba, Matifoux. — Tenez, avec ses annexes Vieux-Tenez, Montenotte, les Mines.

ARRONDISSEMENT DE BLIDA : *Communes :* Blida, avec ses annexes Beni-Méred, Dalmatie, Joinville, Montpensier, Oued-el-Alleg. — Boufarik, avec ses annexes Birtouta, Bouinan, Chebli, Quatre-Chemins, Souma. — Koléa, avec ses annexes Castiglione, Douaouda, Fouka, Tefeschoun, Zéralda, Hameaux-Suisses, Bérard.

ARRONDISSEMENT DE MÉDÉA : *Communes :* Médéa, avec ses annexes Damiette, Lodi, Mouzaïa-les-Mines. — Mouzaïaville, avec ses annexes Bou-Roumi, La Chiffa, El-Afroun, Chaterbach.

ARRONDISSEMENT DE MILIANA. *Districts ou commissariats civils de :* Cherchel, Orléansville, Marengo.

ARRONDISSEMENT DE MILIANA. *Communes :* Miliana, avec son annexe Affreville, Aïn-Sultan, Lavarande, Duperré. — Vesoul-Benian, avec ses annexes Bou-Medfa. — Orléansville, avec ses annexes La Ferme, Pontcba. — Cherchel, avec ses annexes Novi, Zurich. — Marengo, avec ses annexes Ameur-el-Aïn, Bourkika, Tipaza.

*Territoire militaire ou division.*

*Quartier général de la division :* Alger (commandant supérieur de l'armée, un commandant de division).

*Chefs-lieux de la subdivision :* Alger (le général de division), Dellis, Aumale, Médéa, Miliana, Orléansville (5 commandants de subdivision).

SUBDIVISION D'ALGER. — Point de territoire militaire.

SUBDIVISION DE DELLIS. — *Cercles :* Dellis, Tiziouzou, Dra-el-Mizan, Fort-Napoléon.

SUBDIVISION D'AUMALE. — *Cercles :* Aumale; plus les centres européens Bir-Rabalou, Gualt-Zerga, Bir-Djaïch, Aïn-Tasta, Aïoun-Sebaa.

SUBDIVISION DE MÉDÉA. — *Cercles :* Médéa, Boghar, Laghouat; plus les centres européens de Boghar et Djelfa.

SUBDIVISION DE MILIANA. — *Cercles :* Miliana, Cherchel, Teniet-el-Had; plus le centre européen de Teniet-el-Had.

SUBDIVISION D'ORLÉANSVILLE. — *Cercles :* Orléansville, Tenez.

### B. PROVINCE D'ORAN.

*Territoire civil ou département.*

*Chef-lieu de département :* Oran (un préfet).

*Chefs-lieux d'arrondissement :* Oran (le préfet), Mostaganem, Mascara, Tlemcen (3 sous-préfets).

*Chefs-lieux de districts ou commissariats civils :* Saint-Denis-du-Sig, Sidi-bel-Abbès, Nemours.

ARRONDISSEMENT D'ORAN. — *Districts ou commissariats civils :* Saint-Denis-du-Sig, Sidi-bel-Abbès.

ARRONDISSEMENT D'ORAN. — *Communes :* Oran avec ses annexes Karguentah, La Senia, Mers-el-Kebir, Aïn-Turk, Bousfer. — Arzew, avec ses annexes Damesme, Saint-Leu, Muley-Magoun. — Fleurus, avec ses annexes Haci-ben-Okba, Haci-Ameur, Haci-bou-Nif. — Misserghin, avec son annexe Bou-Tlelis. — Sainte-Barbe du Tlélat, avec son annexe Sidi-bel-Kaïr. — Saint-Cloud, avec ses annexes Kléber, Méfessour, Sainte-Léonie, Christel. — Saint-Denis-du-Sig, avec son annexe Union agricole. — Saint-Louis avec son annexe Haci-ben-Ferréa. — Sidi-bel-Abbès, avec ses annexes Sidi-Lahssen, Sidi-Amyim, Frenda, Le Rocher, Sidi-Brahim. — Sidi-Chami, avec ses annexes Arcole, Haci-el-Biod, l'Étoile.— Valmy-le-Figuier, avec son annexe Mangin.

ARRONDISSEMENT DE MOSTAGANEM. — *Communes* : Mostaganem, et ses faubourgs (Marine, Tigditt, Beymouth), avec ses annexes Karouba, Mazagran, Ouréa.— Aboukir, avec ses annexes Aïn-si-Chérif, Bled-Touaria.— Aïn-Tedlès, avec ses annexes Pont-du-Chélif, Sour-Kelmitou. — Pélissier (Les Libérés), avec ses annexes Tounin, Aïn-Boudinar, Vallée des Jardins. — Rivoli, avec ses annexes Aïn-Nouissi, La Stidia.

ARRONDISSEMENT DE MASCARA. — *Communes* : Mascara, avec ses annexes Saint-André, Saint-Hippolyte.

ARRONDISSEMENT DE TLEMCEN.— *District ou commissariat civil de* Nemours.

ARRONDISSEMENT DE TLEMCEN. — *Communes* : Tlemcen et Sidi-Boumedin avec ses annexes Bréa, Hennaya, Mansoura, Négrier, Safsaf.

*Territoire militaire ou division.*

*Quartier général de division* : Oran ( un commandant de division).

*Chefs-lieux de subdivision* : Oran (le général de division), Mostaganem, Sidi-bel-Abbès, Mascara, Tlemcen (5 commandants de subdivision).

SUBDIVISION D'ORAN.—Point de cercles, mais centres européens d'Aïn-Kial, Aïn-el-Arba, Tanzoura, Aïn-Temouchen, Rio-Salado, Lourmel.

SUBDIVISION DE MOSTAGANEM. — *Cercles* : Mostaganem, Ammi-Moussa; plus les centres européens de Rélizane et de l'Hillil.

SUBDIVISION DE SIDI-BEL-ABBÈS. — *Cercles* : Sidi-bel-Abbès; plus les centres européens de Muley-Abd-el-Kader, Sidi-Khaleb, Les Trembles, Sidi-Ammadouch, Daya.

SUBDIVISION DE MASCARA. — *Cercles* : Mascara, Tiaret, Saïda, Geryville; plus les centres européens d'Oued-el-Hammam et de Perregaux.

SUBDIVISION DE TLEMCEN. — *Cercles* : Tlemcen, Nemours, Sebdou, Lalla-Maghrnia; plus les centres européens de Gar-Roubban, d'Oued-Chouly, Pont-de-l'Isser, Rachgoun, Ouled-Mimoun.

## C. PROVINCE DE CONSTANTINE.

*Territoire civil ou département.*

*Chef-lieu de département* · Constantine (un préfet).
*Chefs-lieux d'arrondissement* : Constantine (le préfet), Bone, Philippeville, Guelma, Sétif (quatre sous-préfets).
*Chefs-lieux de districts ou commissariats civils :* La Calle, Jemmapes, Batna, Djidjelli, Souk-Haras.

ARRONDISSEMENT DE CONSTANTINE. — *District ou commissariat civil :* Batna.

ARRONDISSEMENT DE CONSTANTINE. — *Communes :* Constantine, avec ses annexes Condé (Smendou), Kroubs, Lablèche, Ouled-Ramoun, Aïn-el-Bey, Aïn-Guerfa, Aïn-Nahs, Bizot, El-Ana, Fornier-Korchef, Méridj, Oued-Berda, Oued-Marsin, Oued-Turf, Ras-bou-Merzoug.

ARRONDISSEMENT DE BONE. — *District ou commissariat civil :* La Calle.

ARRONDISSEMENT DE BONE. — *Commune.* Bone, Duvivier, La Calle. Localités diverses, Saint-Augustin, l'Alélik, El-Hadjar, Bugeaud, Barral, Mondovi, Nechmeya, Penthièvre.

ARRONDISSEMENT DE PHILIPPEVILLE. — *Districts ou commissariats civils :* Djidjelli, Jemmapes.

ARRONDISSEMENT DE PHILIPPEVILLE. — *Communes :* Philippeville avec ses annexes Damrémont, Saint-Antoine, Stora, Vallée. — Jemmapes, avec ses annexes Ahmed-Ben-Ali, Sidi-Nassar, Filfila. — Localités diverses, El-Arrouch, Kantour, Gastonville, Robertville, Saint-Charles.

ARRONDISSEMENT DE SÉTIF. — *Communes :* Sétif, avec ses annexes Aïn-Sfia, Fermatou, Kalfoun, Lanasser, Mesloug, plus les villages et territoires de la compagnie genévoise (voir page 491).

ARRONDISSEMENT DE GUELMA. — *District ou commissariat civil :* Souk-Haras.

ARRONDISSEMENT DE GUELMA. — *Communes :* Guelma, avec ses annexes Héliopolis, Millesimo, Petit, Guelaa-Bou-Sba Oued-Touta, Medjez-Amar.

*Territoire militaire ou division.*

*Quartier général de la division.* Constantine (un commandant de division).

*Chefs-lieux de subdivision.* Constantine (le général de division), Bone, Batna, Sétif (trois commandants de subdivision).

SUBDIVISION DE CONSTANTINE. — *Cercles.* Constantine, Aïn-Beda, Tébessa, Philippeville, Djidjelli. — Plus les centres européens d'Aïn-Smar, Milah et Oued-Dekri.

SUBDIVISION DE BONE. — *Cercles.* Bone, Guelma, La Calle, Souk-Haras. — Plus le centre européen de Kef-oum-Théboul.

SUBDIVISION DE BATNA. Batna, Biskara. — Plus le centre européen de Lambessa.

SUBDIVISION DE SÉTIF. — *Cercles.* Sétif, Bordj-Bou-Aréridj, Bouçada, Bougie.

---

## V. Statistique agricole.

### LES CÉRÉALES.

*Campagne de 1855.*

Elle est ainsi établie par le *Tableau des établissements français en Algérie,* années 1855-1856.

|  | hectares cultivés. | hectolitres récoltés. | valeurs en francs. |
|---|---|---|---|
| Blé tendre......... | 20,027,54 | 169,691 | 4,761,159 |
| Blé dur............ | 524,764,50 | 2,935,838 | 71,619,181 |
| Orge.............. | 413,993,00 | 3,151,401 | 34,280,307 |
| Seigle............. | 535,50 | 4,535 | 54,246 |
| Avoine............ | 1,715,00 | 31,099 | 337,548 |
| Maïs.............. | 2,390,50 | 26,893 | 413,176 |
| Fèves............. | 23,217,50 | 188,776 | 3,100,252 |
| Sorgo (bechna).... | 7,273,00 | 63,347 | 1,086,940 |
| Totaux.... | 994,416,54 | 6,671,480 | 115,652,809 |

On voit que les étendues cultivées n'atteignent pas un million d'hectares, au lieu de deux millions que leur accordent fréquemment des évaluations complaisantes en faveur de la production arabe. Il faut tenir compte, il est vrai, des cultures nouvelles des dernières années.

## LA VIGNE.

On évalue ainsi les plantations de vigne (en hectares):

|  | Année 1855. | | | Année 1857. | | | Augment. |
|---|---|---|---|---|---|---|---|
| Prov. d'Alger.... | 1001 h. | 76 a. | 00 c. | 1710 h. | 76 a. | 00 c. | 709 h. |
| — d'Oran.... | 1020 | 03 | 60 | 1426 | 03 | 60 | 406 |
| — de Constant. | 284 | 97 | 00 | 501 | 07 | 00 | 217 |
| Totaux..... | 2306 | 76 | 60 | 3638 | 76 | 60 | 1332 |

(Héricart de Thury. — *De la culture de la vigne.*)

## MURIERS ET VERS A SOIE.

Pour l'année 1858 les faits suivants ont été constatés dans le département d'Alger.

| | | |
|---|---|---|
| Nombre des localités qui ont élevé......... | 48 | |
| Nombre d'éducateurs..................... | 118 | |
| Graine mise à l'éclosion (de 31 onces)...... | 4 kil. | 884 gr. |
| Cocons de 1ʳᵉ qualité (7 fr. 50 le kil.)...... | 2,492 | 750 |
| — 2ᵉ qual. (6 50 —)...... | 289 | 560 |
| — 3ᵉ qual. (5 50 —)...... | 39 | 100 |
| — 4ᵉ qual. (1 25 —)...... | 175 | 025 |
| Achats administratifs ou de faveur......... | 2,996 kil. | 435 gr. |
| Acheté par un négociant de France......... | 200 | 300 |
| Gardé pour graine ou envoyé à Lyon...... | 300 | 000 |
| Total général de la production.... | 3,496 kil. | 735 gr. |
| Somme payée au nom de l'administration... | 21,011 fr. | 60 c. |

(J. D. *Journal d'Agriculture pratique,* 1858.)

## LE TABAC.

Voici les opérations et les résultats de la campagne de 1857 pour toute l'Algérie :

| | |
|---|---:|
| Nombre de planteurs.......................... | 3,235 |
| Hectares cultivés............................. | 5,091 |
| Nombre de plants............................. | 142,123 |
| Achats de la régie en kilogrammes............. | 4,243,263 |
| Sommes payées en francs..................... | 3,862,522 |
| Quantités approximatives livrées au commerce, kil. | 559,700 |
| Évaluation de la production totale en kil......... | 4,802,963 |
| Rendement moyen par hectare, kil............. | 943 |

(J. D. *Journal d'Agriculture pratique*, 1858.)

## LE COTON.

Voici la statistique des ensemencements de 1858 (en hectares) :

| Provinces. | Géorgie longue soie. | | | Louisiane courte soie. | | | Totaux. | | |
|---|---|---|---|---|---|---|---|---|---|
| Alger...... | 53 h. | 37 a. | 93 | 27 h. | 40 a. | 59 c. | 80 h. | 78 a. | 52 c |
| Oran...... | 1,078 | 29 | 00 | 4 | 32 | 00 | 1,082 | 61 | 00 |
| Constantine | 229 | 73 | 35 | 665 | 21 | 76 | 894 | 95 | 11 |
| Totaux.. | 1,361 h. | 40 a. | 28 c. | 696 h. | 94 a. | 35 c. | 2,058 h. | 34 a. | 63 c. |

Sur ce chiffre brut de 2058 hectares, constaté au début de la campagne, il faut en rabattre au moins un tiers pour tenir compte des effets ultérieurs de la sécheresse de l'été ainsi que de la négligence ou de l'impuissance des planteurs.

(J. D. *Journal d'Agriculture pratique*, 1858.)

LES ANIMAUX.

Pour toute l'Algérie.

| | |
|---|---|
| Chameaux........................... | 213,321 têtes. |
| Chevaux............................ | 136,560 |
| Bœufs.............................. | 1,053,084 |
| Moutons............................ | 6,875,891 |
| Chèvres............................ | 3,498,453 |
| Porcs.............................. | 7,957 |

(J. D. *Catalogue explicatif et raisonné des produits algériens.*)

Généralement on évalue à 10 millions le nombre des bêtes ovines de l'Algérie, au lieu des 6 875 000 portés dans le Catalogue officiel.

---

### VI. Statistique commerciale.

Le *Tableau du commerce général de la France* établit ainsi qu'il suit le mouvement commercial de l'Algérie, pour 1856 et 1857 (valeurs officielles) :

| | Année 1856. | Année 1857. |
|---|---|---|
| Avec la France et ses entrepôts. | 173,322,783 fr. | 153,067,098 fr. |
| Avec l'étranger................. | 44,643,466 | 35,761,023 |
| Totaux............. | 217,966,249 fr. | 188,828,121 fr. |
| | | |
| Exportation d'Algérie en France. | 35,000,000 fr. | 31,000,000 fr. |
| Importation de France en Algérie. | 143,000,000 | 125,000,000 |
| Exportation d'Algérie à l'étrang. | 11,500,000 | 8,100,000 |
| Importat. de l'étrang. en Algérie. | 33,100,000 | 27,600,000 |

# TABLE MÉTHODIQUE
## DES MATIÈRES.

| | Pages. |
|---|---|
| AVANT-PROPOS | 5 |
| PREMIÈRE PARTIE. — INTRODUCTION HISTORIQUE | 11 |
| Période mythologique | 11 |
| — lybique | 11 |
| — punique ou carthaginoise | 12 |
| — romaine | 12 |
| — vandale | 20 |
| — byzantine | 23 |
| — arabe | 24 |
| — turque | 28 |
| — française | 33 |
| DEUXIÈME PARTIE. — L'ALGÉRIE | 37 |
| TROISIÈME PARTIE. — PROVINCE D'ALGER | 83 |
| QUATRIÈME PARTIE. — PROVINCE DE CONSTANTINE | 225 |
| CINQUIÈME PARTIE. — PROVINCE D'ORAN | 279 |
| SIXIÈME PARTIE. — NOTICES | 371 |
| Le coton, par Jules Duval | ib. |
| L'anaya des Kabyles, par le général Daumas | 391 |
| De l'émancipation de la femme arabe, par le commandant Richard | 394 |
| SEPTIÈME PARTIE. — MÉLANGES | 418 |
| Résumé historique de la conquête | 418 |
| Résumé historique de l'organisation | 419 |
| Résumé historique de la colonisation. — Actes officiels | 419 |
| Principaux événements | 421 |
| Actes officiels | 424 |
| Bruits et projets | 431 |
| Inventions, découvertes | 431 |
| Antiquités, découvertes | 432 |
| Belles actions | 433 |
| Budget de l'Algérie | 433 |
| Mouvement commercial de l'Algérie avec la France | 435 |
| Prix courant des marchandises | 436 |
| Passages gratuits | 440 |
| Des concessions de terre en Algérie | 440 |
| Encouragements à l'agriculture. — Primes | 443 |
| Importance de diverses cultures | 444 |
| Pépinières | 445 |
| Fortunes faites par les colons | 446 |
| Orphelinats. — Faible mortalité des enfants | 447 |
| Notes météorologiques | 448 |
| Souvenirs d'histoire naturelle | 450 |
| Mines. — Carrières | 462 |

| | | | |
|---|---|---|---|
| Nobiliaire de la colonisation | 453 | La Presse algérienne | 471 |
| Nécrologie | 454 | 1. Province d'Alger | 471 |
| Conseils aux émigrants | 454 | 2. — de Constantine | 472 |
| Exposition permanente des produits algériens | 455 | 3. — d'Oran | 472 |
| Organisation administrative de l'Algérie | 456 | 4. Journaux de France | 473 |
| A. Province d'Alger | 457 | 5. Imprimeurs et libraires en Algérie | 474 |
| B. — de Constantine | 459 | APPENDICE. — PÉRIODE QUINQUENNALE 1854-1859 | 477 |
| C. — d'Oran | 461 | Opérations militaires | 478 |
| Transports par terre et par mer | 463 | Actes du ministère de l'Algérie et des colonies | 482 |
| A. Sur les navires à petite vitesse | 463 | Colonisation | 487 |
| B. Sur les navires à grande vitesse | 464 | Centres de population | 487 |
| Paquebots de l'État | 465 | Concessions de terres | 494 |
| Autres compagnies | 465 | Ventes de terres | 494 |
| Messageries, diligences omnibus, courriers de l'intérieur | 465 | Concessions forestières | 494 |
| Tarif des courses dans la banlieue d'Alger | 467 | Concessions d'eaux thermales | 495 |
| Nouveau service des courriers de terre | 468 | Concessions de mines | 495 |
| Tableau des distances légales entre le chef-lieu de chaque province et les villes qui en dépendent | 469 | Statistique des concessions | 495 |
| | | Organisation administrative de l'Algérie | 496 |
| | | Statistique agricole | 501 |
| | | Statistique commerciale | 504 |

# TABLE ALPHABÉTIQUE

DES NOMS DE LIEUX, ETC.

## A.

Aboukir, village.......... 352
Abuja, pointe............ 280
Achour (El), village...... 153
Achek, îlot.............. 87
Adjéroud, rivière.. 44, 280, 282
Affreville, village........ 215
Afroun (El), village...... 80
Agba, annexe............ 123
Aghmiss, cap............ 280
Aguelli, rocher.......... 84
Ahmed-ben-Ali, village.... 252
Aïn-Bedia (prov. d'Alger). 219, 200
— (prov. d'Oran)... 314
— (pr. Constantine). 260
Aïn-Benian, village....... 156
Aïn-el-Bey, id........ 259
Aïn-Fouka, id........ 174
Aïn-el-Turk, id........ 290
Aïn-el-Arba, id........ 490
Aïn-el-Arnat, id........ 270
Aïd-Boudinar, id......... 338
Aïn-Chrob ou Eurob source. 85
Aïn-Kial, village......... 489
Aïn-Madhi, village....... 97
Aïn-Milo, id........ 250
Aïn-Nouïssy, id........ 331
Aïn-Rouiba, id........ 190
Aïn-Sefla, id........ 270
Aïn-Smara, id........ 490
Aïn-Sultan, id........ 210
Aïn-Tebalek, id........ 365
Aïn-Tasia, hameau....... 480
Aïn-Taya, village........ 100
Aïn-Tedelès, id........ 330
Aïn-Temouchen, village... 310
Aïn-Trek, village........ 401
Aïn Yacout, poste........ 250
Aïoun-Sahel, hameau..... 260
Aïoun-Sebaa, id..... 489
Aïoun-Reumel, id........ 260

Algérie, région........... 37
Alger, province.......... 83
Alger, baie.............. 84
Alger, ville....... 100 et suiv.
Allélah, rivière, concession. 130, 140
Alélik, village........... 214
Alma, id........... 188
Amraoua, rivière......... 80
Ameur-el-Aïn, village..... 202
Amour, montagne. 12, 43, 89, 91
Amini-Moussa, poste-magasin............ 338, 342
Andalous, plaine et ferme.. 290
Arcole, village........... 310
Arzew, port............. 304
Arba (l'), village......... 191
Arrouch (El) id.......... 249
Arbal, ferme............ 350
Arrach, rivière...... 84 90, 95,
Assi.—V. Hacï.
Atlas, système atlantique. 42, 85, 205
Atménia, village......... 202
Aumale, ville............ 223
Aurès, montagne. 42, 80, 226, 273

## B.

Bab-el-Oued, faubourg.... 118
Bab-Azoun, quartier...... 118
Baba-Hassen, village..... 163
Babor, montagne......... 226
Batna, ville.......... 41, 273
Barral, village........... 253
Bastion de France, ancien établissement.......... 228
Ben-Hacel, poste.... 338, 341
Ben-Aknoun, orphelinat... 122
Ben-Nihoud, village...... 128
Bengut, cap............. 85

Beni-Mered, village....... 183
Beni-Moussa, mont....... 85
Beni-Sala, mont...... 87, 220
Beni-M'zab, oasis...... 39, 97
Bérard, village.......... 489
Berbessa, hameau....... 173
Berouaghia, poste........ 96
Berindjel, îlot.......... 87
Biar (El), commune..... 120
Birkadem, village..... 118
Birmandreïs, id....... 117
Bir-Rabalou, village...... 488
Bir-Djaich, hameau...... 489
Biod (El), poste....... 370
Birtouta, village......... 102
Biskara, ville....... 16, 276
Bizot, village.......... 490
Blida, ville.......... 180
Bled-Touaria, village...... 332
Blockhaus (4ᵉ), id...... 102
Boghar, fort, village...... 210
Bone, ville........... 239
Bordj-bou-Aréridj, cercle.. 271
Boudouaou, village....... 107
Bouçada, ville arabe... 270
Boufarika, bourg........ 187
Bougaroni, cap........ 225
Bougie, ville....... 233
Bouhira, village......... 491
Boukandoura, hameau..... 166
Bou-Medfa, village....... 217
Bouinan, village.... 488
Bou-Merzoug, vallée..... 258
Bou-Roumi, village....... 200
Bourkika, village........ 202
Bou-Sellam, rivière...... 226
Bou-Sefer, hameau..... 208
Bou-Tlélis, village..... 311
Bou-Ismaël, village..... 175
Bou-Zaréa, commune..... 120
Bréa, village.......... 302
Bugeaud, id......... 242

### C

Calfat, crique.......... 80
Calle (La)............ 243
Carbon, cap...... 225, 230
Caxine, cap...... 83, 86
Castiglione, colonie...... 175

Chat (cap du)........... 175
Chatterbach, hameau..... 488
Chébli, village........ 187
Chélif, fleuve, plaine. 11, 64, 68, 89, 93, 96, 217, 281
Chenoua, mont. 83 et suiv. 131
Cherchel, port...... 87, 132
Cheraga, village........ 165
Chiffa, rivière...... 87, 91
Chott-el-Saïda, lac.. 11, 64, 121
Chott-Chergui, lac..... 11, 283
Chott-Gharbi, lac.... 11, 283
Christel, ferme......... 300
Christine, commune..... 319
Chiffa, village........ 199
Colombi, îlot........ 87
Condé, village...... 260
Constantine, province.... 221
— ville...... 250
— banlieue.... 257
Consulaire (la) ferme..... 166
Corbelin, cap...... 83, 85
Corso, rivière...... 85, 90
— ferme......... 107
Crescia, village........ 102

### D

Dahra, montagne..... 87, 281
Dala, village.... 44, 308
Dalmatie, id....... 180
Damesme, id...... 326
Damiette, id...... 208
Damrémont, id...... 240
Déli-Ibrahim, village... 151
Dellis, pointe, rade.... 83
— ville......... 120
Deux-Ponts, hameau.... 200
Dira, montagne......... 85
Djemma-Ghazaouät..... 360
Djidjelli, port... 225, 234
Djinet, cap........ 85
Djoudria, hameau..... 166
Douera, commune...... 160
Douaouda, village...... 170
Dra-el-Mizan, poste..... 221
Draria, village....... 150
Dzioua, oasis...... 278
Duperré, village....... 188
Duvivier, id......... 190

Duzerville, id............ 212

## E

Edough, montagne........ 226
Eghris, plaine........... 81
Emsilla, forêt, ferme..... 314
Étoile, hameau........... 317

## F

Falcon, cap.............. 280
Farguen, terre........... 171
Fermaton, hameau........ 276
Ferme (la), commune..... 230
Ferrat, cap.............. 280
Fezzara, lac............. 227
Figalo, cap.............. 280
Fifila, montagne......... 291
Figuier (le), village..... 314
Fleurus, id............. 320
Fondouk, id............. 192
Fornier, id............. 258
Fort-de-l'eau, id........ 129
Fouka, id............... 174
Fouka maritime, village... 86
Frenda, hameau.......... 358
Fort-Génois, port........ 68

## G

Garde, cap.............. 228
Gar-Roubban, mine...... 401
Gastonville, village..... 218
Geryville, poste..... 46, 370
Ghardaïa, ville.......... 07
Ghora, montagne........ 226
Gouﬁ, id............... 226
Gouraïa, id............. 225
Goudiel, terre........... 322
Gournat, rivière...... 86, 92
Gros, cap............... 226
Guelma, ville et colonie... 262
Guebli, rivière...... 41, 227
Guelt-Zerga, hameau..... 480
Guerrara, ville.......... 07
Guyotville, village...... 156
Guérioun, montagne..... 226

## H

Habibas, île............ 300
Habra, plaine, rivière.. 68, 281
Haci-Hameur, village.... 310

Haci-ben-Ferrea, id...... 322
Haci-beu-Okba, id....... 321
Haci bou-Nif, id........ 310
Haci-el-Biod, id........ 317
Hachem, rivière, id... 87, 93
Hadjar (El) village...... 213
Halloula, lac........ 21, 91
Hamedi, hameau........ 188
Hamma (prov. d'Alger).... 123
— (prov. de Constantine). 257
Hammam-Meskoutin, bains. 264
Hanaya, village.......... 303
Héliopolis, village....... 265
Hillil, plaine, rivière, village. 80, 100
Hidra, territoire......... 121
Hodna, lac.......... 227, 276
Hussein-Dey, village..... 146

## I

Ivi, cap................. 280
Isser, rivière. 41, 85, 88, 90, 95

## J

Jemmapes, village........ 251
Joinville, village......... 481
Jurjura, montagne........ 88

## K

Kabilie............ 85, 222, 272
Kaddara, rivière....... 85, 90
Kaddous, village......... 151
Kara-Mustapha, camp..... 90
Kalfoun, village......... 370
Kantour (El), hameau.... 264
Karkar, montagne........ 281
Karouba, village......... 337
Kef-Oum-Théboul........ 241
Khamis, rivière..... 44, 84, 95
Kiss, rivière............ 282
Koléa, commune......... 171
Kollo, port........... 225, 236
Kléber, village.......... 323
Knater, cap........... 83, 84
Kroub (El), village...... 250
Koubs, id.............. 146

## L

Laghouât, ville.... 46, 07, 224
Lalla-Maghrnia, poste-magasin............... 366

Lambessa, colonie pénit... 275
Lanasser, hameau........ 270
Lauriers-Roses, station.... 350
Lavarande, village........ 488
Libérés (les), id...... 385
Lindlès, cap............. 280
Lions (Montagnes des).... 281
Lodi, village............. 208
Lourmel, id............. 460

## M

Macta, rivière.. 44, 84, 281, 327
Maelma, village.......... 467
Mafrag, rivière........ 44, 227
Megroua, cap.......... 83, 87
Maison-Carrée, ferme... 84, 196
Mansoura, village........ 364
Mangin, id............ 318
Marabout-d'Aumale....... 467
Marengo, colonie...... 92, 202
Mascara, ville............ 354
Matifou, cap......... 83, 84
Matifou, village.......... 108
Mazafran, rivière. 44, 86, 94, 95
Mazagran, village........ 320
Mdaouroueh, village arabe. 227
Médéa, ville.......... 80, 204
Medjana, plaine.......... 268
Medjez-Amar, orphelinat.. 205
Medjerda, rivière...... 44, 227
Medjouna, montagne..... 281
Méfessour village......... 324
Mekhalif, ville mozabite... 97
Mekbadma, id. ... 97
Mekhera, rivière......... 282
Meïr'ir, lac........ 45, 94, 227
Mers-Agoleit, baie........ 87
Mers-el-Kébir, port....... 291
Messaoud, hameau... 173, 404
Messelman, rivière....... 87
Mettidja, plaine.....44, 68, 170
Mettilili, ville ........... 97
Mezloug, hameau........ 270
M'léta, village........... 489
Mila, ville arabe......... 264
Miliana, ville........... 213
Millesimo, village........ 260
Nina, rivière, plaine..... 68, 91
Nissergbin, village........ 311

Mondovi, village......... 252
Montenotte, id........... 140
Montpensier, id........ 94, 185
Monte-Rotondo, montagne. 220
Mostaganem............. 303
Mouloula, rivière........ 280
Mouzaia, montagne... 87, 88
Mouzaia-les-Mines........ 200
Mouzaiaville, village...... 200
Msila, ville arabe......... 44
Muley-Magoun, hameau.... 327
Mustapha-Pacha, annexe... 122

## N

Nador, montagne (pr. d'Alger)............ 44, 86, 92
Nador, montagne (p. d'Oran). 94
Nedroma, village arabe.... 307
Négrier, village.......... 304
Nechmeya, id.... 264, 490
Nemours, port.......... 306
Nessa, rivière...... 85, 89, 95
Ngouça, ville indigène.... 97
Novi, village.......... 86, 87
Notre-Dame de Fouka..... 175
Noé, cap............. 280

## O

Oasis (prov. d'Alger)...... 224
— (prov. de Constantine). 207
— (prov. d'Oran)...... 370
Oran, province.......... 479
— ville.......... 289
Orléansville, ville........ 218
Ouargla, ville indigène... 39, 97
Oued-Adjeroud, rivière.... 44
Oued-Boufarick, id...... 95
Oued-Boutan, camp, vill. 442, 216
Oued-Bridja, rivière...... 434
Oued-Corso, ferme...... 197
Oued-Debri, hameau..... 491
Oued-el-Beida, rivière.... 93
Oued-el-Djedi, id. 44, 94, 97, 227
Oued-el-Haleg, village... 108
Oued-el-Hakoum, rivière.. 93
Oued-el-Hammam, village. 354
Oued-el-Meleh.... 44, 280, 282
Oued-el-Kébir (province de Constantine), riv. 44, 225, 227

| | | | |
|---|---|---|---|
| Oued-el-Kébir (pr. d'Alger). | 91 | Reghaïa, rivière........ | 85, 90 |
| Oued-Fatis, rivière....... | 92 | Reghaïa, hameau......... | 106 |
| Oued-Had, id......... | 98 | Relizane, ville.......... | 469 |
| Ourd-Harbil, id......... | 93 | République (la), hameau.. | 318 |
| Oued-Kerma, id......... | 91 | Rio-Salado, rivière, village | 44, |
| Oued-Knis, id......... | 121 | | 280, 282, 490 |
| Oued-M'zab, oasis....... | 41 | R'ir, oasis............. | 39 |
| Oued-Nador-Ouacel, rivière. | 93 | Riou, rivière........ | 93, 281 |
| Oued-Ouedjer, id... | 91 | Rivet, village......... | 488 |
| Oued-Rhéan, hameau...... | 216 | Rivoli, id........... | 330 |
| Oued-R'ir, oasis........ | 41 | Robertville, village...... | 249 |
| Oued-Sahel, riv. 44, 88, 94, | 226 | Rosa, cap............. | 220 |
| Oued-Sebgag, id......... | 93 | Roux, cap............. | 228 |
| Oued-Tafilet, id......... | 130 | Routba, village......... | 128 |
| Oued-Tarfa, id......... | 93 | Rovigo, id........... | 490 |
| Oued-Tleta, id......... | 93 | Roundjaïa, montagne..... | 45 |
| Oued-Zitoun, rivière...... | 90 | **S** | |
| Oursenis, montagne. 89, 93, | 231 | | |
| Ouled-Ali, station........ | 360 | Saf-Saf (pr. de Const.) riv. 44, | 227 |
| Ouled-Fayet, village..... | 104 | Saf-Saf-en-Nabl, rivière... | 85 |
| Ouled-Mendil, localité.... | 103 | Sahara, région...... 39, 44, | 47 |
| Ouled-Minoun, vall., vill. 366, | 400 | Sahari, montagne........ | 45 |
| Ouled-Sidi-Cheikh, oasis. 39, 40, | 44 | Sahel d'Alger.......... 88, | 141 |
| Ouled-Ziris............ | 307 | Saïda, village....... 44, | 368 |
| Ouréa, hameau.......... | 329 | Saïghir, hameau........ | 473 |
| Ouricia, village......... | 491 | St-André-de-Mascara, village................ | 335 |
| **P** | | St-André-de-Mers-el-Kébir. | 294 |
| Palombes, îlot........... | 87 | Saint-Antoine, hameau.... | 247 |
| Pêcheurs (village des)..... | 229 | Sainte-Amélie, id..... | 465 |
| Pélissier (Voir les Libérés). | | Sainte-Barbe, commune... | 349 |
| Penthièvre, village........ | 268 | Saint-Charles (pr. d'Alger). | 469 |
| Perregaux, id........ | 489 | Saint-Charles (pr. de Const). | 247 |
| Petit, id........ | 286 | Saint-Cloud, petite ville... | 323 |
| Philippeville, ville....... | 236 | Saint-Denis-du-Sig, id..... | 343 |
| Pointe-Pescade, cap..... 83, | 86 | Saint-Eugène, village..... | 418 |
| Pointe-Pescade, commune. | 119 | Saint-Ferdinand, id....... | 408 |
| Pont-de-l'Isser, village. 380, | 385 | Saint-Hippolyte, id....... | 364 |
| Pont-du-Chélif, village..... | 338 | Saint-Jules, id....... | 463 |
| Ponteba, id...... | 220 | Sainte-Léonie, id....... | 324 |
| Pont-de-l'Ouedjer, id...... | 488 | Saint-Leu, id....... | 324 |
| Pont-de-l'Isser, id...... | 489 | Saint-Louis id....... | 324 |
| Port-aux-Poules (Portopoul). | 85 | Saint-Paul, id....... | 488 |
| **Q** | | Saint-Pierre, id....... | 488 |
| Quatre-Chemins, hameau... | 163 | Saint-Remi, hameau..... | 318 |
| **R** | | Sandja, rochers.......... | 84 |
| Rachgoun, îlot....... 280, | 300 | Saoula, village.......... | 149 |
| Radjeta, rivière.......... | 227 | Shagh, lac salés....... 44, | 227 |
| Rassauta, commune.... 84, | 104 | Sebdou, poste-magasin.. 44, | 367 |

Sebaou, rivière...... 44, 89, 94
Sebaoun. *Voir* Aïoun......... 93
Sebkha, lac salé............ 280
Seïbouse, rivière...... 41, 223
Sénia (la), village......... 348
Sersou, région........ 93, 95
Sétif, ville............ 207
Seysaf, village.......... 365
Sidi-Ali, ferme......... 319
Si-Chérif, village........ 322
Sidi-bel-Abbès, ville..... 355
Sidi-Brahim, village...... 359
Sidi-Brahim, marabout.... 307
Sidi-Chami, village...... 317
Sidi-bou-Amer, ferme..... 299
Sidi-Ferruch, presqu'île... 86
Sidi-Ferruch, village..... 157
Sidi-Lahssen, Id........ 357
Sidi-Moussa, Id..... 91, 420
Sidi-Marouf, ferme....... 317
Sidi-Nassar, village...... 252
Sidi-Okba. Id........ 278
Sidi-Rilas, rivière........ 87
Sig, rivière, plaine..... 68, 281
Sigale, cap............ 280
Sigli, cap............ 225
Smar, rivière........... 91
Smendou, camp......... 200
Souf, oasis............ 39
Souk-Ali, ferme......... 180
Sour-kel-Milon......... 310
Souk-Haras, ville....... 400
Souma, village......... 187
Staouëli, ferme, village, 168, 488
Sildia, village........ 327
Storn, port........... 336
Summam, rivière..... 227, 233

## T

Tabarca, île........... 213
Tafna, rivière........ 44, 280
Tagaste, ville......... 227
Taguin, campement...... 93
Tackkouch, cap......... 225

Tamzoura, village......... 480
Tebessa, ville........ 41, 207
Tedlès, cap............ 86
Tefeschoun, village....... 175
Tell, région....... 44, 46
Temacin, oasis......... 39
Tenez, cap, rade..... 68, 87
Tenez, ville.......... 130
Teniet-el-Had, fort, vill. 212, 488
Tensalmet, ferme........ 311
Tenira, village........ 480
Terf, cap............ 87
Tiarct, poste-magasin... 44, 309
Tipasa, port... 86, 92, 120, 401
Tittery, beilik....... 80, 93
Tixeraïn, camp........ 149
Tiélat, village....... 340
Tlemcen, ville........ 339
Touat, oasis...... 36, 40
Tounin, village....... 330
Toumiette, station....... 204
Trara, montagne....... 281
Trembles (les), station.... 359
Triton, lac....... 94, 227
Trois-Palmiers, station.... 139
Tuggurt, ville.......... 44

## U

Union agricole du Sig, ferme. 343

## V

Vallée, village.......... 245
Vallée-des-Jardins....... 331
Valmy, village........ 314
Vesoul-Benian, village.... 246

## Z

Zafarine (îles)........ 308
Zahrez, lac......... 44, 96
Zakkar, montagne... 88, 94, 213
Zéradia, village....... 109
Zidour, plaine......... 289
Zouidjet-el-Habous, hameau. 173
Zurich, village......... 204

FIN DE LA TABLE.

Paris. — Imprimerie de Ch. Lahure et Cie, rue de Fleurus, 9.

# DU MÊME AUTEUR

*Bulletin de l'Union agricole du Sig* (avec le capitaine Garnier), 1848-1849-1850.

*Rapport à la Société d'agriculture d'Oran sur le Projet de loi douanière*, 1850.

*Catalogue explicatif et raisonné des Produits algériens*, 1855.

*Carte de la Colonisation de l'Algérie*, 1856.

*Mémoires sur divers produits de l'Algérie.* — *Oranges*, 1853. *Essences*, 1853. — *Tabacs*, 1854. — *Soies*, 1854. — *Huiles*, 1854. — *Substances tinctoriales*, 1855. — *Céréales*, 1856.

*Compte rendu du Concours de l'Algérie à l'Exposition universelle de Paris*, 1855.

*De l'Émigration européenne et des Institutions de bienfaisance en Algérie*, 1856.

*De l'Assimilation douanière entre l'Algérie et la France*, 1856.

*Concession et vente des terres de colonisation*, 1857.

*De l'Immigration des Indiens, des Chinois et des Nègres en Algérie*, 1858.

*Première session des Conseils généraux de l'Algérie*, 1859.

*Moniteur de la Colonisation* (avec M. Garbé), journal hebdomadaire, continuation des *Archives algériennes*, du *Centre algérien* et du *Centre africain*, 1855-1858.

---

Paris. — Imprimerie de Ch. Lahure et Cie, rue de Fleurus, 9.

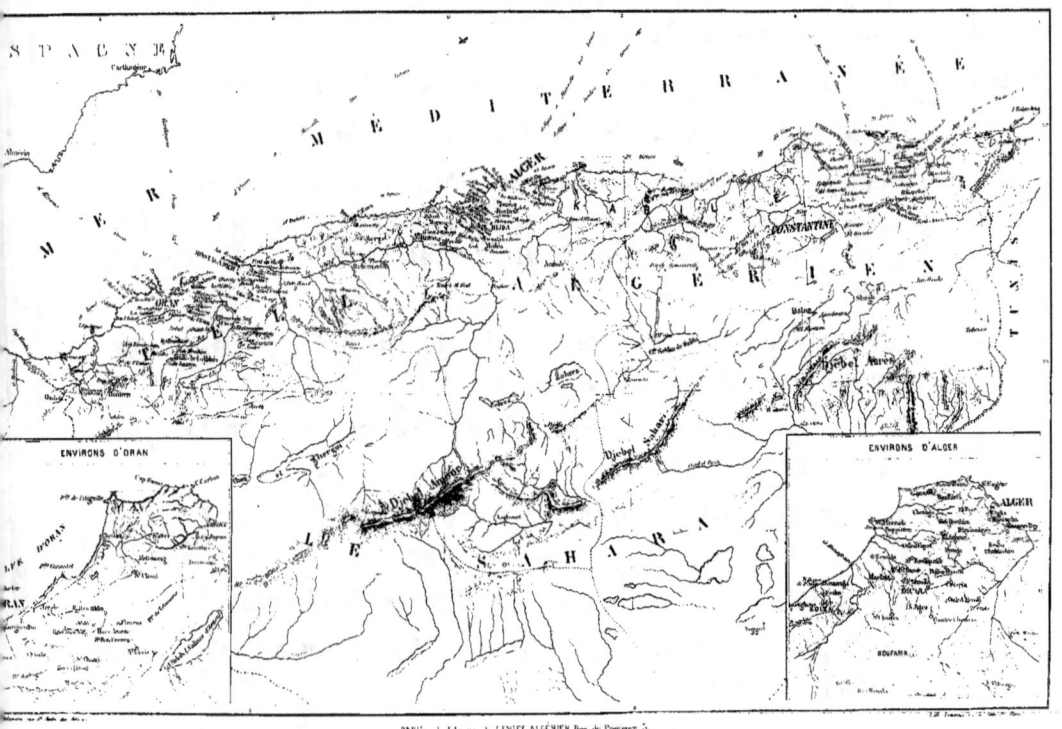